国権と民権

山川暁夫＝川端治 論文集

緑風出版

国権と民権　山川暁夫＝川端治 論文集　目次

第Ⅰ部　一九七〇～七二年

第Ⅱ部　一九七三～八三年

第Ⅲ部　一九八四〜九一年

第Ⅳ部　一九九三〜九九年

国権と民権　山川暁夫＝川端治 論文集

・単行本未収録の著作中から代表的なものを選び年代順に配列した。
・内容の重複をいとわず、各文章は全文を収録した。
・数字表記を統一し、明らかな誤りを訂正した他は、初出を尊重し、表記や用字用語は不統一のままとした。
・今日では不適切と思われる表現・用語もあるが、原文を尊重し手を加えなかった。
・初出誌名および発表時の筆名を各文章の末尾に記した。
・巻末に年譜・著作目録を付した。

第Ⅰ部　一九七〇―七二年

日米共同声明と日本人民の七〇年代闘争の展望

一九七〇年代をむかえる現代の特徴

一九七〇年代の日本の進路をさししめす一つの見取り図——反動的な青写真は、すでに日本人民とアジアおよび世界人民のまえにあきらかにされている。一九六九年一一月二二日未明（日本時間）、底冷えするワシントンで日米両国首脳が発表した共同声明は、佐藤首相自身がナショナル・プレス・クラブの演説でのべたように、「七〇年代にはじまる世界の未来のための……基礎を固める」という米日反動の決意を公に宣言したいわば「ワシントン・ドクトリン」ともいえる重大な文書であった。「太平洋をはさむ二大友邦が、同盟関係よりもっと高い次元に立って、世界の新しい秩序の創造に協力していくという世紀の大実験」だと首相はのべた。ここには対米従属のもとにすすめられてきた日本の軍国主義・帝国主義復活をさらに新しい、いっそう危険な段階におしあげていこうとするわが国反動勢力の政治的代弁人の自負と、同時にそれが、「世紀の大実験」としかよびようのない不安にみちた前途であることの予感がひめられている。

一九七〇年代——新しい世代の開始をまえにして語りつくせないほどの未来にかんする「展望」がふりまかれている。いわく「情報化社会」の到来、いわく「脱工業化社会」への前進。人類がはじめて月へおりたったことがもつイデオロギー分野にいたるまでのインパクトの究明から、海底を人類社会の存立の新しい基盤に織りこんでくる時代の豊かな展望についてまで、かつて一つの世代の到来をまえに、人びとがその世代にかんしてこれほど饒舌であったことはない。高度に発展した資本主義における生産の社会化は、「産業社会論」をブルジョア・イデオロギーとしてうみだし、エレクトロニクスの急速な開発は、生産と流通、ひろくは生産関係そのものを階級矛盾を捨象したシステムとして把握することが可能でもあり、進歩的でさえあるかのような倒錯した思想とイデオロギーを生みだしてきている。しかも一方では、究極において資本の運動の所産であるこの高度に技術化されつつある社会を、資本主義の死滅の過程、プロレタリアートの社会革命の条件が蓄積されていく過程として、つまり生産と所有の矛盾のいっそうの拡大、ならびに高度に発展した資本主義にとってかわってうまれるべき社会主義社会の物的基礎とその主体の創出の歴史的過渡として、科学的に把握できないところから、かつて産業資本主義のぼっ興期においてアナーキーな機械打ちこわし運動がおきたのとほぼ同じように、盲目の反発、プロレタリアートの真の理性とはかかわりのない「造反」が、いかにも一定の「市民権」、存在の妥当性をもつかのような虚偽意識をともなって生起してきている。これらすべてをふくめて「七〇年代」論は、それを説く論者たち自身のなかですでに光と影のある混沌とした展望である。そしてそれは、光にみちたバラ色の七〇年代としてえがこうと、影の多い断絶の支配した七〇年代とみようと、いずれにしても資本主義社会と文明の危機の深化の表現である。

　ではわれわれは——未来をになうプロレタリアートの立場からは、「七〇年代」をどう把握するべきなのか。「情報化社会」をもって語られるような生産諸条件の変化と、独占資本のこれへの対応は、プロレタリアートと勤労人民の闘争の課題、内容、方法、戦術を規定する条件として、したがって人民解放の科学的理論としても、軽視することはできない。ブルジョア科学は批判的に摂取されねばならず、マルクス主義そのものが原則的見地をつらぬきつつ、現実の矛盾の展開をたえずとりこみ、科学的に創造的にいきいきと発展させられねばならない。しかしいっそう大事なことは、われわれにとって「七〇年代」とは、いわゆる「未来学」のような非科学的な予見の対象としてあるのではないということである。「七〇年代」がどうなるかは、「七〇年代」をむかえる日本人民が、人民解放の未来にむけて、きょう現在どうたたかい、新しい未来を構築するにたる力量を、政治においてどうつくりだすかによって規定されることである。

　わたしはかつて一論文でつぎのように書いたことがある。

「おそらく日本政治の条件を解明しようとすれば、日米安保体制に集約されるアメリカ帝国主義の対日支配の全局面（軍事・政治・経済・科学・文化・教育・思想）とともに、少なくとも　(1)日本独占の経済支配力と日本経済の水準、その産業・資本・技術・資源・市場の特殊的かつ歴史的諸条件

(2)自民党を政治的代弁人とする米日反動の権力支配の全構造（軍隊・警察・裁判所・監獄等の物的権力と国家機構、政治組織）と階級闘争の集中的表現である政党の実態と相互関連

(3)ブルジョア民主主義制度と議会の革命的利用の可能性と

限界　(4)人民諸階層の生活と要求および闘争の歴史的蓄積の質・量にかかわる現状の究明と展望　(5)支配階級のイデオロギー支配の内容・手段、その強さと弱さ　(6)労働者階級の組織現状と闘争、その発展の見通し　(7)日本革命を担う日本共産党と民族民主統一戦線の前進の展望とさまざまの形をとる「左」右の日和見主義の発生およびその克服の可能性の根拠　等々の諸条件が、それぞれの条件の独自性において深く究明されるとともに、その相互規定性のうえにたって統一的に把握される必要があろう。しかもマルクス主義の立場にたつかぎり、こうした諸条件はすでに述べたとおり、歴史的規制のもとにあり、現在の国際情勢、国際的諸条件とも関連しあっている」(『現代日本の政治の条件』序章)。

七〇年代の日本の展望においても、これらの諸条件とその変化の全面的考察をぬきにしては、正確さを期すことはできない。しかもそのひとつひとつの条件がきわめて深刻な意味をもつ。たとえば国際情勢において、われわれは、ベトナム人民を先頭にした世界の反帝勢力のたたかいを、アメリカ人民の階級闘争の前進によるアメリカ帝国主義の支配の後退と危機を、イギリス帝国主義のアジアからの撤退とそれがもたらすアジア諸国の反動支配層の対応の変化を、また資本主義諸国の労働運動の展開を、みるだけでなく、世界共産主義運動と国際的民主運動の不団結と回復にむかってのジグザグの過程を、「現代社会主義」の運動法則を、考慮のなかにいれねばならない。そしてマルクス主義の立場にとって決定的なことは、これらの内外の諸条件を所与としてありのまま(全面的に)みると同時に、それを過程への変数ではなく、変革の対象として、現実の諸条件のたんなる組み合わせとしてではなく、一定の法則につらぬかれる変革可能な条件として統一的に把握し、認識することである。エンゲルスはこうのべている。

「歴史の運動の大法則をはじめて発見したのはまさにマルクスであった。この法則によれば、すべて歴史上の闘争は、たとえ政治や、宗教や、哲学やその他のイデオロギーの分野でおこなわれても、じっさいには社会階級の闘争を多かれ少なかれ明白に表現したものにすぎないし、これらの階級の存在と、したがってまたそれらのあいだの衝突とは、それ自体、それらの階級の経済状態の発展程度によって、これらの階級の生産とこの生産に条件づけられる交換の仕方によって条件づけられる」(『ブリュメール一八日』第三版序文)。

そしてそれを認識の過程と方法におきなおしていえばつぎのとおりである。

「政治上の諸事件をつまるところ、経済的な諸原因の作用に……現存のいろいろな社会階級や階層の間の利害の闘争に還元する」(『フランスにおける階級闘争』序文)ことである。「未来学」論者どもさえ「未来学とは現在学だ」といいだしているように、「七〇年代」とは七〇年の今日における階級の激烈な闘争をぬきにしてはない。ましていま日本人民は、過去四半世紀つづいたアメリカ帝国主義による日本支配の基底の条件を政治的に変革しうる可能性を、日米安保条約の一〇年間の固定期限終了期の到来という条件のなかで、にぎりうるときをむかえている。しかも佐藤首相は、「七〇年代の基礎固め」として、人民の未来に対決する日米共同声明の路線を内外に宣言した。人民の「七〇年代」は任意の側面を拡大鏡にのせた展望のなかに、あるいはあれこれの予件のなかに、ではなく、日米安保条約を廃棄し、沖縄全面変換をめざす目前の切実な全階級的な闘争の展開とその勝利のなかに、その土台をきずくほかはない。

つまり日本人民がどれだけはやく広く、どれだけ正確にワシントンで発表された反動的・反人民的な七〇年代のドクトリンの危険な本質をみぬき、そしてこれを粉砕しさる力量、広大な人民の真に歴史的なフロント（統一戦線）をどれだけつよく、着実にきずくか——このことが人民の七〇年代をつくりだす唯一の課題である。そしていうところの「七〇年代」の展望について語るならば、われわれはかつてレーニンがおしえた、あとにのべるような、視点にたつ見通しをもって武装していくことが、レーニンの生きた時代にもまして必要であろう。なぜなら日本人民の日米安保条約改定阻止の偉大な大統一行動と南ベトナム解放民族戦線の結成にはじまった六〇年代の世界は、曲折をはらむものだったとはいえ、南ベトナム臨時革命政府の樹立と、

アメリカのドル危機および国際通貨体制の深刻な動揺や、世界資本主義諸国の労働運動の再高揚の潮流などにみるように、人民の勝利、アメリカ帝国主義の危機の深化の過程であり、七〇年代もまた——というよりいっそう——その過程の全面化の時代となるほかはありえないからである。

わずか五〇年前、レーニンが指導したロシア革命は、帝国主義諸国の反革命干渉戦争と悪戦苦闘のたたかいをつづけていた。わずか三〇年前、ヒトラーは第二次大戦の放火にこれから着手しようとした。ほんの二〇年前、アメリカ帝国主義は日本を軍事占領し、ヨーロッパに君臨してNATOをつくり、有史以来の二四九億ドルの金保有をもって絶頂の支配力をにぎっていた。しかし今日、七〇年代のはじまりにおいて、アメリカの立場はどうか。時代の歴史的情勢とはどのようなものであるのか。「黄金の六〇年代」といわれた時代がアメリカ帝国主義にとってなんであったかの総括はここでくわしくのべるまでもないであろう。その「時代」のなかで、だからこそ米日反動は「世紀の大実験」とみずから語る侵略的結託の盟約をワシントンでうちかためざるをえず、日本をアジア侵略の「キイ・ステーション」にする策謀のおおっぴらな宣言をしなければならなかったのであろう。そうだとすれば、その「キイ・ステーション」での人民のたたかいは、ひとり日本の七〇年代でなく、アジアと世界の人民の七〇年代をわかつものになる。その実践的使命を自覚した時代の把握こそ、われわれの七

〇年代論の見地でなければならないのではなかろうか。

　レーニンの教えとはこうである。

「……われわれの眼前におこっているきわめて重要な歴史的諸事件は、なによりもまず、一つの時代から他の時代へと移っていく客観的諸条件を分析した場合にはじめて理解できる。ここでは大きな歴史的時代を問題にしているのである。おのおのの時代には、個々の部分的な運動――あるときは前進し、あるときは後退する――があるし、また将来もあるであろう。運動の平均的な速さからのいろいろの偏差があるし、また将来もあるであろう。ある時代の個々の歴史的運動が、どういう速度で、どういうふうにうまい具合に発展するかを知ることはできない。しかしわれわれは、どの階級があれこれの時代の中心にたち、その時代の主要な内容、その時代の発展の主要な方向、その時代の歴史的情勢の主要な特殊性等々を規定するかを知ることができるし、また知っている。この基盤にたってはじめて……われわれは自分の戦術を正しくうちたてることができるのである」（「よその旗をかかげて」）。

日米共同声明の内容とその本質

　さて以上の見地から、検討の対象をまず日米共同声明の内容とその本質の究明におこう。それは一一月二二日付けの日本共産党幹部会声明がいうように、「アメリカ帝国主義と佐藤内閣の合作による、沖縄問題を利用した反人民的・反民族的な策謀の新たな段階」、「一九七〇年代における日米軍事同盟の侵略的強化と日本軍国主義復活のあらたな路線」、そして「日本の主権と安全をさらに大きくおかし、アジアの平和と諸国民の独立をさらに破壊しようとするきわめて重大な犯罪的策謀」として、わが祖国と人民、アジア諸国人民にとって全面的に挑戦する日米反動の真にゆるしがたい危険な反動的行動綱領である。

　共同声明がまずあきらかにしているのは――断じて沖縄問題ではなく――現下の国際情勢とくにアジア情勢について日米両国首脳が協議し、日本の総理大臣がつぎのような日本政府の原則的立場をはっきり確認したという趣旨である。

　①米国がアジアの反共諸国との軍事条約が負っている義務をまもって、こんごとも活動しつづけるとの決意を多とすること。

　②米国がもっているこの義務がじゅうぶんはたされる状況にしておく必要が重要であると認めること。

　③現在の情勢では、米軍がアジアにとどまることがこの地域の安定のための大きな支えだとみなすこと（以上、声明第三項）。

　④日本は米国が負っている条約上の義務の効果的遂行をさまたげないようにすること（第七項）。

　これはいわば日本の対米関係四原則ともいえる原則的見

地の確認であり、宣言である。そしてそのもとで、朝鮮半島、台湾地域、ベトナムをふくむインドシナ半島の「平和と安全」が、日本自身の安全にとって緊要であることを声明はうたいあげている。九月二五日、島根県の松江市でひらかれた「国政に関する公聴会」で、佐藤首相が「沖縄が返れば日本はアジアの主役になるだろう」とのべた決意が、首相の決意としてだけでなく、共同声明上の日本の義務として明記されたのである。

すでに多くのところで指摘されているように、この「極東」条項にかんして、佐藤首相はナショナル・プレス・クラブの演説で、万一「韓国」にたいして武力攻撃が発生した場合、アメリカによる台湾防衛義務の履行が必至になった場合、日本が「国益」をまもる立場から積極的な態度をとることを公約した。これら地域を日本の運命共同体的立場にあるものとみ、アメリカ帝国主義がとりむすんでいる反共軍事同盟諸条約の中核に日米安保条約とそれにむすびついて復活してきた日本軍国主義をおくことの確認である。さらにベトナム問題についても、ニクソン大統領との第一回会談で、日本がラオス、カンボジアをふくむインドシナ半島にたいするアメリカの政策に協力し、ベトナムの「国際的平和維持機構」ができれば、これにも積極的に参加する意向を、首相ははっきりつたえたといわれる。こうしてこの共同声明第四項は、事実において論理必然的に、ベトナム侵略、朝鮮半島の米=かいらい政権による軍事挑

発に日本の運命を不可分にむすびつけただけでなく範疇的にも、これまでの日米安保条約下における「極東」の概念を二重に危険な方向にむけて発展させるものになった。すなわち第一には、これまで「フィリピン以北」とした「極東」の範囲規定を東アジア全域に拡大したことであり、第二には、従来規定的には安保条約上米軍の任務として位置づけられていた「極東の平和と安全」を、日本自身の課題としてもになうことに変質させたということである。これら地域との日本の運命共同体関係の確認とは、したがってアメリカ帝国主義の侵略体制のもとで、それに協力しつつ、日本独占資本がアジアをふたたびその支配領域のなかにおくとの決意を盛ったものであり、その確認のすぐの延長線上には、朝鮮、中国、ベトナムへの公然たる内政干渉と、これら地域に残存しているかいらい反共政権とのあいだの軍事同盟条約の締結をさえ予定されているといわねばならない。しかも重大なことは、この原則的立場の確認が、沖縄「返還」と関係なく、共同声明発表の時点以後の日本の進路としてすでにおこなわれてしまっているのだということである。

この見地からいえば、声明第五項が、日米安保条約の堅持だけでなく、つぎの意見の一致を明記したのは当然である。

「両者は、また両国政府が日本を含む極東の平和と安全に影響を及ぼす事項及び安保条約の実施に関し緊密な相互の

接触を維持すべきことに意見の一致をみた」。

ここでは、両者の「緊密な接触」が、現行安保条約の実施についてだけではなく、「日本を含む極東の平和と安全に影響を及ぼす事項」にまで広く拡大されている。日米安保条約が「日本国の安全又は極東における国際の平和及び安全に対する脅威が生じた」場合に、「いずれか一方の締約国の要請により協議」（第四条）し、共同行動の宣言が「日本国の施政の下における、いずれか一方に対する武力攻撃」がおきた場合（第五条）にいわば限定されていたことからみれば、声明第五条が、日米安保条約の適用の原則の変更、事実上の改定・強化を意味していることはあきらかである。だからこそ、一一月二二日の『朝日新聞』夕刊が報じた同紙ワシントン電は、「日米共同声明を発表したあとの米政府には喜色がみなぎっている」として、つぎのように書いている。「一口にいえば、今回の会談の結果、日本側の解釈がどうあれ、実体としては日米安保条約の適用についての原則を書き変えたような事態になった、というのが米側のうけとり方である」。

木村副官房長官がワシントンで、日米共同声明を記者団にはじめて発表したさい、声明第二、三、四項をまったく読みあげなかったことは興味深いことである。また佐藤首相がその帰国ステートメントで「われわれ全国民の待望する沖縄の祖国復帰が七二年中に核ぬき・本土なみという国民の総意に沿った形で実現することになったことをご報告申し上げる」といいながら、アンカレッジで発表した「米国を離れるに当って」のステートメントでは、「今回の会談の重要な成果は、日本を含む極東の平和と安全を損なうことなく、沖縄を返還するとの合意が成立したことだ」とのべ、日米共同声明をもって、日本がアメリカとともにその「国際的役割を果たすための飛躍台」とみなしていたことも含蓄深いことである。それは、日米会談のもっとも重大な核心がどこにあったかを問わず語りにしめし、かつそれを日本人民の目からはできるだけかくしだてていこうとする考慮のほどを露呈していたものだからである。

まさに、日米共同声明は、日米安保を日米による「極東安保の盟約」に発展させるとの宣言であり、沖縄「返還」は（公明・民社党がいうような成果の）その代償としてではなく、日米合作による極東安保体制の新たな構築の必要条件として確認されたものでしかなかったのである。

沖縄問題にかんして声明がふれていることは、「核ぬき・本並み」返還でもなければ、七二年返還の実行の確認でもない。日米首脳が合意したことは、「沖縄の施政権（だけ！）を日本に返還するための取決め」の協議に「直ちに入る」というだけのことなのであり、七二年中に「復帰を達成する」のは、この協議を前提にした努力目標であるにすぎない。その協議とありうべき復帰の達成とが、声明前段にもりこんだ日本の対米関係四原則のワクのなかにあり、四原則をいっそうつよめることをふくみにしていることはいうまでもない。

具体的にふれよう。

まず日米首脳は、沖縄が今日「正常な姿」でないことについて認めている（大統領は理解をしめしたことにとどまってはいるが）。だが「正常」でなかったことへの反省、沖縄県民へのあやまりの言葉があるわけではない。むしろ「正常」とはいえなかったその当の根拠――米軍の植民地的沖縄占領と軍事基地の保有を持続するとの合意こそ、沖縄「返還」協議の無条件の前提なのである。声明第六条末項「総理大臣と大統領は、米国が、沖縄において両国共通の安全保障上必要な事実上の施設及び区域を日米安保条約に基づいて保持することにつき意見が一致した」という文中には、米軍の基地保有にかんして、「沖縄の住民の利益に反しないように」とも、従来の基地を整理統合して「米国が必要とするかぎり」とさえも書かれてはいない。

くわえて「復帰達成」の努力目標にむけて、つぎのような重層した条件の充足が要求されている。

①日本が沖縄にある米軍の重要な役割を認め、「返還」にあたっては、日米両国の安全保障上の利益を「返還」協定上みたすこと。

②沖縄の局地防衛の責務を日本が徐々にひきうけること。

③「返還」にあたって、米国が負っている国際義務の効果的遂行、とりわけベトナムにおける米国の努力に影響をおよぼさないこと。

④日米安保条約の事前協議制度にかんする米国の立場を害さないこと。

⑤沖縄にある米国企業の収益をじゅうぶん考慮すること。

ここにいう事前協議制度に関するアメリカ政府の（〃日本の〃では断じてない――引用者）立場とは、「事前の協議についての発議権はアメリカにのみあり、協議事項についての日本の同意を要するものではないこと、すなわち「極東の平和と安全」のための米軍の行動について、協議はしても日本の拒否権はみとめない、というものである。まして佐藤首相がナショナル・プレス・クラブの演説で「事前協議については、日本を含む極東の安全を確保するという見地にたって同意するか否かを決めることが、わが国の国益に合致すると考える」、「万一韓国にたいし武力攻撃が発生し、これに対処するため米軍が日本国内の施設・区域を戦闘作戦行動の発進基地として使用しなければならないような事態が生じた場合、日本政府としては、事前協議に対し前向きにかつすみやかに態度を決定する方針である」とのべている以上、「核配備」にしても、沖縄基地からの米軍の「自由出撃」にしても、なんらさまたげられるものではないと解すべきである。

これにたいして、一見日本側からの歯どめのように第八項にかかれているくだり――核兵器にたいする日本国民の特殊な感情およびこれを背景とする日本政府の政策への米大統領の深い理解、沖縄「返還」をこの日本政府の政策に背馳しないよう実施するとの確約――も、きわめて欺まん的なものである。なぜならまず第一に、ここで「背馳しないようにする（英文表現では、たんに「一致させる」）のは、日本政府の政策についてであって、日本国民の核兵器反対の主張でも感情でもない。国民感情は日本の総理大臣が説明しただけのことである。第二に日本政府の「政策」とは、それがいわゆる「非核三原則」（核兵器を持たず、持ち込まず、つくらない）とは明記されていない以上、政府の従来の主張にもとづいて、①非核三原則、②日米安保条約の堅持（米核抑止力依存）、③核軍備、④原子力平和利用、の四つを柱にした核四政策のことであり、結局のところアメリカの核戦力への従属・依存を基本にした政策をさしている。そして第三には、一一月二二日の『ワシントン・ポスト』、『クリスチャン・サイエンス・モニター』が「ここで〝政策〟とだけあるのが興味深い。それは政策の変更の可能性を示唆している」と異口同音に書いたように、もっと公然たる核承認政策への転換を伏線としてもっている。ニクソン大統領が共同声明発表をおくらせてまで、その直前に米議会幹部に、三日間の会談の内容をつたえたさい「日本人の核アレルギーも徐々に弱まるから有事核持ち込みは可能」と強調したといわれること（二二日『日本経済新聞』夕刊）、木村副官房長官がニューヨークで日本人記者に「国家危急存亡のときには、非核三原則以前の問題として、核もちこみについても国民が判断すべきだ」とのべたことの意味はなんであろうか。佐藤首相はプレス・クラブの記者会見で、「ニクソン大統領との会談では、核のことなどトップ・シークレットの問題がいくつもある」とつい本音を語り、一方二〇日付けのワシントンUPI電は、はっきりと「首相は米国の核問題に関するいかなる要請にも好意的に考慮する旨米国に約束した」と報じている。

こうして、一言でいえば、沖縄の「返還」の実施までには日本の進路をかえるほどの要件の充足が条件づけられている。そして注目すべきことはこの沖縄「返還」の条件は、さきにみた対米四原則ともいえる日本の進路の確認とかさなりあっており、日米共同声明においては沖縄「返還」をまつことなく、日本が遂行していく義務の確認となっていることである。すなわち事前協議にかんして国益にてらして日本が「イエス」というのは、沖縄「返還」が達成してのちの、米軍の沖縄の基地使用だけについてのことではない。首相が声高くいうように、この日米共同声明の発表の時点において、わが国は、「韓国」、台湾、インドシナ半島の安全を「自らの安全」とみなし、そのための米軍との共同行動、米軍の行動にたいするフリー・ハンドの約束をすでにふりだしたのである。七二年までにも、新たな軍事緊張と侵略が開始された場合、いや今日のベトナム侵略についても、日本はこれまでとちがう質の侵略行動にはいる責任をもつことをうたいあげたのである。だからじつのところ、沖縄「返還」の実行の可否は、沖縄「返還」前にも、日本本土自体を沖縄なみにする日本の責任遂行の検証によってとりきめられるのだといわねばならない。しかも、こうした要件がじゅうぶんととのったとしても、七二年の返還予定時のベトナム情勢にてらして、返還の態様と実行が再協議されるのだ、と声明している。

まさに「本土の沖縄化」である。アメリカの立場からすれば、声明があきらかにしたことは、沖縄「返還」についてなどではなく、日本が対米四原則をまもって具体的責任を今日の段階でにない、沖縄「返還」を目標にしつつ、声明に明記した諸条件を急速に整備していくこと、そのものにある。沖縄「返還」はそのエサであり、「返還」協議はその遂行の日常的検討の機会なのである。アメリカの著名なコラムニスト、ジョセフ・クラフトは一二月二〇日の『ワシントン・ポスト』でこのように書いた。

「沖縄会議の真の意味は、沖縄に何が起こるかではなく、世界の問題について日本がより責任を果たし始める用意があるかどうかである。……〝日本が依存をやめ世界の力として活動を始めるべきだ〟というのが米国の要求で、とくに米国が東アジアで果たしている防衛上の役割を公式に肩代りすることを求めている」。

戦後史的転換の意味——サンフランシスコ体制の全面的発動
——日米の帝国主義的同盟関係の本格的構築

さてそれでは、日米安保条約の変容、事実上の改定への画期であるこの日米共同声明後の日米関係、したがって七〇年代にたちむかう米日反動の結託の関係を、規定的にいえばどういうことになるのであろうか。あきらかにそれは従来のサンフランシスコ体制のたんなる継続・強化ではなく、体制の核心である安保条約の実態が安保第三段階にはいることを主な内容としつつ、まさに一九五二年にはじまるサンフランシスコ体制の全面的発動のとき、日米の帝国主義的同盟関係が本格的に構築されるときが来たということである。

あらためて指摘するまでもなく、サンフランシスコ条約と日米安保条約などの一連の諸条約によって法制化されているサンフランシスコ体制とは、その当初から反ソ、反中国、反共の講和体制であり、同時にアメリカにたいする日本の従属的同盟、戦争準備と日本民族抑圧、人民収奪維持の体制である。だが日本が軍事力を保有していないことを前提にした旧安保条約の段階はもとより、日米軍事同盟関係を法制化した六〇年以後の現行安保段階においても、しばしばアメリカ当局者が指摘したように、従来のサンフランシスコ体制はアメリカの側からみて不平等、すなわちアメリカの義務過重な体制、日本がいわば「安保ただのり」的な受動的、一方的な立場にたつ体制であった。すなわちアメリカ帝国主義の立場からみれば、従来のサンフランシスコ体制は未完、未熟の体制だったのである。

もちろんこのことは、従来のサンフランシスコ体制が日本人民にとって、多少とも「まだましなもの」だったことを意味しない。この体制のもとで日本の主権と日本人民の生活と運命とがアメリカ帝国主義によって支配され、その従属のもとにおかれてきたこと、日本人民の解放闘争がこの反人民的・反民族的な体制の打破をぬきにして最終的に勝利しないものであることはあきらかなことであった。日本独占資本の側がこれまでたんに受動的な立場に終始してきたのではなく、アメリカ帝国主義のアジア侵略の遂行に積極的に加担・協力してきたことも自明のことである。

ただ問題は、アメリカ帝国主義の側からみて、この日本のアメリカ帝国主義にたいする共同と加担とが、実態的には日本人民の根づよい反米・反独占の闘争、とりわけ広範な核反対の感情と闘争によって、法制的には、現行安保条約第五条が認めているように、復活してきた日本軍国主義の対米共同責任の遂行に一定の限界が余儀なくされていることによって、なお不完全・不十分なものと考えられてきたということである。この壁を突破するために、その段階では結局は成功しなかったとはいえ、

アメリカはすでに六〇年安保条約の改定草案で、日本に西太平洋の防衛責任を公然と義務づけようとした。そして六〇年代の過去九年、三矢作戦計画をつくり、原潜、原子力空母を日本に「寄港」させ、日「韓」同盟関係を促進し、ベトナム侵略に共犯・加担させ、これらを土台にして、六七年秋、「日米共同責任体制」を意味した日米共同声明を佐藤首相に発表させた。今回の日米共同声明は、六七年共同声明がうちだした「日米共同責任体制」の総路線にたち、いわばそれ以後の日米双方における路線遂行の準備ののち、その本格的な展開にはいることを宣言したものということができる。念のため、六七年共同声明が盛った総路線をここにまとめておけば、それは、①アメリカ帝国主義のアジア侵略への日本の共犯的加担の全面化、②日米軍事同盟体制のいっそう侵略的なものへの強化、③ドル防衛への日本の協力強化、すなわち円＝ドル運命共同体の形成、④宇宙、海洋開発、原子力など最先端科学技術分野における対米従属の固定化——この四つの柱に集約される（『前衛』、六九年四月臨時増刊、川端「一九七〇年闘争の性格」、三七ページ参照）。

こうして今回の日米共同声明は、六七年共同声明と一体のものとしてみなければならず、同時に今回の共同声明によって、「日米共同責任体制」というものが、もはや日本側の受動的姿勢をいささかも許さない、対米従属のもとでの日米の帝国主義的同盟の体制への移行を意味す

るものだったことをあきらかにしなければならない。サンフランシスコ条約が敗戦した国との講和条約であった以上、そこで日本にアメリカ帝国主義が強要した課題は、必然的に日本独占にとっては「与えられたもの」であったが、いまや日本独占資本主義を中心とするわが国の反動勢力は、その課題を受動的なものとしてではなく、みずからの「国益」の問題として積極的、全面的にになう立場にたちはじめたのである。あるいは、従来のサンフランシスコ体制では、アメリカ帝国主義が条約第三条による沖縄支配、第五条による国連協力義務、第六条にもとづく日米安保条約を対日支配の三つの柱として個別に操作してきたのにたいして、佐藤首相はいまや、サンフランシスコ条約上のその三つの柱を日本反動勢力の政治的存立の柱としてもすすんで確認したのだということも可能であろう。歴代首相のだした数多くの共同声明において、サンフランシスコ条約の三つの柱に対応する項を一体のものとして確認したのは、今回の共同声明がはじめてである。つまり、佐藤・ニクソンの日米共同声明は、従来アメリカ帝国主義の目からみて不十分だとしてきたところを、日本がついにみずからの責任としてのりこえることをちかったものであり、その意味でまさにサンフランシスコ体制の全面的発動の宣言であったのである。サンフランシスコ講和会議の席上、トルーマン米大統領がいったことば——日本にやがて創設される防衛軍は近

隣の軍隊と結合することになろうという期待——を、声明第四項、そしてナショナル・プレス・クラブの佐藤首相の演説は完全にみたすものになっている。

このような意味における戦後史的転換を、佐藤首相が「戦後が終わる」というのは、したがってまったくの欺まんである。沖縄「返還」にせよ、日米共同声明にせよ、戦後体制としてのサンフランシスコ体制を離脱することでもないし、のりこえることでもない。日本人民にとっては、いま佐藤自民党政府がきりひらこうとしているのは、いっそう侵略的で反人民的・反民族的な体制への移行以外のなにものでもない。われわれが正しく認識せねばならぬことは、このような反動的な方向にむかってまさに深刻な、たしかに戦後史的といえる転機が、いまおとずれているのであり、それが「七〇年代の反動的総路線」として的確に宣告されたのだということである。

この戦後史的転換の意味するものは、おおよそつぎのようなことである。

第一。すでに前章にのべたように、日米の反動的提携を堅持しつつ、日米安保条約をアジアにおけるアメリカ帝国主義の支配下の同盟条約関係のまさに中核として位置づけ発動させること。すなわち日米安保体制を日米反動勢力の合作による極東安保体制に発展させること。

第二。「アジアの主役」になるという佐藤首相の決意が端的に物語るように、対米従属のもとで急速に復活して

きた日本軍国主義・帝国主義が、そのいっそうの復活・強化の過程をいよいよ全アジア的ひろがりにおいて展開する段階にはいるということ。すなわち日本反動勢力がアジア人民の主敵の一つとしてみずからを位置づけてしまうときをむかえたということ。

第三。沖縄「返還」の欺まん的実行にいたるまでもなく日本本土がアメリカ軍隊の「核」をふくむ侵略的な戦力のより自由な展開、出撃可能な基地に変容し、そのもとで日本自衛隊が直接「侵略」対応の軍隊として本格的に機能するように任務づけられること。また沖縄「返還」実現後は、日本自衛隊がアメリカのアジア侵略の「キイ・ステーション」の維持・擁護の責任を直接になうこと。

第四。沖縄「返還」にともなって、沖縄の侵略的基地の存在と米軍の自由行動を認めることをテコにして、憲法を頂点とする戦後の人民の民主主義的獲得物にたいする全面的な反動攻勢が企図され、戦後民主主義の反動的決算、その意味での「戦後政治の転換」が試みられるということ。つまり「核」の存在と、「米軍の自由出撃」という点での「本土の沖縄化」だけでなく、人民の生活の全領域——法制から教育・思想までにいたる急ピッチの、いっそうの政治の反動化——沖縄化がすすむということ。それはまた当然ながら、人民からのいっそうの収奪・搾取の強化を予定している。

日米共同声明発表にいたるこれまでの日米間協議が、沖縄「返還」交渉という名目をとりながら、すぐれて軍事的な、しかもまったく秘密のベールにとざされた協議だったことは注目に値することである。八月の事務レベル協議が、アメリカ側が提起した一〇〇項目以上のリストにそって、朝鮮半島、日本海、台湾地域、ベトナムのこんごの予想される軍事情勢に対応する日本の責任を問うものだったことは、八月末の『サンケイ新聞』さえ認めたところである。

とくに一〇月七日来日したホイラー米統合幕僚本部議長は、南ベトナムだけでなく、南朝鮮からも将来一部米軍が撤兵する可能性を示唆しつつ、アジア支配の維持のための日本の責任を問い、日米軍事複合体（ミリタリー・コンプレックス）の形成をつよく佐藤首相らにもとめたといわれる。これは核と第七艦隊の支配と影響のもとで、日本自衛隊が地上作戦分野において、従来以上に米軍と有機的に結合して分業的に責任を負うこと、および高度にエレクトロニクス化されているアメリカのアジア戦略指揮分野にも、日本が参加・協力すること（コンピュータ－・コンプレックス）を意味する。ホイラー議長はこの見地から横須賀、佐世保を中心にした本土のいくつかの重点基地と沖縄基地の重要性を強調する一方、残余の基地を急速に日本自衛隊に移管する方針であることをつたえた。

アメリカの軍事戦略にいわばより即戦的に一体化するかたわら、「韓」・「台」などのアジア反共諸国軍隊にたいして、コンピューター・コンプレックスを通じて一定の事実上の指導権を日本がにぎる方向にむけての、この日米軍事複合体構想は、日米首脳会談を目前にしていた佐藤首相および日本軍部首脳部に一種の緊張感をあたえた。ホイラー提案をうけて一〇月一五日、五時間にわたって外務省でひらかれた日米軍事・外交最高事務レベル会議に出席した一外務省高官は、会議終了後、「アメリカのポリシー・チェンジ（政策転換）を感じた」とのべている。

このあと、新聞報道面だけでも、日本自衛隊の原潜、戦闘爆撃機保有、艦対艦・艦対地ミサイルの整備などの意向がやつぎばやに防衛庁当局者の口からだされ、防衛庁長官が公海・公空の「敵」の排除、局地戦規模の戦争への「独力」対処について語っていたことは偶然のことではない。八月六日、統幕第五室がまとめたといわれる向う一〇年間の「長期防衛みつもり」（44L）の段階で、日米安保条約を基本としつつ日本自衛隊は、より「間接侵略」対処を主任務にするとしていた考え方は、もう一度、直接侵略対応の自衛隊強化の方向へと微妙な展開をみせてきているのである。こうした事実こそ、日米共同声明のうらに、なにが実態的にかくされているかを解くカギといえるであろう。

このような日米軍事同盟のいっそうの侵略的強化を重要な内容として、沖縄交渉にあたっていた愛知外相は、米誌『フォリン・アフェアーズ』の一〇月号で、すでに日本が安全保障の最前線にたつ地域――朝鮮半島と台湾の防衛――についての日本の責任、アジア地域の「多様性の統一」にかんする責任を的確にした論文を発表し、わが国の数年後の軍事費が今日核保有をすすめている中国の軍事費と匹敵したものになり、日本の「安全保障」を通常兵器のみならず核兵器にも依存できることを主張していた。「沖縄が返ればわが国の力は万全になり、アジアで責任を担う用意が整う」という外相論文は、佐藤首相の「沖縄が返れば、戦後の政治が終わる」という九月末の松江発言で裏づけられ、そしてこれに前後して、天皇の戦後初の防衛庁幹部の親閲や首相の防衛庁訪問、自民党憲法調査会の臨時総会による「来年九月を目標にした改憲草案の作成」方針の発表などがあわただしくおこなわれた。一〇月一四日の自民党総務会の安保「自動継続」決定、翌一五日の日米軍事・外交事務レベル会議、一六日の自民党の安保PR第一声のうちあげにつづき、また同日の日経連臨時総会における桜田代表常務理事の発言――集団安保機構参加のための改憲発言へとうけつがれていった。当時すでに基本的につくりおわっていた日米共同声明の下書きにそって、反動勢力の動きは、政府・防衛庁、財界にまたがって、まことにあわただしいものがあったのである。

以上のような日米共同声明の反動的路線の展開は、すでにのべたように、沖縄「返還」の条件づくりを口実にして、こんごの「返還」取り決めのための協議のなかでいっそう具体化しよう。七〇年一月末ないし二月初めには、C・カーチス米海軍中将を米側の代表にした事実上の日米統合司令部づくりのための協議が東京で開始される予定である。沖縄「返還」のさいにおこる国内法の沖縄適用に関連して、沖縄の現実にそった方向での国内法の——原理的には六法全書の一ページから最終ページまでにわたる——重大な反動的手直しが必ず準備されるであろう。さらに沖縄では、「返還なる」を武器にしての沖縄県民の真の祖国復帰運動の攪乱と分断、沖縄県民抑圧の権力機構のいっそうの整備・強化がはかられるのであろう。そして最後には、日米共同声明の路線にそった沖縄「返還」とりきめによって——すなわち国際法的に不法・不当なものでしかないサンフランシスコ条約第三条を米軍の沖縄支配の法的根拠にしてきた名分を、狡かつにかつ欺まん的に、一方的にたち枯れさせ、そのかわりに沖縄にかんする新しい日米間の取り決めによって、自民党政府は、沖縄をふたたびアメリカに売りわたし、アメリカにとっての支配条件を「安定的」なものにすることに奉仕することになろう。これは日本独占の立場にたって対米関係の是正をはかることである。対米従属的な日米関係をイコール・パートナーシップの名のもとに堅持し、日本人民を抑圧する政治の反動化をいっそうつよめて、アジア全域への帝国主義的・軍国主義的進出を急ピッチにすすめることこそ、日本独占戦資本を中心とした反動支配層の七〇年代総路線である。

この進路をきずく反動の側からの人民への挑戦——それが七〇年をまえにしてあわただしく、日米会談の責任ある説明さえすることなくはじまった衆議院総選挙である。

帝国主義世界体制の危機のふかまり、日米の帝国主義的同盟と対米従属の現段階の特徴

さきにものべたように、七〇年代の日本の進路を全面的にみようとすれば、国際的な政治・経済情勢、とりわけ日本をふくむアジアの情勢をくわしく分析せねばならぬことはいうまでもないが、いまその余裕はない。しかし七〇年をまえにした六九年。冒頭に登場したニクソン米政権のもとで、世界情勢はいささかもアメリカ帝国主義にとって息のつける方向にすすんだのではなく、アメリカ帝国主義の危機はさらに一段と深く進行した。南ベトナム臨時革命政権の成立、アメリカ帝国主義軍隊と南ベトナムかいらい軍の内部的腐食の進行の露呈、アメリカ人民のあいだにいよいよたかまっている反戦気運と闘争。しかもこのアメリカの危機は資本主義世界体制の全

般的危機のいっそうの深化とむすびついている。すなわち六九年だけでもフランスでドゴールはたおれ、西ドイツにはＳＰＤ政権が誕生し、イタリアの労働運動の高揚は、共産党政権の樹立をさえ展望させるものに発展してきている。ベトナム人民の英雄的闘争が不屈に前進し、強大なアメリカ帝国主義がいよいよそれによって政治的、経済的に深刻な打撃と動揺のなかにたたきこまれている今日の歴史的過程に、いまや資本主義諸国における経済的・政治的矛盾の深化を背景にした諸国労働者階級の階級闘争の発展が結合しつつある。国際通貨体制の危機の爆発が一見おさえられ、小康を保っているようにみえるが、その危機の抑制が資本主義諸国の階級闘争のいっそうの深化というはね返りを生んでいることはいうまでもないことである。七〇年代はさらにこの帝国主義にとっての危機がひん度と激しさをまし、そして民族解放闘争の前進にくわえて、戦後四半世紀のあいだ、相対的な意味で危機の誘発がくいとめられてきた先進資本主義における階級闘争が、各国の固有の特殊的条件に規制されながらも、全世界的にこれまでの支配の体系をうちくずしていく時代になるのはもはや不可避であろう。これにともなって米ソ二大国を頂点にした世界政治の秩序は、一一月一七日にヘルシンキではじまった戦略兵器制限交渉が物語るように、米ソ二国間における一定の「協調」を深めるかたちでなお維持されつつも、資本主義諸国の階

級矛盾の激化と、他方、社会主義陣営内部における大国主義と「左」右の日和見主義の路線が生みだす不団結や内部的弱点が対抗的に作用しあい、そこから体制間矛盾が、したがってまた米ソ二大国を頂点にした戦後世界政治の秩序の矛盾がいっそう激化する方向をたどることになろう。もし国際共産主義運動の路線が真にマルクス・レーニン主義の正しい旗のもとに団結を回復していくならば、七〇年代の世界帝国主義体系、資本主義世界体制の危機ははかるべからざるものになるであろう。

こうした展望のなかで、アメリカ帝国主義の世界支配にとって直接の、そして当面の危機の焦点となっているのは、いうまでもなくベトナムを中心にし、矛盾の政治的集積が極度に煮つまりつつある南朝鮮を地域内にはらみ、そして日米安保条約の固定期限切れを一つの有効な政治的闘争の条件ににぎりしめて日米安保条約廃棄・沖縄全面返還のたたかいを人民が本格的に開始した日本が位置しているアジアである。アメリカ帝国主義にとって南ベトナムと南朝鮮こそ危機の焦点であり、そしてその危機のなりゆきを決定するカギは、ほかならぬアジア唯一の先進資本主義「大国」、「極東全域の平和と安全」の課題に門戸をひらいている日米安保条約のもとでアメリカに従属している日本、の動向である。つまり日本の「七〇年代」の進路は、アメリカ帝国主義の「七〇年代」、帝国主義世界体系の「七〇年代」を規制している。

すでにこうした危機意識にたってニクソン大統領はみずからニクソン・ドクトリンと名づける(一一月三日TV演説)「グアム原則」をあきらかにしている。それは軍事的には核優位戦略を一段とつよめつつ、CI5Aギャラクシーの採用にしめされるような強大なアメリカ帝国主義の軍事的機動力を増強し、そのもとでの対米従属的なアジア地域の軍事的・政治的統合をはかること、べつのいい方をすれば軍事的な即戦対応の態勢を局限までつよめながらそれを抑止したかたちにおき、その米戦力の前面には従来にましてアジア人民自身の反共軍事力をつよめて配置することである。一方経済的には、主として日本をアメリカのドル防衛の最大の協力者にしたてていくことだといえる。今回の日米首脳会談でニクソン大統領が、沖縄問題で一見「譲歩」したようにみえるのは、たんにそれを欺まん的なものとして演出したのではなく、グアム原則を完成させるべく、日本を、キッシンジャー大統領特別補佐官のことばをつかえば、「新同盟政策」の対象のなかにおくことがはるかに戦略的に得策だったからである。日米共同声明発表後、グリーン米国務次官補は、ニクソン政権のアジア政策をささえるのは、①グアム原則、②ベトナム戦争の非米化、③日米共同声明の三本の柱だとのべて、日米共同声明がたんにグアム原則の適用の一つではなく、「七〇年代」のアメリカの戦略の柱、したがってまたグアム原則、ベトナム侵略遂行のための柱の位置さえしめていることを示唆した。

これにたいして、佐藤首相がせまられて、サンフランシスコ態勢の受動的姿勢をかえたのではないことは、もはやくわしくここに展開してみる必要はないであろう。国民総生産で世界資本主義国第二位(西ドイツ・マルクの引き上げ前の換算)の地位にたった日本独占資本の一定の自信と自負、同時にその内包する矛盾の拡大からくる危機意識が、おりかさなって日本支配層をつきうごかしている。日本独占資本はますますアメリカ独占資本との対立・矛盾をふかめてはいるが、その国際競争力をいっそうつよめるためにも、資本主義世界体制の安定を維持していくためにも、これまでの対米従属・ドル依存の経済構造を土台にして、アメリカの資本力と技術水準への屈服的依存をつづけるほかはないし、事実それを第一義的な課題にして追求している。同時にその対米従属のワクのなかで、資源と資本、市場の確保・拡大のためにも、低賃金労働力を海外からくりいれるためにも、いっそう積極的な海外進出を意図しており、その場合の膨大な財政支出を保障するために、かつてドルが自国通貨を世界の基軸通貨にして世界支配の最大の道具にしたように、円借款・円為替が権威をもってはたらく経済圏――円ブロックの事実上の創出をめざしている。この意味で日米共同声明は疑いもなく、日本独占資本とアメリカ独占資本の合作の所産であり、日米同盟は軍事を中心としながら、日米の帝国主義的同盟へと変化してきているのである。わが国は、他民族抑圧の面でも、国内の政治反動の面でも、もはや帝国主義国家として登場しているといえよう。日本人民の解放の勝利のためにも、アジア人民の解放にとって日本人民がになっている責任を正しくするためにも、日米関係が帝国主義的同盟としての反人民性と反動性を今日そなえるまでになっていることを――とりわけ今回の日米共同声明が発表された段階で――過小評価することはゆるされない。日米共同声明にたいするアジアの社会主義国のきびしい非難と批判がおこっただけでなく、南朝鮮でさえ、声明第四項の南朝鮮のくだりが、一九一〇年の日韓併合にさきだった一九〇二年の日英同盟条約のなかの文言に相似していることをあげて、「アジアの警察官」になろうとする日本への警戒心がいっきょにつよまっているといわれることを、日本人民の闘争の責任として重視する必要があろう。

だが以上のことは、まさに日本人民の闘争の課題と責任をあやまらないという実践的視点から、その課題の一つを明確にするためにいえるし、またいわねばならぬことであって、日本人民の主敵を日本の独占資本だけであり、日本は帝国主義国家として自立しおわったということは、非科学的な結論である。日米の帝国主義的同盟というのは、日米軍事同盟のなかでもつ日本独占資本の他民族抑圧の役割と日本人民にたいする日米同盟の凶暴な

反動性を明確に、実践的に、主張するためであって、日米軍事同盟が、対等の、あるいは日本が従属しているものの自立した帝国主義国家としてアメリカ帝国主義ととりむすんでいる同盟であることを意味するものではない。

レーニンの『帝国主義論』に照らして、日本が、その政治的標識においても、経済的標識においても、帝国主義国家としての標識をじゅうぶんにみたしているか、いないかは、くわしく数字をあげて検討したうえ結論すべきことだが、本論の中心的課題にとって、いまはそれが重点の問題ではない。ここで簡単にでもふれておきたいことは、帝国主義の復活完了といい自立という場合、それは今日の国際条件と日本の特殊的条件における独自の分析と検討の課題であるということ、すなわち統計的数字をレーニンの標識にあてはめて論じあうような問題ではない、ということである。

レーニンはその『帝国主義論』でたしかに明確な標識をたて、必要な段階的区分を明確にした。しかしそれは区分のための区分ではなく、人民の敵をあやまらず、闘争の戦略・戦術をあやまらせないためであったし、『帝国主義論』そのものが、第一次世界大戦の時期における第二インターの裏切り的立場をあらわにばくろし、当面する革命の客観的条件とその展望を明確にえがきだすためであった。レーニンはそのため、帝国主義の身体ごとの反動性をあきらかにし、その本性を経済的土台からあば

きたて、そして帝国主義の時代が社会革命の準備であり、プロレタリアートの社会革命の前夜であることを理論的に検証したのである。したがってレーニンは、その論文のなかでこういっている。

「いうまでもないことだが、自然および社会における境界はすべて条件つきで可動的（傍点引用者）なものであり、したがって、たとえば帝国主義が最終的に確立したのは何年であるとか何十年代のことかなどということについて論争しあうようなことは、まったく馬鹿げている。」

われわれがまず学ぶべきは、このレーニンの闘争への姿勢、すなわち理論への対応、その方法であって、『帝国主義論』の教条ではない。そして今日は、レーニンがこの指導的文献を書いた一九一六年とはちがう時期、すなわち社会主義国がまだ一国も存在しなかった時代ではなく、矛盾と困難はあっても社会主義世界体制が存立して「人類社会発展の決定的要因になりつつある」時代、曲折があろうとも民族解放闘争が高揚し、高低はあっても資本主義諸国におけるプロレタリアートと勤労人民の闘争が発展している時代――つまり資本主義の全般的危機のたえざる深化の時代であることはいうまでもない。今日の「帝国主義論」は、まず全般的危機下の「帝国主義論」であり、帝国主義世界体系の大衰退期の「帝国主義論」として把握されねばならない。しかも現代は生産の技術体系においても、軍事体系においても、レーニンの時代になかった「核」の問題によって規制されている。こうして「高度に発展した資本主義国でありながら、アメリカ帝国主義になかば占領された事実上の従属国」（日本共産党綱領）という規定が生じうる一般的理論的可能性がでてくる。

それでは資本主義の全般的危機下の帝国主義の運動法則にはどういう特質がもちこまれるのか。それは第一に、社会主義世界体制の存在、民族解放闘争の高揚、全世界のプロレタリアートの独立と平和と民主主義をめざす闘争の圧力のまえに、資本主義の不均等発展の法則の第一義的貫徹、帝国主義戦争への展開が制約され、同盟と協調の法則がはたらくこと。第二は、そうした制約と戦後のアメリカ帝国主義の世界帝国主義体系にしめる政治・経済・軍事的支配力が圧倒的だという条件がかさなりあって、そのアメリカの支配力がいわば敵対的に固定化され、帝国主義同盟関係が対米従属的同盟として維持されることである。一方、核の人類社会への導入、軍事体系へのとりこみのなかから、従属がたんに政治的・経済的・金融的・市場的・技術的従属から「核従属」をふくむものになり、レーニンが『帝国主義論』でのべた従属のいく多の過渡的形態――すなわち「政治的には形式上独立しているが、実際的には金融上・外交上の従属の網でぐるぐるまき」になっているような従属だけでないもっと深刻な質をもった従属が生じてくるようになっている。すなわち核従属は、たんに主権の制限というにとどまらず、一国の運命を同盟の一方にたつ核保有大国が全的に支配し、掌握できるということを意味している。このような条件では、かりにレーニンが『帝国主義論』であげた経済標識を完全に充足するまでに経済水準がたかまり、経済的構造が完成し、経済的支配領域がひろがったとしても、なお深刻な従属のもとにあるという事態がおこらざるをえない。またいかに他民族抑圧と国内の政治反動において帝国主義的な政治が展開されようと、自国の運命を他国ににぎられ、国家としての自己完結性を喪失している場合には、それを「自立」した帝国主義国家と規定することはできないし、そう規定することはなによりも人民の解放の道をあやまることになろう。この場合「自立」という概念が帝国主義国家の対外的関係における位置をさすものであり、「復活」という概念が「自立」の概念をふくむより広義の段階規定と考えられる以上、「自立」していない帝国主義国家の「復活完了」について語ることもまた不可能である。「復活完了」はしたが、従属しているのであって、その意味で「自立」していないだけだ、というわゆる「従属帝国主義」論は、今日の従属の特殊な——今日ではむしろ規定的な——従属の質、くりかえしていえば、自己の運命をまで核保有国に掌握されて国家としての自己完結性をうしなっている事態の深刻さに目をふさぐものである。

しかもこの問題を特殊に日本についていえば、戦後日本は日本帝国主義の敗北のうえにきずかれた占領下従属の遺産を今日にひきついでおり、また日本資本主義の歴史的ぜい弱性とアメリカにたいする相対的後進性から金融的・資源的・市場的・技術的に、あるいは核をのぞく軍事面でもなおアメリカへの深い従属のもとにある。そして対米核従属の問題にしても、アメリカの核のカサのもとに事実上あるということだけでなく、まさしくそれがサンフランシスコ条約、日米安保条約を頂点として法制化されているのである。日本共産党綱領はそうした現実認識のうえにたつ、その正しさは日米共同声明自体がなによりも雄弁に証明しているといわねばならない。つまりまえに日米共同声明をもって戦後史的転機といったとき、それがサンフランシスコ体制の全面的発動への重大な転換であることを指摘したが、そのような意味で、この転換は共産党綱領の立場からいえば、綱領の見地の転換の必要をうながすものではなく、その規定の正しさをいよいよ明らかにする現実の動向なのである。

こうしてつぎの結論が——日米共同声明がもののみごとに立証しているように——でてくる。すなわち日本独占資本の帝国主義的「自立」の志向は不可避的につよまりつつあるし、その反人民的・反民族的な度合いは、日本人民にたいしても、アジア人民にたいしても、きわめて深刻なものになっていること、しかしその「自立」の志向は、真の自立を意味しないばかりか、かえって対米従属的なサンフランシスコ体制の危険な本質を露呈し、反動性を深めていく役割をもっていること、したがってまた、真の独立と独立・自決した国家の自主的で平等な関係を土台にきずかれるアジアの真の平和は、この反動性と侵略性をいやましている日米軍事同盟を中心にした反動的な日米支配層の結託を、日本人民の強大な全人民的統一戦線の戦闘的な力量と闘争、および日本人民とアジア人民との相互に自主的な真に友好的で戦闘的な連帯の戦線によって、きずきあげるほかはないし、それがいまや国の運命とアジア人民の運命にかかわる無条件の義務と課題になっているということ――である。

非科学的な帝国主義自立論、独占だけの主敵論から、一方で改良主義的・社会主義的革命方式を妄想し、他方で反米闘争を戯画化して「日本帝国主義解体」を主張した妄動にふけるのは、日米共同声明をすら正確に検証できない立場、ましてこれを打破していく勝利の道をみうしなう立場である。

佐藤首相自身が太平洋をはさむ二大友邦の「開かれた日米関係」をきずき、アメリカのアジア侵略をみずからの「国益」として認めようとしているとき、そして一方アメリカのベトナム侵略と沖縄「返還」とを米日反動支配層の側がみずから一つの課題にむすびつけているとき、米日二つの敵にたいする全人民的戦線の構築を意識的にゆるがせにすることは、祖国と自己の運命にたいする犯罪的な、裏切り的な行為である。

戦後の反民族的反動政治の人民の立場からの決算へ

結論をいそごう。

日米共同声明の路線にそって米日反動がきりひらこうとしている「七〇年代の道」は、それを資本のイデオローグたちがどれほどさまざまの言葉で粉飾し、美化しようとも、日米共同声明の路線を基礎にしているかぎり、侵略と反動としてやがてはもっと公然たるアジア人民への抑圧と支配強化、さらには戦争までつきすすむ内因をはらんだ道である。日本人民の真の幸福と未来、繁栄と独立は、七二年を目途にしてくまれている米日反動のこの共同・共犯の路線をたちきる以外にはない。アメリカはアジアからひきさがることは不可能ではないが、日本はアジアから去ることはできない。まさに国家の計、運命の帰趨が日本人民の七〇年および七〇年代初頭における闘争にかかっている。現在の瞬間だけでなく、子供と未来のために、アジアの諸国人民のために日本人民一人ひとりがなにをなすべきなのかをつきつめ、行動すべきときがきている。

その人民の七〇年代をきりひらくべき進路は、日米安保条約を廃棄し、沖縄の真の祖国復帰――日本人民の手に、うばわれた土地と生活と権利、沖縄県民の安全をとりもどすこと——それ以外にはない。そしてこのたたかいは、たんに防衛・受け身の闘争ではなく、サンフランシスコ体制の環、しかも今日、日米安保条約の固定期限切れと沖縄支配の深刻な動揺によってサンフランシスコ体制の「弱い環」になっているところをつきくずすことによって、戦後の反動的政治を人民の立場から決算し、戦後の日本人民がたたかって、まもってきた民主主義的財産を、未来にむけてより創造的に、全人民的な規模で発展させていく攻撃的な闘争である。戦後政治の反動的決算か、戦後の反動的政治の人民的決算か、また日米軍事同盟強化と対米従属のもとでの軍国主義・帝国主義復活の道か、独立・民主・平和・中立・繁栄の道か、——二つの道が正面から対決している。日本人民が後者の道をたたかいきずき、民族主権のもとでの人民による政治、かつて日本歴史が一日とて記録したことのない新しい政治の突破口をきりひらくことを意味しており、この壮大な、歴史的な課題に、いまや何百万、何千万の人民がその諸要求を基礎にしつつ、客観的に直面しているのである。その勝利——日米安保条約廃棄、沖縄全面返還をかちとることは、社会主義革命ではもとよりなく、反帝・反独占の人民の新しい民主主義革命でもまだない。しかしそれは、安保条約廃棄からサンフランシスコ体制打破にむかって連続的に発展し、急速に革命に発展・移行していくし、またいかねばならぬたたかいである。その移

行は日本人民の団結の質と量、統一戦線の形成の度合い、統一戦線におけるプロレタリアートの指導権の確立の度合いによって決定され、保障されていくであろう。そして安保廃棄の終了通告をやりぬく民主連合政府をつくるにたる民主主義的統一を、労働者階級の階級的統一を先頭にしてつくりだすことが、まさにこうした日本人民の解放闘争の連続的な鎖の当面の環になっているのである。

このさいわれわれがしっかりと確認しておく必要のあることは、一九七〇年六月二二日の日米安保条約の固定期限切れの日は、米日反動と人民の勝敗・攻防の場ではなく、人民と民主勢力の勝利にむかって決定的に有利な一つの条件がにぎりしめられるときだということである。この条件を全面的に生かしきれるかどうかは、人民と民主勢力の主体的力量にかかわる。その意味でわれわれは七〇年六月二二日待ちでもなければ、その日の決戦論に組するものでもない。さらに七〇年六月二三日を日米安保条約の「自動継続」のはじまりとして、かりにむかえることがあったとしても、それでわれわれが敗北しさってしまうというわけのものでもない。問題は全力をあげ、そして一刻もはやく、情勢の主導権を人民がにぎるにたるカギである安保廃棄、沖縄全面返還をめざす統一戦線をきずき、さらに安保廃棄後の日本を主体的ににないうことができるだけの労働者階級の階級的統一と、広大な人民の統一戦線における主導権をつくりだすために奮闘す

ることである。

安保条約廃棄・沖縄全面返還をめざす闘争がかならず勝利し、人民の一九七〇年代をつくりだすことのできる客観的条件は、日ましに成熟している。

日米安保体制が第三段階といわれるようないっそう反人民的・反民族的なものに発展・移行すればするほど、米日反動と人民の対立と矛盾の関係は深まらざるをえず、したがってまた、すでに日米共同声明の危険な内容がそれを予告しているように、核政策の根本的転換、憲法の平和的条項の完全否認、そして日本経済の反動的再編成などなどへの人民の全面的な反撃――すなわち戦後日本の人民の諸闘争のあらゆる契機を一点にむすびつけた人民諸階層の闘争がますます広くくりひろげられていくのはさけられないことである。労働者階級を先頭にした日本人民が、その生活の土台に根ざす要求と祖国の安全がおかされることへの怒りから、団結せざるをえないし、かならず団結をかちとっていくということは、日本の現代史の客観的な法則にささえられた展望である。

横浜を中心に発展している「青春と安保」の運動が、「頭に来た」青年の生活と青春の姿を大衆的に摘発しつつ、わずか一年たらずで一万以上の安保学校卒業生をだし、神奈川県下二六〇の労働組合青年部を網羅した七〇〇〇人規模の大学習会を成功させ、そして安保廃棄まで刊行しつづけるという決意で発刊した機関紙『青春と安保』が、すでに三四万部に達していることは、もっと生きがいのある青春を、もっとやりがいのある仕事と学業を、もっと子供の未来を豊かにささえる生活を――と青年・婦人がもだえるようにもとめ、主婦があくせくせねばならぬような現実が佐藤自民党政府を政治的代弁人とする反動勢力の手でけっして解決されないものであるかぎり、人民のたたかうエネルギーが無限であり、おどろくべき成長をしめすことをおしえている。しかも佐藤・ニクソン共同声明そのものに、かつてない広い層の関心と怒りが表明されたように、米日反動がつくりだそうとしている「七〇年代」路線への警戒心と政治的反撃は、日に日につよまりこそすれ弱まることはないであろう。

情勢の発展――米日反動勢力のジレンマ

こうした情況にあって、日米安保条約が事実上改定されて、その反人民的・反民族的性格をつよめているにもかかわらず、一九七〇年六月二三日以降、安保条約が「随時廃棄可能」という不安定でぜい弱な条約に変容してしまうという、米日反動にとってのジレンマは深刻である。いわばそれは、いまより比較的軽い荷を背負ってつり橋をわたっていた状況から、今度は重荷を負って幅のせまい一本橋をわたるものにかわるようなものである。それだけではない。日米共同声明にそって、沖縄を日米安保条約の適用下におくという米日反動の方向に、いや応なしに日本人民の沖縄の全面返還闘争と日米安保条約廃棄闘争をいよいよ不可分のものにむすびつけてきている。沖縄県民が日米首脳会談と日米共同声明の発表に抗議して組織した一連の闘争を通じて、日米安保条約廃棄と佐藤内閣打倒のスローガンを鮮明にうちだしたことの意味は大きい。くわえて日米共同声明は、沖縄返還闘争とベトナム侵略阻止の闘争とを、これまたわかちがたくむすびつけさせる新しい契機にもなっている。

一方、独占資本と自民党政府のえがく「七〇年代」の日本の展望はけっしてバラ色ではない。七二年不況説もささやかれている。その見通しの当否はべつとして、「七〇年代」とは経済的危機と政治的危機が今日以上に有機的に絡みあう可能性をはらんだ時代である。

すでにしばしば指摘されていることだが、「七〇年代の政治と経済の基本課題」をテーマにして六九年八月に富士吉田市でひらかれた日経連の政治セミナーは、独占資本の自信と不安の交錯の場だったといわれる。そこで提起されたつぎのような問題点は、日本の反動支配層が「七〇年代」にむけて、どんなに多側面の、そしてジレンマに富んだ課題に直面しているかを物語ってあまりある。すなわちそれは、①保守党の退潮と多党化傾向、②社会緊張のたかまりと国民合意の必要、③自主防衛力の強化の必要と遂行上の困難、とくに核兵器の選択の問題、④大学改革の必要と治安問題、⑤国際通貨体制の改革と世

界的インフレーション、⑥賃金・物価の悪循環的上昇と労働力不足、⑦アジア・太平洋地域への進出と反発、⑧アメリカのこんごのアジア政策と日本の中国政策のあり方――などである。さきにものべたように、日米安保体制の拡充・強化、日米軍事同盟のいっそうの侵略的強化のかたわら、それをささえる日米安保条約そのものが「自動継続」によって「随時廃棄可能」条約に変容してしまうという矛盾は、反動勢力にとっていっそう深刻である。支配層にとって「七〇年代は国際社会の変動の速度が早まる混迷と変化の時代」(日経連代表常務理事・桜田武)である。

ここにあげた問題点のひとつひとつを吟味し、そのジレンマに対処する反動の課題別の戦略と戦術を検討することは、興味もあり、重大な課題だが、これは本号別掲論文に全体としてとりあげられているので、ここでは割愛する。ただ指摘すれば、ジレンマの深さから、日米共同声明の路線遂行をおおいかくすために外交分野で、中国との接近論とか、日米安保条約そのものの「自主的」解消などが、自民党政治の内部からもますます口にされることになるだろう。内政面では、新全国総合開発計画にもとづく地域開発とか、「社会資本」の充実とか、が大きくもりあげられて、より飛躍した大国日本の未来像のイメージ・アップがこころみられるだろう。

だがこうした鳴りもの入りの内政・外交の手直し的政

策が「七〇年代」の主要な路線ではない。基本をつらぬくのは結局日米共同声明の路線であり、それによって拍車されるジレンマが深ければ深いほど、いよいよそれだけ、「法と秩序」の強化、人民抑圧の権力機構そのものの整備による政治の反動化が急ピッチにすすみ、同時になによりも「七〇年代」の基本的な対立構造に即応して、安保廃棄・沖縄全面返還闘争をすすめる諸勢力の分断と攪乱、政治戦線における自民党を中心にした反共連合政権づくりの公然、非公然の工作が進行していこう。思想面では、経済大国から政治大国へ、さらに核保有国への展望がますますおおっぴらに語られるようになり、核反対の感情をうちこわす教育と宣伝、反動的ナショナリズムの鼓吹、そして「七〇年代」の反動的政治・組織路線に照応して、反共思想が六〇年代にもまして露骨にふりまかれるにちがいない。六〇年代のあいだに育成・強化された反共右翼的労働運動の潮流は、さらにアジアにおける大国意識を注入されて帝国主義的国家の労働運動の色調をまし、他方、米日反動と人民の対立・矛盾の関係の客観的深まりにつけこみながら、それに根拠をおくようなかたちをとった極左的な労働、学生運動の潮流が、たえず再生して、人民の真の民主主義的統一に妨害をくわえてくるとみなければならない。

歴史上かつてない希望にみちた闘争と勝利への時代

率直にいって、日米共同声明とたたかい、日米安保条約廃棄・沖縄全面復帰の実現をめざす日本人民の闘争、その勝利のカギである人民の巨大な統一戦線の結成と発展には、さまざまの困難がある。それは不可避でさえあろう。日本人民が――それ自身はまだ革命ではないにもせよ、民族主権の確立のもとで、人民の立場にたつ政治をつくりだすという、かつて日本歴史が知らなかった大きな課題、日本人民にとって未経験の壮大な歴史的闘争についに着手してきた以上、それに困難がともなわないなどということはありえない。時代の潮流がはやく巨大であればあるほど、たとえていえば、川の流れがはやく、するどければするどいほど、逆まく流れもまた激烈であるる。だがわれわれ日本人民は、その逆流をこえて前進するほかはないし、また前進するであろう。それが六〇年代から「七〇年代」への時代だからである。逆流がおきるからといって川の流れはとどまることはないのであり、逆流がどれだけするどくとも川の水が逆転することはありえないからである。たとえ大河の表層が河上にむかってながれるような現象があっても、その底の方で水は、海の方に、人民の勝利の方にかならず、なにものも抗することのできない必然性をもってながれていく。人民の解放と勝利とは、その逆流の試練にもたえる巨大な舟――

できるだけ大きく、できるだけしっかりした構造をもち、真に正しい水尾をつくりだす無数のすぐれた舵とりをのせた舟、すなわち労働者階級を中心にした統一戦線、当面は安保終了通告を可能にする民主連合政府と、それをうちたてるだけの広大な民主的な統一戦線を、つくることにわれわれが成功するかどうかに、しかもどれだけ早くそれに成功するかどうかに、かかっている。逆流の試練をこえてこそ、はじめて働くものが主導する時代をになうだけの真の主体が形成されるのであろう。

われわれにとって肝要なことは、川の逆流を本流とみまちがえないことである。そして日米安保条約廃棄・沖縄全面返還の闘争とは、その要求が実現すればそれで勝利し、闘争が完了するというような部分的な要求の闘争ではなく、要求を実現したあとは、安保廃棄・沖縄全面返還をたたかいとった勢力自身が、国の政治の主人公になる責任をさらにきびしくになない、この日本を人民の繁栄の日本に、アジアの平和のゆるぎないとりでに、かえていく、いっそう希望のある闘争課題をになわねばならぬ。そうした全人民的な闘争なのだということを何百万、何千万人民の自覚にしていくことである。あえていえば、米日反動の政治への子供じみた反発だけならば、街頭の妄動ということがゆるされるかもしれない。しかしそれで安保が廃棄され、さらに廃棄後の日本をみずからの手できずきあげることができるであろうか。いま日本人民が直面している闘争と時代とは、そのような小さな敗北的な展望しかない闘争でもないし、時代でもない。もっと歴史的で希望にみちた闘争と時代、この日本の進路を根底からかえようとする問題である。だからこそトロツキスト集団のはたしている役割は、人民の歴史的展望を妨害し、革命への前進をくいとめる反革命的なものである。つまり「七〇年」と「七〇年代」の人民の闘争とは、人民が主導する時代の政治をになうことができるだけの力量を、われわれが現実にきずきだす課題と不可分にむすびついているのであり、その力量とは、どんなに目前の闘争の展開にさまざまの困難があろうとも、働くもの、生産をにぎるもの、労働者階級が中心になり、農民、勤労市民、学生、婦人すべての諸階層をうって一丸とした人民の巨大な統一戦線以外にはない。

そういうことは、しかしあまりにも原則的にすぎることとの強調であり、その実現の展望は夢のように遠いことでしかないのであろうか。だがそれ以外にないであろう。われわれは統一戦線の必要性と必然性をたんなる当面の闘争の手、戦術のこととしてでなく、歴史上はじめて人民の手に日本の政治をにぎりしめる時代に、いまや日本人民が足をふみいれつつあるのだ、という歴史的展望とむすびつけて深く理解するときをむかえているのだし、また、どんなにその実現に時間がかかろうとも、まさに「それ以外にない」のである。一〇〇年でも二〇〇年でも全人民が団結をうちかためてたたかえば、ベトナムがベトナム人のものであるかぎり、ベトナム人民はかならず勝利する、という展望のもとにたたかったベトナム人民の勝利の前進が、まさに「それ以外にない」道の偉大さを、まざまざと日本人民にもおしえているといえよう。団結と統一という、ばかばかしいほどの常識の路線が奇蹟を生み、一〇〇年でも二〇〇年でもたたかえば必ず勝利するという気の遠くなるほどの展望が、勝利へのもっとも着実な、しかも一番早道であった。ベトナム解放民族戦線が結成されたのはわずか一〇年前。この一〇年間にベトナム人民は解放の戦線をつくりだし、そだて、そしてベトナムと世界をかえてきた。

「ある時代の個々の歴史的運動が、どういう速度で、どういうふうにうまい具合に発展するかを知ることはできない」——さきに引用した文章でレーニンはいっている。レーニンが強調したことは、「どの階級が時代の中心にたっているか」、また「その時代の主要な内容、発展の主要な方向、歴史的情勢の主要な特殊性」こそわれわれが知らねばならず、それを「自分の戦術を正しくうちたてる」基礎にすえおくということであった。

六〇年代の終わりの一九六九年、南ベトナム解放民族戦線がついに臨時革命政権を樹立した。五〇年代終わりの五九年、キューバ人民はアメリカの足元で革命に勝利した。四九年に中国人民がみずからを解放した。その一〇年前はまだヒトラーがいて、これから第二次世界大戦にのりだそうとしていたことはさきにもふれた。二九年の世界大恐慌、一九年のロシア革命後の社会主義ロシアとソ連人民への帝国主義諸国家の反革命干渉戦争——まさに大きな転換がこの歴史の記録には語られている。しかし、そこまでたちかえってもわずか五〇年だけをふりかえっているにすぎない。半世紀、人の一生のうちの巨大なこの時代の変化のすさまじさをいまあらためて想起し、時代、人類社会がどんなにはやく、そして曲折をはらみながらも、結局どの方向にすすんでいるかを正しくつかみとる必要がある。未来を正しく語り、希望にみちて未来にたちむかうためにである。

一八九八年、スペインとたたかいフィリピンを手にいれ、そして西漸してアジア支配と侵略の道にのりだしたアメリカ帝国主義は、一九四五年に日本帝国主義をおさえ、四九年には日本をサンフランシスコ条約体制のもとに入れる準備とヨーロッパにおけるＮＡＴＯの結成にはいった。その年、アメリカが二四九億ドルという空前の金保有をもって世界に君臨していたことを知っておくことは興味ぶかい。いわばこの年、アメリカは絶頂のときにあった。

だが、いまその金保有は一〇三億ドルでしかない。四九年の一〇年後には、アメリカはドル危機を口にしはじめ、さらに一〇年後の今日、その危機は国際通貨体制全体の危機とむすびついて骨がらみのものになっている。

しかもその四九年、アメリカ帝国主義のまえにはみずからを解放した中国人民がたちふさがった。一〇年後には足元でキューバ人民が、そしてさらに一〇年後には、全力をふるって展開したベトナム侵略の崩壊のとき、アメリカの政治的権威の大きな崩壊のときがおとずれている。中国の壁にぶつかったアメリカは朝鮮半島にわけいって成功せず、ベトナムに侵略の魔手をのばして、いまや敗走せざるをえない。そしていまどこにしがみつこうとしているのか。どこを足場にして体制をかためなおそうとしているのか。それが日本であり、その姿が今日の共同声明である。しかしその日本で、日本人民もまたいま安保廃棄・沖縄全面返還の旗をかかげてたちあがっている。この日まで、一八九八年からかぞえて七一年でしかないとすれば、人の一生のうちに、アメリカ帝国主義の存立の条件と運命、広く世界史はどの方向にむけてどれほどかわり、さらにかわりつつあるといえるのだろうか。

アメリカ帝国主義の強大さ、日本独占資本の反人民的な本質、「七〇年代」をめざす動向の危険さを、いささかも過小評価することはゆるされない。だが一九七〇年代というものの展望を真にうちたてようとすれば、目前の反動勢力の巨人ぶりにではなく、「粘土の巨人」がたちすくんできている歴史の足どりをこそ、真に展望の基礎におかねばならない。そして五〇年代が日本人民の全面講和要求の闘争からはじまってキューバ人民の革命勝利におわり、六〇年代が日本人民の安保改定阻止闘争にはじまって南ベトナム臨時革命政権の輝かしい樹立におわったとすれば、「七〇年代」はなににはじまり、なにをもっておわらせねばならないのであろうか。日本こそいまや世界とアジア安定のカギだとニクソンはホワイトハウス前庭の佐藤首相歓迎式でいい、佐藤首相は「太平洋新時代」のはじまりを自画・自賛した。その日本で六〇年代をしめくくるとともに、「七〇年代」の幕をひらく衆議院総選挙闘争がいまはじまっているのである。そして「七〇年代」のはじまりを、日本人民がいま、「七〇年闘争」を合言葉にしてきりひらこうとしている。それは世界史の潮流に呼応した日本人民の壮大な歴史の除幕である。「七〇年代」は日本人民の解放の歴史の新しい幕のはじまりである。

必要な三つの強調点——「われわれはどうするのか」が問われる時代

三つのことの強調が必要であろう。一つは、いま犯罪的な日米共同声明がうちだされた段階では、米日反動による沖縄「返還」の欺まん性だけをばくろし、つくことではたりない。共同声明第三、四、五項が、厚顔にもうちだしてきている米日反動の結託によるアジア人民共同支配のゆるしがたいドクトリンへの人民の警戒心と反撃を急速にたかめることである。またわれわれはたんに「ワシントン・ドクトリン」を批判し、攻撃するだけでなく、日本人民とアジア人民がつくりだすアジアの真の安全保障とはなんであるのか——核抑止力と日米軍事同盟の強化をもってアジアに日本がのりだすことであるのか、それとも日米軍事同盟を廃棄し、真に自決したアジア人民が相互に自主平等の友好関係をうちたてる道にあるのか——をあきらかにした人民自身のアジアに生きるドクトリンを、全人民的にたかだかと提起していくことが必要であろう。国家百年の大計という。いまやわれわれは、「七〇年代」の日本の進路を、日本人民をふくむアジア人民の戦闘的連帯とその主導権のもとにうちたてる方向にむけて、巨歩をふみだすべき時代をむかえている。

二つは、かつて一九三〇年代のフランス、スペインの人民がファシズムの胎動に人民戦線をつくって対抗したように、全人民的なフロントをつくることなくして、平和も安全も独立もないという時代をむかえているということである。日米共同声明はそのフロントの必要性をいちだんと明確にした。いま安保廃棄・沖縄全面返還を中心にした全人民的な統一戦線の結成に努力しようとしないものは、歴史に悔いをのこすであろう。そしてこの統一戦線の結成なくして、そもそも安保廃棄の日本をになうことはできず、安保廃棄と真の沖縄全面返還がありえ

ないことはすでにのべたとおりである。

だから第三に、このフロント——全人民的な統一戦線をきずくための中核の強化、日本共産党の躍進が今日、日本の進路と全人民的な運命のなりゆきをきめるなににもまして重大な問題になっている。そのことは一つの政党の政党エゴイズムにたつような主張の問題ではない。共産党の躍進なくして、人民の「七〇年代」はほとんど夢想のうちにおわる客観的過程が現実に進行しつつあるからである。アジア情勢の発展と人民の安保の政治への教訓のたかまり、そして安保条約そのものが「随時廃棄可能」な条約に変容していくなかで、侵略と戦争準備、人民抑圧と収奪の体制を維持するカギは、ますます自民党を中心にした反共連合戦線と、それをよりどころにする反共連合政府ができるかどうかにかかっている。これに対立し、日本人民の未来をきりひらき、アジアの平和をつくりだすカギが、共産党を中心にした民主連合戦線とそれを基礎にした民主連合政府の樹立にあるということは、共産党の思いあがった手前がっての主張といったものではなく、今日の日本の階級闘争の客観的過程がつくりだしている課題の集約点なのである。

すでに本稿を書いているいま、衆議院選挙の投票日は目前にせまっている。日米共同声明の真相を気どられまいとする佐藤自民党政府が、憲政史上例のない一二月解散にでたことは、それとして糾弾されるものだが、自民

党と独占資本の利益のためには人民生活のなりゆきなどどうあろうとおかまいなく、政治をほしいままにしようとしている。その姿勢と立場にこそ、自民党政治の本質が露呈しているといわねばならないだろう。

木村官房副長官がワシントンで日米共同声明をよみあげたとき、日米共同声明の核心である第二、三、四項をよみあげることをあえて回避し、そして翌朝の新聞には、声明に一言も書かれていない言葉——「核ぬき、本土なみ、七二年返還」成る——が、これこそ声明の内容だとばかり大見出しでかかげられた。これはもう白昼公然たる権力のさぎ行為であり、マスコミのそれへの屈従というほかはない。しかしそれだけのあからさまなウソをつき、政治犯罪を冒しても、かれらは日米共同声明の路線、反動の「七〇年代」の道をきりひらこうしているのである。これをゆるすのか、ゆるさないのか。それだけでもう今回の選挙の重大性はあきらかである。なにをもってこの犯罪に人民がこたえるのか。それは自民党を、政権の担い手の場からひきずりおろす方向にむけて選挙をたたかい、日本共産党の大躍進をかちとることである。そして選挙戦を通じて一人ひとりの自覚した日本人民が、日本の政治をかえる大事業に何百万、何千万の人びとを組織する中核になることである。

いまやわれわれは、「七〇年代」は、「どうなるのであろうか」、「安保廃棄後の日本はどうなるのか」というふうにだけ問題をたてることはできない。「安保廃棄はどうなるか」ではなく、「われわれはどうするのか」が問われ、問いかけあわねばならぬし、問いかけていい時代に生きようとしている。困難は山ほどあるであろう。一ccの水に熱量をあたえれば必ず一カロリーで一度ずつ上昇していくが、やがて一〇〇度の熱湯から一〇〇度の蒸気にうつるときがくる。このとき熱量は、一カロリーではなく五四〇カロリーを必要とする。社会発展法則もまたしかり。いまはその五四〇カロリーを必要とする時代であり、だからこそ困難は山ほどのものなのだ。だがこのことこそ、アメリカ帝国主義とそれに従属しつつ帝国主義「自立」をめざしている日本独占資本と反動勢力の反人民的反民族的結託をうちやぶり、人民の「七〇年代」かぎりなく豊かにつくりだすことのできる時代が近づいていることをしめしているのである。

（『経済』一九七〇年一月号　川端治）

アジアは恐るべき核戦争へ突入するか

絶望と欲求不満の産物か

戦後二六年、世界の人びとが確たる根拠もなく、あまりにも強烈な破壊力のゆえに漠として信じてきたひとつの神話にも、ついに終止符がうたれるときがおとずれるのであろうか。

その舞台は一月末のラオスへの米＝南ベトナム政府軍の侵攻いらい、あらたな緊張を高めているインドシナ半島。その神話とは、核戦力とは行使されざる脅威――つまり戦争抑止力としてはたらく戦力だという暗黙の了解である。

正直いって、インドシナ半島における米軍の核使用の懸念は、最近になってこと新しくうかびでてきたのではない。昨年六月二日、米議会ハト派の長老フルブライト外交委員長はすでに、「ベトナム戦争のある段階で、米軍は核使用にふみきる可能性がある。私は軍部が絶望と欲求不満から、核兵器を使用するのではないかと非常に憂慮している」とのべ、世論にむかって警告を発していた。

当時の『ニューヨーク・タイムズ』もまた、ニクソン大統領が七〇年一一月の中間選挙後は、新しいエスカレーションにはいり、「あらゆる兵器に手をつけるかも知れない」ことを報じ、同大統領がかつて副大統領時代二回にわたって、ベトナムで原爆をおとせと主張した政治家だったことを、アメリカ国民も世界の人びとも忘れない方がいい、と注意を喚起していたのである。

注目しておいていいことは、その後の事態は、「あらゆる兵器」に手をつけることをのぞいては、ほぼこの六月段階の『ニューヨーク・タイムズ』の予測どおりに展開した。中間選挙以後、もはや選挙目あての人気とり政策に手をしばられる必要がなくなったニクソン大統領は、『ニューヨーク・タイムズ』が、少なくとも北ベトナムへの地上軍の派遣、ハノイ、ハイフォンへの爆撃もありうる、と指摘したとおりの方向にむけて、ベトナム、カンボジア戦争を拡大した。

　そして一一月中旬に、捕虜救出という奇妙な名目で、米兵は一時的にもせよ、北ベトナムに軍靴の跡をのこした。ついで一月末からは異常な報道管制をともないつつ、ラオスにむけて公然と侵攻を開始した。その作戦の狙いと成否は、とりあえずはいま問題ではない。

　問題は、一新聞があらかじめ指摘したとおりのことを、ニクソン政権が具体的に実行しているのだとすれば、ラオス侵攻は決して思いつき的に、いわばけいれん的に仕組まれたものではなく、かなりの長期展望をもって着手されたとみていいということであり、そうである以上、「あらゆる兵器」使用のプログラムの予告もまた、かなりの信憑性をもってうけとってしかるべきことではないかという点にある。

　年明けて、「核使用」の可能性に関するニュースはずいぶんと多彩なものになった。

　たとえば、ベトナム通で知られる著名なジャーナリスト、W・バーチェットが、一月一六日の米紙『ガーディアン』にパリから寄稿したのがその一つであろう。それは、ワシントンからパリに伝えられる諸情報によると「ベトナム戦争で未だ使用されずにいる唯一の兵器——戦術核兵器の使用についてのペンタゴンの圧力と、これに屈しかねないニクソンの傾向」がますます明確になってきているというものであった。バーチェット記者は、ニクソンが南北ベトナムを切断し、ホー・ルートを阻止するための「放射能の壁」をつくり出そうとしているとも大胆に予測している。

ぶきみな第三の想定

　有力な外交誌『フォリン・アフェアーズ』一月号に載った元国防総省アジア部長アール・ラベナル氏の論文は、同誌が米外交のもっとも権威ある展望を語る役割をもつものであるだけに、一層関心をひいた。

「もしわれわれがひきつづきヨーロッパとアジアでの利益を防衛する約束をそのままにしておきながら、通常兵力をひとつだけの大きな事態発生を想定したものにしておくとすれば、われわれの戦略は核兵器の早期使用にしわよせされざるをえない。一プラス二分の一戦争戦略は、大統領に選択可能のはばを狭めている。そして核兵器、核威嚇に訴えるべきことを……よりあり得べき選択にしている」

　このラベナル論文は、いますぐインドシナ半島で核兵器が投下されるだろうと結論をくだしているわけではない。しかし、だからこそ、ますます重視しておいていいといえるのかも知れない。なぜなら彼は、ニクソン・ドクトリンでの、そのアジア防衛構想が、①あり得べき脅威のなかから、中国の侵入を除外する　②同盟国が脅威に対抗する地上兵力を、大量に提供する、という基本的な構成内容とならんで、つぎの第三の想定——すなわち「将来のアジアの紛争では、アメリカの介入が戦術核兵器の使用をともなったものになる」という想定をもっているのだとのべているからである。「海軍による包囲網、近接諸国の基地群による包囲環、アメリカを主人としたアジア人の傭兵化、そして核のしかけわな」——これがラベナル教授が解説してみせている「ニクソン・ドクトリン」なのである。

そうだとすれば、ラオス侵攻をもってニクソン原則の展開なのだとワシントンがいえばいうほど、そこには「核のしかけわな」がいよいよ深刻に、かつ切実に用意されていっているのだ、とみなければならないだろう。

インドシナ半島での核使用は、かつてアイゼンハワー時代にも検討されたことがある。ニクソンの当時とった態度は前記『ニューヨーク・タイムズ』のいうとおりである。また六六年度にもふたたびとりあげられ、当時タイを基地とするパイロットから〝特別任務〟の志願兵がつのられ、四人が選ばれた事実があった。のちに計画は突然中止されたが、この志願兵たちは、北ベトナムの選定された目標への原爆投下を任務づけられていたという。

さらに六八年春、いわゆるケサン攻防戦に関連して、『セントルイス・ポスト・ディスパッチ』のワシントン支局長、マーキス・チャイルズ記者が、同紙二月九日付で「米国はすでにケサン攻防戦が危うくなったとき使用する戦術核兵器を南ベトナムに貯蔵している、との情報がたえない。フルブライト上院外交委員長はこれを憂慮し、委員会事務局は、調査をすでに開始した」と報じたこともある。

当時のワシントン発共同電もまた核使用についての米政府当局者の否定にもかかわらず、米国防省は、ベトナム戦争の最悪事態にそなえて戦術核兵器の可能性まで検討し、それにともなう新しい技術、新兵器の開発をつづけていることは、現在ワシントンでほぼ常識化しているといってよい、とつたえてきたものであった。

鼻息あらいタカ派

およそ戦況がアメリカに不利をつげてくるたびに軍部はもちろん、たとえば故アイゼンハワー大統領、カーチス・ルメイ元空軍参謀長、あるいはレーガン・カリフォルニア州知事といった旧軍人、右派政治家の間に、核使用封殺へのフラストレーションがくりかえし高まってきた。「米国民の血をながすより核兵器で勝負をつけろ」というのは、強大な近代軍事力が戦争の勝敗のカギをなすとみる唯武器的な戦争観、戦争論の当然の反映といえばいえるだろう。これは少なくない米国民の心理でもある。

そしてそのフラストレーションのたかまりをそのつどおさえてきたのは、結局は核使用に反対する広大な世界の世論、そして、それに屈曲しつつうけざるを得ないワシントン当局の、たとえばソ連との協調宥和をグローバル・ポリシーとして維持せねばならぬ、とする政府当局の判断だったにすぎない。それはいわば息も抜けない微妙なバランスの所産だったのだというべきだろう。核抑止力の神話は、このあやふやなバランスの上にたつものだったのである。

ではこの微妙なバランスは今日どうなろうとしているのであろうか。この点でいささかも軽視してはならぬのは、この一月末いらいのインドシナ情勢の急展開が、かつてのケネディ時代の米国務次官補だったロジャー・ヒルズマンが断定しているように、ニクソンが「ベトナム和平」でなく、インドシナ半島で「勝利してみせる」ねらいからうちだされているものだということである。

それは七二年の米大統領選挙をひかえているニクソンの焦燥の戦術展開ともいえるし、ついには「勝利」でなく最終的「敗北」をつくりだしていく以外のなにものでもないだろう。しかしそれは戦争の総括としていえることであって、そこまでの過程についていえば、インドシナ情勢は従来と異なる重大事態にむけてつきすすむであろうし、現にまたつきすすみつつある。いわば過去に封印されたままになっていた作戦、禁手がつぎつぎに解除される可能性がみてとれるからである。

ラオス侵攻についていえば、それは六八年九月ごろ、カオ・バン・ビエン・サイゴン政府軍統合幕僚本部総長がとりまとめたという侵攻計画の具体化とみていいふしが濃厚である。

報道によれば、その侵攻計画は、①一七度線ぞいに南ベ

トナムのドンハからラオス南部のサバナケットにかけた延べ一二〇キロを南北三五キロにわたって自由攻撃地域（浸透阻止障壁）をつくる　②その地域に三個師団を投入し、地上北進攻撃をくわえる　③この地域南側の住民をすべて疎開させる――という内容をふくんでいたものであった。

今日、事態はおおよそそのとおり展開している。そしてビエン戦略がサイゴンとビエンチャン、バンコク「枢軸」形成を前提にして、ラオス右派のひきいれを主張するいっぽう、それができない場合の代案として、「北ベトナムのビン、ハチン地区への海上からの上陸」を提示していたとおり、グエン・カオ・キ副大統領はくりかえし「北への進撃は時間の問題」とわめきたて、他方では、沖縄から米第三海兵師団一五〇〇人を、特別上陸部隊のかたちをとっていそぎ、ベトナムに派遣したことが明らかにされている。

さる三月四日、「ベトナムにおける米帝国主義者の戦争犯罪を調査する北ベトナム委員会」は声明を発表して、二月中に一四―一七隻の米第七艦隊がトンキン湾を巡航し、海兵隊をのせた上陸用母艦四隻とヘリコプターが、北ベトナムのハチン海岸に接近した事実を公表している。

神話の時代は終わった

ところで、このビエン戦略が組まれた六八年に先だって、米軍の戦略展望として「一三段階論」といわれるエスカレーション戦略が問題視されたことはなお記憶に新しい。究

極は核使用にいたる段階的拡大戦略の構想である。おそらくビエン戦略はその一環、一三段階戦略の一側面を形成するものとして組まれていたものだったであろう。そしていまになって明らかになったこの構想の初期段階におかれている「浸透防止障壁」の形成が、バーチェット記者のいう「放射能障壁」として、さしあたりの核使用の可能性をはらんでいることに注目しておきたい。

もっとも六八年段階でいえば、この「浸透防止障壁」は、ただちに核使用と結びついていたとはいえない。想起されるのは、当時のマクナマラ国防長官が六六年秋以降、一七度線ぞいのラオスにむけた線において「電子の壁」の構築をとなえていたことである。それは事実着手された。

しかしその後の経過がしめすように、ホー・ルートを切断する実効をあげたとはいえまい。確認された事実は、このマクナマラ計画が「イグルー・ホワイト」（エスキモーの白い小屋）の名称のもとで、ホー・ルート周辺に小型の地面振動探知器、高性能のマイクロホンを空から投下するかたちで具体化されたということである。情報は上空旋回の米軍用機で受信され、南ベトナム領内の情報センターのコンピューターにおくりこまれて、トラックなどの移動方向、貯蔵施設の位置などを判定し、将来の出動のための資料に供されたといわれる。

これに対しておなじ「浸透防止」といっても「放射能障壁」は——実行されるとすれば——はるかに決定的である。

まさにこの観測と、米人記者も立入り禁止にし、異常な報道管制をくわえつつ、ラオス領内侵攻が現におこなわれている事実が結びつくとき、そこに容易ならぬ事態がこんご生まれるかも知れぬという推測がなりたつ。一七度線ぞいに住民を疎開させている事実は、いったいなにを意味するのであろうか。

核の「神話」——ふたたびそのことに立ちもどっておこう。その「神話」は、さきにもふれたようにあまりにも大きなその破壊力の故に生じたものであったといえる。全世界人口ひとりあたり、いまでは一〇〇トン（TNT火薬換算）といわれる核貯蔵量、いわゆる「オーバー・キル」の現実が、核の神話をつくりだした。

だが核兵器は今日、一発一〇～二〇メガトンをもつミサイル・タイタンに代表されるような戦術核群、まえに沖縄からあまりにも旧式すぎるがゆえに撤去されたメースBのような広島級原爆に相当する戦術核群からだけなりたっているのではない。小は歩兵二人で移動できる「ディビークロケット」や爆発力がTNT一〇〇トン以下にコントロールされた小型核兵器「ブリッジ」などの米軍用語でいう「戦場核」体系からもなっている。

つまり核兵器体系は原子砲からミニットマン、タイタン・クラスまでのスペクトルをなす、おそらく将来はウランでなくカリフォルニウムを使用することによって、ピストル型の核兵器さえつくりだされるというのが現実であり、それを無視して核の「神話」だけにたよることは、もともと楽観にすぎることなのである。

「ブリッジ」級であれば、破壊対象を一つの橋、一つの道路に極限しうる。その破壊力はB52が投下するTNT爆弾にもおとるであろう。だからこそ六七年二月二四日の『ワシントン・ポスト』紙は、国防総省のタカ派が「いざというときに小型核兵器を使用することもありうると明確に宣言」し、それが「局地戦発生の抑止力としてはたらくし、またじっさいに使用しても小型核兵器と鉄砲ダマやシュラプネル（ボール爆弾など人畜破壊用の破片爆弾）とは、人を殺すのになんら変わらないと主張している」事実を伝えていたのである（坂井定雄『核戦争が起る』三一新書）。

もはや戦場核は、米軍の概念によれば、核兵器ではなくて「通常兵器」の一種とみなされている。そして米軍がそれこそシュラプネルやナパーム爆弾で、ベトナムで、ラオスで、ジェノサイド（みな殺し）方式の罪をすでに犯していることを忘れない方がいい。核へのいざないは貞操をはじめてやぶるかのように見えて、じっさいにはすでに貞操はやぶりすてているといえるのではなかろうか。とすればのこるのは、核爆発にともなう放射能の問題だけである。

ところが、いままさにその放射能がもとめられている。障壁づくりの迷案のひとつとして——。それはそれとして「神話」の崩壊以外のなにものでもないだろうし、ニクソン・ドクトリンの構図の告白でもあろう。

ケサンの危機ふたたび

以上のような事態の展開が、原爆被災国の日本と日本国民にとって許しがたいものであることはいうまでもない。その意味で、インドシナ侵略のエスカレート慣れともいうべきわが国の反応をどうわれわれ自身うけとるべきか、問われているのはインドシナ人民だけでなく、ニクソン・ドクトリンの七〇年代構想が組まれているこの日本、日本国民自身なのである。

しかも現に日本から米第三海兵師団がふたたび南ベトナムに進出をした。これらの部隊は周知のように南ベトナムから一時撤兵後、東富士で訓練をしていた部隊である。そのさいもちこまれた一五五ミリ榴弾砲——これまたじつは原子砲の一つにほかならない。

くわえて沖縄では移動式戦術核ミサイルのオネスト・ジョンの搬出入が目立ってふえてきている。これは知花弾薬庫地域の核貯蔵庫に保管されていたもの。現地での確認によると、オネスト・ジョンの運び出しがはじまったのはすでに昨年一〇月ごろからである。深夜午前三時前後に弾薬庫から軍用道路一六号線をとおり第一八ゲート経由で嘉手納基地のMACターミナルに運びこまれるのを基地労働者がしばしば目撃した。陸送のさいには荷台にカービン銃をかまえた武装兵、前後にピストルで武装した兵士を二人ずつ乗せた警備車が赤色灯をつけて配置されるのが通例である。その陸送の間、一六号道路は武装米兵で遮断される。そのミサイル本体にはTNT火薬装着の場合、黄色の識別帯をつけてだれにも見える姿で運ばれるのが普通だが、今回はカバーをかけていっさい判別できないようにしてあるという。オネスト・ジョンはTNTのほか核、細菌爆弾が装着可能であり、現地ではこの異常なとりあつかいから、核装着の可能性が濃いと判断されているのである。

オネスト・ジョンもまた射程三・六キロ、装着核弾頭は一〇〇〜一五〇キロトンの威力をもつ戦場用地対地ミサイルのひとつ。全長七・四メートル、直径〇・七五メートル、翼幅一・三五メートルで、沖縄には五九年いらい配備されていた。この沖縄の「核」について七〇年八月二四日、米上院外交委員会の対外公約分科委員会が発表した「日本および沖縄に関する聴聞会」の記録は示唆的である。

ジョンソン国務次官＝沖縄に核兵器をおく権利をもつ意義は、戦略核兵器より戦術核兵器に関連したものである。……（もし米軍が攻撃されたとして、沖縄からの核兵器出動について）やりたいことはなんでもできる。

フルブライト議員＝ベトナムについての事件（ケサン攻防戦当時、核兵器使用が云々された事件）のさい沖縄に核兵器をおいていたことはだれでも知っていると思う。ホイラー統合参謀本部議長のいうことが正しければ、米国はケサンが重大化したら、核兵器を使う用意があるというものだった。もしケサンが陥落していたら、ホイラー議長は、核を使わないということを拒否していたので、核兵器を使っていたかも知れない。

中国の介入をよぶとき

こんごインドシナの事態がどう発展していくのかについては率直にいって正確な予測は不可能というほかはない。近着の米軍機関紙『スターズ・アンド・ストライプス』は、現在のラオス作戦につづいて、三月にも米軍はふたたびカンボジアに戦力を投入する予定と伝えており、全インドシナを戦場化するその計画は、ニクソン政権と米軍部が描いている四カ年計画の一部をなしていると解説している。核使用の可能性はいぜん否定されている。構想されていることは、インドシナ半島を南北に切断し、サイゴン、ビエンチャン、プノンペン、バンコク枢軸をつくり、日本をアジアの代貸しとするパシフィック・コミュニティ（太平洋反共共同体）をきずいていくことであろう。

アメリカの狙いについてだけいえば、「最少の損害で東南アジアにおける目的を達成する最上の手段」（ムーラー統合参謀本部議長）として、いよいよ「アジア人」への戦争の肩代わり、バンカー駐サイゴン米大使のもっとあけすけな表現をつかえば、「戦場における屍体の皮膚の色をかえる」ことが考えられていることは明らかなことである。

ニクソン・ドクトリンとはその意味で、戦争の放棄でも侵略の停止でもなく、じつのところ、アジア人を前線にたてるために「米軍が引く」プログラムだったことが、いまでは明白になってきている。その反共アジア軍隊を支配し、つなぐのは、C5Aに代表される米本土からの大機動戦力と核兵器の全体系である。

だが問題は、インドシナ状況がいまだかつて米軍の思惑どおり展開したためしがないということである。現に今日もまたラオスに侵攻した南ベトナム軍のレンジャー部隊一個大隊は、一月もたたぬうちに潰滅的打撃をうけて敗走した。米空軍も大きな被害をすでにこうむりだした。にもかかわらず――というより、だからこそ、米大統領はかえって南ベトナム政府軍の北進の可能性を否定せず、インドシナのどの地域にも米空軍力の行使にまったく制限をつけないという(三月一七日記者会見)。

侵略したからこそ捕虜がでた。ところが、捕虜が釈放されないかぎり米軍は南ベトナムにのこってたたかうのだ、というのがニクソンの論理である。これがどんなに非論理的であっても、侵略の論理はこれ以外にないし、自己をつらぬこうとするだろう。

ハーマン・カーン主宰のハドソン研究所のエドモント・スチルマンが米国政治・社会学年報の「いかにして戦争を終結させるか」という特集に寄稿して、インドシナのジレンマを解決するために、陸海空四、五個師団による北ベトナム侵攻、さらに中国の介入に対して北京への核攻撃もいとうな、と論じていることは、ニクソンのジレンマがすす

む非論理的な進路を皮肉にも論理づけたものだったのである。

これに対して、北ベトナムはすでに昨年一一月には総動員令を発して侵略拡大にそなえている。二月二日にはベトナム労働党第一九回中央委員会決定がだされ、これを軸にして全国民の総動員体制、全土臨戦化が急ピッチにすすんでいる。軍事的にもラオス領内九号線ぞいの31高地の激戦では、ソ連製戦車PT76が出現、米側がもっている従来のロケット弾では役に立たないことが米軍パイロットによって報告されている。

とくに注目されるのは、中国がインドシナ情勢を重視し、二月一四日には、ついに林彪副主席が国防部長の肩書をもって、中国人民と中国解放軍はインドシナで米侵略者が勝手にふるまうことを絶対に放置しない、との電報を南ベトナム臨時革命政府国防相に送ったことである。ついで周恩来首相が中共軍事委員会の葉剣英副主席をひきつれて、ハノイにとんだ。

さらにこれに先だってハノイでは三月二日夜、北ベトナム中国人連盟の第三回会議が開かれ、席上、連盟議長のチャン・ドン氏は、「北ベトナムに在住する中国人三〇万ないし四〇万人が、抗米戦争における北ベトナムの努力にますます協力している」と宣言している。従来北ベトナム在住の中国人、つまり華商が五四年当時の統計で五万二〇〇〇人とされていた事実を基礎にして、この宣言をみれば、

そのはらむ意味は歴然である。一方で中国・ラオス国境にあった中国の五万余の師団が突如「蒸発」したという米側情報もあり、事態は事実上の中国参戦の方向にむけて、はっきりと動きだしているとみるのが至当といえそうである。

局面はまさに深刻といわねばならない。そしてこの中国の対応が、インドシナでのアメリカの核使用の危険と深くつながっていることは、さる二月四日に中国各地の新聞に掲載された『人民日報』評論員論文が、発表直前に一時、印刷中止の措置がとられ、やがて次の一節をくわえて公表されたという経過からもうかがい知れることである。すなわち、

「スウェーデンと日本の新聞は、最近絶望のなかで必死のあがきをつづけているニクソン政府がインドシナ戦争で核兵器を使用しようとたくらみ、そのため日本世論の動静をうかがっている、と暴露している。

米帝国主義はもともとインドシナ侵略の元凶であるが、もしニクソン政府があえて核兵器を使用するなら、悪事のかぎりをつくした極悪人としてみずからの墓穴を掘ることになろう。核兵器は、インドシナ三国人民と全世界人民を脅かすことはできない。

米帝国主義が核兵器を使用してもみずからの命を救うことができず、全世界で一層はげしい反米の烈火をもえたたせ、米国内で一層強い革命をまきおこし、米帝国主義を急速に滅亡に追いこむだけである」

はたして核が中国の介入をよぶか、中国の事実上のインドシナ戦争への参戦の兆候が、ニクソンの核の行使への誘惑を阻止するか。これはゲームではないし、ゲームであってはならない。

核の「神話」が、核の権威の必然的な属性では断じてないことを、そして戦争とはほんらい非情であり、非論理的なものであることを、かつての日本の戦争体験とヒロシマ・ナガサキの被爆体験とをかさねあわせたところで、いま日本国民ひとりひとりが問いなおし再確認すべきときをむかえている。しかもくりかえしていえば、沖縄をふくむ日本基地こそが、このニクソンの非論理をささえるカギをなしているのだという事実の重みを直視してである。沖縄だけではない。二月一七日、東京横田の米軍基地では、一昼夜のうちに一五〇〇機の米軍用機の離発着がみられたのである。だから最後に、エスカレートしているのは日本の位置そのものだということをふたたび強調して、この稿をおえたいと思う。

（『丸』一九七一年五月号　山本宏次）

沖縄協定の問題点

——その侵略的・屈辱的内容

日米両国政府の発表をめぐって

「協定の調印は、日米関係の新しい段階と発展であり、一九五〇年代以来の長い歴史的な動きの終着点である」

六月一七日、沖縄県民をはじめとする国民のつよい疑惑と反対の声をふみにじったまま、日米両国政府は、一連の付属文書とともに「琉球諸島及び大東諸島に関する日本国とアメリカ合衆国との間の協定」に調印した。一連の付属文書とは、協定に関する「合意議事録」、基地に関する「了解覚書」、「復帰後の沖縄における外国人及び外国企業の取扱いに関する愛知外務大臣発マイヤー駐日米大使あて書簡」、「沖縄の施政権返還後の日米民間航空運送業務に関する了解覚書」、「VOA中継局の運営の継続に関する交換公文」、「海没地の問題の解決に関する交換公文」の六つ。

ここに引用したのは、宇宙衛星放送を通じて行なわれた調印式直前に、U・A・ジョンソン米国務次官が、日米その他各国約一〇〇人の記者団にたいして行なった〝背景説明〟の一節である。一方、日本側・佐藤首相は首相官邸にしつらえられた調印式場のあいさつでこう強調した。——協定の調印は、七〇年代の新しい世界、とくに太平洋新時代にむかってすすむ時代のはじまりを意味する、と。

愛知外相がこの日『琉球新報』記者に語った表現によれば、この一連のとりきめは「手前みそだが、今日の世界政治におけるけっ作」だそうである。たしかに皮肉にいえば、その内容においてはもちろん、その発表の形式だけをみても、米日反動支配層の侵略性と反人民性をみごとに露呈した〝けっ作〟といえないでもない。それはまず、日本側で協定をふくむ七文書が公表されていたとき、ワシントンでは、九つの文書が〝公式なもの〟として記者団に配付されるという奇妙な〝くいちがい〟が起きたことにあらわれている。

くいちがった二つの文書とはなにか。その一つは、六九年一一月の佐藤・ニクソン共同声明、もう一つはこの日米共同声明発表当日、行なわれた〝背景説明〟の速記録全文である。これが参考文書としてでなく〝公式文書〟として、しかも〝背景説明〟は初めて公開の形で発表された。これはジョンソン次官が述べたように「六九年の日米共同声明が完全に返還協定に組み込まれた」ことを意味する。共産党はじめ民主勢力がかねて指摘してきたように、六九年日米共同声明の条約化こそ、この沖縄とりきめの本質なのである。

だが同時にわれわれは、今回のとりきめが、たんに日米共同声明の追認でも再確認だけでもないことに注目しよう。米高官は一七日の記者会見でさらに、これまでの沖縄「返還」交渉のなかで「沖縄の防衛、安全保障を主体とする若干の問題についての日米両国の了解事項」がなりたっていること、しかもそれらの了解事項が配付された文書にふくまれていないことを明らかにした。要するに、日米間に新しい、いくつかの秘密の了解事項が成立しているというのである。多分それは、「返還交渉のさい（日米共同声明にいうベトナム再協議が）、完全に考慮され、今回の協定がアメリカの努力に影響を与えないということに満足している」という高官発表が示唆するように、アメリカのアジア侵略戦略の展開に関連している。あるいはまた、六九年共同声明発表時の〝補足説明〟の文脈からすれば、①日米の部隊が沖縄の米軍基地防衛の責務を負うこと　②日本が日本以外の地域の防衛に関心をもち、かかわりをもつことに関連した内容を最小限ふくんでいるにちがいない。すでに六月二九日の日米安保協議委員会は、日本側久保防衛庁防衛局長、アメリカ側カーチス在日米大使館沖縄担当官の間で、「沖縄の直接防衛責任の日本国による引受けに関する取決め」に署名調印したが、日本軍隊の任務と配置について、この種のとりきめが日米間で成立したことが明らかにされたこと自体、戦後初めてのことであった。

おそらく合意されたとりきめは、これにとどまってはいない。沖縄「返還」交渉は、じつに二年間にわたるものであった。すなわち公式交渉だけをみても、それは六九年七月一七日に幕開けをしている。その基調について、マイヤー大使は「沖縄問題を〝静かな外交〟で解決していく」（六九年七月五日、那覇）と述べていた。

六九年夏の段階で早くも『朝日新聞』は、秘密裏に進行中の沖縄交渉で、「返還」後の沖縄および本土からの米軍の朝鮮半島への出撃について、日本側がアメリカ側の満足のいく保証を与えた、と報じた（八月一九日）。『サンケイ新聞』は、アメリカ側が緊急事態例の一〇〇のリストを提示し、①朝鮮半島　②日本海　③ベトナムなどの地域別に、事件の規模、使用される兵器、そのときのアジア情勢などをふくんで日本側の対応すべき責任を問いただしてきている、と伝えた（八月二九日）。さらに一〇月上旬には、ホイラー米統合参謀本部議長が来日、ついで一〇月一五日には、日米外交・軍事最高実務者レベル会議が東京で開かれて、いわゆる「ミリタリー・コンプレックス」（日米軍事混合体）に関しての協議を行なった。当時の報道からその内容の一斑を推測させることを列挙すれば、この協議において、日本の地域的安全保障機構への参加、ベトナム休戦監視団への自衛隊の派遣、南朝鮮への武器輸出の可能性が検討され（一〇月一八日『日本経済新聞』）、「日米混合委員会」というべき新軍事機構の設定が合意され（一〇月二〇日『朝日新聞』）、あるいは日本自衛隊がこんごとも米国の戦術核、B52などの戦略爆撃機、第七艦隊に依存するが、しかしそれ以外の通常兵器による戦力はすべて日本が担当していくことが方向づけられた（一〇月二〇日『読売新聞』）。こうした協議とその基本方向の確認があったのちに六九年の佐藤・ニクソン共同声明がとりまとめられたのである。

「両政府がこの協議を行ない、これらの諸島の日本国への復帰が前記の共同声明の基礎のうえに行なわれることを再確認したことに留意し……」とその前文で明記した今回の沖縄に関する日米協定のはらむものは、以上の経過を一べつしただけでも明らかにその侵略性と反人民的性格において、戦後日米関係の新しい段階と発展であり、いわゆるサンフランシスコ体制においてアメリカ帝国主義がにぎろうとしていたことの全面化といって過言ではない。以下、沖縄協定にぼう大な秘密事項がふくまれていることを前提にしつつ、とりあえずは協定と公表された諸文書を中心にして、その日本国民とアジア諸国人民に対する犯罪的性格を明らかにすることにしよう。

沖縄協定のぎまん性

(1) **基地の継続について**　協定前文および第一条において、アメリカは、不法、不当、不理としかいいようのないサンフランシスコ条約第三条を法源にしたててきた沖縄における「すべての権利および利益」を「日本国のために放棄」したことを明らかにしている。しかし名目と形式はそのまま実体ではない。協定は、第三条で日米安保条約が沖縄に適用されること、すなわち米軍基地の保有が「許される」ことを規定し、「合意議事録」はその第六条に関する部分で、合衆国軍隊が沖縄における公益事業、公共の役務をこれまで「享受している条件と同じ」条件で利用する権利を保持しつづけることを明らかにしている。つまり、従来のような直接占領ではなく、日本国政府によって提供された形への一定の変更はともなっているとはいえ、その実体においては、サンフランシスコ条約第三条下でにぎりしめていたアメリカの権利、権限は基本的に継続される。

この米軍基地の継続性の問題について、愛知外相は、本土における占領からサンフランシスコ体制下への移行のさいとられた岡崎・ラスク交換公文や奄美群島の返還協定のようなとりきめを回避したとして、それを自負している。合意したものはもとより、合意しなかった基地についても米軍の専権的使用を認めるとした岡崎・ラスク交換公文こそ、サンフランシスコ講和のぎまん性を実態的に裏づけるものだったことはいうまでもない。しかし今回がそれに比べて多少とも「ましなもの」と評価できるのかどうか。逆にそこにこそ、今回の沖縄交渉の警戒すべき実態がはらまれているといえるのではないか。なぜなら協定とともに発表された基地に関する「了解覚書」は、たんに米軍の必要な基地使用の継続を謳うだけでなく、沖縄における「日米軍事混合体」の基本的な青写真でもあるからである。米軍が沖縄基地を従前どおり保持しつづけるのではなく、その基地体制を日本自衛隊に守らせ、「日米軍事混合体」をつくることこそ、沖縄「返還」にかけた米軍の狙いなのであり、だからまた、岡崎・ラスク交換公文方式ははじめから考慮外のことだったのである。

「了解覚書」ではこれまでの米軍基地はABCの三範疇に区分されている。Aは日米で別段の合意をしないかぎり、米軍が使用しつづける基地、Bは沖縄「返還」後、日本自衛隊にひきつがれる、Cは「返還」時または事前に米軍使用解除になる。それぞれA＝八八カ所、B＝一二カ所、C＝三四カ所と発表されている。

だが新聞でさえ、この数字に疑念を提出している。それはAリストの八八は、現在の米軍分類では一二四カ所とされていたものだからである。これを同一地区内の基地を同一名称に統一することで、あえて数を少なく印象づけるトリックを加えた。たとえばリスト・ナンバー一二の「嘉手納弾薬庫」は、核弾頭庫とみられる知花弾薬庫などをふくむ九基地からなり、ナンバー四八の「ホワイト・ビーチ」もこれまでなら五基地に数えられていたものである。一方、B、Cリストの方は従来の数字のまま。そしてとくにCリストのなかには、わずか一四坪のコザ憲兵隊詰所が一件に数えられていたり、採石所や米軍が一年のうち数日も使わないような訓練場がふくまれている。『琉球新報』の六月一八日付朝刊が、協定調印の報道の横ぐみ見出しを「沖縄基地、大部分残る」とつけたように、じっさい米軍基地のほとんどはそのままで、わずかな部分が、米軍支払いの地料節約の意図から整理解除されるにすぎない。Cリスト全体を合計しても、その面積は、これまでの米軍基地面積三五三平方キロのうち、わずか五九平方キロ、一六・八％にすぎない。

それだけではない。じつはCリスト三四カ所のうち軍用から解除されるのは、一五カ所、四〇平方キロ程度である。他の一九カ所は、Bリストの一二カ所のすべてとともに、ことごとくAリスト、すなわち米軍基地としてこんごも使用されるものの一部でしかなく、防衛庁の「沖縄防衛計画」

に照合すれば、日本自衛隊の使用に移るものである。すなわちCリスト一および三の那覇空港は、民間空港としての機能をもつとともに航空自衛隊が、リスト五の那覇ホイール地区は陸上自衛隊が、さらにリスト六のホワイト・ビーチ地区は海上自衛隊が使用する。リスト二四から三四までのすべてもまた日本自衛隊の使用に変わるものでしかない。これは「基地が返る」のでは断じてないだろう。米軍基地に自衛隊が配備される。すなわち日米のミリタリー・コンプレックス具体化のひとつというほかはない。しかもなお驚くべきことに、このCリストの一（那覇空港）、二（三和NDB施設）、三および五（那覇空軍、海軍補助施設等）、一二（渡嘉敷陸軍補助施設）、二三（宮古島ロランA送信所）、三三、三四（久米島および宮古島航空通信施設）などは、「合意議事録」の第六条関連条項で、明記はされていないが、米軍資産の日本国政府による買い取り対象にあげられている。「返る基地」とは、つまり日本が金を支払って「買いとる基地」となるものなのである。

Aリストについていえば、なによりもAリストを中心とする沖縄の米軍基地が、機能上むしろ強化されていることを指摘しておかなければならない。六九年以降だけでも、強化、増強された施設部隊の数は一一を数える。最近でも、嘉手納基地に駐留する全部隊はもとより、太平洋地域の米空軍に通常爆弾を補給・整備する第四〇〇弾薬整備大隊がその弾薬格納庫を整備拡充したし、陸軍では、宜野湾市の

ハンビー飛行場に情報収集を目的とする第二三情報収集部隊飛行分遣隊が新たに移駐してきた。読谷村の第一特殊部隊「アジア・アクション・グロップ」もさる五月一七日に部隊表示板を書きかえて、子供の遊び場になっていた元ホーク・サイト支援部隊基地をこの部隊の専門モータープールとして使用しはじめている。

SR71スパイ機も残るし、問題になった那覇基地のP3も、沖縄の他の基地に移転するだけで、沖縄から撤収するわけではない。逆に三月一五日の『スターズ・アンド・ストライプス』によれば、この九月下旬までに戦略空軍（SAC）の第九〇九空中給油機KC135が、カリフォルニアのマーチ基地から嘉手納に少なくとも一九機移駐するとされており、B52にかわるFB11もしくはB1の沖縄配備が予測されているのが実情である。

第二兵站師団、グリーン・ベレーとよばれる第一特殊部隊を中核とするアジア特殊活動軍、第七心理作戦グループ、第三〇砲兵旅団、第九九九通信隊、沖縄医療センター（以上陸軍）、那覇軍港、ホワイト・ビーチ軍港を舞台とする米第七艦隊と原子力潜水艦、およびP3対潜哨戒機群（以上海軍）、キャンプ・コートニーに司令部をもつ第三海兵師団（以上海兵隊）、東京・府中の第五空軍翼下の第三一三師団やSR71戦略偵察機部隊（以上空軍）などの米侵略軍の実態は、必要に応じて補強、再編成されこそすれ、その侵略態勢を少しも弱めようとしていない。VOAも残る。

いやVOA問題にかくれてしまっているが、沖縄からの「国連の声」放送――第七心理部隊のより露骨な謀略放送体制もそのままに残るのである。

ちなみにこのAリストについては、それが地上基地だけであることに留意しておきたい。「了解覚書」はこの点で三項の注を付し、海上基地がひきつづき米軍のものになることを予告している。四カ所の軍港、七カ所の上陸訓練場、同じく七カ所の射爆場（いずれもAリスト）につづく海面はもちろんだが、その他にも沖合いでの米軍演習水域（四カ所程度）、海岸周辺の保安水域（四、五カ所）、三〇カ所程度の干潟、計五〇以上が、この注対象にふくまれるといわれる。そしてさらに注は、日本国政府が沖縄島においては「貯油施設を結ぶ合衆国の送油管」、海においては「キャンプ瑞慶覧に接続する合衆国の海底電線」について必要な措置をとることを義務づけている。後者について協定調印前に、台湾と沖縄を結ぶ海底軍用ケーブルがあることが日本共産党議員団の手で暴露されたが、その段階で政府は米軍との間に、その保持に関する協議をすすめたのである。一方送油管についていえば、「合意議事録」で日本政府の買いとり対象となる軍用道路1、5、6、7、8、13、16、24、44の計九路線のべ二〇〇キロの「道路構築物」の地下ほとんどの部分を、大きくわけて三本の石油パイプ・ラインが走っている。

(2) 核ぬき問題について　周知のように佐藤政府は、

「核ぬき」の保証として二点をあげる。一つは「核ぬき」の経費の負担、二つは日米共同声明第八項の条約化の成功である。だがそれは佐藤政府にとって救いがたいジレンマを生むものというほかはあるまい。なぜなら第一の点は、沖縄への「核配置」を論理的前提におくものであり、第二の点は、沖縄協定が日米共同声明の条約化にほかならぬことをみずから認めることを意味しているからである。

じっさいこれは、それこそ世にも「けっ作」なペテンといえるであろう。核兵器とは、それがどこにあるのかわからないのが本質だ、と佐藤首相は六九年秋の訪米時の記者会見で強弁した。「ある」とも「ない」ともわからぬもののために、いくらになるかそれさえ積算できないし、わかりもしない金の支払いを約束する。当然なことだが「なくなった」とも「まだ残っている」とも立証する手段も力もない。それでいて「世紀の大事業」をやりぬいたと誇る総理大臣を歴史はなんと記録するだろうか。いや世界がどう評価するであろうか。

そもそも支払わされる金は、この核問題に関していえば、協定上「共同声明第八項にいう日本国政府の政策に背馳しないように実施する」ため、というだけであり、「核ぬき」とは明記していない。

声明第八項は――すでになん度も指摘されたことだが――核問題について「日米安保条約の事前協議制度に関するアメリカの立場を害さない」ことが前提であることを明記し

たものである。すなわち、この事前協議についてのアメリカの立場を尊重したその日本政府の「政策」に背かないようニクソン大統領が処理するというだけである。アメリカの思うとおりにやれる、しかも日本政府に金を支払わせ——というのが、協定第七条の真意ではないか。

ジョンソン米国務次官はこの核問題について、六九年の〝背景説明〟でこう述べている。

「第八項は核問題についてです。ここでのべられていることは要するに、アメリカは沖縄に核兵器を貯蔵する権利を沖縄返還のさい、つまり一九七二年に行使しないということです。ただしお気付きと思いますが、第八項は特別の事態にさいしアメリカがもし必要と認めれば日本と協議を行なうというアメリカの権利を慎重に留保しており、しかもこのことが核兵器に適用されることは明確であります。……この点について万一、緊急事態が発生してこの問題をアメリカが考慮することとなる場合……日本の答えがいかなる場合にもつねにノーであることを前提にしているわけではありません」

「質問＝核兵器の完全廃棄はどうですか。ジョンソン＝討議されませんでした。そういうとりきめはありません」

愛知外相も今回の協定調印に際して、「事前協議については政府は、岸内閣のころからイエスもればノーもあることで一貫している」と述べ、つけ加えて「ノーだけならノーとだけ書けばいい」（一〇月一八日『琉球新報』）と開き直っている。

だが「事前協議制度に関するアメリカの立場」とは、かりに日本がノーといっても日本側の拒否権はない、ということである。日米安保条約第六条の実施に関する交換公文は、「合衆国軍隊の日本国への配置における重要な変更、同軍隊の装備における重要な変更並びに日本自ら行なわれる戦闘作戦行動」が事前協議の主題になることを謳っているが、しかし協議がいかなる方向で、どんな日本政府側の発言権をもってなされるのかは明記してはいない。むしろ第六条で日本側が、アメリカ軍の駐留を「日本国の安全への寄与」「極東の平和と安全の維持」としてみなしている以上、第六条該当の事態、すなわち日本国には直接軍事脅威がない場合の日本政府のとるべき態度は、対米協力の一つしかない。ではもし、そうしたアメリカ軍の行動から日本国に直接の「武力攻撃」がくわわる恐れが生じた場合にはこの事前協議条項で日本側がアメリカにむかってノーといえるか、といえば、交換公文上それが許されていないのである。なぜなら、この交換公文は、日本に直接の「武力攻撃」のおそれあるとき——すなわち安保第五条の適用事態の場合のアメリカ軍の行動には適用されないと明記しているからである。

事前協議のぎまん性については、その発議がアメリカにしか事実上ないことや、この制度制定以来の日本政府の態度を通じて、これまでもくりかえし明らかにされてきた。

さらに、沖縄「返還」とともに、核のある沖縄基地が日本の施政権の領域となった場合——Aリストはそれを認めている——沖縄基地への追加配置はともかくとして、現にある沖縄での米軍装備自体は、安保第六条交換公文の厳密な対象でないものに転じてしまうのである。

すでに六九年の佐藤・ニクソン会談につづき、ニクソン大統領が共同声明発表に先立つ米議会一三人の幹部との会談で、「日本人の核アレルギーも徐々に弱まるはずであり、有事核持ちこみを佐藤首相に事実上認めさせた」と強調したことを、当時の『日本経済新聞』ワシントン電は暴露した。UPI電も「首相はアメリカの核問題に関するいかなる要請にも好意的に考慮する旨アメリカ側に約束した。緊急事態のさい、日本政府との事前協議のもとに、アメリカは沖縄に核兵器を貯蔵できる」と伝え、『ワシントン・ポスト』紙もまた「共同声明の核心をなす核条項でもっとも重要な言葉は、〝政策〟ということばだ」と指摘、これは政策を変更するとの可能性に余地を残したもの、と注解していたものである。大体、佐藤政府の「核政策」とは、首相自身が定式化してきたように、「非核三原則」だけではなく、まず第一に「アメリカの核抑止力依存」、つぎに、それあればこその「非核三原則」、そして第三の核軍縮、第四の原子力平和利用の、核「四政策」なのである。そうだとすれば協定第七条の支払い、政府のいう「核ぬき」経費とは、実体的には、ぎまんという以上に奇体、奇妙なものというほかはなくなる。

以上のことを前提にして、こんご予測される事態をいえば、政府の宣伝に好都合なような事実が、沖縄基地をめぐって起きることはあるだろう。一見、核兵器が撤去されるかのような事態である。

しかしそのさい二つのことに留意しておく必要がある。一つは一般に核兵器という場合、それは核弾頭部分と核運搬兵器との二つからなり、日本国民の目に、それも辛うじてだがふれるのは、後者だけだということである。おそらく核弾頭は完全に秘匿され、核運搬兵器の方だけが、メースBがそうであったように、兵器体系の改善の必要性からも一部移動ないし撤去されるであろう。また二つはより巨視的なことだが、アメリカはその軍事戦略上、沖縄基地を西太平洋水域の戦略核配置、すなわち海洋核ミサイル体系の一環にくみこんだレーダー基地として使用すること、およびアメリカ本土から沖縄を「ステッピング・ストーン」としてアジア前線に出動する強大な備蓄基地として全面利用していくことに重点をおくと思われる。すでに中国のMRBMの射程内にはいった沖縄の軍事地理的位置からして、沖縄を「キイ・ストーン」としてより「ステッピング・ストーン」と位置づける表現が米軍部関係者の発言その他で目立ってきている。「キイ・ストーン」は太平洋の後方、マリアナ群島その他に移され、沖縄は常時は日本自衛隊の責任を大きくした前線、有事発進の基地として使用される。その戦略的位置づけの変化に応じ一定の核配備の変更が起こり得るとみておく必要がある。これは沖縄の米軍基地の重要性が減ずることでなく、沖縄がいよいよ前線基地として強化され、しかもその維持の責任が日本自衛隊のものになり、米戦略上の日本自衛隊の有機的統合化が決定的にすすむということである。核については、おそらく秘匿された形のぼう大な核備蓄基地として、機能する位置におかれるにちがいない。

(3)　**その他のごまかしについて**　以上概観したように、沖縄協定はこれまでの米軍基地の実態を、核配備をふくめて実態的になにもかえるものではない。その基地の厚み、基地の性格からして、「本土並み」などは空語にすぎない。

なるほど沖縄にはこんご日米安保条約が、ぼう大な関係諸とりきめ、日米合同委員会での了解事項ともどもに適用される。「本土並み」である。だが多分、この日米合同委員会の了解事項の形で、従来の沖縄の米軍基地の実態を変えない諸措置が保証されていよう。また本土とは比較にならぬ基地の厚みをもつ沖縄では、たとえ文書上は同一でも、その実体効果は本土と同列に論じることはほとんど不可能だろう。たとえば地位協定第三条には次のように書かれている。「日本国政府は、施設及び区域の支持、警護及び管理のための合衆国軍隊の施設及び区域への出入の便を図るため、合衆国軍隊の要請があったときは、合同委員会を通じる両政府間の協議の上で、それらの施設及び区域に隣接し又はそれらの近傍の土地、領水及び空間において、関係諸法令の範囲内で必要な措置を執るものとする」。ここでいう基地隣接もしくは近傍への米軍の権限の必要な拡張が、「沖縄に基地がある」のではなく、「基地の中に沖縄がある」とさえいわれるところで、本土とはまったくちがった現実を生みだすのは知れたことである。

「合意議事録」において、公益事業、公共役務をこれまでどおりの条件で利用する権利を米軍が留保していることは、さきにもふれたとおりである。これまでどおりとは、米大統領行政命令の下での軍事隷属下にあったときのままということを含意し得る。パイプ・ラインはもとより、延べ一〇四〇キロにおよぶ電話線の使用、随時しゃ断される軍用道路、空の管制権、あるいはこれまで沖縄の水と電力の四〇％を米軍が使用していたような事態の継続をふくんでいると解すべきである。出力一〇〇〇キロワット一台と一〇〇キロワット以下五台をもつVOAが五年間、しかも「予見されない事情により代替施設が五年の範囲内に完成されないことが明らかになったときは、五年の期間の後」も継続されることも、「本土並み」といい得ない証左の一つとして、すでに論じられていることである。

仔細に検討すれば、こうした米軍の特権の継続は以上につきるものではない。「日米民間航空運送業務に関する了解覚書」にあるノースウェスト、フライング・タイガー、トランス・ワールド、コンティネンタル各航空路線の継続は一見なんの変哲もないかにみえて、じつはこれまでこの各航空会社が担ってきた米MAC（戦略輸送）のチャーター機運用を保証していくものである。すべてが米合衆国から各種ルートを経て那覇および那覇以遠への路線が容認されていることに注目しておきたい。それはこれまでの実態からみるかぎり、米兵もしくは米軍用物資のベトナム輸送の継続とみていいからである。あるいはさきにのべた沖縄の「ステッピング・ストーン」の位置に関して、コンティネンタル航空は、グアムをふくむミクロネシア地域と沖縄を結ぶ役割りをもつものである。そして五年ののちは、今回の民間航空輸送によって保たれる米国側の利益にみあう日本側の追加的運輸権を決定するとの名目で、日本の肩代わりになる可能性がくみこまれている。一方、日米共同声明第九項に沿って、約二〇〇社を数える沖縄進出の米企業の事業特権を、石油関係、ＩＣ関係の七社を除いては無条件に認めること、沖縄においては「復帰」後、米民政府布令を生かした特別税法が適用されるべきことなどを、マイヤー大使宛ての外相書簡は約束しているのである。

要するに沖縄基地が過去四半世紀、民族にとって屈辱的であり、アジア諸国人民にたいして犯罪的であったその根拠にはなんの変化も基本的には起きない。沖縄協定は、沖縄を柱の一つにしたわが国の対米従属関係の再確認協定であり、それゆえにまた協定自身が対米従属的性格をつよくつらぬいている屈辱的なものというほかはないものである。

沖縄協定と日米軍事混合体

「核も基地も毒ガス」も残る。この点での佐藤・ニクソン沖縄協定のぎまん性とともに今次沖縄交渉とそれにもとづく諸とりきめにはもう一つの重大な一面がある。むしろそれが主要な側面といっても間違いではない。それは「返還」をテコにして日米軍事同盟体制が侵略的に変わること、わが国の対米従属下の軍国主義・帝国主義復活が真に危険な新しい段階に移り変わることである。「返還」ではなく沖縄と日本全体の「大変換」だといういささか皮肉な表現は、事態の変化の真相をみごとに衝くものでさえある。

あらためていうまでもなく、アメリカ帝国主義は沖縄を本土から分離し、アジア戦略の「キイ・ストーン」として専権的にそこを支配してきただけでなく、それを通じて同時に日本全体の進路を左右する力を保持しつづけてきた。本土は日米安保条約下におかれることによって、米戦略下にくみこまれただけでなく、きり離された沖縄を通じても支配された。アメリカは沖縄をにぎりしめることで日本の運命全体をにぎり、アメリカのアジア戦略のなかにわが国をくりこむことをもう一つの大きな狙いにしたのである。

すでに沖縄を奪い去ったサンフランシスコ講和条約の調印式席上、トルーマン米大統領が「日本にやがて新設される防衛軍は、太平洋における他の諸国の防衛軍と連合することになろう」と述べたことは、よく知られたことである。

　そしてそれから間もなく、朝鮮侵略の野望がくじかれたアメリカ帝国主義は、五三年末に奄美群島を日本に返還する一方、日本政府との間に日米相互防衛援助協定（ＭＳＡ）締結のための交渉を開始した。さらに五五年当時は、鳩山内閣がはじめて安保改定を申し出たとき、ときの国務長官ダレスは重光外相との間で、日本ができるだけすみやかに、自国の防衛のための第一次的責任を負い、「かつ西太平洋における国際の平和と安全の維持に寄与することができるような諸条件」を早期に実現していくとの共同声明を発表した。あるいは五八年一〇月、本格化した旧安保条約の改定交渉のなかで、アメリカ側が「西太平洋区域を条約による共同防衛区域」にする方針をもって当初のぞんできたことは経過に明らかなことである。これは安保改定がＮＥＡＴＯをつくるのだという世論の反撃をつよくうけ、与党内部にも不安と動揺をひき起こしたことから、終局的には削除されたが、しかし六〇年安保に関連する合意議事録のなかには「もしこれらの諸島に対して武力攻撃が発生し、または武力攻撃の脅威がある場合には、両国は、もちろん相互協力及び安全保障条約第四条の規定に基づいて協議を行なう」との一項が盛りこまれた。「返還」抜きで日米安保条約はすでに六〇年段階以降部分的に適用されてきていたのである。

　こうした事態のあと六三年来日したギルパトリック国防次官が、日米両軍による朝鮮侵略計画「三矢作戦」の図上演習を行ない、「日米交戦規則」を秘密裏にとりかわした。そしてこの「三矢作戦」は、ギルパトリック次官が当時証言したように、日本が「琉球列島を含む太平洋北部地区で一層多くの防衛分担をひきうけること」「朝鮮半島での監視戦力になること」を前提においたことであった。このあと六五年三月に陸上自衛隊幹部候補生が初の「海外研修」を沖縄で始めている。つまり戦後期の時々のアジア情勢と日米関係の実体をうけて、必ずしもその狙いと意義は同様なものとはいえないとしても、大局的にみて、日本をアジア地域の軍事主体としてひき出し、今日でいうところの日米軍事混合体にくみこむことが、アメリカ帝国主義の戦後一貫した意向だったといえる。冒頭引用のように、沖縄協定をもって、一九五〇年以来の長い歴史的動きの終着点とジョンソン次官がいったのは、けだしその意味においてである。

　これにたいして日本独占資本と歴代保守政府は、沖縄を売りわたしてアメリカの軍事戦略に協力を示し、対米従属の実をあかしすることによって六〇年代までの資本の高蓄積を可能にする条件を手にしてきた。だが同時にその一方で、一定のためらいをもちつづけつつも沖縄における「復権」を追求してきたこともまた疑いないところであった。

　六二年二月に来日したＲ・ケネディ米司法長官（当時）にたいして、田中角栄、中曽根康弘、愛知揆一、宮沢喜一ら自民党の中堅幹部一二人が連名で提出した意見書は、沖縄が現状のままの場合の日米間の危機的関係は避けられないとして、「沖縄は日本に返還さるべきだ」と強調、会談の席上、田中角栄自民党政調会長は、「沖縄の日本返還の前提条件として、アメリカが憲法改正と再軍備を日本に提案する」ことを提言した。

こうして六七年の佐藤・ジョンソン共同声明は、沖縄が「極東における日本とその他の自由諸国の安全を保障するため死活的な役割を果している」ことを確認したうえで、沖縄が数年のうちに処理されることを明らかにし、まず小笠原の「戦略通信基地つき返還」を実現して、これをテコに日米共同作戦地域を西太平洋全体におしひろげ、「日米共同責任体制」づくりに本格的にとりくむことを誓約した。この年にはじまる第三次防衛力整備計画は、これとセットされ、やがてきたるべき沖縄の「核基地つき返還」をテコとする日米共同責任体制の全面化にむけて備えるものであった。したがって六九年の日米共同声明とそれによる沖縄協定とは、米日双方における戦後の思惑の発展をふくむ交合点で成立したものである。しかもその交合点にたつ日米軍事混合体制は、いまや一方では、ベトナム侵略の失敗で極東戦略の効率的再編をよぎなくされているアメリカ側と、〝アジアの盟主〟となることによってしかこれまでの「高度成長」路線を維持・発展させることのできない日本支配層との、いわば〝危機のもたれあい〟のなかで、他方では日米安保条約がすでに固定期限を失ない、条約上の不安定性を深めているだけでなく、日米相互の矛盾もまた深刻に露呈しだしているという状況のもとで成立しようとしているものなのである。このような事態をうちにはらんだ沖縄協定がもつ日本の進路と日米関係への「変化」の側面こそ、今次協定の重大で、危険な側面というべきであろう。六九年一一月二〇日の『ワシントン・ポスト』は、日米共同声明の歴史的意義について次のように述べていた。

「沖縄会談の真の意味は、沖縄に何が起こるかではなく、世界の問題について日本がより責任を果し始める用意があるかどうかだ。……〝日本が依存をやめ世界の力として活動を始めるべきだ〟というのがアメリカの要求で、とくにアメリカは東アジアで果している防衛上の役割を公式に肩代りすることを求めている」

日本自衛隊の沖縄進駐

それでは、どのような変化がこの協定によって起きるのか。

第一は、日本自衛隊の沖縄への公然進駐である。「沖縄の直接防衛責任の日本国による引受けに関する取決め」によれば、進駐は沖縄「返還」の日―「Rデー」以後、七三年七月一日までに計六八〇〇人が進駐する。陸上一八〇〇、海上一一〇〇、航空三九〇〇人。主な部隊としてはホーク四中隊、ナイキ三中隊、F１０４Jが二五機、P２Jが一二機、護衛艦が一〇隻。これにより日本自衛隊は緊急迎撃態勢、航空警戒管制組織運用をふくんで沖縄「防空」の責任をにない、沖縄周辺の対潜哨戒をふくむ海上「防衛」、および沖縄における米軍基地防衛の役割りを担当することになる。

日本の施政下におかれる一県でありながら、そこへの軍隊配置をアメリカとの特別とりきめによってしか決定できないところに、「本土並み」返還などと一言もいうことのできない、沖縄のこんごともつづく特別の屈辱的位置の姿が現われている。したがってまた、沖縄進駐の自衛隊は本土以上に、アメリカの軍体制にくみこまれ、これに従属する機能を分担するものである。とりわけ重大なことは、この「祖国の軍隊」が、沖縄県民のたたかいから米軍基地を「守る」任務を大きく担っていることである。六八〇〇人の軍隊とは、本土との人口比でいえば、本土に六八万人の軍隊を配備するということであり、その予算一一〇〇億円とは、四次防の見込み経費の年率一兆二〇〇〇億円の一〇%、琉球政府の七〇年度予算六〇〇億円の約二倍に相当する規模である。これが、本土人口比で五〇〇万人にもあたる米軍とともにあることが、沖縄一〇〇万県民にどんな重圧であるかは想像に余りあることだといわなければならない。あえていえば日本の縮図が、濃化して沖縄に展開されるというべきであろう。

これとともに自衛隊自体は、沖縄進駐とともに太平洋水

域に、ぼう大な防衛責任区域をもつことになる。日米共同声明の基本線に沿うかぎりそうである。事実、中曽根防衛庁長官はさる五月三一日、経団連との懇談会の席上、こんどの「わが国の具体的防衛範囲は、東は南鳥島から西は尖閣列島を結ぶ東京を中心にした半径一〇〇〇カイリの範囲に拡がる」と述べた。正確には東京、南鳥島（マーカス島）の直線距離は約一八〇〇キロ、東京、尖閣列島間の距離は一六〇〇キロ。その水域の広大さは容易に判断できることである。沖縄協定に先んじて発効した小笠原協定で、マーカス島防衛が日本の義務となり、今回の沖縄協定で尖閣列島が返還区域にいれられているからである。北は日米共同声明の第四項の朝鮮条項にもとづいて、朝鮮半島を事実上包含するものになるだろうことは推測に難くない。

これだけの水域を防衛担当することをもって、政府はなお「自衛」といい、「専守」といってはばからない。際限なく海外に進出していくことがなお「自衛」だという論理のもつ危険性ははかるべからざるものであろう。わが国の自衛隊はすでに三次防の領海周辺防衛の原則をはずして、四次防における「公海・公空」における「航空優勢と制海権」確保にむかって公然とふみ出そうとしている。この大変換が、わが国の軍国主義復活を新しい危険な段階におしあげることはさけられないであろう。つまり沖縄協定は四次防を必然的に招き、四次防は沖縄協定がつくる舞台で初めて実態化される。沖縄協定と四次防とは、七〇年代の日

本の反動的進路を日本国民にすすませるための車の両輪、戦争へのジャガノートなのである。

　第二の変化はすでにふれたことだが、日米軍事混合体が、沖縄でも本土でも新しい展開に移るということである。

　日本本土についていえば、これは日米共同声明後「本土の沖縄化」という表現でとらえられたことで、ジョンソン次官も六九年〝背景説明〟で「在日基地についてアメリカの行動は理論上拡大される」と述べた。よく引用されることだが、木村俊夫官房副長官（六九年当時）は、佐藤・ニクソン会談時の訪米直後、「沖縄という太平洋におけるアメリカの極東戦略のかなめ石が本土のなかに吸収される。したがって日米安保を一つの条約機構にしてみれば、条約機構そのものは変化しないでも、条約機構でホーンが上るというか、オクターブが一ないし二オクターブ高くなるのは当然だ」と語ったことがあった。すでにこの「本土の沖縄化」についていては、米第三海兵師団の東富士演習や伝えられる米原子力空母「エンタプライズ」号の横須賀寄港などの多くの事実や日本側の対米誓約遂行の踏み石などの形で、われわれのまえに明らかになってきたことであった。

　しかし、沖縄協定の調印を経過したいま、事態は協定合意のむしろ前提としてあった「本土の沖縄化」という表現以上のものとしてとらえなければならないであろう。在日米軍基地での米軍行動の自由が拡大されるだけでなく、日本自衛隊の役割りが、米軍行動に対して受動的なもので終わるべきでないこと、一方、沖縄でも従来の米軍の全権的支配にかえて、日米軍部の混合支配体制がアメリカの主導下に構成されること、すなわち本土・沖縄にまたがっての日米軍事混合体制がともどもに拡大することが、この分野での変化の本質である。

　すでに検討したように、「返還」後の基地リストにもとづく沖縄基地の態様がそれを疑いもなく明らかにしている。沖縄に「核も基地も毒ガス」も残るだけでなく、日本軍隊が投入されようとしているのである。協定調印のその日、沖縄には四二人の日本自衛隊中堅幹部が、海兵隊基地視察の名目で訪れていたこと、同時にその日、台湾の蒋介石一派軍隊の一部がこれまた沖縄に上陸していたことは、沖縄におけるこんごの日米混合軍事体制を象徴するようなエピソードであった。

　他方、本土についていえば、たんに米軍の基地使用が沖縄並みにされつつあるだけではなく、三月上旬の房総沖での米原潜を標的艦にした日米両海軍の合同演習が示すように、日米共同作戦体制が「核」を含むものにまぎれもなくエスカレートしてきているのである。しかもこの三月上旬の房総沖をふくむ一連の日本周辺での両国海軍の合同演習についていえば、それは、朝鮮半島に戦争状態勃発を想定して米本土から展開された「フリーダム・ボールト」作戦と一体のものであった。沖縄をそれこそ「ステッピング・ストーン」として米軍が朝鮮に介入したとき、それを「妨害」する「敵」の排除が日本海上自衛隊の責任にゆだねられている。こうして日米混合軍事体制は、本土、沖縄双方を舞台とする日米「韓」三国の共同軍事作戦体制、日米共同声明の具体化に直結している。ちなみに沖縄派遣の陸上自衛隊がそのじつ海兵隊機能をもつ「混成師団」として編成される予定であることにも注意を喚起しておきたい。

こうして沖縄協定は、日本自衛隊の機能と活動領域においても、日米混合軍事体制の推進という点での現憲法体制と真向から矛盾する。協定上はなんの指摘も示唆もないが、秘密の了解事項をふくめて、その氷山の底には、国の進路を改憲へとつきすすめる大小の起爆剤が数多くしかけられているとみるべきである。

六二年のR・ケネディ司法長官と田中角栄政調会長らの会談で、沖縄返還が改憲とセットされていたことは、すでに見たとおりである。あるいは五五年の重光・ダレス共同声明で、沖縄をふくむ西太平洋の防衛責任への準備が謳われたあと、鳩山内閣が小選挙区法案を議会に提出し、憲法調査会をつくって改憲準備に具体的にのりだしたことを、いまわれわれは深刻に想起すべきであろう。さらには五八年一〇月の日米安保改定交渉の初期、沖縄防衛の責任を予期に反してアメリカから提起された岸内閣がこれを重視して、突如「警職法改悪法案」を提起して国民の民主主義的権利への大挑戦を開始したこともある。沖縄問題が常に改憲への衝動の政治日程化の契機をなしてきたことは教訓的であり、今日の沖縄協定調印をめぐってもその例にたがわないことは、佐藤首相、中曽根防衛庁長官らの言動に明らかである。この国政上の大変化こそ、沖縄問題がはらんでいる第三の大転換点であり、だからこそまた沖縄協定は、言葉そのもので日本の進路、国民の民主主義的権利の根本にかかわっているものなのである。

そもそもこれまで憲法外的存在であった沖縄が、その憲法外的実体を基本的に変更することなく憲法下にくるということは、それ自身憲法の事実上の、そして戦後史に例をみない大じゅうりんを実体化するということである。これとともに沖縄「復帰」にともなって起こる、いわゆる「法的一体化」とは、本土法のままに沖縄を統治するのではなく、日米共同声明下の沖縄の現実が容認されるように本土法を修正して沖縄に適用することでしかない。それはVOA残置に応じて電波法の特例法が必要とされてきていることをみても明らかであろう。政府はそうした修正が六〇一件におよぶことを認めつつ、しかもそれをそれぞれの法律にして国会に問うのでなく、いわゆる「復帰六法」の一つ、「沖縄復帰暫定措置法案」という一本の法律で、とりあえず必要な政令等を政府が施行し得る権限を政府に収授させる形をとって処理しようとしている。それがまた一地方自治体にだけ適用される法律は事前に住民投票に付すとした憲法第九五条の規定をすり逃げていく手段でもある。こうして起きることは結局、日米共同声明そのものがぼう大な数の政府政令で支えられることであり、あるいは必要・可能な範囲で、国内法化されてくるということである。そのことが憲法にもとづくべき政治を決定的に空洞化していくものであることは、見易い道理であろう。超憲的な存在だった米占領軍司令官の命令に発した警察予備隊令が、今日も自衛隊法として存在して憲法体制を空洞化させているように、こんどは超憲的存在である沖縄の現実が、本土法に実定法化されるか、政府政令として容認されることによって、新たな憲法体制の破壊に直結することになろうとしている。その一方、沖縄県民がたたかいで取得してきた教育委員会の公選制などの民主的諸権利は、本土の一県の理由をもって廃止される措置をふくみつつある。

とくに警戒すべきことは、沖縄の米軍および自衛隊基地用地を確保するため、契約拒否の地主にたいして強権収容の措置を講ずるだろうこと、また在沖縄米軍の機密保全のために機密保護体制の新たな強化が必ずや画策されてくるにちがいないということである。

沖縄協定と安保条約の変質

以上のように沖縄協定は、沖縄県民の要求しつづけた核も基地もなき「全面返還」とはまったく別の侵略的、屈辱的内容をもつものとなった。沖縄を平和の島にかえ、アメリカ帝国主義によって奪われた土地と権利と生活を取り戻すことが沖縄県民の祖国復帰という言葉を通じてもりこまれた要求であった。沖縄協定は「施政権返還」を名目にした日米協議のあらたなとりまとめと断じるほかはない。

沖縄県民がつよく求めた占領以降の四半世紀以上におよぶ数々の被害の賠償にしても、日本政府側が一応とりまとめた一〇項目中、アメリカ側にうけ入れられたのは、米軍用地の復元補償の、それもまったく雀の涙的なものである。海没地代替として、米軍がこれまで埋め立て造成した六二万七〇〇〇平方メートルのうち、三万三〇〇〇平方メートルがあてられ、残り五九万四〇〇〇平方メートルは日本政府引きつぎになるが、これで造成地の米軍基地が解消するわけでもない。前記一〇項目中、講和発効前の人身損害補償、米軍演習による漁業補償、軍用地接収によって通常生じた損失の補償、軍用貸料値上げ分補償、立ち入り禁止山野の入会権補償、講和発効後の人身損害補償、つぶれ地にたいする補償、減失地補償、基地公害補償等に関する補償金支払いはすべてアメリカ側が拒否し、わずかに四〇〇万ドルの「見舞金」の支払いが応諾されただけである。

この沖縄の対米請求権の支払い要求は明示できるものに限られるはずもない。沖縄県民が負担してきた精神的被害と犠牲は甚大である。また軍用地の地料にしても、最高で坪一ドル四八セント、最低で四セントというべらぼうな安値であり、しかもアメリカ軍は、戦時中の国家総動員法で接収された土地をそのまま勝手に、未契約で使用しさえしてきた。そうしたケースは嘉手納村だけで一一八人の地主、一四万五〇〇〇坪におよぶという。まさに「やらずぶったくり」という以外にいいようがない。しかし日本政府はこれを了承した。

当然ともいえるが、この政府の態度はまたこれまで沖縄で米兵が演じた犯罪への負債となって現われている。六四年から七〇年までだけでも七一〇〇件におよぶ米兵犯罪が起きたにもかかわらず、協定第四条四項はこうとりきめている。「日本国は（これまで沖縄で行なわれた米軍関係者の）すべての作為・不作為の効力を承認し、合衆国国民又はこれらの諸国の居住者を、これらの作為又は不作為から生ずる民事又は刑事の責任に問ういかなる行動もとらないこととする」。民事、刑事の最終的裁判の有効性の確認とともに、これは怒りをかきたてる屈辱的な約束ではないか。日本政府としては三億二〇〇〇万ドル、すなわち資産買いとりとして電力、水道、開発三公社のために一億五〇〇〇万ドル、那覇空港施設のため一〇〇万ドル、基地外道路のため一五〇〇万ドルの計一億七五〇〇万ドル、米軍労務者退職金として二万人分、七五〇〇万ドル、核撤去、特殊部隊撤去など外相のいう「いろいろやっかいなもの」の整理のために七〇〇〇万ドルの五年分割払いを義務づけられた。これと別に米軍施設改善費として六五〇〇万ドル、学校管理の肩代わりに経費一〇〇〇万ドルを負担する。総計三億九五〇〇万ドルである。そしてさらにこれに上積みして、沖縄に直接関係のない形で、おそらく日本政府は五億ドルの米中期債を購入させられるし、購入するつもりである。もしこの密約分を加えれば、約八億九五〇〇万ドルが日本の対米支払いとなり、米側が支出するのは見舞い金四〇〇万ドルという驚くべきバランスになる。

そうなるのも、こうなるのも、今回の沖縄協定がすべて六九年日米共同声明に基礎づけられているものであることは、いうまでもない。共同声明は「核ぬき」でも「本土並み」でさえなく、アメリカの侵略的軍事戦略と政略への全面的支持と、日本の極東の「平和と安全」の責任の分担を明文化したものであり、事実上アメリカ戦略下の日「韓」台運命共同体づくりを誓約した歴史的な犯罪文書であった。とくに第五項で、両国が「日米安保条約の実施」に関してだけでなく、「日本を含む極東の平和と安全に影響を及ぼす事項」についても「緊密な相互の接触を維持すべきこと」に意見の一致をみた、としていたことは、日米安保条約の実質的大改悪を規定づけたこととして重要であった。このもとで沖縄の取り扱いについても、①日本が沖縄にある米軍の重要な役割りをみとめ、日米両国共通の安全保障上の利益を返還協定上みたす　②米国が負っている国際義務の効果的遂行、とくにベトナムにおける努力に影響を及ぼさない　③事前協議制度に関する米国政府の立場を害さない　④沖縄の局地防衛の責務を日本が徐々にひきうける　⑤沖縄にある米国企業の権益を十分に考慮に入れる——これだけを原則的見地として規定していたのである。

愛知外相が『琉球新報』記者に、沖縄協定で条約化されたのは共同声明の第六、七、八項だけであるというのは、人をあざむくものである。だが、この第六、七、八項に日米共同声明の骨格が、より具体的にふくまれていることも事実である。かりに愛知外相見解をとったとしても、共同声明の条約化には疑いはなく、その無期限の対米義務化であることもまた疑いない。なぜなら領土処理協定としての今回の沖縄協定は、その性格上無期限の協定（米議会では条約扱いになる）だからである。およそ、国の進路を拘束する重大責務を、国民にも議会にも、いや政府与党にさえもはからずに一総理大臣の名において負い、それを無期限協定のなかに横すべりさせて、国会の承認を迫ってくるなどは、世界史にも例をみないトリックであり、犯罪的な政治措置ではなかろうか。いうまでもなくこれはいまや随時廃棄可能条約になった安保条約を沖縄協定で支え、現行安保条約を変質させていく重大で巧妙な手口なのである。しかも一方でそれは、国際法的に不当、不法というべきサンフランシスコ条約第三条規定を、これまた二国間とりきめのなかで無期限に再生させ、サ条約第三条の弱点をとりつくろっていこうというたくらみの意味もはらんでいる。

最後に沖縄協定の成立がもたらすこんごの日米関係は、その構造的な面でもサンフランシスコ体制の再編を画すものであり、実体的にも、五〇～五二年のサンフランシスコ平和・日米安保両条約締結期にならぶ歴史的転機をなしていることをあえて強調しておきたい。五〇年代初期にドル危機は顕在化せず、アメリカにとってのベトナムがなく、一方日本自衛隊もまだ存在しないで七万六〇〇〇人の警察予備隊があっただけであったことを考慮すれば、ドル切り下げ、もしくは円の戦後史的な平価調整が予測されるような国際通貨体制の波瀾、日米経済矛盾の拡大、アメリカのアジア侵略の底しれない泥沼とその国内矛盾へのはねかえりがみられ、中国問題が大きく世界をゆるがしている、そして日本自衛隊が第四次防では世界第六位の軍事力にも増大しようとするにいたっている今日の「戦後史的転機」の意義はいっそう深刻であろう。

しかし、だからこそアメリカ帝国主義は日本をアジア支配の支柱にすべく、一方、日本独占資本と支配層は、アジアの盟主としての位置を固め、軍国主義・帝国主義復活の道を急いでいくテコとして、沖縄をめぐる新たな日米協定、日米関係をつくりだしてきたのだといえる。それがわが国の軍事力の行動領域を一挙に拡大し、独占資本にとってアジアへの進出のかけがえのない「ステッピング・ストーン」を手にすることを意味するのはもちろんだが、イデオロギー的にも、「沖縄が返れば戦後が終わる」として、戦後民主主義の反動的決算に挑戦しようとしていることは、司法の反動化から改憲を直接めざす動きをはじめとして、一連の政治過程をみれば明らかなことである。

（『前衛』一九七一年八月号　川端治）

「連合赤軍」事件に想うこと

世間の耳目を集めた「連合赤軍」事件について、三月二四日号『朝日ジャーナル』の巻頭コラムは、短かいが鋭どい次の一文を伝えている。

「マルクスの資本主義分析は、人間尊重という問題意識からであったろう。ヒトラーは憎悪から出発した。戦術と人間不信を先行させた点で、〝連合赤軍〟はナチスに似ている。独善的な点でも――」。

「あさま山荘」事件から「リンチ事件」の摘発まで、マスコミは冗説すぎるほどに冗説であった。だが帰するところ、その冗説は、「連合赤軍」を狂気の集団とみなし、ただれた性の関係をもった猟奇的な存在として描きだすか、あるいは出発点をマルクス主義にもつ革命運動の、必然的にせよ偶然的にせよ、いささか常軌を逸した集団の所業とみなすことに集約された。前記『朝日ジャーナル』コラムにしても、引用の前段は以下のようなものである。「〝連合赤軍〟は社会科学研究のABCを忘れ、学業を空転させている間に、最も重要なもの、人間性を見失った。人間のしかも同志の生命を、次々かくも残虐にうばうとは、もはや革命運動ではない」。言外に、善なる出発が悪なる結果にすすんでいった、という認識が秘められていることは、容易にみてとれることである。

だが問題の本質は、おそらくこの点の評価にある。果して「連合赤軍」は、言葉の正しい意味で革命と社会主義をめざし、社会科学によって自己を武装するような集団として、そのはじめには出発したのかどうか。革命と社会主義をめざしつつも、「言葉の空転」故に、「もはや革命運動でない」ものに転落してしまったものなのかどうか。『ジャーナル』コラム氏は、じつは自己背理を犯していないであろうか。なぜなら、引用したように、『ジャーナル』誌は、「連合赤軍」をナチスになぞらえ、ヒトラーが「憎悪から出発した」こと、つまり、そのはじめからマルクス主義とは無関係どころか、根本的に対立する原理にたっているのだ、ということを、一方では指摘しているからである。

この点について、自民党機関紙『自由新報』の一月一日号が、じつは東大教授西義之氏の言葉として、興味ある視点をすでに提供していた。それは、西氏を訪ねた「西ドイツの一友人」が、いわゆる過激派学生の動きを挙げて日本の社会的雰囲気の悪化を指摘し、それに対して西氏が、彼らが「極左」であることを「じゅんじゅんと説いた」ときのことである。西ドイツの友人は、こう言って西氏に反論したという。「君はナチスのことを勉強していて、こんなことがわからないのか。あれがナチスというものなのだ」。じっさい社会主義や革命を口にするから、そういうものが左翼に属すると規定するなら、ムソリーニもヒトラーもまた社会主義者であり、革命家であったろう。周知のように、ナチスとは、国家社会主義統一労働党の略称であり、ムソリーニの戦闘者ファッショ軍団も、はじめはまた「革命者ファッショ」を名のっていたのである。

ファッシズム――イタリー語のファッシスモの語源は、一つには結束を意味する「ファッシオ」にある。同時にそれは古代ローマ時代、リクトールが手にかざしていたエルムや樫の木の束ねの上につけられた手斧――ファッシアから生まれた。リクトールは、このファッシアを手にして、ディクタトール（独裁官）やコンスルズ（執政官）の前にたち、不埒な人民どもを追いはらう役、つまり権力者のために道を清める役割を担ったのであった。そしてその語義のように、ムソリーニの戦闘者ファッショ軍団が組織された年の一九一九年、一二七万件を数えたイタリアの労働争議は、この軍団がつくられ、労働者に襲いかかるようになったあと、たとえば一九二一年には、六四万件と半減することになってしまった。権力の手斧は、一九一九年のミラノで開かれたレーニン祭に集まった労働者に、死をかけて襲いかかったのであった。

当時、イタリアの経済・政治情勢が、ヨーロッパの後進資本主義国という遅れに加えて、第一次世界大戦後の波乱の中で、底深い矛盾を秘めていたのは、周知のことである。貿易の逆調、農業の衰退、中産階級の生活難、とくに知識階級は就職難と前途の不安に悩み、労働者階級の一部よりも不安定で低い生活を余儀なくされていた。これらの中間層にとって、第一次世界大戦後の社会主義ロシアの誕生、全ヨーロッパに拡がった革命的気運、その一環としてのイタリア労働者階級の運動の高揚が、逆に社会不安の元凶とみえたのは、不可避的なことでもあった。一方では支配階級上層は、ある翼は親独主義に、他の翼は親仏主義にかたむき、それはまた必然的にイタリア中間層の民族主義的傾向をよびさましていくことになった。ムソリーニが権力の手斧となるために、一面ではまさに革命を唱え、「革命者ファッショ」として自己を規定しつつ、立ち現われたこと、同時に他の一面で、イタリア国民の、とりわけ中間層の民族主義的感情につけこんでいったこと、すなわち社会主義の空論と民族主義的情念とを、社会科学と民主主義を抜きにして無媒介に結合させていったのは、いわば事の必然であり、民主運動の高揚に対決していくための戦術上当然のことであった。これこそがファッシズムへの道程だったのである。

ムソリーニが若くしてフランスに移り、「一切の既成価値の打破」「議会政治の清算」を綱領にかかげたフランスのファッショ組織「アクシォン・フランセーズ」に接したことは、よく知られたことである。また、やがてイタリアのファッシズム運動に合流したミラノを中心としたマリネッティの芸術運動が、これまた「われらの詩はすべての慣用的形式への根本的、かつ徹底的反逆である。すべての現存の社会秩序は虫にくわれ、反動的、犯罪的である」と叫ぶものだったことも、歴史は明らかにしている。「議会制度はどこでもいまや浪費的形式、やかましい鶏小屋、馬小屋に堕した」――このマリネッティが主宰した未来派の主張が、今日どれほど、わが国の過激派――トロツキスト集団の叫びと相似たものか。未来派は断固としてこうもいい放った。「われらは軍国主義を支持する。われらのたたかいの歌を歌え」。

ムソリーニにしてからが同様である。彼は、イタリアの第一次大戦参戦を主張して、当時のイタリア社会党から除名されたとき、革命をめざす故に日和見主義と決別するのだということを声高く強調した。「社会党の名簿から、いかに私が抹殺されようとも、私が社会主義者であることを禁止したり、社会主義の実現と革命にむかっての私の仕事を妨げることは、何人もできないであろう」。そして彼がその主筆をした『ポポロ・デ・イタリア』紙は、つねに二つの信条をかかげたのである。

すなわち一つは、「銃を有するはパンをもつ」という無政府主義の祖ブランキの言葉、そしてもう一つは、「革命は銃剣によって基礎づけられる」というナポレオンの言葉である。

この約半世紀、現代史が記録した経過と教訓を、いま日本で過去のこととしてみすててよいであろうか。体制の危機。もはや六〇年代までどおりの高度成長の条件が、したがってまた労働運動内部の日和見的潮流だけに支配の柱をおくことでは足りなくなろうとしている今日の資本主義世界と日本の矛盾、激動。それ故に、権力が隠微な形で、新たな人民への手斧を準備し始めているのだといえば、軽率な判断にすぎるであろうか。だが事態のなりゆきと構造は、多くの点で二〇年代初頭におけるファッシズムの抬頭と相似しているかのようである。ちがいがあるとすれば、かつてナポレオンであったものが今日毛沢東であり、かつて軍団を権力につかせるまでに成長させたのに対して、今日では、軍団を挑発し軍団への動きを権力が暴露し、それを巨大なマス・メディアにのせることによって、真の変革と社会主義をめざす運動全般への人民の反感やら違和感を育成、助長して支配の操作を組んでいく、いわゆる情報ファッシズムのメカニズムが前面に躍り出ていることである。「あさま山荘」事件から「リンチ事件」まで、あれ狂うマスコミ報道はまさしく警察のリークのままに躍らされた。なぜ、付近の人さえ当然と考える軽井沢への「連合赤軍」の山越えを、警察は不注意にも見逃したのか。なぜ、断行しようとすれば不可能ではなかった人質救出に手こずり、四次防や中国問題をめぐって重大な様相をみせていた当時の国会情況をよそに、長々と救出作戦をマスコミを使って国民の前に流しこんでいったのか。なぜ「リンチ事件」を警察が早くから探知していながらその発表をおくらせ、なぜまた警察が死体を一回掘り起した上再び埋めて、マスコミ報道者の記者席まで用意した儀式の中で、仰々しく掘り出す芝居が演じられたのか。疑惑はつきることがない。そこには、ナチス登場に道を開いた共産党弾圧事件、すなわちドイツ国会議事堂放火事件と、形こそちがえ、しかし権力者が用意した何らかのプロットが描かれていなかったとはいえないだろう。

今日、支配に肉薄しつつある民主的勢力の伸長を脅かし、攪乱するには、直接の弾圧よりも、毛沢東の「権威」までとりこんだプロットを樹てる――これにすぐるものはない。反中国感情を喚起するという効果の点でもそうである。毛沢東の唯武器論は、国民から遊離し、むしろ権力の立場を合理化する暴力集団を育成もする。それ自身挑発者集団であるとともに、権力のもっとも挑発し易い手斧として機能する。つまり、今日の国際共産主義運動の権威を破壊している毛沢東理論は、いみじくも、権力側によって、権力を維持していくためのプロットをくむための格好の材料として、とりこまれているのである。これを誰が考案し、誰が演出し、挑発者集団を挑発させていったのかはいまのところ不明だが、一雑誌――『潮』四月号にふとみえる一つの記事は、少なくともわれわれのつよい関心をひく。その信憑性はここでは問わない。だが同誌によると、かつて朝霞の自衛隊員を殺した赤衛軍なる組織の一味は、事前に帝国ホテルで謀議の会合を開いたという。そしてこの一味の参加者が関係していた組織に、これも武装集団であり、済州島で実射訓練などをしばしば行なったことのある国際勝共連合とその最高顧問があったというのである。

トロツキスト集団や「連合赤軍」を、「行きすぎた左翼」とみなすことは、おそらく歴史の偽造に加担することになるのだろう。それは、人民への、人民の民主主義擁護の死活のたたかいへの権力の手斧（ファッシア）であり、まさに激動する七〇年代初頭の情勢の、たとえば米中接近にともなって日本支配層の安保政策が混乱を深め、そのなかでニクソン・ドクトリンと結合しつつ、四次防その他に示される軍国日本への道、改憲への道が拍車されているといった今日の情勢の疑いもない一つの産物なのである。この点については次号で多少ともまとまった全般的な情勢分析を試みてみたいと考えている。しかしさし当っていえることは、民主主義への新たな挑戦、人民を暴力前に屈せしめていこうとする動きに、民主勢力がいまひるんではならぬということである。権力の捜査や「連合赤軍」の退治に拍手

をおくることとは、自己を売りわたすことである。傍観は自己をあざむくことである。民主的力量の前進故に登場してきている手の込んだ反動のプロットにたちむかう唯一の道は、民主的勢力とその団結のフロントを手遅れになることなく、われわれ自身の努力でいっそう強化し、発展させる以外にはない。

（『国際評論』第三号　一九七二年四月　川端治）

第Ⅱ部　一九七三―八三年

新大西洋憲章と統合帝国主義

キッシンジャー氏は、二つの帽子の上にもう一つの帽子をかぶりたいらしいが、はて帽子屋には誰がなるのか。

――ジョベール・フランス外相

受動の所産としての新大西洋憲章

マーシャル・プラン以来最大の転機を、世界、とりわけて米欧関係にもたらすだろうといわれながら、だからこそまた、新大西洋憲章づくりの前途はなお平坦ではない。名称も、第二次世界大戦後の処理原則を盛りこんだ一九四一年八月の旧大西洋憲章になぞらえたものから、日米首脳会談では「先進工業民主主義諸国間の将来の協力の指針となる諸原則の宣言」という、より実体的だが華やかさの欠けたそれへ、やがてそれさえもあいまいにした、たんなる「キッシンジャー構想」と呼ばれるものへと「後退」してきた。そうなる理由の第一は、憲章参加主体であるはずの当の欧州諸国の気乗薄な反応である。EC九カ国外相は、九月一〇日、一一日、コペンハーゲンでEC側の対案を起草し、それをワシントン政府に伝えて、キッシンジャー構想を無視はしない態度を示してはいる。だが対策の内容はごく抽象的で、しかもその第一節には「米国はECの創設が国際的に大きな重要性をもつ出来事であることを認め、ECが明確な一つの存在として、世界にその立場を確立するというECの決意を歓迎する」とある。いわばEC宣言へのすり変えである。ECの結束強化を先行させ、同盟はするがアメリカの制約を最大限回避しようとするこの欧州の反応は、国ごとに多少のニュアンスをふくみつつも、過日の田中訪欧の際にも看取されたことであった。

第二に、日本の参加の是非がある。田中首相がもう一二年前の「トランジスターのセールスマン」ではなく、気の許せぬ資源のバイヤー、そしてキ構想の小賢しいセールスマンとして登場したことに、訪問国は一様に警戒心をもった。多分、田中離仏後の『ル・モンド』紙が書いたように、日本が過度に対米依存であり、日米矛盾のしわを欧州に寄せようとしているという判断が、パリ、ロンドン、ボンに共通だったのだろう。しかし、日本が疎外されれば、先進国協調の原則は空虚になる。苦肉の策として、ニクソン大統領は、つくらるべき憲章を、①政治・経済、②安全保障、③総論の三部構成にし、日本は③のみに署名することになろうというが、「欠け眼」の碁勢が安定とほど遠いのは自明のことである。

さらに第三に、現に進行中の第四次中東戦争とその波紋が教えるように、いわゆる「先進国」は結束や協力の前に、第三世界から足許を脅かされ、各個に緊急の応待にいとまがない。世界史の大局、現代史の基本的潮流が、アメリカの決定的指導力のもとにのみ成立した旧憲章とマーシャル・プランの夢の再現を許さないのは、もはや歴然であろう。こうしてすでに、憲章づくりのファンファーレとともに企図されていたニクソン大統領のヨーロッパ歴訪の日程もまた崩れてしまった。

この経過は、世界史が北半球のいわゆる「先進工業国家」の動向に、さらにアメリカの全能の振舞いに収斂すれば解明でき、予見できる時代にはもうないことを、あらためて示している。この意味で新大西洋憲章は万能ではなく、世界史の基本潮流に対しては受動の所産である。不当な過大

評価をこれに与えることはできない。しかしまた一方、フルコースのメニューが出来上るまで食事が始まらないという形式主義も、キ構想にふくまれるアメリカの世界政策を誤認することになろう。新大西洋憲章の虚と実、キ構想の形式にもましてその実体を、現代帝国主義の内実を問う課題として明らかにすることが肝要である。小論は、その情況論的プロローグにすぎない。

従属的パートナーシップの時代の終焉

周知のように、まだ大統領補佐官だったキッシンジャー米国務長官が、新大西洋憲章の制定を提案したのは、ことし四月二三日、ニューヨークで開かれたAP通信社臨時総会においてであった。

「現代は今後一〇年にわたる新しい国際関係の構想を築く歴史的な機会である」として、キッシンジャー博士がパートナーシップに組み入れを期待した原則は、およそ次の六点である。

——欧州統合へのアメリカの支持。パートナーシップの原則と相互主義の精神にもとづく米・欧の互譲。

——欧州同盟諸国へのコミットメントの維持と、これに見合う各国の共同防衛のための公正な分担。

——東側諸国との緊張緩和と、友邦諸国の東西対話への参加。

——欧州・アジアの友邦諸国の利益尊重と、友邦諸国に

よるアメリカの利益と責任の考慮。
――エネルギー、とくに石油問題など新しい共通の諸問題にたいする協調。
――欧米の共同事業の主要なパートナーとしての日本の参加。

キッシンジャー氏がここで何を意図していたかは、その序説が北大西洋同盟の効用の確認に始まり、新大西洋憲章をその発展線上にあるとしていること、そして「共通の危険への対処から共通の目標」に向っての統一的枠組みの形成を訴えている、その文脈に明らかであろう。理念はやがて八月二四日の、新国務長官として初の国連演説では「世界共同体」という用語に純化される。もう一度、四月演説に帰れば「われわれはもはや、われわれを統一する枠組をもたないまま、国家的ないし地域的な自己利益を追求する余裕をもっていないのである」。

たしかにここには、これまでのキッシンジャー哲学、とくに一九六八年「米外交政策の中心課題」と題して彼が発表したいわゆるブルッキングス報告所載論文の理念が、その後の事態発展と彼の外交経験を踏まえた上でもりこまれている。その点に詳しく立ちかえる暇はないが、彼は当時すでに時代を、戦後秩序の本質的要素が同時に流動してきた革命的変化の時代を描き、いまでは有名になった「軍事的双極と政治的多極化」の世界にあてはまる何らかの秩序が必要だと強調した。アメリカ側の全能の幻想と同盟国の

無責任の体系は七〇年代の同盟関係の実体たり得ない。「団結自体を目標にしてもならない」。団結と同盟は、「むしろ共通の概念と新しい機構から自ら生まれるべきで」あり、アメリカとしてはまず、無差別のグローバリズムから真の国益をわかたねばならない。国益の追求自体は必ずしも反道徳ではなく、利益にもとづいた行動からも道徳的な結果は生じ得る。要するに「安定し、かつ創造的な世界秩序について、まず何らかの概念を形成する」ことが先決なのである――。旧大西洋憲章が、米英両国の戦争目的ならびに戦後処理の原則を内容とし、その中に「貿易自由化と原材料にたいするすべての国の平等の接近」を謳っていたこととのアナロジーも媒介にして、キッシンジャー〝哲学〟が、今日「新大西洋憲章」に昇華してきたことは、いわば必然であった。ニクソン・キッシンジャー・マシーンでは、昨年五月のニクソン訪ソの際確認された一二項目の平和共存基本原則が、構想段階の憲章内容に太く織りこまれているという。

だが、憲章を、以上、キッシンジャーの理念の演繹としてだけみるのは、ことの半分にすぎない。なぜ統一的枠組みが必要となるのか。なぜ黙示的同盟では不足なのか。憲章にかかわるより本質的問題はここにある。答はキッシンジャー氏自身がふんだんに用意してくれる。すなわち「革命的変化」の時代の到来、四・二三演説でいえば「一世代前の諸決定で形づくられた時代の終わり」が訪れていると

いうことである。アメリカの圧倒的な力によって形成・維持されてきた支配と従属の世界体系、マグドフのいう「帝国主義的な網目の総合」(『現代の帝国主義』岩波新書)が揺らぎ出し、網目がゆるみ、突きやぶられかねない時代への移行こそが、「先進工業国家」群総体に意識的な統合努力を強制する。

四・二三演説によれば、新時代を告げる要素は、大よそ五つある。第一は、西欧の復活と歴史的な経済統合の動き、第二は、東西軍事力の均衡化と新たな安全保障体制の必要、第三は、主要なパワーセンターとしての日本の台頭、第四は、緊張緩和の到来に伴う新たな国家の独自性の主張と国家間の競争の高まり、そして第五は、エネルギー、環境、宇宙、海洋問題など一世代前には予測されなかった諸問題の発生。この一つひとつは、正しくは、詳しく吟味され、そのカテゴリーも検討される余地がある。だが、これによっても、アメリカおよびそれを先頭とする帝国主義体系が、内に経済および政治の不均等発展にもとづく攪乱要因を蓄積・露呈し、外化した矛盾の圧迫の点でも、社会主義諸国との軍事力バランスの変化、民族解放闘争、第三世界の主権擁護闘争の新たな昂揚によって脅かされていること、さらにその巨大な生産力の競争的発展が、ついに地球的破壊の矛盾を人類社会の当面する現実の前面におし出してきていることは指摘されている。「野放しの経済競争は共同防衛への衝動を吸いとってしまいかねない」。それだけでなく、「われわれは、経済問題では互いに他を地域的に、あるいは競争者としてすら扱い、防衛については統合的基盤にたち、外交面では民族国家として対処している」――。これもキッシンジャー氏の言葉である。つまり、問題は経済の不均等発展を基礎とはするが、経済だけでなく、経済、政治・外交、軍事の各局面の展開がまた不均等なのである。中国流にいえば、たしかに「天下大乱」である。

この局面の始まりをいつと見るかは一つの問題点だろう。私は六七年恐慌と秋のポンド危機に起点をおきたい。すでに明らかなように、これは本質的にはドル危機の爆発のプレ現象だったのであり、六八年春の金の二重価格制へと発展する。そしてこの通貨危機は、同年二月のベトナムのいわゆるテト攻勢と結び、五月のパリの激動を呼び起こした。以後の経過は逐時的に追うまでもない。ニクソンはベトナムで敗れただけでなく、S・オルソップによれば、ニクソンのもう一つの戦争、すなわちニューディール連合解体をめざして、OSSもどきの対・外敵戦術をすべて自国国民に向けたウォーターゲート事件でも苦しんでいる。IMF体制の解体に等しい破綻と世界的インフレーション、資源危機の高まりを通じて明らかになってきたことは、第二次世界大戦後の世界では、植民地をもち、核戦力をもつが故に帝国主義が支配の活力を手にしたのではなく、植民地経営や新植民地支配に拘泥すればするほど本国の矛盾はいよいよ深く、核を中心にした軍事力に依存すればするほど、かえってその負い目が、自国の経済と政治、社会的道義力の強弱にまではねかえってきているという法則である。しかもいまや、帝国主義大国の支配と管理の下に資源が占有されるのではなく、資源保有国の結束が、世界帝国主義体系そのものを突きさしている。単純な恐怖の均衡による支配、危険への共通の対処という論理次元の従属的パートナーシップでは、元手さえ失いかねない時代だともいえよう。

戦後史はここまできた。もともと戦後史は、アメリカの生産力、軍事力の圧倒的優位の下に始まりはしたが、しかし、アメリカがその同盟国とともに日独伊枢軸に勝利するためには、社会主義ソ連と連携し、各地のゲリラ、パルチザンの力も無視はできなかったという力関係をひきつぎつつ始まった。こうして戦後第一次の対ソ封じ込めは失敗する。東欧、ベトナム、朝鮮北半、そして中国と拡大し、解放化した社会主義国家群にアメリカが対したのが、マーシャル・プランであり、冷戦であり、NATOと五〇年朝鮮戦争を契機とする米日安保、米比、米台、米韓、SEATO、ついでCENTOをふくむ社会主義陣営の大包囲外線基地網だった。これは北極からみれば、完全な内環を形づくる。そしてアメリカは、その環上の各国を強大な軍事・経済力でそれぞれの条件とみあいつつ従属させ、支配した。

だが、五〇年代後半には早くも、この円環の締めつけは崩れ出した。第一に、ソ連の水爆製造成功と、人工衛星の

打上げ。核破壊力が円環をこえて直接アメリカに及ぶことが可能性として生まれた。五八年初頭の欧州の通貨交換性回復。独仏の矛盾、小欧州と大欧州の矛盾、欧州とアメリカの矛盾が、不均等発展の結果深まり、円環の安定度は弱まった。とくにドゴールの存在。一方、五八年にはキューバに革命が起き、社会主義が海を渡るとともに、初めて円環の外に出た。これは五七年以降の黒いアフリカの時代といわれた民族独立の大流とも絡んでいる。アメリカにとってもはや外線包囲だけでは安んじられぬ時代の幕開きだった。

失墜したアメリカの権威回復をニクソンと争って大統領になったJ・F・ケネディは、欧州に大西洋共同体形成をよびかけ、ラテン・アメリカにむけて「進歩のための同盟」計画を呈示し、五九年顕在化したドル危機を防ぐために貿易・資本の自由化とケネディ・ラウンドを迫った。軍事的には、在外陸軍を大巾に引揚げる一方、STRICOM（戦略打撃軍）と原潜態勢をひき、機動化を図った。また各同盟国の「自助」を要請した。六〇年の日米安保改定は、すでにその文脈上にあったことである。そしてソ連の核脅威に対しては、協調・共存促進の策に出て抑止するとともに、中ソの対立をそれによって助長もした。こうして戦略対処の焦点が、五〇年代につくった円環の内と外、つまり社会主義陣営と民族解放闘争の分断、各個撃破におかれたこと、その意味で、社会主義小国でもあり民族解放の尖兵

となったベトナム、軍事地政学的にも、中国と第三世界をつなぐ線が直接に帝国主義支配の円環と交叉するベトナムに落ちたことは、偶然ではなかった。ベトナムでの侵略本格化と同時に、当時の第三世界を代弁していたスカルノを切って捨てたのも同様である。それは成功したし、何よりも中ソの対立は抜きさしならぬほどに深まりもした。しかし、このケネディに始まる六〇年代戦略は、決して黄金のそれではなく、ベトナムで敗れ、ベトナムに深入りした故に拍車されたドル危機とインフレーション、アメリカの階級矛盾の激化は世界帝国主義体系の深刻な再編成の必要を生んだといわねばならない。たしかに大西洋憲章は、マーシャル・プランが直面していた当時の情勢と対比しつつ、今日の情勢の位相を裏がきさえしている。憲章の画期性をいうならば、まずこの点に求められよう。

ビスマルク的外交と多国籍企業

ところで、こうした歴史の趨勢に処して、ニクソン・キッシンジャー・マシーンがこれまで無策だったわけではない。内政上の諸課題と処理を別にすれば、同盟国を頭越しにした対中関係樹立や七一年八月の新経済政策（NEP）に始まったドル・金の交換性の一方的停止、対外ドルレートの切下げ、変動為替相場制への移行、これらによる海外ドル情勢のなし崩し償却などなど、ショックという言葉がひんぱんに使われたように、むしろ一方的・強行突破的でさえあった。

いわゆるニクソン・ドクトリンは、ことあらためて問うまでもないことであり、それによるアメリカ外交は、①強力なパートナーシップ、②十分な力、③実りある交渉、という聞こえのいい原則にまとめられているが、Z・ブレジンスキー・コロンビア大学教授によると、その新しい「力の均衡策」は、メッテルニヒ的というよりも、ビスマルク的だと特徴づけられている。一九世紀初頭のナポレオン戦争に巧妙な均衡外交を演じて戦争介入を避け、それによってウィーン体制をおさえたメッテルニヒよりも、鉄血政策を唱え、敵・味方を問わず相手の意表に出てドイツ帝国を固めたビスマルクの足跡に、学者キッシンジャーはかねてから関心を抱いていたという。そういえばビスマルク・ニクソン的展開を、われわれが、六九年以来のワシントン政府の動態によみとることは、さして難しいことではない。

第一に、中ソの対立とそれぞれの弱点につけ入りながら、両大国を市場対象にとりこみ、またその動きを抑止しつつ、泥沼の南ベトナムから足を抜き、侵略支配の体制を再編成した。これは米中の対立とアメリカのベトナムへの拘束によって、ソ連が手にしていた有利な位置を一挙に崩し、ソ連を主要な敵とみなしながら、軍事的双極を全面利用して、新たな――アメリカの主観ではリーダーシップを握った――大国支配体制を再構築する手段でもあった。米ソ核不戦条約はその表現である。

第二に、同盟国に「負担の公平」を迫るに当って、ワシントンは、表むきの交渉と必要と思う際の一方的な経済的威圧を遠慮なく使いわけた。優先するのはアメリカの国益である。しかも経済的なバーゲニング・パワーが弱まるところでは、政治・安全保障上の諸課題をからませ、包括的な処理を問う志向を色濃くみせてきた。NEPがニクソン・エコノミック・パッケージとも呼ばれたゆえんである。そして対象国への包括的外交政策は、先進工業国間同士、とりわけECと日本に対する隠微な対立助長策で補完されている。新しい関税引き下げ交渉が、日本の音頭とりで、だからニッポン・ラウンドともいわれる形で開始されたこと、あるいは七一年一一月に来日した当時のコナリー財務次官が、ECにつくかアメリカにこれまでどおりつくかの一義的回答をつよく迫ったことなどに、それはよく現われている。

こうして第三に、ビスマルク・ニクソン的外交は、極をなす強国との関係でいうかぎり、いぜん、アメリカを中心におき、中・ソ・日・ECを周辺に配した構造で、世界を権力的に処理しようとしている。各極とつながるのは、中心のアメリカのみである。各極相互の線は、中ソはもちろん中日であれ、ソ日であれ、日本・ECであれ、EC・ソ連であれ、中心の線にまさった強さを許そうとはしない。ここにもたしかにビスマルク的外交がみえる。

明らかなことは、アメリカがいぜん世界支配の座から降りようとはしていないことである。いぜんアメリカ第一であり、力第一である。キッシンジャー長官が四月二三日、ECの統合に一応の敬意を表しつつも、すぐさま、アメリカが世界的責任と役割をもっているのに対して、ECは地域的なものであり、その相互の調整こそが必要であると述べたこと、あるいはもっとあからさまに「自治の許される範囲と（欧州の）共同行動を必要とする対象の了解」が必要だと強調したことは、大西洋憲章が、実体においてECの関税障壁、共通農業政策、欧州通貨への動きにたいするアメリカの挑戦であることを示すに十分であった。

それを裏づける力も過小評価を許さない。軍事力において、EC、日本ともに今日もアメリカに深く依存・従属する。アメリカの戦略核が、西側世界で他の追随を許さないだけでなく、今夏のジュネーブ軍縮会議で非核保有国が鋭く問題提起したように、アメリカはついに「きれいなミニ・ニューク」（戦術核）を開発し、少なくとも欧州戦線に配備した気配が濃厚である。一発当り爆発量TNT換算五〇トン、広島原爆の四〇〇分の一、レーザー誘導で七・五キロ射程、誤差五フィート。『ロンドン・タイムズ』は「戦場の革命だ」と報じた。これをふくめて、アメリカは兵員数をたしかに陸軍で六八年の一五七万から七三年の八三万人へ、全体で三五五万から二二九万人へ減らしてはいるが、それだけかえって国防費は、七六七億ドルから七九七億ドル、七四年度の八五二億ドルへの巨大な膨脹をとげている。そして総合戦力構想のもと、世界の同盟・従属軍隊をほしいままに「連合戦力」「補完戦力」「補足戦力」に仕分けして、対ソ主敵戦略の遂行と、民族解放、各国の民主・革命諸勢力の集団的抑圧に向けようとしている。

この「負担の公平」と「自助の強化」の下に、アジアと日本で何が起きているかは、ミッドウェーの横須賀母港化、沖縄・岩国を拠点にした活発な米海兵隊（BLT＝上陸大隊チーム）の緊急出撃訓練に明らかである。日米安保体制は、実質的に効率化され、地固めされ（コンソリデート）、これまで以上に自衛隊と結合（アライン）してきているが、情報によると、日本とその周辺での自衛隊による対潜哨戒（ASW）の引受け、第七艦隊の費用分担、韓国防衛の海空肩代りはほとんど必至である。この六月下旬、ジョージタウン大学戦略国際問題研究センターのシンポジウムでは、「地中海の同盟国による常設海軍部隊」の編成と「欧州協同防衛基金」構想が論じられたというが、ハワイを交換センターにして、ベーリング海から東南アジア、オセアニアに及ぶ水面、海中の救難・警戒・監視を実施する「太平洋防衛基金」構想も、それこそ新憲章の方向を具体化するものとして検討されている。在日米海軍司令部勤務のJ・E・オウエル大尉がキッシンジャーの賛を持つ日本の外交誌『パシフィック・コミュニティ』（七三年一〇月号）で太平洋海上同盟の構想を提起しているのは、注目されていい。

経済力においては、アメリカの比較生産力も公的準備も、たしかに昔日の比ではない。しかし、一方でアメリカの巨大独占は、アメリカの国民経済を空洞化させつつ世界的規模で膨脹した。それは生産と資本の世界的集積と集中の新たな展開を示し、それ自身は資本主義経済の腐朽化と寄生性の深まりを示すものだが、今日のアメリカ経済を論じるに当って、巨大独占体の経済力量とアメリカ経済そのものの国際的指導力の弱体化との矛盾・乖離を見落すことはできない。GMの売上高はベルギー、スイスのGNPを上まわり、アメリカ八位のITTさえポルトガルやチリのGNPを越える。いまや多国籍企業と呼ばれるこれらの世界独占のトップ一〇社よりもGNPの低い国が八〇を数えるように、それは「国家のなかの国家」とさえいわれるようになった。国連報告によれば、売上げ年間三億ドルを越える大企業六五〇社のうち、日本が第二位で七四社、イギリスがついで六一社に対し、アメリカは三五八社と群を抜いている。

じつのところ、新大西洋憲章を先進工業国家群の統合、キッシンジャー氏の表現でいう世界共同体宣言とみなすなら、現代帝国主義を深部で規定しているこの世界独占の意義、それにみあう上部構造、統合の内的矛盾を経済的基礎から論ずべきである。しかし、いまはその紙面はない。ただいえることは、①現代帝国主義の経済的基礎は、たんなる独占ではなく世界独占であり、諸国家関係も国民的経済の矛盾と対抗をはらむ集合ではなく、世界独占の支配を軸とした相互依存性、有機性の世界になっていること、②したがって現代帝国主義は、たんに社会主義世界体制と民族解放闘争に対して集団的防衛の立場にたち、レーニン段階的な不均等発展の帝国主義戦争への展開を押し止めているというだけでなく、もっと資本内在的に統合化への志向を法則として、貫かざるを得ないということ、③しかし独占が競争から生まれ、競争を排除しないように、統合は矛盾、対立をはらみ、それを排除しないということ。世界独占といえどもいぜん依拠する国をもち、その国家権力との癒着をむしろつよめる。またそれは根本においてなお私的独占である。世界独占とそれが促す統合は、矛盾を全世界的規模に拡大し、重層化している。たとえば統合対象国の主権との矛盾はもちろん、統合共同体国家の主権とさえ、世界独占が矛盾するように——などなどである。

　ブレジンスキーは、もっと散漫にだが、『フォリン・アフェアーズ』の最近号論文「焦点を求める米外交」で、核兵器の出現とアメリカ企業・資本の外への進出、アメリカ経済の資源依存経済への移行（七〇年八〇億ドルの鉱物輸入は、八〇年には三一〇億ドルにふくれ上る！　最近の石油危機論！）、さらに留学や旅行、国際的通信体系が、相互依存の世界をつくり出していると書いた。彼によると、アメリカの選択はもう国際主義か孤立主義かではない。「選べるのは相互依存だけで、問題はその依存の形と度合だけである」。七一年八月のニクソンのNEPを基礎づけた元IBM会長のA・L・ウィリアムズ氏による報告——相互依存の世界における米国の国際経済政策——が「われわれのゴールは自由国家経済共同体である」（第一四章）と結論づけたとき、そこには八〇年代の工業生産の七割を三〇〇の多国籍企業で支配してみせようという世界独占の意図、現代帝国主義の再編成の方向づけがふくまれていたといわねばならない。新大西洋憲章は、こうして新しいが同時に古いアメリカ帝国主義戦略として規定される。

帝国主義統合と被支配層の激化する葛藤

　冒頭に私は、憲章の出生までまだ前途は平坦でないと書いた。憲章が呱々の声をあげ、帝国主義統合への一里塚が画されても帝国は完成しない。世界独占間の死闘、世界独占と非世界独占間の矛盾、世界独占が生む二様の国家主権との相克、世界独占と各国および世界的規模での労働者階級との間のたたかい、統合帝国主義と第三世界の葛藤、統合帝国主義が拍車をかけもするさまざまのミニ統合（資源同盟等々）との不協和音、世界独占自身の行為による通貨体制の恒常的波乱、なによりも従属する各国支配層と国民との間の——人間的に生きることをますますあからさまにしてきている反公害闘争その他との激突——こうした矛盾の重層化が、統合の内容をむしろ彩るだろうからである。統合は、そこに行きつく前に反対物に転化する他ないというのが、歴史的見通しにおいては正確である。

現に、欧州はそれぞれの国内矛盾に対処して連携するために、憲章づくり構想を支持してはいるが（EC統合にイギリスが踏みきったのは、六八年のフランス、あるいは自国の労働運動の昂揚をみてからだった）、アメリカとの主導権のかけひきを忘れてはいないし、EC内部のヘゲモニー闘争を休めてもいない。とくにフランスは、キ構想に警戒的であり、独自核武装強化の道を辿っている。そしてそこに、ソ連が提唱する全欧安保外交、シベリア石油を武器とする東への引き寄せ、あるいは委細はまだ明らかではないが、全欧電力融通構想の提起などの外交攻勢が、一方中国からは、「敵の敵は味方」とする対ソ戦略上のEC接近政略が寄せられている。すでに西部シベリアから西独へのパイプ・ラインは通じた。これが西独ブラント政権の東方外交の大きな物質的基礎にもなっていた。いま、欧州で西独のフィンランド化という言葉がしばしば使われるようになっていることは、キ構想の前途にとって不気味であり、不吉でもあるだろう。

質の面では、憲章を夢多いものにする前提となるべき国際通貨体制は、ナイロビ総会を終えていよいよ単純な解決段階にないことが明らかになった。通商問題もまた然りである。キッシンジャー哲学によれば、その解決のためにこそ、統一の理念的認知が先行するというわけだが、統一のために、懸案の解決が望ましいという常識論の方が勝るだろう。しかも通貨が総フロートし、世界的インフレーションの抑制が困難であるということは、すでに『ロンドン・エコノミスト』が警鐘を鳴らし出したように、インフレ抑制のオーバー・キルとそれによる世界不況局面を生み出しかねない。『エコノミスト』の観測は、それを七四年秋から七五年前半と置くが、キ構想は時間との賭けにも勝たねばならぬところがあるのではないか。

さらに中東は？　タイは？　最近の国際情勢は、金持ちクラブの会員券のスタイルや値段などで動いてはいない。むしろそれへの反発である。中東戦争が六七年の六日間戦争とまったく違った情況を呈しているように、世界の変化は急調であり、今次第二八回国連総会は、「対等の主権と公正な分配」を求めて、これからの国連憲章ともいうべき「資源主権宣言」をまとめようとしている。この時代の潮流を洞察しない現代のビスマルクは、結局喜劇の主となり終るかも知れない。

九月五日から九日まで、アルジェに集まった七六カ国の非同盟国首脳は、世界一六の解放機構も参加した会議で、新しい時代の到来を告げた政治宣言、経済宣言、一三の政治決議、六つの経済決議をまとめた。その経済宣言にいう——。

「すべての国は、その天然資源を国有化し、国内の経済活動を統制する権利をもつ。この原則には、いかなる留保条件もつけるべきではない。」「多国籍企業は発展途上国の主権を脅かし、内政不干渉の原則と民族自決権を侵害するなど、公然とあるいは秘密裏に経済侵略を行なっており、これは許し難い行為である。またほとんどの先進国も、発展途上国にとって必要な急務を考慮せず、自らの利益のために、現行の経済秩序を恒久化しようと決意している。これらを糾弾する。」「現在の国際通貨体制は限られた先進国の利益に奉仕しているにすぎない。……中南米やアジア・アフリカ、中東の各国は、過去に力で押しつけられた条約や協定を廃棄にもちこむために協力・団結すべきである。」

キッシンジャー構想と新大西洋憲章の臨月の秋に放たれたこの宣言が、先進国への大きな闘争宣言であることは見易いことである。しかもそれは、つづく一四～一六日のガット東京総会、下旬のナイロビIMF総会にも姿を現わし、一〇月八日からのOPECのウィーン主要産油国会議、それにもとづく原油の一方的値上げ宣言となって実体化してきている。

要するに、今日問われているのは、いわゆる先進国主導の世界資本主義体制の総体であり、その中でのアメリカの主導権そのものである。新大西洋憲章が、この問いにこたえ、重層した矛盾を解く指標にならないとすれば、その実体的意味は、帝国主義体系に内外から寄せてくる人民の諸闘争に対する先進国支配層の資源戦争をふくむ反革命協力憲章、互助憲章でしかない。そしてその変らない先頭にアメリカが立つつもりなのは、すでに見たとおりである。アルジェとシナイ半島が偶発的事件でないとすれば、一方、チリの反革命軍事クーデターもまた、たまたまの事件ではなかったというべきである。

日本について言及する余地はもうほとんどない。キッシンジャー構想の小間使い役を果たしてみて、西欧の丁重だが冷たい対応に接した田中首相だけでなく、新大西洋憲章にかかわった論議の多くは、余りにも欧米にだけ目を注いでいる。キッシンジャー構想はインド洋構想であるべきだと日本本位の解釈転換をやってみせ、内容を資源同盟構想だと田中首相が解説しているのは、日本資本主義が露呈している矛盾の切実さの反映として理解できないでもない。対米従属の国として、かつて一九三五年六、七月にアメリカからの大豆、くず鉄の輸出禁止を受け、やがてそれが石油にも及んで太平洋戦争へととびこんでいった歴史は、やはり悪夢のように残っているだろう。しかし、いまはそのアメリカがどんな立場にあるのか。このことへの洞察がないかぎり、判断は再び誤り、出路をみつけることもむつかしい。新大西洋憲章――世界反革命憲章への参加が出路となることは危険である。

もっともわが国では、憲章の安全保障条項には参加しないと早々に謳い上げている。国内からの反撃、東南アジアその他アジアの発展途上国からの批判を免れる計算と並んで、「軍事はアメリカ」という吉田方式が、拡大された形でなお採用されているようにみえる。しかし、それも所詮猿知恵にすぎまい。アメリカがECに対して、アジアでは日本だけを参加対象にしているのは、アジアの「先進工業国」が日本だけという事情からだけではない。日本を通じてアジアを把もうとしているからである。ここでは、日本はアジアであり、米・加・豪・ニュージーランドとともに形成される環太平洋経済圏、あるいはパシフィック・コミュニティ（太平洋共同体）の安全保障責任は重く日本に委ねられている。それは、新大西洋憲章の参加をもって初めて成るのではなく、日米安保条約と六九年、七二年（サンクレメンテ）、七三年各次の日米共同声明によって、すでに枠づけられている。わが国がアメリカ戦略に有機的に従属・統合させられつつ、アジアに新植民地主義的支配を伸ばしていることは金大中事件が照らし返した日韓関係一つみても歴然としている。

米、欧、日の間にまっとうな三角関係を樹立したい――という言葉など、山師のせりふも同然である。統合帝国主義の醜い下まわり役を食欲だけはどん乱にうずかせてひき受けることを、「大国」の証しとすりかえるとき、その負債は、またも重く悲しいものとなるほかはあるまい。これがこの小論の結論である。

（『現代の眼』一九七三年一一月号　山川暁夫）

日韓関係研究
——その金脈と人脈

わが国保守政治の〝常識〟

「田中首相ならびに同首相と親密な関係にある一部の実業家、それに佐藤前、岸元首相らは経済的に韓国の朴政権と密接に結びついており、東京で流布されているうわさによると、これらの政界指導者は、対韓援助のリベートによってばく大な産をなしたといわれる。こうしたこみいった利害の結びつきから、日本側には韓国の現政権との関係を断つことに反対する強い勢力が存在する。日本の政治は、米国以上に腐敗している」

九月一二日のワシントン・プレス・クラブでのこのJ・コーエン・ハーバード大学大学教授の爆弾発言いらい、〝日韓政財界の黒い癒着〟関係があらためて問い直されている。

名指しされた田中首相、岸元首相は、コーエンを黙殺し、佐藤前首相は、テレビや新聞で本気になって怒ってみせた。だが庶民の感覚では、〝いかにもありそうなこと〟というのが正直なところだろう。

「政治家は金がかかる。外国でも日本でも、政治家はいろんな会社、銀行とつながっとる。便宜を与えておる。だから会社や銀行は金を持ってきますわな。昔は、金があって政治家になって、〝井戸塀〟というて、井戸と塀より残らん。裸になるといわれたン。いまは裸のものが政治家になって、みんな立派な家やら別荘やらをつくるでしょう。一体その金どこから出るか。降ってきィへん」

これは、最近『タイムズ』誌で、佐藤政権生みの黒幕とされた笹川良一・日本船舶振興会会長の言葉である（『週刊文春』一〇月二八日、イーデス・ハンソン対談）。興味のある発言だから、もう少しさわりを紹介しよう。

「ハンソン　（儲けた金）選挙のときにも使うわけ？

笹川　選挙のときにも使いますけど、わたしが誰にいくら出したかわかりません。他人にいいませんから。新聞なんかに書いてあるの、あれはみんな嘘です。

ハンソン　でも、なかには当っているものもあるでしょう。

笹川　ありませんね。知らずに書いとる。わたしは候補者に直接にしか渡しませんから。他人がおったら渡しません。他人にわかるような金は〝死に金〟です。

……

笹川　アメリカのコーエンの日韓リベート云々にしたって、〝ないない〟というと、いざむこうが調べてくると、わからんことがあるから注意せな……

ハンソン　アヤしい例が出てくる？　つまり、コーエンさんの発言は正しいということですか。

笹川　当らずとも遠からず。……誰だって、これ（金）がなかったら政治やっていけませんわ。ただ直接もらうようなことはしない。法にひっかかるから。そこへ商社が入ったり、事業家が入って、その会社の儲けから献金しよる。これはひっかからん。

……」

これだけあけすけにいわれてしまうと、発言している本人の裏幕政治上の地位からいって、何も追及することはないのではないかという気にさえなる。折しも『文藝春秋』一一月号の「田中角栄研究――その金脈と人脈」が、現首相に焦点をあてながらだが、脱税、トンネル事務所、幽霊会社、ご祝儀などなどの政治資金づくりの奥の手を絵ときしてみせてくれた。自民党内で田中金脈批判がされたとしても、しょせんは同じ穴のムジナということであるにちがいない。

企業が儲けたら、どんどん政治献金に回せばいい。国民協会であれ、派閥や政治家個人の政治団体であれ、領収書のついた政治献金にすれば、その分だけ課税対象から控除されてしまう。だから五〇〇万円を一〇〇〇万円と領収書で書くことを認めるだけの〝信頼関係〟があれば、差額の五〇〇万円はウラ金として、企業側と政治家側のいずれがいかようにも使えることになる理屈になる。何もわざわざ〝リベートです〟とか〝政治献金だ〟とかいわなくとも済む。汚職という概念にさえひっかからない。この世は持ちつ持たれつ――それが、わが日本の保守政治の常識であり、実態である。

コーエン発言をうけとめる場合、まずこの辺のことを念頭に入れておくことが必要だろう。〝リベートはない〟と開きなおるなら、保守政治の資金をめぐる怪――すくなくとも政治資金の不透明ぐあいを、きれいさっぱり拭いさった上で、そう主張してもらわねば話しにならないのではなかろうか。

政治の深層に構造化された癒着

ところで、いま〝汚職という概念にもひっかからない〟と書いたが、そうしたいわば日常的な政財（業）界癒着関係に加えて、れっきとした汚職がやむことなくつづいてきたことも事実。自民党の歴史は、汚職の歴史だったといってもいい。

もちろん、その実態の多くは、日韓癒着そのものと同様に、曖昧模糊たるものである。笹川発言のいうとおり、金は〝他人にわからぬ〟形で動く。加えて、司直をふくむ権力の壁が追及を阻むし、かなりの場合、追及者が不慮の死を遂げることもある。九頭竜川ダム汚職事件の際に、総理秘書官が水槽のヤグラの上から墜死したことは『文藝春秋』一一月号も言及しているが、この怪死の夜、事件を追及していたジャーナリスト倉地武雄氏の原稿のゲラ刷りが〝蒸発〟、やがて倉地氏は〝精神異常〟とされた長男に刺されて死んだ。だから、そうした日本政治の深層にふれた事実は、たとえば米占領下時代を描いた松本清張氏の『日本の黒い霧』や『深層海流』、一九六一年のいわゆる武州鉄道汚職をとりあげた佐賀潜氏の『特捜圏外』など、小説の形で辛うじて一般に伝えられることが多かったのである。

だが、事実に正面からとりくんだ仕事がなかったわけではない。室伏哲郎氏の『汚職のすすめ』（弘文堂、一九六三年）は、そうした数少ない貴重な作業の一つだが、その「まえがき」に、こんなことが書かれている。

「私があるゴルフ場の創立に関係していた時の話である。

何十万もするゴルフ場の会員申込者の中に、何人かの役人の名前をみつけた。やがてそれら役人の会費が業者から指定銀行に払い込まれた。しばらくすると、そのゴルフ場に有名な政治家が、ある会社の社長と時々姿をみせるようになった。

会員になった役人の一人が、入会金を払い込んでくれた会社の、トップ・マネージメントに横すべりしたころ、有名な政治家は首相になった。ある国に何十億もの賠償を支払う問題で、首相と担当大臣が、特定の会社に便宜をはかった疑惑があると、世間で大騒ぎをはじめた。なるほど、受注の九割をひとりじめしたのは、首相のゴルフ代を支払った会社であった。年収二〇〇万円ちょっと申告している首相が、いつの間にか時価三〇〇〇万円という別荘をたて、担当大臣が、その業者から自家用車を提供されている事実が指摘された。」

室伏氏が本文中で詳しく述べているように、ここにいう首相とは岸元首相、担当大臣とは当時の永野護運輸相、ある会社社長とは、岸元首相が戦時中、商工次官をしていた当時、鉄鋼統制会理事として親交のあった木下商社の木下茂氏である。ことはインドネシア賠償をめぐって起き、岸元首相は、その利権がらみで、熱海に敷地九六七坪、建坪八二坪の疑惑を招く別荘を建築した。

いささか古い話をここで持ち出すのは、今日の日韓癒着にもかかわる対外〝援助〟関係の汚職の歴史にしても、いまに始まることではないことを確認しておきたかったからであり、同時に、この話の中に、コーエン教授がいうところの〝リベート〟関係の原型の一つがあると思うからである。

事実、日韓関係でいっても、かつて李承晩時代の駐日大使だった柳泰夏氏が本国に召喚され、不正蓄財の疑いで軍事裁判をうけたとき、同大使は「私はムダ使いしたといわれるが、日本の政治家に献金し、日韓交渉促進に役立てたのだ」と開きなおり、リストを提出して話題を呼んだことがある。一方、六三年の韓国大統領選挙のさいには、韓国野党が「朴正熙氏は日本からの金をもらって選挙資金にしている」と攻撃したことがあった。六五年の日韓条約締結にともなって決定をみた有償三億、無償二億、民間借款三億ドルのいわゆる請求権支払い問題をめぐっても、交渉担当だった当時の金鐘泌KCIA部長と日本側大野伴睦自民党副総裁との間に、数億円の金のやりとりがあったと噂されたり、請求権利権にまつわる韓国ロビイストの争奪戦が、町の暴力団の争いにまで拡がったりしたことがあった。プロレスラー力道山が、東京渋谷の街頭で腹を刺されて死んだのは、こうした争いの中に彼がまきこまれた結果だったのである。

ことほどさように、日韓癒着はすでに年を経た問題である。とすれば、朴政権登場以来一三年、日韓条約発効からみても約一〇年、この短くない年月のなかで、日韓の癒着関係は、わが国政治の深層にまでいわば構造化されてきているというべきだろう。

あらためていうまでもないが、朴政権に移る時期の一九六二年の両国貿易一億三四〇〇万ドル（日本の対韓輸出一億九〇〇万ドル、輸入二五〇〇万ドル）は、七三年には三九億六二〇〇万ドル（輸出一七億二三〇〇万ドル、輸入一二億三九〇〇万ドル）へとじつに二二倍以上にふえた。五九年以降ことし六月までの日本の対韓借款は一〇億三〇〇〇万ドル（財政借款三億八三〇〇万ドル、商業借款六億四七〇〇万ドル）、直接投資は、アメリカの一一一件、一億七四〇〇万ドルを大きく上まわる六九五件、四億六七〇〇万ドル、これに無償援助二億三六〇〇万ドルを加えて、いわゆる〝経済協力〟総額は、一七億三二〇〇万ドルに及ぶ。そして六一〇社の日本企業が進出して、七三年には、韓国GNPの八・六％に当る二五二〇億ウォン（約六億ドル）を生産するなど、韓国経済は、日本経済の再生産構造の中に、下請け的にビルト・インされてきた。利権をめぐる不正と汚職発生の余地はまさに随所につくり出されているといっていいだろう。

黒い蓄財のメカニズム

もっとも、韓国経済、日韓経済関係をまともにとりあげることはここでは避けておこう。

ただ黒い関係のカラクリが生まれてくる原因として、韓国経済がアメリカの軍事支配にはじまり、やがて日本資本の導入もうけつつ、買弁資本と植民地的政商の下にあったことにはふれておかねばなるまい。

なるほど、経済指標でいえば、韓国のGNPは、六二～七三年間、名目年平均で九・六％の高成長を遂げ、一人当りの国民所得も八七ドルから三七七ドルにふえた。六二年の輸出水準五五〇〇万ドルは、七三年には三二億二〇〇〇万ドルである。

だが、この数字は高度のインフレをよみこんで是正しておかねばならない。しかもそのインフレ自体、導入外貨の国内通貨換算率を高めるために政策的に推進された面が大きい。四八年の一ドル＝四五ホアンは、軍事クーデター後の六二年二月には、じつに三〇分の一の一三〇〇ホアンとなり、これを一三〇ウォンと読みかえた現行通貨も、いまではドル＝三五〇ウォンに減価した。だからウォン標示の数字の場合は、ほぼ三分の一に読みかえて、六二年当時と比べるのが妥当だろう。

そうだとすると、発表されている数字からみても、韓国経済が本当の自立からまた程遠いことがわかる。むしろ実情は逆で、食糧をふくんで自給度は低下し、一方で供借款額が六一年の三〇〇万ドルから六五年の四億ドル、七〇年の三〇億ドル、七四年の六八億ドル（推定）と、それこそ

気狂いじみて増えてきた。この七四年推計をGNPで日本経済にあてはめると、じつにわが国が二三七〇億ドル（七〇兆円）の借金をかかえているのに相当する。だが、これこそが韓国経済のいのちの綱だったのであり、同時に産業構造のアンバランスと異常なほどの貧富の差を生む根拠だったのである。こうして月収一万五〇〇〇から二万ウォン（ウォン＝〇・八円）、年収九万六〇〇〇ウォン以下が全世帯の二四％（一四〇万戸）にも及ぶ（『朝鮮日報』七三年四月二五日）という民衆の低生活水準をよそにして、詩人金芝河のいう五賊（財閥、国会議員、高級公務員、長・次官、将軍）が発生してくる。李承晩時代の旧日本資産の払い下げに始まり、米日の〝援助〟に寄生した韓国財界にとって、その取得や独占的な販売権を政治権力と結託して握れるかどうか――これが、産をなすかどうかの秘訣だったというわけである。

この五賊の財がどんなにバカバカしいものであるかは、朴政権が七二年八月に実施した私債調査で、申告額だけでも五五〇〇億ウォンだったことに明らかである。この額は、中央銀行通貨発行量の九〇％に相当した。実力者とみられる四人の私財だけでも、通貨量の五〇％、李厚洛前KCIA部長の七〇年の私財評価だけで、実に三〇〇億ウォンとのことであった。もっとも、陸軍大将で月俸一八万三〇〇〇ウォン（約一四万円）ということでは、ひとたび権力の陣に加わった者が任期中に大もうけを企もうという気にな

るのは、わからないでもない（ちなみに二等兵の月俸八〇〇ウォン）。

このへんで、財をなすメカニズム＝手口を整理しておこう。

第一は、前述したように導入〝援助〟の運用管理権である。どのプロジェクト、どの企業に外資を配分するか。この認可をめぐって収賄があり、政権と財閥・政党上層との黒い関係が発生する。あるいは導入された物資は、流用される。真偽は別として、昨年の夏、当時の姜昌成軍保安司令官が、軍用ガソリン一六〇〇本流用のカドで左遷されたことがあった。

〝援助〟運用のプロセスは、(1)資本財導入、(2)原資材導入、(3)有償資金による資本財導入、(4)商業借款、(5)直接投資等、それぞれ多少ちがうが、参考までに(3)(4)のケースについて図示しておこう（〔図1〕参照）。関所のひとつひとつで政治工作が必要となり、大統領秘書室長、中央情報部長、民主共和党財政委員長、経済企画院長、財務部長官などの了解を得て事業認可をとりつけるのに、総事業の経費の三〜四％、この他に財界有力者へのリベートとして三〜四％が必要だというのが、韓国での常識だという。

〔図1〕
有償資金による資本財導入の手順

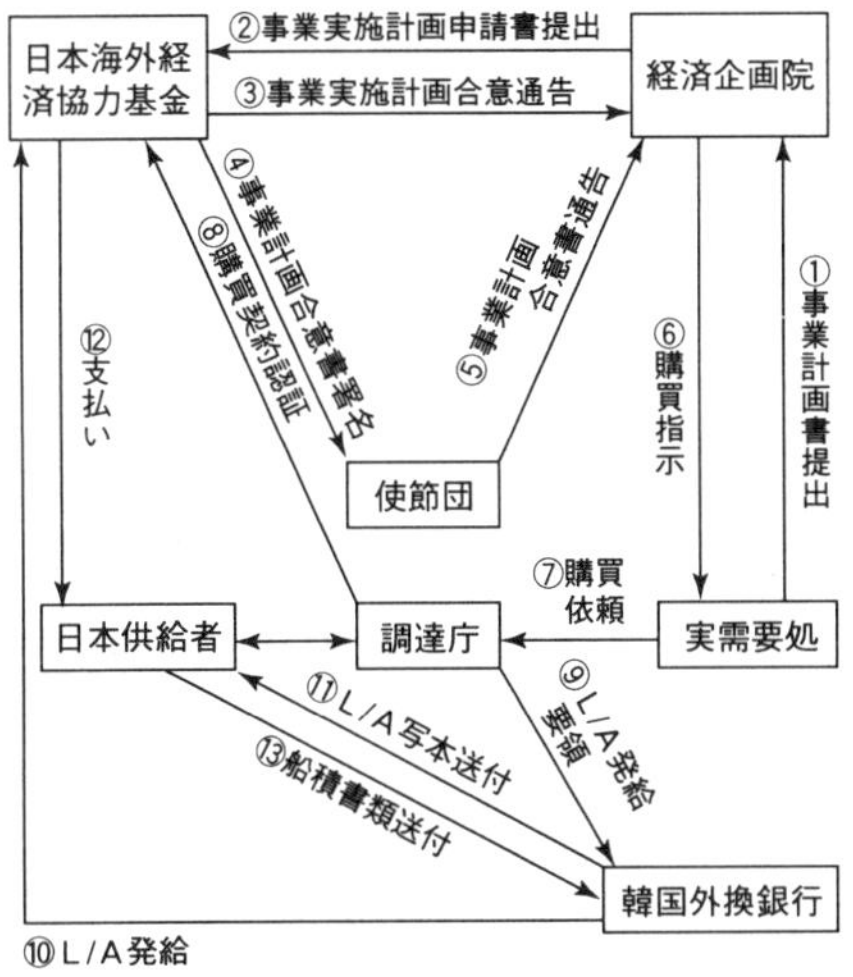

商業借款業務手順

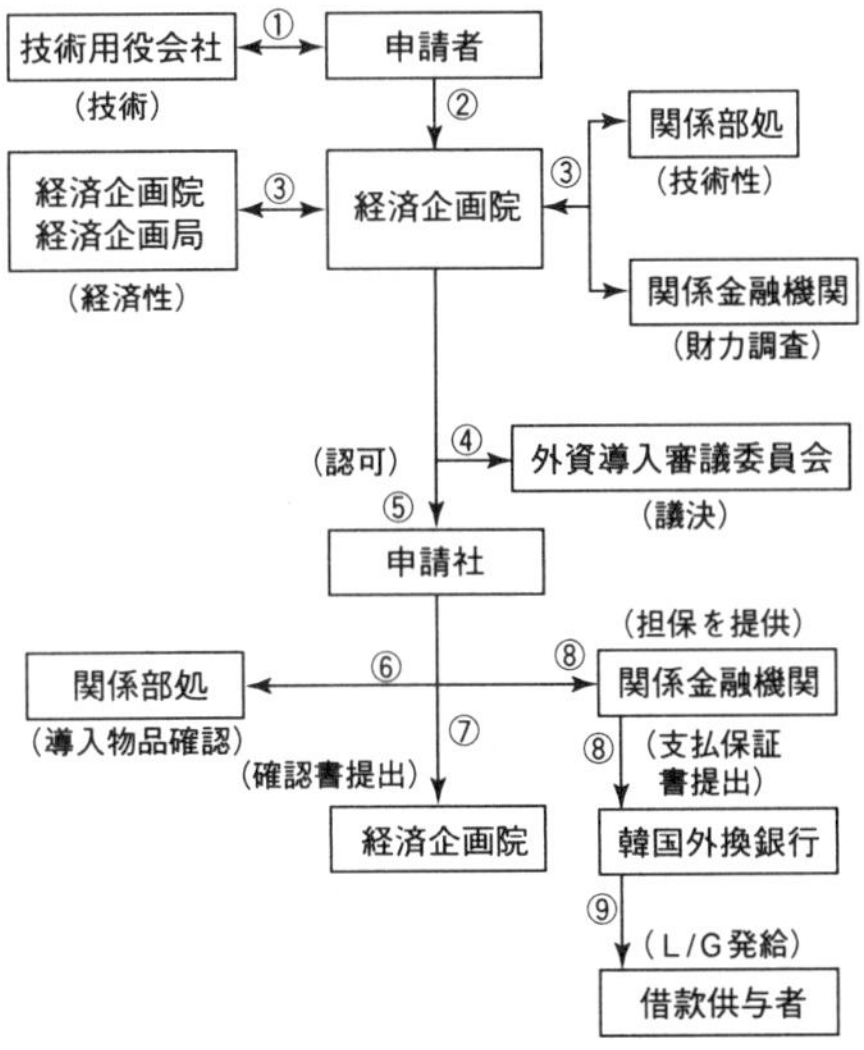

（1969.8　外務省経済協力局
『韓国経済産業視察団報告書』より）

第二は、こうして得られた導入〝援助〟の内外金利差を活かした運用である。日本の輸銀、海外経済協力基金の資金の年利六～七％に対して、韓国の金利水準は二〇％内外だから、いったん金と物を〝援助〟資金から手にいれれば、寝ていても厖大な儲けを生む理屈である。これも昨年、李厚洛KCIA部長失脚とともに、その息のかかった李永俊なる人物が逮捕されたが、彼は三年間架空の会社をつくり、七四億円を融資していたという。韓国では、企業に対する融資は、公的融資が一四％、私的融資が八六％（前述の私債申告をみよ）だということだから、まさに高利貸しの花盛りといってもいいすぎではない。

第三は、ごくありふれた形だが、対外取引き契約の中に不当利益を包みこむことである。金大中氏も「日本で一台一七〇万円程度の自動車が、韓国に入るときには三〇〇万円以上（『世界』七三年七月号）と指摘したことがある。蔚山第五肥料工場建設の際（六五年九月）、韓国肥料が三井物産から購入したセメントは、三五〇〇万ドルが四九〇〇万ドルと計算され、しかもセメントの中にOTSA（サッカリン原料）が入っていたことで問題になった。また六六年に日立製作所、汽車製造が輸出した貨車が、日本よりも一〇〇〇万ドルも高値だったことが問われたこともあった。日本側からの輸出資材が、プラント類の場合、本来ならスクラップになる中古品だという例が少なくないので、この日本の対韓輸出、韓国の対日輸入にまつわる不正利得は、正常な商行為で認められるギリギリの線を行く利得の普遍的形態といえるだろう。

第四はもう少し荒っぽい。いわゆる借款企業の倒産＝不実企業化である。日商岩井が三四五万ドルを融資した新韓碍子、トーメン、昭和電工が一三四八万ドルをつぎこんだ韓国アルミの不実化など、その例には事欠かない。七二年に外務省が派遣した「韓国第三次五カ年計画調査団」の報告でも、当時の借款企業一四七社の三分の一に当たる四五社が不実企業となり、日本関係だけでその倒産企業への借款額は一億五〇〇〇万ドルを越えていた。不実化の理由としては、日本などからの劣悪な中古プラントの導入、企業自体の無計画な濫立などいろいろだが、韓国アルミの場合には、借款額のうち五九二万ドルが、文字どおり蒸発し、借款企業自身が、不正利得のためのトンネルだった疑いが濃厚である。しかも不実化したからといって、日韓双方の企業家の腹そのものが痛むわけではない。輸銀や基金など要するに政府の金であり、韓国側では、産業銀行その他が面倒をみるからである。だから外務省北東アジア課がまとめた『韓国における不実企業』と題した報告はこう述べている――「企業自体から生まれる正常な利潤よりも、むしろ外資導入の過程で、または政策金融の融資をうける過程での〝横財〟の可能性が多分にある」と。この報告は〝横財〟の一つとして「リベートといわれるものもある」としているが、リベートを否定する佐藤発言が真実なら、この前総理は、日韓関係の実情さえ知らない政治の失格者というそしりを免れないといえるだろう。

第五に、直接の政治資金導入がある。六九年八月に日韓合意をみた浦項製鉄所第一次工事のための援助一億二三〇〇万ドルは、日本政府資金の七三〇〇万ドルを含んでおり、当時の韓国総選挙のための政治資金に一部使われたという説が残っている。七一年の第五回日韓閣僚会議で決定をみたソウル地下鉄建設では、日本から送りこむ一八六両の車輌の単価が、日本での三五〇〇万円に対して六一〇〇万円と計上されていたが、これも大統領選挙資金のためだったという。もしこの数字が正しいとすると、四八億円以上が上積みされたことになる。

以上のようなことに加えて、たとえばいままでは、馬山自由貿易地域への企業進出の認可権を朴鐘圭大統領警護室長が握り、李厚洛氏が、最大の財閥である三星財閥の代弁者だったというような事実などを重ねて考える必要がある。朴正熙大統領自身、湖南石油、マックスウェル、現代造船などの大株主である。経済の糸は、そのまま政治の糸であり、政治に及ぶ黒い関係がここにつくり出される。

事実上の「西日本経済圏」

さて以上の韓国内部の利権メカニズムを裏返してみれば、そこに日本側の黒い関係が生まれてくることは、容易にわかることだろう。

第一に、韓国への〝援助〟と投資は、効率のいい利子取得を保障する、表むきの金利以上のまさにリベート関係を生むからである。

第二に、それは事実上のひもつきであり、日本商品の輸出市場を拡大する。しかも日本政府や輸銀手当ての〝親方日の丸〟で、すでに述べたように、高値輸出が保障される。

第三に、それはまた日本では廃棄される中古品、スクラップを資本化し、現金化する。

そして第四に、韓国への進出は、もっともわが国に近い地域での安い労働力や公害に悩む企業にとっての工業立地を確保する。月一万五〇〇〇～二万ウォン、スト権もなく週六〇時間の労働を強制し得る労働力が、資本にとってどういう魅力であるのか。あるいはまた馬山でいえば、坪当り地代五〇四円の立地条件、インフラストラクチャー部分は韓国政府が責任を負い、公害反対の懸念もさし当りはなく、しかも五年間は関税、所得税、財産税免除、さらに三年間半額という企業条件が、どんな利益であるかは、こと細かく説明するまでもない。

こうしていまや、わが国の政財界にとって、韓国は事実上の「西日本経済圏」なのである。七二年の韓国の第三次五カ年決定に先立って、同年二月、わが国はこの計画立案のための調査団を送り、七三年の重化学工業計画決定のさいにも、同年五月に韓国機械工業等産業開発調査団を派遣している。いってみれば、日本側が起案している状況だが、ことはやはり外国のことだけに、個別企業としては、計画内容への割り込みのためにしのぎを削り、政治工作につとめることになる。昨年の金大中事件のきびしい最中、一億ドルの産銅プラントで競い合ったM商社とI商事について、「どちらにしたものだろう」という金鐘泌首相の内々の問いあわせをうけた大平外相（当時）が、結局I商事を推したという〝ささやかな〟出来ごとがあったが、その場合利権を保障された企業側が、何のお礼心ももたなかったとすれば、むしろ〝常識〟に反するということではなかろうか。

こうして〔図2〕のような、複雑に交錯しあった「日韓政財界相関図」や、日韓協力委員会に代表される韓国ロビイストの集団がつくり出されることになる。この興味ある図は、一民間研究集団がまとめたものの借用だが、ほぼ大要をつくしていると思われる。

いま、この図の細部にわたって注釈を試みる余裕はない。だが第一のポイントとして三菱グループと朴大統領自身のつよい関係をあげることができる。三菱商事の藤野忠次郎会長は、朴大統領夫人そ撃の日にもソウルに招かれて赴いていたが、東京からの電話で青瓦台の主と話し合い、私的な会合の場所では大統領を「朴君」と呼ぶ関係にある。これに三菱＝岸元首相の関係、岸氏と日石（カルテックス）＝湖南石油（カルテックス）＝朴大統領の関係をつけ加えたい。これも金大中事件の一応の〝政治的決着〟の山場に訪韓した岸元首相が突込んで協議したことは、日韓にまたがる海底油田の開発の問題であった。

第二のポイントは、三井グループと三星財閥＝李厚洛のラインである。馬山自由貿易地域への進出も、三井系が大きい。だがそれだけに昨年以来の日韓政情の変化の中で、三井グループのもつ線が後退していることは否めない。

第三のそして現在での最大のポイントは、田中首相に結んでいくラインである。韓国の財閥が産業資本から出発したものが多く、重化学工業を基盤にしていないだけに、浦項製鉄所建設がもつ政治的比重は大きい。また三和グループ＝小佐野賢治を軸とする済州島開発計画や、帝人＝鮮京財閥のウォーカーヒル開発、長谷川仁前議員を媒介とするトヨタ、新進の提携や大平蔵相＝伊藤忠＝三星のラインなどなど、田中政権発足後、それまでの岸、佐藤、旧韓国ロビーの利権が、つぎつぎに田中・大平ラインに移されてきたという説がつよい。

とりわけ、ここでも田中首相の盟友、国際興業の小佐野氏の果たしている役割は小さくないようである。

よく知られていることだが、国際興業の成長の一根拠は、日本本土、沖縄、韓国、南ベトナムなどでの米軍のバス輸送、軍需輸送にあったが、韓国でもこれに相当したのが韓進財閥で、この両者は、当然ながら協力しあい、いまでは、大韓航空（ＫＡＬ）を筆頭に、観光事業や遠洋漁業に手をのばしている。代表である趙重勳氏が自動車整備工から名

〔図２〕日韓政財界関係図解

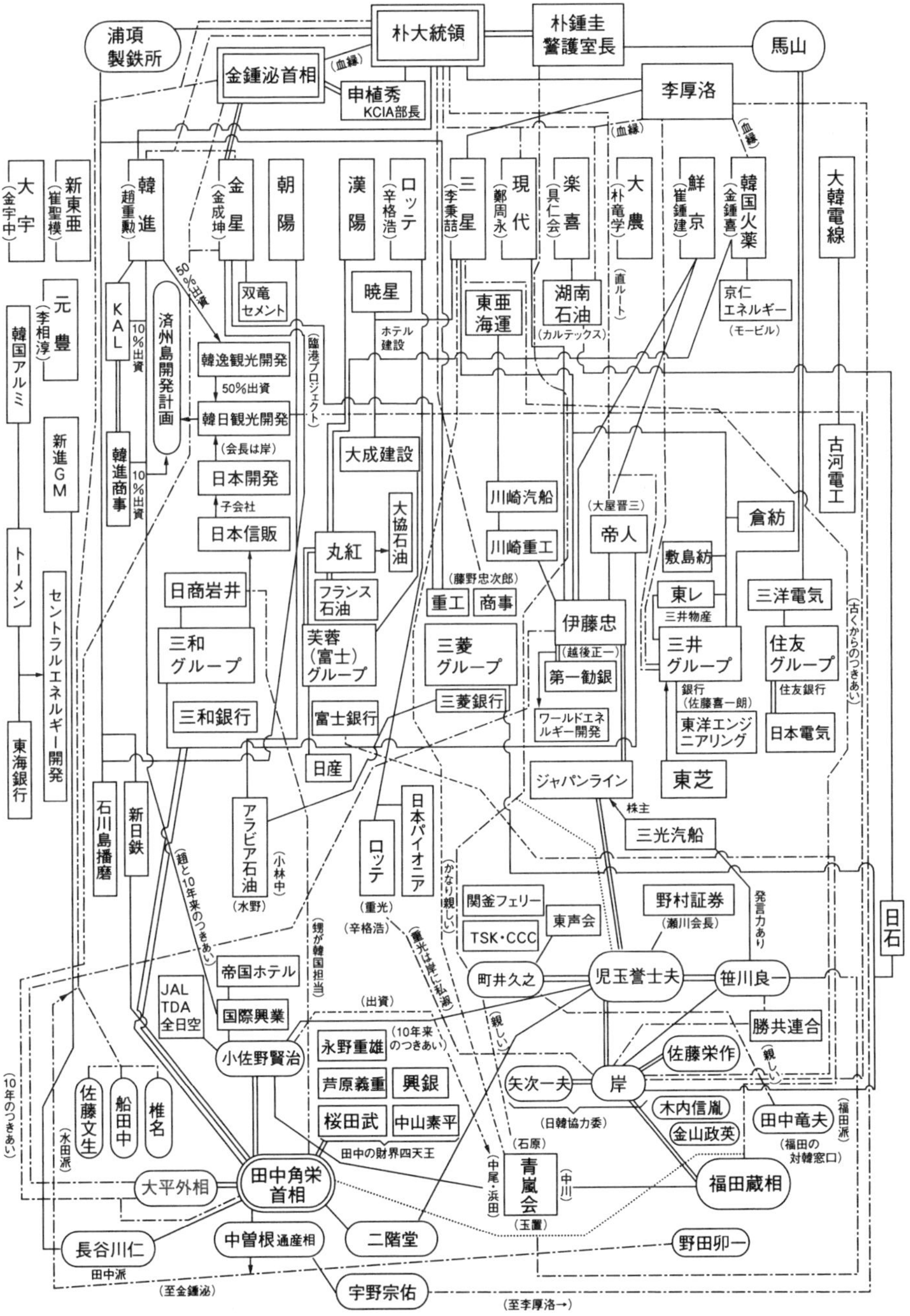

をなしたのも、小佐野氏の経歴と似通っている。小佐野氏は、日航の筆頭株主であり、全日空、東亜国内航空の経営に関与するだけでなく、KALの株一〇%を手にしている。そしてこれらの相関関係は、わが国の政治の方向はもちろん、隠微な展開の中にも、影を落としているのである。

いくつかの事例を氷山の一角として紹介しておこう。

①韓国がわが国のマスコミ状況に不満をもっていることは、周知のことである。その対策として、たとえば日本テレビの九月初旬のイレブンPMの韓国報道に注文をつけたりしているが、一説には二五万ドルの日本マスコミ対策費を組んで工作に入ったといわれ、それかあらぬか、『毎日』『日経』には、八月中旬までに韓国事情を伝える別組み特集(『毎日』は六月一五日から五回)が現われた。韓国大使館公報官資料(七四年七月)によると、『朝日』『読売』には批判的で、『サンケイ』『日経』は「いい」部類に仕分けられている。そして『毎日』は「真摯な姿勢がみられ出した」とされ、これが当面の最大対象になっているもののようだが、その『毎日』の経営難、負債増大につけこんで、三和銀行が同社への融資引きあげ措置で経営陣をぐらつかせている一方、小佐野氏が社内株であるはずの『毎日』の株の取得に出ているとのことである。やがて、『毎日』経営陣に変化が起こり、ロビイストとして知られるT氏が社長に復権する可能性があるが、それがどういう狙いをもつかは推測に難くない。

②ここしばらく鳴りを静めている青嵐会の中心メンバーが、金大中事件発生当時、異常なほどに朴体制擁護論を唱えたことは、これも人のよく知るところである。その一部メンバーが、しげしげと韓国訪問をすること、さる一月末に東京武道館で開かれた青嵐会の「大集会」に参加したのが、会に属する議員の選挙区議員だけでなく、韓国居留民団と韓国に本拠をおく国際勝共連合だったことは、公然の秘密である。だからその激しい大平外相批判は、朴政府の差し金もあったろう——と憶測された。そして青嵐会の一部メンバーが、総選挙に当って韓国からの政治献金をうけ、輸入韓国ノリの利権の一部も与えられているといった情報もまた、コーエン流にいうと信ずべき噂として流れたことがあった。

③金大中事件のウラにも、日韓の黒い影があった疑いが濃厚である。事件の本筋はもちろん、ニクソン・ドクトリンの展開から生まれる米韓矛盾、それに対応したソウル政権内部の暗闘、韓国の民主化闘争の上にたつ金大中氏の政治的存在への朴体制の警戒——こうしたことを背景としたKCIAなど韓国の政府機関の介入にあるのだが、実行グループには、在日の韓国人ないし韓国に近い日本人グループが参加していたとみていい根拠がある。これは残念ながら、いまのところ小説にでもして示すほかはない。だが事件が起きたホテル・グランドパレスの二二階を高級コールガールの働き場所としていた某在日韓国人、日本名Mを名

のる人物が、右翼的行動組織をもち、そのボスであるK氏が、自由党の創党資金さえつくった政界の黒幕であることは、誰知らぬものさえない。そしてこのK氏が部下まで送って一体化している某海運会社は、金大中事件が起きる前、アブダビ石油とつないで総計三六億ドルもの国際金融を予定し、韓国に石油精製プラントをつくる計画を申請していたのである。このため、同社の株価は、三月の三八〇円から八月末には八二七円と異常な棒上げ状況を呈した。だが、このプロジェクトを成功させるには、先行していた丸紅＝大協石油＝韓陽、アラビア＝富士石油＝パン・オーシャンG、伊藤忠＝帝人＝鮮京の同様の精製プラント計画を抑えて、韓国側トップの政治的認可取りつけを必要としていたのである。実力者の朴鐘圭が事件前訪韓した日本の政界黒幕に、「金大中一人処理できないでは……」と述べたことは、当時の週刊誌にも報じられたことであった。こうした利権と結ぶ神戸中心の組織の一つの中に、かねてから救国同盟を名のる韓国人組織があったことも、金大中事件の経過に照らして興味深い。

ちなみに、ここで在日韓国実業家とそのもつ組織の一斑についてふれたが、数多い在日韓国人ないし日本帰化韓国人実業家——たとえばロッテ、阪本紡績、TSK・CCC、ホテル・ニュージャパン、キャバレー・ミカド、ローヤル・レコード、日清食品、第一食品、エース食品などが日韓経済の一つの接合剤的役割を果たしていること、また、かれらの一部がもついくつかの行動組織が日本の右翼団体や山口組、柳川組などのヤクザ組織と融合していることは見逃せないことだろう。世間の指弾をうけている糸山英太郎代議士の選挙にしても、その選挙マシーンの大きな一つになったのは、日本帰化韓国人のつくる成和会と呼ぶ組織であり、笹川了平氏はその最高顧問の一人だったのである。そしてこの選挙マシーンに、山口組、柳川組その他のヤクザ組織が関係した。しかも、糸山不正選挙の処理はもどかしいほど進んでおらず、かえって、糸山議員の弁護士を買って出たのが、元検事総長であり、田中首相の政治団体である越山会の幹部でもある井本台吉氏なのである。これが日本の政治——黒い政治実態でなくて何であろうか。

「一つの朝鮮、一つの日本」

日韓癒着を解明することは、しょせん日本の政治そのものを追及することになる。もともと汚職にまみれている自民党政治と、軍事独裁、専制の韓国政治とが融合して、そこに清潔な日韓関係が生まれるなど、およそ初等数学の公式にも反する。そして、いま田中金脈を批判する自民党の他の領袖や派閥が、日韓関係でも〝清潔〟だといいきれる保証はなにもない。

韓国側には、日本の資本を引きずりこむこと自体が、日本の韓国防衛責任をつくり出す安全保障策だという認識があり、また裏金的関係をつくることが、日本側の韓国に対する弱味を生むという打算がある。

日本側には、個別資本の利害をこえて、日本帝国主義の新版大東亜共栄圏形成は、韓国抜きではあり得ないとする戦略志向があるだろう。かつて永野重雄新日鉄会長は、日本鉄鋼連盟への協力要請を韓国からうけたとき、「こんごの日本の産業の行方をきめるのは、インド五億の人口とインドネシアの鉱物資源と、それに共産圏との最前線にあってアジア自由圏の防波堤である韓国の隆盛。この三つである」（『日本経済新聞』六九年九月六日）と述べたことがある。かりに年三億ドルの〝援助〟としても、それは北海道への七三年の地方交付税交付金一〇九八億円よりも少ない。これで市場を買い、労働力を買い、さらに六〇万の軍隊が買えるということなら、これほど資本家的な合理性にかなうものはない。

だから表むきの日韓関係でこそ、日本が最近屈伏を強いられているようにみえるとしても、しかし、太刀川、早川両日本人問題について、はしなくも外務省の一高官が「韓国を外国とみるから解決が難しくなる」と述懐したように、ことの本質では、「一つの朝鮮、一つの日本」が朝鮮半島につくられつつあるのであろう。企業は連結する。企業決算さえ連結していく。そこにはもうリベートという概念さえなくなるだろう。そして、コーエン発言があったちょうど同じ日の九月一二日の『東亜日報』は、七四年度の日韓経済協力案件として、すでに財政借款一億四〇〇〇万ドル、商業借款二億八〇〇〇万ドル、その他推進事業九億四五〇〇万ドル、計一三億三〇〇〇万ドルが組まれているということを報じていたのである。

（『現代の眼』一九七四年一二月号　山川暁夫）

ベトナム革命勝利が日本労働運動に問いかけるもの

ベトナム一五年の総括を

ベトナム革命の勝利の祝砲がとどろく中で、どうして日本労働者階級は、七五年〝春闘の敗北〟の総括を余儀なくされているのか――。

四月三〇日のサイゴン解放を心から祝いつつ、私は労働者がまじわるいろいろの集会で、このことをたえず問いつづけてきました。

私に正解があるわけではありません。また七五年〝春闘〟をただ〝敗北〟とだけ総括することが正しいものではなく、まして既成労働運動指導部の春闘路線の敗北をわがこととして憂慮する立場にたってはいないことを自覚した上でのことです。既成労働運動路線の敗北は、率直にいって〝悪い〟ことではなく、〝良い〟ことでさえあるでしょう。

しかし、かりにも日本労働者階級の本当の勝利をめざそうとするならば、ベトナムの勝利と余りにも対照的な、わが国の革命的力量の弱さを、いま根源的に問いつめることが、前進のために、どうしても避けられない課題と思ったからです。

六〇年の日米安保改定阻止闘争。いろんな弱点をもったとはいえ、それはそれとして、日本政治史と労働運動史上の画期的闘争でした。だがそのとき、南ベトナムにはまだ解放民族戦線は形成されていませんでした。いやむしろ、一部には降伏主義的潮流すら生れるようなつらく困難な局面だったと聞きます。しかしその困難を、日本の労働者階級と人民の六〇年闘争、そしてそれに連動しておきた南朝鮮人民の李承晩打倒の勝利の闘争がうちやぶったと教えられたことがあります。南ベトナムの革命主体はそのことによって励まされ、六〇年一二月、ついに南ベトナム解放民族戦線の旗を高く掲げたのです。

それから一五年。二色金星旗はサイゴンに及び、東京にも掲げられることになりました。しかし、それからの日本の、労働者階級の一五年は何であったのでしょうか。革新は分断され、前衛はただひたすらに革命を裏切り、革命を捨てることによって〝躍進〟し、とどのつまり、労働者階級の統一闘争さえ権力によって一蹴される現実をつくりだしたのではなかったでしょうか。

このことを科学的に、理論的に総括することはきわめて大切なことです。私はベトナムの勝利を祝うことは、ベトナム人民の闘いとわが身をひきくらべて、一人ひとり、一職場一職場、一単産一単産、そして日本労働者階級総体がそれぞれに過去のたたかいを総括し、ベトナムから学ぶことでなければならないと思います。

私にとって、君、貴方にとってこの一五年は何であったか。どう闘い、どこで正しく、どこで誤まっていたのか？

じっさいには、わが既成政党と労働運動指導部は、ベトナム人民の勝利にふさわしい単一の祝賀集会さえ開くことさえできず、開こうとさえしませんでした。他人ごとのような、評論家風の声明、談話を発表したにすぎません。日本共産党六中総の決定の〝民族自決の原則の勝利〟という白々しいいい分を私たちはどううけとめればよいのでしょうか。ベトナム人民の血みどろの苦難にみちたたたかいに対する日本の、アメリカ帝国主義に加担した共同犯罪の責任に何一つ言及せず、ベトナム人民の勝利が革命の勝利であり、「世界革命に貢献した」（『クアンドイ・ニアンザン』社説）ものであることへのまっとうなうけとめさえありません。〝原則〟が勝利するというとらえ方など、笑うべき口説にすぎません。勝利したのは生ま身の人間であり、死をおそれず闘い、じじつまた祖国のために、同胞と子孫のために命を惜しまず死んでいった何十万のベトナム戦士なのです。そのたたかいの戦略と戦術、作風と心意気に学ばずして、ただベトナムを評価し、讃えるだけで、どうして、日本人民と労働者階級がわが手に勝利の旗をにぎることができるでしょうか。

もちろん、このことはたたかいをやすめ、総括をまず先行させるべきだということを意味しません。すでにわが支配階級は、ベトナムの変革にあわてて口にした〝民族自決の潮流は不可避〟（宮沢外相）といった言葉さえ棚上げにして、米日の軍事同盟の強化を背景にした朝鮮半島の平和と安定――いいかえると、平和の名にかくれた朝鮮半島の現状固定をはかり、朝鮮民族の自決権による問題の解決という不可侵の原則によこしまな干渉をこころみようとしています。八月上旬の日米共同声明、共同発表は、たんに六九年日米共同声明にいういわゆる〝隣国条項〟の再確認に止まらず、朝鮮半島の平和と安定という革袋にかくれて、民族分断の固定化を図ろうとするものであり、それとぴったり表裏一体をなして、米日韓三国の軍事同盟体制を実戦化しようとするものでした。坂田・シュレジンジャー会談によって、日米軍事分担の協議がなされているのは、その当然の帰結です。つまり、アメリカの核行使脅迫によって、米日反動はたんに朝鮮民族を分断のままにおさえこもうとしているだけでなく、日本国民の間に、〝平和〟なら何でも歓迎という心理的反応をつくり出し、それにつけこんで、わが国をこれまでにまして危険な侵略のマシーンに同調させようとしているのです。そうだとすれば、ベトナム侵略加担一五年の歴史とたたかいの総括が、直面する日本と朝鮮人民、アジア人民のたたかいと結びつけてなされねばならぬことは、いうまでもないことです。

ベトナムの勝利の祝砲と〝春闘の敗北〟との現実の対比から何を学ぶか。その答を私たちは誰か一人の名論卓説においてでなく、戦闘的労働者のすべての正念をかけたきびしい集団的討議を通じて打ち出すべきではないでしょうか。以下私の述べることは、そのためのささやかな問題提起にすぎません。

革命の勝利としてのベトナム

さきに日本共産党のベトナム〝論〟に少しふれましたが、四月三〇日のサイゴン解放とその後の情勢をみる視点で真に大切なことは、現局面をベトナムの武装革命が勝利し、新しい革命にむけての時代が切り拓かれた——とみるか、みないかにあります。たしかにベトナムの〝戦争〟は終って、〝平和〟がきました。わが国でもアメリカでも、

ベトナム反戦運動があり、ベトナムに平和を！　が一つの意義あるスローガンとなってはきました。そのかぎりで、事態は平和の到来であり、平和の勝利です。しかしベトナムを先頭とするインドシナ人民のたたかいは、〝革命〟だったのであり、米日反動はこれに対して侵略者、侵略の共犯者だったにとどまらず、反革命の立場にたっていたのです。だとすると、問題はこう残されます。なるほど侵略はうちやぶられた。しかし米日反動の反革命の立場はうちくずされたのであろうか？　と。ベ平連が解散したのは、その掲げたスローガンと使命からいって当然ですが、問題の客観的ありようは、これでベトナム問題が終ったといえるはずもないのです。またもし、インドシナの真実を何がしか牧歌的な平和の到来としてだけとらえるなら、この〝平和〟を維持しようではないかという呼びかけの下で、現状の変革をめざす一切のたたかいが許されもしないかのような思想潮流と政治的路線がそこに寄生していくでしょう。現に米日反動は、インドシナの次は朝鮮だ——という視点を打ち出し、朝鮮民族の自主的統一による変革の道を、あたかも〝北の脅威〟でもあるかのようにすりかえ、〝平和〟の名による分断固定の反民族的・反革命的画策を弄しているではありませんか。この詐術にわれわれが陥るとき、日本帝国主義の反革命路線は責任を免がれ、変革をたたかいとろうとする労働者階級の戦闘的思想と闘争もまたガタガタに——現状維持思想に——追いつめられるにちがいあり

ません。くり返しますが、問題の本質は、インドシナの現実とポスト・インドシナの情況を、革命の勝利、その波紋の拡がりとみるかみないかにかかっているのです。

この点で、ベトナム労働党機関紙『ニアンザン』は、サイゴン解放後、次のように書きました。

「世界情勢が今日ほど明るいことはかつてなく、帝国主義が、いまほど深刻な危機と矛盾を経験し、その力が弱まったことはかつてない。世界の革命的結集力は、明らかにかつてない強力な攻勢的立場にあり、一方、帝国主義者たちの戦争遂行能力はますます限られたものとなりつつある。かくして、いまや世界革命のための条件は、いっそう整ったのである。」(要旨)

これと並んで、『朝日新聞』の本多勝一特派員にベトナム人民共和国の対外文化連絡委員会代表が語ったという言葉を、まっとうにうけとめたいと思います。

「南ベトナムは今たしかに大きな変化を経つつある。しかし西側の多くの報道は、これを単なる〝変化〟としかとらえていないようだ。政権が変わればどこの国でも変化はある。日本でも明治維新や敗戦は大きな変化だった。だが南ベトナムの今の変化は革命が本質なのであって、植民地的状況から民族が完全に独立したのであり、一部特権階級の権力が人民の側に移ったことなのだ。」

私はいくつかの雑誌論文で、ベトナム人民のアメリカに対する軍事的勝利は、六八年二月のテト攻勢に本格化し、

基本的には七三年一月のパリ協定で達せられていたのだと指摘しました。もちろんベトナム軍民はその後もたたかいつづけます。それはアメリカがチュー政権をなお尻押しし、中ソとの大国的折衝を活用しつつ、ベトナム分割支配の状況をベトナム和平の名で固定しようとしたからですが、同時にもっと本質的には、アメリカ介入の全面的清算とともに、ベトナム南半部の武装解放革命を最後の段階まで押しすすめるためだったのです。これは日本軍が一九四五年八月一五日に中国軍に全面敗北したあとも中国解放軍がたたかいをすすめ、四九年一〇月の北京解放まで武装解放革命を発展させていったのに似ているといえましょう。ですからサイゴン解放は、戦争の終わりでなく、革命の勝利であり、新しい革命段階の出発点でもあったのです。

その後のインドシナの現実もまた、その視点からみるを要します。そこでは、たんなる終戦処理と復興活動がやられているのではありません。南ベトナムでのやや緩慢な展開、ラオスのいうならば〝なし崩し〟の無血革命、カンボジアの急速な〝純粋革命〟というふうに、それぞれの現実環境と革命主体の歴史的な活動蓄積のちがいを背景にして、具体的プロセスは異なっていますが、明らかにそこではいずれも革命事業が精力的にくりひろげられているのです。カンボジアで、プノンペン解放翌日市民二〇〇万が農村に下放されたといわれるのも、最終段階で一六〇万の首都に流れこんだ人びとの帰郷を除いていえば、まさに一夜

にして、カンボジア人民の上に寄生していたにすぎぬ反動的で退廃的な都市経済の担い手、富裕階級の財産を収奪する〝たたかい〟だったのです。革命とは、収奪者が収奪されることではなかったでしょうか。

だからこそ、東南アジア、さらには南朝鮮などの支配階級は、ベトナム解放に衝撃をうけ、脅威を覚えているのです。平和の到来だけなら、彼らとて決して反対することはなかったでしょう。この単純なことを、正確にかつ骨太く、いま日本労働者階級が想起する必要があります。しかも、君は、貴方は、この革命のどちら側に立つつもりなのか、米日反動が信じた反革命的役割がきり崩されるのを恐れる側に立つのか、喜ぶ側に立つのか——という問いかけとともにです。

世界革命としてのベトナム

さてこの革命の問題ですが、それはたんにインドシナ半島だけの問題ではありません。

第一に、ベトナム人民のたたかいは、第二次世界大戦後三〇年だけのことではなく、それに先立つ日本のファッシズム、フランス植民地主義、さらには一五〇〇年前からの宋・元・明・清とつづいた漢民族の抑圧とのたたかいにつながっているのです。一つの民族が、この長い異民族支配の暗いトンネルから自力で陽の当る場所に出た。それはまさに千載一遇といっていい歴史的大事件ではあったと考えるべきでしょう。しかもロシア革命、中国革命のように、世界大戦の間隙を縫うのでなく、二回の世界大戦にはるかにまさる破壊の物量を叩きこまれ、ジェノサイド（民族虐殺）の脅しをかけられながら、正面からこれをうけとめて勝利したのです。ソ連、中国のような広大な土地も、何億という人間もない〝小国〟が比類なく強大と思われた核とコンピューターの大帝国を打ちやぶったのです。ここでも私たちは、戦争がたんに終った——といううけとめ方におさまりかえってはおられません。これは奇跡なのか。奇跡でないとすれば、少数が多数に勝ったたたかい方の無限の教訓がここにこめられているのではないか。

しかも第二に、ベトナムはまさに世界を変革してきました。ドル危機をひき出し、ＩＭＦ体制をきり崩してきました。六八年二月のテト攻勢には三月のゴールド・ラッシュ＝金の二重価格制への移行が重なり、ジョンソン大統領がついに次期大統領選不出馬宣言を出すに至ります。同年一〇月の北爆全面停止。そしてドル体制の動揺をアメリカがＥＣ、日本など先進資本主義へのしわ寄せで多少とも救い出そうとしたことが、六八年五月のパリを中心とする資本主義諸国での労働運動、学生運動の昂揚をよび起しました。もちろんアメリカ内部の黒人闘争と反戦運動の高まりもあります。このアメリカの国内統合のゆるみは、やがてペンタゴンペーパーの暴露となり、ベトナム侵略に固執しつつ大統領選に勝利しようとしたあげくのニクソンのウォーターゲート事件へと発展し、一方、金の二重価格制への移行は、ニクソン政権によるＮＥＰ（新経済政策）を生んで、ＩＭＦ体制を崩壊に導いたのでした。アメリカはその出路として中国との関係改善、冷戦体制の修正、そしてベトナム〝和平〟協定の承認にむかわねばならなくなったのですが、そうした展開がこんどはアラブ世界、総じて第三世界の世界史的登場を促すことになったのは周知のことです。ベトナム和平パリ協定につづく、七三年一〇月の石油戦争。そこにメジャーの謀略が加わっていたのは事実としても、いまや何人も第三世界が世界史を動かす主体となってきたことを否定することはできません。この潮流に抵抗すべくキッシンジャーがいわゆる中東〝和平〟工作にとびまわり、イスラエルと王制アラブ、民族主義アラブ権力の協調と和解をめざして必死の努力をつづけているなかで、ベトナムでは三月上旬のバンメトートの攻防以来、四月三〇日のサイゴン解放までの、なだれをうつ武装解放革命闘争の前進が記録されたのでした。

この世界情勢の生き生きとしたダイナミズム。その根底にはベトナムがあります。

端的にいいます。世界史が変り、資本主義の全般的危機は明らかに新しい段階に入ったのです。

サイゴン、プノンペン、ビエンチャンの解放が、侵略に対する民族解放の勝利であり、反革命に対する人民革命の勝利であり、資本主義に対する真の社会主義の勝利であり、

核の威嚇に対する人間の威信の勝利であり、ロストウ＝ライシャワーばりの近代化路線に対する泥臭い人民の下からの解放と建設の路線の勝利であったことはいうまでもありませんが、だからこそまたそれは、世界革命への新しい出発の条件を形成したものではなかったでしょうか。

東南アジアでは、いま各国の革命的躍動のひろがりに対する支配層の共通した恐怖の姿をみてとることができます。

タイでは北部でのゲリラ闘争が勢いをまし、バンコクをはじめとした各主要都市で、タイ労働組合連合翼下の労働者とタイ全国学生センターに属する学生たちの反資本、反政府闘争の高まり、左派と右派の対立の激化がみられます。ククリット政権は、すでに七三年一〇月にみせたこうした労働者、学生の闘争力を評価せざるを得ず、だから計算ずくの〝反米〟ゼスチュアをとって、一年のうちに米軍が撤退することを求め、他方では華僑資本の精米所を接収して農協管理に移そうとしています。しかし、ククリット政権は、米軍撤退に伴う二億ドルの外貨喪失と失業者――四万人といわれる――の増大を恐れざるを得ないし、他方、タイ軍部の対人民妥協反対の圧力に直面せざるを得ません。それはしかし、疑いもなくそれ自体、革命的変動への条件の蓄積でありましょう。

ビルマでは官僚社会主義の動揺が深刻です。昨年一月と一二月、インフレと失業に反対し、学園の自治を求めて大

きなストライキに入ったばかりのビルマの労働者、学生は、この五月、三たびネ・ウィン体制に反旗をひるがえす暴動を起こし、六月一一日には一三〇人がこのために逮捕され、一二の大学が閉鎖されました。先頭にたったのは国有鉄道や国営繊維工場の労働者たちだけでなく、北部マンダレーの若い仏教徒たちでした。しかも五月一五日から二八日にかけて、北部山岳を拠点にしていた五部族の武装勢力が合同会議を開き、ビルマ連邦国家民主統一戦線（ＦＮＤＦ）を結成しました。五部族の人口四〇〇万人、平原ビルマ族一三〇〇万人と比べてもあなどることのできぬ勢力です。

　マレーシアでも共産党の壊滅が伝えられながら、サイゴン解放の前夜には、マラヤ共産党の名による〝農村から都市への革命前進宣言〟が、〝マラヤ革命の声〟放送を通じて聞かれるようになりました。その武装闘争が昨年一二月九日には、ベラ州テメンゴール・ダム建設の間組工事現場に及び、三月末にはクアラルンプールに近い政府空軍基地へのロケット攻撃などになって現われてきていたことは、新聞の報ずるとおりです。そしてこうした潮流が、フィリピンでの四〇〇万回教徒を背後にもつ南部ミンダナオ中心の回教徒反乱（四〇万人）、北部ルソンの人民軍の行動にもつながっていることはまぎれもありません。だからマルコス政権はタイのククリット政権や、シンガポールのリ・クアン・ユー政権にさえ一歩先んじて、中国との国交回復にのり出し、他方では二万七〇〇〇人の米軍兵士、一四〇〇人の軍属を擁している米軍基地所有権の返還をワシントンに求めているのです。しかし米軍基地に働くフィリピン労働者の賃金総額一億五八〇〇万ドルがフィリピンの国防費さえ上まわっているような情況にあって、マルコス政権が、どこまで〝本質的な〟転換をとげることができるでしょうか。改良路線だけでうまくいく保障はありません。

　インドネシアでは、プルタミナ（国営石油会社）の破産状況があり、これを根拠に権力闘争の条件が深まっています。北京系華僑六〇万人の動向もスハルト政権にとっては不気味な存在です。さらに同国に近い南部太平洋のチモールの反乱。まさに東アジアの情況は平静ならざるはないといわねばなりますまい。インドシナの衝撃が、ただちに第二のベトナムをつくるという展望は、いまの所各国の革命主体力量からみて断言できませんが、それがアジア全体をゆさぶり出しているのは確実なことといえましょう。ＡＳＥＡＮ諸国が、中国と国交を結び、非同盟中立を口にしだしたのも、一方各国の人民弾圧体制が共通して強められているのも、各国支配層の足許にしのびつつある革命の波動への対処に他なりません。しかも皮肉なことに、ベトナムは何十億ドルもの米軍兵器と物資をその手ににぎり、一転してこんどは東南アジアの革命勢力の心づよい拠りどころとなってきているのです。最近インドネシア政権がわが国にＭ64小銃五万挺の輸出を求めてきたといわれますが、それもベトナムの武器がボルネオにもちこまれるかもしれないという恐れからだと伝えられています。
一方、世界はベトナム後どう動いているでしょうか。
六月四日再開したスエズ運河の通航料は、ドルではなくSDR払いとなりました。一〇月から石油もSDR制になろうとしています。国際電信電話料金、国際海運料金でも、SDR採用に移る話し合いが進んでおり、ドルの支配領域が後退しているのは歴然です。七月一日には、アフリカ中心に五四カ国のロメ協定が発動し、世界史上最大規模の経済共同体がつくりだされましたが、ここでの計算単位はUAです。つづいて中南米に生まれたSELA（ラテン・アメリカ経済機構）にはアメリカの参加が認められていません。これまでアメリカが中南米に君臨してキューバをOAS（米州機構）から排除していた段階からいえば、まさにさま変りの事態です。

先進国本位の既成国際秩序に対する反乱は、ヘルシンキ全欧安保協の会議の前夜、地中海の小国マルタが、全地中海からの大国軍隊の撤退を要求して、ヘルシンキ会議開催さえゆさぶった小さな出来ごとの中にも示されました。また、南北ベトナムの国連加盟の議題に安保理事会で反対したのは、ただアメリカだけという孤立した状況を生みました。OAU（アフリカ統一機構）がイスラエルの国連追放を決議し、国連にそれをもちこもうとしていることにも注目しておかねばなりません。その一つひとつをつみ重ねて、歴史の流れとしてとらえかえすとき、現代史がどんなに大きな変革の局面にあるかは明らかです。

もちろん、一波は万波をすぐ呼びはしません。潮に干満あり、波に高低があるでしょう。アメリカ帝国主義はいぜん世界最強の軍事力をもち、そこを本拠とする多国籍資本は、石油と食糧を押さえ、世界の工業生産の三分の一を事実上支配しています。そして帝国主義諸国では、第三世界からの収奪と一定の政治的自由に基礎づけられた日和見主義的、社会排外主義的労働運動が清算されていないどころか、体制的危機が深まれば深まるほど、一面ではこの潮流が一層育成され、体制の支柱の役割を果たしてくるという現実があります。それに中ソの対立と、革命路線の試行錯誤による逆行現象や波乱もつけ加わります。局面は単純でない。しかしそれを十分心得た上でわれわれは、時代の主要な発展の方向を正しくとらえるべきです。かつてレーニンはこう述べたことがあります。

「われわれの眼前に起っているきわめて重大な歴史的諸事件は、なによりもまず、ひとつの時代から他の時代への過渡の客観的条件を分析する場合に、はじめて理解できる。ここでは大きな歴史的時代を問題にしているのである。おのおのの時代には個々の部分的な運動――あるときは前進する、あるときは後退する――があるしまた将来もあるであろう。運動の平均的な型や平均的な速度からのいろいろの偏差があるし、また将来もあるであろう。われわれは、ある時代の個々の歴史的運動がどういう速度で、どういうふうにうまいぐあいに発展するかを知ることはできない。しかしわれわれは、どの階級があれこれの時代の先頭に立ち、その時代の主要な内容、その時代の発展の主要な方向、その時代の歴史的情勢の主要な特殊性をどう規定するかを知ることができるし、また知っている。この基盤にたってはじめて、すなわち〝時代〟の区別の根本的特徴（個々の国の歴史の個々の挿話でなく）を第一に考えることによってはじめて、われわれは自分の戦術をただしく打ちたてることができる。そしてその時代の根本的特徴を知ることだけが、あれこれの国の一層くわしい特殊性を考慮する基盤となるのである。」（「よその旗をかかげて」全集㉑）

ベトナムが問いかけるもの

レーニンがいうように、個々の挿話でなく、時代の過渡の客観的条件の分析を行なうことが大切ですが、ここでは割愛したいと思います。第三世界の歴史的登場の物質的・主体的根拠と、それに規制される現代帝国主義の矛盾にみちた統合、その全面的分析を、たたかう主体の立場から分析することが必要です。

同時に、さきに述べたような新たな、創造的な革命の時代の幕開けにあって、だからこそその革命的波動にもっとも触れ易いのが南朝鮮であり、したがってそこに革命と反革命のたたかいの世界史的焦点の一つがきり結んでいることについてもくわしく述べるべきでしょうが、この点では多くの指摘がもうされているので、これも他日に委ねたいと思います。ただくりかえし、インドシナの総括段階が〝戦争か平和か〟でなく〝戦争か革命か〟だったのと同じように、南朝鮮でも問題の質は〝平和か否か〟ではなく〝戦争か革命か〟という対立と緊張にあるのだということを強調しておきたいと思います。四月中旬の中朝共同声明もまた「今日、平和の名による新たな大戦の危険が迫っている。革命が戦争を防止するか、戦争が革命を生むかどうかにかかわりなく、われらの前途は光明にみちている」と指摘しているのです。

だからこの段階にあっての米日韓三国支配層の対応は、反革命の合作、協調にあります。三木首相訪米に先立って、宮沢外相がソウルを訪問し、一片の口上書で金大中事件を〝解決〟したのもそのためです。しかもそれはたんに金大中の政治的自由を封じ、韓国側の不当な責任を不問にしただけでなく、金大中事件、文世光事件に加担もしてきたわが国の側の暗黒の政治勢力の活動の温存を許すものでありました。一般に今日の段階では、各国の反動の人民支配のためのファッシズムも連動し、統合するのです。これはわが国独占資本と政府が、年数億ドルの〝援助〟で、韓国の低賃金労働力、商品、資本、資源、市場、さらに公害企業の輸出立地を買いとるだけでなく、六〇万の軍隊を買い、朴政権を通じて、南朝鮮での収益を守らせようとしており、一方、韓国政府側が、日本の援助とみかえりに「自由陣営の防波堤になる」(金永善駐日韓国大使、七月八日、国策研究会)ことを約束していることをみるだけでも明らかです。一方では椎名メモを通じて、悪名高い韓国の国家保安法が日本にもちこまれる。かりに韓国六〇万の軍隊がなく、あるいは敵性的存在なら果してわが国の軍事力は二八万水準でとまり、今日ていどにせよ一般民主主義的条件が容認されているでしょうか。こう考えてみれば、わが国の民衆の生活条件でさえ、金芝河の苦しみ、金大中の困難に象徴される韓国民衆の犠牲の上にしかなりたっていないことは明らかでしょう。このファッシズムの統合が進み、さらにいま軍事力の統合にまで事態が進もうとしているとき、たとえばわが国の「前衛党」は、日本軍隊の派兵が阻止されているからといって、わが国が帝国主義国家であることを否定し、朴政権が日本の反共体制の強化を求めて、ひそかにわが国極反動と密携しつつさまざまの謀略工作を日本で演じていることを、わが国主権への侵害といって怒ってみせるという始末なのです。

他国人民のことはどうでもいいではないか。日本の資本と米国の軍事力がどんなに他国の民衆を苦しめようとも、それにまして大切なことは、わが国の人民自身の幸せと豊かさの問題にある。ポルノをふくむ道徳の頽廃にある――といった立場が、どんなに反革命的、そしてそれこそ没道義的であるかは、あらためて解明するを要しません。自国人民の解放を求め、運命の自決の原則を高々と掲げるなら、支配している国ぐにの民衆の腹のなかに煮えたぎる怒りと、たたかいのうめきに心を寄せ、革命的な連帯をつくりださねばなりません。逆にいえば、この支配と差別に対する満身からの怒りとたたかいの連帯を、ベトナム侵略を通じてついに本格的につくり出し得なかったこと、ベトナム人民勝利の大行動さえ起こし得なかったこと――そこにこそわが国労働運動のたたかいの一定の挫折の必然化する根拠があったとはいえないでしょうか。ベトナム人民や韓国民衆の怒りを共有することのできぬ質で、どうして高度に発達した資本主義大国の巧妙な支配の機構をうちやぶることができましょう。

あらためて思うのですが、わが〝春闘〟は一九五五年に始まりました。日本経済が戦前水準に戻り、経済白書が〝戦後は終った〟と書き、日ソ国交回復と国連加盟があり、自民党、社会党がいまの形で成立した年のことです。

しかしこと戦前水準への復活は、五〇年からの朝鮮侵略にともなう特需でなしとげられたものです。何十万人という朝鮮人民の血の犠牲に巣くいつつ、日本の戦後はよみがえりました。そして五四年のMSA(日米相互防衛協定)を根拠に、五〇年代半ば以降は、こんどはMSA特需、ベトナム特需をテコにして日本経済はふくれ上ってきたのです。さらに当時無権利だった資源産出国の資源を――たとえば石油でいえば、富士山の上でのコップ一杯の水の値段より安い価格で買い占めていくようなやり方で、ごく最近までの高度成長経済を支えてきたのでした。

もちろん、高成長の源泉は基本的には日本労働者階級からの収奪、搾取にありました。しかし、高成長が今日いう第三世界人民の金にあかせぬ収奪に基礎づけられていたことは否定できません。そうだとすれば、いわゆる春闘路線とは、この第三世界収奪の上にたつ経済のワク組の中で、たかだか分配の公平を求めるたたかいでしかなかったのではないでしょうか。しかも一定の賃上げですら、やがてただちにインフレでとり戻される仕組みの中にあったのです。春闘は、職場労働者の不満と闘争気概を年一回吐き出させ、資本に吸収していく装置だったとさえいえる。だとすれば今そのメカニズムを作動させる条件が高成長条件の消失とともに失われたとき、高成長の中に甘え、とり包まれていた既成労働運動路線は、当然のことながらその実態をさらけ出し、資本側のひらき直りに敗北する他なかったのです。七五年春闘の敗北という総括は、だから、かつての世界大戦直後の一億総ざんげとどこか似通っているものです。

五五年春闘開始の前年、日本労働者階級が吹雪の北海道室蘭で日鋼を中心に、戦闘的なたたかいの旗をかかげていたことを忘れることはできません。春闘路線はその清算の上につくりだされたものでもありました。だから、ベトナム人民の勝利によって敗北させられたのは、たんにアメリカ帝国主義だけでも、あるいはそれに加担した日本の反動

支配層だけでもなかった。高成長に慣れてきたわが国の労働者階級全体がまさに今、いかに生き、いかにたたかいを築き直すのかという問いをベトナムから、そしてまた南朝鮮からつきつけられている――とはいえないでしょうか。それにもかかわらず、多くの労働者の仲間がもうベトナムを忘れ、朝鮮半島の情勢がわが国につきつけてきている重大な問題性にも他人ごとです。われわれは焦る必要はありませんし、焦って少数の精鋭行動だけにかけることはむしろ有害ですが、どうしてもこのカベを突破せねばならぬ課題に直面しているのです。

何から始めるか

ではどこから、何を始めるのか。展望があるのか、ないのか。

私はここで、戦術を論じようとは思いませんし、その資格ももちあわせてはいません。さきにも述べたとおり、それは労働者の仲間のどんなに小規模でも真しな討論のつみ重ね、実践のつみ重ねと総括の中からつくり出されるべきであり、わかったところから着手すべきことです。事実、たくさんの教訓にみちた闘争が、たとえまだ少数派であっても形成されています。

ただいわねばならぬことの第一は、われわれが〝勝つ〟ことをめざし、少数から多数になることを求めているなら、現実にそれを具現したベトナムから、精一杯学びきらねば

ならないということです。

ベトナム人民は、物資とレジャーの豊かさ、たんなるマイホーム的自由と幸わせを求めて、たたかったのであろうか。そこには人間の尊厳と、人間としての自由、民族の解放というもっと人間として本質的な提起へのとりくみがあったのではないか。

一人一人が兵士、一村一村が砦——このスローガンが物語るように、一人一人が戦士として責任を持ち、創意をうみ出し、そして〝万人が一人のように〟団結し、〝一人が万人のために〟惜しみない犠牲を払ってたたかいつづけてきたのではなかったでしょうか。

そしてそうしたとき、核もコンピューターもその前に敗れ、世界の歴史変革はベトナムでこそもっとも早く進んだのではないか。〝急がば廻れ〟といいますが、まさにベトナムはそれではなかったろうか。

私はこれを〝自力、自活、自闘〟の道の勝利だったとうけとめたいと思います。自助であり、天は自ら助けるものに手をかすのです。これに対して、物の豊かさだけを〝幸せ〟にすりかえ、しかもその幸せの保障を、労働指導部に、政党に、議会の交渉ごとにゆだね、年何回かの闘争と選挙のときの投票で与えられるかのように教えられてきた日本のたたかいの路線が〝敗北〟するのは当然のことだったのです。いま私は、新聞が書きたてている日本化学の六価クロム公害の問題についても、ことここに至るまでに、本当に少数の、しかし韓国に公害を輸出してはならぬと決意した労働者、学生、研究者たちの無償の、ねばりづよい闘争があったことを思い起し、それに学びたいと思っています。どんな勝利にしても、自力、自活、自闘の闘争にたたないかぎり、本当の勝利に辿りつくことはできません。今日、不況が一面では労働者の思想を変え、資本と労働の運命共同体思想をつよめる資本の武器になってきているとき、この原則的見地はとりわけ重要ではないでしょうか。

第二に強調したいことは、民族排外主義の毛ほどの現われとも闘い、本当にアジア人民と連帯していく労働運動の質をつくり出さねばならぬということです。公然とした征韓論だけでなく、毛色のかわった征韓論が、主権侵害に反対するという口実の下に登場してきています。だがその方向は、日本労働者階級が資本のマシーンにのせられて、大国主義的加担者の立場にたたされていることをあいまいにし、ひいては真の人権と民族の自決のために自国民族——このさいは日本の解放を求めていかねばならぬという思想をなまくらなものにしてしまうことでもあります。極言すれば、日本の労働者階級にとって朴正煕が直接に悪いのではなく、それを支え、朴の韓国民衆への非道な抑圧を許している日本の支配層とそのあり方こそが許されないのであり、しかもそれこそがまた日本の労働者階級、個々の民衆を苦しみに追いこんでいる当の元凶なのです。

民族排外主義は、こうしてつねに労働運動と政治変革における日和見主義路線とシャム双生児のようにつながっていることなのです。もしこの民族排外主義を見抜き、それを許さぬ労働者階級の闘争力をつくりだしていかなければ、ファッシズムの統合の下で、南朝鮮の革命的事変に際する日韓反動の人民攻撃は、ひとり南朝鮮人民の上にだけでなく、日本人民の上にもあれくるうことになりましょう。しかもこの民族排外主義、民族差別の事実上の容認の方向は、われわれの周辺にあるさまざまの差別、部落差別、本工と臨時工、男と女の差別への闘いをないがしろにすることに通じています。逆にいうと、差別の現われと非妥協にたたかうことが、同時に民族差別、民族排外主義をつきさしていく力をつくりだすといえるし、いわねばなりません。日本共産党が部落解放闘争を小市民的自由、一般民主主義の見地から逆差別だと攻撃していることと、対韓屈辱外交なるものに怒ってみせているその姿勢とは、だから同じ本質にねざす二様の現われにすぎません。

もちろんわれわれは高邁な理論からでなく現実から出発する他はない。ただ具体的な問題、局部の課題の中に、全局の展望をおき、一歩一歩、労働者の仲間が全局への志向をうち固めていくようにせねばなりません。階級意識といっても、まずその意識の掌握が運動に先立ってあるのではなく、たとえば差別——初めはごくごく些細な——の現実への素朴な憤りから、階級意識は行動と学習の中でかちとられていくのです。この点でも日本共産党が、前衛党では

さらにない部落解放同盟の主張を〝逆差別〟主義と非難し、日本型ファッシズムの担い手にまでしかねない攻撃を加えているのは、大衆を階級に育てていくことを、したがって前衛党の資格を自ら放棄したことの、いみじくもみごとな告白でしかありません。

いずれにせよ、今日、ベトナム人民の勝利を軸に世界史は大きく次の段階に移ってきています。戦後三〇年。一つの世代も交替しようとしています。産業革命以来の危機という表現がとられ、既成の資本主義的世界秩序が随所に破綻をみせています。これを上から、民主主義的に、討論と協調、公正と非暴力的に手入れし、改良するのか、もっと根源的に新しい人民が主人公となる世の中の仕くみをつくりだしていくのか。世界はあらゆる所でこの問い、この選択に直面してはいないでしょうか。それは日本でも同じです。そしてだからこそ、私たちはすぐ絵にかけるような展望をもつことはできない苦しみとともに、だからこそ現代に生きる喜びを共有できるのではないでしょうか。

そうだとすれば、私たちはもう七五年春闘の敗北という考え方に止まることさえ許されません。いわゆる春闘とは、七五年統一闘争のいうならば春季段階のたたかいをさすにすぎない。新しい時代を開く創造のたたかいは、春闘、秋闘にわくづけられるのではなく、毎日毎日、今日も明日もつづけられねばならず、たたかいぬかれねばなりません。ベトナム人民は春闘、秋闘というとりくみをしなかったと

いえば、余りにも奇矯の言にすぎましょうか。しかし、一回はたたかいとは何かを、こうした設問を通じて考え直してみたいと思います。

私たちはこうして本当の血のかよう連帯をつくり、この資本主義の中で、労働の社会化を闘争という主体的契機もふくめて実体化し、熟成させていくでしょう。社会主義が、たんに生産の社会化でも、生産手段の社会的所有という死んだ抽象でもないとすれば、生き生きとした労働主体の社会化＝その連帯した形成なくして、真の社会主義と、それを担う主体は生れ得べくもありません。

受動を捨てよう。一人ひとりが主人公となり、一人ひとりが創意を発揮し、それを固い労働者の連帯の階級の武器として、太くよりあわせていこう！

どんなに小さくとも、たたかいの火を起こし、相互に尊重し合って、その火を守り育てていこう！

やがてその火を束ねる本当の核がつくり出される。そして小さな火は束ねられて大きなのろしとなる！

日本にそののろしが上ったとき、真にアジアは、まったく新しい、恒久の平和にむかうアジアになるだろう！

以上が、まだ多くの課題を残したままの、私のベトナムからの学習です。戦闘的労働者のすべての総括とたたかいへの意気と新たな決意に、私もまた合流したいと考えます。

（『季刊労働運動』第七号　一九七五年一〇月　山川暁夫）

戦後保守構造の視角

一億総コロンボ風な対応への疑問

一九五三年刊の『この自由党』（板垣進助著）に次のようなくだりがある。

「自由党結成の下話は敗戦直後にはじまった。芦田（均）の勧めで軽井沢の山荘を敗戦後一週間たった八月二十二日におりてきた鳩山一郎は、芦田・安藤覚・植原悦二郎・矢野庄太郎・北怜吉らと新党結成について語りあった。……が、ひさしく軽井沢にひきこもっていた鳩山にそんなにたくわえのあろうはずはない。鳩山の金づるのひとつはブリヂストン・タイヤの石橋正二郎で、鳩山の長男威一郎が、石橋の長女安子と結婚した縁つづきから、多少の資金もでたし、そのころ鳩山の宿舎に赤坂の石橋邸が提供されもしたが、石橋資金はさして多くはなかった。鳩山自由党はもっとほかの大口資金がみつがれた。みついだのはまず、笹川良一の子分すじにあたる児玉誉士夫の中国収奪資産であり、ついで中曽根幾太郎らの詐欺とヤミ屋であり、また大隅憲二らのヤミ屋と土建屋であり、〝光は新宿から〟とたたえた尾津喜之助らのテキ屋とヤミ屋である」。

この自由党創党の物語があってから三一年目の春、ロッキード社の贈収賄事件が、戦後保守政治の底しれぬ腐敗の構造をほり起しながら、わが国の政局をゆさぶっている。ここに引用したのは、ロッキード・スキャンダルの焦点の人となった児玉と自由党との、いまでは、国民多くの常識となったかかわりあいを示すエピソードの一つである。

今日のわが自由民主党は、もちろんこの鳩山自由党だけを淵源としたのではない。自由党が戦時東条軍閥政治のもとでの翼賛選挙で非推薦になったグループを中心に登場したのにたいして、これとは別に、より積極的な戦争推進勢力であった「大日本政治会」の流れをくむ政治家による日本進歩党が結成されていた。さらに「徒らなる階級闘争の止揚」を謳った協同党がある。そしてそれらが何度かの離合集散、党名変更を経て一九五五年一一月、今日の自由民主党に合同した。その経過は周知のことである。

しかし、そうした変遷があったにせよ、自由党を自民党の始祖に位置づける点では大方の異論はあるまい。とすれば、人と同じように生涯を刻印するその出生の秘密のもつ意味はいぜんとして大きい。今回のロッキード・スキャンダルがわが国の政局を震撼させる問題となったのも、児玉という黒幕——現時点での実力のほどはともかくとして——戦後保守構造の黒い脈流の底にその初めからかかわった人物の名が、突如浮び上ったからである。ロッキード・スキャンダルそのものはすでに、米上院外交委員会多国籍企業小委員会（チャーチ委員長）の昨年九月一〇〜一一日の証人喚問で、二五〇頁の記録とともに公にされていた。また先だって八月二五日の銀行委員会（プロクシマイヤー委員長）は、三井物産が米輸銀のH・カーンズ前総裁を通じて行っていたニクソン大統領への事実上の政治献金問題を摘発していた。その段階で火がつかなかったのは、わが国のマスコミの迂闊さもあろうが、そこにはまだ、児玉という余人にかえることのできぬ〝タレント〟が登場していなかったからであろう。

児玉と並んで国際興業小佐野賢治社主の名が上った。TKOラインの名でいわれる刎頸の友である政治家への疑惑がわいたのは当然である。ジャパンPRの福田太郎、ロッキード社東京代表クラッター氏の片腕とされるロッキード・アジア・リミテッド日本支配人鬼俊良、IDコーポレーションのシグ・片山の各氏。こういった二世もしくは米占領軍にかかわった一群のナゾめいた人物も舞台に登場した。こうした人物と事件の経過を通じて問われているのは、まさに米占領期に発したわが国の戦後政治の構造総体である。しかし少くともいまの局面でいえば、児玉、小佐野という存在の衝撃性の故に、ロッキード問題はまず第一次的には児玉問題にすりかわってしまったようにみえる。児玉は何をしたか、その背後の本当の悪役は誰か、どんな方法でどれだけの金が、誰の手に入ったか。関心はいわば犯罪の手口の究明にすいよせられ、一億総コロンボ刑事風な対応に流しこまされているというのは過言であろうか。しかもチャーチ委員会の発言もあって、アメリカ民主主義が児玉に代表される日本の軍国主義勢力批判にのりだしたような、ひっくりかえった認識が尾を引いている。

あえて筆者はこれを倒錯と呼びたい。ロッキード・スキャンダルの元凶は、何よりもまず米多国籍企業と産軍複合体の腐敗にある。その世界支配の強大さの故に、汚職と腐敗もまた国際化した。そしてそのアメリカと日米軍事同盟体制の下で構造的に癒着してきたわが国の戦後保守政治、その担い手としての政官複合体制そのものがいま醜悪な過去をさらけだそうとしているのである。作家石川達三は、ロッキード献金事件に寄せた一所感で、自民党は前科三〇犯あるいは四〇犯、「悔悛の情いささかもない凶悪犯であり、天性の犯罪者」（『週刊文春』）と述べている。児玉は病を理由に声をあげず、事件の関係者の多くも深く潜航している。だが〝真相〟――戦後保守政治の腐敗を糾弾すべき素材は、すでに山ほど国民の前に提出されているといえるのではなかろうか。

日米安保条約下の保守政治構造

ロッキード・スキャンダルは、たんなる日本問題でも、また日本のロッキード＝丸紅＝全日空だけの問題でもない。このことは、ロッキード社の贈収賄摘発でゆれているのが、西独、イタリア、オランダ、中近東諸国と世界の多くの国に及び、米議会で指弾されているのが、ノースロップ、ボーイング、ダグラスなどの航空機メーカー、エクソン、ガルフといった石油企業あるいはＩＴＴなどのコングロマリットの多くに及んでいることによって立証される。プロクシマイヤー、チャーチ両委員会、証券取引委員会（ＳＥＣ）が挙げている問題企業の社は一一〇社、一二〇行に及ぶ。それはまさに世紀の国際汚職の摘発といってよい。だからまた、局面をたんに一九一四年のジーメンス事件に比較することはできない。ノースロップ社だけをとりあげても、同社はＦ５の売込みで二〇億ドルのもうけを取得するため、じつに七〇〇〇万ドルの工作費を使い、各国政権にむけてさまざまの利権誘導を行った。蒋レジーム支持で著名な故シェンノート将軍の未亡人アンナを東南アジアでの売込み代理人に使い、ニクソンの腹心カーンズ前輸銀総裁を動員して、タイに国際民間空港建設をもちかけ、〝バンコック・ウォーターゲート〟といわれる汚職事件を同社が起したのはすでに七三年のことであり、このことがタノム政権の崩壊にもつながっていった。ちなみにこれに協力した日本商社はトーメンだが、米多国籍企業の横暴な利権行為は、今回のロッキード事件の発覚に先だって、アジアと世界に深刻な翳影を投じていたのである。今日のわが国の保守政治構造の背景、今回の問題性にふれるかぎりで多国籍企業についてまず少しくふれておきたい。

その一つは、七二年一二月の第二七回国連総会でチリの故アジェンデ大統領が行った演説にみる第三世界の多国籍企業指弾の高まりである。アジェンデはこう訴えた。

「われわれはまさしく多国籍大企業と国家との正面衝突に当面している。これらの企業はどこの国家にも従属せず、その全活動はいかなる機会によっても、どのような代表機関によっても統制されない世界的組織を通じて――政治的・経済的・軍事的な基本的諸決定に介入しつつある。いいかえれば世界の政治構造全体がほり崩されている」

アジェンデはこの九カ月ののち、この悲痛な予言を実証するかのように、ＩＴＴとＣＩＡが介入した反革命クーデターで殺される。しかしだからこそまた、訴えは国連加盟開発途上国のつよい関心の中によみがえり、国連には多国籍活動調査二〇人委員会が設置された。一方、七三年一月のベトナム和平協定の成立、同年五月のウォーターゲート事件究明の開始。これが交錯するところで、アメリカ民衆の利益と正義感を踏みにじって、ひたすらに海外に膨張してきた多国籍大企業と、それにつながるCIAへの告発的潮流が、アメリカ自身の中でわき起ってきた。それがプロクシマイヤー、チャーチ両委員会の今日の活動へと発展してくる。

GM一社の売上高三〇〇億ドルだけでも、世界およそ一〇〇の国のGNPより大きい。多国籍企業二〇〇社の総売上は、国連加盟下位から八〇国のGNP合算を上回る。そのもつ短期流動資金は、世界各国の公的準備の倍に及ぶ。その巨大さは、たしかに戦後世界経済の構造を変えてきた。筆者はかつて戦後帝国主義を「国境を越えて生産活動を展開し、国籍をもつ私的資本でありながら一国のこれまでの国益視点からも相対的に遊離するまでに成長し、世界の経済生活、したがって政治過程に直接にも作用をもつに至った世界独占」の下で、資本主義的生産が一国の枠をこえて世界化するに至った「統合帝国主義」としてとらえ、「生産手段の私的所有と生産のたんなる社会化ではなく、生産の世界化との間の矛盾」がそれをつらぬいていると指摘したことがある（『世界政経』七四年一二月号）。

事態は明らかにそのように進んできたように思われる。多国籍企業批判はたんなる言葉でなく、力による制約でもあった。それはアメリカ系多国籍企業の沃野だった中南米で、アメリカを排除するSELA（中南米経済機構）が生れ、ごく最近のアンゴラ革命で、ガルフなどが追い出された事態などをみるだけで十分である。ポルトガル領時代、ガルフ一社が支払っていたアンゴラへの利権料だけでも五億ドルに達していたのである。

こうして、多国籍企業の脱国益行為は、国内統合をかえって崩すとともに、多国籍企業自体の生きぬくための暗闘の拡大を生んだ。多国籍企業コープとしてのロックフェラー・モルガンとメロンの暗闘はすさまじい。しかもこれにロックフェラー・モルガンが主に依る東部エスタブリッシュメントと、過去冷戦とベトナム戦争の間に、航空機、兵器、エレクトロニクス、鉄鋼などを中心にして東部にかわるほどの経済パワーをもつに至った中南西部との抗争がからんでいる。ロックフェラー主導の東部エスタブリッシュメントが、ベトナム離脱と対中関係打開をやったカリフォルニア出身の大統領ニクソンを容赦なく切ってすて、N・ロックフェラーを副大統領としておしだせば、中南西部〝太陽ベルト地帯〟は、大統領選挙の接近を踏まえつつ、共和党レーガン、多数の民主党大統領候補をおしたてながら、フォード大統領に昨秋の「日曜日の虐殺」人事を迫っていった。そしてこれへ東部の再度の逆襲。チャーチ委員会がとりあげたロックフェラー系エクソンのスキャンダルが大きな問題にならず、カリフォルニアのロッキード、ノースロップ、テキサスのガルフが正面の火の粉をあびるようになったのもそのためである。チャーチ委員長のスタッフの一人はエクソン関係者といわれるが、いまやアメリカは建国二〇〇年、資本主義第三世紀を迎えて、自己蘇生の成否をわかつ問題に直面しているのであり、だからこそまた、そのアメリカと構造的に癒着した日本にも深刻な影響が及んできているのである。

フォード＝キッシンジャー・マシーンがこれを統御できないなら、多国籍企業批判と相互の葛藤は、兵器から食糧・穀物関係メジャーへ、さらに原子力関係大企業へと発展するかもしれない。問題はだからまさに一ロッキードでも丸紅でも全日空でもない。しかもアメリカ国家は、ソ連の支配力の増大という現実を前にして、この深刻な事態を自己脱却せざるを得ないのである。ことはロッキード・スキャンダルに関係した日本政府高官の名をワシントンとキャピトル・ヒルにうかがえば判明するといった、局面でも事態でもあろうはずがない。これがいうところのロッキード問題であり、だからこそそこで問われているのは、日米安保体制下の保守政治構造そのもの、そしてこんごのわが国の進路の選択の問題なのである。

岸元首相の育てた脈流

もちろんロッキード汚職そのものに局限していっても、深い安保体制下の構造性をもっていよう。この点で山ほどの報道を通じてなお盲点になっているのは、五七年二月、岸内閣の成立した同じ月に、空幕が第一次FX選定機種としてF104採用を防衛庁長官に上申し、ついで五月、米軍事顧問団・防衛庁首脳の合同会議がF104採用で意見一致したことである。つまり岸内閣はこのFX問題の中で生まれ、それを具体的課題に内包させながら、五月二〇日の、いまも生きる国防基本方針を決定したのだった。

第一次FXの機種最終決定の五九年一一月までには、グラマンF11F1の介入などの経過がある。しかし結局はF104となった。その裏工作の細微にふれる余裕はここではないが、このことによってロッキードと岸、いいかえるとロッキード社のあるカリフォルニア出身のニクソンと岸との〝友好的〟関係、さらにロッキード社の工作にこのときすでに当っていた児玉と岸とのブロックが成立したことこそ、今回のロッキード・スキャンダルの発生点だったのである。さる二月一八日の衆院決算委員会理事懇談会で、第一次FX戦争当時の決算委員会調査員だった荻野憲祐氏は、児玉がグラマン内定をひっくりかえすように活躍し、田中彰治決算委員長は児玉と小佐野にやられたのだという内幕を明らかにし、児玉＝ロッキード関係の始まりを示唆した。

もともと岸信介氏はA級戦犯として収容された巣鴨プリズンで児玉と知りあい、釈放後政治活動を再開するについては、その資金のすべてではないが、町井久之氏らの援助を得た。町井は韓国名鄭建永、今日TSK・CCCなどを主宰し、東声会の会長として児玉の有力な協力者の一人だった。第一次FX段階で、グラマンに揺れた岸と、ロッキード側にたった河野一郎、児玉は対立した。だから、岸＝児玉ブロックの成立は厳密には五九年段階に移る。しかし、FX問題の全過程で、ニクソン＝岸イコール児玉ラインが、ロッキード社を軸にして動いていたことを看過することはできない。

石橋湛山首相の病気という不慮のなりゆきの中から、政権の座に坐ったこの岸信介氏は、それまでの吉田自民党政権下につくられた占領利権体制には参入していなかった。吉田占領利権体制とは、旧軍部と財閥の解体の下で、渉外、外務官僚を中心に、米占領権力との癒着を通じてつくり出されたものであり、ロックフェラー財団、フォード財団、モルガンとの深い結合関係の下にあった。GHQのバターン・グループと吉田の姻戚で、吉田資金管理者だった樺山愛輔氏の女婿白洲次郎氏を中心にしたその人脈と金脈の挿話にはことかくことはない。そしてここには、これも吉田の遠縁に当る中島知久平（斎藤内閣商工相）や宮島清次郎日清紡会長らの旧番町会、あるいはこれから発した小林中、

水野護、河合良成、高梨博司、長崎真造らの新番町会の面々が蝟集した。中島は吉田の経済顧問に坐り、日本貿易会会長となった。富国生命の小林中が戦後まもなく東急コンツェルンの総裁となり、五一年には戦後復興段階の日本経済の鍵をなした開発銀行総裁に入ったのは、よく知られることである。こうした吉田自由党最大の金権について故岩淵辰雄は、持株会社処理委員会の株式処分、日発九分割のさいの資金処分にあったと端的に指摘しているが、さらに米軍接収財産の一部解除とGHQによる貿易利潤の均霑をこれに加えておくべきだろう。

もっともこの吉田利権体系は、日本経済の復興、とりわけ朝鮮戦争を契機とする三井、三菱集団の経済的地位の回復とともに修正を余儀なくされた。五二年の初めに設けられた経済最高諮問会議が、白洲次郎を議長としながら、池田勇人（蔵相）、向井忠晴（三井）、加藤武男（三菱）を入れたのは、その象徴である。これにはのちに一万田尚登日銀総裁、木内信胤外国為替管理委員会委員長が加わるが、これこそが今日につづき今日に拡大してきた保守本流の構造の出発点といえた。そしてこうした利権体系の占領特権から日本独占との相関への移行こそが、逆に吉田時代に終止符をうつときを招きよせたといって過言ではあるまい。岸内閣はこの利権体系の移行の流れに棹さしつつ、同時に、賠償をテコとする対外権益とFX問題に象徴される軍産結合体にからむ権益の中にみずからをおき、保守本流への擢

をあやつろうとしたのである。

この相手役となったのが他ならぬニクソンであった。当時のニクソン副大統領は、キャデラック政権と異名された東部中心のアイゼンハワー政権の下で、新興しつつあった中南西部を引き入れる象徴として、ホワイトハウスに迎え入れられていたにすぎない。しかしアイゼンハワーは心臓病を病み、ダレス国務長官はガンにかかっていた。ニクソンこそ、五七年六月の〝日米新時代〟宣言をアメリカ側で推進する中心にあった。このとき以降、岸・ニクソン両者の友情は結ばれ、やがて来るニクソン不遇の時代にも、岸はニクソンを三井物産その他の日本商社に〝有力な顧問〟として紹介し、それを通じてまた産軍複合体との提携を深めていったのである。そうだとすれば、ニクソンがペプシコのケンドール会長らに勧められて東部に移住し、ペプシコ法律顧問の肩書でペプシのソ連売込みなどに成功し、その功績で多国籍企業首脳の居並ぶ「リンクス」への参加を認められ、ついに大統領候補として認められるようになったあとの岸＝ニクソン人脈は、たとえ岸サイドが政権の座をおりたとしても一層有効なものとして、わが国保守政界深層を動かす力をもったといわねばならない。くりかえしていうが、ニクソンはカリフォルニア・ポリティクスを支配し、ロッキード、ノースロップ、ガルフなどを直接に代弁し、H・カーンズを通じて米輸銀動向を左右し得たし、少くともウォーターゲート事件までは、東部エスタブリッ

シュメントとロックフェラー・モルガンの意向にも沿う立場にあったのである。日本・カリフォルニア日米財界人会議が特別につくられたように、この人脈と金脈はわが国の巨大資本グループの利益に直接に接合した。そしてこうした岸元首相の育てた脈流が、池田勇人時代を経て、河野一郎ではなく佐藤栄作に、やがては一部田中角栄へとひきつがれていったのである。

だから問題の直接の焦点になっている全日空のトライスター導入にしても、重要な仕掛けはすべて第三次佐藤内閣の時代に行われている。なるほど黒い金の導入は田中時代に実現した。トライスター導入の最終決定も田中になってからであり、ＰＸＬの外国機導入方針が国防会議専門家会議で答申されたのは、七四年一二月のことであった。しかし全日空がオプションしていたＤＣ10の導入が、同社大庭哲夫前社長にまつわるミステリーじみた融資問題とその結果としての大庭辞任となって崩れていったのは、六九年末から七〇年五月にかけてのことであったし、エアバス導入七四年の方針がとられたのは、七二年七月上旬第三次佐藤内閣が崩れる直前のことであった。この年一月には佐藤・ニクソンのサンクレメンテ会談があり、六月一〇日にはキッシンジャー大統領補佐官が来日して、一〇億ドルの緊急輸入を要請していた。さらにその前年一〇月二二日、訪米してニクソン大統領と会談した岸元首相が、円切上げにからむ対米輸出規制、電算機その他の輸入自由化などの問題

と並んで、「武器国産化方針の再検討—四次防中に少くともも八億ドルの武器購入」という私案をぶつけていたことも想起しておこう。折しもロッキード社は、C5Aギャラクシーの疑惑を暴かれて倒産寸前をさまよっていた時期であった。

全日空の大庭前社長を追いこみ、DC10からL1011トライスターにのりかえた全日空のいわゆる民族派に、どれだけ児玉機関が設置された当時の上海に関係し、児玉そのものにつながる人脈があるかは驚くべきことである。何よりも当時の橋本登美三郎運輸相が、児玉機関華やかだった当時の朝日新聞の上海総局次長であった。ロッキード問題全体の中で、田中＝小佐野ブロックが果した役割は大きいとしても、それにもまして岸（佐藤）＝児玉ブロックこそが問題である。しかし今日、その内実をみずから証言できる前首相はすでに亡い。

自民党宇都宮徳馬代議士は述べている。

「日本の戦後のある時期——岸内閣の時といっていいだろうが——日本の政界に一つの汚職構造ができた。それは政界のトップと特定の汚職ブローカーとの癒着によって生じたものである。職務権限のある政治家は汚職の金を自ら受けとることをきらう。そこに口のかたそうなブローカーの介入する余地が生ずる。数回の介入をする間に政治家は決定的な弱点をブローカーに握られることになり、ブローカーは閣僚人事、官庁の高級人事にまで口を出し、また財界

に〝かお〟を売り足場をつくる。この醜悪な関係は、戦後民主主義を一致して非難する〝復古主義〟の美辞麗句によって飾られる。これが戦後の特殊な汚職構造のパターンである」

保守本流に食い込んだ米FBI

さて、国際的にも戦後史的にも、二重の意味で構造化された汚職と金権システムの暴露を通じて、人脈的に二つの特質が浮び出た。

その一つは、児玉、小佐野に代表される人脈、つまり、敗戦時軍用物資の着服、払下げをもって今日の財力と政治的影響力を築いた人脈であり、もう一つは、福田太郎らに共通するGHQコネクションの人脈である。

児玉についてはもう触れることもあるまいが、小佐野もまた戦時中の軍需省航空局嘱託として、敗戦時「どさくさにまぎれて海軍の放出物資の払下げをうけて大もうけをした」（『週刊読売』）。小佐野が国会証言で、児玉との関係を正木亮弁護士の紹介によると述べたのは、田中前総理とのかかわりのいい間違いであり、事実上の〝偽証〟だった。児玉、小佐野の関係は濃密の度は別として、すでに戦時中に始まっている。

戦時物動計画で国民から収奪された軍管物資の放出は、一九四五年八月一四日の鈴木貫太郎内閣の軍需品放出命令に依っている。その総額は当時の公で一〇〇〇億円といわ

れ、今日の時価に換算すれば二〇〇兆円にも及ぶだろう。この放出命令は同月二八日の中止命令で一部回収されるが、回収率は約三割、厖大な資材、資産が軍と軍需会社、統制会社、統制組合から消えていった。大宅壮一のいう「日本の一番長い日」の出来事で利権にうごめいた人びと——海外資産を着服した児玉らをふくめ——こそが、今日までの保守政界深層の金脈と人脈の大きな一部を構成したのである。これは正確には、海軍系統（児玉→鳩山がその例）と陸軍系統、満州その他海外財産（現不動産銀行などがその例）などにわかれる。そして彼らはその後の占領権力の支配下と、米日韓台の反共的結束の枠組の中でそれを肥大化させていった。児玉と韓国とのかかわりは、七三年秋の金大中事件の裏幕にも動いた。一方小佐野は日本のみならず沖縄、韓国、南ベトナムの米軍基地での軍用バス運行権を独占、またベトナム財閥とさえいわれた韓国の韓進財閥と組んで、韓国兵の南ベトナム派兵のために日航機をリースするなどの〝協力〟を果し、いまでは韓進財閥下にある大韓航空の九・九％の大株主にのし上った。

こうした軍管物資に淵源する黒い人脈は底知れず深いが、ここでは紙幅の制約上機会をみて他日を期したい。ただ一点、児玉事務所がある東京数寄屋橋の塚本総業ビルの主、塚本素山会長もまたその最有力な一人だったことを指摘しておこう。敗戦後東部方面軍司令官の副官だった塚本氏を主役とし、伊藤満中佐の名で日本の深層をえぐってみせたのが有名な松本清張氏の『深層海流』である。塚本氏はその財を駆使して、東急の主だった五島慶太氏あるいは吉田レジームに加わっていた加納久朗元正金銀行頭取にさえ大きな影響力を行使することができた。小佐野が五島の箱根強羅ホテルの買取りから今日のホテル王の座に上ってきたのも、確証はないが、こうした隠微な人脈が働いていないとはいえない。そしてまたそれを逆側からいうと、小林中氏が戦後東急コンツェルンを動かした一時期があったということをふくめ、五島・塚本コネクションの周辺——したがって全日空や東亜国内航空、さらに東急がもつ環太平洋のホテルチェーンと観光事業にまつわって、児玉、小佐野、さらに笹川良一氏らの名が登場してくるのは偶然とは思われない。

もう一つの特筆すべきＧＨＱ人脈の詳細については、新聞、週刊誌がくわしく報じるとおりである。だが児玉の不確かな語学力からすれば、福田太郎即児玉とみていいすぎではない。むしろ福田が児玉をロッキード社につないだ。いいかえるとＧＨＱに発するアメリカ側がＧＨＱ要員であり、巣鴨プリズンで児玉の通訳に当った福田を通じて、児玉をかかえこんだということができる。

この福田にもっとも近しい人物として、ＰＲジャパンのＫ氏がいる。彼は岸信介元首相の秘書であり、六〇年安保当時は内閣弘報室参与官をつとめた。このとき児玉が岸内閣のために右翼結集を図ったのは周知のこと。児玉人脈はこうして福田およびKに通じて岸に直結していくのだが、このK氏がGHQ経済科学局顧問だったことは注目されていい。およそ、占領下GHQのG2の日本人関係者が、講和以後一部は電通、一部はNHKなどに分散したように、GHQ各セクションの日本人もまた姿をかえて日本社会に散っていった。だが巷間マーカット資金といわれるブラック・マネーはどのように処理され、誰の管理下にあるのか。K氏がそれとは断定しない。しかし同氏がマーカット少佐を局長とする経済科学局にあったことは重視しておきたいと思う。少くとも史実はマーカットの秘書、日本人二世のH中尉の周辺に、児玉に近い財界人――たとえば永田雅一大映社長、萩原吉太郎北炭社長らの集団があったことを記録している。軍管分子と占領権力支配に淵源するブラック・マネーこそ、戦後保守政治の湖底にすくったネッシーのようなものであった。

だが、こうした戦後初期の投機的政財集団は、現にロッキード疑獄にみるように大きな残像をいまにもちこんでいるとはいえ、しょせんは日本の保守本流を形成するものではなかった。鳩山自由党は米占領軍内部の構想のはねかえりとして生み出された鳩山の追放を機に、吉田茂の手ににぎられ、鳩山とその一党、児玉をふくめて河野一郎、大野伴睦らの党人派は、吉田主流と争う保守傍流の位置にたたされた。リットン・インダストリーやハリウッド資本、エリック・ジョンソンやトマス・デューイなどとつながった党人派は、すぐれて投機的政商として生き抜く他なかった。岸にしても、前述したとおり主としては復興してきた産業資本の上にたち、一九五五年以降の日本経済の新段階、産軍複合体形成への過程で保守本流への参入をめざし、事実また部分的にそれを果したとはいえ、吉田を源流とし、外務ついで大蔵主導の官僚体制と深く癒着した本流そのものではなかった。この本流は池田勇人につづき、佐藤、田中、三木の各内閣の中で複雑に混交し合いながらも、いぜん一つの筋として生きぬいている。

この吉田人脈は過去にさかのぼれば、岳父である牧野伸顕内大臣を経て、その父大久保利通につながる。この大久保が同郷でありながら切ってすてたのが西郷隆盛であり、西郷の征韓論に組したグループから、頭山満の玄洋社、黒龍会という右翼発祥の組織が生じたことは、きわめて興味深い。明治維新の直後、洋行して欧州文物にふれ、明治二年のパリ・コミュンに遭遇した大久保らが、富国強兵の道をこそ急ぎ、同時にアングロサクソンを敵にしない国策、そして一方、天皇を価値の源泉とみず、事実上国民統合支配の手段と観じてきたのに対し、右翼は狭いナショナリズムにたち、天皇を犯すべからざる道義と政治の中心にすえた。この二本の糸の綾は、後発帝国主義の膨脹過程の下で次第に後者が前面に躍りでることになるのだが、その中でさえ大久保の流れをくむ吉田は、田中義一首相の下での東方会議での役割や「対支干渉基本政策」立案にみる反動性を一面でつらぬきつつも、東条体制には抵抗し、敗戦を予期して親アングロサクソン路線の打倒を準備していった。そしてここにこそ吉田体制下の対米従属的政治体質が具現していく根拠があった。

しかしそのことをふくめて吉田レジームこそが、やはり戦後保守主流といえたであろうし、いまなおそういうことができる。問題はこの本流にとっては、児玉らの右翼政商的黒幕は、利用できる限り利用する対象ではあっても、その利権構造をゆだねる相手ではなかったということである。保守本流にとっても利権構造はまさしく巨大独占を主要相手とする国家財政の運用と、国家政策の展開の中にあった。

そしていま挙証なく断言すれば、この保守本流に米ＦＢＩが深くくいこみ、一方ＣＩＡが本流の一部と傍流に巣食いながら、アメリカの対日政策を具現してきたのである。しかし、すでに重荷となった右翼政商的黒幕をついにすてるときが来た。これが現局面である。

わが国戦後史の精算のとき

こんごの展開がどのように進むか。いまの段階で予断はむつかしい。根源にある米多国籍企業の暗闘が一層拡大する兆候はあるが、一方、フォード＝キッシンジャー政権は、対ソ抗争の大戦略の展開にとっての国内統合の乱れと西側同盟の動揺を最大限抑制せざるを得ない。中国がロッキード事件に火がついた時点で元凶のニクソン前大統領を北京に招き、日本への中国原油の供給削減、いいかえれば、食糧、石油によるアメリカの日本支配を許容し、多国籍小委で攻撃をうけているガルフなどへの実質的協力のシグナルを出して、アメリカ総体を一層対ソ主敵戦略にまきこもうとしている動きも、微妙にこんごの展開に影響を与えよう。その中でもし米大統領が収賄した日本政府高官の名を発表したとすれば、それはもう単なる真相解明、ロッキード事件の解決ではなく、アメリカが日韓にまたがる金脈構造、癒着構造の大転換にうってでることを決意したことを意味しよう。

ではそれをまつことなく、日本側官憲の手で疑獄の全貌は浮かび出るだろうか。だが先にふれたように佐藤元首相はすでに死んで口を開かない。資金送付のルートも、一部は米軍基地を経由していると伝えられ、真相のすべてはやはり安保体制下の制約の中で霧に包まれるだろう。官憲は捜査を大山鳴動して演出してみせる。そして保守政治に寄生はしたが、本流とは異る一部勢力が、計算高く〝いけにえ〟として国民の前に捧げられるだろう。保守本流は恐らく傷つくことはない。

しかもロッキード・スキャンダルが、迫っている総選挙動向、国防をめぐるコンセンサスづくりと日米防衛協力委員会の早期発足計画、あるいは大企業の営業の秘密保持などに重大で深刻な打撃を与えていることは事実としても、その裏面ではＰＸＬの国産化をめざして軍需資本は、さり気ない風情の中で色めきだち、自衛隊への精神的影響扶植を主戦略としてきた正統右翼は、むしろ政商右翼の打倒にむかって、みずからの存在をクローズアップさせようとしている。自民党の出血はさけがたい。しかしそれが傍流の精算であり、国民の前にそれを自民党の新たな脱皮として演出できれば、保守本流にとって、まったくマイナスだということにはなるまい。

第三世界の歴史的な不可逆の昂揚の中でその第三世紀を迎えようとしている資本主義体制の苦悶として、今日のロッキード問題はある。汚職は国際的に構造化し、資本主義世界の対立がかつてのようにブロック間、国家間対立ではなく、国境をこえた多国籍資本系列の死闘として現われている。そうした戦後構造の即自的表現ともいえるロッキード問題、ロッキード疑獄は、だから、そのことの本質においては、わが国の戦後史を清算し、新たな転生を強いるものだということができよう。米中の〃ゆるやかな同盟〃が始動し、その一方では、為替の危機、大銀行の不良貸越しにもとづく波乱が起り得るような情況があり、加えてソ連

の食糧不作を追うようにしてアメリカの冬小麦の不作が伝えられている。中東危機も去ってはいない。もはやどのような角度からみようと、わが国の景気動向や経済の成長率何パーセントといった基準からだけ、将来を予見することはできない。国家財政、地方財政の破綻もそのテンポを早めつつあるとはいえないか。そしていまアメリカでは、多国籍資本批判の流れの先に、多国籍企業がタクス・ヘブンで税金逃れをしてきたことに制約をかけ、国際的な税務統合組織をつくって課税し、国別売上げに応じて、それを分配しようという構想さえ動き出しているのである。

これは、言葉の正しい意味で現代が転機にあることを物語っている。

第三世界の歴史的登場と、一方での多国籍資本の強大な支配力行使の狭間にあって、二一世紀に向う政治と経済のシステムをいかに構築していくべきか。ピーナツの正体や、それを口にした人間探しに終るべくもない壮大で切実な課題を、ロッキードの暗い飛影はこの日本列島に投げこんできたのである。

（『中央公論』一九七六年四月号　山川暁夫）

報告　金大中氏拉致事件の構図と事実

金炯旭証言は何を狙う

「皆さん方自身が他の友邦国家の国会で米国の恥部を告発する証言を行う場合を想像くだされば、現在私が抱いている悲痛な心情を多少なりとも理解されることであろう」

在米の元韓国中央情報部長、金炯旭氏がこう前置きして、さる六月二二日の米下院外交委員会国際機構小委員会（ドナルド・フレーザー委員長）公聴会で行った宣誓証言は、四年前の夏、事件が起きたその当時よりも一層重い政治的含意をもって、いわゆる金大中事件をわが国政治の中心課題として再浮上させるものであった。

衝撃は、直接には、金炯旭氏が六一年クーデター以降の朴正煕政権の歴史と現状に触れる中で、金中大事件の〝真相〟の一端に言及したことにもとづいている。

それを要約すれば——

①金大中事件は李厚洛KCIA部長（当時）を最高責任者とし、現地指揮官としての金在権駐日公使（当時）の下、KCIA本部から特派された六人の要員によって行われた犯行である。それは朴大統領の事前の承認のもとでなされ、当時の李澔駐日大使も計画を事前に知っていた。

②日本の警察庁も事件が計画された段階でこれを察知しており、金大中を尾行したKCIA工作員の写真を撮っていた。しかも警視庁は金在権を呼びよせて写真をみせ、その中止を要求した。しかし事件後は金在権の捜査をいっさい行おうとしていない。

③警視庁に事前に察知されたことを契機に、写真の中の李台熙駐神戸韓国領事に加わったのが、白哲鉉書記官だが、彼は途中で計画に反対してグループからはずされた。

④事件当時、金大中と接触していた民主統一党の梁一東

もKCIAに協力していた。

いわゆる〝政治決着〟の下に、事実上闇にほうむられてきた金大中事件の経過をあらためて問い直し、KCIAの犯行、日本公権力のそれへの事実上の協同、そして日本側捜査と日韓政府の政治的処理がそれ自体、国家主権と人権への限りない侮蔑でしかなかったことを明るみに出すことは、今日の急務であろう。このルポルタージュ的報告もまたそのための一つの作業である。

しかし、もともと金大中事件そのものが、単なる〝犯罪〟ではなく、七三年当時の米日韓、ひろくはアジアにおける権力間攻防の、きわめて政治的な歴史的行為の一つだったと規定しておかねばならない。だからこそ、そこに胚胎していた矛盾がいま、自らなる成熟をとげ、巧妙とも卑劣ともいえた〝政治決着〟の枠を越えて、今日、必然的にわが国の政治的情況の根幹をゆさぶりかねぬ政治的現実を生み出すに至ったのである。金炯旭証言を、金大中事件の事件的〝解明〟の契機としてだけうけとめるべきでない所以である。そしてその視点こそが、実はまた〝歴史的行為〟としてあった金大中事件の真相に迫る視点でもあるだろう。

あらためて指摘するまでもないが、金証言は、金大中事件にのみ限定されていない。

彼は、金大中事件を朴政権の「絶対暴力、絶対統治、絶対恐怖を骨幹とした無限独裁」の中で起きた一つの事件として位置づけるとともに、朴東宣贈賄事件、統一協会の文鮮明事件にも言及、さらに在韓米地上軍撤退が云々される現在の米韓関係にまで触れたあと、次のようにその心情を語っている。

「私の最終目標は、いま個人独裁の下で呻吟している国内の数多くの同胞らの人権と自由の回復である。人権はすなわち自由の一部であるがゆえに、私の闘争はすなわち自由のためのたたかいである。私はこの場を通じて、もう一度朴正熙氏が即刻辞退し、真の国民総和と国民の支持を土台にした民主的政府の樹立される道を開くことによって、これ以上韓国民と歴史を汚辱のどん底に陥れる個人独裁を清算することを促し求めるものである」

一人の韓国人、しかも六年間にわたってKCIA部長をつとめた元韓国政府高官が、内外に——しかもカーター政権下の米議会で、声強く朴政権打倒宣言を行った。これが金証言の核心である。彼は、金大中事件がKCIAの犯行であり、日本の警察が事前にそれを知っていたということを証言しただけではない。彼の構想の下で（七月一三日放映のNHK・TV）、日本の警察庁とKCIAとの間に「相互情報交換」の秘密協定があったという事実（七月二日『朝日新聞』）、すなわち日韓公権力の連携とゆ着を暴露し、さらには、ソウル地下鉄工事の日本企業入札について岸信介元総理が介入していたこと（七月一五日、共同通信記者インタビュー）、自民党内青嵐会メンバーに韓国からの政治献金があったこと（七月一六日、『毎日』記者取材）など、金大中事件だけにつきぬ日韓の黒いゆ着への攻撃の矢を放っている。

つまり、情況の本質は、金炯旭が主役の一人となって、過去の日韓権力ブロックの在り方への明らさまな暴露と攻撃がいま始まったのだ――というところにある。

このことを考察する場合、いかに金証言が重要だといえ、彼が元KCIA部長であり、今日でさえ、KCIA部長時代の六九年当時彼が最高責任者として演じた西独からの韓国人強制連行事件を、「反共闘士として痛快な記憶中の一つ」（証言）として述べている人物であることを軽く見逃すことはできない。

証言によれば、彼は六九年、朴大統領が断行した大統領三選にむけての改憲の際、KCIA部長として反対し、そのため解任されるとともに、やがて朴政権に追われる身になったと説明されている。しかし彼がそうした立場にあって、七一年四月の大統領選の際、朴大統領の最大の政敵になった金大中氏の勝利を期待するだけでなく、金大中勝利の際の身分保全を計算して、ひそかに金大中候補を援助したこと、そしてそれがKCIAに捕捉されたことが、七三年四月の米国への亡命の本当の理由だったことは、この際明記しておく価値があろう。しかも彼は、この〝とが〟により、米国で在米KCIAによって一時監禁された。監禁がとかれたのは、KCIA部長時代のらつ腕を活かし、金大中拉致事件のシナリオづくりへの協力を強く迫られた経過があった後のことである。

広い意味で金大中拉致事件に関与した金炯旭氏の証言のもつ意味は、それだけに重い。

実行グループ中心にあったとされる金在権公使が、金炯旭部長時代のKCIA第七局長として部下の位置にあったことも、金証言の価値を高めるもう一つの事実関係である。金炯旭がいま翻心して、朴体制打倒に踏みきって証言台にたった以上、それを〝伝聞にすぎぬ〟（福田首相）と一蹴して済むものでないのはいうまでもない。問題はこうした暗い過去をもつ韓国政府元高官の証言までも引き出して、米議会、ひいてはカーター政権が、朴政権およびそれにつながってきた日本権力の一部への痛撃を加えてきたことにある。

カーター新朝鮮政策の日程表

金証言に先立って、ことし一月、レイナード元国務省韓国部長は、すでに金大中事件がKCIAの手によったものであることを暴露していた。以後、亡命韓国元在米公使李在鉉や在米の韓国人ジャーナリスト文明子女史の金大中事件や日韓経済協力にまつわる暴露があいついだ。金大中事件KCIA犯行説は、六月一三日に国防省国防情報局が発表した付属文書をふくむ一四頁の「韓国に対する危機」と題した報告書でも、はっきり断定されている。さらに昨年一二月八日付の米誌『カウンター・スパイ』は、米CIA

の現職高級幹部であるドナルド・グレッグが、一〇月六日におこなったテキサス大学での講演で「韓国の朴大統領は、もしあと六年の任期を務めようとすれば、任期半ばにしてクーデターで倒されるだろう」と予測し、朴大統領にとっての「最良の道」は「辞任すること」だと述べたことを報道した。金証言はむしろ、こうした米国のいうならば対韓クリーン・アップ作戦の一こまにすぎない。

この米国側のアプローチを明確にしておくために、フレーザー委員会が四月四日付で発表した「米韓関係の調査について」の課題を紹介しておこう。

①KCIAと文鮮明傘下の諸団体との連携関係。

②文鮮明の側近並びに朴東宣によるディプロマート・ナショナル銀行の支配の企て。

③合衆国憲法に保証された韓国系米人の基本的人権を侵害するKCIAの脅迫といやがらせ。

④韓国政府による米国の報道機関及び学界に対する買収工作。

⑤韓国政府が在韓米軍との物資調達契約を組織的に水増しし、米国納税者に数億ドルの過重負担をかけた事実。

⑥文鮮明の側近であり、KCIAのエージェントと目される人物が主宰する在米の某団体による募金詐取。

⑦韓国政府による在韓米企業からの資金強奪。

⑧過去六年間にわたり行政府（米国）の関係当局がこれらの諸活動の一部を感知しながら、その停止または防止のための適切な措置をとらなかった事実。

⑨法に定められた議会への報告義務を怠り、韓国との間に秘密行政とりきめを結んでいた事実。

⑩PL四八〇法案による韓国向け食糧輸送をめぐる取引きに関連して明らかに違法の手数料を秘密裏に支払っていた事実。

このフレーザー委員会の作業と並んで、米下院倫理委員会や証券取引委員会、さらに米司法省がKCIAの対米工作の調査活動を進めているのは周知のことである。倫理委員会は、すでに六月一三日、朴東宣の不法活動調査に関連して、ジャパン・ラインと日本興業銀行関係者の来米を求める召喚状まで発した。

こうした一連の米側の動きが、在韓米地上軍の一部撤退をふくむカーター政権の新朝鮮政策の展開と表裏一体となっていることは、容易に読みとれることである。

それが何であるかをつきつめることが、この報告の本旨ではないので、詳述は避けたいが、ベトナムでの敗北を経、今日、いわゆる第三世界の歴史の場への登場を前にして、通貨、通商、エネルギーをふくむ諸資源への米国の主導権と国益を保全する世界戦略を始動させているカーター政権が、朝鮮半島をもまた、その志向している「新世界秩序」の中に整序的に位置づけようとしている、その世界戦略の展開であることは明らかである。

中ソとの内面交渉や可及的速やかな米朝直接接触を通じ

て、朝鮮半島の五三年休戦協定による不安定な〝分断〟状況を、国境による〝安定〟的な分断――つまり二つの朝鮮に固定し、南北いずれの方からも朝鮮統一の命題を抜きさることによって、ベトナムの悪夢の再現を回避し、かつまた米多国籍資本の南朝鮮への安定的進出の条件を確定することが、カーター政権、つまりは米巨大資本の側の狙いなのだと要約することができよう。

だからこそ六月一一日の米下院外交委員会で、ハビブ国務長官は、在韓米軍撤退をめぐって「中ソとの意見交換を行なっている」ことを公表し、国務省は五月下旬に「北朝鮮との話し合い」の用意があることを明らかにしたのだが、そのプログラムは、九月二〇日から開く国連総会を前にしたバンス国務長官の八月末訪中（この時期、平壌にむかうチトー・ユーゴスラビア大統領が訪中する）で、いよいよ本格化しようとしている。朴政権を牽制して、政治犯の釈放など世界が受容可能なソウル政権に変貌させ、さらには、七八年三月の韓国大統領選挙を通じて朴体制の時代を終らせることは――その実現可能性と評価の問題はひとまず置くとして――ワシントンの今日の世界戦略上のさし迫った着手に位置づけられているのであり、金証言もまた、その舞台廻しの一役として公けにされたものだったというべきであろう。

したがってそれは、昨年の日本にむけてのロッキード・スキャンダルの暴露、それにわずか一カ月半ばかり先だっ

ていた韓国にむけてのガルフ・オイル・スキャンダルの公開（いわゆるマックロイ報告）の延長戦上にあることであった。

すなわち、ロッキード＝ガルフ両スキャンダルの米国での暴露は、一言にしていえば、朴ソウル政権を結節点にする日韓権力ブロック、日本では田中角栄系列、韓国では六一年以降の朴体制権力の地下構造への直撃として米国権力によって仕掛けられたものであった。その結果として何が起きたかは、ここでふりかえるまでもない。そして今、韓国では、フレーザー委員会の調査課題第一〇項にかかわる米の輸入をめぐる不正を理由にして、六一年クーデター以来、朴体制の裏金づくりに献身してきた大韓航空の趙重勲社長、朴大統領の警備担当で、金大中事件当時にも東京に姿を現わしていた洪炳喆前国会議員（元最高会議議長警護室企画課長）、さらには朴大統領が四八年の麗水反乱鎮圧の際、反乱陣営に加担したかどで有罪判決に処せられようとしたときこれを救った姜文奉議員（当時軍裁判裁判長）らが、六月上旬有罪判決をうけ、日本側では、このグループと密着していた人びと、すなわち小佐野賢治、児玉誉士夫らが、ついに司直の裁きの場にたたされるようになってきている。のちにまた触れるが、金大中事件に日本で深くかかわったとみられる町井久之（韓国名、鄭建永）の東亜相互企業（TSK・CCC）が、児玉裁判の日についに不渡り手形を出して倒産に追いこまれたことも、米側の仕掛けに対応し

て始まっている。
いわば、日韓権力の〝とかげの尾〟切りの働きとしてとらえることのできる一連の出来ごとである。この自脱の作業が成功するか、それともワシントンの〝仕掛け〟が成就するかは、いま問うことはない。ここで明らかにしておくべきことは、こうしたドラマともいえる情況をひき出している米多国籍資本主流とワシントン政権の戦略的展開こそが、今日この瞬間において金炯旭証言公開の背景にあるということであり、じつはまた七三年度の金大中事件そのものが、すでにしてその前史の一つであったということである。

さきに金大中事件が、米日韓権力の相互関係における攻防の所産としての歴史的産物だったと規定したのも、その謂である。ロッキード問題が単に〝真相解明〟、関係した政府高官名の摘出に止まるべきでない歴史性と構造性をもっていたように、金大中事件の〝真相〟解明もまた、事件経過のミステリーを解き、主権侵害の有無を立証すれば終わる問題ではない。米韓関係のワシントンの側からの強行的調整の中で、金大中事件がいま再浮上してきたのは、いわば必然であり、これを機としての真の日本＝朝鮮関係を日本人自身がつくりだすことが求められているのである。

金大中事件の背景

以上、金大中事件がたんに犯罪ではなく、歴史的＝政治

的事件としてあったことを、今日の位相に結びつけて論じてきた。では七三年の夏の事件は、直接にどんな背景をもって演じられたのか。それを正確にみとることが、今なお謎の多い事件の解明への有効な視点を提供するはずである。

周知のように六九年六月末、当時の米大統領ニクソンは、いわゆるニクソン・ドクトリンを発表した。それが泥沼化したベトナムへの軍事的介入を精算し、同盟構造の再編成をもって、アジアにおけるアメリカの支配的秩序を建て直そうとするものだったことは、更めて詳しく述べることでもあるまい。しかしやがて金大中事件に発展するドラマは、まさにここから始まる。

①六九年八月、朴正熙大統領はワシントンに呼ばれ、唐突な形で在韓米軍の一部を撤退させる旨をニクソン大統領から告げられた。衝撃をうけた朴大統領は、同年一一月初旬、日本から岸信介元総理の来韓を求め、日本政府を通じての在韓米軍撤退への反対工作を要請した。これをうけて行われたのが、当時の佐藤―ニクソン会談であり、その共同声明には、有名な「韓国条項」――韓国の安全は日本の安全にとって緊要であるとの重要な確認が盛り込まれることになった。ソウル政府がこのときから強化した朴東宣、文鮮明らによる米議員への買収工作こそ、いま米議会が洗い、摘発している米韓ゆ着の問題に他ならない。

しかし米側は、むしろ日本が韓国の強力な支えになると

の選択を活かして、七〇年から七一年にかけて、在韓米地上軍二万を削減した。そしてその一方、ひそかに米中接触の道を模索する。このニクソン政権の〝転進〟ともうけとめられかねなかった動きとそれに連動した日本の対中国交回復とが、勝共を国是とし、冷戦体制に自らを同化させていたソウル政権をどれほど焦らだちと困惑の中につき落したかは、多くを語る必要はない。こうしてソウルはソウルなりに、七二年七月四日の南北共同声明に踏みきるのだが、詳細にいうとこの選択は、ソウル政権全体の完全な合意の上に行なわれたのではなかった。朴大統領自体が受身であり、当時の金鐘泌首相さえ交渉の委細を知らぬまま事は進んだ。これを積極的に推進したのは、七二年三月、駐日大使からKCIA部長に転出したばかりの李厚洛であり、彼がブラウン駐韓大使の働きかけをうけていわば〝単身〟平壌に入ってつくり出したものであった。

当然のことだが、この経過からしても、朴政権のこの時期の政治選択の核心は、南北協調への前進ではなかった。ワシントンの出方への部分的妥協、調整を演じつつ、主眼は韓国政府にとって悪化する外的環境に対処する国内体制を固めることにあった。それが半年のちのいわゆる十月維新体制への移行である。七・四共同声明発表以来、たとえば同年八月の韓国軍易局長の来日による日韓兵器の規格化検討、九月末の保科善四郎国防協会会長以下、佐藤毅、天野良英、板谷英一氏ら自衛隊退職最高幹部らの訪韓、七三

年の三月から五月にかけての韓国の陸海空三軍参謀総長のあいつぐ来日など、日韓両国にまたがる軍事結合の努力が急展開したのも、米中直接接触と七・四共同声明に対応する韓国政府の、いうならば必死の対応策の一部をなすものであった。

だが、ワシントンに何らの事前通告もなしに断行された十月維新体制への移行は、逆にワシントン側の対朴不信感を助長した。もともとニクソン大統領が、かつて不遇の時代に訪韓した際、朴大統領から冷たく扱われ、李厚洛の世話にしかならなかったこと、ニクソン再選の大統領選で朴正熙大統領がハンフリー候補を支持したことなどから、朴大統領への悪感情をもちつづけていたことも、何がしか作用したかもしれない。いずれにせよ、当時の野党だった民主党内ではもちろん、米政府中枢においてさえ朴体制をポスト・ベトナムにおける米戦略にとって〝のどにささったトゲ〟という感触が一挙に高まったのである。同年二月一八日、米上院外交委員会が発表した長文の「韓国に関する報告」（フルブライト報告）は、ついに朴正熙政権を李承晩以上の独裁政権であると断定し、朴大統領の前途にあるのは、「自ら大統領職を去るか、死ぬか、革命によって倒されるか」の三つに一つしかないとするものであった（七三年三月一三日『世界週報』全訳）。ワシントンからの公然、しかも半ば脅迫ともとれる朴不信認の意思表明であった。

②この米国からの露骨な朴批判があった当時、朴大統領

は肝硬変に悩む健康問題をかかえていた。その治療を理由とする一時訪米を米国側が認めなかったという風聞もある。しかも、朴政権が十月維新を断行するに当って、統一交渉促進のためと約束したことが実行されないことが、経済的な不満とも絡んで、国民の朴批判の感情を昂めていた。こうして、朴体制は長くないという投機的判断が、朴側近周辺を蔽うことになった。それにもとづく隠微なソウル権力内の暗闘が、金大中事件の経過にも絡むもう一つの伏線を準備したのである。

この権力闘争そのものについて詳しく触れる必要はあるまい。ここではその大要のレビューに止める。まず二月には、南北交渉の推進役だった李厚洛KCIA部長が、KCIA本部のある南山を下りた所で深夜、二人の男に狙撃されるという事件が起きた。犯人が現場で射殺されたため、その背後関係は不明とされているが、東京、ソウル間を慌しく往来し、七二年四月の訪問の際には、国策研究会の矢次一夫代表理事を介して駐日ソ連大使とも接触しながら、対北交渉の段取りを進めていった李部長への、他の実力者並びに軍関係者の反発は小さくなかった。「北のゲリラは点の脅威だが、南北交渉は面を押えられかねない」というのが、少壮軍人グループの大方の感情だったという。

この狙撃事件は、その後に起きた李厚洛部長の一六日間にわたる軍の手による監禁をふくめて、KCIAへの攻撃、その権限縮小へと進んでいく動きののろしであった。この

頃、金鐘泌首相の乗用車に陸軍のトラックが衝突し、首相が二週間の自宅静養を余儀なくされるような怪事件も起きている。

ついで、朴大統領の陸士以来の盟友であり、ベトナム派遣の猛虎師団の司令官でもあった尹泌鏞首都警備司令官が軍刑法違反など八つの罪状で三月九日にCIC（陸軍保安司令部）の手で逮捕、四月二八日には一五年の実刑判決をうけた。尹は朴大統領との深い関係から、二月の国会議員選挙に彼の支持する十数人の候補を大統領が推薦するように求め、同時に朴側近の排除を要求したが、受け入れられなかった。これを不満とする尹が、たまたまある小集会の席上、「次は李厚洛にやらせるべきだ」と述べたことが、逮捕の本当の理由だったという。

この時の逮捕者はじつに一〇〇人を越えた。そしてその中に首都警備司令官参謀長の孫永吉准将、金聖培准将、ソウル新聞論説委員長刘申寿陸軍中佐らと並んで、李厚洛の従兄弟にあたる李載杰CIA監査室長らCIAの局長級数人がいたことから火の手は李長官にも及ぶことになった。しかも五月九日、再び厚洛は射たれた。こうして李長官の南北交渉についてのそれまでの独走的行動は厳しく制約されるとともに、少なくとも三〇人のKCIA幹部減員を迫られ、それと対抗的に姜昌成司令官を中心とするCICおよび大統領の朴鐘圭大統領警護室長の権限が相対的に強まったのである。

とくに後者は、朴大統領が十月維新後、洪哲鐘特別補佐官に命じて行なわせた汚職摘発を、その権限拡張の具に利用したとみていいだろう。彼は金炯旭証言でも、金氏にピストルをつきつけたことがあったとされているが、六一年クーデター当時から大統領の常に身辺にあり、大韓射撃連盟の総裁をつとめる射撃の名手である。彼は洪特別補佐官の汚職リストを利用する一方、摘発対象七三人のうちに挙った二人の朴鐘圭関係者の名を消すために、洪にピストルをつきつけることまでした。やがて洪哲鐘はソウル郊外のダム近くで魚つり中ダムの水門が開いて水死するが、それはまさに陰惨ともいえる権力者の暗躍劇の一つだった。

いずれにせよ、こうして当時金鐘泌首相にまして実権を握っていた李厚洛は一歩後退を余儀なくされる。しかも六月四日には、駐米大使館の広報首席担当官だったKCIA要員の李在鉉が亡命する事件が起き、その権威は一層失墜した。だがこれで李厚洛が屈したわけでないことが、その後の経過にも関連して重要である。すなわち李厚洛は、この直後CIC金貴洙参謀長が軍用ガソリン一六〇〇本を密売した事件をとりあげ、同参謀長を逮捕した。七月二〇日のことである。この結果、こんどは姜司令官の方が第六軍管区司令官に左遷。こうして尹、姜二人の実力者が権力争いから脱落して、金鐘泌、朴鐘圭、李厚洛のいわばしのぎを削る鼎立状況が生まれることになった。

③この実力者同士の張り合いと相互牽制こそ、朴大統領自身の権力操作のやり方だという見方がある。その一面があることを否定しない。しかしそれは同時に、ソウル政権と朴正煕大統領の危機の深化過程であった。この六月から七月にかけての段階、日本外務省の韓国担当者の間にも、その年の秋の国連総会の時期を織りこんで、ソウル政権の九月危機が秘かに確認されるようになっていた。

こうした情況全体が、米国において金大中への関心と期待を高めさせ、金大中自身がまた行動への決意を強めていったことは、何も不思議ではない。

同氏は七二年一〇月の来日中、維新体制で国会議員の資格を剥奪され、以後祖国を離れての活動に入っていった。一一月一一日には東京で「国民投票へのアピール」を、同月二一日にはワシントンで「韓国民はかくたたかう」という声明を発表する。その後翌年一月五日日本に再入国し、三月二五日もう一度ワシントンに向う。この時の日本入国の際、彼は羽田で一時入国拒否の取扱いをうけているが、それはその後七月一〇日にもう一度金大中が入国した後の足どりをノーマークだったとしてきている警察当局の発表を疑わせるに十分である。

金はまた一月来日の時期、二月二二日に白樺湖で開いた韓国青年同盟の冬季学習会への出席の途中、たまたま茅野駅で、朴独裁を攻撃する米外交委員会の報告書のニュースを耳にして、「大いに励まされた」（側近談）とのことであった。六本木の米大使館員官邸でライシャワー元駐日大使とも会った。また春から夏にかけての滞米中には、在米KCIAの目に余る干渉と妨害にも屈せず、当時院内総務だったフォード前大統領、E・ケネディ議員、元駐韓公使でニクソン・ドクトリンの起草者だったM・グリーン国務次官らの米要人、在米韓国人の多数と接触した。金大中は、朴大統領にとって最大の恐るべき政敵に成長したのである。

もともと金大中は朴体制の警戒すべき敵であった。六一年クーデターで、四日前の江原道麟蹄地区の補欠選挙で得たばかりの議席を失なった金大中は、その直後、腐敗事件への関与という容疑で二カ月投獄、さらに六二年にもクーデター謀議の疑いで一カ月間刑務所生活を余儀なくされた。そして六七年の六・八不正選挙として知られる国会議員選挙では木浦で朴大統領の激しい選挙干渉を押えて勝利した。このときの干渉者、投票箱まで奪う工作をした責任者が他ならぬ金炯旭KCIA部長だったことは、今にして皮肉なことである。ついで七一年四月、永久政権を狙った朴正熙大統領に金大中は最強の対立者として立ち現われ、五四〇万、四六%の票を得て、朴体制を脅かした。

そうだとすれば、この最大の政敵が、ワシントンの一部の強い支持をうけて、七三年七月一〇日東京に活動拠点を移したことが、米国に追われつづけ、九月危機と日本でも予想されたような国内事情の上にあった朴体制にとって、重大な脅威に映じたことは、推測に難しくない。政敵とくに大統領職を争った政敵を、つぎつぎに消してきたのが朴大統領の常道であった以上、金大中もその対象の一人に違いなかったのである。

しかし、このことが金大中の肉体的抹殺をだけ意味していたかどうかは疑問である。

すでに〝民主化〟を求めつつあった米国の出方からして、金大中の暗殺は、それもまた一つの危険な賭けだったとみるのが順当だろう。しかも朴大統領は、アメリカの要請と動きに屈して六月二三日には、予定をくり上げて、米路線に沿って「二つの朝鮮」を認める六・二三特別声明を発表していた。これは金大中がかねて主張していた方向をとり入れたものであり、事実、事件前金大中に東京で数回接触した民主統一党の梁一東党首が、六・二三声明の発表を理由にして、本国への帰国を勧誘するという経過があった。

しかもこの六・二三特別声明発表直後の七月一八日、ソウル入りしたロジャース米国務長官は、朴大統領に対して「米政府は韓国政府のとっている国内政策に憂慮の念を禁じ得ない。とくに政敵に対する措置は目に余るものがあり、その傾向がつづけば、いつの日か、米韓関係は回復できぬものになる」（八月二七日『読売新聞』）と強く警告、政敵の取扱いの変更と言論の自由の保障を迫っていたのである。

即断は慎むべきだろうが、朴大統領がこれをまったく黙殺したとはいい難い。その一つの状況証拠として、ロジャース長官訪韓後新民党の柳珍山党首を委員長とする大統領特使団が来日、七月二〇日東京で、当時の環境では驚く他ない韓国政治の方向を公表した事実がある。すなわち――
①米日中ソ主導の東北アジア集団安保構想の提言
②南北政党・社会団体会議。象徴としての統一会談開催
③近い将来の朴正煕・金日成会談
④中国との友好関係の樹立
⑤反共法の撤廃
この柳珍山提案を韓国野党の主張とだけみることは、維新体制下の野党の位置、柳団長が大統領特使の資格をもっていたことからみて単純すぎるであろう。それは明らかに米国への朴のアドバルーンであり、当時すでに東京に居た最大の政敵金大中への呼びかけでもあった。しかも本論執筆グループは当時、ソウル政権が次のような北朝鮮への〝平和攻勢〟を準備しているとの信ずべき情報を得ていた。
①国連総会後、北朝鮮にむけて、軍縮を提案する。そのため海兵隊の解散をまず準備する（当時、海兵隊が一番反朴的要素をもつと観測されていた）。
②つぎに情況をみつつ、柳珍山提案の線にたつ方策を逐次実施する。
③国連総会では、ソ連が五一～五八年に国連に南北同時加盟案を提案してきた事実を利用し、南北同時加盟方針を出して、北を孤立に追いこむ。
これが当時の朴政権の唯一の選択だったとみていい保障はない。七・四共同声明が韓国では民主化抑圧の維新体制でしかなかったように、この外交方針が国内的には〝民主化〟とは別のもの、むしろ逆向をはらむものだったことは容易に推測できることであった。しかし、少なくとも外交政策では、それが六・二三声明の含意するものだったであろう。とすれば当時の朴体制にとっての問題は、最大の政敵金大中もとりこんでの国内総和体制を演出し、韓国が独裁国家でないとの国際的印象づくりに成功するかどうか――にあったはずである。

こうして金大中を自発的にか、同意の上か、あるいは強制連行を含む謀略を行使しても、ソウルに呼び戻すことが必要だった。梁一東、柳珍山の直接間接の帰国勧奨、金在権公使のこれへの同意――という事件前の一連の経過がこれを裏づける。金大中の方がこれに応じる姿勢になかったのは、八月一五日に東京で「韓国民主主義国民会議」を結成して反朴行動ののろしを挙げる計画にむけて着々と準備していた経過から疑う余地はない。だが彼が祖国での活動につねに思いをはせていたことも厳たる事実であり、ソウルはそこに様々の働きかけでつけこもうとしていたのである。

金大中拉致が肉体的抹殺のためであったか、強制帰国を主眼にしたものであったかは、犯行グループならぬ立場では断定するべくもない。だが以上述べた事情からして、また縮減された権限の回復を求めていたに違いないＫＣＩＡ

の当時の立場からいって、李厚洛部長＝金在権公使のラインは、強制連行の謀略の遂行にプログラムを設定していたのではなかろうか。しかしその李厚洛のプロットの成功を好まず、形の上ばかりの南北交渉への進路転換にさえ賛成しないグループ——たとえば朴鐘圭もまた、一つの謀略——すなわち金大中暗殺の狙いを組んだのではないかと思われる。金大中拉致経過の不透明さ、とくに洋上三日の漂流にも近い足どりと、上陸後二日という長い経過は、拉致実行グループの内部における争いの所産である。そして最終的には、事件が発覚して米日両国の反応に苦しんだ朴大統領自身——及びこの段階で発言権をもった金鐘泌首相の帰国命令で、金大中の生きたままのソウル帰還という結果になっていったと推測される。

要するに、こうした経過を通じて明らかにしたかったことは、第一に今日カーター新朝鮮政策の下で鋭さをましている米韓矛盾が、すでに七三年当時、東京での金大中拉致という形で一つの像を結んでいたのだということであり、第二には、その展開の中に韓国権力内の陰湿な争いが貫徹していたということである。加えて、米CIAとKCIAの両面にむけて権力的癒着関係をもつわが国の公権力が、まさにそれ故に統一的な足並みをもって、当然の捜査にのりだすことをせず（出来ず）、この政治のドラマを隠蔽することにのみつとめたということである。

事の解明は「朴政府を崩壊させる」（事件後外務省某筋）

かもしれず、日本の公権力の立場自体を自殺に追いこみかねなかったからである。それほどに金大中事件の政治的内実は大きかった。

では、事は具体的にどう展開したか。以下稿を事件そのものに移していこう。

事件の発生とその経過の謎

金大中の拉致が東京・九段のホテルグランドパレスで起きたのは、七三年八月八日の正午過ぎのことである。金が、かつての同志だった民主統一党の梁一東党首、同党国会議員で金の親戚に当る金敬仁と食事をともにしたあとの出来事であった。その経過を一先ず、捜査当局の調べや関係者の証言で明らかになっていることを素材に追ってみよう。

金大中はその日午前一〇時三〇分、ボディ・ガード役の金康寿一人を連れて、宿舎のパレスホテルからタクシーで梁も待つホテルグランドパレスに向った。二二階の二二一一、二二一二号のスイート・ルームに着いたのは午前一一時。ここで同行した金康寿にロビーで待つよう指示して、一人で部屋に入った。このあとの経過を知っているのは、犯人たちを除けば、金大中本人と、梁一東、金敬仁の三人だけである。

金敬仁によると、彼はこの朝、梁から頼まれた五冊の本を買いに神田の書店街に出かけた。一一時三〇分頃帰って、部屋から梁に電話すると、「今客が来ているから後できてくれ」といわれ、暫くして行ってみると、金大中が居た。

三人で食事をすませ、このあと午後二時から自民党の木村俊夫代議士と会う予定のあった金大中は席をたった。問題はその時間だが、梁によると午後一時半。後にソウルに現れた金大中によると一時ごろだったという。この三〇分の開きの解明は、この事件の謎をとく一つの鍵である。

金大中と金敬仁の二人が二二一一号室を出た途端、向い側の二二一五号室から三人、隣の二二一〇号室から二人の男が出てきて、二人の金をとり囲み、そのうちの三人が金大中を二二一〇号室に連れこんだ。金敬仁は残りの二人に二二一一号室に押し戻されたが、その時二人の男は流暢な韓国語で「ソウルから来た」「すぐ終る。騒ぐと国の恥になるから静かに」といったという。金敬仁と梁一東は二人の男に見張られていたが、監禁の状態ではなく、金は四回ほど廊下に出て二二一〇号室のドアをノック。返事がないままに約二五分後、マスター・キーを取り寄せて部屋に入ってみたら、すでに人影はなく、薬の臭いがたちこめていた。

一方、ロビーにいた金康寿は、金大中が姿を現わさないので、午後一時一五分に梁の部屋に電話をしたが、電話口に出た梁は早口の韓国語で何かしゃべると電話を切ってしまった。そこで金康寿はパレスホテルにいた金大中の秘書趙活俊（韓国民主制度・統一問題研究所東京事務所長）に電話連絡をした上、なおしばらく待つことにしたが、二時になっても金大中が現われないので、二二階に上がって行き、そこで初めて事件の発生を知った。

この二二一〇号室が、六日午後、福岡市の「畑中金次郎」と名乗る男が指定して予約した室であることは広く知られている。「畑中」はその日の午後六時四五分にチェック・インし、八日まで二泊の料金三万円を払った。そして八日の朝になって滞在を九日に延ばしている。その後の調べで、宿泊カードの住所が現存しないことが確認された。

金大中の拉致を知った梁は、駐日韓国大使館に通報する一方、金敬仁を通じて、宇都宮徳馬代議士に電話をかけさせた。それは午後二時頃だったという。しかし、この時間にも不可解な点が残っている。一方、金康寿も事件を知るとすぐ二時五分に、パレスホテルの方に電話した。

この知らせを受けて金君夫（当時、韓国青年同盟副委員長で、秘書として行動）が現場にかけつけたのが二時二〇分、続いて趙活俊と在日韓国居留民団事務局長の郭東儀が現場に着いた。趙は二二一五号室から二時四〇分前に一一〇番を入れている。警察への一一〇番はこれに先立ち、郭が二時八分頃、別のところから民団東京本部事務局員に命じているが、「通報内容に具体性なし」とすげなく応じられている。

ところで最初に梁の部屋に入った金君夫はそこで梁、金の他、韓国公使の金在権、二二一二号室で当時の新民党総裁柳珍山と互いの子供の婚姻を通じて親戚である在日韓国人の丁明燮にあっている。この丁なる人物の存在は、これまでの報道にまったくないが、やはり二時三〇分頃梁の部屋に着いた宇都宮代議士の秘書村上安も、梁、金のほかに二人の男を目撃している。そしてその一人である金在権はそれからすぐ部屋を出た。二時三〇分頃ホテルに着いた郭東儀が、玄関から出てくる金在権を目撃している。

宇都宮代議士によると、金敬仁の通報を受けたのは午後二時五分、彼はすぐ木村俊夫の部屋に電話して金大中が姿を見せていないことを確かめてから、警視庁の川島警備部長、および官房長官の居場所がわからなかったため後藤田官房副長官に連絡している。これは捜査当局が川島への電話が入ったのが二時一四分としているのと符合している。

当局側では、警備部長から外事二課長に連絡が行き、二課員が現場に着いたのが二時五〇分。これより先、趙活俊の一一〇番を受けて麹町署のパトカーが二時四五分に現場にかけつけている。警視庁は三時一五分に緊急配備を指令、同四〇分に警視庁を通じて、全国の警察に、主要空港、海港とそれに通じる主要道路の厳重警戒を指示したというが、この初動には多くの疑問が残っており、それは後にまたまとめて検討することにしたい。

以上が八日時点のおおまかな推移である。その後何の手掛りもないまま、一三日夜になって、金大中がソウルの自宅で〝釈放〟という衝撃的な局面展開となった。金は午後一〇時二〇分、目隠しのまま車から降ろされ、のちにかけつけた記者たちに、六日間の拉致の模様を語った。だがこのときの金大中証言の報道内容はまちまちだし、後に韓国捜査当局に彼が供述したとされる内容との間にも食い違う点がある。ここではそれらを一応総合して、事件のポイントになると思われる点を整理しておく。

①金大中は梁一東の部屋を午後一時頃出た（韓国捜査当局への供述では、零時四〇～五〇分）、犯人の数は五、六人である。

②麻酔はすぐ覚めた。エレベーターで下りる途中、二人の男女が乗ってきたので助けを求めたが、彼らは七階で降りた。

③ホテルの地下室から車で外へ出た。その時一緒に出た車はない。車では前に二人、後に三人の男が乗った。口に布切れを突っ込まれ、顔を上着で覆われた。途中何度も麻酔をかがされたがすぐ覚めた。

④高速道路を五～六時間走ったところで車がとまった。犯人の一人が「検問所がある」といい、Uターンした。この近くで犯人たちは道を尋ね、「先は大阪、あっちに行けば京都、大津」という答えを聞いた。そこから横道にそれ、かなり交差点のある普通の道をさらに五～六時間走った。

⑤犯人たちは初め「アンの家に行け」といった。運転手がわからぬ様子だったので「安川」と日本語でいった。一端どこかへ寄ったあと、マンションらしい所につき、そこからエレベーターで何階かに上ったが、その時ガレージの

鉄骨を見た。連れ込まれた部屋は畳敷で、そこで目、耳、口をガムテープでふさがれた。三〇近い韓国女性のややかん高い声が聞こえた。

⑥同じ車で一時間以上走って砂浜の海岸に出た。そこからモーターボートで一時間近く、大きな船に乗り移った。九日午前一時頃。乗り移る少し前、犯人たちが「一二時五〇分」といっていた。東京からのグループは、ここで交代した。

⑦船はかなり大きく、ローリングもピッチングもせず、一〇〇〇馬力以上はあった。五〇〇トンぐらいの新造船のように思え、それも貨物船や漁船ではなく、まるで軍艦のようだった（金大中は船会社をやっていたことがある）。

⑧船では手足におもりをつけられ、投げ込まれることを覚悟した。船のエンジンが狂ったように動き出したとき「飛行機」という声が聞こえ、目隠しを通して赤い光が何度も光った。このあと船室に入れられたが、殺すという空気はなくなった。九日午前五～六時頃、それから一〇時間以上物凄いスピードで走りつづけた（供述ではここの件りは、次のようになっている。――大きな船に乗り移って午前一時頃デッキから船室に移された。二時間ほどして船倉に移され、戸板にロープでくくりつけられた上、手足におもりをつけられた。午前五～六時頃船が動き出した。少したってデッキにかつぎ上げられたとき〝飛行機〟という声を聞いた。やがて船室に下ろされ、エンジンが気狂いのように動いた）。

⑨船室から「徳島沖」ということを聞きだすことができた（徳山、松山という報道もある、供述では、午後四時頃「四国」とか「徳山」という声を聞いたとなっている）。船員たちは初め金大中とは知らぬようであった。

⑩一一日早朝、韓国の港に着いた。上陸後医者の手当を受け、農家のような家に入れられた。犯人たちは「救国同盟行動隊」と名のっていた。

この金大中の話では、出来事の時間的関係がはっきりしない。しかし事件が個人や私的グループの手による性質でないことは明らかである。彼は犯人たちが次々と交代したといっており、少なくとも二〇人前後が実行に加わっていたとみている。〝戦時〟下の、沿岸監視の厳しい韓国にすんなり上陸できたこと自体、背景の〝権力〟の存在を示唆している。

事件をめぐる諸説と謎

ところで、公的権力＝ＫＣＩＡの犯罪説は、金大中関係者はもちろん、事件直後からのもっとも有力な見方であった。事件後現場に走った趙活俊が「先生をどうした」と詰め寄ったのに対して、梁一東は「私は知らない。情報部のやつらが……」と叫んだという。八月二三日には『読売新聞』が「韓国政府筋による」として、金大中事件にＣＩＡが関係していた事実を初めて認めた――と報じたし、田中伊三次法相（当時）が、その日の参院法務委員会で、「第六感ではある国の秘密警察の仕業」と述べたのは周知のことである。最近明らかになったことでいえば、当時の警察庁長官高橋幹夫（日本自動車連盟会長）は、七六年八月に「近畿警察友の会」が主催した教養講座で「新聞あるいは公式には、（金事件は）ＫＣＩではないといっておるが、あれはＫＣＩであることは間違いない」と述べていたということであった。

米国の反応も早かった。ロジャース国務長官は早くも八月二〇日の記者会見で「米国は金大中氏の身の安全と事件の国際的影響を懸念している。米国としては、ＫＣＩＡの違法な活動にかねがね反対していた」と語り、また八月二五日の『ワシントン・ポスト』ははっきりとＫＣＩＡの犯行と断定していた。

しかしわが国では、事件発生後、ＫＣＩＡ説以外にも、①金大中の自作自演　②金大中派の内紛　③朴大統領派の過激派、右派軍部の盲動　④米ＣＩＡの工作　⑤北朝鮮工作など、さまざまの見方、推測があらわれた。

①は状況がプロの手口としては余りにも稚拙だという理由から、金大中が朴政権打倒と自分の立場をクローズアップするため、ＫＣＩＡの犯行と思わせる偽装誘拐をしたというもの。主に公安当局や朴政権支持派の在日韓国人筋から流された。②は金大中グループに「北」との関係をめぐって対立があり、それが事件に発展したという見方、出所は①とほぼ同じだった。③は金大中の海外活動を朴体制への反逆とみる過激分子の犯行という見方。ＫＣＩＡ別動隊説ともいえた。④はＫＣＩＡの計画を知った米ＣＩＡが、金大中を安全な場所に隠したという説。⑤はホテルに残された「北」製のタバコからの判定である。

こうした見方は、今ではもはや茶番だが、事件当時には、とくに自作自演、内紛の両説が、その後の捜査過程に小さくない影響を与えた。そしてそれは、後にみるように、当局が拉致計画を事前に知っていたのではないか、という疑問に結びつくものであった。

ＫＣＩＡ犯行説をめぐって。

ＫＣＩＡ犯行説は、捜査当局が九月五日になって、犯行グループ容疑者の一人として、韓国大使館の金東雲一等書記官の任意出頭を求めたことによって裏づけられた。ただしこの要請は金東雲が八月一〇日には一旦韓国に帰り、一七日に来日、一九日には、羽田発香港・シンガポール経由ジャカルタ行の日航機で出国したあとのことであった。彼は六三年以降、「日刊スポーツ東京特派員」という新聞記者の肩書きで三回来日、六八年五月に大使館員、七〇年一二月に一等書記官になっている。しかし記者資格での入国当時は、彼は記者活動はほとんどせず、「朴」「西原」「河野」などの名前を使って情報活動をしていた。六四年頃には、ある在日韓国青年をスパイ教育し、「北」に渡って情報を送る任務を与えようとしたことがあるという（九月六日『朝日新聞』）。

捜査当局が、金東雲を容疑者と断定した理由は、①二二一〇号室に残っていた指紋 ②エレベーターに乗り合わせた目撃者の証言 ③遺留品の一部であるリュックなどを売った店の店員の証言である。金大中がエレベーターでみた二人は、男二人の見間違いで、彼らは八月末になって警察に名乗り出たという。リュックは、六日午後、二人の男が神田の運動用品店「サカイヤ」で買ったもので、わざわざ領収書をとっている。

捜査当局がこの時点で金東雲を特定したのは、金大中の再来日問題や、再三の要請の末受けとった韓国側の第一回捜査報告書が、木で鼻をくくるような内容だったことなどを踏まえた、かなり政治的な判断によったものと思われる。それまでに駐韓日本大使館の手島一等書記官（警察庁出向）が帰国し、さらに三一日には後宮大使も帰国した。そして九月四日早朝、高橋警察庁長官と山本警備局長は、目白の私邸に田中首相を訪ねている。

捜査当局は、かなり早い時期に金東雲を割り出していたように思われる。金東雲に頼まれて金大中を見張っていたミリオン資料サービスについては後述するが、当局はこの線からも早くに証言を得ていたはずである。否、この段階ではすでに、金東雲だけでなく、他の拉致グループについても、当局は相当の情報を得ていたと信ずべき根拠がある。

激しいＫＣＩＡ要員の出入国

韓国政府機関員の関与については、横浜総領事館の劉永福副領事の車が、事件当日の午後一時一九分にグランドパレスの地下駐車場を出たことが確認されており、これが金大中連行の車に間違いないとみられている。この車は日産スカイライン二〇〇〇ＧＴで、色はシルバー・グレー。ナンバーは「品川五五も―二〇七七」である。

にもかかわらず、捜査当局は、事件への韓国公的機関の関与をすぐには認めようとしなかった。そして事態は〝政治決着〟を軸に動き、金東雲問題もウヤムヤにされていった。

しかし、事件がＫＣＩＡの犯行だったことは、恐らく今日疑う人はあるまい。ただ、それを直接的材料で完璧に立証することは、韓国政府側が認めない限り、きわめて難かしい。もともと情報機関の仕事とは、そういう性格をもっているのであり、だから問題は〝立証〟にあるのではなく、〝認定〟にあった。そしてそういう観点に立つなら、ＫＣＩＡの犯行を結論すべき材料には事欠く所はない。金炯旭証言そのものが、その一つである。

金証言の細部には事実と違う点がはっきりするが、しかし彼が挙げた犯行グループのリストの多くは、すでに事件当時から噂にのぼっていた人物である。すなわち――

〔計画実行責任者〕李厚洛（ＫＣＩＡ部長）、金致烈（同次

長＝現内務部長官）、李哲熙（同次長補＝現次長）

〔現地総指揮官〕金在権（駐日公使）

〔実行グループ責任者〕尹振元（海兵大佐、ＫＣＩＡ工作第一団長）

〔実行グループ〕金東雲（一等書記官）、尹英老（同参事官）、柳春国（同二等書記官）、洪性採（一等書記官）、劉永福（横浜副領事）

金炯旭によると、他に尾行グループ三人の一人として李台熙神戸領事がいたが、日本の警察当局から写真をとられ警告されたので、白哲鉉一等書記官に交代させられたという。

この拉致グループについては、七五年七月に社会党の田英夫参院議員が、韓国の野党筋から入手したとしてあげた一一人のリストがあるが、指揮・実行グループの八人は、金炯旭リストとすべて一致している。田リストではこの他、ホテル予約担当として韓春一等書記官、国内管理担当として河テエジュン局長、金振洙中領（中佐、駐日大使館の当時の参事官金済振の本名）の三人がいる。

金炯旭リストの金在権以下現地グループ七人のうち、尹振元を除く六人と白哲鉉は、当時外交官として在日していたことが外務省で確認されている。尹は出入国記録にはないが、金在権の本名が金基完であるように、ＫＣＩＡ要員が別名で海外任地に出る例が多いことからみて、偽名で入国したとも十分に考えられる。

ところで事件の前後、数カ月、韓国の在日公館員やＫＣＩＡ関係者と覚しき人物の往来が、異常とも思えるほど激しかった。

入国の方では、八月二日に韓国から「視察」名目の一三人の正体不明の男たちが同じ大韓航空機で入国、パレスホテルなど都内の一流ホテルに分かれて泊った。しかもその半数近くが事件のあと八日昼前後、一斉にチェックアウト、残りはバラバラにチェックアウトしている。その後七人は八月中旬頃までに帰国した。

また、金大中がワシントンを発って日本へ向った七月九日の直後、駐米韓国大使館の李相浩公使らＫＣＩＡ部員四人が離れていたことが、事件直後米国から伝えられた。李相浩は、西独からの韓国留学生拉致事件の際の現地責任者で、当時の名は梁斗元。八月一日にソウルに帰って一三日に帰任したが、これは金大中拉致計画を最終的に協議するためだったのではないかとの観測が有力である。この四人のうちの朴正一二等書記官も七月一一日、日本に入国、翌日韓国に向った。そして事件直前の七日に再来日、八日に米国へ出国したことが、入管記録から確認されている。

さらに七月二五日、韓民統結成の準備集会が金大中を交えて東京・上野のタカラホテルで開かれた際、そこに先にもふれた洪炳喆国会議員（民主共和党）が姿を見せ、事件発生後帰国している。洪は米国でＣＩＡ、ＦＢＩの特殊訓練をうけた経歴の持主である。もう一人、かつてＫＣＩＡ

に在籍した経験をもち、当時民間の人口問題研究所長だった辺時敏（現国立済州大学学長）も、八月五日から九日まで公用旅券で来日しているが、七七年六月一〇日の『朝日新聞』によると、辺は日本にいる親類に「KCIAの依頼で日本に情報活動協力者を作るためにきた」と語ったといわれる。一部には辺＝「畑中」という報道もあったが、捜査当局も親類も否定している。ただ、辺は八月六日に東京・品川のホテルパシフィックに泊っているが、それは金大中が同ホテルに泊っていた日のことであった。

一連の集団は事件後、潮が引くように日本から出ていく。金東雲八月一九日、尹英老三一日、劉永福九月五日、柳春国、洪性採九月六日。白哲鉉一月一五日、やや離れて七四年一月二八日に金在権。この他、事件後から九月一〇日までに八人の外交官が出国しており、そのなかには「アンの家」との関連で注目された大阪総領事館付の運転手安竜徳も含まれている。

現地総責任者とされている金在権が情報担当公使として、当時の在日KCIAのNO1だったことは常識である。公使職の前にはKCIA第七局長を勤めたし、米第八軍の心理戦部隊に派遣されていたこともある人物だったからである。

残されている多くの謎

さて金炯旭証言は重要だが、もちろん事件全体を解剖したものではない。ホテルからソウルまでの連行道程には、なお解明されていない謎が多い。

そうした謎を考える場合、ソウルに現われた金大中の話を絶対間違いないとみることは疑問である。彼は連行の間、ほとんど目隠しされていたというし、車の中で何度も麻酔をかがされている。しかも男の膝に寝かされたり、縛られるという窮屈な姿勢にあったとすれば、実際の時間より長く感じるのが普通だから、金大中の話の時間的経過に関する部分を言葉通り受けとるには問題がある。大阪を経由したと感じた根拠もはっきりしない。

さらに金大中が、身の安全を考えてか、釈放の条件かはともかく、何かを話していないかも知れないし、事実を変えて話したかもしれない。その背景に日本側の捜査方向を混乱させようという拉致グループの陽動作戦があったとしても不思議はない。しかし一方、金大中の話に見合いそうな事実も出てきている。そこで、こうした疑問を一応ふまえて、残されている謎のいくつかを整理してみよう。

〔梁一東をめぐる問題〕　梁をめぐる疑問点は、KCIAの梁―金大中会談事前探知、事件の発生時間、警察への通報問題などに関連している。金炯旭は梁をKCIAへの通報者としているが、たしかに不可解な点が多い。

梁は糖尿病の治療を理由に、外交旅券で七月一六日に来日、二一日から順天堂病院に入院した。そしてその在日中、金大中にしつようにアプローチする。二人はもともと金が梁を「兄さん」と尊称で呼ぶほどの関係で、梁は当時、在日の韓国人特派員たちに「柳珍山は会えないだろうが、私なら金大中に会える」といっていたという。金大中説得役を引き受けたと思われる当時の梁の立場について、彼に近い筋は、次のような見方をしていた。

「当時梁は民主統一党党首とはいいながら二月の国会議員選挙で落選中の身。しかも選挙の不正問題をめぐる裁判が進行中だった。梁としては判決が出れば、自分が繰上げ当選になると自信を持っていたが、朴政権側は、この選挙裁判を遅らせていた。そこで裁判を進行させるために朴政権の依頼に乗ったのではないか。彼には金大中に会える自信があったと思えるし、仮りに金が説得に応じなくても、その努力が青瓦台に伝わればいいと考えた。だから滞日中も金在権公使とひんぱんに連絡をとり合っていた。」

梁の働きかけに対して、金大中は七月二一日、趙活俊を順天堂病院にやって会う意思があることを伝えた。しかし趙は金大中の滞在先は教えず、金の方から連絡するといって別れたが、このときすでに、事件直後にも現場にいた前出の丁に会っている。こうしたいきさつを経て同二九日、ヒルトンホテルで梁と会う。この会談で金は帰国の説得に応じなかったが、また会うことを約して別れた。

梁は八月四日、順天堂病院からグランドパレスに移った。彼が宿舎を入院前の帝国ホテルからグランドパレスに変えたのは、金敬仁が旅行中の大阪で韓国公報館を通じてとってもらった同ホテルに泊っていたからだったという。この日金在権が梁を訪ねて「金大中は国に帰ればいいのに……」とつぶやいたことは、事件直後にも広く伝えられている。このあと八月七日、金大中の方から電話連絡し、八日の会見の日時が決まった。このとき梁は金大中一人で来るよう求めたということだった。

1　事件の発生時間　事件発生の時間については、前述のように梁一東、金大中二人の証言は違う。この点について、二二階の客室係は一時すぎに廊下で数人の男が争い、二二〇一号室に入ったのを目撃している。また隣の二二一〇九号室を掃除していたメードが、いい争う声とドアの閉まる音を聞いたのが一時一〇分頃だったと証言している。後に名乗り出たエレベーター内の目撃者によっても一時すぎ(七三年一〇月三〇日『東京新聞』)、連行車と思われる劉永福の車が出庫したのも一時一九分だった。さらに金康寿が梁の部屋に電話した一時一五分にはすでに犯人が室内におり、金に「早く上がってこい」といったと、後に梁が述べているから、ひとまず一時すぎというのが妥当と思われる。

2　通報時間　事件発生が一時一〇分頃。犯人たちが梁の部屋にいた時間が二五分とすると、宇都宮代議士への連絡があった二時五分までに三〇分の空白がある。しかも梁の帰国後の説明によると「まず宇都宮、次に金在権に報せた」(『読売新聞』特電)という。ところが金在権は八月九日夜、警視庁三井公安部長から事情聴取を受けた際に、一時五〇分に報せを受け、二時二〇分頃現場についたと述べている。この辺から金が現場にいたのではないかという説も生まれるわけだが、捜査当局は金在権の主張を裏づける彼の車の運転手の証言を得ているとしており、事件発生の時間帯に金と一緒に食事をしていたと証言している人もいる。しかし梁のソウル談が正しいとすれば、最大にみても一五分しかない時間中に、南麻布の大使館から九段のホテルに駆けつけることはまず難しく、梁発言に大きな疑問点が残らざるを得ない。

3　午前一〇時半のコーヒー　梁が事件当日の午前一〇時半に自室にコーヒー二つをとった時、メードはもう一人の男を目撃している。ところが梁は帰国してから、この点でも「コーヒーは注文していない。その頃は一人でいた」(『朝日新聞』七三年八月一五日)と語り、一方ではその後東京にいた弟の梁三泳に電話して「あれは金大中と飲んだ」ものと説明している。その時間に金大中が梁の部屋に着いていないことは確実。「もう一人」が丁だったとも考えられるが、梁のこの不自然な証言は何を意味しているか。

4　梁一東・金敬仁の役割　以上のような不可解な点はあるとしても、梁が拉致計画そのものに加担していたとは考えられず、不用意な性格を巧みに利用されたというのが、彼を知る人たちのほぼ一致した見方である。

拉致計画があるかもしれぬとの情報は、四日の時点ですでに金大中側に入っており、金大中関係者はボディガードを増して〝定点防備〟の体制にきりかえている。とすれば梁にも、KCIAが何らかのアクションを起こすかもしれないという予感があったのではあるまいか。事件後かけつけた人たちに、彼が「金大中はもう殺されているかもしれない」と口走ったというが、それならすぐ警察への連絡を考えるのが普通である。そうしなかったのは、事件が彼にとって必ずしも予想外の事ではなかった可能性を示唆する。ただ、それが抹殺も想定される強制連行とわかったのは、犯人たちが部屋を去ってから。その時の驚きととまどいが不可解な時間的空白を生んだのではなかろうか。

そうだとすれば、金敬仁を同席させたのは、自分が疑われるかもしれぬ事態が生じることを恐れた一つの保険だったとも考えられる。政治的な配慮から金大中には会いたくないと梁にいっていた金敬仁を、金大中が来ているとはいわずに部屋に呼んでいる。しかしその結果、犯人たちにとっても金敬仁が現場にいるというハプニングが生じた。それがなければ金大中の〝完全蒸発〟が演出されたかもしれないのである。

〔畑中と遺留品〕　「畑中金次郎」の存在はまったく謎である。なぜ彼が八月六日に部屋をとったか。金大中と梁は七月二九日に面会を約しはしたが、この時点では日時は決まっていないし、張っていれば確実に金大中がくるという保証はなかった。しかも六日夜は畑中は泊っていない。そして七日夜には、ラウンジでビールを飲み、部屋にマッサージ師を呼んで、あえて人目につく動きをしている。結局陽動作戦的なものの一部ではなかったか。

二二一〇号室の数多くの遺留品、犯人が潜んでいた二二一五号室にあった「北」製の煙草「白頭山」など、なぜこうも多くの手がかりを残していったのか。リュックなどは室内で殺害して運び出すためのものだったが、金敬仁の出現で計画を変更されたという見方がある。しかしそうなら、あえて危険を犯して関西まで身柄を送るはずはない。睡眠薬も薄い溶液で即効性がなく、ピストルの弾丸は一部は使用済みのものだった。恐らく捜査を混乱させる目つぶしだったとみていいだろう。煙草にしてもしばらく前まで「北」の使節団が二二一五号室を使っており、その時のものという見方もあるが、メードだけは否定している。やはり犯人たちの小細工であろう。

〔連行ルート〕　この点での金大中の話に符号する目撃者がいた。事件当日の午後七時四六分、名神高速大津インターチェンジのレストハウス前で、日本道路公団の職員が「右に行けば大津で、左に行けば京都か」と聞かれ、「京都、大津も同じ方向で、大津インターでおりたらいい」と答えているが、車は大阪、神戸方面に走り去ったようだという。この頃大津インターの料金徴収所では、午後七時から九時まで検問を実施しており、近くにパトカーも止まっていた（『朝日新聞』九月八日）。目撃者によると、道を聞いた車は、左ハンドルの品川ナンバーの白い外車。金大中をホテルから連れ出したとみられる車とは違っている。目撃者の話が事実なら、犯人たちは金大中にどこかで麻酔をかがせ、その間に車をとりかえたことになる。車が実際に降りたインターについては中川信夫が、大阪市内にもっとも近い豊中インターの検問が当時されていなかったことに注目している（『朝日ジャーナル』七七年七月一五日号）。

〔アンの家〕　金大中が車から連れ込まれた「アンの家」の「アン」に該当する人物として、神戸領事館の安潤環、大阪総領事館運転手の安竜徳などの名が挙がったが特定されていない。また「アン」の名前は登場しないが、西宮市内の在日韓国人所有のマンションが国会で追及されたこともある。ここには、大阪総領事館関係者の情報関係者が出入りしていたといわれ、駐車場からエレベーターで昇れる構造になっている。金大中は「アン」の家で韓国女性の声を聞いたといっているがこのマンションには事件当時、韓国人のメードがいた。この女性は公用旅券で入国。住所も韓国大使館となっていた。

〔海上ルート〕　大阪の実業家林秀夫（日本帰化韓国人、韓国名林秀根）が事件当時持っていたモーターボートが注目され、国会でもとりあげられた。兵庫県警も当時調べたとのことだが、金大中を乗せたと思われる時間帯のモーターボートのアリバイにはっきりしない所が残っているとされている。しかも林にごく近い人物に旧姓「安」という帰化韓国人がいることも関心を呼ぶ。林は済州島出身で、さきに触れた洪炳喆とも親しい。ちなみに洪も前出の辺時敏も済州島出身。金大中事件とどう関係するかは不明だが、事件をめぐる動きの周辺には、済州島出身の人脈が目立つ。そして今、朴体制下で始まっている趙重勲大韓航空社長らをふくむ大規模な「とかげの尾」切りで捨てられようとしている人びとの多くもまた済州島出身者である。

韓国へ金大中を連行した船について、事件直後から捜査当局がマークしたひとつに「黄金号」（五三六トン）がある。同船は事件前の七月二九日に無通告で大阪港に入港。八月九日午前九時に慌しく出航した。しかもそのあと寄港する予定だった徳山に寄らず、空荷のまま釜山へ直行している。停泊中、五人の乗組員が、大阪港近くのホテル「ナポリ」に泊り、釜山や東京にさかんに電話をかけていたし、後に船員の一人が「金大中を運んだ」と知人に語ったとの報道もある。金大中のいう午前五～六時の出航時間とはズレがあるが、金大中の時間感覚があやふやだとすれば、そう大きな問題ではあるまい。また金大中が船中で聞いた地名が「徳山」だとすれば、同船の足どりとも合っている。

ただ、この場合も黄金号とその関係者が余りにもそれらしく振る舞っているところに疑問が残る。金大中は「軍艦のようだった」といっており、金炯旭も「三五ノットのスピードをもつKCIAの特殊工作艇」だと述べている。黄金号がそれだけのスピードを出せるとは考えられない。とすると、黄金号もやはり陽動の一つで、実際に運んだのは、

KCIAの快速艇だったということもあり得よう。

なお、問題の米軍機ないし自衛隊機による船への通信筒投下が、金大中を〝殺し〟から救ったということについては、ここではほとんど無視しておきたい。金大中が聞いた「飛行機だ」という船員の叫びがあったとしても、それが通信筒投下機だったと特定し得る材料はまったくない。仮りに米軍機、自衛隊機だったとして、一本の通信筒の投下で、船内の状況が変わると、米・日側関係者が考えていたとは信じられない。通信文の信憑性がまず船の方からは問題になろう。もし何らかの連絡があったとすれば、それはソウルからの恐らく電信だったと考えるのが常識的である。疑問はむしろ、金大中はこの点を殆ど語っていないが、日本から韓国までの距離を、なぜ三日間もかかったかにあるのであって、その間金大中の処理をめぐっての実行グループ内部の対立があったのではないか――そして最終的にはソウルからの指示がなりゆきを決定したのではないかと考えられる。

以上、これらの謎や疑問点を通じていえるのは、事件を表面的に追う限り、この拉致計画が全体的にきわめて大胆、逆にいうと杜撰だったということである。

目立つようなことをあえて多くしている。車で運ぶ場合にも、道を聞いてこん跡を残している。KCIAの実力の買いかぶりという見方もあるが、それよりも一つには、日本の警察当局の〝協力〟を確信していたのではなかったろ

うか。同時にくりかえし指摘したように、計画にはさまざまの陽動作戦が含まれていたとみておくべきである。計画にしてもまた幾通りかの計画が事前には用意されていたであろう。しかも前段で触れたような韓国内での権力闘争や、横の連絡は遮断して工作する情報機関特有のやり方が絡んで、金大中抹消のプロットと「強制帰国」のプロットが終始複雑に錯綜して、事件の不可解さを一層増幅させたとみてよさそうである。

日本側をめぐる幾重もの謎

さて謎は韓国政府機関要員の側にだけあったのではない。むしろ日本の公権力＝捜査機関の事件をめぐる不可解な動きこそ、状況を迷路の中に追いやった最大の要因だった。

疑惑の多い捜査過程　その端的な表われが、事件発生以来、一貫した警察当局の出足の鈍さである。捜査の鍵が初動捜査にあるのは常識に属しよう。とりわけ誘拐事件などの容疑者逮捕には、逃走経路への、一刻を争う緊急配備が決定的意味をもつ。

ところが先にもみたとおり、警察当局の初動捜査は、直報が入ってから、じつに一時間余も遅れた午後三時一五分になってやっと始まっている。この遅れについて、警察庁警備局の佐々外事課長（当時）は、「事件が起きてから第一報を入手するまでに時間がかかりすぎた。金大中、犯人たちの人相や特徴、使われた車など、緊急配備をするのに必要な具体的な材料を知る必要があった」（七三年八月二八日、参院法務委での答弁）と述べている。しかし実際は、捜査当局はこの事件が本当に拉致なのかどうかを疑ってかかっていたのである。

『サンケイ』（七三年八月九日）によると、警察当局は「何らかの理由による偽装誘拐工作という面からも捜査を始めた」とあり、また同日付の『読売新聞』は、「この事件について捜査当局は発生当初から終始、慎重な態度をとり続け、誘拐事件と断定することを避けている。緊急配備も一切『誘拐事件』という表現はせず、途中から配備の連絡も無線から有線に切り替えた」と報じている。首脳部は別として、捜査当局一線の頭にあったのは、まず自作自演であった。

初動捜査の遅れに怒った宇都宮徳馬衆院代議士が、警察当局に抗議の電話を入れたところ、警察当局は「宇都宮議員が直報した警備局は直接の担当ではなく、外事二課の問題だから、外事の方からさらに麹町署に連絡するという形をとり、手間がかかった」と弁解したという。

緊急配備をとったといっても、それ自身が大分いいかげんなものであった。

後日、大阪府議会で明らかにされたことだが、大阪府警は八月当日、警察庁から、検問実施の何の指示も受けていない。大阪府警の管内では、金大中事件とは無関係に、茨木インターチェンジなど数カ所で、午後一〇時から零時まで一般交通検問をしただけで、したがって、犯人グループの関西地区潜入をチェックできなかった。七三年一一月八日の参議院法務委員会で、社会党の佐々木静子議員がこの事実をとりあげ、警察当局を追及したが、佐々外事課長の答弁によると、「警察庁の指示は出ても、それで一斉に高速道路のインターチェンジ検問をやる制度がまだない」とのことであった。警察庁の指示が管区警察局に出され、さらに各府県警本部に下り、末端の警察署にまで徹底するのに時間がかかる、というのである。

初動捜査の方向にも問題があった。

警察当局は、空路による国外脱出を警戒して、立川、横田などの米軍基地に検問を張った。当時、立川には国連機として、米軍チャーターの韓国機が修理などの名目で飛来しており、軍用機による逃亡の可能性はありえないことではなかった。

同様に羽田空港にも検問の指示が下りているが、空港詰の各新聞社記者が金大中拉致の通報で動き出したおよそ午後二時半ごろ、空港の検問体制はまだいつもと同じで、立番の警官にも、事件発生の事実さえ知らされていなかった。不審に思った記者たちの方から空港署にねじこみ、空港署が慌てて警視庁に問い合わせる一幕もあったのである。空港署が警視庁の指示で正式の警戒体制に入ったのはその約一時間後であった。

海路への警戒も行なわれていない。事件発生後、警察庁から海上保安庁へ当然行なわれて然るべきだった捜査依頼もなされなかった。だから海上保安庁の側は、情報収集や警備救難活動面での警戒をするよう、一応独自に指示を出したが、特別の体制はとらなかった。海上保安庁大阪保安監部の丸山警備救難課長は、八日夜のテレビで事件を知り、翌九日朝から自主的に大阪港内外の船舶を調べたと語っている。

さらに奇妙なことに、拉致がかなり重大な政治的事件に発展する可能性が常識的判断だったにもかかわらず、警視庁の直接の責任者たちが、その日定時の五時に退庁している。緊急配備も午後四時半ごろには解除されており、特別捜査本部が麹町署に置かれたのは、事件後じつに丸々一日たった翌九日の午後七時のことであった。特捜本部は、本部長を三井脩公安部長とし、警視庁公安部外事二課中心に、捜査一課、機動捜査隊、所轄署員計一〇四人という三億円事件並みの陣容であったが、構成の半数以上を占める公安外事課員の間には、大した事件ではない——という空気がうかがわれたという。

現場検証もおざなりという以上に奇妙であった。駆けつけた警官たちは、現場保存の鉄則を守らず、用意していたビニール袋にさっさと遺留品をつめこみはじめ、趙活俊らが慌てて、居合わせた毎日新聞のカメラマンに、現場写真をとらせる一幕もあった。趙活俊らが金大中事件直後事情を聴取されたとき、係官たちの質問は、現場状況の仔細な確認よりも、金大中とはどういう人物か、東京で何をしていたのかといった、捜査には直接かかわりないことに集中していたという。

一方で、ほとんど捜査らしいことが本格的に行われていないのに、その日のうちに、先にも触れたように、江崎国家公安委員長の口から、金大中の自作自演説がとび出したのをはじめ、捜査当局の一部からも、自作自演説、偽CIA説、北朝鮮工作員説、はては民団内部の〝内輪もめ〟説までの、いろいろな憶測が新聞記者に流されていた。そればかりか、事件後まもなく、捜査当局はKCIAの仕業と主張していた韓民統の趙活俊らの身辺を捜査、取調べする動きをみせ、それを聞きつけた趙活俊らの厳重な抗議をうけたいきさつもあった。不思議な動きといえば、捜査当局は、ひそかにソ連大使館にも捜査員を張りこませている。

こうした捜査当局をめぐる不可解な謎はいくらでもあった。『内外タイムス』（七三年八月一一日）の特集記事によると、麹町署長は事件発生直後の「午後二時から極秘に捜査を開始していた」と記者に語ったとされている。午後二時といえば、まだ宇都宮代議士が金敬仁から事件の通報を受けていない時刻である。それがもし事実なら、麹町署はどこから事件をキャッチしたのだろうか？　考えられる一つは、すでにホテルグランドパレスに、金大中の動向をうかがうべく、公安の捜査員が張りこんでいたということである。

事実、事件直後に趙活俊を訪ねた捜査員は金大中が在日中転々としたホテルをほとんど割り出したリストを見せたという。その中には防衛上、金大中の名前を使わず、別人名で予約したホテル名も出ていた。当局は金大中入国以来ノーマークだったとしてきたが、実際には徹底的に尾行していたのであり、とすれば、金大中事件の第一の目撃者が公安刑事だった可能性を否定することができない。そしてしかもなお前記のように、警察当局は、事件そのものを大したことではないように受けとめていたのである。それはなぜだったか。

この疑惑こそが最大の問題である。そしてこの点について、事件当日ある捜査員が親しい新聞記者に「金大中は韓国大使館にいる」と洩らしていた事実がある。また最近の『朝日新聞』（七月五日）によると、在日本大韓居留民団の有力幹部の話として、「知り合いの警視庁公安係刑事は、事件当日の夕方、すでに〝金大中は大阪方面から韓国へ連行される〟という情報をもっていた」ことが明らかにされた。さらにもう一つ。趙活俊によれば、八月一〇日夕方、一緒にいた裴東湖がホテルグランドパレスの梁一東に電話を入れたところ、電話口に出た実弟の梁三永が「いま客がきている。お客さんは金大中が生きていると言っている」と告げたという。お客さんとは誰かと聞くと、警察の人だということだった。

警察当局が、事件の発生とその後の経過の全部とはいわぬまでも、大筋を了承していた可能性はきわめて大きい。それが状況にそぐわぬ楽観的空気の理由ではなかったか。同じことはだからまた、事件のなりゆきを見守っていたはずの田中政権にも見受けられた。

藤島宇内の得た情報によると、事件発生の翌日、自民党のある幹部が「金大中は船で国外につれ出される」と洩らしていたといわれるし、田中首相自身楽観的で、事件当夜、衆議院内で「議員食堂に出たり入ったりするようなものさ」という気楽な見通しを述べていたとのことであった(『創』七三年一一月号、藤島「田中政権は知っていた」)。

別の情報筋からも、田中首相はその夜、「金大中は明日には、行方がわかるだろう」と洩らしていたという話が入っている。

田中首相のところには、当然捜査当局から逐一報告がもたらされていたに違いない。田中首相が楽観的だったとすれば、捜査当局からそれなりの楽観的材料を提供されていたからだという以外には考えられない。

秘密協定と日本当局内の確執　金炯旭証言にある情報交換決定については、日本側当局はその存在を否定しつづけているが、この決定が結ばれたとされる六五年以降、警察当局、とりわけ公安関係幹部の訪韓が目立っている。六五年には高橋幹夫警備局長(当時)が訪韓し、ついで翌年、川島守広警備局長(当時)、その後三井脩警備局参事官(当時)も訪韓している。日本国内でも、公安部外事二課が週一回、韓国大使館を訪ねて情報交換をしている事実がある。協定の存否がどうあれ、情報交換の現実をまで当局に否定できるのであろうか。

そこで考えられるのは、KCIAが日本側にまったく無断で、ことを起すはずがないということである。事実、警察当局は、KCIAの動きをキャッチし、八月一日段階で一応釘をさしている。ここでも政府首脳、警察首脳は、内幕を事前にほぼ知っていたと推測する他はない。事件後、韓国側関係者が「われわれには日本の当局への甘えがあった」と親しい記者に述懐したのは、何を意味していたか。

しかし、金大中拉致作戦は、思わぬ金敬仁議員の存在、外部への通告で、KCIAが当初考えたようなストーリー、たとえば蒸発や自作自演劇に仕立てあげることができず、誘拐=拉致の可能性がもっとも濃厚な事件として発覚してしまった。犯罪と認定すべき事態が起きれば、警察は動かざるを得ない。そしてだからまた、その後の展開の中で、日本の警察当局上層とKCIAの〝蜜月〟状況は破れ、警察当局内部での上層部と一線捜査員の対立やさらには派閥まで絡んで、複雑な様相を呈することになったと考えられる。

やがて金東雲を犯人の一人として特定するところまでつき進むプロセスの陰には、日韓両国政権の綱渡りの真相隠蔽の政治決着工作と並んで、こうした警察当局内の確執が絡んでいる。

ＫＣＩＡの犯行と初めから判っていながら、首脳の意向＝政治的方向づけで、それを言い出せぬ不満は、第一線の捜査員の中にうっ積した。犯人も挙げず、ウヤムヤに政治解決するには、金大中事件は問題として大きくなりすぎていた。警察当局には面子もかかっていた。事件がいわゆる政治決着をみるまでの間岸信介と同行してソウルに出むいた矢次一夫国策研究会代表理事は、帰国後「金東雲でも、金南雲でもいい。要は一人、犯人を出すことだと韓国側にいってきた」と語り、さらに「日本側も責任をとるべきだ」として、暗に高橋警察庁長官（当時）の辞任がその一策であることを示唆する発言をしたが、問題解決のあり方を示したものとして興味深い。そしてその日本側の「処理」について、警察当局と政界にまたがる陰湿な権力内暗闘が伏在していたのを疑うことができない。

現在、警察官僚の主流は警備公安畑出身の人脈である。警察内部では、その公安畑に対する刑事畑の反発が当時もあったといわれる。そうした不満を背景に、あえて金東雲の指紋という物証までもち出して韓国政府につきつけたのが、当時の高橋警察庁長官であった。

この警察内部の派閥は、時の政治権力と結びついていることが多い。派閥づくりに熱心だったのは田中角栄元首相で、当時この首相の意をうけて江崎国家公安委員長が率先して田中派づくりに精を出していたといわれる。歴代の警

察庁警備局長が集まって、公安問題などの意見交換をする「警備局長ＯＢ会」もその一つ。月一回の飲み会には、田中派の後藤田正晴（元警察庁長官）や、秦野章（元警視総監）といった国会議員になった人びとも参加している。

高橋幹夫は、警備公安畑の主流ではあったが、そうした田中派よりも、どちらかといえば福田派に近いとされている。その高橋の引きで育てられたとされるのが山本鎮彦（現警察庁次長）。現警視総監の土田国保は、実務派の能吏として、いずれの派閥にも深くはつながらず等距離を保っている。浅沼清太郎現警察庁長官は、田中派に近いというのが通説である。

この高橋長官が田中政権下にいたわけだが、金東雲が犯行グループの一人として割り出され公表された背後には、こうした警察部内の派閥間の見えない対立があったのである。しかもこの金東雲特定の裏に、もっと秘められたものがあったことを推測させるのが、のちに三木おろしに加担した京都地裁元判事補鬼頭史郎の、公安関係者から聞いたとする話である。

「金大中事件で金東雲の名前が割れたのは指紋からではないんですよ。ある日本人があの事件には介在していて、金大中を車で関西に運ぶのを手伝った。そしてその男が公安にタレ込んだため初めて〝金東雲〟の名が出たのです。この男は免責になっているそうですよ」（七六年一〇月二八日『朝日新聞』）。

もし、この鬼頭の話が本当なら、金大中事件は大分様相を異にする。そもそも鬼頭の背後人脈が謎めいており、かなり権力内情報に深いと信じられるからである。もっともその背後については二説がある。

一つは鬼頭が謀略テープを『読売新聞』記者に持ちこんだ後、警察庁のヤマチンに相談したといっていたことから、鬼頭がヤマチン、つまり金大中事件当時の警備局長だった山本鎮彦現次長―高橋の人脈にあるという説、もう一つは、鬼頭のごく身辺にいた人の証言として、彼がホテル・ニュージャパンに足繁く出入りしていたことから、後藤田正晴につながる人脈だという説である。ホテル・ニュージャパンには通称〝後藤田機関〟という反共プロジェクト・チームが作られており、鬼頭はその時マスコミ、法曹関係の係だったといわれている。

いずれの説が正しいかは別として、いずれにせよ鬼頭の背後に公安人脈が色濃く存在することは疑う余地はない。それだけにこの発言の意味するところは大きい。

ミリオン資料サービスの存在　鬼頭発言には「日本人」の介在が出てきているが、これまでの調査でこれに関連して取沙汰されたのは、まずミリオン資料サービスの存在である。この興信所は、金大中事件発生のほぼ一月前の七三年七月一日、設立されたばかりであった。所長は同年六月、陸幕二部を退職した坪山晃三元三佐。所員は当時まだ現職にあった調査隊員の江村菊男二曹である。

坪山たちは、金東雲一等書記官に頼まれて、七月二五、二七、二八日の三日間、金大中の身辺を張りこんだとされている。問題は、誰が金東雲と坪山を結んだかだが、この件については坪山自身が固く口を閉じて語っていないので、いぜんヴェールに覆われたままである。

ただし、七七年三月二九日の参院予算委員会で、共産党の上田耕一郎議員が、塚本勝一陸将（現西部方面総監）ではなかったかと追及した。塚本陸将は陸士五四期で、五七期の朴正熙大統領や李厚洛の先輩に当る。初代の韓国駐在防衛武官をつとめ（六七～七一年）、朴大統領から三等樹交勲章を受けている。金大中事件直前の七三年七月まで、情報を扱う陸幕二部長であった。金大中事件がこの塚本の二部長離任直後、そして後任の部長がまだ着任していない、いわば陸幕二部責任者の不在の期間に起きたことも不思議といえば不思議だった。

上田議員によると、塚本二部長（当時）は部下の二部別班要員や調査隊員に「対朝鮮関係の情報収集の仕事があるが、やらないか」と肩たたきして歩き、その結果、二部別班の坪山、江村が退官して、ミリオン資料サービスを設立したとのことである。上田は、この点から、塚本および陸幕二部別班の金大中事件への関わりを疑念として提起した。

二部別班そのものの実体は、本当の所謎といっていい。いわば自衛隊の〝秘密諜報機関〟。その構成員は、自衛隊調査学校CPI（対心理情報）課程の出身者が多い。調査学校には旧中野学校出の教官も出入しており、徹底したスパイ教育がされているといわれる。

ここでも警察当局の取調べは至極あいまいである。警察当局に言わせると、坪山所長の方からタレ込んできたとなっているし、当の坪山側では、警視庁が嗅ぎつけて調べにきたとしている。

どちらかが嘘をついていることになるが、同時に、そもそも金大中事件におけるミリオン資料サービスの役割がもっと大きな謎である。金大中支持派の事務所がある高田馬場の原田マンションを、七月二七、八日、つまり金大中がホテルを離れて宿泊していた日に、個人タクシーをチャーターして張り込んでいたのだから、坪山たちが事件に関連ある使命をもっていたことは確かである。ただ二五日には、坪山たちはなぜか羽田空港を張り込んでいる。その日は金大中は都内のホテルパシフィックに居た。彼らが容易に後追いをされるような個人タクシーを使って調査するような、杜撰な動きをとったのも疑問である。

塚本二部長についていえば、韓国時代のつき合いは、職務上、韓国CICの方が強かったといわれる。二部別班も、もともとは米CICが日本人を使って仕事をする際に、調査隊員を通常勤務からはずす形をとるため作った組織で、CIAよりもCICとの関係が深い。韓国のCICとKCIAが、かなり深刻な抗争関係にあったことは、すでに述

べた。そうしたことを受けて、二部別班も韓国CICの線との交叉が大きかったのは事実で、ある自衛隊幹部の話では、「自衛隊がKCIAとつき合おうとすると、警察があまりいい顔をしない」ということであった。

その坪山たちに、「佐藤」と名乗った金東雲が何を依頼してきたかもはっきりしないが、考えられることは二つある。一つは、KCIAが日本の自衛隊関係者まで巻きこむことによって、金大中事件の全体経過を誤判させていくための陽動作戦（韓国側では独自に追尾などをしていないという印象づくりのための演出）、もう一つは、坪山たちがまったく別のプロットで金大中らを調査していたのではないかという疑いである。後者の場合、金東雲の〝依頼〟内容が問題になるが、陸幕二部が在日韓国人の政治活動家を要注意人物としてマークし、下請けのミリオン資料サービスなどに調査・監視をやらせていたことは当然あり得るだろう。金東雲は元陸軍中佐でもあり、一説には韓国CICの要員だったこともあるとされている。

なお、この金東雲を坪山に紹介した人物として、松本重夫元二等陸佐の名もあがった。松本は坪山が宇都宮特科連隊に配属中の上司に当り、自衛隊きっての韓国通といわれた人物である。陸士五三期で朝鮮育ち、韓国語に堪能で、陸幕の幹部とともに韓国に渡った際も通訳をつとめている。しかも調査隊創設にかかわり自ら調査隊長もやったし、昭和三〇年当時には調査学校の教官も勤めた。この松本元

二佐が、韓国大使館の黄泰允二等書記官とともに、渋谷政義元二等陸尉がひらいている興信所に姿を現わしたことがある。その時、黄書記官が渋谷に〝ある調査〟を依頼したが、渋谷はそれを断わった。その調査内容を渋谷は語っていないが、そうした経緯から、金東雲を坪山に紹介したのも松本二佐ではなかったのか、という推測が生まれた。松本二佐はもちろん今までの所、それを否定している。

なお別の情報筋によると、坪山と金東雲の間には、これまで報じられたことのない第三者が介在しているとしているが、その報道は今後に期待したい一つである。

その他の支援グループ　金大中証言は、実行グループは四つだったとしている。拉致グループ、関西までの輸送グループ、海上輸送グループ、それに韓国での受入れグループである。その推定数約二五〜三〇人。他に警戒、監視、陽動のチームもあろうし、これだけの実行グループを支えるには、入念な準備と多勢の支援者を必要としたのは疑う余地がない。

大まかに分ければ、東京グループと関西グループがあったことがうかがえる。金大中事件の当日、関係者の話では、韓国大使館の出入りがきわめて激しかったというが、その大使館のガードマンに多いのが、元東声会系の在日韓国人であるのは公然の秘密だった。元東声会の会長が町井久之（鄭建永）で、右翼の大物児玉誉士夫と昵懇の間柄であるのは周知の事実であろう。

町井は、当時朴大統領の側近ベスト・スリーの一人だった朴鐘圭警備室長（当時）と兄弟分ともいわれる仲であり、事件発生前に児玉と一緒に訪韓したときには、朴鐘圭から「いろいろ面倒をみているのに、金大中ひとり始末できないのか」（七三年八月三〇日『週刊現代』、宇都宮徳馬・大森実対談）と言われていたという。

もしKCIAが日本で何らかの事を組織しようとするとき、その実行グループが、町井や町井たちを含む在日韓国人、それにつながるあれこれの日本人グループの〝海〟の中で動きを進めるだろうということは容易に想像できる。もちろん町井は、この点について、世間に知られている町井のソウル政権との関係から、犯行グループが自分に責任を押しつけるようなストーリーがつくられているとして自分の事件への直接的関係を否定しているし、金炯旭がいうように、実際以上に〝大物〟にされているという面がないとはいえないかもしれない。

だがいずれにせよ、「畑中」らホテルの予約をした下見グループ、搬送のための車の用意、PUPの提供、リュックやロープを購入したりして動き回った陽動作戦班、金大中の尾行や張り込み——いずれもが、誰々と特定はできないが、支援グループの存在をうかがわせる。

そして東亜相互企業社長としての町井には、当時、韓国外換銀行の信用供与とからむ日本不動産銀行からの五四億円にのぼる不良貸付け問題があった。前年の七二年、これは韓国議会ですでに問題にされており、町井が借金返済に苦慮していた時期であった。在日韓国人筋の情報によると、町井は「三〇億円ぐらいの債務を片づけるような大仕事をしなければ」と側近にもらしていた、といわれる。その大仕事が金大中事件であったかどうかは断定はできないが、彼が七三年八月ごろ、朴政権の歓心を買うべく行動せざるを得ない立場にあったことは、確かであった。

ホテルグランドパレスについても疑惑が残っている。

不動産銀行（元朝鮮銀行）本店の隣に立つ高層の同ホテルは、一部の報道には、町井が株主にいるとされているが、その事実はまだ確認し得る段階にない。かつて夜の銀座の帝王といわれた町井の経営する高級クラブのホステスたちが、このホテル、しかも事件発生の二二階のフロアーを使うことが多かったことは小さな問題ではない。しかも「畑中」が梁一東の部屋の隣りを番号指定で予約し、ホテル側がこれに応じたという疑問がある。通常の高級ホテルでは、まさに〝犯罪〟を避けるため、決して受付けないことだからである。

さらにこのホテルのガードマンが、内閣調査室の村井順が社長をつとめる綜合警備保障であったことは、まったくの奇しき偶然というだけのことであったかどうか。村井が韓国問題を専門とする一雑誌の事実上のスポンサーとなり、ほとんど毎号、それに綜合警備保障と村井自身の本の広告を出していること、その一連の広告主たちに、町井久之と親しい在日関西の韓国人実業家の名前が多くみえることも、考慮に入れていい一つの人脈関係であろう。

なお、事件発生の日の朝、同ホテルの地下駐車場には、これら大阪、神戸地区の在日韓国人実業家F、Lの乗用車があったのが目撃されている。関西支援グループが、事件の初めから関係していたのではないかという推測がここから生じる。

この関西グループの存在は、金大中が証言どおり関西から船出したとすれば、きわめて重要な役割をもったとみるべきだが、これまたまったくの謎に包まれたままである。わずかにつよい疑惑をもたれたのは、町井久之の東声会と提携関係にある広域暴力団山口組傘下の旧柳川組系I会である。I会の末端にはかねてから「救国同盟」と呼ぶ組織があった。金大中を拉致した「救国同盟行動隊」と関係があるかどうかは判定できないが、少なくとも名称の上では注目されよう。

いずれにしても、海上連行に当って、東京港や横浜港でなく、関西の港だったという事実そのものが、強力な支援グループを必要としたこと、そうしたグループが実在したことを推測させるのである。捜査当局はしかも、この関西での支援グループについては、黄金号問題をふくめて、ほとんど解明を終っているといわれる。

金大中事件の経済的側面　最後に、金大中事件と経済問題とのかかわりに若干なりとも触れておきたい。

当時、九月には日韓閣僚会議が予定され、韓国では日本の権力の下に、その後の重化学工業五カ年計画の策定をみたばかりの時期であった。そしてそこで最大の焦点課題になっていたのが、麗水光陽地区の石油精製プラント建設計画だった。

日本側からはすでに、①丸紅＝大協石油（韓国側朝陽グループ）②アラビア石油＝富士石油（パン・オーシャン）③帝人＝伊藤忠（鮮京グループ）が参入方針を固めており、その最後発グループとして、海運会社でありながら④ジャパン・ライン（現代グループ）が名乗りをあげていた。

ジャパン・ライン（松永寿社長）は、日産一五万バーレルの製油所と巨済島に二〇万トンタンカー造船所を作り、前年に取得したアブダビのＤＤ原油を巨済島の造船所で作るタンカーで運ぶという超大プロジェクトを提示していたのである。その総額五〇〇〇億円。しかし実績の上で先発三グループに水をあけられているという不利は免れなかった。そこに入札締切りの八月直前、新たに登場したのがジャパン・ラインと東亜相互企業との提携である。

ジャパン・ラインでは、七三年春、河本敏夫社長の三光汽船による株の買占め騒動があった。その際、児玉誉士夫がフィクサーとしてのりだし、三光側の笹川良一との間に手打ちをしたことは、広く知られている。このあとジャパン・ラインと児玉との関係は深まり、その下で松永社長も実現するのだが、ジ・ラインが今アメリカで米韓ゆ着の主役の一人として問われている朴東宣とつながっていることと、そして児玉＝町井ラインの朴鐘圭との関係は、もうあらためて述べるまでもない！

先に引用した「金大中ひとり始末できないでは……」という朴鐘圭発言は、児玉＝町井が、ジ・ラインが精製所プロジェクトを取得するための政治工作のためソウル入りをしたときのことだったのである。

金大中事件発生後、ジャパン・ラインは韓国政府側の要請をうけて伊藤忠との提携、国際入札の最有力候補になって残った。これはその後の石油ショックとまさに金大中事件の政治的余波の中で頓挫してしまったが、金大中事件、ひろくは今日の米日韓ゆ着関係を問う場合、ジャパン・ライン、ひいては児玉＝町井のもった役割を無視することはできない！

ある週刊誌が、当時金大中事件を追ってジャパン・ラインの取材をはじめたところ、直ちに、児玉側から圧力がかかって中止させられた秘話もある。

金大中事件はこうして、日本政府と経済の政局にまで、朴東宣＝ジャパン・ラインに象徴される米日韓、さらにインドネシアにまたがる暗流をひめた何重もの疑惑を残したまま、いわば四年間、政治的に凍結されてきたのである。

ここでは、事件後の日韓当局の〝政治決着〟劇に触れることはしないが、謎は一年後の文世光問題にもつながっており、事件後の処理の内幕もまた明るみに出されなければならない。事件直後に早々と民間の側から挙げられた「噂」が、時の経過とともに、これほど「本当だった」と裏づけられるようになってきている事件は、またとない！　その意味でも、警察当局が事件経過のほとんどをすでに解明しているといわれるのが事実なら、今からでもいい、それを積極的に公表するのが最低の義務であろう。金炯旭証言を打ち消すことのみにつとめれば、その破綻は一層拡がると予言しておきたい。一在日朝鮮人がいったように、「大根の葉を刈りとれても、根が残っていれば、葉はくり返し生えてくる」のである。

　まして、ことは一人の政治家の生命にかかわっており、わが国の人権と主権とに関わる原理的姿勢が世界の中で問われているのである。政府と警察当局は、金大中の自由を

保障するようにつとめ、その自由の身の金大中から証言を聞きとって、自らの作為の責任を明らかにすべきだし、金大中事件に特定されはしない在日ＫＣＩＡの数々の不祥行為にも然るべき措置を講ずべきであろう。

　いずれにせよ、金大中事件は、日韓権力ゆ着の底知れぬ奥暗さを垣間みさせた。しかしその一方では、それが日韓両国民衆の真の連帯への営みを高まらせたのも事実である。そして事件から四年目、「金大中事件」は、消え去っていたどころか日韓の権力ゆ着を断つべきシグナルとして、あるいはそのための鋭利な刃として、今日大きく再浮上してきたのではなかろうか。

（『世界』一九七七年九月号　山川暁夫＋森詠）

戦後思想史における〃戦後革新〃

戦後思想史、広くは戦後史における革新とは何であったか。つまりはこの私、少なくともその歴史の一隅に生きてきたつもりの一個の人間にとって、〃戦後革新〃とは何であったのか。

この問いは重い。戦後革新史を総括し対象化するといった大それた課題に踏み入る前に、自分の至らなさや誤りへの反省、あるいは悔恨の念などが直ちに去来し、率直にいって挫折感に近い疲れをまず覚えてしまう。安易な反芻などはすべきでないし、許さるべきでもないという思いが一面にある。しかし時代が、たとえ未到達なままであっても、革新の中に主体的に生きようとしたすべての人びとに、この問いへのそれぞれなりの回答を求めていることも、また疑う余地なきことである。時代の転換を迎えているときの今日の〃革新〃のいわば惨状はどういうことか。それは何に由来し、どこに発展するものなのか。その批判的克服への出口はどこにあるのか。反省を自己目的などにするのでなく、まして他を傷つけて自己の〃正統性〃などをあげつらうことなどのためにでなく、革新の再生——正しくは革命の言葉、革命の心、革命の姿をこの国の民衆がとり戻すための、虚心な共同の作業が始められねばならぬ時ではあるだろう。

以下はそのための〃私〃のメモ的叙述である。

一

〃戦後革新〃が今総括されねばならぬ第一の所以は、現実そのものが〃戦後革新〃を総括しているからである。今日、七〇年代後半期のわが国の政治状況が、客観的にいって戦後もっとも深刻な支配の危機にあることはいうまでもないが、〃戦後革新〃は革新にとってのこの好機に出番を失っているだけでなく、逆に分断され、自己の風化さえみせている。議会レベルでのその後退も否定できない現実であり、選挙民の〝革新離れ〟こそが著しい。

〝危局〟という言葉がある。昨秋一一月二二日、福田内閣改造直前の日曜日のNHK「ニュース展望」がタイトルに掲げ、新内閣の閣僚たちがその就任第一声で〝国難来る〟の語感をこめて語った言葉である。

いまはこの〝危局〟の構造と実体を問うのがここでの主眼ではない。しかしGNPの高成長システムに統合されてきた〝戦後日本〟が、いま新しい位相の上にあることは誰も否定できない。それは単に円高旋風といったことにつきるものではない。円高現象にしてもその背後には、世界資本主義体制における主要産品の全般的過剰生産と、他方、不換通貨でしかないドルがいぜん基軸通貨の役を担っており、しかもアメリカが膨大な原油備蓄に走って大量のドル〝たれ流し〟をやっていることから生じている〝ドル過剰〟、ドルの投機資金化という要因が横たわっている。その意味で問題は、一国の枠を越えた世界資本主義体制の構造的矛盾の露呈であり、歴史的にみるなら、第三世界の資源ナショナリズムと非同盟諸国の世界政治への発言権の増大に伴う国際編成の変動の表現である。戦後長く続いた資本主義世界体制の相対的安定期は確実に終わった。世界はいま、石油価格引上げを主内容とする一次産品価格の値上げ＝第一次価格〝革命〟が加速させた資本主義列強の不均等発展のきしみと、同時に第三世界そのものが、これまでの長い先進工業国主導の世界構成秩序に参入し始めたことに由来するさまざまの痙攣――この二つの要因につき動かされて混迷を深めている。いわゆる五五年体制の崩壊というのも、このことを含意する。

しかし先にもふれたように、今日〝戦後革新〟の側こそが危機を深めてはいないか。代わって浮上しているのは、反共中道と大企業労組を中心とした労働運動の階級協調＝産報化の潮流である。さらに政界上層から学生運動に至るまでの国際勝共連合の浸透も――例示の余裕はないが――軽視できない。政治表層での連合の模索は一見、〝戦後革新〟の政権への接近過程のようにみえるが、実体は、保守による革新の分断ととり込みの作業でしかなく、しかもその底にある労働現場を基礎にした国民生活の中では、新しいファッシズムへの過程が進行さえしている。

『ファッシズムと独裁』（邦訳、社会評論社）を書いた優れたマルクス主義政治学者のN・プーランツァスは、その著で「敗北は必ずしも公然たる内乱状況における公然たる敗北を意味するとは限らない。……敗北は好機に戦闘を交えられなかったことの結果でもあり得る」と書いているが、まさにわが国の今日の状況もまた同様という感が深い。プーランツァスは、公平にナチス登場までのドイツで、ドイツ共産党がたたかわなかったわけではなかったことを認めている。ドイツ共産党と独立社会党が合同した直後二〇年当時の統一ドイツ共産党は、八万から一挙に三五万人の党となり、三二年段階でも三〇万人を擁していた。二八年当時の選挙での得票率一〇・六％は、逐年増えて三二年の一一月選挙では一六・九％を占め、翌三三年三月選挙でも四八〇万票を獲得していた。しかしそれでいて、ドイツ共産党と労働者階級は歴史的に敗北した。あえてアナロジカルにいえば、当時のドイツ〝革新〟は敗北し、もう一つの〝革新〟――すなわち国家社会主義を標榜したナチスに、労働者階級と国民を奪われた。この教訓は今日の日本に照らし返して慄然たる思いを抱かせる。歴史を決定するのは、議会での党派の勢力比、したがって議会主義的活動の量ではなく、大衆路線に徹底した大衆闘争、大衆的階級闘争の質と規模にあるだろう。まさに今日の〝危局〟にあって、〝戦後革新〟はその力量を喪失し、〝危局〟を労働者の大衆的階級形成への発条にする歴史の弁証法を把握していない。労働現場の息づまる統制と管理の実態、あるいは学園の壁や便所などに書きなぐられている反革命的テロ賛美の落書きの状況、あるいはナチスまがいのコスチュームをつけた沢田研二の歌「サムライ」にひきよせられる若者の情動の姿にもっと目を注ぐべきであろう。

だが問題は、たんに〝戦後革新〟が風化し、〝革新〟たることのレーゾン・デートルを見間違え、ひいては見失っているということだけにあるのではない。〝戦後革新〟が総括されねばならぬ第二の理由は、もっと暗澹で戯画化された姿で登場した。日本共産党からの袴田副委員長の除名

と、被除名者側のマスコミを舞台にしたなりふり構わぬ破廉恥な反撃である。これを通して、戦後日本共産党は何であったのかが、端的に問い直されている。

この問題は、同党の路線、指導体制、体質、党史のすべてにまたがる対立点をはらんでいるが、直接のきっかけが七六年末の衆議院選挙での同党の〝敗北〟にあったことは、発表の経過から知ることができる。つまり袴田問題とはこの意味で、〝敗北〟を認めなかったこの党の七六年選挙結果の、いわば戯画化された総括である。しかもなお問題は反党分子のたんなる規律違反、反党行為問題にすぎないと同党は強弁する。袴田が提起している〝小畑の死〟にまつわる証言と宮本の主張のどちらが正しいのか――ということに事の本質があるのではない。仮に袴田に一点の正しさもないとするなら、そうした人物を党最高指導部に長く置き、いわば労働者と国民をあざむいてきた責任、そして今、袴田問題に足を掬われて、重大な内外政局動向にあって有効な闘争のリーダーシップをとることのできなくなっていることの責任が問われよう。このことへの痛苦にみちた一つの自己批判も〝お詫び〟の態度もなく、何が起きようと党はつねに正しく、〝革新〟の成長を願ってきた人びとがどんなに苦渋を味わっていようが、党の一つの支部にも〝動揺〟はないと開き直るこの党の独善性こそが問題なのであり、そこに〝戦後革新〟の一つの担い手の実像が総括されているのである。袴田の主張、巨額の原稿料を

得ながらマスコミを舞台に演じている袴田の役割と姿は醜悪という他はないが、だからといって宮本委員長以下の現日共指導部の責任が免訴されるといえるであろうか。指導部の一人が〝殺人犯〟、もう一人が米軍スパイ、さらにもう一人が別の権力のスパイだったといい合って、その真偽を争ったという事例を、不幸にしてわれわれは海外の共産党の歴史にもみることはできない。

さらに第三。少なくとも私の年代の者にとって、〝戦後革新〟の輝ける先例だった海外の社会主義社会の道義的吸引力は、今日惨めに崩れている。すべてが裏切られたなどとはもちろんいえない。学ぶべき社会編成原理と、それによる実績をみてとることはできよう。遅れた社会構成体の条件の上での社会主義革命が、所詮人民的国家資本主義への移行でしかないことは、レーニンもロシアを土台に論じ、警告していたことであった。徒な美化こそ買いかぶりであり、非科学的な視点だったということはできる。しかしそうした再吟味、再検討の一切を含めてなお、歴史的現実としての〝社会主義社会〟のもつ矛盾と歪みは大きい。労働者の解放という根源的視点において、安易な近代化路線の採用において、さらには、あまりにも牢固なナショナル・インタレストの主張と貫徹の姿において。社会主義とは一体何なのかが深刻に問い直され、それがまたそもそも〝戦後革新〟の思想とは何であったのかという批判的検討へと直結していく。こうした負の所産について、われわれ、少なくとも私は謙虚でありたいと思う。

二

さて支配の危機とは、その核心において支配的イデオロギーの危機である。しかしまたそれは被支配的社会勢力のイデオロギー、労働者イデオロギーの危機を触発し、分泌する。〝限りない不透明〟〝あてどもない漂流〟〝先のみえぬトンネルの暗さ〟――こうした言葉が支配の危機の表現としてだけでなく、民衆の側で共有されるのは、それ自体が、被支配勢力のイデオロギーの危機の表現であろう。

〝戦後革新〟はなるほど、与野党逆転、保革逆転を予想させる所まで、保守勢力を追いつめてはきたが、教育の荒廃、文化の荒廃、思想の荒廃はむしろ深化した。〝革新〟が思想的牽引力を発揮した点で、むしろ戦争直後期の方がはるかに光彩にみち、圧倒的でさえあった。これは〝戦後革新〟の思想を自己完結的体系とみた上で指摘すべきことでなく、支配のイデオロギーの民衆緊縛力との相対関係、最終的には階級闘争とのかかわりにおいて、いうべきだし、いえることである。革新自治体の成立を含んで、〝革新〟の政治は、たしかに量的に拡大した。しかし果してその思想的牽引力において、戦争直後期に比べて今果してどう強力なものに発展しているか。いわばその乖離の中に、〝革新〟の風化、〝革新〟の非革新化、つまり〝革新〟が無限に自己を変革しつつ、それによって発展してきたのではなく、逆に〝革新〟が体制内化することで政治的量の前進を達成してきたという〝戦後革新〟の組織（実体）とイデオロギーの弱点が凝集している。

このことは、今日〝五五年体制〟の崩壊の時点で一層明確である。たとえば〝平和〟とは何をいま意味しているのか。たしかにそれは〝冷戦〟に対して革新側の自己統合のスローガン＝イデオロギー、価値であり得た。しかし冷戦構造が崩れ、カーター大統領こそが〝平和〟と〝人権〟を口にして、アメリカ主導の世界秩序形成の作業に入っている。中東地域の支配層は、それぞれの国ぐにの反政府的潮流、ゲリラ勢力の伸長を恐れて、この地域に〝中東和平〟の名による和解の構造をつくろうとしている。わが国の福田首相もまた昨年ASEAN諸国を歴訪したとき、日本国憲法を楯にして〝非軍事大国日本〟のイメージアップにつとめた。朝鮮半島の南北永久分断の策謀もまた〝平和〟の口実で進められる。「先平和・後統一」とは、在韓米軍地上軍の撤退に動揺しつつ、これに備えようとしている朴正煕韓国政権の今日の主要なスローガンである。もちろんその裏は、実体としての異常な軍備増強ではある。しかし、だからといって支配者たちが口々にいう〝平和〟を、たんに狼のかぶる羊の毛皮とだけいうことはできない。〝平和〟というそのことが、ますます侵略と帝国主義権益確保、独裁保持等々のための主要なスローガンに転じているのである。

〝生活を守る〟という、それ自体誰も反対しようもない言葉にしても、実体概念上は大きく変わってきた。鋭い批判精神を失えば、低価格資源の上になりたってきた高度経済成長が揺らぎ出してきている今日段階では、〝生活を守る〟という要求が、資源価格の高騰に反対したり、国益主義的枠組みの中にはめこまれていく危険は小さくない。長期不況の中で〝生活を守る〟には、再軍備も武器輸出も進めるべきでないか——と、現に一部の労組幹部が口にするようになっている。〝生活を守る〟といっても、果たしてこれまでの物量面だけの拡大本位であってよいのか。豊かさとは一体何なのか。そのことが〝革新〟をわかつメルクマールとして浮上している。

民族的権利という範疇、革新自治という範疇でも同様である。〝革新〟という用語法自体が今では問題を抱えこんでいる。たとえば中道と〝革新〟自治体の関係を問われて、矢野公明党書記長は次のように答える（二月二七日『朝日新聞』）。

「長年の自民党首長に対する住民の批判が革新自治体を生み出したわけで、これは時代の必然だったと思う。しかし特定の地域では、住民の願望で生まれた革新首長が不幸にして共産党主導型……まあイデオロギー、党利党略優先という方向になってしまった。そこで、自治体本来の目的である住民優先に、もういっぺん革新しなくてはならない、というウネリがいま各地で起きているわけですよ。社共統一戦線の首長こそ絶対であって、これと違う方向は革新自治体を転覆させると考えている者が共産党の諸君に多いが、自治体は社共のためや共産党のためのものではありませんよね。……保守・革新はレッテルみたいなものだ。自分のところの政策、イデオロギーをこれこそ革新だと押し付けるのは、政党の思い上がりだと思う」（傍点引用者）。

ここには〝革新〟イデオロギーの機能主義的相対化という形の、それ自身イデオロギッシュな操作がみえるが、そのことを含めて、まさに〝戦後革新〟の盲点をつく指摘がある。そして社共ブロックの右からの乗りこえが、今日の〝革新性〟を示すのだという理念転換が準備されていることを見逃すべきではあるまい。これに対して、〝真の革新〟とは——というレトリックで反撃しても、ほとんど無効な水かけ論争に終わるだけであろう。「戦後の保守・革新の争点はすでに新しい次元に置き直されている」（二月二七日『朝日新聞』論壇時評、松下圭一）のである。

なぜ〝戦後革新〟は、革新の名によって右から乗り越えられるべき対象でしかないという弱点をもつものになり下がってしまったのか。総体的な吟味の前に、私的な経験に少しくたち入っておきたい。

その正確な日付けは記憶しない。敗戦の多分翌年も早い時期である。当時大阪で高校生活をしていた私は、在外父兄救出学生同盟に属して、海外から引挙げてくる人びとの世話役活動をしていた。私の父母もまた海外にあったからである。

当時の、今と比較にならぬ交通不足、過剰乗員の中で、引揚者たちに数輛の車を確保するのが、私たちの仕事の一つだった。押しかけてくる乗客の前に棒をもってたちふさがり、引揚者用の客車を確保した。そうしたある日、ふと押し返した相手が力弱くひっくり返った時、それが年老いた婦人であったことを私は知った。老婆は買い出し用の空罐を背に負っていた。

何でもないこの一つの出来ごとが、変に心にひっかかった。悪いことをしたという気持が、やがて疑問に変わった。今日、駅頭で世話した引揚者たちも、明日は買い出しのためにこうして駅頭に姿をみせるだろう。そしてその時、「ここからは引揚者優先です」という私にぶつかり、私に突き倒されるかもしれない。一体、〝引揚者のために〟ということでやっている仕事に自足していいのか——。

この小さなエピソードでしかないことが、私にとって、戦争の鼓舞者と犠牲者の総体的関係に、さらに社会批判に進む緒になった。科学的社会主義の文献に目を注ぎ、かつ理解できていったのは、恥ずかしいことだが、それからである。しかも当時、生活は父母が引揚者でもあり楽ではなかったが、自由であった。日本共産党に入党したのも、それからしばらく後である。

当時の社会情勢全体の中で、われわれは良くいえば意気軒昂、実際には傲慢であった。のちになって深刻に気づくのだが、エリートになり得る立場、つまり将来の可能性にかまけて、マルクス主義の立場にたって、世相を学問を一刀の下に裁断していった。果たしてそれが本物の思想だったかは疑わしい。将来の可能性の豊かさが、自己の立場の万全さとして錯覚され、その上にたって現実を批判し、その批判力を保障したという点で、マルクス主義を正しいと信じていただけのことであったからである。その意味で観念の世界は、現実より遥かに豊かであり、強力であった。そしてここでいう観念の世界を体化している〝党〟は偉大であり、それを具現したロシアと中国はさらに輝ける未来だった。

四〇年代後半の一人の学生の個的経験など、普遍化の一片にもならぬものかもしれない。しかしなおそのことにあえて拘泥するのは、今日の共産党指導部に私と時代経験を共有する知識人出身が多いという事実に則して、指導と認識のありように、ひいては〝戦後革新〟と呼ばれるものに、一つの照射を与えると思うからである。そしてさし当りいいたいのは、この観念と生活の遊離と相対化がどうあれ、結局においてこの二つは分離し得ないものであり、やがてそれが二様の方向で解決されていくことになったということである。すなわち一つは、観念が生活に従属化される(あれは若気の過ちだったのさ、という風に)。一方そうでなければ、観念の下に生活がつくられ、生活自体が観念に従属する。一方にとって党はますます遠くなるが、他方にあっ

ては、党のみが生活となり、それ以外の生活のリアリティは日に日に遠く離れてみえなくなる。いずれにせよ、その出発点からして、当り前の人間、労働者の生活の現実が泌み出す思想とは、もともと程遠かったのである。

それで現実に耐えられるものでないことは、私の入党後の生活の経験の中にもあった。胸を病んで、社会とも無縁になるかもしれぬと考えたときであった。他人のために、民族のために、プロレタリアートのために——という、自己犠牲的姿勢の甘さ、いいかげんさ、弱さをしたたかに突かれ、動揺もした。革命とは、他人のためではない。自分のそれ以外にない生き方のためと思うように変わったのは、それからである。つまり、革命とは、インテリゲンチャである自分の否定に外ならないとは、今も変わらぬ私の一つの信条ではある。しかしそれは、他の一面では、だから党に対して虚しくあり、それ故に大衆に対して無責任に終わるという過ちにも道を開いたと今は思う。私は党に忠実であった。少なくともあろうとした。だがそれは、党の名において、自分の責任を免れるシステムの中に身を置くことと裏腹のことでしかなかった。現実との緊張関係の中で、それを突破しようとしたとき、私は突如として、党から批判の雨を浴びることになった。私は党を去った。情況の変化を先どりし、転換を図るべきだと主張するさまざまの兆は、そうはみない党中央には分派と映じた。分派を許さぬ共産党にとって、それを切って捨てるのは当然のこと

ではあったろう。しかし、一体本当には何を党は切って捨てたのか。満身をこめて階級闘争の変化に敏感、かつ責任をもって対応し、真に大衆路線にたち、下からの批判をこそ起動力にして、革新の旗をたえず革新していく、その大胆さと能力ではなかったろうか。党は党である故に、時には間違いを冒すが、究極においてはつねに正しい。この倫理とメンタリティこそが、〝戦後革新〟をここまで風化させてきたのではなかったろうか。これは誰かの責任ではない。〝戦後革新〟に生きたすべての人間の、時代と大衆に対してわかちもつ責任である。

三

戦後思想史における〝戦後革新〟を正面から問おうとすれば、まず敗戦、そして米占領軍への規定（いわゆる解放軍規定）、天皇制問題の処理、第一次平和革命論、民族の自立と従属問題、近代主義批判のあり方、さらにスターリン主義の批判的摘出、帝国主義をめぐる諸論争、構造改革論争、共産主義運動におけるいわゆる自主路線の定義と実体、中ソ論争のインパクト、さらにはユーロ・コミュニズムの評価など、思いつくだけでも多岐の、それぞれに深刻な問題を洗い直さねばならない。しかし本稿ではあえてその一切を割愛した。紙数の関係もあるが、それらすべてを横断して、もっと根源的な弱点があったことを提起したいからである。

その第一は、すでに伏線として述べてきた。すなわち日本マルクス主義が、日本人民の歴史の中での抵抗と解放の長い闘争を土台にして、この国の一つの思想、政治潮流に定着したのは事実だが、しかしなおかつ、それが外来の思想を基準とし、インテリゲンチャによって主要には支えられてきたということである。

革新的知識人が労働者大衆の生活と労働の現場で自己変革を重ねていくことなどは、少数の例外と偶然を除いてはなく、巨大な分業が放置され、再生産されもした。すなわち理論・政策の担い手とその他大衆という風に、その結果の一つとして、一方では、労働時間、階級闘争の総括としての理論にもまして、一定の政治家群の多くは机上の論議、主張の合理化が理論としての権威をもち、他方では、労働者をふくめて国民は、その〝正しい〟解釈を受け入れる対象、さらにはその〝正しい〟立場に票を送る選挙民として位置づけられていくことになった。〝正しさ〟――正統性こそが争点であった。つまり観念世界こそが生活にまして、生活を解釈する事実上の神だったのであり、決してその逆ではなかったのである。

〝正しくない〟ものは、いかに権力との関係で鋭い緊張をはらむものであろうと、無視されるか、かえって批判の対象に置きかえられた。正統性にたてつくものは、許されない反革命的存在だと刻印された。そしてそのことは当然にも〝党〟論にも貫かれ、異論を生じることこそそれ自体が、党と現実、党と大衆との矛盾の一表現であって、危機でもあるとともに飛躍の契機でもあるという党建設の弁証法は捨てて顧みられることはなかったといっていい。異論は異端であり、政治的に抹殺さるべき存在でしかなく、その抹殺、いわば魔女狩りの結束度が、党の純潔と一体性の証とさえされたのである。

私はここで自由主義の原則がないとか、憲法が〝党〟において否定されているといった俗論を主張しようとしているのではない。異論が生じるのは、現実の過程では当然のこととまずみなすべきであり、その合理的処理においてこそ、じつは血の通った党建設のダイナミズムが保障されるのだということを主張したいのである。異論の根拠を大衆の生活と闘争の実体にまでわけ入って問う。必要なら大衆とともどもの大討論があってもいい。知はそこで初めて点検されるとともに活性化し、力となるだろう。それを〝戦後革新〟は欠いた。教条とは、何も輸入の理論との関係でのみいうことではなく、〝知〟が権威と同棲して生活を制し、正統性の中で保身的存在になることであろう。そしてこの点で、ことは日本共産党を批判するさまざまの急進主義的党派においても変わりはない。そこに生じるのは総体としての硬化と独善。しかもその片脇には、果てしもなく自由主義の泥の中に漂う、もう一つの〝戦後革新〟があったというのが、これまでの革新状況、その思想状況であった。

第二は、以上に述べたことの半面だが、大衆路線の不徹底さ、資本制社会の価値秩序を逆転させたところから社会編成をとらえ返し、闘争を組織し、位置づけることの弱さである。

知識人主導型の〝戦後革新〟は、戦後社会の物的成熟のイデオロギー的圧力に屈して、容易に小市民化する。未組織労働者より組織労働者本位になり、底辺労働者はしばしば、いや今日では決定的にとり残された。差別にせよ、学歴社会の歪みにせよ、まさにそれ自身が権力支配を国民生活の中に貫き、国民生活そのものを権力支配のシステムに同化していくものであるにもかかわらず、そのことへの根源的批判、批判にたつたたかいは回避して、差別の上にたつ改良と同和、協調の道が求められたといえはしまいか。事実として今日、中小零細企業の職場、地域で、また未解放地区で、〝戦後革新〟がどれだけの指導的権威を保ち得ているか。そこでの闘いのすべてが正しいとは、もちろんいうべくもないが、しかし体制を根源から問う存在の中で〝戦後革新〟が力強い、信頼できる拠り所になっているとは、到底いえない。変革とは、理論によってのみ指導され、枠づけされるのではない。理論は正しい水路を与えるのみである。それはロシアにおいて、中国において、ベトナムにおいてそうであった。変革にとって致命的な条件は、むしろ部分的には誤りも、いきすぎもふくむ大衆の実践、それを通じての大衆の階級形成と自己変革であるだろう。

第三は、その外延的展開である。すなわち、〝戦後革新〟は、日本の民衆の利益は追求したが、日本そのものが、すでに五〇年代から早くも、他民族の労働の収奪の上に成長を遂げてきたことを決定的にといっていい程、見おとしてきた。このことは、核保有せず、海外派兵の現実的条件がなく、植民地を保有しない——などの、帝国主義国家としての力の度合と態様を示す特徴でしかないものを帝国主義か否かの本質規定にすりかえ、アジアにおける日本の位置、タイであれ、インドネシアであれ、韓国であれ、そこで切実に人びとが血債も払って証言している日本との支配・被支配、収奪・被収奪の関係の生きた現実を重視しないことにも通じている。五五年体制がバンドン十原則が掲げられた年に発足し、いま、日本人民の力というより、より直接には、ベトナム人民の勝利、資源ナショナリズムの昂揚、第三世界のパワーと発言権の増大の中で崩れたという、政治力学の解明への鈍感さ、ひいてはポスト五五年体制をめぐるたたかいにおける今日の保革をわかつカギが、すぐれてナショナリズムとインタナショナリズムの人民的統合の実現にあることを軽視する視座もまた、ここに由来する。

結局のところ、〝戦後革新〟とは、つまり戦後体制の陰画的存在でしかなかった。〝革新〟の指標は、物的生活の豊かさ、ゼニカネの多寡に事実上置きかえられた。思想の必要は、組織維持の上でこそ求められたが、たたかいの中に思想は必要なかった。〝諸要求〟さえあればよかった。戦後思想史において、戦後初期は別としてともかく、〝革新〟が思想的インパクトを与える存在でなかったのも、そのためである。

なるほど〝革新〟は、日米安保体制の否定、護憲、自衛隊反対という、体制の基本的枠組みへのアンチテーゼを自分の存在価値にしたし、実際にたたかってもきた。そのすべてを清算主義的に批判し去るのは傲慢である。

しかし大きくいって、そのアンチテーゼは、観念的に保革を分かちはしたが、現実的には〝革新〟たることの自己表示であり、日米安保に〝只乗り〟して、軍事保障を米国に求めつつ、経済成長本位の道を選んだ保守の対外姿勢を支えた側面すらもったことを否定できない。その中で〝革新〟の成長は、高度経済成長がもたらした歪み、諸矛盾を養分にして達成されてきた。高成長の分配をめぐる争いは、時には〝革新〟の側の体制内既得権を保全し、拡大するものに終わり、しかも、そのことが他ならぬ〝革新〟の作業とされる場合さえ、少なくなかったといわねばならない。その限りで〝革新〟は〝保守〟へと回帰する方向を内包した。

しかも長い高成長過程と国民生活水準の一定の上昇は、地方自治体や国会における〝革新議員団〟の勢力伸長ともあいまって、国民大衆自身の大衆的行動によってではなく、議会を通じる代行主義的な権益主張のサイクルを固め、強めることが、そのまま高度に発展した資本主義社会での〝革新〟の道であるとする認識、闘争方針を根拠づけてしまうことになった。労働者階級が闘争を通じて、階級として自己形成していくのではなく、利益の給付と割り取りを争う市民に解体され、その市民の上に〝革新〟の自己形成が営まれるということになった。問題は〝革新政党〟にだけあったのではない。五五年に始まった賃上げ中心の春闘路線は、賃上げ率の多寡を闘争の〝勝敗〟の基準にするような経済主義的な〝革新〟路線、つまり非革新的路線を思想的にも組織的にも培養してきたといえるだろう。

だからこそ、高度成長の終えんが、そのままに〝戦後革新〟の崩壊につながってしまった。ベトナム人民が勝利し、第三世界人民の力の昂揚が、国連における新国際秩序宣言、経済権利義務憲章の採択という形で結実をみせていった七五年、日本の春闘が〝敗北〟をしたたかに味わせられ、今日なお立ち直れないのみか、滔々とした階級協調の波に洗われ出しているのは、皮肉なことだが、決して偶然の所産ではない。〝戦後革新〟の内包した非革新性が、今、繭を破って出生しようとしているのである。後には惨めな形骸しか残ろうとはしていない。

〝戦後革新〟の時代は終わった。あるいは〝死んだ〟という方が的確かもしれない。

では〝戦後革新〟は再び蘇生するであろうか。それを予見することは難しい。しかしあえてそれを〝八〇年代革新〟というなら、この世界史的転換の時期に当って、それは〝戦後革新〟の自動延長線上につかみとられるものではない。〝革新〟とは、あるものの自明のレッテルではない。

革新とは、あるものの自明のレッテルではない。〝革新〟という用語が本来的に三〇〜四〇年代の革新官僚群のイデオロギーを指すものだったという語源のうさん臭さを一応別としても、絶えず自己を大胆に革新することなくして、真の革新を名のることはできない。しかし恐らく今、〝戦後革新〟に問われているのは、そうした単なる〝革新〟の脱皮ではなく、原理の問い直しである。〝革新〟が自明に〝革新〟であることを自己否定し、もう一度革命の原理において、戦後史を総括し、そこから自己を再出発させること以外にはない。

そのために、革命論の総体が点検さるべきであろう。帝国主義論、国家論、そして権力論、比較革命論等々。さらにまた、物質的豊かさとゼニの多さに〝革新〟の有効性を求めるのではなく、まさにそれを否定し、人間としての豊かさ、人間の本質としての労働を、何にもまさる価値として社会編成の原理におく、革命観の真の復権。ただしそれはこの小論で及ぶべくもない。念じ、かつひそかに自己の課題として設定もしたいのは、小市民的〝戦後革新〟から真にプロレタリア的立場の革命視座への歴史的転換を、たんに戦後史の枠に止まるのではなく、日本人民の長い歴史伝統、抵抗の思想の土壌の上に築きあげていく、そうした共同の作業が、厳しい相互批判と、同時に敵を同じくする者の間の最大の寛容をもって始められることである。恐らく今後〝革新〟は、通りすぎたと思ったはずの右翼思想――何よりも天皇制の問題と血みどろのたたかいを経験しないわけにはいくまい。

革命の心と言葉を呼び戻すべきである。しかしそれは爪先だった観念の世界からではない。民族の伝統と民衆生活

の現実の中に、革命の心と言葉が、どんな姿で孵化を待ってきたのか。それが見出されてくるその度合の一段階一段階においてこそ、〝戦後革新〟の虚実が真に総括されるであろう。

(『思想の科学』一九七八年四月号　山川暁夫)

構造汚職

——グラマン疑惑と「地下帝国」の構図

「過去の波」の精算か

「いまや日本の古い支配政党は脅かされているのに、福田一派やその他の古い〝新日本〟は、新しい〝新日本〟（ニュー・ニュー・ジャパン）にどう調子を合わせたものかわかっていない。……訪米する福田首相は、米国のアジアにおける基軸同盟国の政府代表として歓迎されるべきだろうが、同時に彼は日本の過去の波を代表するものとみるべきである。われわれは福田氏が挨拶状を送ってくるのを受けてやる一方で、日本の新しい政治的・経済的リーダーとの公的な、また経済上の接触をつくりだすべきなのだ……。

「過去長く、われわれ米国人は、自分たちの見事なコピーが日本なのだと型通り考え、事実、日本は米国の政治・経済組織を写しとってきたが、しかし肝心の競争という要素は学びとらないできた。日本人たちがわれわれのウォーターゲートをまねした今、そこから育ってくる反動は、いつの日か、米国と争い合うような再調整問題に転化してくるかもしれない」（『ニューヨーク・タイムズ』七七年三月一四日）

　昨年一二月一五日、マクダネル・ダグラス、年明けて一月四日、グラマン社と、米証券取引委員会（SEC）の両社にまつわる海外不正支払報告書が公開されて以来、黒い翼影の疑惑が再び海を渡って、わが国を蔽っている。

　一月九日には、グラマン・インタナショナルのトーマス・P・チータム元社長の証言として、同社の航空機売込みに絡む疑惑の政府高官の中に、岸信介元首相、福田赳夫前首相、松野頼三、中曽根康弘両元防衛庁長官らがいることを、『朝日新聞』夕刊のワシントン村上電が伝えてきた。

この報道に接したとき、筆者の念頭にすぐ浮かんだのは、ここに挙げた『ニューヨーク・タイムズ』の一記事――福田首相が政権をとって初めて訪米した時の、かなり露骨な福田批判の論説だった。

福田首相とその直接の支持勢力を「過去の波」とみるワシントンの出方は、七八年五月上旬の再度の訪米のときも同じだった。

カーター大統領との会談は、予定の五時間から三時間に切り縮められ、在韓米軍の撤退計画の見直しや台湾の堅持を、韓国や台湾の政府を代弁する形で要請した福田首相にカーター大統領は逆に「日中平和友好条約交渉の成立を祈る」「日本のアジア・太平洋への今後の関心をまとめて欲しい」旨を伝えると、席を立って地方遊説に出かけてしまった。日本側が事前に求めた共同声明発表も米側から蹴られ、恒例の大統領主催晩さん会もなかった。率直にいって冷遇であり、冷遇という以上に『ニューヨーク・タイムズ』がこのとき「邪魔者は去れ」といったような敵意さえあった。それは一体なぜだったのか。そしてこの米側の冷遇と敵視が、こんどのダグラス・グラマン疑惑の摘出と、まったく関係ないといえるのであろうか。

アメリカの思惑

七八年のこの日米首脳会談のスレ違いを示した事実は、

以上のようなことにつきない。もちろん日本側は、会談の成功を大いに自賛した。同行の園田外相は会談後、こんごのアジアにおける軍事＝アメリカ、経済＝日本の責任分担体制が成立ったと記者団に語った。のちのボン・サミットを含めて、福田首相がやがて「世界の福田」といい出したことは、なお記憶に新しい。

しかしこの時期、米政府はモンデール副大統領を東南アジア五カ国に歴訪させ、五月下旬には、ブレジンスキー大統領特別補佐官を北京に送りこんでいる。モンデール副大統領は出発に先立ち「歴訪地域と米国との貿易が今年中にECとの貿易を上回る規模に達する」と述べ、事実またそうなったが、軍事＝アメリカ、経済＝日本といった戦略構図など、アメリカ側で何も選ばれていなかったのは明らかである。

逆に、かつて六九年当時、ポスト・ベトナム戦略の方向を書いたことのあるバーナード・K・ゴードン・ニューハンプシャー大学政治学教授は『フォリン・アフェアーズ』七八年四月号で、日本が東南アジア地域で排他的支配国家になる危険に警鐘を鳴らして、こう書いた。

「アメリカは軍事面で、日本は経済面でアジアに貢献するという責任分担の考え方は、米日両国にとっても、アジア諸国にとっても利益をもたらすものではない。アメリカのプレゼンスが余りにも軍事面に偏ってしまえば、防衛すべき利益が何であるかが分からなくなる危険がある。また日本が余りにも経済面で支配的な地位を得ることは、アジアからもアメリカ内からも反発を呼ぶ。必要なことは、アメリカが軍事面と経済面を切り離すことなく、政策におけるバランスを再調整することである。日本の目標は、アメリカのそのような努力にシンクロナイズすることだ」

ブレジンスキー特別補佐官も福田首相を迎える直前の四月二八日、日米協会主催の夕食会で「太平洋におけるアメリカの強力な役割は、アメリカ自身の戦略的利益を守るために引き続き不可欠」であり、「相互依存の認識に立って、大国となった日本が責任をはたすべきだ」と強調していた。

ここにワシントンの見地が十分に窺われたのだが、このブレジンスキー演説についてもう一つ注目してよかったのは、それがプリンストンで開催された三日間のビルダーバーグ会議最終日に行なわれたということだった。

ビルダーバーグ会議とは、ロックフェラー、フォード、カーネギー各財団の後押しで一九二一年、米英の国際的銀行家、企業トップ、知識人を中心に結成された「外交問題評議会」(CFR)が母体となり、一九五四年、オランダのベルンハルト殿下を座長に活動を開始した西側陣営の戦略協議機関。

プリンストン会合にも、D・ロックフェラー・チェースマンハッタン銀行会長やバロン・ロスチャイルド財閥当主ら米欧金融資本の主導下に一〇五人の米欧の政府・軍事中枢が参加している。ブレジンスキー特別補佐官ももちろんその一人。だから日米協会主催の夕食会でのその発言は、いわば西側陣営の総路線を日本に呈示し、日本の同調を促す重要発言だったのである。そしてここでの方向が、やがて昨年一二月一六日の米中国交樹立に向うとの宣言とつながっていく。

大平勝利の要因

ところが、渡米した福田首相の姿勢は、それと基本的に喰い違っていた。大いに日本側が強調したのは、韓国、台湾の安全保障を含み、日韓台の反共同盟を堅持したアジア秩序を守る——まさにアメリカにとって「過去の波」の継続路線だった。

当時すでに福田首相の政治射程には、自民党の総裁選が入っており、春には、ニクソン再選委員会に倣ったといってもいい福田再選のための機関が、岸信介元総理を中心につくられていた。ここでの戦術と戦略が、自民党員対象の選挙だから〝右寄り〟志向を強めた方が有利ということであり、また福田再選体制の下で、日本経済の方向を改憲の方向に固めきろうということだったのは、あらためて指摘しておく価値があろう。これに沿って、福田首相はできればカーター大統領自身、そうでなくとも米側要人の口から「改憲」要請の発言を引き出すつもりだったという。

首脳会談の開催日も、その戦略に沿ってだろう、五月三日、つまり憲法記念日に日本側の要請で設定されていた。

そして同日、国内では金沢市で、岸元首相を中心とする自主憲法制定国民会議の総会が開かれ、韓国の現憲法を規範としての改憲実現を謳い上げた。内外呼応のプログラムである。

だがカーター大統領は、前述のように、まったく別のことを伝えた。「もうそろそろ改憲を」といったのは、上院のロング財政委員長だけということに終った。しかしその後、岸＝福田戦略がなお既定の方針のままだったことは、夏以降の「有事立法」キャンペインや、アメリカのタカ派議員を招いての日米議員シンポジウムの開催などに十分裏付けられている。日韓台同盟こそが今後ともアジア秩序の軸——と強調したこのシンポジウムをみながら、マンスフィールド駐日大使は、日本ではアメリカの政治家一人ひとりの発言が政府の見解のように理解されるとして、それをただすことを狙う〝私信〟をわざわざ『サンケイ新聞』を通じて発表させるというようなことまであった。

ワシントンが日韓台の政治結合をまったく別のものに変えようとしていたわけでも、またするつもりであるとも、ここでいうのではない。米中国交樹立に伴う台湾処理も、単純な台湾切り捨てではない。だが七二年のニクソン訪中以来の米中関係の変化の中でも、台湾問題は〝のどにささった骨〟のように、最終的な米中和解の障害物になってきた。ワシントンはしかし、そのルビコンを越えることを日米首脳会談の五月当時、すでに選択していたのである。

その展望の中で、米中和解に抵抗し、古いアジア体制にしがみつこうとし、しかも「世界の福田」などと自画自賛する政権が、日本の政権中枢に坐りつづけることはたしかに「邪魔者」の存在を許すことだった。

昨年の自民党総裁選のもつ意味は、この観点から見直さるべきである。それは単なる派閥争いでも、自民党内の政権たらい廻しでもなかった。大平勝利も、決して田中金脈とその軍団の力だけに依ったのではない。

第一には、全国不況指定地域一八のうち一二で大平一位、二地域で大平二位の結果が出たように、自民党員の中でさえ、福田政治、とりわけその経済運営への批判が予想以上に強くあった。第二には、大平幹事長、竹下登全国組織委員長という自民党の公的体制が、大平＝田中の選挙固めに有利に作用した。そして第三には、大平陣営の側にこそ、野村証券を窓口とする財界主流の財政的支持があり、その背後にはまたアメリカの選択が働いてもいたのである。総裁選動向を〝視察〟するため来日していたワシントンからの一チームは、予備選結果が出たとき「極めて安堵すべき結果が出た」旨を報告したという。

大平政権の戦略構図

このワシントンと日本財界中枢の総裁選とのかかわりは、政権についた大平首相が早々と「環太平洋連帯圏」づくりを、わが国の戦略としたことからも裏づけられる。これは五月の日米首脳会談でのカーター大統領の対日注文にも正面から呼応するものだが、じつはこんごの予想される日米間の経済、したがって政治的矛盾の処理を二国間の枠内でとらえず、アジア・太平洋的規模で図ろうということは、「二一世紀は太平洋の時代」(キッシンジャー元国務長官)と認識している米多国籍企業主流と、カーター政権の現段階における重要な対日アプローチの方向であり、それは昨年三月のハワイでの日米財界人予備会議、六月の東京での本会議で、米財界側から問われた最大の課題の一つだった。それを受けて日本側で構想とりまとめの中心だったのが、元ロックフェラー財団研究所員だった徳山二郎野村証券副社長である。

なぜ「環太平洋連帯圏」が戦略なのか。それは米中和解を条件にして、中国、朝鮮民主主義人民共和国まで含めた環太平洋地域の新秩序をつくり、ECがアフリカに地域コミュニティを伸ばすように(ロメ協定圏)、太平洋を内海とする米日主導の海洋コミュニティをつくろうとする、それなりに大きな歴史的展望をもつものだからである。

そうだとすれば、韓国、台湾に利権構造をビルト・インさせてきたわが国の政治の「過去の波」が、大平政権成立に猛反対したのも当然のなりゆきであった。反対主力が韓台ロビーとされた政治家だったことは想起されていい。

しかし大平政権は成立し、同政府は発足するや早々、福田首相が約束していた日韓首脳会談を白紙還元し、年末の

朴正煕大統領の就任式典にも政府代表を送らなかった。そしてその大平政権成立を見すますようにして、ダグラス・グラマン問題が急浮上し、少なくともその第一撃は疑いもなく、岸、福田らアメリカ側が「過去の波」とみる勢力にむけて放たれたのである。

だから、これは大平救援だ——というのは余りにも事態を単純化することになろう。問題は、ゴードン論文にいうように、日本政治をして、アメリカの戦略にシンクロナイズさせることであって、現に大平政権下、日米経済矛盾は激化の一途にある。だが疑いもなくアメリカは、米中対決を軸とした世界政略構図から、米中同盟、そしてそれに日本をシンクロナイズしてソ連と敵対する戦略構図へと歴史的転換を遂げた。

しかも米産軍複合体の武器輸出は、これまで①米軍事戦略の維持、②オイルダラー吸収、③米経済の成長要因確保、などから国策として位置づけられてはきたが、その商戦にまつわる不正と腐敗は、売込み先の権力構造のファシズム化を進め、民衆との対抗矛盾の拡大に拍車をかけるものになった。

たとえば、グラマンだけでもイランにF14八〇機を、しかも米軍渡し一二五〇万ドルに対して三五〇〇万ドルで売込み、そこから得られた二二五〇万ドルの裏金を、ニクソン「王朝」とパーレビ政府の間で山分けした。これは七二年五月、ニクソン自身がテヘランに飛び、契約の緒口をつ

くったものだったのである。

これによって、グラマン社は三年続きの赤字経営から脱却したが、そうしたことの結果として今日、イランで何が起きてしまったかは説明の要はない。

すでにワシントンはパーレビ王を捨てた。台湾体制には冷やかだし、韓国の朴体制にも南北対話への姿勢転換を求めている。海をわたって広がっている冷戦人脈を処理し、再編成することが必要になってきている。いまやアメリカのチャイナ・ロビーが清算されねばならぬと同様に、旧来の日本ロビーもまた清算されねばならぬときが来たのではないか。

ロッキード・スキャンダル追及以来、すでにわが国ではおなじみになった米多国籍企業小委のフランク・チャーチ委員長は、いま上院の新外交委員長に就任しているが、さる一二月一二日、ユタ州のブリンガム・ヤング大学で次のように演説している。日本への嵐強かるべし——の示唆として注目しておいていい。

「いまやアメリカにとっての挑戦者はソ連ではなく、日本や西独など親密な同盟国である。……〝アメリカ時代〟の終焉を目のあたりにしているとすれば、それはソ連に対する戦略的優位を失ったからではなく、同盟国と戦争する力を失っているからだ」

政治家の介入はなかったか

ダグラス・グラマン問題は、直接にはスキャンダル問題である。①マクダネル・ダグラス社が六九年から七六年までの対日航空機売込みで手数料一八〇万ドルを支払い、口銭の一部が政府高官に流れた疑い、②グラマン社がE2C売込みに当って、六九年に代理店を住友商事から日商岩井に変えたことと助言した政治高官との関係、③グラマン社から日商へのコミッションの一部がグラマン社のコンサルタントに流れ、その一部が日本政府高官に流れる可能性についての疑惑、④グラマン・インタナショナルの子会社GAACが住友商事にガルストリームⅡ一機を売った際の三〇万ドル以上のコミッションの住商側での処理、また七〇年から七七年にかけて救難機U2の部品を防衛庁に売込んだ際の値引き一四万ドルの処理にまつわる疑惑など。

疑惑は多方面に広がっているが、ロッキード事件と違い、ことが軍用機なので、当然E2C＝日商問題が追及の焦点になっている。

またこれに伴って、政治家の他、日商岩井の海部八郎副社長、島田三敬常務、元日商岩井航空機部課長代理の有森国雄、岸元首相の秘書だった川部美智雄日本館社長ら疑惑の対象となる各氏の名前があがり、すでに海部、有森両氏については、二月中旬までに国会喚問証言が行われたが、ナゾはむしろ深まるばかりである。

二月一日の島田常務の突然の〝死〟にしても、生前、事件発生後、自民党の某派代議士から〝厳しい電話〟が繰返しあったとされることや、異例の司法解剖で死の直前まで第三者がいた疑いを残す検証があったとされることなどから、〝覚悟の自殺〟とだけではにわかにわり切れぬものを残している。

問題の「海部メモ」にしても、果たして海部氏本人の自筆か、また自筆として、それを外部にもちだしたのが、大方の見るように有森氏なのか、いまの所確定されてはいない。国会証言を見聞した人の多くが心証にもったように、海部氏自筆の可能性が高いが、もしそうなら原本はすでに処理されていようし、流されているコピーだけでは判定し難いとみるのが常識だろう。自筆のもので、それを材料に関西系の某有力暴力団組織が日商岩井を恐喝したとか、この「メモ」の写しは、ロッキード事件捜査の段階で、すでにロッキードのクラッター日本支社長から関係資料の一部として東京地検に入手されていたとの情報もある。

有森氏が日商退社後ロッキード社のコンサルタントをしていたことが確認されているので、そのルートがなかったとはいいきれないが、そうしたことすべて現段階では、有森氏が自らいう「良心が怖い」という言葉のナゾとともに真相不明というほかはない。

しかし航空機売込みに当って政治家が介入し、工作資金が動いたことをほとんど断定していい傍証は、数多くある。

島田常務自身の遺書――「決して、決して、政治家の力を借りた訳ではないのです。……政治家は便乗、役に立たない。良いものは良いのです。それを筋つけて、インネンつけるのは、おかしいです」という、ある意味では痛烈な政治家批判の言葉の裏にあるのは何か。

カネの流れ

すでに七八年六月五日のロッキード事件に関係した第五五回全日空ルート公判で、藤原亨一全日空元経営管理室長は、①裏金を貰ったのはロッキード社が初めてではない。最初はボーイング社で、七一年度に四〇〇〇万円、七二年九月一〇日に五〇〇〇万円を日商から受けた。②ボーイング関係者や日商の課長と、米大使館に近いしゃぶしゃぶ屋で裏金の話をした――ことを証言している。

第六四回公判では若狭全日空社長が、昭和三八年にボーイング727を購入したとき、日商岩井から政治家へ〝あいさつ〟した例があることを、美土路元会長から聞いたとも述べている。全日空は六五年三月にB727を三二機、六九年に737を一七機購入しているが、二月一日の『日刊ゲンダイ』紙によると、一機につき二～三万ドルの裏金がつくられたという。同紙は、全日空で起きたことは、当然、ボーイングを購入した日本航空でもあり得ることと推測しているが、当然の疑問である。

しかも国税庁自身が、日商の得たB747SR手数料三億六五〇〇万円の中、半分にも近い一億六五〇〇万円が使途不明金だとして、七八年六月には重加算税を追徴している。この使途不明金は、六九年七月末とされていた日本航空のエアバス導入機種決定を引き延ばすための政治資金に使われた公算は大きい。

これを含めて、日商岩井が七三年三月期から七七年三月期までの過去五年間に行なった決算の修正申告は、計八回、六四億六三〇〇万円、しかもうち四回は自主修正でなく、税務調査でえぐり出されたものだったことが明らかになっている。最低限、日商岩井の会計処理に不透明な部分が構造化されていることをこの事実は証明する。

E2Cに関してはまだ機体の受け渡しがなされていない。しかも本体に関してはFMS（政府間取引）方式だから、そこには何の疑惑も発生する余地はないと政府側も、日商岩井側も強弁しつづけている。このことが、グラマン問題をスキャンダルとして追及しようとする場合の難点である。

しかしすでに報じられていることだが、共産党の訪米調査団にグラマン社のP・オラム社長が、E2Cの補用部品は日商岩井の取扱いとなり、五%程度のコミッションが得られることを明らかにし、そのシステムを海部副社長も国会で認めている。

共産党は、E2Cの年間部品損耗率を防衛庁が認めるとおりの一〇%として、導入九機分について試算、機体購入費七七一億五九〇〇万円、耐用年数一七年間の補用部品経費一三一一億七〇七二万五〇〇〇円、部品に関する日商岩井側手数料六五億五八五三万六二五〇円、そして米人コンサルタント、ハリー・カーン氏との密約どおりの四〇%コンサルタント料は二六億二三四一万四五〇〇円になるとはじき出している。

とするとSEC報告にあるように、その一部が「一人もしくは複数の政府高官に支払われる」場合の政治リベートもまた巨額になろうし、そのリベートは別に、将来「支払われる可能性」としてだけみる必要はなく、デリバリー後の確実な利益を担保にして、別途便宜の形で「支払われた」としても、別に不自然ではない。

もし問題の海部メモを正しいとすれば、日商岩井が第二次FX商戦でF4E採用を正式にとりつける六八年一一月のはるか三年も前の、六六年三月一八日付の経理部長宛海部八郎印書のメモで、岸元首相に二万ドルを着手料として支払ったことになっている。F4Eは完成機二機を七一年度に輸入したのを皮切りに、七二年来ノックダウン方式で八機、七三年以降国産でこれまで九八機が三菱重工、川崎重工業の手で生産されているが、これは海部メモにある「三次防で最低一〇〇機、三年間で二〇〇機」という「岸元総理の確認」ときわめて近い。

つまりFXでは、現物渡しの前にすでに「ごあいさつ」が政治家に行なわれているわけだが、このことと、海部副社長が国会証言ではしなくも自認したように、「E2Cの（決定の）話はもっと早くまとまると思って」（民社党大内啓伍代議士の質問への証言）、最終決定になった七七年七月一九日のじつに八年も前の六九年八月一五日、利益の四〇％をコンサルタント料としてハリー・カーン氏に支払うことを内容とするメモランダムを交換したという経過とを重ねてみれば、E2Cに関する政治家への物質的「あいさつ」がまだ仕残されているとは、到底信じ難いことである。

E2C導入の経過から

だがスキャンダルの直接の経過の究明は、とりあえず今後にまつとしよう。検討したいことは、果してE2C導入にまつわる疑惑の政府高官とは誰か。誰であり得るのか――ということである。

一月九日の『朝日』夕刊のワシントン発村上電で、先に述べたような日本の政治の「過去の波」にターゲットがまず絞られたあと、一月一八日の『読売』朝夕刊で、E2導入決定の仕掛人は、七二年八月末のハワイでのニクソン会談に臨んだ田中角栄元首相ではなかったか――という疑惑が強く押し出されてきた。証言者が当時のアジア太平洋担当国務次官補のマーシャル・グリーン氏だっただけに、これは見逃せない事実経過ではあった。のちに訪米した共産党調査団も、日米ハワイ会談に疑惑の焦点があると発表している。

しかもハワイ会談でE2C問題は出なかったという日本政府側の当初の説明は、ハワイ会談に出席したインガソル駐日大使（当時）の発言や、チータムGI社長が、事前にリチャード・アレン大統領副補佐官に対して、ハワイ会談で取上げるよう依頼して、逆に一〇〇万ドルのニクソン向け政治献金を求められたという証言を、七六年八月段階の米多国籍企業小委聴聞会で行なっていた事実が明るみに出て、崩れてしまった。

インガソル米大使は、ハワイ会談以外にも「何回も鶴見外務省審議官にE2C売込み問題をとりついでいた」（二月八日『東京』）。

リチャード・アレン副補佐官は、七二年の一月八日にも来日して、ときの田中角栄通産相を訪問している。ハワイ会談で、雑談などでなく、M・グリーン次官補と日本の鶴見審議官を共同議長とする小委員会がもたれ、そこでグリーン氏自身が問題を提起、日本側が好意的反応を示したこと（グリーン氏発言による）、したがって田中首相がそれと無関係な立場になかったことは、まず疑う余地がない。

だがグラマン社がE2Cに関して、住商から日商岩井に販売代理店を変えたのは、六九年のこと。工作はその段階で始まり、その段階で海部社長は「決定は遠くない」と心証を得ていたのが経過である。

一方、E2C採用は、七四年一二月二八日の専門家会議（堀越二郎会長）の玉虫色答申という三木内閣当時の段階を経て、福田内閣時代の七七年七月一九日に最終決定になる。ハワイ会談で「話が出た」のは事実だが、ハワイ会談にすべての成り行きがかかっていたわけではない。

すでにこのハワイ会談に先立つ七二年の一月六～七日、米サンクレメンテで、佐藤・ニクソン会談が開かれていた。この際、二〇億ドル規模のウラン、原子力プラントの導入と並んで、米軍用機二〇億ドル（P3C中心）、民間機三億四〇〇〇万ドルの買付けによる対米協力が話し合われたと、当時の報道は伝えている。

チータム元GI社長によると、ここでE2Cをとりあげるようグラマン社は働きかけたが失敗したという。成功はしなかったとしても、E2Cがすでに、サンクレメンテ会談段階ででていたことは明らかであり、しかもこの会談の合意の具体化は、サンクレメンテ委員会と名づけた日米の実務者協議に委ねられていったのである。さらに七二年六月には、急遽飛来したキッシンジャー国務長官と佐藤首相との間で、一〇億ドルの対米緊急輸入の合意をみている。

E2C導入の責任者

やはりE2Cに関していうかぎり、日商岩井が販売代理店を変えた六九年段階に原点を求めざるを得ない。SECのバートン・W・ワイアン刑事捜査部長も「問題の政府高官は六九年当時（第二次佐藤内閣）の人物」（一月一九日『読売』夕刊）と述べている。この年はまた米側で、ニクソン政権が年初めに発足し、七月には「グアム・ドクトリン」を発表した年であった。つまりケネディ大統領と争って敗れ、失意を長く続けていた産軍複合体の政治代弁者R・ニクソンの時代に、アメリカが移った年であった。そして沖縄返還の実現と見合いつつ、ニクソン・ドクトリンに沿って「日米ミリタリー・コンプレックス」、とりわけコンピューター・コンプレックスの実現が求められる段階への移行期だった。

「コンピューターを全面的に導入したアメリカの戦略体制の中に参加し、これに協力し得る能力は、アジアにおいて日本を除いてはない。日本のこの面での積極的寄与を期待したい」――という、このコンピューター・コンプレックス整備の日米軍事混合体制化論は、この年の一〇月七日来日したE・G・ホイラー米統合参謀本部議長が提示したもの。それをうけて四次防素案の練り直しが決定された。

そして多くの人が今見落しているが、同年一一月二〇日からの佐藤・ニクソン会談が始まる前の日の一九日、防衛庁は、AEWレーダー積載早期警戒機の装備方針を決定したのである。

では、E2C導入の最高責任者は、故人である佐藤栄作首相にあったのだろうか。

それに疑問を投げるのが、七一年一〇月中・下旬の岸元首相の訪米、ニクソン大統領との会談である。当時の一般報道は、この訪米を翌年の田中・福田決戦を控えて福田をワシントンに売込みに行ったもの――といった程度でしか注目しなかったが、『読売』(一〇月二〇日)は、それが次のような密談だったことをスクープした。すなわち――

①円切り上げは三二〇円にする。

②日本はa対米輸出への課税、自動車・電卓の輸出自主規制　b電算機・農産物などの対米輸入の自由化　c武器国産化方針の再検討(四次防中に少なくとも八億ドルのアメリカ製兵器を緊急輸入)――などのドル防衛措置をとる。

③これと引き換えに、アメリカは輸入課徴金を撤廃する。

この密談の重要性を裏書きすることかもしれないが、『日刊ゲンダイ』(七八年一月三一日)によると、同記事を書いたS記者は、当時の水田蔵相に呼ばれて意味不明の叱られ方をされ、さらに身辺の不安を感じることがあったとのことである。

こうした重要協議を、現職を離れている一人の政治家が行なったこと自体がおかしいが、むしろここに問題のナゾ解きの核心がある。武器国産化方針放棄が、米製電算機の自由化とセットして仕組まれていることにも、あらためて注目しておく必要があろう。

しかもこの席では、P3Cの輸入と民間大型機導入についてロッキード社を選定し、倒産寸前だった同社を救済してほしいとの話が、ニクソン側から出されたともいわれている。まさにE2CにしてもP3Cにしても起点はここにある。同時にそれは、日本の軍需産業界からの国産化要求

(中曽根防衛庁長官が国産化方針を出したのは、七一年四月二六日)との対立矛盾をもつものだった。

佐藤首相にしても、この段階、たとえばサンクレメンテ会談で、にわかにE2C導入には踏み切れなかったのだろう。その転回の仕掛けとしての「国産化白紙還元」をしたのは、だから田中首相であり、そしてE2Cに選定の最後の断を下したのは、先述のように福田首相だったとみられる。田中首相の断は、それまで岸・佐藤体制下にあった防衛庁へのTKO軍団(田中・児玉・小佐野)のなぐり込みを意味するものではあったが、しかしさらに大きな構造の中で眺めてみれば、岸元首相が方向づけたことの具体化でしかなかったといえる。

しかも周知のことだが、国産化を撤回していく過程には、日本側のAEW国産化プログラム早期開発の困難さの確認と、アメリカ側が七二年春の段階になって初めて、P3CとE2Cの対日リリースを認める方向にポリシー・チェンジをしたという技術的要因がつけ加わっていた。

岸=ニクソン同盟人脈

以上の経過から容易に引き出せることだが、問題のすべての根には、岸=ニクソンの同盟といってもいい人脈がある。これをつくった一つのパイプが、さし当ってグラマン社のコンサルタントとして、いまようやく公衆の目にふれる所に引き出された『ニューズウィーク』の元外信部長ハ

リー・カーンだが、彼はもちろん、グラマン社のコンサルタントなどというより、「海を渡る冷戦人脈」の開拓者であり、維持者、そして連絡官だった人物というのが正当だろう。

カーンについては、本誌三月号のジョン・ロバーツと立花隆共同論文「白い黒幕」、同じく三月号『中央公論』の「影の演出者・H・カーンの実像」、三月号『潮』の「グラマン・パニックの〝点と線〟」——いずれもロバーツ寄稿——などに詳しい。

彼は一九三二年～四一年に駐日大使をしていたJ・C・グルーと親しく、日本人オペラ歌手を妻とするイギリス人で、三浦義一など右翼指導者と親しかった『ニューズウィーク』東京支局長C・パケナムらとつくったアメリカ対日協議会（ACJ）は、のちに国務長官F・ダレスやCIA長官A・ダレスらの強いサポートを受け、占領軍の初期日本民主化政策をくつがえし、再軍備した日本をアメリカの冷戦世界戦略に編入していくための〝斬り込み隊〟の役割を担うものであった。

戦時中、反共の立場からナチスをも支持したカーンは、この観点から、財閥解体・戦犯追放に反対したし、巣鴨プリズンにいた岸氏らを、その満州時代の経験を学ぶためといって訪問した。パケナムが岸氏の英語の先生を一時したというエピソードも、今は見逃すべきではあるまい。

そうした動きは、もちろんカーン個人の仕事ではなく、ニューディーラーを排除して反共冷戦戦略を志向していった当時のモルガンを先頭とする米巨大金融資本閥の選択だったといえる。『ニューズウィーク』自体、当時モルガン資本の系列下にあり、グルー、ダレスもその政治的代弁人であった。

このカーンのアメリカ側人脈でとくに指摘していいのは、超保守主義者の共和党出身大統領ハーバード・フーバーである。なぜならこのフーバー人脈の中で、のちにR・ニクソン大統領が生まれているからであり、ニクソンのブレーン・スタッフの一人だったM・グリーン前国務次官補は、じつはJ・C・グルーの秘書官でもあったからである。

一九六五年九月三〇日のインドネシアでの反スカルノ・クーデター時代の駐ジャカルタ大使で、のちにグアム・ドクトリンを起草したグリーン次官補が、いま声高く、問題の政府高官を岸ではなく、ハワイ会談時の責任者田中元首相だという方向に、マスコミを誘導していることは偶然ではない。なぜならそれは、ニクソン人脈の岸元首相を免責し、ひいてはニクソンとグリーン次官補自身の責任を不問にすることに通じるからである。

この他カーンの米占領当局G2のウイロビー少将とのつながりは、彼を通じて米占領当局内の保守派やキャノン機関、そしてそれを媒介とした日本のいわゆる地下帝国人脈へと拡散していく。

またカーンは、マッカーサー司令官と対立して一たん離日したあと、西独のマッカーサーに当るクレーマー総督の保証を得て再入国したという説をもつが、占領下ドイツで同総督が、ナチスの戦犯指定からあえて解除した一人が、七〇年代前半から、サウジアラビアの財政顧問に就任したカール・シラーである。

カーンの今日の中東人脈がここにクロスする。同時にこの関係は、岸元首相の秘書・川部美智雄氏がデュッセルドルフに日本館を置き、あるいは海部メモにある秘密預金口座も同地にあるとされることと、微妙に結びつく糸をもっているといえるだろう。

猛烈な商戦の裏に

一方、日本側の人脈では、岸・児玉誉士夫ら巣鴨グループはもちろんだが、前記のロバーツ諸論文が明らかにしているように、天皇家人脈や旧三井・三菱財閥人脈、あるいは吉田茂首相の側近の白洲次郎元東北電力会長を頂点とするいわゆる終連（終戦連絡事務所）人脈に拡がっている。

カーンの今では有名になった年一万ドルの情報誌『フォリン・レポーツ』を講読しているのは、石油、電力、ガスなどエネルギー会社主要二〇社だが、これをディストリビュートしているのが、白洲次郎氏が重役をし、その白洲氏が貿易庁長官当時「白洲ファンとなり（通産相）官房長に抜てきされた」（七八年三月一七日『日刊工業』）永山時雄氏が社長をする昭和石油であることも、不思議とはいえない。

これら二〇社はしかも、七八年五月、ワシントンに「インタナショナル・ポリティカル＆エコノミック・レポート・クラブ」なる組織を置いたが、このクラブ設立を根回しし、ロビー活動をしているのも、Ｈ・カーンである。いずれにせよ、カーンはグラマン社のコンサルタントというだけでみるべきではない。むしろ今では日本のエネルギー企業連合のコンサルタントである。そしてそのもっとも親しい日本側政治家が、日商との業務関係では松野頼三氏だとしても、それ以上に岸・福田両元首相だということは、思想系譜からも、否定し難いことであろう。

こうしてＨ・カーンも一つのパイプ役として、岸・ニクソン人脈が成立した。とくに五七年の岸氏の首相として初の訪米は、当時アイゼンハワー大統領が心臓病であり、ダレス国務長官が癌を病んでいた状況で、事実上、岸・ニクソンの公的提携の機会となるべきものだった。そこで航空機問題では何が起ったか。

当時すでに空幕と在日米軍顧問団は、日本自衛隊が採用する第一次ＦＸ機種として、ロッキード社のＦ１０４を内定していた。ところが岸政権の下で、Ｆ11Ｆを推すグラマン社＝伊藤忠の猛烈な捲き返し工作が起きる。そして――、

・一九五八年四月一二日　国防会議、Ｆ11Ｆ採用内定
・一九五八年九月一八日　ロッキード社が販売代理店を第一産物から丸紅に変更
・一九五九年六月一五日　国防会議、機種決定を白紙還元

・一九五九年八月八日　FX機種調査団（源田実空幕長、現参議院議員）訪米
・一九五九年一一月六日　国防会議、F104の採用決定
という周知の経過が続いた。

このF11F採用への揺れについて室伏哲郎氏は、内定一カ月後の五月二二日が衆議院総選挙だったことを指摘しつつ、「一機につき一〇〇〇万円、三〇〇機ライセンス生産で三〇億円が岸首相に贈られる予定」（『朝日ジャーナル』七九年一月二六日「やっと浮んだ〝超大物〟政治家の深暗部」）だったと書いている。

しかしグラマン＝丸紅とむすびついた河野一郎氏の政治力はなお大きかった。そして結局、もう一度F104選定に決定を変えること、同時にグラマン汚職を岸倒閣の材料にはしないという岸・河野間の五八年九月の話合いで、この問題は決着したということになっている。岸首相はまさに両岸的態度で、決して損はしなかったということであろう。

この第一次FXの過程は、政治家が決して固定的にある商社と結んではおらず、競合する企業のどちらからも〝工作〟をうけるポジションをもっていること、そして歴史的には、ロッキードに先立ってグラマン社のこの猛烈な商戦こそが、航空機スキャンダルの出発点だったことを物語っている点が興味深い。

五八年当時のグラマン社は悪で、E2C売込みに当ってのグラマン社に不正はないということも、政治資金を動かしていくのは、日商だけであって、他の商社は無縁だというわけのものではないことも――当り前のことだが――確認しておきたい。

航空機の裏に電子関係

第一次FX機にみた岸首相のポジションが確立するのは、むしろ六四年末に発足した佐藤内閣の下である。岸内閣は六〇年には倒れ、そのあとは河野派の影響力をなお強くもった池田内閣の四年半が続いた。

佐藤内閣が成立し、河野一郎氏が死亡。そこで、六五年六月の松野頼三防衛庁長官就任以来、次の増田甲子七長官の時代にかけ、河野派と目された海原治官房長とその一派の追い落し工作が活発化する。「防衛庁の黒い墓標」と題した怪文書以下五つの怪文書が、六六年二月から六七年九月にかけてまかれ、その中で六七年七月末、海原官房長は不本意のまま国防会議事務局長に転出させられた。

すでに第二次FX戦争は始まっており、六八年五月二九日に防衛庁が、候補九機種をダグラス＝日商岩井のF4E、ロッキード＝丸紅のCL1010、フランス・マルセル・ダッソーのF1Cの三機種に絞ったときには、もうノースロップ＝伊藤忠のF5は除外されていた。性能上の選択があったことを否定はしない。しかし第一次FXでノースロップのN156Fを推し、第二次FXで同じくノースロッ

プのF5を推した海原グループへの急追と、この選択が一つのことだったことは一層疑いない。

第二次FX選定作業はその後、第一次と同じように、調査団を海外に派遣したあと、六八年一一月一日にF4E採用の最終決定となる。これに対して、ロッキード＝丸紅側にたって児玉誉士夫がF4E反対で、佐藤首相、有田喜一防衛庁長官に公開質問状を出したが、大勢を変えることはできなかった。

だがこの時の経過を今の時点で見返すとき、F4E＝ダグラス＝日商岩井の勝利とだけみるのでは足りぬ一つの盲点のあることに気がつく。それは五つの怪文書がことごとく海原官房長攻撃の内容だったにもせよ、同時に企業として批判されているのが、三菱重工業と三菱電機ならびに日商岩井だということである。河野・海原派に当時通じていた伊藤忠の仕掛けであるはずもないとすれば、それは誰の利益にたって演じられたものか。

背後に松野防衛庁長官がいたとしても、人事抗争だけで、企業名を名指して攻撃した五つもの怪文書がつくられたとは信じ難い。

この盲点を埋めるのは、一連の怪文書が流れ、海原体制が傷ついたあとの六八年三月に暴露されたバッジ・スキャンダルである。この導入バッジの機種決定もまたヒューズ社＝日電＝伊藤忠、GE＝東芝＝三井物産、リットン＝三菱電機＝日商岩井の三つ巴の死闘となり、最終的には第二

次池田内閣時代、つまり防衛庁が海原体制にあった時代の六三年七月一日に、ヒューズ社製の導入決定で幕を閉じたものであった。つまり河野・海原・伊藤忠は、第一次、第二次FXでは敗北したものの、バッジでは勝利していたのである。だからこそ怪文書の攻撃対象は海原であるとともに、三菱、日商岩井に向ったといえる。

巷間怪文書の演出者がGEグループにあると噂されているのも、真偽不明ながらそう的をはずしたことではないかも知れない。

このバッジ・スキャンダルの暴露は、川崎健吉一佐の逮捕に始まり、山口空将補の玉川上水四〇センチ水深での入水〝自殺〟というナゾの怪死事件を伴うのだが、その真相はいぜん閉ざされたままである。

エアバス導入まで

しかし一つのことはいい得るだろう。それは航空機スキャンダルとしてとらえられる事件が、決して航空機本体の導入をめぐる単純な性格のものではなく、同時に関連部品であり、関連の武器体系総体、とりわけエレクトロニクスやミサイルなどと相互不可分の関係をなしているということである。

第二次FX戦争とバッジ導入スキャンダル暴露事件の絡みでいうなら、FXについては、六三年に航空機部担当取締役になった海部八郎副社長、つまり日商岩井の岸事務所

への激しい接近活動があり、功を奏してF4E決定になったといえるが、他方バッジ問題ではGEグループの、次の商戦をめぐるまき返しが演じられたとみていいだろう。そしてこのGEグループ側にたつ政治家もまた三井物産と深い関係をもつ岸元首相であろう。

この航空機とエレクトロニクス、あるいはレーダー、ミサイル・システムの相互関係は、E2C自体が「空飛ぶコンピューター」であるだけに、今回のグラマン疑惑を検討する場合、落してはならぬ視点といえる。そのことについてはまたあとで触れることにしたい。

このあと、自衛隊装備に関する商戦は、七二年八月のハワイ会談を契機とするエアバス導入——民間大型機導入問題と並行しつつ、P3Cオライオン対潜哨戒機の国産化と導入をめぐる争い、E2Cの同様の争い、そして第三次FXへと続いてくる。P3Cではロッキード＝丸紅が勝ち、E2Cではグラマン＝日商が勝利した。国内生産にかけた川崎重工＝日電＝伊藤忠（外国企業ではヒューズ）は敗れる。

この経過の中で、七二年七月に岸・佐藤両元首相らの目算を覆して政権についた田中角栄グループ＝TKO軍団の、航空機利権への猛烈な喰い込みがあったことは、すでにロッキード・スキャンダルの解明の中でかなり透視できる所まできている。

しかし全日空の導入エアバスをDC10からトライスターに移していく仕掛けとして、全日空の大庭哲夫社長がM資金と称するナゾの三〇〇〇億円融資話にひっかかって失脚していく舞台がつくられた（七〇年五月末）のも、エアバス導入の延期決定（七二年七月）がきまったのも、第三次佐藤内閣時代のことだったし、その当時、この舞台上に岸首相の秘書群の登場が噂されたことを見逃すわけにはいくまい。しかも、田中＝TKO軍団の斬り込みが、主として機体導入のレベルに止まっており、それには権力の座にある政治家として決定的な影響力をもち得たとみられるが、より大きな市場であるエレクトロニクス部門には、これまでのところTKO軍団の手は届いていなかったといえそうである。

それを示唆しているとみられる一つの事実を挙げておこう。

それはエアバス導入工作で注目された問題のハワイ会談では、エアバス関係三億二五〇〇万ドルの他、ウラニウム三億二〇〇〇万ドル、救助用ヘリコプター二〇〇〇万ドル、空港管制システム一〇〇〇万ドル、ガス・タービン・エンジン一六〇〇万ドル、家畜用飼料五〇〇〇万ドルなど、計一一億ドル近いドル減らし用商談がまとまっている。そして世間の眼はエアバスだけに向いたが、じつは当時すでに三菱電機が受注、試作機まで羽田空港管制タワーに入れて試動に入っていた三菱電機の国産システム設備計画が、〝最高の政治決定〟という名の下ににわかに中止になった経過がある。替って導入されたのが、ユニバック社のシステムだった。

これには三井物産が関係したが、推測をたくましゅうすれば、エアバス導入決定のあふりとして、三井物産が取扱っていたDC10が消え、その見返りとして、この措置がとられたのかもしれない。しかも三井物産がすでに導入決定をしていたDC10一〇機は、のちに米輸銀の融資を得て、イギリス・トルコ・韓国への転売がなされ、三井物産への実質的打撃はなかったという。

三井グループの存在

ことのついでに、この三井物産と岸元首相との関係について触れておこう。

すでにH・カーンについてレビューしたとき、彼が天皇家人脈をもつと書いておいた。ロバーツ論文にもくわしいが、その一人は松平康昌元宮内大臣秘書官である。松平氏はまた三井財閥の出身者だった。それに加えてH・カーン人脈で忘れてはならぬのは、三井物産出身でホテル・オークラの社長にもなった野田岩次郎氏で、ロバーツ論文によると「占領時代のアメリカ対日評議会の陰謀について、すべて知っている」人がこの人なのだという。

川部美智雄氏がつくった日本館の理事や顧問は、日本財界を代表する著名実業家で占められているが、その中に水上達三三井物産元会長と並んで、もっとも川部氏に身近な協力者として、三井物産副社長だった村田恒氏が加わって

いることを注目したい。村田氏は川部氏のPRジャパンの顧問でもあり、一九四九年までの商工省渉外課長として米占領当局のESS（経済科学局）と接触、当時ESSにいた川部氏はもちろん、のちに児玉誉士夫の腹心となりロッキード事件発生後〝病死〟したジャパンPRの福田太郎やシグ片山とも交友があった。ちなみに福田太郎と川部氏は、日本PR協会の会長、副会長の関係、いずれもCIAのダミーといわれるヒル＆ノートンPR社とのコンタクトをもっていた。

海原治元国防会議事務局長の著書『日本防衛体制の内幕』（時事通信社刊）によると、次のような岸＝三井物産＝東芝の関係が示唆されている。

「私の手許に、一通の英文の手紙の写しがある。ノブスケ・キシ氏が米国レイセオン社の社長チャールズ・F・アダムス氏宛に書いたもので、一九六六年八月六日付である。キシ氏は、東芝がレイセオン社と提携し、ホーク・ミサイルの国産を実施することになって、その打ち合せのため、三井物産の代表者が参上するからよろしくたのむ、という趣旨の紹介をしている」

海原氏はこの手紙内容に部分的に誤りがあるとも付記しているが、ホークの当契約者が最終的にレイオセン社の代理権をもつ三菱電機の独占でなく、東芝も喰いこんだという事実は、天下公知のことである。読者は、この岸＝三井物産＝東芝の関係を、先に述べたバッジ戦争のときの戦力

図と、ここで重ね読みとっていただきたい。

この岸＝三井物産の関係は、さらにこの両者とニクソン大統領とのつながりに拡げられていく。たとえば三井物産は、ニクソン再選委員会の資金責任者格にあったヘンリー・カーンズ元米輸銀総裁がタイにもっていたサイアム・クラフト・ペーパーズの株一〇万八〇〇〇を株価五ドルで七二年末購入、またファイア・ストーン社のタイ子会社の全株をひきうけた。これはニクソンの政治資金づくりのためで、事実上の政治献金だった。

三井物産はのちに、サイアム・クラフト社の株価が一ドルに低落して大損をするのだが、カーンズを支援し、その東京事務所を物産本社内においたのは、ニクソンとの関係を太くするための工作以外の何ものでもない。

さらに三井物産がDC10の全日空向け売り込みを中途思い切ったのは、先に述べた事情——田中体制への移行と米輸銀の融資——の他にも、水上達三会長（当時）が、年来の親友ニクソンと、山梨県出身の財界人グループ「山甲会」で親しい小佐野賢治国際興業社主に〝遠慮〟したからだといわれた。見返りとして物産は、小佐野氏の工作でDC10を六機、日本航空に入れる契約を得た。水上会長の系列にある後藤米国三井物産社長の他、三井不動産の江戸会長、三井銀行の小山会長らもニクソン派といっていいらしいし、倉林三井リース社長は、物産在籍当時から、ニクソンの接待役でもあった。こうした三井グループが、フロリダでの土地売買で、ニクソンに〝協力〟したことのあった事実も、一部経済界消息で取沙汰されたことであった。

傷つくのは濾過装置

一方、岸＝ニクソン関係は前述のとおり。一九五三年秋、ニクソンが副大統領として来日したときに始まる岸氏とニクソンの交友関係は、日米安保体制下における日米産軍複合体の政治的結合人脈として深まっていった。ケネディ大統領との争いに敗れて失意の立場にあったニクソンが、やがて米東部エスタブリッシュメントの勧奨の下に、とりわけペプシ・コーラの世界売込み人として、ソ連と並んで日本を訪問したとき、親身の世話をしたのも、岸氏だったという。そして岸氏みずから世話をして、三井物産とニクソンとの間をつないだのだった。

こうしてみると、政府決定が絡む対米取引上の日本企業間商戦で、いつも影のように、航空機等のライセンス生産では三菱グループ、貿易戦では三井グループがあって、その前面で新興商社の伊藤忠、日商岩井、丸紅などがリスクを負いつつ、争い合うという構図があることがわかる。

また政治家人脈でいうと、第一次FXでは岸元首相自身が、第二次FXでは実弟の佐藤首相と腹心の松野防衛庁長官を通じてやはり岸グループが、第三次FXでは、これも一〇〇機のF15導入を国防会議が決定した七七年一二月二八日当時の福田首相をわずらわすことで、同じく岸グループが、というわけで、究極のところ同人脈に辿りつくところとなってしまっている。とりわけ第三次FXでは、日商はF15のマクダネル・ダグラスの販売代理店で働くと同時に、グラマンのF14、ゼネラル・ダイナミックスのF16の販売工作にも当っていた。すべての道が一つのローマに通じていたといえる。

そして他方、岸元首相がまず道をつけたPXL（P3C）、AEW（E2C）導入の関門（国産化白紙還元）を田中首相が敢行したとみていい以上、つまるところ岸元首相は、佐藤首相とその四天王——物故した愛知揆一元蔵相は航空機以外での大仕事をしていたが、他の三人、つまり松野、福田、田中までを、航空機導入推進のマシーンに仕立てていたといえそうである。傷つくのは、岸氏の有名な言葉によれば、濾過装置であればいい。

アメリカの世界戦略から

グラマン疑惑にまつわる事の全貌はまだ明らかでなく、今後必ず解明されるという保証も確かとはいえないが、ことが「おしゃべりチータム」のおしゃべりが示唆するように、岸元首相ら——『ニューヨーク・タイムズ』のいう「過去の政治の波」を打撃する性格のものであることは、これまでの推理からしても、疑う余地はなさそうである。（筆者は、以上のことをさまざまの事実やデータや伝聞からの疑点としているのであって、ただちに誹謗の対象としてきめつけているのではない。疑点を明らかにするのは、こんごの国会審議をふくむ政治の場であり、なによりもジャーナリズムの活動、そして捜査当局の責任である）

そしてこうした事態が生じてきたのは、直接にはウォーターゲート事件を経てのニクソン元大統領の失脚にある。SEC当局者は『週刊現代』の記者に、ダグラス・グラマン疑惑告発の根はウォーターゲート事件にあると断言している。SECはすでに七五年、ノースロップ社がF5の対外売込みで総計七〇〇〇万ドルの口銭を使い、二〇億ドルの利益をあげたことに含まれる不正支払いにメスを入れて以来、ロッキード、ダグラス、グラマン、ボーイングという米国を代表する航空機メーカーのほとんどを調査・告発したし、さらに穀物メジャーや石油企業などの多国籍企業のとりわけ海外営業内容にメスを入れてきた。

産軍複合体への追及は、SECだけではなく、昨年一二月二六日、FTC（連邦取引委員会）がマクダネル・ダグラス、ボーイング、ロッキード社を連邦取引委員会法違反として告発したじじつが物語るとおり、FTCの方でも行なわれている。

そしてそのすべてのきっかけが、ウォーターゲート事件追及の過程で明るみに出始めた米国籍企業、とくに産軍複合体企業の、ニクソン大統領再選のための政治資金づくりとのかかわりだったことは、あらためて指摘するまでもない。

ロッキード・カリフォルニアが、ニクソン再選委員会のもっとも有力な資金源だったとすれば、ニクソン大統領特別顧問になっていたウォーターゲート事件の主役、チャールズ・コールソンは、元グラマン社の顧問弁護士だった。ニクソン大統領と産軍複合体の根深い関係は、ニクソンが副大統領をしていたときのD・アイゼンハワー大統領がその職を去るに当り、すでにアイゼンハワー政権の実権者になっていたニクソンのことを暗に指しながら、「アメリカの将来にとって、産軍複合体の肥大化が危険なものになろう」と警告した事実によっても推量できる。

もともとニクソンは、一九五二年の大統領選で、アイゼンハワーに巨額の資金を提供し、その功によって副大統領の職につくことができた政治家である。その資金源はカリフォルニアの軍事産業と〝太平洋の向う側〟にあったと語られている。〝太平洋の向う側〟が恐らく日本のことであり、つまりは、占領下に貯えられたウイロビーらの反共謀略資金だったであろうことは推測に難くない。その実態は詳らかでないが、それらは円・ドル現金、特定の外資貿易業者のコンバーティブル円勘定寄託、日本の一流商社への貸付け、日本の銀行への預金などさまざまの形をとり、①対中国・朝鮮向け謀略のための現金・物資の密輸出、②東南アジアから中近東までの各地のCIA機関への送金、③香港向けの密輸出、④四〇~五〇％口銭のヤミドル売買や興行・芸能や割当オーバーの輸入物資のヤミ決済、⑤麻薬取引き、⑥日本人外遊用のヤミドル・ヤミ送金、⑦CIA在日機関の特別工作費――などに運用されたという記録がある。

なぜ不正の暴露追及か

一方、アメリカ内でいえば、ニクソンは、ノースカロライナ州からメキシコ湾各州、さらにテネシー、アーカンソー、オクラホマ、アリゾナ州を経てカリフォルニア州に至る地帯、つまり北緯三七度線以南の一三州とカリフォルニア、ネバダ両州の南半分を加えた、いわゆるサン・ベルト地帯を背景にした。この地域の人口は、第二次大戦直後の四〇〇〇万人から七五年の八〇〇〇万人へと倍加しているが、これはこの地域が石油、航空機、鉄鋼、電子工業の産業のメッカになったからである。

二〇年代の禁酒法で巨大な利益を手にしたマフィアが、大戦後はそれまでの不動産投資に替えて、巨大な過剰資本を航空機、電子工業などに投資した。ニクソンは、その胎動の中でまず副大統領としてホワイトハウスに入り、その実権を活かしてまた、サン・ベルトへの陽の当り方を一層強めたのである。

ケネディとの争いに一たんは敗れたあと、ダラスでの暗殺を経てやがてジョンソン大統領のあとに出現したニクソン政権は、サン・ベルトとくに西部カリフォルニア・ナショナリズムに依拠したカリフォルニア・マフィアと東部のマルチ・ナショナリズム・グループのエスタブリッシュメント双方に足をおく連合政権であった。

先にも触れたように、失意のニクソンに東部移住をすすめ、大統領選出クラブともいえるエスタブリッシュメントのクラブ〝リンクス〟のメンバーにも加えたのは、ペプシコのケンドール会長らでもあり、ニクソン政権はだから異なる二つの顔をもつ政権として性格づけられた。

この二つの顔の矛盾と政策的ミスを決定的にしたのが、ロッキードの経営危機であり、その亀裂を拡大したのが、ベトナムとアジア戦略をめぐる〝西部死の商人グループ〟と東部エスタブリッシュメントの暗闘だった。ニクソンは、すでに六七年のジョンソン時代の太平洋国家宣言（注・初めて〝敵との協調を図る〟として対中関係改善の方向を示唆した）が示すような、ベトナム撤収、米中関係打開に向けて外交を進めたが、それをやり終えたところで、東部と中南西部、あるいは多国籍企業＝金融資本主流と産軍複合体との一時的な均衡の崩壊の中で、ウォーターゲート事件を仕掛けられ、失脚していく。

そしてその余波が、多国籍企業とくに産軍複合体の国際商法の摘発へと発展していったのである。このウォーターゲート事件摘発の時期、D・ロックフェラーが米欧日三極委員会をビルダバーグ会議（前出）を土台に発足させ、それにジョージア州知事だった無名にも近かったJ・カーターを参加させていたことは、その後の歴史を辿る上で重要である。

ウォーターゲート事件の摘発と多国籍企業の一部の国際商法の不正の暴露追及とは、直接には、以上のような米権力構造内部の抗争にもとづいている。しかしそれはまた、今日ついに到達した米中同盟への道の一過程、つまり冷戦体制の継続に利権を置こうとする政治と経済の潮流を、多国籍企業主流と金融資本の手の中に解体しつつ再編成していく過程、同時に二一世紀にむけて不可逆的に伸びてくるに違いない第三世界のパワーに対応し得るアメリカの体制整備のための過程、模索の産物でもあった。

〝代理人〟の効用

もちろん、だからといって武器輸出が無用とされたわけでも、放棄されたわけでもない。武器輸出は、アメリカが今なおもつ強力な武器――米政府と軍事プロジェクトの強力な誘導の中で生まれ成長してきた先端技術によって、世界支配を持続するための活動だった。対ソ戦略上も、同盟国・従属国への影響力保持の上からも、また七三年秋以降はオイル・ダラーの再吸収と米貿易収支改善という経済的契機の上からも、武器輸出はまごうことなくアメリカの国策だった。

七一年の兵器輸出三四億ドルは以下年次、四三億、五〇億、八三億ドルと増え、七五年には一〇七億ドルを記録している。多国籍企業の海外活動追及が本格化する七五年直前の七四年七月には、国防総省は軍需産業界に「中東における代理人手数料」という文書を配付し、「代理人は聖書の時代から存在した」として、米企業が代理人の効用を考えるよう暗に勧告までしていた。

その文書の「影響力」の項には次のように書かれている。「影響力という言葉の定義はあいまいである。具体的には武器を売り込む相手国に住む代理人と政府の武器調達関係者との間の、通常の友人関係あるいは姻戚関係を指す場合から、下級官僚への支払い、高級官僚に資金を出す場合など、幅広く使われている。ある代理人は、某国の国会議員三人に常時一定の金額の資金を渡し、内部情報を提供させ、売り込みを有利にするよう、図っていた。

米国をはじめ各国の兵器メーカーは、売り込みに影響を与えるという、はっきりした目的のため代理人をかかえている。仲介のマージンや手数料が多くとれる代理人ほど、政府の政策決定につながる高官に対する影響力が大きいのは当然である。

影響力の行使は現金だけではない。たとえば別荘をタダで使わせるとか、アパートを車、女中つきで提供する。また、自分の職務と武器調達とは全く関係ない政府高官が〝かくれた〟代理人である例もある――」（朝日新聞社刊『多国籍企業』）

ペンタゴンの高官を事実上セールスマンにし、米軍基地を〝応接間〟にして肥大化したのが、米産軍複合体であり、

それは基本的に今後とも変ることはないだろう。

ただし、それが旧来そのまま、そしてこれまでのように航空機メーカーを主体にするものだとは必ずしもいえない。ペンタゴン自体の軍事戦略が、航空機からミサイル重点にますます転換し、それにつれて、電子産業の急成長と国際化、航空機産業のミサイル産業への従属化が進行しているからである。ロッキードの悲劇が始まったのもその過程からで、同社が六〇年代の経営不振からテキストロンの軍門に下ったのも、同社がボデー中心の航空機メーカーでありながら、胴体見積りのミスをくりかえすなどの低い技術水準に低迷していたからである。いまロッキード・ジョージアはトライデント・ミサイルの主力工場となっており、テキストロン社のミラー社長は、米連邦準備制度理事会の議長という顕職にまでなっている。

この方向は、すでに、P3C、E2Cがそうだが、航空機本体の売込みではなく、コンピューター、エレクトロニクスなどの高度先端技術の持ち込みによる産業と戦略支配とが、こんごの主流になることを示唆するものである。それはカーター政権になった七七年五月一九日に発表された兵器輸出政策が、①最新兵器は売り出さない、②輸出を目的とした新兵器の開発はしない、③他国との最重要兵器部品の共同開発を禁止する――という内容を含むものだったのをみても、明らかである。

海を越えた人脈

しかしそれは半面で、他の先進工業国の兵器国産化と自主的技術開発を促さざるを得ない。わが国が昨年七月、金丸防衛庁長官を西独に送って、世界をリードする兵器の共同開発協力について話し合い、また防衛庁自身が独自兵器技術を強めて対米交渉力とする方針をうち出したのは、その当然のなりゆきではあった。それはカーター政権の人権外交がもつのと、形、意味は異なるが、よく似たジレンマといえるだろう。

だからこそ、カーター政権はいま、かつてアメリカの冷戦戦略に忠実だった冷戦人脈を内外にわたってたち切り、すべてを米多国籍金融資本主流の新世界戦略にシンクロナイズさせようとつとめることになる。それがダグラス疑惑、グラマン疑惑の日本を含む諸国への突きつけではなかっただろうか。

そしてその際浮上してくるのは、かつての冷戦戦略の推進役でもあった米産軍複合体の「海を越えた人脈」である。ノースロップだけをとっても、中東ではモサデグ体制打破の裏工作をした元CIA中東部長、ガルフ石油の副社長でもあったカーミット・ルーズベルト（セオドル・ルーズベルトの孫）やサウジアラビアの実業家で、ベイルートに本拠をおくトライアド社のアドナン・カシオギ、アジアでは台湾ロビイストの巨頭シェンノート将軍の未亡人アンナ、タイでは前述の元輸銀総裁ヘンリー・カーンズが代理人をしており、しかも彼らがグラマン社のH・カーンとつながっている事実が物語るとおり、たんに一社ではなく、交錯しつつ多国籍産軍複合体の先兵として機能し合っている。わが国の岸元首相もまた、ある特定航空機メーカーの協力者というより、アメリカ航空業界の全アジアでの売込みについての、いわば日本側代理権者の立場にあると、事情に詳しい筋は指摘する。

つまりカーター政権は、フォード政権下に始まった多国籍企業スキャンダルの摘出を深め、完成させ、それによって破綻した冷静構造の中に深くビルトインされ、外交・内政にあたってアメリカの政治を牛耳ってきた産軍複合体の役割の再検討、再編成に、米中国交樹立とイランでの敗北という天秤の揺れの中でのりだしたのだと総括してよいだろう。

すでに七六年初めのことだが、「世界がそう把えていない」と嘆きつつ、EPS通信のスタンレー・カーノー記者が米多国籍企業の営業告発は、ベトナム戦争とウォーターゲート事件に発する「アメリカの自己反省であり、この問題を解決することによって、アメリカは再び強力な国家として浮かび上ろうとしているのだ」と論じたことがあった。

E2C導入の本質

要するにダグラス・グラマン疑惑は、ことの性格上ロッキード疑惑とまったく同根、同体といってもよい構造汚職にまつわるものであり、その構造性は、たんに日商岩井、海部八郎副社長の並みはずれた営業能力の裏の秘密や、それにまつわる何人かの政府高官名を析出すれば、済むことではない。

いいかえれば、それは航空機汚職・スキャンダルに矮小化することのできぬ問題であり、米占領期に原点を形成し、構造化されてきた産軍複合体の日本支配、安保体制下の日米関係の深層を暴露し、世界史の転変の中で、その清算をやりとげる方向を見いだしていく、すぐれて戦略的な課題となる性格をもつものなのである。

Ｅ２Ｃ問題一つにしても、商戦にまつわるコミッションや、あったに違いないと万人が推測している政府高官へのリベートの規模だけが問題なのではない。疑惑はどうあろうと、国防上は絶対に必要だ——とする政府・防衛庁の主張そのものに、一層根本的な疑点がひそんではいないか。

Ｅ２Ｃとは、一九五五年発表の米ＡＴＤＳ（空中戦術データ・システム）計画にもとづく、早期警戒機の一つとして開発されたもので、正式にはＡＥＷ／ＣＣ（早期警戒・管制システム）を満たすためのものである。六一年にＥ２Ａとして生産され、六四年に実戦配備、ベトナム戦にも使われた。しかし陸上（オーバー・ランド）の探索能力に欠陥をもち、その改良型として、七一年一月まずＥ２Ｃのプロトタイプ一機が建造され、現在米海軍で二八機配備、八四年までに八三機を整備する方針である。Ｅ２ＣはＧＥのＡＰＳ１２５を中央コンピューターとして積載している。

日本でこれを導入した場合、地・海上十数点の警戒ポイント、ほぼ二〇機が必要になろう——と、七一年三月一三日の参議院予算委員会で、当時の久保防衛局長が答弁したことがある。警戒可能半径三六〇キロ、二五〇ノット時の航速でのサーチ・タイムが一機当り四・二一時間だという性能からみて、日本列島周辺水域を全般的にカバーするとするなら、地上レーダーサイトから一三〇～一八〇キロ先に警戒点をおくとして九警戒群、最高三六機から最低二四機が必要とみるのが、軍事的観点からの常識的結論である。

ところが、これが七六年の防衛計画大綱では、一警戒飛行部隊（警戒ポイント二カ所、予備をふくめ八機）を目標にするものになっている。しかも八機配備を一九八二年から八五年までの四年間でするとしているのだから、かりに防衛庁のＥ２Ｃ有用論を肯定するものとしても、国防上の必要をすぐ充足させるものでないことは明らかである。にもかかわらず内局は二ポイントで限定小規模侵攻には対処できると説明し、一方、航空幕僚監部は、防衛計画大綱による警備作戦機総数四三機から、Ｆ15、Ｐ３Ｃその他の必要予定機数を引くと、Ｅ２Ｃが一〇機を越えられないことをもって、八機配備方針の理由にしている。いずれにしても根拠ある合理的説明からは程遠い。

それにもともとＥ２Ｃは、小型空母積載を基本とする米海軍機。米空軍機のF15を主力とする今後の日本の航空ウエポン・システムからはずれているし、F15にセットされるのは、むしろ武器体系上は、AWACSと略称される空中警戒・司令機のE3Cセンチュリー（ボーイング社）である。その証拠に航空自衛隊のF15配備と連動して、米空軍はさる一月一九日、日本のE2C配備に先立つ八〇年七月から沖縄・嘉手納基地にもE3Cを配備、八三年には四機にすると発表している。

なぜE2Cが必要なのか

ここから当然推測できることは、防衛庁は国防上の必要といいながら、自前体制を目標にしてはおらず、米E3Aに対する補完措置としてのE2Cの少数採用に向っているのではないか。またそれは、米戦略空軍につながる日本の戦術空軍をまず最小単位から編成する方針をもっているのではないか——ということである。

事実、防衛当局が密かにまとめている日米連合日本防衛戦略構想によると、軍事力による威かく、間接侵略、敵武力の一部非公然使用がある「活戦」段階と、空海戦力による直接攻撃から上着陸侵攻を念頭においた「武力戦」段階に大きく二分して状況をとらえ、そのいずれでも日米連合空海戦力の行使で対処することを基本にするとしつつ、この方針を展開するために、戦術空軍の創設、海兵隊の創設が必要だということを指摘している。

一方、米国防省が七六年三月段階で上院軍事委員会に提出した極秘扱いの「太平洋における戦略配備概要」説明によると、米海外軍事力の配備は、長期戦略的には陸軍＝欧州、海軍＝アジア・西太平洋、空軍＝米本土となり、これに伴って、日本の軍備についても海軍力増強が第一義的課題になること、とくに米軍の、①ポラリス級原潜に対する人工衛星群、②敵機動部隊に対する小型空母搭載の対潜哨戒機群、③地域防衛に当る陸上基地発進の対潜哨戒機群の三本立によるASW（対潜作戦）のうち、③を日本が分担すべきであることを明記しているという。

この概要説明は、対ソ主敵の米戦力のアジアにおける支援力として、中国の陸上兵力を計算に入れている点でも注目を引くが、日本については前記の要点からP3C、E2Cが重視されてくる。E2Cの配備は、むしろ米戦略上の必要である。

それでも防衛庁は「わが国防上」と強弁するだろうか。だがそうなら前記どおり、最低二十数機は必要となる。とすれば、機体購入費だけでも二〇〇〇億円以上、補用部品経費として年間三〇〇億円弱を要しよう。それら防衛庁の他の必要経費、P3CやF15の導入、あるいは艦艇建造、弾薬備蓄、人件費などとバランスさせようとすれば、およそ国防費は年間三兆円を優に上まわる。

しかも、航続距離九二六五キロのP3C、五六〇キロのE2Cの採用は、探索能力エリア三二〇キロの現行バッジの能力といちじるしく不整合になる。つまりバッジの更改、ポスト・ナイキの採用など一連の武器体系の見直しに発展せざるを得ず、この新防空システムのためには一兆円を最低要しよう。

五次防総体で一二兆円という推定防衛費額がこれに見合うわけだが、E2Cを「国防上の必要」どおり充足させれば、さらにこれが上積みされることは必至である。しかしだからこそ、E2C導入の先兵となることはまた、厖大なエレクトロニクス商戦の勝者になることに通じていく。

第一次バッジでの凄惨な争い、そしてその時は敗北した東芝が、E2C積載のコンピューターAPS125のメーカーであるGEとの関係で、このE2C導入の影の推進者になっていることは、スキャンダル面の疑惑構造の全体を解明する上でも重要なことである。

F15にしても、その核心装備は中央コンピューター・システム＝CPU（セントラル・プロセシング・ユニット）と空対空ミサイルおよびそれをコントロールするFCU8（火器管制装置）だが、それを開発したのはIBMである。その優秀さがF15採用の決め手になったのだが、それはしのぎをけずる日米コンピューター・メーカーの争いが舞台裏にあり、その戦争を新しい段階に引き上げることを意味している。くりかえしていうが、E2CにしろF15にしろP3Cにしろ、空を飛ぶドンガラ（航空機本体）の導入とかライセンス生産にとどまるだけの黒い翼影の問題ではない。

それだけではない。そもそもの購入費が果して、納得をえられるものかどうかに疑問が残っている。ライセンス生産のF15の場合、一機八〇億円、初年度部品込みで一〇〇億円とされている。ところがマクダネル・ダグラス社の米軍渡し価格はフライ・アウェイ（完熟飛行状況）で一機一〇四〇万ドル、約三〇億円。ライセンス生産による経費膨張率を三五％とみても、四一億円内外である。それがどうして二〜三倍にふくれ上るのか。

そうした数知れない疑惑をかくし、他方、E2Cたった四機分の問題だと印象をふりまきながら、「国防上の必要」だけでまかり通ろうとしているのは、一種の詐欺だといってもいいすぎではない。

絡み合う疑惑のさまざま

まさに構造疑惑である。

本来、三年前のロッキード疑惑の解明を通じて、その本格的摘出がなされるべきであった。これまで述べてきたような、ドル減らしに藉口したスキャンダラスな航空機輸入にまつわる疑惑と、それを実現した米CIAがみの日本政治の暗部構造を解明する作業は、検察当局の訴追だけでなく、商社活動に関する税務当局の調べ内容の公開、政治ジャーナリズムの継続的追及活動、何よりも直接に責任を負うべき関係政党の自浄責任の中で、SECの資料公開をまつまでもなく果たされねばならないことであった。

　しかし、ロッキード事件は、直接名指された商社、航空会社、特定政治家だけの贈収賄事件、それもトライスター導入にかかる事犯にだけ矮小化されてきた。ロッキード事件を暴いたアメリカの意図と、日本側のこの処理とのギャップは小さくない。その間隙を、もう一度埋めるかのように、今日のダグラス・グラマン問題が提起されたとみるのは、思いすぎ、読みすぎであろうか。

　今になって、Ｅ２Ｃ導入経過上の重要証言として取上げられているＥ２Ｃ売込みについて、リチャード・アレン大統領副補佐官に依頼したことがあったというチータムＧＩ社長の証言が、米多国籍企業小委員会でなされたのは、すでに七六年八月後半のことであった。ところが当時、アメリカ議会ではフレーザー委員会による文鮮明コネクション——朴東宣人脈の追及などがつづいており、それがまた日本でのインドネシアＬＮＧ契約をめぐる疑惑の提起や、自民党宇都宮徳馬代議士らによる日韓大陸ダナ開発への執拗なまでの攻撃などとも並行していた。

　当時某有力商社筋は、「これは決して偶発的なものではなく、むしろロッキード事件収拾への追撃という、アメリカの一貫した意思が感じられる」と述べていたものである。

　インドネシアへの開発協力をめぐる疑惑とは、七三年以降、日本がＩＧＧＩ（インドネシア向け債権国会議）ベースの援助とは別に、海外経済協力資金、輸銀、市中銀行こみで、石油、ＬＮＧ、アサハン、アルミに計三〇億ドル近いプロジェクト援助が注ぎこまれ、経営危機にあえぐプルタミナ向けの政治的救済資金になったという性質の問題である。

　ＬＮＧの価格が通常の二～四倍になっていたという価格および用船契約をめぐって指摘された疑惑も、要するにプルタミナの赤字の三分の一を占めるタンカー部門の危機、それと直接リンクしたパーマ・オイルの危機を、日本の負担で建て直そうとするものだったが、このパーマ・オイルの危機については、在米のＫＣＩＡメンバーと目され、米陸軍予備役大佐の資格をもつ朴東宣（彼はボーイング社とも提携してホテル・観光事業をしている）ならびにロッキード事件の主役児玉誉士夫が強い影響力を与えているジャパンラインがそれぞれに関係していたのである。そしてジャパンラインは、韓国の麗水石油精製設備建設への参入をめざして、児玉を通じての対韓中枢へのコネクションを強め、その活動の一環として、七三年八月の金大中拉致事件とも深部でかかわっていた疑惑を残したままの海運会社だった。

　インドネシアのＬＮＧ開発は、もともとは岸信介総理時代からの木下産業＝三井物産系列——すなわちファーイースト・オイル・トレーディングの手で着手されたものである。スカルノ時代にさかのぼって、日本石油を通じてカルテックスにも関係深い岸氏の人脈がインドネシア・ロビーの中核だった。しかし日本での政権移行とパラレルに、田中角栄氏を中心とする新ロビーが形成され、力を伸ばしていった。

LNG疑惑は、この狭間から発生したものだが、そこにはまた日商岩井も関係していた。日商岩井のインドネシアLNG担当は、海部副社長であり、その政治工作を担当していたのが田中六助代議士である。

そしてあらためて指摘しておいていいのは、ロッキード事件追及の火元の一つになったアーサー・ヤング法律事務所が、スハルト政権中枢を占めていた米加州大学・バークレー分校で特別教育をうけた親米的なインドネシアのテクノクラート群(いわゆるバークレー・マフィア)と協力して、プルタミナの経営審査に介入、日本の超大型政治家がバーレル当り一五セントの口銭を得ている証拠を、すでにロッキード段階で握っていたと伝えられていたことである。

日商岩井はまた一方で、ソウル地下鉄向けの車輛高値輸出の疑惑に、三菱商事、三井物産、丸紅とともに関係していた。韓国の新韓碍子にまつわる疑惑にも登場している。そのすべてをここで詳しく吟味する必要も、余裕もないが、航空機輸入に絡む商社群と一連の政治家高官が、ほとんど重なり合うようにして、同じような構図をつくって姿を現わすこと、しかもそれが韓国、インドネシアの政府・情報機関、有力政治家とも微妙な人脈上の違いをもちながら、ダブリ合う関係をもっていることは驚くべきことである。

そうだからこそ、日商島田常務の死に関連して、二月三日の『日刊ゲンダイ』が「グラマン疑惑よりももっと巨大な疑惑がからんでいるのではないか」と書いたのは、至極当然の疑問だったといえる。ジョン・ロバート氏も『潮』三月号で「私が思うには、今必要なことなのは、これら一連の事件、さらにLNG、ソウル地下鉄、KCIA、金大中、朴東宣ミステリーといった事件をふくめて、一つの連続した過程だとみる歴史的文脈を明らかにすることである」と書いている。

恐らく疑惑の構造性の拡がりは、こうした過去形の事件だけにかかわっていないのかも知れない。ハリー・カーンがグラマン社のコンサルタントを離れ、中東情報を提唱し、中東とりわけイラン・サウジアラビアの建設利権などに介入していることをみるだけで、それは十分頷けることであろう。

事実、イランで帝人・三井・三菱・旧スマトラ石油がロレスタン石油鉱区開発権を取得し、あるいは三井グループが、いまそのプロジェクト継続の是非が深刻に問われている石油化学コンビナート建設——三井内部の危惧と反対があったのを押して——に参加していったのも、岸・カーン人脈の仲介によったとの説が有力である。

日商岩井による七六年のサウジアラビアの淡水化プロジェクトにもカーンはコンサルタントとして関係しているし、七八年段階の福田首相の中東訪問に先立って、カーンが福田首相に直接、ペルシャ湾岸諸国への訪問を建策するなど、日本の「過去の波」とのコネクションもなお続いている。

不気味な影

だが基本的には、かれが中東情勢を読み違えてしまったように、カーンもまた「過去の波」に、今はもう属しているというべきだろう。先にも触れたように、カーンは「インタナショナル・ポリティカル&エコノミック・クラブ」をワシントンにつくって、二〇社の日本のエネルギー企業への情報コンサルタントをつとめ、『フォリン・レポート』を刊行しているが、これはカーンが財閥解体に反対していらい、電力をふくむエネルギー企業などがカーンの役割と人脈をそれなりに評価した基盤の上にたった過去の〝栄光〟のいわば延長線上にあることである。たとえば『フォリン・レポート』の日本での配付窓口に当初予定されていた牛場（前対外経済担当相）事務所が、カーンとの接触を嫌って、その業務引受けを拒否したことは、その後のグラマン疑惑のアメリカからの提起とも合わせてみて、示唆深いことであった。

これに対して日韓に絡む進行形の疑惑は、航空機売り込み問題そのものが問い返されているのに、不気味な影をかえって増そうとしている気配さえある。大韓航空がことし二月末までを期限として、一八機、総額五〇〇〇億ウォンの大型航空機輸入契約方針を固める予定で、その機種決定をめぐり、ボーイング747とダグラスのDC10が競合しているからである。

それかあらぬか、ボーイング社の幹部が昨年一一月ソウルを訪問したあと、一二月にはダグラス社の幹部が同じく訪韓したという。このダグラス社幹部訪韓の同じ時期、朴正熙大統領の就任式出席のため、岸元首相もソウル入りしている。この韓国への航空機売り込み問題については、SECの公開報告書が韓国での過去の疑惑を、日本同様摘発していることを――あらためて指摘するまでもないが――想起しておく必要があろう。

転形期の戦略課題として

現在の段階では、疑惑の究明が過去の戦後史にさかのぼり、関連事犯の総体に及ぶようなレベルに進む見通しは、さして大きいとは思わない。ダグラス、グラマン両社の不正支払いについて、問題の政府高官が引き出されてくるか。それも多分に疑わしいというのが大方の見方である。

SECの関連資料はすでに日本に持ちこまれているが、一月二三日の日米司法取決めで、ロッキードの場合に結ばれた一一項目の取決め内容以上に秘密性が保持されており、他方、E2CがFMS扱いになっていることを理由にして、疑惑の存在そのものが雲散霧消させられる公算も少なくないからである。時効の壁、職務権限の壁も厚い。有力な証人だったはずの島田日商岩井常務は、もう死んで語らない以上に、むしろ、ありうべき罪までも墓中に持ちこまれてくることも考えられる。

だがそれにも増して、検察主導型の処理が進められる中で、ロッキード事件の際と同じように、「国家の論理」が強く捜査当局を支配していくに違いない。

「国家の論理」とは、検察当局が七六年六月二二日の丸紅・大久保専務、全日空三幹部の逮捕からほぼ二週間、警察当局とも連携・交流しながら、その後の捜査戦略を方向づける〝理論合宿〟を行ない、最後には、あの時点で一気に頂上にのぼりつめなければ、政治サイドからの圧力もあって事態がきわめてあいまいな処理に陥り、その結果として〝日本は、右か左かのファッシズムに侵される〟ことになると意思統一して、七月八日の若狭全日空社長の逮捕、さらには七月末の田中元首相の逮捕へと踏みきっていった、そのときの理論づけのことである。

このときの〝理論合宿〟の論議の過程では、アメリカにおけるウォーターゲート事件以来の政治動向――ニクソン失権からカーター現象（カーター政権成立前のカーター・ブーム）に至るアメリカ、あるいはガルフ・オイルの対韓スキャンダルの全面的暴露など、同時代的に当時展開していた政治のクリーン化の動きと、そこに現われていたとみるべきアメリカ支配層の新しい世界像をどう把握し、どうそれに対応するかという問題も、論議されたという。

再び「国家の論理」

この「国家の論理」を前面におし出すことは、まず若狭社長逮捕にのぞんで必要だった。それは若狭氏が一民間企業の人だとはいえ、やはり実力ある官僚OBで、その逮捕が丸紅などの私企業幹部の場合とちがう重みをもっていたからである。つまり若狭氏に手をつけることは、検察・警察にとっては、一種の内部告発であり、権力の立場に立つものとして、この国をどこに向けていくかという明確な意思決定なしには断行できない性格のものだったのである。捜査技術的にいっても、「国家の論理」をめぐっての正面からの理論闘争が必要だとうけとめられていたようである。

巨視的にいって、アメリカの戦略再構築の過程で生じたその段階のロッキード贈収賄問題に対して、自民党はなんの〝自浄能力〟ももたず、示しもせず、旧態依然たる派閥のかけひきに終始していた。その外では、しかし国民の不満といらだちが深刻なものに高まりつつあった。

こうした危機感が検察主導型による政治への踏みこみ、政治の一定の〝変革〟作業として爆発したのが田中逮捕だったということができた。ロッキード事件をきっかけに戦後史総体を問い直し、より深い疑獄の構造性の解明にまでつき進もうという気配をみせていた国民の「論理」と行動が、ここで緊迫感を抜かれ、事態が政治的収拾に転じていったのは、周知の経過だった。

当時の一検察当局者は、頂点を急襲したが「しかし鍋の底までかきまわすことはしない」と述べたが、結果的にみて、「国家の論理」が勝利したことを否むことはできない。

こんども「国家の論理」が働くだろう。

アメリカの出方に、ロッキード事件と同様の、というよりもっと明晰な、米中対決から米中同盟への世界戦略上の転換と表裏一体の意図があり、それとシンクロナイズしていくことが、今後の日本の針路にとって決定的だという見地――一つの政治的選択と決断が働くなら、「過去の波」に追及の矢が向わないとは、必ずしもいえない。

しかし一方、それはまさに田中元首相逮捕以上に衝撃的なことであり、恐らく予想をこえた政治的変動を連鎖反応的にひき起す可能性が絶無とはいえないとみるのが常識だろう。「過去の政治の波」は、アメリカの多国籍金融資本とその上にたつカーター政権の評価だとはしても、アメリカ内にもこれに反対の強力な政治・経済潮流があり、それにもまして、わが国の「過去の波」は、なお強力だからである。

しかも、その「過去の波」の清算が、E2C導入の再検討と密接に結びつくような形が進むなら、反発は、関係する政治勢力と企業からだけではなく、「国防の必要」を軽んじるものとして、自衛隊内部からも不測の事態の形をとって起りかねないだろう。ロッキード事件の際にも、公けにはされなかったが、自衛隊の一部に不穏な動きがあり、自衛隊最高幹部が現場に直接のりこんで説得し、鎮静につとめたという一場面があったのである。

こうした相反する想定事態から帰結されてくる一つの論理的読み筋は、E2C導入については別段の疑惑はなかったとし、関連する別件で、あるレベルの政治高官に検察の手が一定程度及ぶことではなかろうか。伊藤法務省刑事局長が、捜査対象事犯を拡げて事態の解明につとめていると、すでに国会で述べていることは、あるいはかなり含蓄をもつ言葉なのかもしれない。

一説によれば、日商岩井に販売代理店を奪われる前の住友商事の、救難機U2の部分導入に絡む一四万ドルの使途不明金の処理、ないしはダグラス社の六九年から七六年までの航空機売込みにかかる手数料一八〇万ドルのうち、日商岩井が取扱ったRF4E分四三万ドル（他は三井物産の民間航空機分一四〇万ドル）が、検察当局のさし当ってのターゲットになっており、当局側が「泥をかぶって」関係者一部の逮捕に踏みきることになるかも知れないという、有力な観測がある。

「真の政府」の目指すもの

だが、そうした疑惑追及の方向と到達点がどうあろうと、わが国で大平政権が誕生し、グラマン・ダグラス疑惑に明け暮れしているこの時期に、世界史は「過去」をすべて洗い直すほどの歴史的転換をとげてきていることを、国民誰しもが今直視すべきであろう。

かりに昨年一二月以降だけをとりあげても、EC首脳会議がEMS（欧州通貨制度）発足について基本的に合意したあと、一二月一一日のアシュラの祭りに際して、イランのテヘランだけでも一〇〇万人の反パーレビ国王デモが組織され、それを横眼にみながら開かれたOPECアブダビ総会は、西側世界の憶測を越える年間一四・五％の原油値上げに踏みきった。一方韓国での国会議員選挙では、ついに得票率で与野党逆転の結果が出、その直後には、ついに米中国交を一九七九年一月一日に樹立するとの北京・ワシントンの同時発表が行なわれた。

そしてさらに、日中平和友好条約につづくこの米中の和解と事実上の同盟形成は、ソ連・ベトナム間の準軍事協定（友好協力条約）と、年末から正月初めにかけてのベトナム・カンボジア間の戦争をひきずり出し、ついには中国・ベトナム間の公然とした武力交戦という事態へと発展してきた。

その間、イランの回教徒革命は、ついに勝利し、それとともに七三年秋のオイル・ショックを上まわる石油危機の到来、イランの対外債務モラトリアムを引金とする国際通貨体制の波乱の接近、回教徒革命の回教徒世界への連鎖反応の可能性などが、予想されるようになった。歴史の一つのサイクルが閉じ、新しいサイクルが動き出したことを否

定することはできない。

ダグラス・グラマン問題が提起しているのは、この歴史の一つのサイクルが閉じ、八〇年代から二一世紀にむけて新しい世界の歴史のサイクルが始まってきた時点で、わが国がこんごのような針路を、そしてその選択さるべき針路にみあうどんな政治と経済の構造を構築するのか——という問題ではなかろうか。

たんにアメリカの動向に〝シンクロナイズ〟すればいいということではない。ましてダーティ・セクションを免責し、そうした勢力の存続を許すというようなことであるはずもない。さらに「国防の論理」——その意味での「国家の論理」の貫徹を許すことでもあるまい。

歴史の転形期には、すぐには社会生活の表面に浮上しないが、将来を決定するともいっていい権力構造が、底深いところでつくり出されてくる。グラマン疑惑を契機に初めて国民の前に明らかになってきたH・カーンとそれにまつわる人脈は、それこそが実は、戦後日本を動かしてきた真の政府だったのかもしれないという疑いをわれわれに強く印象づけている。では今日ただ今の瞬間、その「真の権力」は、どのような自己転変を遂げ、明日に向けて何を準備しようとしているのであろうか。

アメリカの型から「過去の政治の波」と指摘され、一時的には逼塞を余儀なくされながら、それに代る新しいダミーをつくりだすのだろうか。とすれば、それは歴史の悲劇

であり、喜劇でもあろう。

多国籍企業の判断

かつてのロッキード・スキャンダル暴露の際、CIA関係者が多く関連人脈の中に浮かび上った。そのことについて、ロッキードの対外売込み活動にたまたまCIA要員が絡んだのではなく、CIAを有力な一つの工作軸にしたアメリカの戦後政略展開の中で、航空機の売込み、したがってロッキード社が使われたのだ——とみた人が、決して少なかったわけではない。だからロッキード疑惑の提示は、必然的に日韓癒着にまつわる人脈もクローズアップさせるものになった。

同時にロッキード疑惑の提起とその追及の中で、ウラン資源の取得をふくんで、エネルギーの自主体制をやや粗暴に、そして利権本位的につくりだそうとしていた田中角栄元首相のグループが直撃され、その意味でのアメリカの戦略展開の一つが成功することになったといえる。

アメリカ本国の方では、SECの多国籍企業の不正支払いに関する究明キャンペインは、多国籍企業主流とりわけ多国籍金融資本主流がすでに選択していた中国との和解、米中同盟化の方向から離れ、それに対して妨害的役割を果たす仕事しかしていなかったグループ——たとえば日韓大陸ダナ石油開発利権に独走的に斬り込み、朴正煕政権の政治資金づくりに多大の役割を果たしていたガルフ・オイル

などが摘発され、その営業路線の修正を余儀なくされた。ガルフ問題が韓国を直撃し、ロッキード問題が日本を直撃していた段階で、ガルフ・オイルはフォード大統領の勧告で、日韓大陸ダナ権益から撤収を決定、そしてその直後にフォード大統領は北京を訪問したのである。

今回もまたそうである。

産軍複合体の利益本位の営業とそれにひきずられたアメリカの対外政策が、どれほどアメリカ自体を危殆に落し込むものかを、すでに中東情勢が雄弁に物語っている。これはコントロールされねばならない——というのが、多国籍企業中枢の判断である。

昨年一二月二〇日の米外交政策協会の講演で、ブレジンスキー米大統領特別補佐官が、これからの二〇年間に、世界の人口の四分の三は第三世界によって占められることになると強調し、その趨勢に対処するには、たんに〝力〟では十分でないとし、道義力の意味を強調しているのは、彼の持論といえばそれまでだが、それを越えた重さをもつのだろう。ブレジンスキー補佐官はそこで、武器輸出についても、七九年になお八％減らすといいきっている。いまやなだれをうつように中国市場に代表を送りこんでいる米多国籍企業中枢は、この三月にも、これまでの米欧日の三極委員会（トライラテラル・コミッション）に重ねて、さらに社会主義国・産油国をふくめた世界三〇カ国によるネオ・トライラテラル・コミッション（新三極委員会）を発

足させようとさえしているのである。

いま暴露されているもの

わが国についていえば、航空機導入は、二一世紀にむけて産業構造の主導権争いを決定するともいっていいエレクトロニクス、ICなど高度先端技術およびエネルギーをめぐる企業の血みどろの商戦と密接にリンクしており、さらには交通革命時代におけるヘゲモニー（外交と結びつく航空路線）の争奪とも深く関連している。

ハリー・カーンがかつて鉄鋼を機軸産業とするモルガン財閥と結びついて、世界の冷戦構造づくりの小間使いをしていたとすれば、ごく近い時点では、航空機の売り込みからも離れて、中東＝エネルギーの分野での謀略的人脈づくりに走っていることを重視すべきであろう。

こうした産業構造の転換・発展の中にこそ「真の権力構造」のあり方を定めていくカギ＝基本的前提条件があるのは当然のことである。だから航空機導入問題は、機体そのものの導入だけではなく、むしろ先端技術とエネルギーをめぐる産業構造と政治構造にかかわる米日資本の争い、日本の関連資本間の攻防の一つとして組織され、実行され、そしていま「暴露」されてきているといってもいいすぎではない。

グラマン・ダグラス問題、とくに「空飛ぶコンピューター」であるE2Cをめぐるスキャンダルが問われ出しているまさにその時、緊張を強めつつある日米経済戦争の焦点課題として、電電公社など日本側政府機関に対する米国製コンピューター（とくにIBM）の導入問題が、〝新ドル減らし〟の具体的措置として浮かび上っていることは、無関係なこととといえるだろうか。カーター政権にはIBM幹部出身の閣僚が五人もいる。グラマン・ダグラス問題を突きつけられた大平政権が、〝弱い立場〟にあることは否めない。

ことは「戦略」問題である。

直接の疑惑についての徹底解明が求められるのはいうまでもないが、それに止まることなく、まさに「転形期」の政治課題として、正面から、このダグラス・グラマン疑惑をめぐる全領域にアプローチしていく流れが強まることを期待したい。

（『文藝春秋』一九七九年四月号　山川暁夫）

全斗煥体制とは何か
——朴後の韓国の権力構造

計画的だった五・一八クーデター

光州武装決起を戒厳軍二個師団が武力弾圧したあと、韓国の支配は、基本的には五月三一日に発足した国家保衛非常対策委員会の権力の下にある。

同委員会は形式上は大統領の諮問補佐機関であり、崔圭夏大統領を委員長にしているが、実質的には三〇人の同委員会常任委員会、とりわけ常任委員長の地位にある全斗煥国家保安司令官および盧泰愚首都警備司令官、鄭鎬溶空輸特戦団司令官を中心にした全斗煥一味の軍部首脳の軍事独裁執行機関である。それはたとえば、次のような三つの事件経過をみても明らかである。すなわち——

①七九年一〇月二六日の朴正熙大統領射殺のあと起きた一二月一二日のいわゆる〝粛軍クーデター〟で、全斗煥が崔大統領を事実上軟禁して、当時の戒厳司令官鄭昇和大将の逮捕を承認させた。

②八〇年五月一八日午前零時からの全土非常戒厳令施行に先立つ五月一二日深夜と五月一七日の二回の臨時閣議は、KCIA部長代理でもあった全斗煥が軍の圧力の下で開催させ、一連の弾圧方針を強要承認させたものであった。

③何よりも五月一八日以降の光州市民への大弾圧は、全斗煥司令官が、在韓国連軍司令官の指揮権限下にない首都警備司令部と特戦団翼下の部隊をまず動員して敢行したものであった。

こうした経過のあとつくられた国家保衛非常対策委員会は、紛れもなく六一年五月一六日の朴正熙軍事クーデターの後につくられた国家再建最高会議と同質のものであり、政府の上にたつ実質上の最高権力である。周知のことだが、朴正熙は最高会議設置二カ月後、張都瑛議長を追放し、一八年続いた軍事独裁体制の支配者となった。

七九年四月、国軍保安司令官に就任した全斗煥は、一〇・二六事件のあと戒厳司令部合同捜査本部長に就任した。それまでの朴一人独裁下で、韓国の権力構造の中核にあったのは、国軍保安司令部（CIC）、中央情報本部（KCIA）、大統領警備室（PGF）だったが、朴正熙とともに車智徹大統領警備室長が射殺され、射撃したのが金載圭KCIA部長であり、この金載圭が直ちに逮捕されたことから、この三本柱の権力構造は瞬間に崩壊し、一〇・二六事件以後の実権は、保安司令官しかも一〇・二六事件の合同捜査本部長も兼任した全斗煥の手に移ることになった。そして一二月一二日、全斗煥は彼と気脈を通じた将軍たちとしめし合わせ、第一軍の第九師団、空挺団、第二〇師団、および全の直接指揮下の保安部隊を動員して、鄭昇和戒厳軍司令官らを逮捕、盧在鉉国防相を解任に追いやり、軍の実権を掌握した。

当時の『読売新聞』報道によると、全一味は「事前に革命委員会を組織していた」という。一説には、このジャンク——革命委員会（または革命評議会）は一三人からなっていたとされるが、この一二・一二粛軍クーデターで中心となった全斗煥以外の李熺性KCIA部長代理（朴射殺後任命）兼陸軍参謀次長、車圭憲首都軍団長、黄永時第一軍団長、兪學聖国防軍需次官補（いずれも当時の職務）ら中将クラスが、のちにみるように今日の国家保衛非常委員会の中心メンバーになっている。彼らは一〇・二六事件直後から〝維新体制〟という言葉が早々と消滅したことにみられるような韓国の新しい政治潮流の動きと、これに鄭昇和戒厳司令官らが動揺的であったことに懸念を抱き、朴正熙・車智徹らのいわば遺恨をはらしつつ維新体制の堅持を図ろうとしたのである。全斗煥は六一年の五・一六クーデター当時、空挺団中隊長の大尉として車智徹と同僚関係にあり、七二年段階では大統領警護室次長に昇格していた車の直接の部下として、大統領の側近メンバーの一人に入っていた経歴をもっている。

この一二・一二粛軍クーデターで排除された四十数人の将軍の中には、鄭昇和大将の他李建永中将（第三軍司令官、陸士七期）、鄭柄宙少将（特戦団司令官、九期）、張泰玩少将（首都警備司令官、九期）、盧泰厚少将（第一軍第九師団長、九期）などがいる。

この後、全斗煥は、四月一四日に、みずからCIA部長代理となり、政府（閣議）の外側から国政に影響を与えるのではなく、直接閣議にも出席して発言する権限を手に入れる。一方、KCIAそのものの再編に着手する。部長代理となったのは、部長が組織の軍人であることを認めないという手続き上そうしただけで、しかもKCIA部長不在という条件にあっては、全がKCIAの最高責任者の位置についたことと同じであった。こうして国軍とＫＣＩＡの双方にわたる最高権限を一手にした全斗煥は、恐らく一二・一二クーデター当時から大まかに構想していた方向――軍政の本格的復活の方向にむけての筋書きを具体化していったのである。その際決して看過してならぬことは、民主化と統一を求める韓国民衆の闘争方向、打倒の対象が、全のＫＣＩＡ部長代理就任以降、朴正煕体制下の大物政治家の維新残党グループにもまして、直接に全斗煥に集中し始めていたこと、それだけでなく五月一九日には崔大統領と金鐘泌民主共和党総裁の会見が予定され、戒厳体制の解除が建議される情況にあったこと、さらに五月二〇日には国会が開かれて、与野党の合意によって、同じく戒厳体制の緩和が議決される情勢があったことなどである。全斗煥グループは、まかり間違うと〝孤立化〟の危険に追いこまれかねない情況にあった。五月一七日の金大中、金鐘泌らをふくむ人びとの逮捕・連行、そして一八日午前零時からの全土非常戒厳令施行は、全一味の予定の筋書きであると同時に、彼らの危機突破の焦燥をこめた行動であった。

　ちなみに、この時の計二六人の逮捕者の名前を再録しておく。

〔不正蓄財容疑〕　金鐘泌（民主共和党総裁・元首相）、金鐘珞（コリア・タコマ社会長、鐘泌の実兄）、李厚洛（国会議員・元ＫＣＩＡ部長・元駐日大使）、朴鐘圭（国会議員・元大統領警護室長、大韓体育会長兼韓国オリンピック委員長）、金振晩（国会議員・元国会副議長）、李世鎬（元陸軍参謀総長）、張雲（五・一六クーデター参加・元援護処長）、呉源哲（前大統領秘書室経済第二首席秘書官）

〔社会混乱醸成、学生・労組騒擾関連、背後煽動者（発表のママ）〕　金大中（元大統領候補）、芮春浩（新民党議員・元金大中秘書）、金東吉（延世大副総長・金玉吉文相の実弟）、李泳禧（漢陽大教授・中国研究者）、文益煥（神父）、高銀（詩人）、印明鎮（宗教家・労働活動家）

　他に一〇人の学生。その氏名は公表されていない。またこの五月一七日夜の逮捕は、以上二六人だけでなく、たとえば金大中氏周辺だけでも長男を含む七〇人に及び、四〇〇人余の復学学生、四〇人以上の復職大学教授らなど、ソウルだけでも一〇〇〇人を超える規模のものだったと伝えられている。

国家保衛委の性格

　さて問題の国家保衛非常対策委員会は、五月三一日の政府スポークスマン李光杓文化公報相の発表によると、次のようなものである。

〔設置目的・機構の性格〕

　全国非常戒厳下で、大統領が戒厳業務を指揮・監督し、内閣と戒厳軍当局間の協調体制を緊密にするため、大統領の諮問・補佐機関として設置する。

〔法的根拠および議決・施行〕

この国家保衛委の設置は、戒厳法第九条、第一一条、第一二条および同法施行令第七条、政府組織法第五条に依拠したもので、国家保衛委設置令は五月二七日の閣議で議決、大統領の裁可などの手続きを経て施行された。

〔構成〕

国家保衛委は、首相、副首相兼経済企画院長官、外相、内相、法相、国防相、文教相、文化公報相、中央情報部長、大統領秘書室長、戒厳軍司令官、合同参謀会議議長、各軍参謀総長、国家保安司令官（当然職）と、大統領が任命する一〇人以内の委員（任命職）で構成する。

〔常任委員会〕

国家保衛委の委任を受けた事項の審議・調整のため設置する。

以上の国家保衛委を図解すれば、別図のようになるが、そのメンバーは現在のところ次のようである。

〔当然職〕

崔圭夏大統領、朴忠勲首相、金元基副首相兼経済企画院長官、朴東鎮外相、金鐘煥内相、呉鐸根法相、周永福国防相、李奎浩文相、李光杓文化公報相、全斗煥国軍保安司令官兼KCIA部長代理、柳炳賢合同参謀会議議長（大将）、李熺性陸軍参謀総長兼非常戒厳司令官（大将）、金鐘坤海軍官房総長（中将）、伊子薫空軍参謀総長（中将）、崔侊洙大統領秘書室長

〔任命職〕

白石柱米韓連合司令部副司令官（大将）、金瓊元大統領国際政治担当特別補佐官、陳鐘埰陸軍第二軍司令官（大将）、尹誠敏同第一軍司令官（大将）、車圭憲陸軍第二軍司令官（大将）、黄永時陸軍参謀次長（中将）、金正浩海軍第二参謀次長（少将）、盧泰愚首都警備司令官（少将）、鄭鎬溶空輸特戦団司令官（少将）

当然職一六人と任命職一〇人、計二六人だが、全斗煥がKCIA部長代理と保安司令官を兼ね、李熺性大将が戒厳司令官と陸軍参謀総長を兼職しているので、実際は二四人。そのうち軍関係者は内相、国防相を加えて一六人に及んでいる。しかも国家保衛非常対策委員の実権はほとんどが軍人で占める三〇人以下の（国家保衛委設置令第五条）常任委員会にあり、その常任委員会が図解のように、内閣の各省庁に対応する一三の分科委員会を統括している。機構的にみても、もう一つの政府になっていることがわかる。そしてその〝もう一つの政府〟の著るしい特徴は、単に軍人支配というだけではなく、全斗煥一味の徒党体制とでもいって過言でない所にある。

もう一つの表をみていただきたい。国家保衛委の中心メンバーの一二・一二粛軍クーデター当時のポストと現在のポストの一覧である。粛軍クーデター・グループが国家権力の中枢に躍り出た経過を容易にみてとることができよう。とくに全斗煥四人組といわれる面々、上司の第三軍司令官を粛軍クーデター時に拘束、在韓国連軍司令官の指揮

〔図3〕　韓国の政治体制

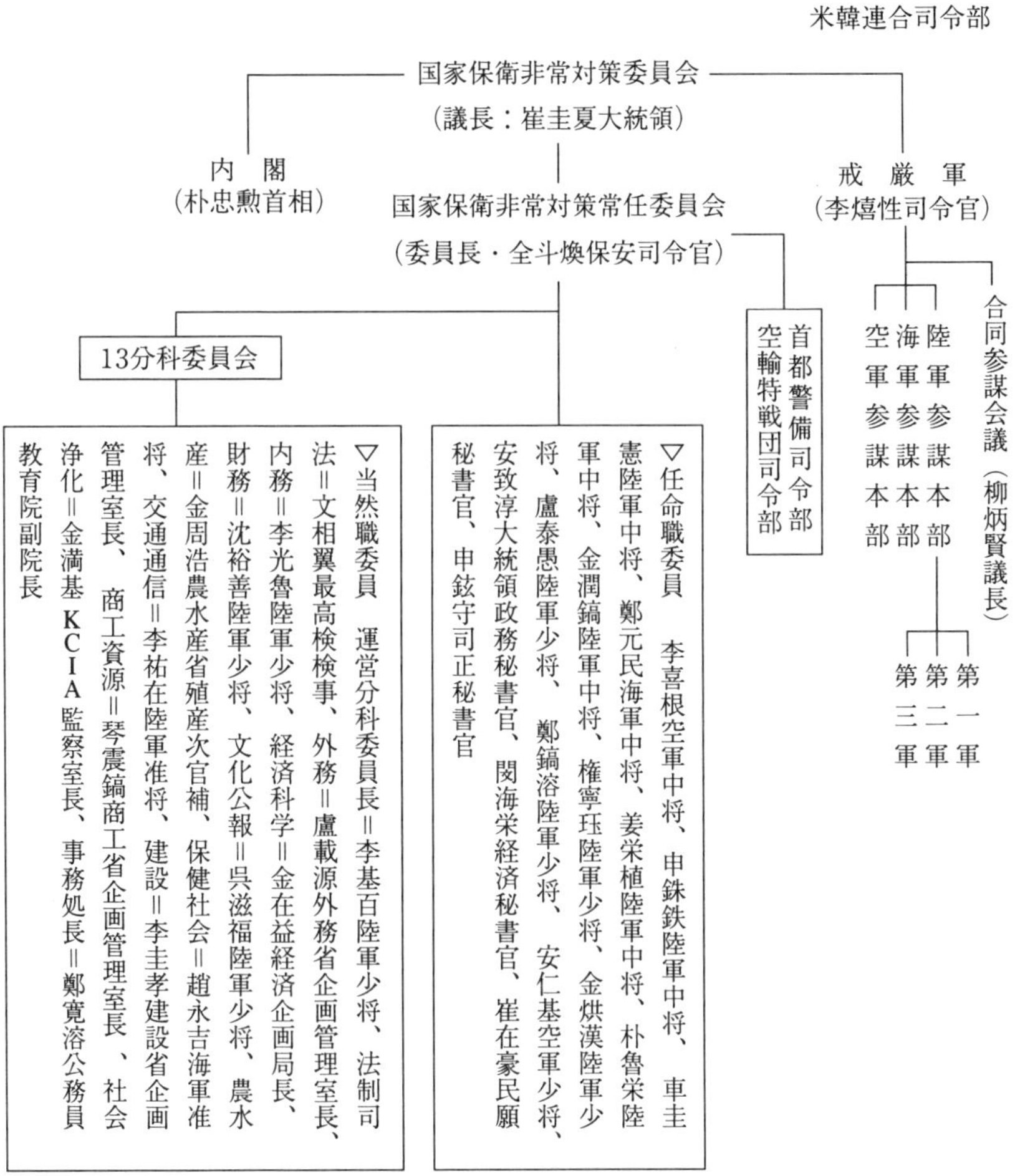
米韓連合司令部
国家保衛非常対策委員会
（議長：崔圭夏大統領）
内　閣
（朴忠勲首相）
戒　厳　軍
（李熺性司令官）
国家保衛非常対策常任委員会
（委員長・全斗煥保安司令官）
13分科委員会
首都警備司令部
空輸特戦団司令部
陸軍参謀本部
海軍参謀本部
空軍参謀本部
合同参謀会議（柳炳賢議長）
第一軍
第二軍
第三軍
▽任命職委員　李喜根空軍中将、申銖鉄陸軍中将、車圭憲陸軍中将、鄭元民海軍中将、姜栄植陸軍中将、朴魯栄陸軍中将、金潤鎬陸軍中将、権寧珏陸軍少将、金烘漢陸軍少将、盧泰愚陸軍少将、鄭鎬溶陸軍少将、安仁基空軍少将、安致淳大統領政務秘書官、閔海栄経済秘書官、崔在豪民願秘書官、申鉉守司正秘書官
▽当然職委員　運営分科委員長＝李基百陸軍少将、法制司法＝文相翼最高検検事、外務＝盧載源外務省企画管理室長、内務＝李光魯陸軍少将、経済科学＝金在益経済企画局長、財務＝沈裕善陸軍少将、文化公報＝呉滋福陸軍少将、農水産＝金周浩農水産省殖産次官補、保健社会＝趙永吉海軍准将、交通通信＝李祐在陸軍准将、建設＝李圭孝建設省企画管理室長、商工資源＝琴震鎬商工省企画管理室長、社会浄化＝金満基ＫＣＩＡ監察室長、事務処長＝鄭寛溶公務員教育院副院長

〔図4〕実力者のポスト異動

	期	12・12事態時	現　在
◯全斗煥（慶北）	11	少将 保安司令官	国家保衛委常任委員長・中将
◯盧泰愚（慶北）	11	少将 第9師団長	首都警備司令官
◯車圭憲（慶北）	8	中将 首都軍団長	陸軍士官学校長
◯鄭鎬浩（慶北）	11	少将 空輸団長	特戦団司令官
李熺性（慶南）	8	中将 ＫＣＩＡ代理	陸軍参謀総長・戒厳軍司令官・大将
黄永時（慶北）	10	中将 第1軍団長	陸軍参謀次長
兪學聖（慶北）	9	中将 軍需次官補	第3軍司令官・大将
白石柱（慶北）	8	中将 陸軍士官学校長	米韓連合軍副司令官・大将
柳炳賢（忠北）	7	大将 米韓連合軍副司令官	合同参謀会議議長・大将
全復東（慶北）	11	少将 第5軍団副軍団長	第3軍参謀長

権を無視してソウルに兵力を突入させた盧将軍、首都制圧に当った車首都軍団長、同じくソウル制圧に動いた鄭空輸団長の躍進は極だっている。そして今回の光州武力制圧にまず動いたのも、盧将軍の指揮下にある首都警備軍と鄭将軍翼下の特戦団であったが、この二つの軍組織だけが、事実上米軍司令官の指揮下にある韓国軍の中で、米軍の拘束を受けない組織であるということの、今後にむかって持つ意味は大きい。今回の光州武力制圧に当って最終的には韓国国軍も出動しているため、ウイッカム米軍司令官がそれを許可したとみる見方があり、事実またその通りだが、当初行動についてもウイッカム司令官が暗示の了承をしていたかどうかには疑問が残っている（ウイッカム司令官は五月一四日本国に帰国）。全斗煥一味の五月一八日以降の武力制圧行動は少なくとも、一面では米軍に対しての一定の自主性・自立性を事実によって突きつけた意味をもっているのである。

なおちなみに、全一味の勢力固めについて、朝日新聞外報部の猪狩章氏は、さらに次のような事実をつけ加えている。

「こうした自分たち自身による全斗煥グループの勢力固めは、その後一段と進んだ。国家保衛委の任命職委員になった尹誠敏陸軍第一軍司令官、陳鐘埰第二軍司令官、兪學聖第三軍司令官が六月一一日付でそろって大将に昇進。陸軍参謀総長、合同参謀会議議長、米韓連合司令部副司令官の三人しか持っていなかった〝陸軍大将〟のポストが一挙に倍増したのである。このうち兪學聖新大将は、粛軍クーデターの時、国防部軍需次官補をつとめており、全斗煥国軍保安司令官らに呼応して国防部の中枢をおさえる働きをし、仲間の盧泰愚第九師団長が拘束した李建栄軍司令官の後釜にすわっていた（人物である）」（『朝日ジャーナル』八〇年六月二七日）

軍の動向と全斗煥人脈

ところで前図のような実力者の系譜からすぐわかるもう一つのことは、新権力体制が陸士卒業年次で一一期、出身地で慶尚北道が制圧しているということである。一一期卒は一五六人を数えるが、首都軍団副団長等を抑えている。また慶北、慶南の慶尚道の圧倒的優位は、すでに同じく慶北出身の朴正熙大統領時代の下でそうであり、一二月一四日から五月二〇日まで全斗煥と組んで首相の職にあった申鉉碻も慶尚北道の出身、将官四二〇人中三九〇人が慶尚道出身である。しかも全斗煥の姉が李熺性陸軍参謀総長の妻であり、全斗煥の妻が、盧泰愚首都警備司令官の妻と姉妹である。盧中将と黄永時陸軍参謀総長もまた義兄弟の関係にあり、新権力体制の中核は、一族血統の中でつながっている。閨閥体制といってもいい。

全斗煥の経歴に若干ふれておこう。

彼は慶尚北道の大邸で一九三二年に生まれた。ことし四九歳、大倫商業学校を卒業し、朝鮮戦争終了後四年制の本格的教育体制をとった陸軍士官学校の一期生、つまり通算一一期の優秀生として五五年に卒業する。五八年に第二五師団七二連隊中隊長となったあと、同年と六〇年の二回にわたって米国留学。六一年の五・一六クーデターの際は、前記のように後に大統領警備室長になって朴正熙とともに殺された車智徹とともに、空挺団中隊長をつとめる大尉として参加した。その後六四年陸大卒、六七年首都警備司令部第三〇大隊長、六九年陸軍参謀総長首席補佐、七〇年ベトナム出兵の白馬部隊第二九連隊長（当時ウイッカム司令官もベトナム戦線従軍）、七二年度第一空輸特戦団長を経て、当時大統領警護室次長の職にあった車智徹の下で大統領警護室入りし准将に昇格する。ついで七七年には少将となり、翌年第一師団長に就任して、朝鮮民主主義人民共和国側からの〝第三トンネル〟を探索したという〝功績〟をあげる。そして七九年四月、国軍保安司令官となった段階で、一〇・二六事件にぶつかり、戒厳司令部合同捜査本部長も兼ねて以降の経過、経歴はすでに前述のとおりである。この間八〇年三月には中将に昇格した。

この経歴の中で注目していいのは、六七年の首都警備司令部入りが、当時大統領秘書室長をしていた李厚洛の推せんによったということであり、尹泌儁首都警備司令官の下でこの段階で、大統領警備の任に当ったということである。そしてこの尹将軍の推挙で、彼は当時の徐鐘喆が参謀総長をつとめる陸軍参謀部の首席補佐官になった。徐鐘喆は全斗煥が第二五師団七二連隊中隊長をしていた時代の第二五師団長で、のちに七二年には大統領安保担当特別補佐官、七三年には国防相に就いた韓国軍の長老である。全斗煥は従来表にその名をみせなかったが、車智徹、尹泌傭、徐鐘喆といった朴体制下の重要幹部との接触にめぐまれ、かつ大統領自身の周辺で活動してきたのである。

だが同時に七三年から七九年までの経歴が空白であることが関心を呼ぶ。その経緯は明らかでないが、当時、前年のニクソン訪中をうけて韓国権力体制が動揺、朴正煕が肝硬変でもあったこともあって、朴大統領周辺権力者の間に陰惨なポスト朴をめぐる権力闘争が起きていた。その詳細はここでは触れないが、その過程で、尹泌傭が逮捕、拷問され、李厚洛KCIA部長の身辺も不安であった。その当時の姜昌成陸軍保安司令官の下の軍部の動きである。やがて姜昌成もまた不正事件が発覚して左遷させられるのだが、この一連の動きの中で、尹泌傭と李厚洛人脈に近い全斗煥もまた一時的に、陽の当らぬ場所に追われたのであろう。そうした経過が全斗煥に残したいわば遺恨の感情、そして朴正煕周辺の権力者どもの動きへの反発、さらにこの当時に韓国の体制を揺さぶる要因の大きな一つだった金大中の存在への憎しみ——といったものが、今日の全斗煥の動きにつながってきているとみても、さして的はずれにはなるまい。

全斗煥は四月二九日の韓国記者との会見で「いずれ朴大統領の偉業を追慕する時が来る」と豪語した。朴を父とみるその心情が、朴なきあとの朴体制を再現させる全斗煥をつき動かしているのであろう。しかし、では全斗煥は安定が保障されているのだろうか。

八〇年五・一八の軍事クーデターは、六〇・四・一九義挙をうって返し、朴の一八年にわたる独裁に道を開いた六一・五・一六の軍事クーデターの再現のようにみえる。しかし八〇年は六一年の単純な再来ではない。

第一に、六一年には韓国民衆に向けて発砲しなかった国軍が、こんどは一転して同族を敵とするように民衆に襲いかかり、言葉につくせない弾圧、血の惨劇をほしいままにした。それは心痛むことであり、この非道をあえてした全斗煥一味の決断と行動様式をいささかも過小評価できないが、しかしそのことによって、〝北からの侵略〟から南を安全保障するとふれこんでいた韓国国軍の、その反人民的本質が、あれこれの理屈をこえて一挙に明らさまになった。そのもつ歴史における意味は重すぎるほど重く、それによって韓国史は一つの転機を迎えたといって過言ではない。

第二に、全斗煥は決して安定した権力体制をまだ整え終っていない。三月末、一五六人の将軍たちの陸士一一期の同期会が開かれ、その際、全斗煥系人物は会長ポストの選挙に出馬したが当選できなかった。一一期生の中でも多数を得ていないばかりか、陸士一二〜一四期の現連隊長クラスの全一派への反発も潜在的には小さくないと伝えられる。第一軍、第三軍の実戦部隊二〇師団のうち、全が支配し得ているのは、その半分にすぎないともいう。それかあらぬか、全司令官は彼の副官にもピストル携帯を許さず、毎晩二〇〇人の手兵にその寝室を守らせているとの情報もある。六月二日の『ニューズウィーク』は、こう書いている。

「全司令官は軍内部に非常に多くの敵をかかえており、毎晩のように住居を変え、内輪の選ばれた人しか居所を知っていない」

第三に、その全が米国からさえ孤立している。もちろん米国の対韓政策が正しいとか、韓国民主化の今後にとって期待できるとかいうのではない。米国の反共アジア戦略と朝鮮の南北分断固定政策の中でこそ、朴正熙も全斗煥も生きてきたし、韓国の反人民的・反民族体制が存在している。しかしグライスティーン米大使はことし二月の韓国のマスコミ幹部との会合で「全斗煥将軍は野戦部隊の大隊長クラスの人物」といい放った。米中関係を基軸にした北東アジアの政治構造創出に当って、米国にとって全斗煥一味とその行きすぎた軍政全体を支持することは、一つのジレンマでもあり、出来れば別の権力者への選択志向が今後とも働らこう。そうしたことにあらわれる全斗煥の弱味は、さらに非同盟諸国の動向の中では一層決定的である。韓国の崔大統領は、チトー国葬に当ってベオグラード入りを許されなかったし、たとえば石油政策上PLOの承認の方向に政策を向けても、PLOの側がこれを拒否するような立場に、韓国は立っている。六〇年代初めと八〇年代今日の、世界の非同盟の潮流の強さは、決定的といっていいほど違っている。

第四に、経済の破綻がある。八〇年一～三月はついに一・七％のマイナス成長に転じた。インフレの昂進と八〇万人への失業増大、貿易の赤字、外貨の不足。一方で韓国は日本以上に厳しい石油事情に当面しており、米さえいまでは輸入しないわけにはいかない。しかもここで決定的なことは、韓国経済の危機が資本主義世界の安定と繁栄の中で起きているのではなく、世界経済総体がスタグフレーションの深化の過程にあり、保護貿易主義の強まりをみせていることである。韓国経済の再建と調整が、全斗煥らの軍事弾圧中心の政治によって保障されるとみていい展望はない。すでにこの四月、東原炭鉱の三二〇〇人の労働者は武装して四〇％賃上げをたたかいとり、民間最大の製鉄会社東国製鋼の労働者も、同じく武装してたたかい、四〇％の賃上げを達成したが、これを頂点にして、朴射殺後の韓国の労働争議件数は八〇七件（四月末まで）、朴時代の前年にくらべ、一挙に七倍にも増えたのである。

最後に、韓国民衆はついに武装してたたかい、一時的にも光州コミューンといっていい状況をつくるまでの戦闘力を示し、かつその経験を蓄積した。悲惨な光州の犠牲にもかかわらず、その闘いの決意と灯は、同じ思いのさらに何百倍、何千倍かする若者にひきつがれている。そしてその光州が、かつて東学党の乱の発祥地であり、一九二九年の光州学生事件のたたかいの地であり、一九四八年の南朝鮮単独選挙に反対する韓国全土の大闘争の偉大な拠点の一つだったことを忘れるべきではなかろう。韓国民衆の統一と解放の闘争はようやく本舞台にせり上る時を迎えたのである。

恐らく、全斗煥のクーデターは、朴独裁の権力体制の本格的瓦解の歴史の一過程でしかないであろう。

一〇・二六で去ったのは、一人の独裁者だけであった。朴の支配体制は揺るぎつつもそのまま残った。全斗煥はその動揺をひきしめ、たて直したつもりであり、さらにたて直していくつもりであろうが、全斗煥らは金大中ら民主人士だけでなく、金鐘泌元首相らの朴残党をも逮捕した。朴独裁体制の中にあった実力者同士が、こうして合い討ち合い果て始めている。それはあたかも南ベトナム革命が、残虐な民衆弾圧を伴ないつつも、ひんぱんなクーデター、逆クーデター、政権の交代という形で本格化していったことを想起させる。やがて全も滅ぼされ、その全を滅した新しい実権者も刺される(形はどうあれ)という経過を伴ないつつ、朴独裁体制は足早に瓦解していくであろう。

問題は、そうした韓国の新権力構造を、米日支配者がどう遇し、支えるかである。米国についていえば、レーガン

政権になった場合の大統領特別補佐官役を担うリチャード・アレン元大統領補佐官らが、全体制を今より以上にテコ入れする可能性がある。一方、日本は、韓国の今後の政権(とくに大統領)について、金大中はもちろん金鐘泌も選ばないという意向を、すでに大平・カーター会議で米国に伝え、そのことが全斗煥一味のある種の決行の決断材料になったという経過がある。日韓軍事の連携体制も強まりこそすれ、弱まりはしていない。

これと日本民衆がどうたたかうか。そのことが韓国の今後の権力体制の強さと弱さを規定するだろう。そしてこの点で、最後に一つのアナロジーをあえて提起しておきたい。それは東学党の乱の二年のち、日本は朝鮮半島の支配をめぐって清との間に交戦し、日本帝国主義の基礎固めにのりだした。また光州学生事件の二年のちの一九三一年、中国への本格的侵略(満州事変)を開始した。一九四八年、光州を先頭とする単独選挙反対の流血の大闘争の二年のち、朝鮮戦争の火蓋がきっておとされた。これは偶然であろうか。しかしここには単に偶然といってすまされぬ深刻な歴史の教訓がある。

光州大弾圧を問うこともなく終った八〇年の衆参同日選挙とその結果のもつ意味を、日本と韓国双方の運命、日韓人民の連帯のあり方を問う問題として、深くも主体的にうけとめるべきであろう。

(『日韓調査』第七号　一九八〇年七月　山川暁夫)

復権か、覇権か
——闇将軍がヴェールを脱ぐ時

政治の底深い貧困の表われとしての田中幻想

田中幻想とでもいうべきものがある。

保守政界の一挙手一投足、その動静の裏に、必ずといっていいほど、元総理田中角栄の影があるという見方である。角栄史観とでもいった方がいいかもしれない。マスコミも政界消息筋も、ともすると、この史観に流れ易い。

その当否は別として、金脈批判で総理の座を去って以来、しかもロッキード裁判の〝現役〟の刑事被告人という筵に坐らせられながら、目白台の主の動きが、わが国政局の台風の眼になってきたことは事実である。自民党員という資格を公式には捨てながら、いまやその率いる党内の軍団勢力は、衆議院六四人、参議院四二人の計一〇六人。他にも二〇人を越す隠れ田中派がいるとされ、事実上の天下取りの闇将軍、キング・メーカーとして、政府・与党に君臨しているだけではない。その工作射程は野党に及び、その存在は、諸外国からも無視されぬ位置を保っている。

この八一年夏訪日したH・キッシンジャー前国務長官も、わざわざ目白を訪問し、これからの日本政局の動向と外交の針路、鈴木内閣の命脈について打診した。中国の鄧小平副首席からは、月に一度の割りで、田中への書簡が寄せられてきているという。こうしたこと自体が、まず異常・異例のことといえるし、いわねばなるまい。だからこそ、田中復権の戦略とその展開とが、つねに大きな関心を引きつけてきたのである。

ごく最近一〇月二三日の、東京都心の料亭で演じられた八年ぶりの田中角栄・福田赳夫両元首相の会談も、その一つだった。きっかけを作ったのが木村篤太郎、瀬戸山三男の両元法相だったことが、ロッキード裁判の成行きと関連して注目されたし、福田元首相の四〇年ぶりの訪中前夜だったことも、対ソ交渉に進もうとしているかにみえる鈴木・園田外交の昨今の布石と重ねてみるとき、意味深長なものがあった。しかしたかだか一時間足らずの談合。正味はさほどの密度をもつものだったとはいえないだろう。むしろ問題は、鈴木体制の両支柱といわれながら、同時に仇敵同士の過去をもつこの二人が、鈴木首相がカンクン・サミット出席で不在の折、そして近づいてきた党三役と閣僚人事の改造を前にして、世間にこれみよがしの白昼、一席を分かち合ったという事実そのものの方にある。つまり鈴木専断は許さぬ——というデモンストレーションである。ここで虚は実へと転じ、ことは政界に小さくない衝撃の一石を投じる事件となる。

七八年一一月の自民党総裁選挙で、故大平正芳幹事長が前評判を破って、当時の福田首相に勝利したとき、あるいは、大平内閣が不信任決議を受けながら、下野ではなく、国会解散、衆参同時選挙への賭けにうって出たとき、その流れと策略を決したのは、ともにもっぱら田中角栄の采配にあったと取り沙汰された。大平没後の後継争いのところで、鈴木現首相がにわかに浮上したときも、裏には目白台と御殿場——田中角栄と岸信介の合意が支えになっていたと伝えられもした。

総裁選挙での大平勝利に当たって、田中派の金権と党の東京都組織へのその影響力が小さくない役割りを果たしたのは事実である。だがその勝利の決定的要因は、大平が党幹事長の立場にあって、有利で巧妙な選挙戦を進めていたこと、野村証券を窓口にして、米政財界の主流の当時の反福田観を読みこみつつ、わが国銀行・証券会社などからの大きな政治資金が大平派に流れていたことにあったのである。また八〇年春のダブル選挙への大平の決断は、前年一〇月の総選挙での自民党敗北の直後、いったんは総理辞職の方に揺れたのを財界その他の慰撫で思い止まった大平が、捲土重来を期し、早期総選挙実施のチャンスを窺っていたことと無関係ではない。だからいわゆる角影幻想は、その意味では、実態とやや離れたところでマスコミがつくり出したものであり、そうしたマスコミの先走りこそが、田中の失権を防ぎ、田中復権の条件を支えてきたといえなくもない。それは一つの心理戦であり、その心理戦で田中は、少なくとも今までは成功、勝利してきたのである。

一方、大平にしても鈴木にしても、こうした田中幻想に立つ自己の位置の印象をいたずらに否認することはない。田中派の支持の上にあるかのように演じておくことが、一つの保身の策として有用でもあるからである。あえてそのことを含めて、田中の影響力といわれるものの中には、小さくない虚像の部分があると断じておこう。この虚像がなお活き続けるかどうかに、田中復権の鍵の一つがある。

もちろん、田中軍団の力総体が虚像かといえば、これも嘘になる。

その軍団の力は優に一党を形成する。

昭和一八年、二五歳にして田中土建を創立したとき、顧問に政界大物の大麻唯男や宮内省の白根松介次長らの名前が連ねられていたことに象徴される経営の抜群の才と努力、あるいは、第一次大隈内閣の文部大臣となった金崎行雄以来初めての、三九歳の若さで岸内閣の郵政大臣となったことが物語る、政治家としての卓抜な素質――そうしたことは、爾来の政治歴の中で、巨大な金権と官界に及ぶ緻密な人脈をつくり上げるに十分なテコとなった。

信濃川河川敷や鳥屋潟の買占めといった金権づくりのうさん臭さや、小佐野賢治国際興業社主らとの〝刎頸の交わり〟のことは別としても、二〇〇〇億とも三〇〇〇億円ともいわれるその資産だけで、年間二〇〇億円に近い金利を生み出しているという（砂部功『田中角栄復権待望論』）。これを人びとは、その人の〝甲斐性〟として評価する。加えて、個人角栄に類い稀れな〝人心収らん〟の才能があることは、多くの人が一致して指摘するところである。

「日本的風土に根ざした陽性な開放的グループ（の指導者としての角栄）……人情豊かな人間そのものの魅力と、卓越したその政策立案能力」（田中派・小渕恵三代議士『週刊読売』）

こうした人間味、庶民性、決断力、機動力、記憶力、特異な政策発想力――田中派の議員や角栄支持者が一致して

挙げる田中の資質なるものが、ロッキード裁判や金脈批判がどうあれ、多くの国民の心のどこかをとらえる要素になってきたことも疑いのない所である。学閥、門閥、財閥人が支配する中での〝庶民〟田中の登場が、〝今太閤〟の出現としてマスコミからもてはやされたのも、だからこそのことだったし、それは田中を論じるに当たって、決して仇なことと捨てておけば良いものではなかった。

実際、田中への新潟三区の選挙民の支持を、田中の利権誘導力や金権支配力に依るだけとみたり、選挙民の後進性の現われと批判するだけで済ますことはできないだろう。唐突に受けとられるかも知れないが、明治官閥体制発足時において疎外された河井継之介に代表される長岡藩下の庶民の東京に対する怨念やら、雪深い冬に閉じこめられる人びとの、生活に根ざした中央官僚政治への長い年月の鬱積やらが、そこにはないまざっている。逆説的にいえば、田中の今日をつくったものの中に、冷たいエリート主義の政治への庶民の造反といった契機がなかったとはいえない。正しくは、田中がそれを利用したに過ぎぬというべきだろうが、だからこそまた、利用する才をもっていたということを嘲笑い、指弾するだけでは済まされないものがある。

なぜか。その一つの例を前出『田中角栄復権待望論』という本にとろう。筆者はそこで、田中の価値を論じるに当たって、はしなくもヒトラーを挙げ、同じ敗戦国の宰相でありながら、生まれながらにして上層階級の教育をうけ

た〝雲上の人〟東条英機と比較しながら、次のようなヒトラー的資質こそが、歴史上評価するに足る〝英雄像〟だとして、それを田中角栄にダブらせることまでしている。

「これに反し、同じ敗戦国の宰相でも、ドイツのヒトラーが、いまだに国内はむろんのこと、全世界の若者に人気があるのは、彼が貧しい家庭に育ち、第一次大戦に従軍した一介の陸軍伍長からわずか二〇余年間に、ドイツを復興させ、最高の地位〝総統〟への栄進した天才的な政治能力と、彼の献身的な国家への奉仕とその身辺の清潔さが賞揚され、たとえ彼の政治指導の結果が敗戦であっても、ドイツ民族の誇りとして〝伝説の人〟となることができたからである」

田中をしてヒトラーの運命を辿らせようとしているわけでないのは自明としても、この本が、田中への太鼓持ち的礼賛の書であるだけに、かえって示唆する所は小さくない。なるほど田中は陽性であり、官僚群に対しても比類ない掌握力をもつ。そうしたことの現実政治の場で果たす活力は否定できないが、田中幻想が成立するのは、それにもまして、その根底に、庶民の生活の現実の悲しさがあり、その悲しさを解いていくに十分な現実的政治のリーダーシップが、野党にも、あるいは自民党の他の集団にも、いまの所ないということに依っているというべきだろう。田中幻想はだから、マスコミが醸し出すものであると同時に、政治の底深い貧困の現象である。そしてこの貧困の続く限り、

さし当たっての田中幻想も再生しつづけ、田中復権への道も残されているといえよう。だが、それはしかし、どんな限定においてであろうか。

〝新保守〟形成に回生を賭ける田中

高まる田中復権論にもかかわらず、その前途を暗くしているのは、いうまでもなくロッキード裁判の展開である。八一年春と予想される検察側の求刑論告と、早ければ同年秋の第一審判決の内容はもちろんだが、その求刑と判決のタイミングが、田中の政治生命を微妙に左右する。

その見通しは確定できないが、丸紅ルート公判の経過で、五億円の賄賂うけとりに当たったとされる元首相秘書官榎本敏夫被告のアリバイは、その証拠として弁護側が提出した同秘書官公用運転手清水孝士の運行記録――いわゆる〝清水メモ〟の信憑性が大きく問われるとともに崩れ出している。加えて一〇月二八日の公判では、榎本前夫人が献金を認める爆弾証言をしたことで、第一審有罪判決は不可避との心証が強まっている。

この前夫人の証言がもつ意味は、たんに裁判経過において重大だというに止まらない。それは、煩瑣な法廷のやりとりなどにはまったくといっていい程無関心のままだった国民、まさに田中幻想がなりたつ庶民の直観や感性のところを大きく刺激した。ロッキード汚職がどんなに政治家として許されないものであったにもせよ、盆暮れの贈り物、

つけ届けの習俗をもつ国民の多くに、それとさして変わらぬもの――という、何がしかの許容の気持があったということは事実であろう。ことの本質が庶民の資格とはまったく別のものであったとしても、である。

しかし政治家がクロをシロといいくるめ、そのために嘘のつみ重ねをしていたという事実の暴露――その虚実が女性の一撃で崩されたということほど、政治家田中角栄の幻影を深部からうち砕くものはない。これは弁護の余地のないことである。それでもなお無罪ということにでもなれば、おそらくそのことへの庶民の素朴な反発は、田中派のみならず、自民党総体をさえ揺さぶるものになろう。田中派のロッキード裁判にかけた戦略の失敗と破綻はもはや歴然であり、その復権戦略全体の再構築をせまられるのも、必至である。

もともと、田中としては、五億円の授受を認め、それを首相の職務権限とは無関係の政治献金だったとして対抗すれば、あるいは活路がなかったとはいえなかったという見方が、これまでも有力だったのである。

しかもロッキード事件そのもの、あるいはそれに先立つ金脈批判そのものが、多分に政治的事件であった。

今そのことを回顧する余裕はないし、だからといって、田中政治に構造化されていた金権体質を少しでも弁護するつもりはないが、田中金脈批判のうねりは、決して国内の野党やマスコミの主体的追及に幕を切ったものではなかった。その一つの力は、オイル・ショックをうけたあとの日本の資源戦略として、当時の田中内閣が、ウラン資源の自主的確保と、原子力開発のために、丸紅経由でカナダのCANDU炉導入に進もうとしていたことへの米国の反発から、そしてもう一つは、日中国交打開が当時の韓国朴正煕政権の頭越しに進んだことへの、ソウルの田中・大平外交打倒の動きから、日本に迫ってきたものだった。立花隆の著名な『文藝春秋』誌での田中金脈批判の文章それ自体ではなく、それを利用しての外人記者クラブでの田中追及が、田中政権崩壊への直接の契機だったことは、今日においても重要な意味を残している。

米国でのロッキード・スキャンダルの暴露も、その延長線上にある政治的事件である。ロッキード汚職の暴露は、その直前に米国で公にされたガルフ・オイルの韓国での汚職暴露と一対のもので、先にも述べた、丸紅のCANDU炉日本導入阻止の狙いも合わせて、当時の米金融資本主流の国際戦略に、日韓両国を再編成していく攻撃として、日本に仕掛けられたものであった。それは米国内でのニクソンの政界追放とも関連した、つまり日本だけでの政治力学を越えたものだったのであり、だからこそ、田中は国内力学的には小さくない力をもちながらも、一敗地にまみれざるを得なかったのである。

それから五年を経て、田中自身とその周辺が、そのすべてをどう総括しているかは知らない。しかしこうした国内政治力学の渦中にひきずりこまれた出来ごとだったという、ことの経過の一端は知り得ていたはずである。もし裁判の質を、田中自身がそうして経過を開示するものの方に導いていったとしていたら、公判結果がどう出るにもせよ、それはそれとして、それ自身が一つの重大な歴史的事件となったに違いない。だがもちろん、田中にはその決断はありようもなかったであろう。なぜなら、それは米日間の深部の矛盾を公開し、かつ自らと自民党の政治基盤をも絶つ、少なくとも血を流す賭けを意味するからである。こうしてクロをシロといい開く〝事実無根〟の立証のための小手先に走ることになった。その強欲あるいは傲慢さが、それ故に今田中の窮地としてはね返ってきているといって過言ではない。

無罪を上策とする道がほとんどないとすれば（もちろん、田中派としては、そのためのウルトラC級の打開策をなお追及するだろうが）、残された道は、さし当たって二つしかない。その一つは、第一審判決を最大限に遅らせ、予想される九三年衆参同時選挙で、ふたたび、あるいは八〇年選挙以上の自民党大勝利を演出する影の指揮者となって、判決内容を政治的に有利な方に強制するだけの政治的環境の設定に成功すること、そしてもう一つは、第一審判決有罪を既定のものとして受けとめ、昭和の終り、Xデーの日の到来をも計算に入れて、最終的には恩赦による政治活動全面自由の時を待つということである。

そのいずれを選ぶにせよ、大前提は、田中派が田中自身の登板は別としても、つねに政権主流の立場にあり、政権を自派もしくは自派の薬籠中にあるといえる派閥の手で握りつづけることである。そしてその決め手こそが、ふたたびその金権の強さであり、党内派閥力学上の圧倒的優位でなければならない。つまり、膨張止むこともなくみえる田中大軍団の形成と維持こそが、いぜんとして事のなりゆきを左右する決め手として位置づけられているのである。

多分、国民にとって悲劇的なことだが、ロッキード裁判の最近の経過が、田中と田中派にとって致命的に不利な情況に進んでいるとしても、田中軍団の勢いは、決して簡単には消衰していくことはあるまい。自民党の専権体制は、ここしばらくは自動的に続くことが保障されているし、党内派閥力学の優位性を誇り、そこに田中派の面々が酔いしれる余地が事実として残されているからである。

しかしまた、それが万全のものでも、恒久のものであることを保障されているものでもないのは自明の問題である。八三年選挙で、自民党が前回に続けて圧勝し、そのときの田中幻想の組み立て方次第で、今日の打撃がどうあろうと、田中が正面切って復権への時を選び切る可能性が排除されてはいないが、可能性のもう一つは、自民の低落という方向に向かっても開かれている。そのどちらに道が開かれているかは、この激変してやまぬ内外情勢にあって、神ならぬ身のまだ予断の域にも入らぬとはいえ、八〇年選挙が、戦後ただ一回あるのみといっていい特例の条件下の選挙戦だったことは、あらためてこの際指摘しておく方が妥当だろう。他でもない選挙戦本番入り直前の大平首相の急死である。それは、同情票を自民党に引き寄せたというだけでなく、選挙時点における政権への信任・不信任の票の行方への要素を断ち切り、前回選挙はいわば、政党支持率そのままを選挙結果に表わす異例のものになった。それ故にあの時の勝利の要素を、次回選挙で自民党がふたたび手に出来るという保証はない。

逆に鈴木現政権への人心は、すでに倦んでいる。八〇年当時と異なる失業率の高まり、実質賃金の目減り――選挙民の保守回帰とは、野党の不活性化の函数でもあって、恒久的な保守支持への再定着などではない。日米同盟路線にもとづく核導入問題や改憲問題への、国民の抱く危機感も決して小さくない。さらに昨今の全欧にみなぎる反核・反戦の運動のうねりが、必ずや日本にも新たな反戦・平和のイメージとその運動の活性化を呼び起こしてくるに違いない。八三年選挙での自民党勝利を予測することは早計であり、田中復権の戦略をそれにのみ結びつけることは出来ない。

そうだとすれば、田中派に残された一つの成功的な勝利への道程は封じられているといえるのであろうか。おそらくそうとだけきめつけることはできない。むしろ逆である。八三年選挙で再び大勝利すれば、ことは田中派にとって簡単だが、自民党の低落となればどうなるか。しかしじつはそのときこそが、田中の回生の大戦略が発動されるときかもしれないのである。その大戦略とは、強大な自己の軍団を率いつつ、一部の野党とも合作した〝新保守〟の形成である。昨今の政界の潮流を底深く流れているのは、この〝新保守〟形成への準備とみても、それほど誤りはないであろう。

保守本流に対する田中の〝ズレ〟の意味

田中はもともと〝保守本流〟ではない。

彼自身の述懐でも、その政治歴は、「修正資本主義、社会連帯主義を掲げた」民主党から出発した。若くして保守党中枢に近く党務と閣僚のポストに就いたことから、保守本流に属すると見られがちだが、官僚体制を最大の支柱としつつ、また財界主流に支持されてきた吉田茂から池田勇人、大平正芳へとつながる保守本流の正統を、田中が担っているわけではない。田中自らが人に誇るように、彼は官僚体制を今日の政治家の中ではもっとも巧みに運用する術に長け、結果としては官僚体制と癒着しているのは事実だが、その主観においては、旧帝大出身者で占められた官僚政治を乗りこえようとする所に、彼なりの野心あるいは心意気があったことは疑いない。正力松太郎、堤康次郎、五島慶太といった財界人を「尊敬する好きな人物」として挙げるのも、この心情と繋がっている。

ここで〝保守本流〟論をあらためてやろうとは思わない。とはいえ、それが大久保利通の女婿牧野伸顕内大臣、そのまた女婿吉田茂というように、明治官閥の大久保以来、わずか百年足らずとはいえ、系譜的にも一つの流れをなしていたことは無視しないでおこう。そしてそれは復古的極右の潮流と一線を画しつつ、同時に天皇を神とはせず、国家統合の中心に据えることで一貫していたし、いたずらな軍国主義への盲従にも警戒的であった。軍事力の負担は最大限米国にゆだね、国内の致富と安寧を図る——というところに、吉田茂以来の戦後保守本流の政治哲学と政治姿勢があり、それを国民そのものの生活の価値観にまで浸透させた所に、今日まで自民党の天下が続いてきた最大の根拠があったといっていいだろう。田中角栄もまたそこで生き、そこで栄達してきた。しかしなお、官閥、門閥、学閥中心の序列との間には、相互に一線が残ってきたというべきである。ロッキード事件に際して、検察が前首相の格にある政治家の逮捕に踏み切った深層心理の中にもそれがなかったとはいえないし、他方、歴代内閣中で田中内閣時代がもっとも天皇への内奏が少なかったという、隠微でかつ深刻な、田中政治の姿勢を示す事実の一端がある。

しかし今日、この保守本流の政治哲学と姿勢には、ようやく内外から限界を感じさせる時が訪れている。米レーガン政権の日本に対する声高な軍事力増大の要求は、日米安保条約に担保された国の安全の現状維持を越えていくべきだとする声を、保守党のみならず一部の野党からも引き出している。かねてから十分な軍事力を具備せぬ日本国家を〝半国家〟〝欠陥国家〟とみる体制内イデオローグや財界人が少なくなかったが、今やその〝欠陥国家〟打破こそが保守の使命だという論理が強まっている。米ソ軍事バランスの変化、つまり米国のリーダーシップの後退という情勢認識と、その一方での日本の経済大国としての国際的位置の向上、比重の増大が、これまでは自民党という形で統括されてきた保守勢力の中における国の針路の選択に、小さくない分岐と亀裂を入れ始めたことは、決して看過していいことではない。

あらためていうまでもなく、自民党ないし保守総体、さらに一部野党までふくめて、日米安保体制を国の安全の骨幹におくということでは、ほとんどコンセンサスは成立している。しかし日米安保体制といわゆる自衛力の比重のバランスをめぐってはなお異見があり、米日同盟の体制を、米日韓同盟にまで発展させるべきか、またその方法とテンポをめぐって、米日間にも、日本保守勢力内部にも見解の分かれがある。保守本流の直系に立つと自他ともに認める宮沢喜一官房長官とそれに支えられた鈴木首相、そしてこの鈴木・宮沢路線に独自の思惑をもって同調している園田外相が追求している今日のわが国の外交は、東西対立を軸に、対ソ軍事優位の確保へと直進しようとしているかにみえる米レーガン政権の路線に、そのレトリックそのままを肯ってのめりこむことは危険だと見、相対的には南北問題を最重視し、アジアの日本としての国益を自主的に拡大することが基本だととらえているといっていい。

そこから、レーガン政権に批判的見地を持している欧州とりわけ西独と連携しつつ、対ソ外交の打開も積極的に求めていく――という外交路線が生まれてくる。韓国全斗煥政権が突きつけた、五カ年六〇億ドルの軍事・安保次元の対日借款要請に慎重な態度をとり続けているのも、同じ根拠からであり、それは、軍事主導、軍事対決本位の路線はかえって国策としては国を誤らせるという、保守本流の政治姿勢の延長線上にあるものである。

だが、これに対して、鈴木・宮沢・園田外交こそ国の利益を損うものという強い指弾が、自民党内外に強い。たしかに、広く眼を国際政治の場から見ても、また国民の立場からしても、ともに日本帝国主義国家の外交の選択であり、鈴木・宮沢・園田外交にしても、米戦略に沿って、日韓関係の打開を進める方向にある点では変わりはない。国の防衛費増大問題にしても、鈴木首相は来日したブラウン国防長官（当時）に「漁業に詳しい自分からすれば、かかった大魚を手許にたぐり寄せるには、時には釣糸をゆるめる呼吸が肝要」といったことがある。国民を魚に例えての話である。

金権の磁場から直接の力の磁場へ

しかしなお、この大きくいって二つの保守内の分肢のもつ意味は小さくない。とりわけ前者が、日米を軸としつつ日ソにも道を開こうとしているのに対して、後者が日米（韓）に加えて、米中、日中、つまりいまや台湾と合作に入ろうとしている中国をも同伴者として、対ソ共同の対抗態勢の布石を強めようとしている所に、歴史的ともいえる選択上の違いがあるといっていい。それは、戦後初めて訪中した福田首相の、次のような語り口にも、見事に示されているといえよう。

「世界の枠組みは、東西関係ですよ。ソ連をどう認識するのか。また、ソ連の膨張主義をどうとらえて行くのか。そのこともからめて、世界の平和がどう脅やかされているのかが（中国での話し合いの）中心です。……平和の敵にどう対処するのか、共同の目標に向かって歩調を合わせて進む関係だ。日韓も同じだ。……しかし現実に起きているのは、残念でしょうがない」（一〇月二五日『読売新聞』）

この福田発言が、田中元首相との会談直後のものであることは注目に値する。図式化すれば、鈴木・園田外交への田中・福田の共通の対抗軸の一つが、米日韓をそして中の連携強化外交への転換にあることか、すけて見える。そしてそれは、田中・福田両派の大幹部があいついで訪韓、訪中し、かつそれとも踵を接しての竹入公明党委員長の訪韓・訪中、とりわけ九月九日の北京のホテルでの二階堂・竹入会談にもつながっている。以後、公明党の安保・防衛・対韓政策の大転換が始まったのは周知のことである。

八一年四月の段階で、福田元首相が訪米した時、公明党矢野書記長も渡米した。人脈的に田中＝竹入、福田＝矢野という、複合した連携が浮かび上る。これはもう一つの民社党でも同じで、田中＝佐々木委員長、福田＝春日一幸顧問という構図がある。田中、福田の間の個人的確執は一回の久々の会談で解消するようなものでなく、現に次期党執行人事をめぐって、田中派の二階堂と福田派の安倍晋太郎との間の激突が予想される。つまり状況はまだ未分化のままという他ないが、しかしここに次第にクローズ・アップされているのが、二階堂総務会長や竹下組織局長ら田中派大幹部のここ一年来の訪米（レーガン詣で）、訪韓、訪中が示唆する米日韓中連携の外交構図の中での、田中派と公明党との急速な接近、癒合への動きということだろう。公明党にとって、かつての言論弾圧事件や創価学会の池田大作前会長の国会喚問阻止工作をめぐって、田中に対する負い目があるのは、それほど秘密のことではない。

田中は『週刊読売』最近号での戸川猪佐武との対談でこの公明党を「新保守」「保守主義」の党と断定している。双方がともに、裁判所の難関をかかえていることも、敵本主義的に誼を交わし合う一つのメンタリティとなっているに違いない。ましてその安保・防衛、対韓政策、そして反共の理念で一致し、さらになお見切り発車的に進んでいる労働戦線の再編成によって生まれ出る反共・資本協調の民間労組の統一体（統一推進会）が、共産党はもちろん社会党さえ排除した政党勢力の支持体として動き出すなら、明らかにそこには、これまでの保守本流とは異なる〝新保守〟成立の根拠がつくり出されてくる。

民間先行統一を掲げる統一準備会の中心メンバーの一人である自動車労連の塩路委員長が、八三年選挙で一部の現野党をふくんで改憲可能な衆院三分の二以上の議席の確保を当面の目標として発足した「日本を守る国民会議」の発起人として、少なくとも当初名を連ねていた事実の示唆することも小さくない。

かりに八三年選挙で、自民党単独の圧勝はなくとも、野党との一部連合を含んでの新保守路線の勝利を謳うことのできる条件が皆無でないとすれば、もともと官閥打破、新保守を自らの政治信条の底にもってきた田中角栄の再生の道は、そこに開かれるかもしれない。天下取りが、今日の瞬間の予想と違う形で実現しないとは断言できないのである。

しかし、それは、これまでの保守本流の政治が、一応権謀にみちたマヌーバーの政治に移ることを意味していよう。もちろんそういう時に、これまでの保守政治が多少ともましだったと美化しようとしているわけでは断じてない。生まれ出てくるものの醜怪さをここでは警告しておきたいのである。経済情勢の予想される推移からも、あるいはロッキード裁判の洗礼をうけてのことだということからも、田中はもはや、高度経済成長の条件と同化した金権主義的なスタイルでの再生を果たすことはできない。金権の磁場が弱まるか、失われたところに有効なのは、直接の力の磁場になるのであろう。

ポスト吉田の時代への移行とは、そもそもがそういうことであるのかも知れない。

すなわち内において一層の強権の発動、外に向けては、よりナショナリスティックな姿勢の昂揚である。田中復権待望論者の期待の声の中に、米ソ中の指導者と互角に張り合い、国益を主張する政治家としての田中というイメージがあることは、注目していいことである。さなきだに今、わが国の全体情況は、戦後占領期を越えたあとの長い企業統合社会から、国家直接の統合社会への移行が〝上から〟急ピッチに進められている過程にある。つくり出されるかも知れぬ〝新保守〟は、まさにそれに同化した〝新保守〟であり、それを支える〝新保守〟である。

終極において、国民自身の自覚と決意が問われる

この観点からすれば、田中退陣のきっかけとなった金権とロッキード疑獄が象徴する田中と並んで、ある意味ではそれ以上に、田中が佐藤内閣の幹事長時代に起きた一連の学園闘争に臨んで、直接の責任者である坂田道太文相よりも積極的・高圧的に大学臨時措置法の制定・施行を進めたことや、七四年当時、すでに総理としてのポストにあって、国民の徳育論や愛国心涵養の必要を協調し、あるいは靖国神社法案の可決に向かって動いたことをふりかえっておくべきかもしれない。

おそらく、田中再生・復権の大戦略の中には、野党の動向を睨みつつの憲法改正のプログラムも、まだ漠然としたものであろうが、抱かれているとみていいだろう。ふたたびその意味でも、「自衛隊はもともと違憲の存在だった」と開き直ってはばからぬ初代保安庁長官の木村篤太郎、自民党内の憲法調査会長である瀬戸山三男との二人のあっ旋の形で、田中が福田と談合した一〇月二三日の会談が、含意少なからざるものとしてうけとめられてくる。突込んだ話にならなかったとしても、会合では改憲問題が出ている。その構図は暗示的だろう。

そしてもし、その改憲の決断へと踏み切るなら、いまの姿勢が変わらぬ限り、米国はもとより、「日本軍隊は六〇万人になっても良い」とする中国もまた、その決断者に支持のシグナルを送ってくるに違いない。

だが最後に指摘しておきたいことがある。

田中がその栄光の座を失った契機が、一通りでなく、不可測にもみえた外圧的要因にあったように、今日の世界の激流にみちた変化が、田中の再生そして復権を越えた新たな覇権の戦略を安易に貫徹させることを許しはしないであろう。ことし一九八一年から逆算して一〇年前は、ニクソン・ショック、その一〇年前は日本が六〇年安保の激動を越えて、池田内閣下の所得倍増政策にふみこんだ時、そしてもう一〇年前はサンフランシスコ条約締結、ついでにもう一〇年さかのぼれば、太平洋戦争開始の年である。わずか一〇年とはいえない。一〇年の変化の量感を思いしめ、将来へと延長さすべきであろう。やや狭く考えても、すでにして、米国ではポスト・レーガンへの思惑が動き出しており、レーガンの政策は、経済・軍事にわたって早くも内外から鼎の軽重を問われ出している。田中戦略が、今日ただ今の米中あるいは韓国の政権を相手にして組み立てられているとするなら、その破綻は必ずや避けられぬものであろう。皮肉にいえば、田中陣営は、足元の一人の女性の証言ひとつによってさえ攪乱されてしまった。それもまた誤算というより、必然のことと観ずべきであろう。

真に問われ、求められるべきことは、権力の座をめぐっての術策でも野合でもない。核の脅威に満ちつつ、なお軍拡を求め合い、有限資源の地球と人類との共生関係をも損ってきている今日の世界大の危機にのぞんで、世界における本当の先進の役割とは何か――を見定め、実行していく理念と政治力であろう。それはもはやひとり田中派の今後がどうなるかではない。国民自身の責任へとはね返ってくることである。その国民自身の自覚と決意こそが、終極において、田中の今後を左右するといわねばならない。

(『現代の眼』別冊　一九八一年一一月　山川暁夫)

人類未来に向かう教育を
——平和は創造されねばならない

反核運動の歴史的幕あけ

欧州全域に昨秋以来拡がっている〝草の根〟からの〝ノー・ユーロシマ〟を求める反核・反戦の闘争は、ようやく日本へ、さらに米国へと連動し始めている。

米国では、E・ケネディ上院議員ら九二人の超党派議員が、米ソの核兵器競争の中止（凍結）と軍縮を求める共同決議案を、さる三月一〇日、上下両院に提出したが、これに先立って、マサチュセッツ、オレゴン、ニューヨーク州の上下両院、ウイスコンシン、コネチカット州下院で、同様の決議案が可決されている。バーモント州では、全州二四六の市町村議会のうち一一三で「反核決議」が採択されているという。この先進工業国での新しい反核・反戦のうねりは、疑いもなく八〇年代前半の世界情勢を左右し、戦後の〝平和〟と〝戦争〟の関係を転換することになるかもしれぬ、歴史的潮流の登場である。

欧州のそれは、北はスカンジナビア半島から南はイベリア半島まで、〝国境を越えた〟拡がりをみせている。随所で数十万規模の集会や行進が行われてきた。昨年一〇月一〇日の西独の首都ボンでの集会は、三〇万人に及んだが、ボンの人口は三〇万人である。しかも単に主婦や青年を中心にした〝草の根〟の人びとだけでなく、このボン集会には、西独の与党（社民党）の五八人の議員が支持のメッセージを寄せ、二〇人の議員が参加した。さらに兵士までが覆面をし、自分たちで作った横断幕をもってこれに合流したが、オランダでも徴兵兵士組合の名で、兵士の反戦集会が何回か開かれている。そしてこうした動きは、単に〝核の脅威〟への異議申し立てという性格に止まるのではなく、反原発や反失業という他の政治的要因とも絡み合いながら、欧州の政治構造を現実に揺り動かすものになってきた。昨年五月には、フランス大統領選で社会党のミッテランが勝利し、一七八九年のフランス大革命以来初めて、社会党を名乗る政治家がフランスの大統領になったが、ついで六月にはオランダ、一〇月にはギリシアの政権が左派的性格のものに移った。

六〇年代末にも、フランスを初めとして日本にも同時代的に拡がる若者の造反の動きがあった。いま欧州各地の反核・反原発・反戦の運動を組織している人びとに、この六〇年代末に学生だった人びとが少なくないのは注目していいことだが、ベトナム反戦を起爆剤とした当時の運動が、ベトナム人民の勝利（六九年に南ベトナム臨時革命政府樹立）とともに、対象を失い、体制内に吸収されていったのは、多くの人の知るとおりである。しかし八〇年代の今日の反核・反戦闘争は、恐らく、米国の核政策がいまみせている方向を続ける限り、止むことはあるまい。しかも一九三〇年代の世界大恐慌時をついに上まわった一〇〇〇万人（うち四割が青年）という大失業状況のなかでの〝反失業〟の闘争と合流する可能性をもっている。つまり、それは客観的に、今日の体制支配のあり方と全面的に対決する性格をもっているのであり、さらにはまた、東側世界のポーランドで起きているような、国家権力の暴圧に対する下からの自由の具現——社会の国家化に対する国家の社会化を求めた動きとも呼応する策をもっている。それが〝国境を越え〟て始まってきたことに注目したい。この反核ネオ・インタナショナリズムは、まだ未分化の要素をもち、さし当っては〝欧州防衛〟という制約を色こくもっているとしても、歴史の新しい幕の始まりとして位置づけられるものであろう。

レーガン軍事戦略

〝草の根〟からの運動が、こうした新しい性格をもって動き出したのは、七九年一二月一一日に、ＮＡＴＯ理事会が米国の指揮棒の下に、パーシングⅡミサイルと巡航ミサイルの欧州配備を内容にしたＮＡＴＯ核近代化計画を決定して以来である。

オランダに近い西独の寒村クレフェルトに一〇〇〇人の人びとが集まって発表したクレフェルト宣言は、単に核の脅威を訴えるだけでなく、人間の文明のありようを再定義しようとしたものだが、この宣言は、その後無数の小集会・小学習会のなかにもちこまれ、今日の状況を準備する大きなテコになった。

しかし運動昂揚の直接の契機は、もちろん、露骨な軍事志向を明らかにしたレーガン米政権の登場にあった。レーガン大統領をふくむ政府高官たちの〝限定核戦争〟論の強調と昨年八月の中性子爆弾製造の決定、その欧州への配備の方針は、一部の資本家たちをも加えて欧州の人びとの不安といらだちを爆発させた。限定核戦争論とは、米ソを聖域にして、欧州を核戦場にしようとするものだからである。核戦力体系の増強を中心にして、対ソ軍事優勢の立場を固め直そうとする方針そのものが、米政権の欧州支配と欧州の政治的統合をかえって弱める要因になっていることは、皮肉な、しかしまた必然的な核時代の政治の弁証法というべきものであろう。

中性子爆弾は、戦略・戦術核弾頭のひとつだが、ランス・ミサイル（韓国にも配備済み）に積載したときは、射程三〇キロ先を攻撃するために使われる。破壊面積はほぼ半径一キロ内外。旧来の核爆弾と違って、建物はほとんど壊さず、人間と動物だけを皆殺しにするという。しかも数日後には、その地を占領することができる。まさに〝使える核兵器〟の登場である。

これまでの核兵器が使えないということは誤まりだろう。しかし使えば米ソ核戦争、よもやそういうことは起り得まい——と日本人も含め、多くの人が考えがちだったことは事実である。米ソの指導者がまた、そうした判断で自分の手が縛られてきたのも間違いない。中性子爆弾の登場は、いわばその拘束を解き放ったのである。しかもレーガン大統領はその製造決定を八月六日のヒロシマ・デーに行ない、八月九日のナガサキ・デーにそれを世界に向けて発表した。この事実のなかに、レーガン政権の核ないし核戦争への感覚が、隠すことなく現われている。

この問題を考えるとき、さらに二つのことをわれわれとしては、重視する必要がある。

その一つは、米国の戦力区分が、七四年以降、戦略核戦力と普通目的戦力の二つに分けられ、後者に非核・通常戦力だけでなく戦術・戦域核戦力を含むものになっていることである。ベトナム戦争までは、戦術・戦域核戦力は戦略核とともに核戦力として処置され、通常戦力には小型の核戦力も含んでいなかった。そしてこの核戦力と非核・通常戦力の区分に応じて、指揮系統と部隊編成が違っていた。そのため、エスカレーション戦略が考えられていたとしても、非核戦争から核戦争に移行していくにあたっては、その間に大きな敷居があったのである。しかし今は、こと戦術核行使のレベルまでの間は敷居はない。それだけ核戦争が現実化する可能性は高まっているのである。

その二つは、レーガン政権の軍事志向である。失業率八・九％、経済成長率（八一年一〇～一二月）マイナス五・二％、工業生産伸び率（同）マイナス一六％という不況のなかで、レーガン大統領が発表した八三会計年度の連邦予算案は、軍事費を対前年比一七％（名目）も伸ばし、全予算の二九・二％に膨脹させるものであった。九一五億ドルもの赤字を織りこんで、ベトナム戦最高時を上まわる超戦時予算をレーガンは執行しようとしている。

しかしこれには当然ながら、労働界、マイノリティ、民主党はもとより、共和党、財界中枢からも強い懸念と反発が高まっており、レーガンの孤立感の強まりはおおえない。自己防衛策としてレーガン政府がどんな選択に出るか。事柄は単純でないとしても、世論の支持を失いかけた米大統領が、必ずといっていいほど対外軍事冒険に出たのが、米国の歴史である。近くはカーターのイラン人質救出作戦を思い起こすことができる。一月の米中間選挙も考慮しつつ、「世界同時多発戦略」「複数戦場戦略」を公然と口にするレーガン政権が、どんな危険な挑発に出るか――をわれわれは最大の警戒心をもってみるべきだろう。火ダネは中米、中東――世界の多くの所にあり、それらすべてが米ソ関係に連動している。

人類狂気の姿

もちろん、核兵器のもつ内在的危険性は、レーガン政権の下だけで固有に働くのではない。根本的なことは、核戦力そのものが、その肥大化の論理を内にもっているという点にある。国連のワルトハイム前事務総長が、その在任時の八〇年九月に発表したレポートによると、世界の核兵器の量は、四~五万個、広島型原爆（TNT火薬一万三〇〇〇トン分）の一〇〇万個分にあたり、世界人口の一人にTNT火薬で三トンの量である。キリスト誕生から現在までが三三万日弱だから、日に広島型で三発使ってなお余る量。米国のもつ戦略核は約一万個、戦術核は二万二〇〇〇個、ソ連のそれは、それぞれ六〇〇〇個、計一万二〇〇〇個で

あり、それを運ぶミサイル体系もますます精緻化した。同時に世界への核拡散も急ピッチ。ストックホルム国際平和研究所（SIPRI）の八一年度年次報告では、八〇年の世界の軍事費は五〇〇〇億ドル（一一〇兆円）、毎分当たりで約一〇〇万ドル（約二億二〇〇〇万円）――世界の総生産高の六％、全貿易量の半分、全世界の教育費をはるかに上まわるもの――と試算されている。

これが平和を保障しているというのは、正しいことだろうか。

なるほど、戦後いままで核戦争は起きてはこなかった。核戦力が核抑止力として働いたという理論がある。しかし核戦力が核戦争を抑えてきたといえる証拠はないし、もともと核兵器がこの世になければ、核戦争など起きようもないのだから、この理屈はまったくデタラメという他はない。では核戦力が戦争そのものをなくしたといえるのか。しかし戦後だけでも大小八二回の非核戦争が発生して二五〇〇万人もの生命が失われてきた。

核戦力が自国の平和の保障だというなら、それは自国のそれが他国（敵側）を上まわるという判断があってこそのことだが、その彼我の核戦力の優劣を実証してみることはできない。その実証そのものが、核戦争になるからである。

そこで、抑止力というい方で、常にその強化を図ることになる。すると相手側もそれに劣るまいと核体系をいっそう整備する。際限のない悪循環が始まる。いや、自分の

側が核戦力を強めれば強めるほど、相手側もそれと同じ水準のものをもつと思い込むことになり、自己の水準をさらに越える水準を求めようとすることになる。自分の核戦力の水準そのものが脅威になる。そして結果として、全体としての核戦争のポテンシャルを高めるだけである。

最初には、米ソがまず撃ち合う戦力の優劣が問題となり、次には第一撃を行使したあとなお生き残る第二撃力の多寡の量定が課題となる。だがそれも双方十分となると、戦略核上の手詰りから、戦域・戦術核さらに通常戦力の優劣や、宇宙空間、海底からの攻撃テクノロジーが、勝負をわかつカギとなってくる。一方で核拡散が世界中に進み、核戦争が起きる可能性も、米ソ超大国の間だけとは限られないものになっていくし、あるいはまた核の暴発・事故の危険性も高まっていく。事実、米国側だけで、八〇年前半までの間に一四七回のコンピューター事故が起き、うち四回は、戦闘行動突入寸前までいった。八一年五月一五日の米国防省発表によると、核兵器にまつわる事件は、米本土外での一一件（極東三件）をふくんで、前後三二件に及んでいる。

こうして、米国が圧倒的にソ連の核戦力を上まわっていた当時（五〇年代半ばすぎまで）の大量報復戦略から、米ソが第二撃戦力を張り合う相殺戦略の段階に移り、次にはその手詰りのために相手の基地だけを狙う選択目標戦略というふうに、核戦略の考え方が変わり、カーター政権後期（ＰＲＩＭ59号）からは「限定核戦争」の考え方が前面に押し出されてくることになった。その上でレーガン政権は「世界同時多発」「複数戦場」戦略といい、中性子爆弾の製造・配備へとふみきったのである。

これはまさに人類狂気の姿といっていい。個々の戦闘は、自己の安全を他人を殺戮できる武器に賭けるわけだが、今日の平和は、世界の平和を、世界を殺戮できる破壊体系の存在に委ねる上でなりたっているにすぎない。これを真の平和ということができるか。自殺装置が、どんな偶然から、あるいは何人かの政治家の判断だけで左右するかもしれぬなかでの世界の平和とか、人類あるいはもっと卑近にわれわれとわれわれの子どもたちの運命とは、じっさい、どんなに危っかしいものであろう。

日本―アジア―太平洋を覆う核の恐怖

日本がこの狂気と危険から例外であるのか。

中性子爆弾は、極東にも置かれるという。可能性として韓国が高い。備蓄基地は沖縄または韓国の光州になろう。光州は七五年に米基地建設以来、北東アジア最大の核弾頭備蓄基地である。

すでに韓国には七〇〇発近い核兵器が配備されているが、その韓国と日本の位置関係は、ピョンヤン、ソウル、大阪が米国のカリフォルニア一州のなかにあるというイメージを捉えることで明らかになる。それは日本にとって他国の――海の向こうの問題ではあり得ない。欧州人民の反核・反戦闘争が、欧州の核戦場化に反対することを直接の課題にし、したがって一国規模でなく、〝国境を超えた〟ものになっていることが当然とするなら、それは北東アジアでも同じこととして考えられるべきことであろう。

しかも問題は核兵器だけにあるのではない。イスラエル空軍が昨年六月イラクの原子炉を攻撃破壊したことは、もし原発に核燃料が装填されていれば、一発の核兵器を放たずとも、通常兵器の使用で、核爆発効果が生じ得るというのが、SFでも夢物語でもない時代にわれわれが生きていることを改めて緊張感をもって教えた。日本の二二基の原発は、ソ連の核兵器と化して、この日本の列島で爆発するという性格をもつ（もし、これが絶対起らぬというなら、政府や反動イデオローグは、〝ソ連の脅威〟論などのタメにする宣伝をやめるべきだ）。ところが韓国の全斗煥政権は、二〇一〇年までに一一〇基の原発建設を目論んでいる。もし事故があれば――、戦争となれば――問題は朝鮮半島だけに止まると、誰が保証できようか。

このことにもまして、日本自身に核はあると認定すべきである。非核三原則があったとしても、「二七年前から米艦船が核をもって日本に寄港していた」ことをライシャワー元駐日大使は証言した。ことは艦船に限られまい。軍用機の場合も同様だろう。また例えば空母ミッドウェイの場合、一〇〇発に近い核弾頭と細菌・独ガス兵器などの特殊兵器をもって横須賀に入港しているのだが、キール一本除いたすべてを横須賀が改修したとさえいわれるオーバーホールの際、そうした特殊兵器を艦内に置いたまま工事をするだろうか。それは必ず基地陸上倉庫へ、つまり日本のなかに持ちこまれる。安保があり、基地がある以上、〝核はある〟――この点に些かの幻想をもつことはできない。非核三原則の堅持は重要であり、そのアジア・太平洋・世界への発展こそが課題だが、核抑止力論とは、核兵器の配備要件をあいまいにしていくことを前提としてなりたつ（配備場所を公けにすれば、敵が固定照準をつけることになる）。だから米核戦力配備にとって、非核三原則で日本に核がないかのように装うのは、まったく好都合だというわけである。

加えてわれわれは、日本政府の核政策が、まず①米核抑止力への依存　②非核三原則　③核軍縮　④原子力の平和利用――の四政策であることを、正しくとらえておくべきであろう。これは米核戦力への依存であり、その日本配備の秘匿であり、世界における日本の発言力の相対的向上を図るものであり、最後には日本の独自核武装化の条件を整備していこうとするものである。われわれは、反核・反戦の闘争を組織するにあたり、非核の幻想の上ではなく、日本そして韓国に核が現にあるという掛値もない実体認識の上で、したがって非核ではなく〝反核〟・核撤去・反安保の上に立たねばならず、反核兵器と反原発とを一体のものとしてとらえて闘わねばなるまい。また日本だけに核が入ってこなければいい――という自国本位の闘争でなく、アジア全体の核を排除・廃絶し、日本が核拡散とかわらぬ原発からの放射性廃棄物の太平洋投棄などをしない、させない——という国際的責任を正面から担い切った闘争として発展させねばならないであろう。

親や教師や大人が自己変革を

わが国で、核の脅威への反対の感情が、決して風化しているわけでないことは、最近の〝草の根〟や文化各界の反核の運動の再活性化のなかにみてとることができる。三月二一日のヒロシマ集会を前に、三月八日、埼玉の浦和高校生たちが「核の被害者にも加害者にもならぬ反核・反原発」の「高校生からのアピール」を発表した。ラジオのスネークマン・ショウに出ているイエロー・マジック・オーケストラ（YMO）の「死ぬのは嫌だ、怖い。戦争反対」という一枚のLPは、十代の子どもたちの間に、昨秋以来四〇万人の「戦争反対ファン・クラブ」を広げ、〝ファン〟たちの間にはクラブのシンボルである「黒い羽根」を広げて共通一次を受験した子どももいるという。

「教え子よ。再び銃をとるな」という合言葉が、日教組を、いや日本の平和を求める人びとすべての心を揺るがすものだったことについて、ここで思い起こす必要もあるまい。兵隊体験をもつ人が、ついに教育現場を去ろうとしている今日、反戦を語り継ぎ、教え継ぐことは、単に〝反戦平和教育〟というだけでなく、これからの人類未来に向かう教育の〝すべて〟であり、〝前提〟でさえあろう。職域と地域に拡がる、草の根反動やマスコミまで動員した軍国化と教育の国家化に抗してたたかっておられる教師の方々に敬意を表すると同時に、今こそその反戦・平和教育の再活性化——新しい真の教育実践開始のチャンスであることを心から訴えたい。万恨が後に残ることは許されまい。

だが、そのためにはまず〝大人〟が〝教師〟が〝親ども〟が自己変革する必要があろう。非核でなく反核、反核兵器だけでなく反原発そして米ソの核軍縮はもちろんだが、いまや世界動向を左右する位置にあるこの日本自身の軍事大国化阻止、反戦ではなく日本自身の恒久に責任ある不戦への決意の再確認と不戦日本への社会変革が課題とならねばならないだろう。そこには豊かな、溢れるような人びとの連帯が求められる。なぜなら平和とは、断じて一国限りのものではなく、世界普遍的なものだからである。一国の平和——城内平和は、容易に「国を守る」思想の下で、排外的・大国的・国益主義的路線の地ならしへと転轍させられていく。

われわれが「守ろう」としているのは、もしかすると、米占領軍が与え、核と同生した平和、〝ニセの平和〟でしかないのかも知れない。それはホンモノの平和でない。政府・自民党はこの〝ニセの平和〟を〝平和〟と思わせ、その旗手となってきた。われわれの平和——真の平和は、この〝ニセの平和〟をうちくだき、乗り越えたところにある。

平和とは創造であり、平和は創造されなければならない。子どもたちが、〝ニセの平和〟ゆえの一種のダルさにやり切れなくなっている所から、真の平和創造の仕事が自分たちのものであり、自分たちがそうすることで、真に未来を自分のものにすることができるとわかったとき、この社会、日本、世界はどれほどの輝きをみせるだろうか。その課題へのご努力を訴えたい気持で一杯である。

（『教育評論』一九八二年五月号　山川暁夫）

イスラエルの侵略戦争と日本人の責任

日本人にとって、アルゼンチンのフォークランドも遠い所だったが、ベイルートもまた遠い。毎日のようにレバノン戦況とそれをめぐる政治折衝の内容が新聞に報じられているが、今回のイスラエルのレバノン侵略が、日本を含む世界にとってどんなに重大な事態なのか――それを日本人の多くが理解するのは、率直にいって容易ではない。だがそうなってしまう一斑の、そして小さくない責任は、われわれジャーナリズムに携わる者の、努力の至らなさと感性の鈍磨、誤まった歴史観にこそあるのではないか。

例えば、いま日本では、文部省の教科書検定の方向と内容が、中国・朝鮮はもとより、韓国も加わったアジア各国からの批判の的となり、それが大きな政治・外交問題にまで発展してきている。かつての日本の残忍な侵略を〝侵入〟とか〝進出〟という表現にすりかえようとしていることに、侵略を受けたアジア民衆の怒りがぶつけられてくるのは当り前のことだ。しかし問題は、史実の表現の方法などに止まるのではあるまい。ことの本質の一つは、日本が再びアジアからみれば〝侵略国家〟として再生しつつあると見られ出しているという点にあり、もう一つは、それとの絡みで、政府はもちろん日本人全体が、過去の日本の犯罪をどう認知しているのかが、厳しく問いつめられているのだ――という点にあるだろう。〝侵略国家〟としての道を残したまま、過去の歴史を〝侵略〟と書いたとしても、それだけならまさに羊頭狗肉の商いをするのに等しい。

それにもかかわらず、日本国内から、侵略の歴史をあらためて断罪し、その上に立って現状の転換を求めようとする大衆行動は、然るべき強さをもって起きてはいない。マスコミも国民も、ことを教科書の記述の問題に矮小化している。アジア各国の批判に直面しても、政府は

「その真意は何か？」と問い返し、その政府の態度を、マスコミはそれこそ客観的に報じるだけ。マスコミが過去の軍国主義の時代にどんなに誤った報道に流れ、侵略に協力したか。そしてまた今日、再び侵略国家に転じつつあることへの自覚、自省に立つ反撃に事欠いているか――への省察は弱い。その侵略ということへの鈍感さこそが問題の焦点なのであり、そのことと、イスラエルの行動を侵略として断じきれていない、あるいはイスラエルの侵略を他人事とみる姿勢とは、根本の所でつながっている。

あるいは、こういうこともあえて検討の課題となるのではないか。

というのは、澎湃とした反核のうねりの質である。高まる核戦争の脅威に、核廃絶を願い、求めることは正しい。しかし反核とは、極限の核戦争の阻止だけを課題にするのでは、決定的に不十分である。核戦争への危険はもちろん、一切の不正な戦争と戦争の準備にも反対することでなくてはなるまい。反核という課題が〝人間を返せ〟という内実をもつものなら、それは当然にも、すべての侵略と抑圧と差別――人間の生きる道をふみにじる蛮行と不正への強い抗議と抵抗、国の別をこえた人間的闘いへの連帯、共同と一つでなければならない。侵略と抑圧とホロコーストの現実を容認しながら、極限の核戦争だけを相手どって〝人間を返せ〟というだけなら、それは真実の力とはなり得ない。

いまレバノンで起きている事態、パレスチナ人とPLOに見舞いつつある情況は、だから日本人――人間が人間として、人間らしく生きる権利を求め、主張するすべての日本人にとって座視しえない、いや座視していてはならぬ問題だ。悲惨さにおいて、ナチスのホロコーストに近い。日本のかつての大陸における三光作戦と変わる所はない。それに抗議し、それを阻止する闘いに起ってこそ、はじめてわれわれは、過去の侵略を今において正しく断罪し、あるいは〝人間を返せ〟と自ら叫び、主張する資格をもつのだろう。そうした日本人民の問いと力の形成があるなら、日本が再び〝侵略国家〟として再生する道も、確実に封じこめることが出来る。パレスチナ人民にいま見舞っている運命、状況は、われわれ日本人にとって、決して遠い西方の出来ごとではあり得ない。

パレスチナ問題とは何か、その現状と将来はどうなるのか、それについて、ここではふれようとは思わない。必要な情報は、より詳しい人の手で与えられるだろう。ただ一点、パレスチナ問題とその今日の位相について私見を述べれば、イスラエルの不正、不当な侵略と蛮行がなお許されるなら、まさにそれは三〇年代においてナチスが果たしたような、世界的な反革命の突撃隊の出現を許すことになりかねないということを強調しておくべきだろう。なぜなら、表むきの部分的対立関係があろうと、イスラエルの行動は、レーガン米政権を頂点とする国際的反動勢力によって支持され、その民族自決の破壊政策の尖兵の役を担っていることに紛れはないからである。

レーガン政権は、世界にむけて、イスラエルの自制を求めるゼスチュアを示してはいる。しかし、その当のレーガン政権自身が、三〇年代にも匹敵するような資本主義経済体制の危機に追われながら、核戦力を頂点とする軍事の大増強と戦争体制強化の道をひた走り、〝強い米国〟の再生の名の下で、もう一度危険な世界の憲兵、世界の支配者の立場を固め直そうと狂奔している。その敵が直接はソ連に置かれているのは明らかだが、じつはソ連を一面では敵とし、他面では同伴者として、米ソ超大国の支配の下にある世界秩序の再現を求めているというのが本当というべきだろう。むしろ〝ソ連の脅威〟を口実にして、第三世界に動いている民族自決、人民的解放の道を抑圧し、第三世界諸国支配層を目下の同盟者として従属させ、包摂していくというのが、アメリカ帝国主義の戦略である。世界同時多発戦争戦略も、限定核戦争論も、こうした国家戦略に沿って、

うち出されている。そしてその国家戦略のもっとも冒険的な尖兵になっているのが、イスラエルのベギン一味なのであり、その尖兵役の試金石とされているのが、今回のレバノン侵略に他ならない。イスラエルを表向き牽制しつつ、他方でアラブ世界上層への接近を図ろうとしているのは、レーガン政権の狡猾な二面戦略でしかないことを見抜く必要がある。

だからイスラエルに今の瞬間、宥和的になることは、かつてのミュンヘンの誤まりを犯すことになる。ミュンヘンの先にこそホロコーストはあった。イスラエルを許すことは、全斗煥を許すことであり、世界の反革命時代を許すことに通じよう。そうさせぬための闘いを！　巨大な国際的・国内的統一の行動と戦線をつくるために奮闘せねばならぬ秋だ。


（『未来』一九八二年九月号　山川暁夫）

レフチェンコ事件に見る謀略の絵図

スパイ防止法制定への黒い策動

「日本はスパイ天国だった」——『リーダーズ・ダイジェスト』八三年五・六月号に出た元KGB少佐S・A・レフチェンコの〝証言〟や発言が一つの起爆剤になって、スパイ追放、あるいはスパイのエージェントだと名指しされた人への魔女狩り的な潮流が起きている。周知のことだが、私も、その火中にまきこまれた一人だ。率直にいって、わずらわしいという気持が蔽えないが、問題は、保身の立場からの釈明をしておけばいい——ということではない。ことは鋭い政治問題であり、今日の時代情況に深くかかわっている。

一九八〇年一月の〝自衛隊スパイ事件〟をきっかけに自民党安保調査会法令整備小委員会が行なったスパイ防止法案の検討作業を主宰し、八二年七月、すでに「防衛機密に係るスパイ行為等の防止に関する法律案（第二次案）」をまとめた同党有馬元治国防部会長は、五月九日、今夏の参議院選挙で、自民党が「スパイ防止法制定」を一つの争点にして闘う方針であることを明らかにした。一方、岸信介元首相を会長とする自主憲法期成議員連盟が、現在までにまとめ終っている改憲草案には、天皇元首化や天皇の国事行為裁量権の拡大、武力保持の容認、非常事態における国会運営の特別措置といった諸事項と並んで、次のような〝スパイ防止体制の憲法化条項〟が含まれている。

「第二十一条第二項　何人も、国の安全及び公共の秩序並びに個人の尊厳を侵さない限り、一般に入手できる情報源から、情報を得ることを妨げられない権利を有する。」

つまり、国の安全を侵す形で情報を得ることは、たとえそれが一般的情報源からであっても、許されないということである。すでにスパイ防止法制定を求める地方議会決議は、全国議会の四三％に及んでいる。レフチェンコ証言が、こうした促進派にとって、またとない好機であり、有力な武器であることは、論をまたぬところであろう。しかし五月七日の『サンケイ新聞』も、「勢い増すスパイ防止法制定の動き」と題した記事で、「探知・収集、単純漏えい罪が法制化されるとなると、取材活動などが微妙に制限される恐れは十分にある」と書いている。取材だけではなく、ことは言論の発表にも及ぼう。取材や発表の過程への権力による監視、介入の体制が強まることもまた必至である。

「スパイ天国」批判は正論か

そもそも「スパイ天国」とは、どのような現実を指していわれることなのだろうか。

わが国の機密保持体制が他国に較べて〝甘い〟ということは事実であろう。しかし原則的に確認すべきことは、国民主権主義の上にたつ現憲法の下で、国家は、国民に隠すべき機密をもつこと自体が許されていない――ということである。したがって厳密にいうなら、機密保持のための権力的体制を整えるということそのものが違憲であり、それは改憲につながる。つまり機密保持体制を強めるということは、国民主権を崩し、民衆を国権（国家権力）の下におくという、全般的な企図への重大な突破口なのである。

実際的に考えてみても、日本とは比較にならぬ機密保持体制を備えている国で、ではスパイ事件が防止されているといえるだろうか。逆に、今回のレフチェンコ如きレベルとは段違いに深刻なスパイ活動が、権力中枢近くまで及んでいる事例に事欠かない。機密体制を抜けて浸透してくるのが、本格的なスパイ活動というものだろう。要するにスパイ防止法といったものの効果は、スパイが対象とするような権力周辺の動きとは無縁な庶民、あるいはジャーナリスト、政府批判の立場に立つ活動を進めている人びとなどの自由と権利への攻撃、制圧ということにしかなるまい。

もう一つスパイ活動というとき、われわれがはっきりと念頭に置いておくべきことがある。それは、スパイ活動の精髄が、スパイ映画もどきの活躍にあるのではなく、一面些末にみえても重大な含意をもつ事実の、精緻な分析、そしてそこからの統合的な情勢判断にあるということだ。私自身はもちろんスパイの経験をもっているわけでないから、この断定はやや推測に流れた見方かもしれない。しかし例えばＣＩＡのマニュアルなどをみれば、情報の収集は、その九五％を公刊物に求めるべきだということが、ほとんど要員の心得るべき第一命題に挙げてある。インフォメーション（情報）ではなく、その情報の真偽を事態の推移の中で確かめ、諸情報の相互関連をつかみとり、仮説から相対的に正しい判断へと高めていく。そこに生まれるのが、インテリジェンス（知的＝真の情報）である。当今、竹村健一氏推薦のジョン・ネイスビッツ著

『メガトレンド』の手法と同じである。私も一人の情報マンとして、そういう努力の中で生きてきた。ならば、そういう努力をするものが、すべてスパイということになるのだろうか。

日本はその意味では、まさに「スパイ天国」である。溢れるようなメディアと情報。その拡がりは、ほとんど世界に例をみない。日本一国のことだけでなく、世界の情報が流れている。そしてそれは歓迎されこそすれ、制限されてはならぬものではなかろうか。レフチェンコにしても、そうした日本の実情の中で活動したからこそ、「スパイ天国」と感じもし、そういってもいるに違いない。「スパイ天国」批判の名の下で、知る権利と言論の自由が封殺され、抑圧されていくことを許すことはできない。

レフチェンコとの出会い

私はもう二〇年来、以上のような手法で、内外情報の分析の仕事をし、それにたつ報道と評論の活動をしてきた。同時に、そういう意味での情報活動には、決定的に問われる〝立場の問題〟ということがある。私の立場は、特定の外国の利益でも、日本政府の立場でもない。再び戦争と反動の時代を招来させてはならぬという決意、その上に立っての労働者階級と抑圧された内外の民衆の利益に寄与したいという立場である。

短くない仕事の経験を通じて、日本の情勢が——とりわけ反戦・平和・民主を求める人民の側からの日本情勢が、正しく海外に伝えられているとはいえないという気持は強い。誰かがその努力を果たさねばならぬし、私も微力とはいえ、その一人であろうと考え続けてきた。一方、日本の情勢推移を、最大限正確に、予見的に把もうとするなら、日本だけでなく韓国その他第三世界をふくむ国際の政治・経済・軍事動向、なによりも日本に決定的影響を与える米ソ超大国の動向をつかむことが大切である。こういう姿勢から、私は外人記者クラブで、求めに応じて講演したこともあるし、機会があれば、外人記者とも意見を交換し、外国の誌紙にコメントや署名入りの論文なども発表してきた。そしてまた、そうした活動も根拠にして、七〇年代半ばからは、二、三の信じるジャーナリストたちと一緒に、半月刊のニューズ・レター（情報誌）を刊行してきた。その読者には、日本人だけでなく、少なくない外国人記者、在日の外国公官があった。

だから私の所に、ソ連の『新時代』記者の肩書きをもったレフチェンコが、ニューズ・レターに興味をもったので会いたい——と電話を寄こしてきたのに、私が応えたのは、まったく自然のことであった。私は個人としては、ソ連の現体制に批判的である。だが、だからといってそれが拒絶の理由にはならぬのは、先に述べた私の信条からして、またジャーナリストの当り前の対応として、了解いただけると思う。当時、日中国交樹立に見合ったソ連の出方が注目されており、やがてイラン革命の胎動をみる中東をめぐっての米ソの応酬が重要な国際情勢の要素になっていた。多少とも、ソ連の出方の感触がわかれば——という問題意識は強いものであった。

リスクつきまとう情報収集

私が数回のレフチェンコとの接触で得たソ連の出方への判読は、機会があれば、まとめてみることにやぶさかでない。ただ二回目に彼の求めで会った時には、すでに私は、レフチェンコが、単なる記者でないという印象を強くもった。それだけ逆に、彼のいおうとすることに関心を寄せたことは、この際はっきりさせておこうと思う。同時にそれだけにまた彼のいうことを無批判にうけるべきでないという用意はあった。いわばウラを読む——ということである。しかし結果として、私は、彼がソ連の現体制に忠実でないのではないかという強い疑いをもつことを避けられなかった。私にはさして相手にならぬ人物だった。やがて亡命の事実が報じられたとき、「やっぱり」という印象をもったものである。

彼は、私から極めて有用な情報を得たという。私がニューズ・レターで書いた内容を解説をした、それが彼にとって重大情報だったとすれば、それは彼の不勉強と無能さを物語ることでしかあるまい。あるいは、情報活動をしている私にとって、反語的にいうなら、〝過分の名誉〟でもある。私は、別に機密を語ったのではない。情報の見方と判断を話したのであり、その基本は、先に述べたニューズ・レターで公表していることだったからである。彼は私に報酬を支払ったとしているが、私は、彼がコピーで〝隠し読み〟していたニューズ・レターの正式購読料を請求し、受けとったにすぎない。私が提供したという機密の資料なるものは、彼の便宜のために私の論文や一般公刊物のコピーを渡したのを別にすれば、私の方こそ今にして読んでみたいと思うようなものである。私は基本的に、ジャーナリストとしての意見交換を、しかしKGB要員であろうという判断に立っての自戒と勝負観をもちながら、行なっただけである。そのことと、その結果が指弾されることがあろうとも、多分、情報を深くさぐる仕事とは、そうした一つの緊張の世界を伴うものではなかろうか。

無能、無批判なマスコミ報道

レフチェンコ自身が認め、『リーダーズ・ダイジェスト』のワシントン総局主任編集員のジョン・バロンもいうように、彼の〝証言〟の多くは、KGB機関内で知り得たことを中心にした伝聞情報である。彼のいうエージェント二八人のほとんども、彼の活動とは無関係の人たちだったとみてよさそうである。察するに彼が触れた日本人は、そう多くない。その活動を相当なものとして印象づけるために、私如きものの話を大きく取り上げて彼は語りつづけているように、私には思える。それだけでも、彼の証言――というより、スパイ活動なるものの、皮肉にいうなら貧困さが読みとれる。

まして妻子さえ裏切り、国を捨てた亡命者。自分だけを高く売りこみたいという心情が貫いていよう。もし彼がソ連の現体制を抑圧と見、それ故に亡命したというのなら、体制への人間としての告発をする自由はあろうが、それだけに、自分の発言で、人が傷つくことへの真摯な人間的な恐れがあって然るべきだろう。しかし、彼の言動から、誰がそれを感じ取れよう。独り自分を、日本流にいうなら〝よい子〟ぶろうとするような、だからあることないこと交えて語り続ける。その〝証言〟を、無批判に真実のようにうけとめ、魔女狩り的取材、報道にうつつを抜かす一部マスコミの動きに、私は怒りを覚える。ソ連を〝悪の帝国〟とまで呼んで、核軍拡の合理化につき進んでいる米レーガン政権、これを好機として、スパイ防止法から改憲への道を清めようとしている日本の権力の走狗となり、マスコミ人の生命である取材の自由を、みずから狭めようとしている、その犯罪性を、まったく自覚もしていないということだろうか。

彼がどんな経緯で亡命したのか、その経過を明らかにすることが、まずは問題ではないか。『世界日報』四月二五日付が、はしなくも確認したことだが、レフチェンコは滞日中の七九年初めから、国際勝共連合とコンタクトをとっ

ていた。当然米CIAともつながっていただろう。亡命に当ってのCIAの好意が忘れられないとか、「私の回想録は、当然CIAのチェックを経て刊行される」(八二年一二月一〇日、日本人記者会見)と、レフチェンコがいうとき、彼の滞日中の活動がすでにそうであるだけでなく、いわんや、米国での彼の〝証言〟が、CIAのスクリーンにかけられたものでしかないことを知るには、それほどの洞察を必要としないであろう。

注目すべき『毎日新聞』の動き

またレフチェンコ証言の顛末と内容は、つねに『毎日新聞』のワシントン特派員の筆でスクープされているが、その『毎日新聞』が、CIAの色濃い『リーダーズ・ダイジェスト』の東京皇居前、パレス・サイド・ビルにあるのは天下公知のこと。しかも『毎日新聞』のスクープに先立って、国際勝共連合の『世界日報』が、ほとんど同じ内容を報じていることを、事実をもって立証するのは、容易なことである。その関連こそが、ジャーナリズムとして追求すべき一つではないか。

あえて指摘するが、こうした『毎日』のレフチェンコ・キャンペーンは、『毎日』の編集方針全体に依るのではなく、一部の同社旧・現のワシントン特派員グループに支えられている。そしてその有力者が、国際勝共連合が組織した世界平和教授アカデミーの参加メンバーであることを重

視したい。この平和教授アカデミーのメンバーを多く擁する「日本安保政策センター」が、レフチェンコ証言に並み並みならぬ関心をもっているのは事実だが、同センターは、米スタンフォード大戦略研センターや、レーガン政権最右派のシンク・タンクの、ヘリテッジ財団と提携関係をもち、たとえば八〇年度には、三組織共催のシンポを東京で開いて、日米安保再改定、改憲の方向での、今後の日米協調路線をうち上げもした。レフチェンコ自身が、このヘリテッジ財団に雇われていることは、同財団刊の『バック・グラウンダー』八二年一二月一七日号をみるだけでも明々白々である。

外では、ソ連を「悪の帝国」と呼び、世界の反核運動はKGBのさしがねときめつけるレーガン政権の、日本をして反ソ同盟に決定的にまきこもうとする世界戦略、内では、中曽根内閣の強引な改憲体制確立の表向きの合作の下で、レフチェンコ事態は、煽情的に醸し出されている。だからそれは、軍拡と行革、市民的自由と労働運動の分析・抑圧――ネオ・ファッショ化の今日の全般的情況とつながっており、それを加速させるための、いうならば謀略の一つとして展開しているのだ――と私にはみえる。

時代の暗黒化への道を転回させるとき、そこには必ず、何らかの謀略がしつらえられる。かつて昭和十年代、当時の近衛内閣周辺で、戦争拡大に歯どめをかけようとした人びとが、ゾルゲ事件の名の下に逮捕され、殺されもしていった歴史を思い出す。ペンはいまこそ、その歴史の重みにおいて、真に強じんな時代的使命を果たさねばならないのではなかろうか。

（『創』一九八三年七月号　山川暁夫）

第Ⅲ部　一九七三―八三年

〝新しい型の党〟を
――建党協運動への問題提起をかねて

寺尾さんに強い共感

「万古不易の党論は存在しない」という書き出しに始まっている寺尾五郎さんの「論争へのよびかけ」を、強い共感をもって読みました。短かい文章ですが、学ぶところが少なくありません。

寺尾さんは言います。

「党は、革命の道具であり、不可欠の道具である。道具の主人は人間であり、革命の主人公は大衆である。すべての道具なるものに唯一絶対性などあり得ない」。

しかし、「敵があり、敵の党があるから」党は必要であり、その党は「すべての大衆の闘いを国家権力の変革に集中していく能力を持つ限りでの指導性」をもたねばならず、その点でこそ前衛性が問われる。「党はその形成の面からいえば道具に過ぎないが、その機能の面からいえば指導部である。党は最高の道具である」。

ここに曖昧さは何もありません。まったく自明のことのように見えます。しかし自明であるということは、事柄が、かくも簡単に実現するということではありません。革命のために、革命に奉仕するために党が必要だという、ごくごく当然の、かつ必要な見地そのものの中に、すでに無私たり得なくするものがしのびこみ、大衆の上に党を置く〝物の考え方〟や作風がつくられていきます。党あるいは党派がすべてであって、人民というのは、その立場性を示すだけの抽象的用語となり、本当の〝生きている人民〟のことは、忘れられてしまい、結果として、人民を抑圧する敵対物になることさえ、ないわけではありません。

いや、これまでの〝前衛党〟とは、むしろそのようなものとして機能してしまう方向に、その歩みを続けていたといえるのではないでしょうか。私たちが建党を――と呼びかけたのに対して、党などはいらない、運動にとって邪魔物をつくってくれるな、といった反応が出てくるのも、そのためであり、そこには深い根拠があるといわねばなりません。私たちの主観がどうあれ、解放の主体である人民にとって、無用、無害な役割を果たすことにならないとは決していえないことを、深く自覚しておくべきでしょう。

大衆闘争と建党

一方では、いまは建党など考えるべきではない。大衆闘争の発展に奉仕し、それを推進することが肝要だ。その大衆闘争との緊張関係の中で初めて党の問題が出てくるのであって、少数の人間が集まって〝前衛党〟だと名乗るのは、間違っているし、おこがましい、笑うべきことだ――という批判があります。

〝前衛〟と名乗れば〝前衛党〟になるものではない。これまた自明に過ぎることです。〝前衛党〟を〝核心の党〟といいかえても、何も変わりはありません。問題は、その組織の質であり、運営であり、組織のあり方であり、そしてその果たすべき役割です。そのことが今日から明日へ――何か決意し、号令をかければ出来上るものでないからこそ、私はすぐに立党するのではなく、まさに建党にむけての協議を開始しようではないかと、呼びかけているのです。建

党協は、まだ党そのものではないのだと、私は了解します。階級解放にむけての個々の実践を押し進めながら、その協力の輪を拡げ、私たち一人ひとりが〝前衛〟になる決意をもつとともに、そう評価されるよう自己革新、自己脱皮、つまり自己革命を重ね合っていく、そうした過程の中でこそ、〝前衛党〟となる条件がつくられていくのだと信じています。そうした意識的集団、核心的集団が、いままさしく全階級状況、階級闘争が必要としているものです。

そこに踏みこむことが、まだ時期尚早なのでしょうか。党づくりの前に、大衆闘争の高まりをつくることが必要という考え方は、正しいのでしょうか。逆にいうと、大衆闘争の高揚を、いつまで待てばいいのでしょうか。

大衆闘争の高まりがあれば、党づくりにはずみがつくのは、容易に予想されることです。党形成が大衆闘争との緊張した関係の中でこそ図られるということも、間違いなく正しいことです。しかし今は、大衆闘争の後退期にあるから、党形成にうって出るのは時期尚早という風に受けとるのは、逆立ちした見方です。強力な、信頼すべき党的主体がない、主体になろうとしている人びとや集団がバラバラであるという現状こそが、大衆闘争の大きな組織化を困難にし、遅らせている、すべてとはいえぬまでも、大きな原因です。大衆闘争の高揚局面にないからといって、党的主体をつくることを見送っていれば、

大衆闘争の後退局面はいっそう甚だしいものになっていくでしょう。事態は悪循環していくに違いありません。私たちは、大衆闘争待機主義に陥るわけにはいかないのです。

「前衛党」批判への批判

一般的にいうなら、階級闘争の後退期は、彼我の階級の力関係で、解放主体側が遅れるところから生まれます。その原因の一つでもあり、結果としても現われる敵権力の反動的攻勢の強化は、必らず人民の側の団結をうながしていくでしょう。だがそれが、自動的に無条件に生まれてくるということはありません。逆に反動の強化、強圧は、人びとを防衛的・保身的方向に追いやり、小さく固まる傾向を助長します。革命的主体においてさえ、その法則が働らくのを免れません。意見が分かれ、対応の方策・戦術で対立し、セクト性を強め、果ては本当の敵とたたかうよりも、身近な所に敵をみつけ、それと闘うことが、革命的で主体的だと錯覚したりするようにさえなります。味方になれるし、ならねばならぬ同士が不信をもち合い、誹謗し合い、敵対し合ってしまうのです。その結果どうなるか。大衆闘争そのものが起き、発展する条件が、敵の攻撃との関係で強まりながら、実際には、大衆闘争を〝喰い合い〟、その生き生きとした発展を阻止してしまうのです。残念ながら、今日の運動状況の著るしい特徴の一つもここにあります。建党をめざして団結しようではないか——という建党協（準）の呼びかけに対しても、冷ややかな眼が寄せられたり、あるいは、揶揄的な、静観というより妨害的な動きが出てくる理由の一半も、ここにあるとしなければなりません。自分がイニシアティブをとっていない。あるいは自分の考え方とは違う。だからつぶした方がいいと考えるような姿勢は、それこそ「大衆・人間の上に道具を置く」（寺尾）ものだと、私は思います。

それともう一つ、こうした建党協に寄せられている批判を考えてみると、批判者自身が、やはりこれまでの伝統的な〝前衛党〟観を引きずっているのではないか——という疑問を排除することができません。そういう党をつくろうとしているのではないか。だから反対だというのです。党と聞くと、批判者が考えている党を思い浮かべ、その党のイメージにたぐり寄せて、建党運動を批判していくのです。今までの伝統的な党観をのりこえるべきだという思いがある点で、こうした批判に積極的なモメンタムがあるということはできます。しかし、その自分の主観的解釈だけを後生大事にして、党づくりなるものを批判したり、否定していくだけでは、何も変わりはしないどころか、解放革命にむけての自分の信念と責任をさえ裏切ることになるのではないでしょうか。なぜ、今日の情勢が必要としている〝新しい型の党〟をつくることに乗り出していけないのでしょうか。

建党協が呼びかける〝建党〟とは、そういうものです。

私たちはまた、その新しい党づくりが建党協でのみ進められるべきだ——といった思い上った気持をもってはいません。要は、革命に向かって進もうとするすべての核心的たらんとする人びとの中から、それぞれに自己を揚棄していく方向に立っての〝新しい党〟づくりの波を澎湃と今起こし、最大限に合作していくということです。「万古不易の党論というものは存在しない」。まさしく、そうした動きを湧き出させること、それを担っていく組織をつくることこそが、最低ではあるが、しかし今、致命的に必要な〝党〟の任務であり、仕事でもあると信じます。

闘争が綱領を生み育てる

党は、革命のために必要な組織であり、革命を通じて、社会主義をこの日本に実現するために存在し、創られねばなりません。しかし率直にいって、「いかなる社会主義か」「いかなる革命か」ということにおいて、何人もが合意できる——もちろん人民解放を目指す人びとですが、そのすべてが反対の余地なく共有できる回答が、いまの所出来上っているわけではありません。甲論乙駁、多事争論。それでいいのであり、それが必要でさえあるというべきです。私たちは、現実と歴史的事情に規制されて、一つの透明な綱領をいますぐ確定した所から出発することはできないし、そうしてはならぬでしょう。社会主義といったって、まさしく多事争論の対象です。まして日本の社会主義の展望を描き切ることは、簡単なことではありません。社会主義に向かうこと、社会主義革命を放棄することは、日和見主義ですが、社会主義という言葉をいうだけで自足しているのも、一つの日和見主義でしかないでしょう。

綱領は、労働者階級の要求や主張を深く探り、それに学び、闘争を総括しつつ、歴史にもたち返りながら、創造的に闘いとっていくものでなければなりません。今は、大まかな一致——「労働者階級の解放は、労働者自身の事業である」(第一インター綱領第一条)。すなわち人民こそが革命の主体であるという見地に揺るぎなく立ち、具体的状況の具体的分析にもとづく国際主義を貫きつつ、帝国主義を撃ち、人民主体革命に勝利して、社会主義に向かう政治権力上の条件と、生産労働の直接的関係の所における権力主体をつくる、という点での一致があれば、十分でしょう。その中で綱領は、たんに闘いとられるだけではなく、綱領自体が発展していくと銘記すべきです。

マルクス・エンゲルスの党組織観

党組織についても、そうです。

何か〝党〟イメージに捉えられて、首尾一貫したようにみえる党組織が、まずつくられ、その鋳型に私たちを自らはめこむようなことは、できない相談だし、すべきではないと考えます。その昔、エンゲルスは一八八五年に書いた

「共産主義者同盟の歴史によせて」の中で、ドイツが一世紀の間に手工業の国から大工業国になった変化を指摘したあと、「今日では、ドイツのプロレタリアートは……一切の規約や、委員会や、決議や、その他の目に見える形態なしにでも、全ドイツ帝国をゆるがすには、同じ考えをもった階級的同志の間の単純で、自明の連絡があれば十分である」と書いたことがあります。このエンゲルスの弁が常に正しいということはできません。しかし学ぶべきことは、党組織もまた、具体的状況の具体的対策として論じられねばならぬということであり、今日われわれの多くが「前衛党」という言葉でイメージするレーニン、スターリン主義的党だけが〝党〟ではないのだ——ということです。

一八四七年に発足した、この共産主義者同盟は、権力との攻防の過程で、わずか五年半の生命しかもちませんでしたが、その規約第三条は、「同盟員はすべて平等であり、兄弟であって、いかなる場合にも兄弟としてたすけあう義務がある」と書いています。中央委員会は大会に出席できるが、決議権をもたないというのも注目していいことです。またそれにもまして、その中央委員会が、大会を開催する場所の地区委員会によって選出されるというのは、わたしたちの〝常識〟からいうと、驚くべき仕組みではないでしょうか。党執行権力の輪番制といって良いのです。班と地区を基礎単位として組織的重点におき、たしかにヒエラルキッシュな組織形態はとってはいるが、各単位が自立的で、かつ相互に媒介的にかかわっている。そして隣接している組織同士がチェック機能を果たすというこの党組織上の水平的・民主的性格は、そのまま私たちのモデルにできるというものではないにせよ、大きなヒントを与える内容をもっています。マルクスとエンゲルスは、「共産主義者同盟」の前身だった「正義者同盟」をそう改称・再編するに当って、「正義者同盟」のもっていた「陰謀的性格の最後の影までもはぎとった」(全集第八巻、五七五頁)としています。

レーニンの党観の発展

マルクスとエンゲルスはまた、一八七二年の「インタナショナルのいわゆる分裂」の中で、〝宗派〟としてのラッサール派を批判して、こういっています。

「ブルジョアジーに対するプロレタリアートの闘争の第一段階の特徴は、宗派的運動である……これらの宗派は、はじめは運動の梃杆だったが、運動が宗派を乗りこえるやいなや、運動の障害になる。そうなると宗派は反動的になる」(全集一八巻、二八〜二九頁)。

ここにいう宗派とは、今日いうセクトというのと、必ずしも同じではありませんが、マルクス・エンゲルスの党組織論が、のちの一枚岩的党論とは画然と違う——ということをみてとっておきたいと思います。一八六八年のラッサール派のシュヴァイツァー宛ての手紙では「中央集権的組織は、秘密結社や宗派運動にはどれほど有能であっても、

（労働運動の発展にとっては）望ましくない」とまで言っているのです。

それが、ロシアのボルシェヴィキ建党、つまりレーニンの闘いの中で、どう変っていったかは、別に参考になる論稿もあり（例えば、『レーニン一九〇二〜一二・前衛党組織論批判』仙波輝之、論創社刊）、ここでは割愛します。いわゆるスターリン主義とその党観・党論の誤りは、レーニンにも由来します。レーニンがその「何をなすべきか」の冒頭（扉）を、次のような引用、すなわち「党派闘争こそが、党に力と生命を与える。党があいまい模糊としており、はっきりした相違点がぼけていることは、その党の弱さの最大の証拠である。党は、自身を純化することで強くなる」という言葉で飾ったのは、周知のことですが、このレーニンが共鳴し、支持した言葉は、マルクスの党論を攻撃した、マルクスの敵であったラッサールの手紙の中の一部なのです（一八五二年六月二四日付）。そしてこのレーニンの党論は、有名な一九〇五年のロシア社会民主党第二回大会でのマルトフとの論争の中で「自分で自分を党に登録する、という同志マルトフの基本思想は、まさしくまちがった『民主主義』、党を下から上へ建設する思想にほかならない。これに反対して、私の思想は、党が上から下へ、党大会から個々の党組織へと建設される、という意味で『官僚主義的』である」（『一歩前進、二歩後退』）という論断にまで、自己昇華を遂げていったのです。

しかし、そのレーニンにしても、一九〇五年一一月、第四回大会を迎えての論文「党の再組織について」の中でメンシェヴィキの優位性に対する一定の妥協は、党権力闘争上の迂回策だったとはいえ「（われわれは）党組織内で民主主義的原則を完全に実現する方に向かって決定的な一歩をふみ出している。……すべての同志諸君が一緒になって、新しい組織形態を、自主的・創造的につくりあげることが必要である。ここではあらかじめきめられた規範を決して示してはならない。地方の条件の知識と、重要なことは、全党員の新しい組織形態、より正しくは、その基本的な組織上の細胞の新しい組織形態は、旧サークルと比較すれば、絶対にいっそう広範なものにならなければならない。さらに恐らく、新しい細胞はあまりにも厳重な定形をもたない、いっそう『自由な』『ルーズな』組織でなければならないであろう」（全集一〇巻、一七頁）と論じています。これは、一八八〇年にエンゲルスがベッカーにあてた手紙の中で「外見上、組織が現在ますますルーズになればなるほど、それは実際にますます強固になっていく」とした考え方に、むしろ近いといえましょう。

〝新しい型の党〟の出発点

私は、ここで万事、マルクス・エンゲルスが正しく、レーニンが誤っていたといったことを強調する目的で、以上のことを述べたのではありません。肝心なことは、具体的状況、権力と大衆の対峙およびその中でのわれわれの主体的力量などに規定されて、有効な党組織が発見されねばならないのだ——という事です。ロシアと日本の違いがあります。私たちは日本革命を目ざしているのであり、日本人の集団です。客観的条件の違いがあり、日本人に独特な集団の組み方というものもあるのです。たとえば、これは党そのものではありませんが、私は、日本民衆の運動表現が、非常に多く〝連〟という形をとることに注目したい、と思います。まつりにおいて、地域で〝連〟がつくられ、その〝連〟が競い合いながら、全体として協力して一つのイベント、まつりをつくり出す。ところが、左翼運動では、ともすると〝連〟は〝派〟〝党派〟となり、相互に誹謗し、対立し、敵対し、果ては解体し合っていこうとする傾向が強いのです。この日本人独特の組織表現形態——じつは自民党も派閥をふくむ情況はそれを表わしているのではないかと考えるのですが——をとることで、わたしたちはまったく立ち遅れています。いや、感覚的に日本民衆の伝統に反し、受け入れられないような組織論を輸入し、そうした組織的体質をもって、前衛党といってきたし、かつまた、そのイメージをもって党を考えてきたのではないでしょうか。そんなことをいうのは、自由分散主義と、日共を批判している人びとからもいわれかねないという気がします。

しかし、あるべき党づくりを考えるに当っては、大胆にこのレベルにまで立ち入ってみるべきだと、少なくとも私は考えます。まして今、運動主体自身が劣弱な場合はなおさらです。対立し合っていくことで、前に進むことはできない。ならば連合か。何か自足した集団——党的なものの連合であればいいのか。そうではなく、つくらるべき党そのものが、全体として単位の個人、単位組織が真に責任をもって自立し、相互に分権的な権利と責任をわかちもっていく——そうした〝新しい型の党〟の原基的理解と形態から出発していくべきでありましょう。

まず歩きだそう

大事なことは、綱領について述べたことに通底しますが、まず綱領があり、理論があって、それを演繹的に人びとの中に浸透させていけば、革命が成るのではないということです。革命論もマルクス主義論も氾濫しています。しかし革命は前進していません（歴史的展望は別として）。人民が革命主体であり、人民の要求と主張と、それにもとづく行動が発展していく所で、つまり人民の側が自らを主体として帰納的につくり出していく所で、初めて革命は成るのです。その革命の条理にふさわしい形、それをうけとめ、かつ励ましていくにもっとも有効な形で、党組織のあり方が決定されねばなりません。だからそうして党にとって核心的なことは、人びとにとけこむ能力と作風をもち、人民生活と闘争の広範な全分節の中で、党員自身、つまり党が生きる、そうしたことであり、そこに向けて相互に協力し、批判しあって、私たち自身が不断に脱皮していくことではないでしょうか。いかなる党か——を、党をつくる決意も勇気もなく論じあっていても、党にはなりません。何か鮮明で、形のととのった党が、いつか、誰かの手でつくられると考えて待機していても、党はできません。

手探りでも、まず歩き出すことが大切です。中国共産党が長征しつつ、自らを真に形成していったように——です。そしてその課題を解くことは、まさに今、まったなしのものになっているといわねばなりません。

（『嵐に起つ』第二号　一九八四年五月　川端信二）

「国家改造計画」としての行革と軍事

内閣機能の強化を打ち出した行革審答申

行政改革とは、財政危機に対応した単なる行政制度の再編・合理化などではなく、「国家改造計画」というべきものだ――ということを、筆者は第二臨調発足以来、くり返し強調してきた（『八五年体制への序章』緑風出版その他）。ようやく最近になって、その観点は、反行革の立場にたつ部分では、少なくとも共有のものになり出してきているように思われる。実際、昨年の夏、第二臨調の仕事を引きついで、自らの課題を「危機管理国家体制づくり」にあると規定した行政改革推進審議会（行革審）は、八五年七月二二日に発表した「行政改革の推進方向に関する答申」で、行革の狙うところが、危機管理国家体制の中枢機能の確立と、大資本の無政府的な利潤追及活動への規制の全面的緩和にあることを、いよいよ公然かつ露骨に明らかにするようになった。

「第一部、総合調整機能等の充実方策」「第二部、地方の自主性・自立性強化方策」「第三部、民間活力の発揮・推進方策」の三部からなるこの答申内容を吟味することが、この小論の主題ではない。いわゆる民間活動へのデレギュレーション措置の内容と方向を盛った第三部、職務執行命令訴訟制度の見直しによって、国の委任事務執行を拒否した地方自治体への国家の代執行権行使に触れた第二部、そのいずれにも論ずべき大きな問題が孕まれている。しかしこの答申の最大の眼目が、第一部に含まれた「内閣の総合調整機能の在り方」にあることは、誰の目にも明らかである。

答申は「緊急事態の対処体制の確立」として、次のように述べている。

「緊急事態には、直接侵略等の軍事危機を除いても、大規模地震のような自然災害のほか、大停電、通信網の断絶等のような人為的事故、エネルギー危機等の経済的危機、さらに領空、領海侵犯や他国による航空機撃墜、政治的意図をもったテロ・ハイジャック事件、騒擾事件等が考えられ、従来よりもその潜在的可能性が高まっており、対処体制の整備は緊急の課題である」

そこでうち出されているのが、アメリカ型の「大統領的首相」の権限とその下での内閣による危機管理機能の強化――とりわけ国防会議を廃止して「国家安全保障会議」と、その事務担当の「安全保障室」を創るという構想である。構成は首相を議長とし、外相、蔵相、官房長官、国家公安委員長、防衛庁長官および内閣法第九条の規定により指定された国務大臣となっている。

同時に、官房副長官が主宰し、内閣情報調査室、外務省情報調査局、防衛庁防衛局、警察庁警備局、公安調査庁等を構成員とする「合同情報会議」と、内閣官房に「外政調整室」が設けられることになっている。前者についてはアメリカのCIAに相当するものという見方が広くある。いずれにせよ、構想を貫いているのは、首相の直属下で内外政を一元的に掌握する機構と機能の確立という命題である。

だが「国家改造計画」としての行革を論じようとするなら、以上の今後の具体化に係る内容の指摘だけでは足りない。すでにいくつもの行革関連法の決定をみている。とくに重要な措置は、一九八三年末の第百国会で成立した「国家行政組織法の一部改定」である。

すなわち「行政制度の簡素化、合理化に当って必要な措置は政令をもって行なうことが出来る」という一見何でもないかにみえる「改定」の承認で、ほとんど二〇〇本以上の各省庁事務関連法が自動改定され、国家機構の改変が今後にわたって、国会と関係のない政令事項として処理される道が開かれた。同法制定以来三五年ぶり。これはいわゆる議会制民主主義政治が完全に近い形で空洞化していく方向に、わが国の政治執行形態が変ったことを意味している。そのことを含めて、くり返し言うが、行革は「国家改造計画」であり、しかもその推進テンポは極めて急ピッチなのである。しかし、それでは国家構造・機構の物理的にも基底をなすはずの軍事機構と軍事行政の分野で、事態はどのように進展しているのか。

行革の契機となった日米軍事同盟体制の実体化

軍事と行革との関連でいえば、行革がいかに軍事機構・機能の改編・強化につながっているかという問題の前に、軍事の実態こそが、まさに行革を必要とし、それをせり上げてきたという関係が明らかにされねばなるまい。

八〇年代に入って行革が内政上の環になってきた所以の一つは、もちろん七〇年代の日本経済の環境変化にある。とくに七三年のオイル・ショックを受けて、日本経済の戦後高成長条件が一変したこと、そしてそれによって産業構造の転換が画されるとともに、財政主導型で経済成長の維持を図ろうとしたことが、またたく間にもう七〇年代後半なかばで国家財政の危機的状況を生み出したこと、それがいわゆるぜい肉を切るという形での行革課題の推進を促がす経済的根拠になったのは、周知のことである。

しかしもう一つの契機は、紛れもなく、七〇年代はじめからの日米安保体制下の日本の軍事的位置の変化にあった。

まずアメリカのベトナム侵略戦争がほとんど敗北必至の形となり、アメリカがポスト・ベトナムを模索し始めた段階で浮上した沖縄返還にも関連して、日本独占資本のスポークスマン格だった桜田武日経連代表理事（当時）が、「半国家から全国家への転換」の必要を説いたことは、今日も提起していい価値をもつ。つまり朝鮮戦争時に発足して日本の軍事体制がもともと米戦略に包摂されていたというのとは違う質、端的にいうなら、アメリカの極東戦略の有機的一翼としての機能を責任を果たす物理力に移る跳躍台として沖縄返還はあったのであり、それは当然にも、軍事をふくむ国家機構と編成の確立の課題とつながっていたのである。

ついで七五年。米軍はベトナムで完敗する。この年の六月段階で、すでにアメリカ政府は日本に対して、日米共同作戦機構の設置について提案してきた。国民の反応を懸念した政府は、これを「日米防衛協力小委員会」という名称で翌七六年七月六日に発足させ、以後ほぼ二年余の秘密討議を経て、七八年一一月二七日の日米安全保障協議委員会で承認、直ちに当時の福田内閣の閣議で了承されたのが、

「日米防衛協力のための指針」（ガイドライン）である。それが日本の軍事責任の及ぶ範囲を「日本の領域のみならず、その周辺海空域」に及ぼし、日米共同作戦を、「攻撃」があった有事に限定せず、「攻撃の恐れある」段階、いいかえると平時にまで拡大した点で、まさしく条文改定なしの日米安保条約の改定——日米安保条約体制のアジア・太平洋安保体制化であったことについては、あらためて論じることはあるまい。

ただこのガイドライン作成作業に伴なって、七七年八月以降、「内閣総理大臣の了承の下に、防衛庁長官の指示によって」、有事法制の研究が防衛庁で始まり、その旨がガイドライン発表直前の七八年九月二一日に公表されたあと、八一年四月二二日、そのいわゆる中間報告が発表されるに至った時間的な経緯に注目しておきたい。ガイドラインに「自衛隊及び米軍は、情報の要求、収集、処理及び配付の各段階につき情報活動を緊密に調整する。自衛隊及び米軍は、保全に関しそれぞれ責任を負う」と書かれたことを受けて、その三カ月のちの七九年二月に早くも「スパイ防止法制定促進国民会議」が発足（スパイ防止法が必要とキャンペーンされたいわゆる宮永事件の〝発覚〟はほぼ一年後の八〇年一月！）し、それが今、国家秘密法案として国会に上程されていることを含めて、ガイドラインこそは、直接に軍事行政のみならず、中央・地方にわたる国家体制の有事即応的な方向への改編を必要とし、またその内容を規定し

たのである。

その後、ガイドライン路線の実体化は、福田内閣を継いだ大平内閣の下での「総合安保戦略」構想の策定作業として着手され、それはまた大平の不測の死のあとの鈴木内閣の手で行政改革の課題として提起されることになった。しかも鈴木首相は八一年五月には、日本の首相として初めてレーガン米大統領と会談し、「日米同盟」の関係を公的に確認したし、その下で、日本自衛隊が陸海空三軍統合演習に入ること（八一年七月）、日米両軍がそれまでの海空だけでなく、陸についても指揮所（CPX）、実動双方で合同演習に入ることを認めた。その鈴木内閣の下での行政改革とは、だから初めから「増税なき財政再建のため」といったものではなく、軍事機構と軍事行政の改革、そして国政全般の方向と運営における軍事的考慮の比重の増大を内にふくんだ「国家改造計画」として提起されたのであり、かつその実施の過程を規定してきたのである。

それを何よりも裏づけるのが、行政改革の名で福祉・厚生・教育などの国家歳出にはシーリングが設けられ、各経費が実質的に削減されているのに、軍事費が聖域とされているばかりか、突出につぐ突出を続けている事実だろうが、行革課題の目玉とされている国鉄の分割・民営化をめぐる黒幕の動きの中にも、それを窺うことができる。なぜなら国鉄の分割問題が提起された当初、有事の列島縦断輸送に円滑さを欠きはしないかという見地から、それに不賛成だった防衛当局が最終的に了解する側に回ったのは、いざという時の兵員・物資輸送に当って、強力な国鉄労働者のストライキを懸念しないで済むような体制に移る方が有利だという判断に立ったからだという消息があるからである。国鉄の分割・民営化の狙いは、国庫負担を軽減し、国鉄用地をいわゆる民活の立場から大資本が取得するといった、より泥々した計算があることは自明だが、この消息から読みとれるように、鉄路の有事軍事利用の観点があることも見逃すことはできまい。

要するに、日米軍事同盟体制のいよいよ高まる危険な実体化こそが、行革の大きなモメンタムになっていたのであり、そのエスカレートとともに、行革の狙いの本質が、冒頭の行革審答申内容が示すように次第にはっきりと開示されてきているのである。その一方、二一世紀に生きのびていくためにという名目で推進されている行革イデオロギーに国民を包摂し、国家主義的イデオロギーを浸透させていくことが、そのまままた日米軍事同盟体制のさらなる強化を支えてきたといっていい。そしてその体制は、いまや八四年一二月末には、ついに日米共同作戦計画書が日米軍部間で合意されるところにまできているのである。

ちなみにいうと、すでに今から二二年も前に、防衛庁内で秘密裏に検討され、いまいう所の有事法制の検討作業の原型となったといっていい「三矢作戦計画」がまとまった直後（一九六三年三月三一日）、日米軍部間で「日米共同作戦に関する覚書」がとりまとめられたという経過がある。しかしもはやことは、「覚書」の段階ではない。ことはれっきとした、しかし国民にはまったく秘密の「作戦計画書」がまとめられる所にきているとなれば、その裏面には、まさしく本格的な有事体制づくりのプログラムがあり、その着手が進行中というべきである。しかもそれを、法改正をまつこともなく、政令ないし防衛庁長官の訓令という形で進めることのできるシステムが、先にも述べたように、国家行政組織法の一部改定およびそれにもとづく「防衛庁設置法の一部改定」によって、つまり行革の名によって完成していることに注目せざるを得ない。八四年三月、防衛庁本庁に発足した中央指揮所にしても、明示の法改正でなく、防衛庁設置法改正によって許された「統合幕僚会議の執る事務については、政令および防衛庁長官の訓令で行う」ことができるという措置によって実現したものだったのである。

軍事行政改編・強化の意味

国家安全保障会議の創設、中央指揮所の発足、有事法制づくり、自衛隊員募集業務も内容の一つにした地方自治体の委託事務に関する国家の代執行権行使などなど、行革に関連して確実に、軍事行政もまた改編・強化されている。とりわけすでに発足した中央指揮所の意味する所は大きい。なぜならそれは、自衛隊の有事行動態勢を本格化するシステムであると同時に、将来は予定されているＫＩＳＳ

（中央官邸情報システム）とも連動して、国家施策と支配の全領域にわたって、軍事主導型の運営が行われていく可能性を秘め、その場合の核になる装置だからである。一方、中央指揮所は在日米軍の機構を経由して、米軍のＷＷＭＣＳ（全世界軍事指揮統制機構＝ウイメックス）に連動している。日本自衛隊の米軍を軸にしたアジアのＮＡＴＯ軍化が、中央指揮所の発足をもってより有機的に構造化されたことは、否定すべくもあるまい。

こうした一連の改革の意味するところを一言でいうなら、根本的には、米軍事戦略を補完する形での戦争遂行可能な国軍と国家態勢の樹立という点にある。日米共同作戦計画書の内容は何ひとつ明らかにされていないが、それが実効的なものであるなら、今日の戦争の時代、そして核武装している米軍をパートナーにしている限り、根底には米核戦略があり、これまでの自衛隊や日米合同演習の実態からみて、間違いなく朝鮮半島も作戦領域にした作戦計画内容になっているはずである。まさしくそういう段階に日米軍事同盟体制が到達したことと、八五年度の一連の政治過程、すなわち防衛費のＧＮＰ一％枠突破の動き、靖国神社への全閣僚の公式参拝、国家秘密法案の国会上程、日の丸・君ケ代などの強調といったこととは無縁ではない。

防衛費のＧＮＰ一％枠突破がなぜ、中曽根首相にとって「政治の王道」になるのか。それは将来に向けての軍事費膨脹のためにワクをとりはずすことにあるのはいうまでもないが、量的にだけいうなら、日本の軍事費はすでに世界第八位、アジアにおける韓国など日本以外の自由主義諸国の軍事費の合計より大きい。また航空機保有数も八位、海軍力水準は第四位。もし米国並みに、沿岸警備軍に当る海上保安庁経費や軍人恩給を加算し、後年度負担分も勘定に入れるなら、わが国の防衛費は現在でもGNPの二・五～六％レベルにある。

問題はこの量だけでなく質にある。すなわち軍事費と軍事力レベルを経済ないし景気の従属物にするのでなく、いわば〝自立〟させ、脅威の評定や世界の軍事技術の水準から軍事力のあり方を確定していく所に飛躍・転換させること、別言すると、七六年の防衛計画大綱が概念的基礎にした「基盤的防衛力」の整備から、もう一度「所要防衛力＝脅威対処防衛力」整備に建軍の基本を起き直すということにある。事実この方針に沿って、中曽根内閣は、現在の経済見通しでGNPの一・〇三八％に当たる一八兆四〇〇〇億円の軍事費レベルを読みこんだ中期防衛力整備五カ年計画を策定した。同計画が読みこんでいる二兆五〇〇〇億円の後年度負担分と物価値上げを加えれば、実額予測は恐らく優に二三兆円に達するだろう。こうした建軍理念の基本的転換と、防衛計画を従来の防衛庁だけの業務見積りから政府決定事項に格上げしたこと自体が、この段階のわが国における軍事行政上の画期的な変化と認識すべきである。

しかしその割には、軍事行政にまつわる変化は一見ドラスチックには見えていない。

それは第一に、日本自衛隊が基本的に、いわば超法規的な形で事実上、米軍の世界戦略に即して、その指揮権の下に置かれ続けているからである。必要な措置は、日米安保協議委員会と日米安保事務レベル協議、日米防衛協力小委、日米合同委員会の協議・決定にもとづいて行なわれる。

第二に、それを含めて在日米軍および自衛隊の行動・編成・意図などの全域が、基本的に秘密のベールのうちにあり、その中で進められているからである。これまでのいわゆる中業（中期業務見積り）にしても、七七年四月の防衛庁訓令第八号「防衛諸計画の作成等に関する訓令」にもとづいたものだが、同訓令が認めている「統合長期防衛見積り」（統長）、「統合中期防衛見積り」（統中）は過去一切公表されたことはない。「統長」とは「X（＝作成年度）＋8～X＋17年を対象年度として、内外の諸情勢を可能な限り見積り、これに対する防衛戦略を考案するとともに、防衛力の質的方向等を明らかにし、統中の作成等に資することを目的に三年ごとに作成する」もの。「統中」とは「X＋2～X＋6年を対象年度とし、統長を参考にして内外の諸情勢を見積り、これに対する防衛構想、防衛の態勢並びに陸海空各自衛隊の体制について検討し、防衛力整備の基本構想及び重点等を明らかにし、中業の作成等に資することを目的に三年ごとに作成する」ものである。

第三は、恐らく現段階で政府が、いわゆる行政改革事項的な組織替えないし強化の方途を公然化するよりも、国民の防衛意識の転換を先行課題としてとらえていることに関係しているだろう。その点で先にも述べたとおり、行革イデオロギーと「国を守る意識」、中曽根首相のいう「新国家主義」の思想と理念が、マスコミを舞台にもしながら、上から急速に国民に向けて扶植されてきていることが、重視されねばならないだろう。

今後の予測される問題点

とはいえ、行革に絡んで軍事行政面で今後進むに違いない固有の問題があることについても見逃すべきではない。もう余白もないままに予測される問題点を以下列記しておくにとどめたい。

その一つは、GNP一%問題の処理をも口実にして浮上してきかかっているいわゆる「防衛（安保）臨調」の開設である。それは行革臨調=行革審、教育臨調につづく「国家改造計画」に向かう超議会的機関であるとともに、恐らく自衛隊制服組OBが、初めて公的な発言の場に登場することを意味しよう。『朝日ジャーナル』八五年一一月二二日号で前田哲男氏が指摘している「日本戦略研究センター」などの国防推進派による「私的諮問機関」を舞台に進んできた制服組と与党の癒着関係がより本格的なものとなることだといってもいい。

その二つは、防衛二法の本格改定を通じて、統合幕僚会議議長を認証官に格上げし、防衛庁長官と同格にすること。これは同時に、現在陸海空三幕の〝連絡調整役〟にすぎない統幕議長と統幕を、事実上旧軍の軍令担当部門として独立させ、中央指揮所機能を旧大本営相当のものに変えることといっていいし、シビリアン・コントロールの実質的な最終無効化だといっていいだろう。もともとわが国の文官支配なるものは、国会の下にあるという論理を窮極のより所にしているだけで、すでにみたように、自衛隊が実質的に米軍指揮下にあるという事実で骨抜きにされている。加えて国会の統制機能がぎまん的なものでしかないことは、中央指揮所発足の経過にみるように、もはや歴然たるものである。

その三つは、いわゆる有事法制体制が今後急速に、政令事項として処理・構成されていくだろうということである。八一年四月の防衛庁の有事法制の研究・中間報告ですでに自衛隊法第一〇三条について「政令に盛りこむべき内容」について、七項、二一件が明示されている。以後発表されているものをふくめれば、それはさらに厖大なものになろうが、それが立法府と無関係に進められているだけに、その実施については『軍事民論』的立場からの綿密細心な状況把握が必要となると強調しておきたい。

その四つは、軍事費の無制限な増大には、政府側の意図とは別にいぜんとしてかなりの制約があるのは論をまたない。したがって軍事技術の今後の発展とその適用ともあいまって、装備上の小型精密兵器化と並んで、軍事費上の比率の高い人件費の相対的な合理化が必ずや企図されていこう。最近翻訳されたE・N・ルットワーク（ジョージタウン大学戦略国際研究センター戦略主任研究員）の『ペンタゴン』によると、米陸軍では一七個師団に対し、師団長クラスに当る少将の数が一四〇人もあり、全軍にわたっての「将校のインフレ」が米軍機構を機能的にも経費的にもいびつにしているとされているが、同じことを日本陸上自衛隊でみると、一三個師団に対して将は四八人、将補は一〇七人。まさに日本もまた「将校のインフレ」である（参考は図）。

この是正のため、防衛庁は、陸海空三軍のバランスをあらためて海空中心におきかえ、また八五年の防衛庁職員給与法改正によった形で、将クラスを陸で二三%、空で四一%、海で三五%も減員しようとしている。将補クラスでも、三軍の定員六九人に対し二二一人の現状からすると大

〔図5〕自衛官の階級別定員（人）

	陸上	海上	航空
将	48	23	22
将補	107	56	58
一佐	1,075	424	516
二佐	2,531	892	1,174
三佐	4,037	1,609	1,773
一尉	6,311	2,936	2,584
二尉	5,636	2,332	1,761
三尉	3,176	1,238	1,169
准尉	3,496	826	766
曹長	8,643	2,072	1,956
一曹	18,047	5,191	6,373
二曹	27,879	7,021	8,335
三曹	25,476	8,605	8,617
士長	30,026	8,368	8,256
一士・二士・三士	43,512	3,606	3,474

（84年4月1日現在）

幅な将官べらしが進められよう。しかし一方、比率的にいうと、曹以上が一七万人以上に対し、士が七万四〇〇〇人（三軍合計）しかなく、士の定員に対する充足率が七四・九%（陸は六八・八%）に止まっている構造を是正しようとするところからは、時期は別としてやがて「徴兵制」問題が本格的に登場してくる可能性もなしとしない。地方行革を通じての地方公務員の再定義と意識変革、地方自治体への国の代執行権の行使体制が、そのことと無関係だと断じることはむつかしい。

中曽根首相のいう新国家主義とは、かつての国家主義の装いを新たにした再現――新・国家主義ではなく、「新国家・主義」と規定すべきものである。企業を中心にしたコスト主義・効率主義を、労働者の思想と価値観の中にまで植えつけることとあいまったナショナリズム、日本意識の強調である。しかしその過程で軍事的諸要素の肥大化と国政への規定力の増大は、中曽根内閣にみる自民党の現路線がつづく限り不可避であろう。これに対峙し、それを切り崩していくことの課題はいよいよ急である。反行革は反国家改造、反軍国主義・反新国家主義、したがって反戦・平和の闘いに他ならない。そのようなものとしての反行革闘争が、国鉄の分割・民営化阻止、地方行革大綱の実施、臨教審・教育改革返上の闘いを軸にして活性化されるのを期待するゆえんである。

（『軍事民論』第四三号　一九八六年一月　山川暁夫）

厳しい「憲法」と「安保」の対立

――不戦平和を求める沖縄に学ぶ

日本の現実を照射する沖縄

施政権返還から一五年目の今年、沖縄はもう一度、日米安保条約下の日本の現実の基底を照射し、わが国の政治闘争がその焦点を切り結ぶ地になろうとしている。それは一九七二年に実現した「祖国復帰」がなんであったのかを改めて問いなおすとともに、この「復帰」と裏腹にあったアメリカ帝国主義のベトナム侵略の破綻によって特徴づけられる七〇年代以降の、日本国家の足取りと今後の針路の再検討を、すべての人々に迫る問題に発展する質をもっている。

そのことをもっとも象徴的に開示しつつあるのが、沖縄で今年の九月下旬から一〇月にかけて開催される第四二回「国民体育大会」――「海邦国体」への天皇の出席問題である。毎年、全国各県のもちまわりで挙行されてきた国体は、今年の沖縄国体で一巡し、来年は第一回が開催された京都に再び戻る。それは終戦直後の全国行脚にはじまった天皇と天皇制イデオロギーの復活強化のワンラウンドの仕上げといっても過言ではない。

ここで詳しくその経過を回顧する余裕はないが、これまでも各地での国体に天皇ないし皇族が出席するたびに、警備を口実にした地域管理体制は、次第に尋常ならざるものに強化され、住民の協力体制もまた「草の根」からの国民統合を強制するものとして、極めて計画的・意図的にそのつど推進されてきた。警護のためという理由で、早い時期から天皇や皇族の通る道筋では、農民の作物にまで制限が加えられたり、警察による聞きこみや調査、ローラー作戦などが大手を振って実施されてきた。それがいよいよ沖縄に及ぼうとしているのである。すでにその攻撃は、沖縄での米軍向けテレビが放送終了後に、「日の丸」と「星条旗」の映像を放映するようになったり、昨年以来県民にたいして「日の丸・君ケ代」を強要する当局の動きが一段と強まっているというような姿で現われだしている。

しかも今回の沖縄国体の場合は、天皇が一〇月末の秋季大会に出るだけでなく、九月末の夏季大会には浩宮が、一一月の障害者大会には皇太子が参加する予定である。同時にそれはまた、昨年につづく「天皇在位六十年記念」の一環として、中曽根首相が布石してきた「新国家主義」にたつ「戦後決算政治」の重要な眼目の一つとして実施されようとしているものである。沖縄と沖縄人が明治このかた、どんなに苦痛の歴史を歩むことを強制されたかを、そしてそれが、かつての侵略戦争における日本民衆の苦しみと疑いもなく一体のものだったことを考えるなら、今日の「沖縄問題」は、まさに帝国主義権力の下のこれまでの歴史と現実を民衆の側がどう総括するかの問題に通底している。

これに加えて、沖縄における米軍基地の拡張と強化が、ここにきて一段と目立ちはじめている。そのことが沖縄の県民にいっそうの不安を与え、それへの怒りを高めているのはいうまでもないが、しかし沖縄基地の再強化は、そのまま日本全体がアメリカ軍事戦略のなかにおける侵略と挑発、アジア民衆にたいする反革命的な役割を増していることの端的な表われである。天皇の訪沖と、それを機会にしての沖縄県民への権力的支配の強化は、日本国家の改憲をめざす反動的路線の新しい飛躍をめざすものであるとともに、アメリカの侵略的な世界戦略への日本の協力を、またも天皇の名と天皇イデオロギーの普及をもって積極的にすすめていくプログラムとして、実行されようとしているのである。

その端的な姿が、この五月一四日、沖縄における米軍収用の「未契約軍用地」の強制使用期限が切れるのに先だって、さる二月二四日、県収用委員会が一方的に、今後一〇年間の強制使用を裁決した（那覇軍港関係の分については五年）事実に表われている。収用委の側は、防衛施設庁が一九六〇年八月に使用継続要求申請したのが、二〇年であったことを強調して、いかにも関係地主と県民の反対を配慮したようなゼスチュアをとっているが、これまで五年ごとを期間にして強制使用してきたのに比べると、その倍の期間を承認したということである。この裁決どおりに実行されるなら、四三万平方メートルに及ぶ土地が、戦後じつに五二年間――半世紀以上の長い期間にわたって米軍に強制使用されることになる。

収用委は、八九人の地主と全国一九七八人に拡がっている「一坪地主」の反対と抗議を無視して形式的な審理作業をすすめ、機動隊と私服が制圧した昨年一二月一二日の第一一回公開審理で、一切の公開審理を打ち切った。これにたいして五〇〇人以上によるハンストや、那覇市職労の早朝ストなどの闘いが続けられてきたが、事の進行はまさに問答無用といわんばかりのものであった。この収用委の裁決にたいしては、その後も「やり直し」や「収用委の退陣」を求める沖縄県民・労働者の闘争が、ねばり強く続けられており、三月六日には那覇市の与儀公園で、一二〇〇人による県民総決起大会とデモが敢行されている。

一九九二年には、軍用地接収に応じている契約地主三万七〇〇〇人との再契約の時期がくる。この軍用地問題は、沖縄における諸問題の単なる一つではない。日本にある全米軍基地の七五％が沖縄に集中し、沖縄のじつに五二％が軍用地に接収されている事実からすれば、この問題こそが米軍基地の存続いかんを左右する最大の問題であり、したがってまた戦後沖縄政治の変わらざる最大の焦点の一つである。そしてそこにこそ、現状、本土の四倍に及んでいる失業率や本土の七〇％程度の平均賃金が象徴している沖縄の経済の平和的で自立的な発展が保障されるかどうかのカギがあり、表づらの経済的な変化がどうあろうと、その底に潜んでいる沖縄県民の生活とそれに根ざす感情の原点がある。

沖縄基地の強化とその背景

沖縄県民の心を踏みにじることもいとわない、こうした基地の永久使用にも通じる措置が、いったいどうして今とられようとしているのか。それはアメリカの軍事戦略態勢が、フィリピン・韓国などにおける革命的情勢の発展にも対応して、いっそう強化される方向に進んできているからであり、日米運命共同体の下、日本政府のこれへの協力が一段と積極的なものになりだしているからである。

実際、沖縄基地の最近の状況は、ハリアー（垂直離着陸機）訓練基地の建設の動き、核・生物・化学作戦を意味するNBC防御訓練の頻繁な実施など、極めて注目すべき強化の措置を重ねてきている。かつてベトナム戦当時、一九七〇年一一月まで旧コザ市のキャンプ・ハーグに駐留していた第一軽対空ミサイル大隊（LAAMBN）が改良ホーク・ミサイルをもって、一六年ぶりに再配備されることになり、この九月には、所属の一個中隊（九〇年には二個中隊に増強）が飛来する。また米陸軍は、さる三月末、これまでの西方コマンドを格上げして、太平洋陸軍を新設する決定も行なっており、今年の米韓統合演習の八七チームスピリットの際の米軍の動きが示したように、沖縄の攻撃・中継・補給・情報・謀略の基地としての役割は、いよいよ強化されている。そしてこれらの米軍サイドの動きに伴って、たとえば海上自衛隊の対潜作戦センターの設置など、自衛隊の実戦力の増大も顕著である。当然のことだが、その一つ一つの局面と日米軍部の動きにたいする住民の反対闘争もまた活発に続けられている。

ほとんどベトナム侵略戦争の終結以来といってもいい、こうした基地機能の拡大のさらなる動きは、明らかにアメリカが昨年のはじめから公然とアメリカの軍事行動の新しい方針として採用してきているＬＩＷ（低強烈度戦争）戦略の展開に基づいている。レーガン政権の対ソ軍事戦略において、アメリカが先端技術の世界における優位性の確保という国家戦略上の見地にもたって、ＳＤＩ（戦略防衛構想）の具体化を図っていることは、すでに広く知られていることだが、そうなればなるほど、戦争遂行態勢の実際の眼目ではＣＤＩ（通常防衛構想）体制の整備がいよいよ重点の課題になってきている。

ＣＤＩとはかならずしも「非核戦争」ということを意味しない。ソ連との全面的戦争は局限まで回避しつつ、しかしその周辺、第三地域における情勢の革命的発展にたいしては、戦域核・戦術核の行使を含んで、強力な軍事対応を展開する考えにたつ戦争計画である。諸国における事態の含めて、アメリカにとって不利な発展は、いわゆる「テロ行為」もアメリカの支配にたいする戦争とみなし、「強烈な戦闘行動」をもって対処するというのがＬＩＷ戦略である。それは昨年四月のリビア攻撃がそうだったように、まさに「宣戦布告なき戦争」として発動されるものとして構想されている。むろん対象は全世界にわたってのことだが、西太平洋においては、一九九一年に米比基地協定の期限切れを迎えるフィリピンの事態の今後と、朝鮮半島情勢の予想される変化の重大さを見通すとき、対ソ軍事戦略上の基地としてだけでなく、ＬＩＷ戦略発動の基地としての日本、

とりわけ沖縄の基地機能をそれに即応できるものに整備しなければならない。それがアメリカの現在の沖縄政策の根本を規定している。沖縄は依然として、中東からアジア・太平洋にいたるアメリカ帝国主義の東半球戦略上のキー・ステーションなのである。

このことに関連して、日本が、すでに七八年一一月の「日米防衛協力指針」（ガイドライン安保）の合意以来、日米安保条約の公的な確認をさえ超えた対米軍事協力の責任を負う立場にたってきたことを、改めて強調しておく必要がある。ガイドライン安保は、今日もまだ人々のなかでしっかり自覚されているとはいえないが、わが国の軍事責任を、「極東の重要な事態」に対処し、日本の領土・領域のみならず、その周辺の「海空域」にまで拡張することをはっきり確認したものであった。つまり日米安保条約は、このガイドライン安保によって事実上「アジア・太平洋安保」に拡大されたのである。それはまた安保条約で「日本に武力攻撃があった」場合に限定されていた「日米共同軍事行動」を「日本に対する武力攻撃の〝恐れ〟がある場合」にまで拡張することによって、日米軍事共同行動を日常不断の義務に発展させた。すでに多くの人の知るように、その後共同作戦行動は一挙にエスカレートし、八四年末には「日米共同作戦計画書」がまったくその内容秘密のままに策定され、昨年の一〇月末には、北海道でついに日米三軍統合演習が実演されるところまできている。「キーン・エッジ

（鋭い刃）」と名付けたこの統合演習は、ベトナム戦争終息の翌年から開始された米韓統合演習「チーム・スピリット」の、いわば日米版である。さらにガイドライン安保は、新たな施設・区域の提供を含む基地拡大と後方支援体制の整備や、「米軍は核抑止力を保持し（その）即応戦力の前方展開につとめる」こと、それにたいして日本自衛隊が協力することを明記している。日本への核戦力の持ち込みは、あれこれの秘密の取り決めを洗うまでもなく、公式の確認事項になっているのである。国家秘密法策定の活動が一気に公然化してくるのも、「情報の保全」についての日本側の責任を明記したこのガイドライン安保合意の直後からであった。

ここにいう日本周辺の防衛責任範囲がどこまでを指すかは、ガイドライン安保には規定されていない。しかしその後の自民党政府は、いわゆるシーレーン防衛の名によって、東京からグアムまでの「南東航路」と、大阪からフィリピンのバシー海峡までの「南西航路」によって包まれる一〇〇〇カイリに及ぶ海空域がそれに当たるとしている。一〇〇〇カイリとは、一八〇〇キロ。それを半径にする円が、南方だけでなく、北にも向けてカバーする面積がどんなに広大なものかは、あえて説明するまでもない。そうしたことこそが、防衛費のＧＮＰ一％枠突破などに示される一連の軍事態勢の膨張が図られてきた、そのすべてとはいわないまでも、決定的な根拠になっているのである。

だからこそまた、ガイドライン安保の合意の後の七九年段階から、シーレーン沿いにいっせいに空港増設の計画が動きだした。「南東航路」南から順に、硫黄島での自衛隊三軍統合基地建設計画、三宅島の基地建設、厚木基地機能の拡散による下総・百里など関東にある自衛隊基地の拡張、「南西航路」に当たる琉球弧における石垣島（白保）の新空港計画、那覇空港の拡張、奄美大島の第二空港建設着手、喜界島や馬毛島におけるＯＴＨ（超水平線）レーダー基地や「象のオリ」の建設の動き、熊本と宮崎の県境の「えび野」を候補地とするＶＬＦ（極超短波）通信基地建設計画などなどである。ここにあげた空港の新・増設のすべてが軍事基地だとは銘うってはいない。しかしここ数年、わが国の民間空港の軍事利用は、八五年のそれが米軍一七八三回、自衛隊が三万四四四九回に及んだように、急速に増大しており、そのことを含めて、シーレーン沿いの空港数の拡大が、シーレーン防衛に関連して将来一〇〇機保有にまで増加する予定のＰ３Ｃ対潜哨戒機の配備の増大を背景にしていることは、疑う余地のないことである。関西新空港にしても、やがて「軍民併用空港」としての性格を明らかにしてくるに違いない。

そしてそのすべてにおいて、公権力の側は、住民の反対と抵抗にたいしての弾圧をいっそう強めつつある。世界有数のみごとな珊瑚礁を埋め立てて強行建設されようとしている石垣島新空港をめぐってもそうであり、ここでは現地住民の抵抗闘争にたいして、今年一月の海域調査に当たっても、反対同盟の迎里委員長と弁護士までが「威力業務妨害」と「公務執行妨害」の罪で警察に逮捕されている。県当局は、こうした住民の抵抗闘争によって、これまで予算の執行をのべ三年にもわたって執行できないでいることに焦りをみせ、この五月までに埋め立て免許を申請し、一〇月までに建設認可の申請を行なう予定だが、フィリピンからわずか三〇〇キロの距離にあり、そしてまたかつて六〇年代初頭にすでに米陸軍当局が「大軍事空港建設地として最適」だという見解を文書でまとめていたこの石垣島の新空港建設をめざす動きの強引さを通じて、いま琉球弧で起きていることの狙い、ひいては、ガイドライン安保下の日本の帝国主義国家としての現実とその位相を、われわれすべてが率直かつ正確に理解しなければならない。

日本国家は、ドル安＝円高に象徴される今日の国際経済のなかでの相対的位置の上昇ともあいまって、みずからの危機を深めながらも、いまやアメリカに単に追随するだけにとどまらない世界における反革命の主柱の立場にたちだしているのである。

沖縄にとって天皇は何であったか

以上のことは、沖縄の「祖国復帰」が、当時沖縄県民が願望したような平和憲法の下への沖縄の転換ではなく、米軍の直接支配下と実体的に代わることのない基地沖縄の継

続、むしろ沖縄の恒久基地化であり、変わったこととといえば、それを機にして、「本土＝ヤマト」の国家権力が巨大な資本の力と軍事力をもって、もう一度沖縄県民に襲いかかるものであったことを、改めて物語っている。沖縄の施政権の返還によって、日本軍国主義は沖縄に引きずりだされ、そうすることによって、アメリカの極東戦略を補完する役割を高めるとともに、みずからアジア・太平洋全域にたいするその抑圧的存在としての位置を固めたのである。沖縄駐在の自衛隊の数は、本土の人口比換算で五〇万人に相当する。そして敗戦四二年目のいま、そうした沖縄の位置と役割をその権威によって承認し、激励もするように、天皇が戦後はじめてこの地を訪問しようとしているのである。

そのことが沖縄の過去を忘れようにも忘れられない世代だけでなく、若い世代の人々にどういうこととして受けとめられているかを、日本中の人々が、この三月一〇日にはっきりと知らされた。この日、沖縄の五六の高校で行なわれた卒業式でのすべてがそうだったとはいえないとしても、たとえば米軍嘉手納基地に近い沖縄本島中部の北谷・読谷の高校などで卒業生たちが、「日の丸」の掲揚にたいして断固たる抗議の行動をとった事実が、テレビの映像を通じても報じられたからである。

北谷高校では、「日の丸」がいったん会場に掲げられたことに抗議した卒業生たちが、式場に入ることを整然と拒

否し、結局学校側にそれをあきらめさせた。さらに村の四八％が米軍基地で占められている読谷村の読谷高校では、二人の女子学生が壇上の「日の丸」をひきおろし、土になすりつけて抗議した。これは学生だけの反対行動ではない。ここでは卒業式にさきだって、「明日の読谷村を考える住民会議」や地区労などが、人口二万九〇〇〇人の同村の有権者の半分を超える八二〇〇人余の署名を集めて、県教育庁に反対の意思を伝達した。さらに「読谷高校父母の会」や教員組合も、反対行動に同調した。卒業生の一人は、自分たちの行動について、「タイ・フィリピンなどで焼かれた日の丸をなぜ僕らの卒業式に掲げなければならないのか」と、たまたまその日、そこで取材に当たっていたルポライターに語ったという（『創』五月号、高沢秀次「沖縄・読谷村一九八七年春」）。

文部省が八五年九月に公立学校における入学式・卒業式での「日の丸掲揚・君ケ代斉唱」を都道府県教育委員会に通知した段階では、本土の多くの地方ですでにかなりの実施率に達していたのに、沖縄では、「日の丸掲揚」については、小学校で六・六％、中学校で六・九％、高校でゼロ、「君ケ代斉唱」については、小・中・高すべてにおいてゼロであった。当時すでに天皇の訪沖が予想されていた状況で、この沖縄の実情の打開に焦った文部省が「徹底」の通知をだしたのは、想像に難くない。これを受けて沖縄県議会がその年の一〇月、野党や労組の強い反対を押して、騒然とした状況のなかで推進決議を行ない、さらに一一月には県教育庁が県内の諸学校に「住民会議や父母の会などと話し合うな。生徒に式を任せるな」という趣旨を通知した。沖縄県の今年の「重点施策」は、「日本国民たる自信と誇り」を県民のものにすることを強調している。

その結果、昨年の卒業式では、「日の丸」については四三校（八〇％）、「日の丸・君ケ代」については三校が実施に踏み切り、双方とも拒否は一一校に減少した。しかもこの問題で三〇人を超す高校教職員が処分をうけた。さらに入学式では「日の丸」実施が九四・七％、双方実施が四校に増えた。今回の北谷・読谷高校などでの反対行動は、こうした権力の強圧に抗して噴きあがったものである。その行動は一見小さいようにみえたとしても、そのもつ意味は極めて重要としなければならない。県当局の懸命な働きかけにもかかわらず、昨年四月二九日の天皇在位六〇年記念の日の行事の中心になった那覇の国際通りに、一本の「日の丸」もあがらず、学校や市町村の公舎でもほとんど数カ所しかなかったところに、沖縄県民の率直な感情が示されていたといえるからである。

あらためていうまでもないが、沖縄人は島津の侵入をうけた徳川時代の支配の後に訪れた明治政府の「琉球処分」の下で、本土との間の差別の体系のなかにおかれ、徹底した「皇民化政策」によって抑圧された。沖縄を含む琉球弧は、日本帝国主義の対外侵略態勢の整備とともに軍事要塞化され、さきの太平洋戦争末期、一九四五年三月の米軍上陸以後は、沖縄は凄惨な戦場として破壊された。当時人口八〇万人の沖縄に上陸した米軍数は四五万。日本列島のそのときの人口比に換算するなら四五〇〇万の軍隊が日本本土に上陸したことになる。迎えた日本軍が一〇万。これも日本本土に置き換えると約一〇〇〇万の軍隊に相当する。そしてその凄まじい攻防のなかで、沖縄人の四分の一、ほぼ二〇万が殺されていった。しかも殺したのは、日本陸軍によるほうが多い。「琉球の方言を使った者はスパイとして殺していい」という軍命令が発せられていたからである。沖縄と沖縄人は、敗戦前の六月二三日に自決した牛島司令官が「本土防衛のため最後の一兵まで戦え」と命じていたことが象徴的に物語るように、徹底徹尾本土防衛と国体擁護のための衝立として死と破壊の淵につきおとされたのである。

　その沖縄を天皇は、一九四七年九月のマッカーサー占領軍司令部との会談でアメリカに売り渡した。記録によると、天皇は「沖縄をはじめ琉球の他の諸島を米軍が占領しつづけることを希望する。その占領はアメリカの利益にもなるし、国民も希望するだろう」と伝えたという。そしてその処置は、一九五二年四月に発効したサンフランシスコ講和条約以後も貫徹され、沖縄は戦後二七年、名実ともに異民族支配の下におかれた。そしてその人身御供の犠牲においてのみ、日本全体と天皇を含む政治のシステムが保持され、国家としての「自立」の出発点を画したのである。

　そうでありながら戦前・戦中・戦後にわたるみずからの責任を、何ひとつ詫びることもなく、今日まで天皇は生きつづけてきた。天皇の訪沖がもし許されるとするなら、この責任を天皇が沖縄人民のすべてに謝ることなくしてはありえない。にもかかわらず醸しだされようとしている事態は、まさにそれとは逆のことである。天皇の名において再び、アジアにおける戦争遂行の根拠地としての沖縄の現実が追認され、さらにはこの天皇の歴史を批判するような動きの一切が、強権のもとに弾圧されようとしているのである。

　石垣島の空港反対行動への弾圧については、すでに述べたが、こうした攻撃は国体の開催に関連していっそう高圧的なものになるであろう。国体防衛を目的にした警備費は県公安委員会のかかわるものだけでも五億六〇〇〇万円が計上されており、七〇〇〇人の警察官が配備されるという。おそらく実態はその何倍にも及ぶものになるに違いない。国体関係予算は一二〇億円とされるが、そのほかに整備費として五〇〇億円があることをみても、その推測がたつ。そしてそうした態勢を指揮するために、すでに昨年の八月には、本土から直接、県警本部長が就任する措置がとられている。それは「日の丸・君ケ代」の強制とともに、かつての「皇民化政策」時代のやり方とそう変わることではない。

だがそうした日本の帝国主義国家としての再興の姿にたいしてこそ、すでにアジアの諸国民からの鋭い反発が起きていることをわれわれは知っている。日本が、そして日本人が今後真にアジアの人々とともに生きていくとするなら、こうした日本の侵略の歴史の自己切開と自己批判を現実のものとする以外にはありえない。その意味で、さきに紹介した読谷高校の学生の言葉は、単に過去にのみ立脚した糾弾ではなく、未来からの告発として読むべきものであるだろう。

天皇の沖縄訪問は、こうして現天皇がもち続けてきた侵略戦争責任を最終的に消殺するとともに、沖縄国体をもって戦後の国体史のワンラウンドが終わることが象徴するように、中曽根首相のいう「戦後政治の総決算」をまさに完成させようとするセレモニーとして計画されているというべきである。天皇が開会式で発する「お言葉」は、敗戦直後の一九四六年元旦に、明治初頭の「五箇条の御誓文」を書き出しにして出された「国運振興に関する詔書」に匹敵する性格をもつものになるかもしれない。通常「人間宣言」としてしられるこの「詔書」は、当時の世相を「道義の念衰え、思想混乱の兆あり」などとして、国民に「国を愛する心」を訴えるなど、天皇の側からする戦後経営の大戦略を明確にしたものであった。

そのこと自身ですでに天皇訪沖の持つ反動的なイデオロギー上の意味は絶大といわねばならないが、同時にだからこそ、この天皇の行事は、「昭和の終わる日」を——その形はどうあれ——一挙に近づける契機になるであろう。「昭和の終わる日」とは、かつて大正デモクラシーといわれた一時期が、元号の替わりとともに「昭和ファシズム」の時代へと転換させられていったことが教訓として残しているように、時代意識を支配権力の操作のもとに転轍させる機会であり、現憲法を「昭和憲法」の名のもとに、歴史の屑籠の中に葬り去ろうというたくらみと結びついている。

沖縄・本土の真の自立と連帯を

これにたいして、かつての差別支配と抑圧の歴史に根拠をおくだけでなく、そのおかれた戦後史における立場から否応なくみずからのものとするほかなかった、本土の人々と違う「もう一つの戦後」——つまり帝国主義日本の支配と抗してきた歴史にたって、沖縄人が今その抗議の声と行動を強めつつあることを、日本に生きるわれわれのすべてが正面からとらえなければならないだろう。その「もう一つの戦後」とは、もっとひろくアジア全体で生活している声なき声の人々の「もう一つの戦後」に直結している。帝国主義日本になった「一つの戦後」と、この「もう一つの戦後」が正面から切り結ぼうとしているのが、これからの沖縄だといってもいい。それは日本の政治的現実をもっともその底で規定している憲法と安保との双頭的支配の状況が、そのいずれのヘゲモニーによって止揚されるかという問題につながっている。

沖縄とガイドライン安保に集約される日本の軍事大国化への道と天皇——これは三題ばなしなどではなく、いままさに絶えようとしている中曽根内閣の命運をわれわれがどう閉ざし、どんな日本の未来、どんな真の国際国家への道を、このドル安=円高に示されている世界資本主義の危機の時代で切り開いていくかを問うときに、決して避けて通ることのできない焦眉の、そしてまた相互に関連しあった一体の問題である。

その立場から日本全体の革新の勢力が、むしろ沖縄人の闘いから学ぶことは多い。かつて「祖国復帰」に当たって赤旗とともに「日の丸」を振った沖縄人が、いま「日の丸」に抗議していることのもつ意味をあいまいにすることは、断じて許されない。それは民族というものが何であり、何でなければならないかを、歴史の実践として教えるものである。「日の丸」のもつ意味をあいまいにする方向に生きてきた本土=ヤマトの民衆のあり方のなかにこそ、戦争責任の追及を放棄し、目にあまる軍事大国化と改憲への反動の道のひろがりを阻止することを十分になしえてこなかった弱点が潜んでいるのではなかったろうか。

読谷村の村役場の前には、憲法九条とともに憲法九九条を書き並べた大きな立て看板が立てられている。九九条とは「天皇又は摂政及び国務大臣と国会議員、裁判官その他の公務員は、この憲法を尊重し擁護する義務を負う」と書いている条項である。いま天皇の訪沖を控えて、これは痛烈で皮肉な反撃の武器である。そしてそれ以上に、これはもう一度われわれがどういう立場性において憲法擁護を主張しなければならないのかを、教えている。読谷の高校生の行動を非難するものは、果してこの憲法に忠実な人であるのかどうか。われわれすべてが、こうしていま、沖縄の戦う現実をめぐって平和国家の国民とは何かを問うリトマス試験紙にかけられているのである。本土の多くの人々が平和について考えるとき、ヒロシマ・ナガサキ、あるいは東京大空襲はあっても、沖縄が欠落する傾向が色濃かったこれまでを、改めてとらえなおすべきではなかろうか。

ちなみに、この読谷村にあるかつての米軍ミサイル・メースBの基地だった残波岬は、いま村民の文化エリアに変わり、戦争末期米軍上陸の日、八四人が集団自決した波平のチビチリガマ(自然の壕)には、新しい「平和の像」が近く建てられようとしている。その製作者である沖縄出身の彫刻家である金城実氏は、昨年には沖縄の伝統と文化を代表する高さ七メートルの漆喰のシーサー(唐獅子)を、「残波大獅子」として建設している。村の高みにあるこれも米軍レーダー基地跡の座喜味城には、七五年に「歴史民俗資料館」がつくられ、村民の手で村と沖縄の歴史資料がいまも営々と集積されているという。さらに未返還の補助飛行場跡を使っての、すでに昨年で一二回を重ねている若者たちを中心にした「読谷祭り」の開催——沖縄の民衆はただ現実に反発し、事に反対しているだけでなく、伝統に生き、それを創造的に発展させながら、未来に向かって前進している。

そしてその心の底には、「命どう宝」——ヤマト言葉でいうなら「命こそ宝」という琉球の言葉に盛られた「不戦平和」の思想が横たわっている。「祖国復帰」をもって一つの戦後の転換と見、そして資本と行政と軍隊の手のなかの「本土・沖縄の一体化」の進行を許してきた〝われわれ〟の歴史を、いま新しい時点で新しい解放の下に見直し、「本土・沖縄にわたる土地に生きる人民主体の真の自立と連帯」をもって、この国の針路を転換さすべきときを迎えているのである。

(『月刊社会党』一九八七年六月号　山川暁夫)

「真由美北朝鮮スパイ説」への疑問と犯人の〝真相〟

事実より報道の既成事実化

事件発生以来、犯人の一人とされる蜂谷真一こと金勝一（キム・ソンイル）は毒をのんで死に、もう一人の蜂谷真由美を騙った金賢姫（キム・キョンヒ）は、韓国に護送され、一月一五日には韓国の合同捜査本部が、克明な調査報告を発表した。加えてキム・キョンヒ本人が記者会見に姿を現し、みずからの口で自分が犯人であり、その犯行なるものの一部始終を語りさえした。「朝鮮民主主義人民共和国の犯行」という「断定」はもはや動かし難いもののように大マスコミで扱われている。

むろん人びとが、そうした発表や報道を鵜呑みにしているかといえば、町の声は存外に冷静で、疑いに満ちたもののようだ。私もあるTVにかり出されたが、その時に放映された町の声は「あまりにも出来すぎた発表だ」とか「筋金入りの工作員が一カ月足らずで自供するとはおかしい」とか「仕組まれたものではないか」といった疑惑を主にしたものだった。聞いてみると、別にTV局の方が意図的に選択したものではなかったという。しかしそういう流れはあるにしても、「事実は小説より奇なり」という言葉の裏がえしのように、韓国当局の詳細な発表になにがしか引きずられながら、つまりKAL機が誰かの手で爆破されたといったことを自明の事実にして、事の真否をあれこれ論じあっている状況が大勢であることには変わりない。だから疑問は「どうして自白するようになったのだろう」「韓国の実際をみて心が変わったというが、北の人たちは、南の実情などを本当に知らされていないのだろうか」といった方向などに、勝手に一人歩きしているような傾向が少なくない。一部のマスコミもこれと大同小異。『読売』などに至っては、やがて誤報とわかったようなことをさえスクープのように大々的に報じておきながら、別にそれを詫びるわけでもなく、韓国側や公安の発表を得々として伝えつづけている。なんとも悲惨ともいうべきマスコミ状況である。

だが、ことは韓国に関連して起きたことだ。昨年の六月の韓国民衆の「民主大抗争」の闘いや九月の韓国労働者の嵐のような闘争の高揚は、疑いもなく韓国情勢に大きな変化のモメントを与えた。あるいは今年元旦に朝鮮民主主義人民共和国の金日成主席は「南北不可侵宣言」をつくることを緊急の課題だとして、「南北連席会議」の開催を呼びかける「新年の挨拶」を出した。当然のことだが、こうした朝鮮半島の状況の全般的展開と結びつけて、今度の事件を検討してみる視点を欠かすことはできない。事件が単なる事故でないとするならば——である。米ソの間のINF削減の歴史的な合意があり、世界の大舞台が、これまでの緊張と対立の冷戦構造と違う方向に動きだしており、その変化を証しするように、例えばスペイン政府は早々にアメリカとの基地改定交渉で、同国に駐留するアメリカの七二機のF16の全機撤退をかちとっている。こうした新事態は、アメリカ軍の韓国からの撤退を一貫して主張し、南北の対話の促進を繰り返し要求している共和国にとって不利な情勢なのだろうか。有利な情勢だとみるのが、率直かつ妥当な判断だろう。だとすれば、「南が民主化することを不利とみて、オリンピック開催の阻止をふくめて、南の情勢に混乱を引き起こそうとしたのだ」といった類の見解は、まさに奇矯に過ぎた勝手な想像、憶測というほかはないだろう。

謎だらけの事件に関する発表・報道

そもそも事故墜落なのか、爆破なのか、事件の根本が依然不明なままなのだ。共和国の「朝鮮通信」は、事故機の胴体や遺体・所持品はビルマ国境地帯のカレン族の手にあると発表している。その証拠もまたないという他ないが、もしこれが事実なら、なぜ韓国当局は、その回収などの作業を一切することなく、犯人の特定だけに熱中してきたのかが、当然に大きな疑問となる。

実際、事件の基本にかかわっての疑問だけでも山のようにある。まずなによりも、まだ爆破したとも、爆破の犯人が特定もされていない一一月三〇日の段階で、どうして大韓航空の最高責任者が「北や赤軍によるテロ事件」という説を早々と発表できたのか。これは単純な予断といってすませていいような問題ではない。

つぎに事故機が爆破されたとして、はたして韓国当局の発表どおり、豆腐一丁の大きさのコンポジション4という高性能火薬三四〇グラム（TNT火薬換算で四七〇グラム）とワイン一本分の七〇〇ccのPLX液体爆薬だけで、長さ四一メートル、両翼四〇メートルのB707型機が影も形もない程、またパイロットが緊急発信する余裕もない程に完全飛散の瞬間爆発をするものかどうか。合理的に考えるかぎり、別のもっと爆発力の高い爆薬が、コックピットかどこかに事前に仕掛けられていたとみるのが筋である。とすれば、それは一体誰の仕業なのか。「蜂谷親子」が火薬をもっていたとしても、ベオグラードからイラク航空226便でバグダッドに飛び、そこでKAL機に乗り換えた二人が爆破の本当の仕掛人であるはずはない。しかも、問題の二人が携行したという爆薬にしても、ユーゴスラビアの空港管理当局は確認漏れはないと否定しているし、煙草の所持についても厳しいという戦時下にあるバグダッド空港のチェックは、経験者の多くが認めるところなのだ。一方、もし一瞬の完全爆発なら、ディエゴガルシアという重要基地をインド洋にもつアメリカの監視衛星が、その爆発をキャッチしていないはずがない。

さらに一二月一八日付けの『週刊朝日』などが報じていることだが、KAL機には二人の韓国国家安全企画部（NSP）の要員が、新聞記者の資格で乗り込み、「蜂谷親子」を監視していたという。これに関連して、事件発生の早い段階で、ウィーンの韓国大使館筋が「蜂谷真一」がウィーンに現れて以来、二人を監視していたことを明らかにしたという情報もある。これが事実だとすると、そのもつ意味はほとんど決定的といっていい程大きい。一体何を「監視」していたのだろうか。韓国にとって危険な人物と知ってのことなら、「蜂谷親子」が手荷物を棚に残したまま、アブダビで降りたことを見逃すはずもない。クルーの目もある。それとも別の使命――例えば親子がNSPの予定していたことと違う行動をとらないように、あるいはクルーがその行動を邪魔しないように「監視」していたのだろうか。

このNSP要員は『東亜日報』記者を装っていたともいわれるが、「爆発は、二人の日本人が仕掛けた爆発物による疑いが濃い」という情報を韓国の交通部関係者から一二月一日の午前中に入手し、その日の午後それをスクープとして報じたのが、他ならぬ『東亜日報』だった事実も大いに気になる経過ではある。ちなみにアブダビ空港で「蜂谷親子」二人とこの新聞記者を名乗った二人を含めて一五人が降りた。残りの一一人はすべて韓国の外務省関係の人物だったというが、それは尋常なことだったのか、あるいはほんのたまたまの偶然だったのかどうか。そしてKAL858便に残された乗客が、ほとんど中東への出稼ぎの韓国人労働者たちだったことが、韓国における事件への反響を甚大なものにする上でも、事故究明への関係各国の介入を最大限に排除する上でも大いに役だったのは、経過的にも確認することができる。それもまた、あまりにも出来すぎたというプロットだったように思われてくる。

アブダビで一部のクルーが交代し、パイロットも高齢の退役空軍大佐にバトン・タッチされたことにも疑問が残るし、事故機が過去二回も胴体着陸を起こした経過をもつ運航一二年の老朽機で、しかも一二月には廃機予定だったことも、大韓航空の趙重勳社長の「北の工作による」という断定的な発言とあいまって小さくない疑惑をわれわれに抱かせる。廃機予定の航空機でも事故で破壊となれば、膨大な保険金が手に入るのは当たり前だが、大韓航空は、八三年九月にソ連領域空内を侵犯してＫＡＬ機が撃墜された事件の際も、巨額の保険金をせしめたという前歴がある。

その他にも真相を問うてみたい疑問が数しれずある。そのほんの幾つかを挙げれば——

①合同捜査本部の発表に先だって、日本の一部新聞は「蜂谷親子」のウィーンないしベオグラード市内での二人の街頭スナップ写真を報道した。その入手先はどこだったのか。後に韓国当局から発表された内容によると、犯行の二人の所持品にはコニカのカメラがあったとされているので、写真のフィルムはそのカメラに未現像のまま残されていたのかもしれない。しかしそうだとしても、伝えられるような犯行の実行を前にした「筋金入り」の工作員が、観光客まがいのスナップ写真のフィルムを携えたまま、旅行を続けるということが常識としてあるだろうか。その写真が韓国当局の捜査結果の公式報告の前（前日）に、日本のマスコミの紙面に載ったこともおかしい。

②二人が犯人として、犯行後二日も、しかもバーレーンの韓国大使館の金正奇代理大使が二人に接触し、旅券への疑いがかけられた後も平然とホテルに滞在していたのは、どうしてなのか。そもそもこの金代理大使の二人とのホテルでの接触が、同地の日本大使館の偽造旅券保持の確認と本人たちへの電話による事情聴取に先だって、一一月三〇日の夜行われていたのはどんな根拠と権限に基づいてのことなのか。

③韓国合同捜査本部の発表は、詳細を極め反論の余地もないように見えるが、たとえばキム・キョンヒの父キム・ウォンシュクなる人物をアンゴラの朝鮮貿易代表部水産代表と言い切ったその発表内容と、アンゴラには朝鮮民主主義人民共和国の貿易代表部などがそもそも存在しないという事実との間に、どんな整合性があるといえるのか。

④われわれ日本人の場合にはわかり難いことだが、キム・キョンヒの記者会見での言葉遣いに、共和国ではほとんど使用しない用語がでてくること。彼女が書いたとされる北を立つ時に宣誓した「誓約書」なるものや「陳述書」の表記に、北の慣用と違うハングル文字が一つならず出ているという。長い工作活動で混乱してしまっているのだろうか。

⑤韓国当局は、二日夜、「真由美の指紋を調べた結果、かねて工作員としてマークしていた韓国籍の女性と確認された」（『朝日新聞』一二月三日付）と日本側に伝えているが、バーレーン当局が採取した二人の指紋を日韓両国が照合し始めたのは、四日の夜からである。この矛盾はなにを意味するのか。また韓国はここでわかるとおり、当初は韓国籍の女性としておきながら、やがて朝鮮語を使う中国人にし

てみたりした後、最終的には「北」の人間ということにした。本人のかなり長い黙秘のためといえるかもしれないが、そうだとすればなおさら、当初の韓国女性という確認には、深い謎が残る。

いずれにしても、合同捜査本部の発表は、部分でなく、その全体が疑わしい内容で埋まっているといった方がいい。すくなくとも、KAL機の行方がはっきりし、その墜落の原因が確定されるまでは、すべての発表を信用することはできないし、疑ってかかるべきなのではないか。

真犯人は手口から旧KCIAだ！

ではなにもわからず——というだけでいいのか、となると話は別だ。その点で、まさに「噂の真相」こそが、真実への接近の有効な手段・方法になる。独断にすぎる面があるという誹りを恐れず、私の推測——真犯人を知るはずもない立場では、やはり憶測になるという他はない——を、その結論から述べておこう。

KAL機は間違いもなく爆破された。その機体の一部は、朝鮮通信がいうようにビルマ国境近くに墜落したかもしれない。しかしここは、クンサーという世界の謎の麻薬王が、治外法権的支配をしており、ビルマ政府にせよタイ政府にせよ、足を踏みこめない密林であり、容易にその回収に成功することは困難だろう。そしてその爆破の犯人は、いわゆる「蜂谷親子」でもないし、爆発は二人がもっていたという火薬などだけでなされたものではない。では、その犯行者は誰か。私は韓国のNSP（旧KCIA）関連の人物を中心にした盧泰愚新大統領の路線に反対する一連の——一部に軍関係者を含む——勢力だと「断定」する。

そこであらためて問題になるのは、キム・ソンイル、キム・キョンヒは何者なのかということだ。共和国側はまったく関係のない存在だとしているが、そういいきるにはやはり難がある。二人は何らかの工作員だった。この場合、工作員という言い方で人びとが受ける負の印象は必ずしも正しいとはいえないだろう。どの国家にせよ、自国の立場を普及する工作員をもたない国はない。外交官にしても、広い意味では工作員の一部なのだ。特別の任務を担う者もその中にはいる。二人は、そうしたある種のミッションをもって、西側に出、そしてその過程で、とりこまれたか、とりこんだつもりになったのか、それは分明でないとしても、南の工作機関要員などとの接触をもっていたのではないか。それを見抜かれたことを知らないまま、NSP関係者などが企図した今回のプロットを、さも「北の犯行」として演出する駒だてに、二人はまんまと利用されてしまった。それを自覚しない間は二人は存外に呑気な、また不用意な行動をとり、最後に自分たちがのっぴきならぬ所にたたされていると知った時、彼らは自分たちの本当の使命を明らかにしないために、自殺をはかった。

しかし韓国側としては、プロットの完成のためには、少なくとも一人は、生きて証言するために「生きのびさせる」必要があった。こうして生きのびた「真由美」は、人間としてまったく苦しい立場におかれることになったが、それはどうあれ「真由美」その人が爆破の真犯人だったわけではなかった。それは彼女の「陳述書」の中で、自分たちが携行し、機内に持ち込んだはずの爆薬の性能とか、その効果などについての部分が、妙に具体的な表現を欠いているところにも、表れているといえるのではないか。この点ではキム・ヨンヒは、「捜査結果報告」も同様といっていい。しかもキム・ヨンヒは、自分たちが携行したもので、KAL機が爆発したと浅はかに今も信じこまされたままでいるのではないか。

なぜ、こんな大胆な「断定」を私がするのか。それはまずまことに疑問の多い発表やら情報やらを、最大限に平仄のあうものにすれば、どんな解釈が妥当になるかという読み取りによってのことだというのは、いうまでもないが、それにもまして、先にも述べたように、一昨年以来の韓国、ひろくは朝鮮半島情勢の全体を重視するからだ。

周知のことだが、韓国では今年の二月に全斗煥大統領の任期が切れることを視野に入れて、大統領を直接選挙で選ぶように、憲法を改定する闘いが、一昨年来の野党と在野勢力の中心的な獲得課題になってきた。そしてそれは、現に実現したソ連とのINF全廃についての合意にみられるような、それまでのソ連完全敵視政策とは微妙に異なるレーガン米政権の新しい国際政策の模索、とりわけ一昨年二月のフィリピンでのアキノ政権の成立の過程と、その後の対フィリピン政策に連動して、米政府主流の隠然たる支持を受けていたものでもあった。その韓国民衆の下からの闘争と、アメリカの圧力の狭間にたって、全政権は次第に苦境に追いやられる。なにせアメリカのその時々の世界政策に抵抗した韓国の大統領は、次々に政治生命を失ってきたのが、これまでの韓国の戦後の歴史だからだ。日本との国交の樹立に積極的に乗り出さなかった李承晩も、米中国交の流れに反発した朴正煕もそうである。全斗煥大統領がそんなことは気にすることでないと言える立場にないのは、いうまでもないことだった。

こうして全大統領は、改憲——但し大統領直接選出ではなく、首相の権限を大きく認めたものへの改憲の方向にのりだす。だがそれを合法的にやり抜くには、改憲に不可欠な議会での三分の二を獲得するために、最大野党の当時の新民党を割って、その一部を与党の側に引きずりこむ必要があった。それに新民党の党首だった李敏雨一派がとりこまれかかった時、新民党の大勢はこれを排除し、党名も「統一社会党」と変えた。つまり全大統領の合意改憲、合法改憲の方策は挫折したのである。それが昨年の四月三日。この事態で、大統領の動揺を制しながら、四月一三日に「改憲先送り」の特別声明を大統領に出させたのが、当時の張世東NSP部長である。しかしまさにそれが裏目に出て、民衆の爆発的な闘争の高揚の局面が訪れ、またアメリカからの一層の批判に全政権は晒されることになる。そしてその挙句が五月二〇日の内閣改造となり、そこで張世東は、米国務省ラインに忠実だった当時の鄭溶鎬内相とともに喧嘩両成敗のように解任される。この経過が、やがて盧泰愚路線に姿を現してくる方向に全面的に反対の張一派にとって、許しがたいものとして受けとめられたのは、想像に難くない。もともと全大統領は、その出身からしても、KCIAつまり現NSPよりも、軍のCIC（国防保安部）の方を重視してきただけに、張一派の不満はもともとかなりのものだったと消息筋は解明する。

こうした経過を経て、これも米国務省ラインに忠実な盧泰愚が、与党・民正党の代表になり、しかも民衆闘争に妥協する側面をもつ八項目の民主化措置を六月末に発表するに至った時、張一派らの極反動派がどんな危機感を抱くようになったか。これも推測するにほとんど困難はない。あの六月の嵐のような「民主大抗争」が燃えあがった時には、少なくとも三回、軍部の一部が、軍事クーデター的な行動に出て、それを制圧しようと動いた経過がある。しかしそうなれば、それこそオリッピックの開催などは空にふっ飛ぶ。政権としてとるところではない。米国主流に支えられた盧泰愚による政治的収拾を、極反動派と軍部は、まさにほぞを噛む敗北感と屈辱感をもってみている他はなかったのではないか。とくに張世東一派は、五月の内閣改造で同時に解任された鄭溶鎬が、盧泰愚体制になってから国防相

として復活していることもあり、特別に強い反発の立場にたっていたに違いないのだ。

これは基本的には、韓国民衆の闘いがつき出したものだ。そして韓国民衆の闘争のこの質は、日本のマスコミが奇妙なことにその内容を報じていないが、その前文冒頭に「朝鮮での日本帝国主義の植民地支配に抗した一九一九年のいわゆる万歳独立闘争と、一九六〇年の李承晩独裁政権の打倒を勝ちとった闘争の民主理念を継承する」という趣旨を高らかに謳った韓国の新憲法に紛れもなく表現されている。そうした韓国民衆の闘争の質と、その闘争の高揚への韓国支配層はもとより、米日支配層の恐れを抜きにして、今回のKAL機爆破事件の真相に迫ることはできないだろう。

国際情勢から事件を読む

ここでとくに注目しておいていいことは、いずれも軍出身である全大統領と張世東らが、ベトナム戦争の時代に韓国派遣の「猛虎部隊」の高級将校であり、その時の米軍の特殊作戦部隊の司令官であり、後に在韓米軍司令官の職にもつきながら、カーター政権時代に一時実行に移されようとした時に猛反対して解任されたシングローブなる人物と緊密な関係にあったということである。ところがこのシングローブこそ、レーガン政権になって表舞台に復活し、米陸軍総参謀長に就任しただけでなく、昨年まで「世界反共

連盟」の総裁を務めた当の人間なのだ。このシングローブとレーガン大統領をつなぐ役目をもっていたのが、イラン・コントラ・スキャンダルの主役とされているかのオリーバー・ノース中佐。彼らが「陰の政府」までつくって、どんな謀略を第一次のレーガン大統領時代に演じてきたかは、その事件の解明の中で次第に明らかになっているが、いまやアメリカ経済の困難からの脱却のためにも、ソ連との融和に進まざるをえなくなった第二次のレーガン時代においては余計者として排除され、それだけにまた今日のレーガンや国務省路線への怒りと憎しみを増幅させているのである。だがその構図は、ひとり米国内部だけで起きているのではない。まさに属国にも近い韓国などでも、同じような力学と内部の抗争が展開されているというのが、今日の世界情勢の一つの大きな特徴といっていい。そして張一派などがおかれた位置もまたまさにそれなのだ。

問題は、こうした旧ＫＣＩＡにつながるこのような勢力の中にこそ謀略のプロがおり、彼らは世界的な拡がりでそれを実行に移す能力と経験をもっているということである。私は今回のミステリアスな事件の経過をみるにあたって、七二年に南北の対話が大きく進もうとしていた時、金大中氏の日本からの拉致事件が起きたことを、もっとマスコミも人びとも重要な教訓として想起すべきだと思っている。それもＫＣＩＡと当時の朴鐘圭・大統領警護室長ら朴正熙大統領の腹心間の権力をめぐる暗闘の結果仕掛けられた事件だったのだ。今日、盧泰愚が韓国民衆に妥協し、中国などの社会主義諸国との和解を進めようとしているのを快しとしない勢力が、どんな手をうって出る可能性があるのか。彼らはなによりもまず、大統領選挙での野党の勝利の阻止を図ろうとしただろう。同時に民衆闘争にもっと断固たる態度を盧泰愚がとらざるを得なくなるような事態をつくろうとしただろう。さらに南北の対話・和解路線を破壊するためにも、「北」を国際社会で孤立させるためにも、「北」を悪者としてプレイ・アップするための謀略にうって出ることを有利な仕事と考えるようになったろう。その謀略のある意味で見事な成功。これが今回の事件ではなかったのだろうか。ＫＡＬ機事件は、その意味では韓国民衆の統一と民主を求める闘いへの重要な攻撃であり、その破壊のための陰謀という性格をもっていると断言すべきなのだ。

もともと旧ＫＣＩＡ、今日のＮＳＰのプロたちが、偽装しながら「北」の工作員と睨んだ人物らと海外で接触するなど、情報工作社会ではなにも異なことでもない日常の仕事だ。それはフォーサイスの情報スパイものなど読めば、よくわかること。まさにそうした活動の中で、犠牲者の一人に仕立てられたのが、他ならぬ若いキム・キョンヒだったに違いない。

だが問題は彼女の不幸などだけで終わることではない。事件が起きるや、すぐにも南朝鮮からくるホステスと日本人男性の偽装結婚の斡旋・仲介などをしたりし、今はもう死んでいる宮本明なる人物が、事件に深い関係をもつ人間として公安報道で大きく取り沙汰されたり、朝鮮総連なども関与しているかのような解説や識者の見解なるものが出たりする中で、やがて「北」一般、さらには朝鮮人全体への反感などがかきたてられてきている状態を軽視することはできない。キム・キョンヒを教育したのが、日本から「拉致」された日本人女性だという説までが、したり顔でまかり通りだしているが、共和国には、日本から帰国した在日の朝鮮人が少なくとも六〇〇〇人はいる。なにも日本事情の教育のために、わざわざ「拉致」しなければならぬような事情はさらにない。さらに「拉致」されたという女性が、いるとして、そんな人物が共和国の場合には、とくに重要な革命理論・革命精神に徹底した教師役をやれるような存在でないことは、少し冷静に考えれば、誰にもわかることだ。

ところが、そんなことをまったく無視してこうした公安当局の動きや、公安情報をつなぎまわるだけの情報がマスコミ報道で氾濫する。そして一方、刑法の規定によって偽造公文書行使で身柄引き渡しを要請すべき義務と権利さえ放棄して、韓国の捜査当局のなすがままに委せている政府の態度がつづく中で、政府は韓国の要請をうけ、すでに国際テロ防止のための日韓協力委員会を発足させようとしている。すでに今回の事件は、その発生前夜の日本赤軍丸岡の逮捕、オリンピック妨害工作か――という報道がいわば心理的前提に用意された後、発生した。渡辺美智雄自民党政調会長の訪韓が、捜査本部の報告発表の時期と重なったことも、まことにうさん臭いが、もしこのテロ防止を名目にする協力委員会が動きだせば、今年のソウル・オリンピックは、まさに日本の治安体制のさらなる強化、危機管理社会体制の整備の絶大な機会になるだろう。

その意味では、状況のターゲットは、日本の民衆闘争にむけても、仕向けられているのだ。すでに丸岡問題で、まったくといっていいほど報道のないまま、全国的に関係もない運動組織や活動家への不法な立ち入り調査が大量に執行されている。

ちょうど六〇年前の一九二八（昭和三）年現天皇が即位し、同時に農村不況や金融恐慌への足どりが、「昭和ファッシズム」の時代への暗転をつくりつつあった時、日本の関東軍が張作霖を爆死させながら、それを中国人の犯罪とすり替えることで、当時の日本国家の針路を、危険な戦争とファッシズムの方に誘導していったことがあることを、この同じ戊辰の年、あらためて想定しておきたい。今回の事件がそういう意味を歴史においてもつものになるかどうか。二度目は「喜劇」になって終わるのかは、まだ確定できるものではない。だがそうさせないためにも、われわれ全体、とくに報道に携わる人びとの慎重で、かつ的確な状況への対応が求められているということだけは、間違いない。

（『噂の真相』一九八八年三月号　山川暁夫）

イラン・イラク戦争の総決算

一

八年に及んだイラン・イラク戦争も、ついにこの八月二〇日をもって一切の軍事行動の停止となり、二五日からジュネーブで両国の直接交渉が始まった。ここ半年は、約三五〇人からなる国連監視団（ＵＮＩＩＭＯＧ）が両国の国境を監視することになる。交渉の結果がどうなるか、その結論を得るまでにどのくらいの時間がかかるか、成り行きにはなお微妙な影が残っているが、とにもかくにも七九年のイラン・シーハ派革命の成功以来の中東情勢はもちろん、今後の米ソ関係をはじめとして世界情勢の全体にもう一つ大きな変化が予想される時がきたのは疑いの余地もない。

停戦にいたった直接のきっかけは、デクエアル国連事務総長の粘りづよい斡旋の努力だが、根本的にいえば、イラン側の劣勢化した軍事情勢と経済困難に規定された戦闘能力の消耗にある。八〇年九月二〇日にイラクの越境奇襲攻撃で始まった戦闘は、当初のイラクの優勢が一年後にはイランの反攻で逆転し、八二年春までには占領地のほとんどを奪回、八六年二月には、イラクのペルシャ湾への唯一の出口であるファオ半島を占領し、さらに昨年七月にイラク第二の都市バスラまで陥落させる寸前のところまで進んだが、この時に米国がクウェートのタンカー護衛を口実に軍事介入するに至って以後、情勢はもう一度イラクの優位に反転、今年四月のファオ作戦でイラン軍は死者七万人を出す敗北を喫したのみか、テヘランなどがイラクのミサイル攻撃の雨に曝されることになった。

さらに化学兵器による破壊からくる困難。逃亡兵の続出などにみる軍紀の緩みやパン不足などの経済困難の増大からくる厭戦気分の高まりなどの中で、米イージス艦によるイラン民間機撃墜への国際世論の反発も期待するほどのことにはならず、ついにジハード（聖戦）を謳ってきたホメイニ師も、ラフサンジャニ議長を最高軍司令官代理に任命した六月の段階で、戦争の終結を決意するに至ったのであろう。

その時点でイランがすでに、フランス、カナダ、イギリスとの国交正常化の措置に出ているのも、今になってみると転換への準備だったのである。「毒を飲むよりも苦しい思い」と述べたホメイニ師の言葉や「事実を重視せねばならぬ」としたラフサンジャニ議長の言葉の中に、イランが辿りついた現実の過酷さを読みとることができる。

この戦争の責任がいずれにあるかは、今後の交渉の焦点の一つだが、事がイラク側の奇襲に始まった経過にもかかわらず、イランが開戦当初から国際世論の中で孤立させられていたことは注目しておいていいことである。逆にいえば、それだけ七九年のイランのシーハ派イスラム革命が鮮烈なインパクトを世界情勢に与えたといえる。一二世紀以来長く世界の影にあったイスラム・パワーの世界史への公然とした復活という点で、それはまさに画期的なものだったが、それだけに資本主義諸国のイラン革命の発展への警戒心は大きかったし、ソ連もまた革命イランの出現を対米戦略上では歓迎しつつも、その影響がソ連内部のイスラム系共和国の不安定要因になることを恐れた。

さらにイスラムを国教とするアラブ諸国も、歴史的に敵対してきたペルシャがこの地域の軍事大国となり、それを背景に急進的なシーハ派革命を輸出してくることに強く反発した。シリアやいくらかのアラブ急進派諸国の支援はあったとしても、イランはまさに孤軍奮闘の八年を闘い続け、ついに刀折れ矢つきたという形になった。

しかし一方のイラクが完全に勝利したというわけではない。たしかにイラクは親米アラブ諸国やPLOとの関係を密にすることはできたが、開戦直前の対イラン・アルジェ協定（七五年）の破棄を通じて明らかにしたこと、すなわち、①シャトルアラブ川の中央とされていた国境線を西側岸にする、②同協定でイランが譲歩しながら引き渡しをしなかった六ケ所の係争地をイラク領にすること——はもちろん、七一年の英軍撤退時にイランが占領したペルシャ湾南部の三島の領有の否認も、さらにひそかに狙っていたイラン南部の大石油生産地でアラブ系住民が多数住むフゼスタン州の領有も達成できたわけではない。

劇的に変わったのは、その軍事力。開戦時に三軍団、一二ケ師団、二〇数万の軍事力は八軍団、四〇余ケ師団、三〇〇万人になり、長距離ミサイルと化学兵器を行使し、空軍の空中補給による長距離作戦や軽歩兵による機動作戦もこなせる、この地域の軍事大国になったが、そのことが逆に、イラン・イラク両国の共倒れを本音では期待していたアラブ諸国のイラクに対する警戒心をかきたてることになってしまった。しかもイラク経済も、開戦時の外貨保有三五〇億ドルが現在六〇〇億ドルの債務超過に転じたことが象徴するように、その困難の度を強めている。イラク側としてもその継戦能力の限界にきていたのであり、イラン・シーハ派革命の輸出が当面阻止されるなら、停戦を厭わぬ段階にきていたのである。

さらにINFの削減合意に示される米ソ関係の全般的な転換が、こうした情勢を加速した。しかも大統領選挙を前にしているアメリカのレーガン政権は、高まりだしてきていたペルシャ湾への軍事力のプレゼンスへの批判を回避するためにも、「人質問題」の解決のためにも、デクエアル調停を奇貨とする立場にあっただろうし、ソ連の方もアフガニスタン問題の処理を有利に進めるために、あるいはまたソ連内部のイスラム系共和国に高まってきている反乱機運を収拾するために、事態の転換を内心では期待する立場にあったとみていいだろう。

デクエアル国連事務総長の努力は、まさに「時の氏神」としてあったのである。むしろ、米ソ両大国が、そうした期待を抱きながら、それぞれの影響力を発揮して事態を収拾したのではなく、国連という舞台での秘密交渉に成り行きを任せざるを得なかったところに、米ソ両大国だけの思惑で世界が動く時代が去ったという、今日の世界の新しい体制をみることができる。

二

あらためてこの戦争が何であったのかが今後問われるに違いない。イラン・イラク両国でほぼ一〇〇万人の死傷者を出し、その費やした戦費の合計も一六五〇億ドルにも達したと推定されている。英国のコンベントリー工科大学のモスィード上級講師の試算によると、イランの経済的打撃は、直接の施設・民家等の破壊五〇〇〇億、戦費八四〇億、石油輸出減少三〇〇億で計六六三八億ドル、イラクが経済損失二三〇〇億、戦費七〇〇億、石油関係六〇〇億で計五二四四億ドルに及んだとされている。

国民総生産のうち灰塵に帰した部分はイランが五六%、イラクが六六%という数字もある。七九年での外貨取得に占める石油輸出への依存度は、イランが九六%、イラクが九九%だったが、八一年のイランの石油輸出は七〇年代の平均の一八%に、イラクは三四%に激減、その収入もそれぞれ二〇%、五〇%（いずれも七〇年代平均比）に落ちこんでいる。両国にとってはもちろん戦争は「高くつく」ことをイラン・イラク戦争は事実の重みをもって証明したが、その教訓は、恐らくイラン・イラク両国だけのものではあるまい。

タンカーの被害が延べ五四〇隻、二〇〇人以上の船員の死亡、さらに湾岸諸国はそれぞれに軍事力を強化し、その安保意識を高める契機になったとはいえ、それだけ軍事支出の増大を余儀なくされた。結局大儲けしたのは二〇〇〇億ドルもの兵器をこの地域に売りつけた五三国の兵器輸出諸国（うち二七国はイラン・イラク両国に売り込み）だったのである。

だが、これでイラン・イラク対決が一挙に解消すると断言するにはまだ早計である。ともに昨年七月二一日の国連安保理五九八号の停戦決議を受諾しての停戦だが、国境線の画定、とくに開戦の原因にもなったチグリス、ユーフラテス川の合流点からの下流、ペルシャ湾に注ぐ二〇〇キロのシャトルアラブ川の領有権をめぐる長い争いが直ちに解決するほど問題は簡単ではない。

事は古く一七世紀にも遡る。当時の国境協定で国境を東(イラン側)岸にするとされて以来のこれをめぐる争いは、時には国交の断絶をも生み、やっと七五年のアルジェ協定が川の中央を国境にするとしながら、それをイラク側が八〇年に協定破棄の態度をとり、今日に至ってきたものである。今回の終戦がイラク優勢に帰したものだとはいえ、イランが消滅したわけではなく、そのイランが歴年のこの問題にたいする態度を根本的に放棄したとみる証拠はまだない。

それに加えて戦争の開戦責任の問題がある。イランはイラクの責任を明確にした後なら国連決議を受ける用意があるという態度を引き下げ、当面は妥協の態度に出たのだが、イラクを戦争責任者とする見地は依然崩してはいない。

さらに両国関係を規定してきたアラブとペルシャの対決、イスラムのスンニ派とシーハ派の対立に由来する積年の争いも根深い。イランは今後予測されるイラクの孤立と、当面の勝利感が消えた後に訪れるに違いない「何のための戦争だったのか」という反省にともなうスンニ派のフセイン体制への批判の高まりにつけこみつつ、人口の多数をシーハ派が占めるイラクの弱点を攻めるであろうし、一方イラクはイラン内部にある自由経済か国家管理の強化かをめぐる改革派と保守派の対立とシーハ派革命の挫折感につけこみながら、クルド族やムジャヒディン・ハルクなどの反体制・左派亡命グループ、あるいは進歩的文化人、さらに宗教界の八割を占める反ホメイニ勢力を激励・支援する動きを強めるに違いない。

この点で高齢で病気がちのホメイニ師の今後の健康状態が微妙かつ決定的な波瀾の要因になるのは恐らく必至のことだろう。またこれらに関連していえば、イラン・イラク双方にとってそれぞれに反体制的な存在になっているクルド族の向背が今後存外の問題になって浮上してくる可能性がある。

結局は、イラン・イラク対決は戦争とは別の新しい駆け引き——軍事から外交による争いに移ることになろう。優先するのは、イラン・イラク双方ともに、弾薬・武器の入手、石油の生産技術の導入、消費財生産のための合弁事業の再開など、経済の再興ということになるのは当然の今後の見通しである。

いわゆる両国の復興需要をめぐる競争は、「春一番の到来」(東洋エンジニアリング、上床珍彦社長)とみ、道路・港湾・橋梁・住宅・ビル・工場・石油パイプラインなどの受注をめざして、早くも担当者を増員している日本の関連企業だけでなく、八五年まで国交がなく、そのためにかえって日本のようにイラン・イラク両国に債権の滞りをもたないアメリカ、早くも貿易相を団長にする経済使節団をイランに派遣したイタリア、さらには五年間に両国対象に一五〇億ドル以上の建設需要を期待している韓国など、世界の諸国によってこの瞬間にも、新しい打算の下に早々に開始されようとしている。

いわゆる湾岸諸国（GCC）それ自身が、すでにこの四月以降、バーレーン、カタール、サウジなどそれぞれにアルミ精錬の能力の拡張などの措置に乗りだしている。シーハ派革命への警戒心は不変としても、GCC諸国の人口の四倍をもつイランの復興需要は、GCC諸国にとっても捨て難い今後の魅力なのである。

これに対して、イランは六〇億ドルのひき続く軍事支出の保障と民需のための最低年八〇億ドルの輸入を必要とすると予測されている。その可否を左右するのはもちろんまずは石油の輸出の増大だが、世界の需給が基本的に供給過多にある今日、イランの期待どおりの達成は容易ではないだろう。この四～六月の生産量の日当たり二六〇万バーレルが恐らく当面の最高限度とみられている。そのことが招来する困難な情勢と、イスラム原理主義の後退がどんな波紋を今後にもたらすか。このことにイランのこれからは左

右される。そしてそれは位相は別にしても、「勝利」した位置にありながら、恐らくアラブ産油国の中での孤立を避けられないイラク側でも同じである。

三

それ以上にこの地域のこれからを複雑にするのは、これまでのイラン・イラク戦争のいわば「おかげ」で後景に退いていたアラブ・イスラエルの対決が、再び中東情勢を左右する焦点になる可能性が強まってきたことである。イスラエルはイラン・イラク戦争に「高見の見物」よろしく臨んでいた状況をこれまで通り満喫することはもはや出来そうにもない。すでに七月三一日に、ヨルダンが六七年の第三次中東戦争以来その占領下においてきたヨルダン川西岸地区についての領有権を放棄したことが、この地域の新事態の始まりを予告している。

面積五五九〇平方キロ、わずか日本の三重県の広さに過ぎないこの地域は、イスラエル建国当時に現ヨルダンの前進であるトランス・ヨルダンが占領、八五万のパレスチナ人をヨルダン国籍に編入したところだが、第三次中東戦争でのイスラエルの勝利以後は同国の民政府下におかれながらも、国境はヨルダン側に向けて開かれ、事実上の行政事務はヨルダンの責任にあり、これに対するPLOの抵抗――インティファーダの激化が、イスラエルはもとよりヨルダン内政をも揺るがすものになってきた地域である。

このフセインの措置の真意はまだ釈然としたものではない。その維持の重荷に耐え難くなったヨルダンが、八七年六月のアラブ緊急首脳会議の再確認に沿う形で主権放棄を宣言することで、PLOに出番を与えたともいえるし、主権の放棄に伴って、この地域の主にパレスチナ人二万一〇〇〇人からなる公務員の四五〇〇万ドルに及ぶ給料の支払いの停止（つまりその失業）や、この地域のパレスチナ人のヨルダン籍によるビザ発給の停止などによってその負担の重さを解除し、PLOの対フセイン屈服を迫った賭けかもしれないが、それはともかく、これによってPLOの存在の重さがあらためて確認されたことは疑う余地もない。この地域のパレスチナ人の失業と、イスラエルがここでとった大学・学校の閉鎖は、パレスチナ人の新しい暴動を呼び起こすかもしれない。しかもPLOはこの九月にも、パレスチナ独立国家宣言をする予定と伝えられている。

この新事態は、アメリカがこれまで構想してきたヨルダン・パレスチナ合同代表を相手にしたPLO抜きの中東和平構想、ヨルダン・パレスチナ連合国家（ミニ・パレスチナ国家の形成）によるパレスチナ問題処理の構想が費えたことを意味している。イスラエルとイラン支持の立場をとり続けてきたシリアとの対立はもちろん、イスラエルとこの八年間の戦争の間に強大化したイランとの間の緊張の増大、ここにきて風見鶏のようにイスラエルとの関係を冷却化させてきているエジプトとの関係の変化などを軸にして、中東情勢は、再びアラブとイスラエルの古典的な対立の局面に復帰しようとしているのである。

こうした土台の上に米ソのパワー・ゲームの思惑が依然重くかかわっていくだろう。

ソ連は早くも七月一八日以降のウォロンツォフ第一外務次官のバグダッドとシリア訪問、その間のアラファトPLO議長との接触、同二八日の二一年ぶりのイスラエル領事代表団のモスクワ受け入れ、さらに八月一日のカタールとの外交関係の樹立、この一〇月のシュワルナゼ外相のサウジ訪問予定など（ソ連はクウェートとの歴年の外交関係に加え、八五年にはオマーン、UAEともすでに外交関係を樹立している）、ペレストロイカ路線に沿って、かつアフガン撤退をソ連の思惑どおりに進めるために、中東諸国にたいする静かで実務的な浸透作戦に出ている。

一方、アメリカはレーガン大統領が八月八日の全米知事会で述べたように、アラビア海に原子力空母のカールビンソン以下の機動艦隊、ペルシャ湾に通常の四倍に当たる二七隻のイージス艦などを配備しての「力による介入政策が肯定された」という見地を従来どおり正面におし出している。これは共和党はもちろん、大統領職を争う民主党の立場をも貫くものだろう。

民主党のシンクタンクとみていい「ブルッキングス研究所」のマクワナー主任研究員は「イランを自国領土内に閉じ込め中立化させる。そして反米感情を和らげる」ことを、今後の選択として強調するが、一方の共和党の対ソ強硬派を支えてきたシンクタンクである「ヘリテッジ財団」のフィリップス研究員は「イランをソ連とペルシャ湾の緩衝地帯とし、これによりソ連のペルシャ湾進出を阻止する。米国がイランの国内債権に協力し、安定的なイランをつくることに成功すれば、近隣諸国への革命の輸出をやめさせることができる」と指摘している。

要するにアメリカ帝国主義としての選択は、これまで通りに、この地域を革命の「るつぼ」にすることなく、またソ連の影響力の増大を抑止しながら、石油とオイル・ロードの確保を狙うということであり、その点で湾岸諸国の支配層の横断的連携を中東和平の名によって図っていくということである。だがこの八年間のさまざまの変化は、もうそうした帝国主義的な構想だけを柱にするのでは足りない事態を生みだしてきているのが実際ではなかろうか。アメリカ自体が力の立場を誇示しているうちに、膨大な財政赤字にみる経済の困難を加速してしまったし、西欧諸国にしても、第三世界地域の紛争調停よりも、九二年に迫った欧州共同体単一市場の実現の方に関心を集中している。中国にしてもソ連にも増して経済本位の政策選択を強めている。

一方、第三世界諸国とりわけソ連の支援を前提にしていた諸国の方も、ソ連が対米協調、内政重視、地域紛争不介入路線を強めてきていることを無視することはできなくなっている。その進むところ中ソの関係も変化するに違いないし、それはまたパレスチナ問題の展開にも、これまでと違った様相をもたらしかねないだろう。これらすべてを勘案した上でのアメリカの中東政策が問われることになるのは不可避である。

だからアメリカとしては、イラクのはね上がりも、イスラエルの増長も、そしてイスラエルとアラブの緊張の激化のいずれをも回避せねばならぬ立場に立っている。アメリカがエジプトを仲介にして、七五年のイスラエルとの約束にも反して、ＰＬＯとの水面下の接触を図りつつあるという情報が流れ出してきている所以である。

そしてその意味がアメリカは、一言でいえば「覇者なき中東」という構図を期待し、そのためにイラン・イラクの交渉の解決をしばらく遅らせるのが、囲碁でいえばアメリカ側の切ダネになるのかもしれない。そして皮肉なことに、国連監視団が必要とする七四〇〇万ドルの経費がアメリカの拠出なしでは充足できないことを、その武器にしないとは限らないのである。しかし多分アメリカのこの構想の実行の前にたち塞がるのは、イスラエル問題であろうし、さらにこれまで以上に複雑な民族的、宗教的抗争が繰り返され、アメリカ自身の思惑を揺るがしていく可能性が小さくない。真の中東和平の実現にはまだ多くの山があるとみるべきである。

いずれにせよいまや確実なことは、米ソの思いのままになる時代は去ろうとしているということである。国家財政の巨額の赤字などに悩んで、ソ連との関係の転換にアメリカが入り、一方ソ連のペレストロイカ路線が登場してきたのが、いずれも八五年だったことを踏まえていえば、世界はまさに米ソ対決一色だった五五年体制から八五年体制といえるものに移行し始めているのであり、その結果としてまた世界諸国がそれぞれに自主的に自決をめざす時代が訪れているのである。

アフガンもカンボジアもナミビアもキプロスも西サハラも、そして朝鮮情勢も、さまざまに固有の「軋み」の音をたてながらそれぞれに新しい局面に入ろうとしている。この壮大な世界史の転換の中で、経済大国の位置を強めているわが日本が、何を原理として何をなそうとしているのか。「戦争、つまり力による事の解決は破綻への道である」という教訓が、あらためて今日確認されている時の二一世紀に向かう日本の責務は何なのか。問われているのはまさにそのことである。

(『国際労働運動』一九八八年一〇月号　山川暁夫)

「昭和天皇制」の戦前と戦後

「昭和」から「平成」へ

元号に反対する立場からすると、この瞬間を「昭和」から「平成」への転換の時といういい方はしたくないという思いが強い。政権が替わったわけでも、まして体制が「転換」したわけでもない。かつて「神」とされてはいたが、一九四六年の初めにみずからの「神格」を否定した一人の「人間」が他界しただけのことである。だが、そう私が思おうと、あるいは言おうと、国民の多数の間に、「時代転換」の意識があり、その意識のなかで揺さぶられているという事実は疑いもなくある。そしてそれは希有なことだというべきだろう。戦後世代がもう多数を占めるようになった今日の日本社会で、とくに若年層になればなるほど、多くの人びとが「時代の転換」という意識をもって生きていたことは、戦争直後期は別にしてこれまでまずほとんどなかった——と断言していい。それだけに、この今の瞬間、「本当に時代は転換していたのか」「そうだとすれば、それはどんな意味をもってのことか」そしてまた「どんな方向にむけての〝時代転換〟なのか」を問うことは決して小さくない。いや決定的に重要な問題になっているといっていいだろう。

折しも今年が、王権に対して議会の優位性を確立した「権利宣言」をうちだしたイギリスの名誉革命から満三〇〇年。「自由・平等・博愛」をスローガンにしたフランス革命から満二〇〇年、しかしまたその一方では、明治の帝国憲法が公布されてから満一〇〇年、そしてナチ・ドイツがチェコスロバキアに侵入し、第二次世界大戦の幕が切って落とされてから満五〇年という年であるということは、かなり象徴的なことといえるかもしれない。なぜなら、この歴史の回顧にみることのできる二つのベクトルが正面から、そして具体的にあい鬩ぎ合うような情勢にいまの日本の現実があるからである。すなわち一方では自由や人権や民衆主権の方向を今日に具現し、それを発展させようとしている民衆自身のさまざまの営みがあり、他方その前にいまや「昭和」の天皇の死を機会にして「衣がえをした天皇制」の厚い壁が、あるいは「国家的レベルの労使協調の体制」(「全民労連」発足の日の日経連「特別歓迎声明」より)の重しが、さらに国家権力そのものの圧力が襲いかかっているといえるからである。ちなみにいうと、今年はまた中国解放革命の勝利から満四〇年、キューバ革命から満三〇年、南ベトナム臨時革命政府樹立の年からいうと満二〇年、そしてイランのイスラム・シーハ派革命の勝利からは満一〇年目に当たる。この系列の、つまり「社会主義」を標榜して実現した革命のその後の道筋が、一七世紀や一八世紀の革命の輝きに比して、なにか曖昧なものになろうとしていることもまた、極めて示唆的なことかもしれない。

新元号は、中国の堯の時代の文献によって「内平らかにして外成る」の語義と解釈された。まずは「平和」を語る言葉のように響く。だが「百姓昭明・万邦協和」に出典する「昭和」(英訳では「エンライテッド・ピース」、輝ける平和とされた)の時代が、「エンライテッド・ウォー」の時代として始まったように、「平成」という元号の時代が、その字句の与える印象のままになるとは誰も保証することはできない。元号が古代中国の皇帝の時代的・空間的な支配の秩序を表象するものだった以上、それは「上から」民衆に与え下されたものである。そのかぎりでは、「平成」の語義はむしろ「内平らげて外成る」と読むほうが正確なのかもしれない。「平成」とは「修身斉家治国平天下」というあの有名な言葉にも通じている。しかも今年は干支でいうと「己巳」の年。「巳」とはいうまでもなく「蛇」、その「蛇」が冬眠から覚めて蠢きだす姿を表現する。他方「己」とは「ただす。けじめをつける」の義。つまり動きをとめていた存在が時を得て変身もして動きだすのを、混乱や錯綜の世界に進ませないために「ただす」――秩序だてるのが「己巳」の意義だというのも、なんとも象徴的なことのように思える。

天皇制の戦争責任

さて天皇の死――いわゆるXデーを迎えた社会の状況には、前もって私の予想していたものとは違った姿があった。たとえば、東京などの大都会では、弔旗・半旗の「日の丸」の掲揚が、思ったより少なかったこと、あるいは(これはまったく予測もしなかったことだが)異常なほどのマスコミとくにテレビの特別編成枠の天皇報道に辟易した国民のいわば「抵抗」の一策のおかげで、街の貸しビデオ屋が大繁盛をみせたといったことなどである。アンダーグラウンドのFM電波も活発に流れていたという。さらにそれにもまして起きた「反天皇制」を正面から掲げた公然たるさまざまの運動は、日本全体の流れからいえば、まだ少数だったとしても、大げさでなく、この日本の歴史では文字どおり初めての規模のものだったといえる。そのことのもつ意義は極めて大きい。戦後の現憲法の下で育成もされ、成長してきた民主主義的諸要素が果たすべき役割とその力量が決して小さくないことを、これらの一連の現象が証明したのである。

　しかしあえていえば「昭和天皇」の死をもって、現憲法ですでに制度的には確立していたいわゆる「象徴天皇制」に、いわば初めて大衆的な規模で「魂を入れた」といえないでもない面があることを過小評価することは危険だろう。大正天皇の諒闇は日本でラジオ放送が開始された大正一四年の一年後のことであり、当然各家庭にはまだそれほどラジオさえ普及していなかった時期だった。それに比して今日のマスコミが果した巨大な役割は、前天皇が病に臥して以来のさまざまの報道のなかにすでに如実な姿が現れていた。「平癒」を祈願する国民の動きがマスコミ報道によって実態以上に拡大され、人びとの行動に暗黙の示唆を与えつづけた。一挙に国際語にまでなったいわゆる「自粛」や「記帳」の動き。大正天皇の病臥が発表された当初の二日間の皇居前での「記帳」者の数が七〇〇〇人と記録されているのに対して、現憲法の下にある今回の場合、同じ二日間だけを比較すると、皇居前で三万九〇〇〇人、全国では一〇万七〇〇〇人に及んだ。またそうしたことを通じて、たとえばこれまで天皇の存在などにまったく無関心だった若い世代にも（そのかかわりの気持自体はさまざまのものだったにもせよ）「天皇」の存在が重く印象づけられることになっていったことも間違いない。そしてそれにつづいてあのXデー到来直後の特別編成枠の天皇報道のまる二日がくる。溢れかえるような天皇報道のオンパレード。結果として国民の間に疑いもなく天皇は「蘇った」。ある著名な、そしてこれまで理性的でリベラルな立場にあるとみられた某教授が、テレビのインタビューに答えて、「私はこれまで天皇制に反対だった。でもこの二日、テレビが伝えたいろいろの歴史の映像を通じて、私の考えは変わった。天皇さまは大変なご苦労をされたのだ。そして天皇制が日本にとって必要なものだということがよくわかった」と述べていたのを、まったく例外的な事態だったということはできそうもない。

　一人の「人間」の死にある哀悼の気持が寄せられるのは当然のことである。その至極あたりまえの心情をテコにしながら、「昭和天皇」の「ご遺徳」なるものが膨大な資料を駆使して強調され、また天皇の「平和」への「お気持」と「ご努力」なるものが「秘話」を含めて今も語られつづけている。天皇の行為に補弼の責任を負ったのは政府なのであり、また、天皇は帝国憲法により、政府や軍部が決定したことについて、独裁者ふうに振る舞おうとしたのではなく、「立憲君主」としてそのままに承認したのであって、従って戦争責任は天皇にはない――と指摘されている。部分的にはそのとおりといえる面がなかったわけではない。

しかし天皇に戦争責任、またかつての「治安維持法」などに法源をもった過酷な特高による弾圧その他についての責任がまるでなかったというのは、法外な欺瞞、歴史の偽造というべきである。いわゆる「秘話」の類がどれだけ真実かについてはそれ自身疑問が多い話で、これは戦争責任の問題とは違うが、戦後、天皇がマッカーサー連合軍司令官の許に初めて出向いた時に、「私を絞首刑にしてもいい」と述べたという有名なエピソードもじつは何の証拠もない話なのである。戦争責任についての否定することのできない事実は、あの戦時中、多くの日本国民が「天皇のために」死ぬことを実際に決意し、そして実際に死んでいったということであり、多くの――アジア二〇〇〇万に及ぶ人びとの命を「天皇の名において」奪った、あるいは朝鮮でそうだったように、まさに「天皇の名によって」皇道化政策の下の非道な抑圧を加えていったということである。それにもかかわらず、そうした悲劇に日本人が殉じたり、アジア人を殺してまわったのは、天皇の真意を読み違えた国民のほうの勝手な思いこみによる間違いだったのであって、「天皇自身には責任はなかった」などというまったく法外というほかのない理屈が、昭和天皇の死とともに今になって大っぴらに流布されているのがこの瞬間の事実である。

しかもじつはこの論理は、一九四五年一一月五日の当時

の幣原内閣の閣議決定「戦争責任等に関する件」ですでに周到に組立てられていたものなのである。「(1)大東亜戦争は帝国が四囲の情勢に鑑み已むを得ざるに出でたるものと信じ居ること。(2)天皇陛下に於かせられては飽く迄対米交渉を平和裡に妥結せしめられんことを御軫念あらせられたること。(3)天皇陛下に於かせられては開戦の決定、作戦計画の遂行等に関しては憲法運用上確立せられ居る慣例に従はせられ、大本営、政府の決定したる事項を却下遊ばされざりしこと……」などとしたこの時の閣議決定は、さらに、戦争が「自衛権」の発動だったということや、一九四一年一二月八日の「宣戦の詔書」の天皇署名が軍事行動開始の後の午前一一時三〇分であって、その点でも天皇には戦争開始の責任はなかったというような細かい釈明まで周到に用意していたのである。「天皇を国政の総攬者」にし、軍の統帥権もまた天皇にあるとした明治憲法において、天皇そのものに戦争に関する最高の責任があるとするのは当然のことであり、諸外国のメディアの「昭和天皇」の病気とその死にあたっての報道もまた、この当然の判断と理解のうえにほとんど例外なくたっていたのである。

とくに「聖断神話」のもつ問題性

だがこうした「昭和天皇」の戦争責任問題とともに、あの悲惨だった戦争の終結を決断したのは、ほかならぬ天皇自身だったのであり、そのおかげでこそ今日の日本の平和

と繁栄への道が拓かれたのだという。いうところの「聖断神話」があらためてもっともらしくもち出されていることが、ある意味でもっと重要かつ検討に値することかもしれない。なぜなら多くの人にとって、それがもっともらしく受けとられる面があり、天皇に戦争責任ありとする人さえも、この点では「然り」として、そのうえで「だから開戦の時の責任を問いたい」という文脈で天皇の戦争責任に及んでいくという批判の仕方をしている向きが少なくないからである。果して「聖断」による平和とは真実だったといえるのかどうか。

この「聖断神話」の前提には、戦後四三年余を経た今日まで、保守と革新とを問わず日本人のほとんどがかつての戦争はヒロシマ・ナガサキ、そしてアメリカに敗北して終わったのだという見方をもちつづけているということがある。だから原爆の被爆者を含めて、かつての戦争は「被害者」としての印象をもっていまなお想起されることになる。だからまたアメリカは解放者・解放軍であり、民主主義の模範・教師であり、そのアメリカに協力することが戦後の当然の国策の進路になったのだという史観がほとんどの人を捉える公認の戦後史の総括的な視点になっている。

たしかに日本はアメリカと戦い、アメリカに敗北した。しかし大切なことだが、日本はアメリカ本土を侵略・支配したわけではないし、アメリカの非戦闘員を殺しまわったわけでもない。日本が侵略したのはアジアであり、アジアの二〇〇〇万の人びとを虐殺して恥じなかったのである。そしてこれに対してアジアの民衆は中国民衆を先頭にみずから武器を取り、血を流して戦い、その抵抗の力によって、一九四五年の春浅い二〜三月頃にはもう日本は基本的には継戦の応力を失うところにまで追いつめられていたのである。このことを裏づける史実には事欠かない。二月にはビルマの首都ラングーンは、いまビルマの軍事独裁に抗戦している人びとの先頭にたっているアウンサン・スーチー女史の父アウンサンを指導者にした反ファシズム自由人民連合の手によって奪回された（代わってまた入りこんできたイギリス軍との戦いの最中にアウンサンはテロで殺される）。三月にはフィリピンの首都マニラも奪回された。そして中国に侵攻していた日本軍は旅団も師団ごとに中国軍に降伏文書を提出しはじめていたのである。だからこそいくらか他の思惑を秘めてのことだったとはいえ、同年の二月一四日に、総理をやったことのある近衛文麿は「戦局ノ見透ニツキ考フルニ、最悪ナル事態ハ遺憾ナガラ最早必至ナリト存ゼラル」とし、「勝利ノ見込ナキ戦争ヲ之以上継続スルコトハ全ク共産党ノ手に乗ルモノト云フベク、従ツテ国体護持ノ立場ヨリスレバ、一日モ速ニ戦争終結ノ方途ヲ講ズベキモノナリト確信ス」という上奏文を天皇に提出していたのであった。だがこの意見書を天皇は却下する。藤田尚徳の『侍従長の回想』によると、天皇は近衛に「もう一度、戦果をあげてからでないとなかなか話は難しいと思う」と言ったとされ、細川護貞の『細川日記』では「梅津（注・陸軍大将）及び海軍は、今度は台湾に敵を誘導し得ればたたき得ると言つて居るし、その上で外交手段に訴へてもいいと思ふと仰せありたり」という記録になっている。その結果なにが起きたか。翌三月一〇日の東京大空襲から敗戦前夜の大阪大空襲までの全国都市への空爆、そして多数の国民の死、六月の「沖縄決戦」による島民の四分の一、約二〇万人の死の惨劇、そしてヒロシマ・ナガサキの悲劇などである。もし天皇が近衛上奏文を容れていれば、こうした悲劇・惨劇の一切はむろん起きなかったであろう。とすると先の戦争は、日本がアジアを侵略し、アジア民衆の武装した戦いの力によって敗北したという結論しか残らない。つまりかつての戦争はまさに「加害者」としてのそれとしてのみ総括されたはずである。ここでは詳しく述べる余裕がないが、アメリカのヒロシマ・ナガサキへの原爆投下は、ソ連の対日戦争への参加をみずからポツダム会談当時要請して、そのことあるを先刻知っていたアメリカが戦後のソ連との競合・対立にあたっての先制の利を占めるための戦略的狙いをもって実施されたものだったにすぎない。

つまり日本は基本的にはアジア民衆の力によって打倒された。これが歴史の真実である。そしてその力量こそが、単なる政権の移動でも政策の転換でもない、あの敗戦時の日本の「アンシャン・レジーム（旧体制）」の崩壊をもたらしたのである。それは決して日本の民衆自身の直接の抵抗

闘争の力によるものではなかった。それなのにそのことを日本国民は戦後の教育でも、その日常の常識でも、まったく対象化もせず、アジアに学ぶことなく、むしろ戦後のアジアを犠牲にし、客観的にはアジア民衆に敵対して今日に至るまでの飛躍をなし遂げてきた。それはちょうどかつて西欧帝国主義のアジア侵略に対するアジア民衆総体の抵抗闘争の一環の位置にあった側面をもっていた明治維新の完成の後、日本自身は「脱亜入欧」「富国強兵」路線をとって欧米帝国主義のアジア侵略の尖兵の役を担ってアジアに敵対し、アジア民衆に襲いかかった歴史を想起させる。繰り返しいうが、あの戦争は、決してアメリカに敗北しただけのことではなく、その本質においてはアジアへの「加害」の戦争だったのであり、それに対してのアジア民衆の血を流した抵抗闘争に負けたのである。決して天皇の「聖断」が「平和」を築いたのではない。しかも戦後の日本は、「脱亜入欧」ならぬ「脱亜入米」の道を辿って今日まで来たのである。

「昭和天皇」の果たした事蹟について歴史の経過を鋭く暴露したアメリカ人ディヴィッド・バーガミニの『天皇の陰謀』には、天皇自身とその側近たちが、敗戦後に備えてどんなに周到な準備を重ねていったかが明らかにされている。そこでは断定はされていないが、アメリカの原爆投下で「救われた」のは天皇自身と天皇制だったという逆説さえ成り立つだろう。もし原爆投下がなく、なお天皇が戦争

継続にこだわりつづけていたら、それこそ近衛上奏文がいったように日本の民衆が最終的にどんな行動に起ったか予断はできない。また、もし原爆投下もなく天皇が終戦を宣言していれば、神がかった「神州日本」論を狂信していた軍部の一部が、これまたどんな暴走をしたか、これも測りえないことだった。結局「終戦」を決定した御前会議なるものは、天皇と天皇制を維持することができそうだというかすかな判断に支えられた天皇の最後の賭にすぎなかったのであり、そしてその賭があたることによって、天皇自身は、敗戦とともに終わるべきだった「昭和」を辛うじて残すことをやり遂げることができたのである。

その後の歴史の全体を回顧してみる必要はここではない。天皇は占領軍司令官の許に赴いて敗者としての公式の「お詫び」をし、その後、東京裁判が始まった時期には、自ら全国行幸を開始して、国民の歓迎の声にバック・アップされる形で、占領者たちにまだ少しは残っていた天皇裁判の主張を崩すことを通じて「天皇制」をついに守り抜いていった。五一年からは表向きの姿をいったんは大内山に再び隠し、代わってもっぱら皇太子を前におしだした（「ご成婚」や外遊などを通じて）後、六四年の東京オリンピック開会式に再登場してからは、みずから国内での国体や植樹祭への「臨席」はもちろん、欧米訪問などや、中国や韓国首脳らとの謁見外交などを通じて、その活動をまさに元首スタイルで復権させていったのである。そして今「昭和天皇」は、みずからの最後の闘病をもって、あえていえばついに「象徴天皇制」を国民の心の中に復活させる最後のチャンスを購いつつ、ついに「神去りました」のである。輸血に続く輸血の三カ月余は「昭和天皇」の天皇制を護り組成させるための壮絶な文字どおりの最後の死闘だったのである。

だから今日の諒闇の時期にあって、日本の現代史の総括とそこにおける天皇観の今日的な復活について果たしている大マスコミ、とくにテレビ媒体の役割を、すでに終わった過去のこととしてだけではなく、将来にもわたる問題として検討し、そこから必要な教訓を引きだすことは、何らかの形で報道・ジャーナリズムにかかわる人びとすべてにとって共通の、そして極めて重要な相互協力の課題の一つであるといえよう（本誌『マスコミ市民』を場にする、あるいは特別のシンポジウムの開催などによるその課題の実行を提唱しておきたい）。

新しい天皇イデオロギーと現代史観

この他にも多くの、新しい考え、そして国民が対処すべき問題が起きている。

まず国家神道行事と政府行事の混淆、正しくいうと国家の政治行為への国家神道行事の浸透が、政教分離の憲法の規定を事実上無視して進行している。すでに前天皇の死とともに挙行された即位後の「剣璽等承継の儀」さらに「朝見の儀」が国家行事として施行された。もっと象徴的でその意味するところ大なのは、二月二四日に決定された「大喪の礼」の儀式の取り扱いである。朝からの常人でいうなら「出棺」から最後のご稜入りにいたるまでの長いこの日の一連の儀式の中心にくる東京・新宿御苑での「大喪の礼」は、実際的には神式による「葬場殿の儀」を核にするが、その儀式の「幔幕」をとり払った瞬間から国葬としての形式の儀式が営まれるのだという。まさにマジック宜しくの順立て。国葬の一次第として、弔問にきた世界からの元首たちもふくめた人びとを待機させながら神式の行事が、同じ場所で公開を憚りつつ挙行されるのである。このことは天皇の位置が憲法に基づく「国民統合の象徴」に変わったとはいえ、根本において現憲法がいぜんとして天皇中心に組みたてられていることを、まさに「象徴」する。今回の「大喪の礼」の際には、新天皇が喪に服しているという関係でまだ目立ったことにはなるまいが、一九九〇年の秋に予定される「大嘗祭」と「即位の大礼」の際には、世界からやってくる元首や国家代表を新天皇が謁見する一連の行事が華々しく挙行されることになるだろう。天皇がまさに元首として事実上振るまい、国家の行事に神式によるそれがより公然と入ってくることを通じて、現憲法の実態的な運用と、したがってその解釈が大きく変わるきっかけが、ここに芽生えようとしているのである。

また、これも公然とそう宣言されているわけではないが、

「昭和」から「平成」への移り変わりとともに、日本の近・現代史のイデオロギー的な再構成がすでに始まっていることにも注意を換起する必要がある。すなわち、これまでの「戦前・戦中」「戦後」と分けてきた常識的な時代区分が、一挙に「明治から大正」までのほぼ六〇年と、「昭和」の六〇年余というふうに括り変えられてきていることである。「昭和」はその前半の誤まった部分を含みはするが、故天皇とともにあったその全体が「光栄から汚辱へ、さらに苦渋から復活へ」と辿った「偉大な時代」だったのであり、その「偉大な昭和」は「明治」以来の日本の足どりの完成でもあったのだという歴史の見方が多くの人の「自分なりの昭和史」を語る形でどれほどマスコミに登場してきたことであろう。

これが一人の人間の人生の回顧だけならさして問題にすることもあるまい。しかしここには、結果としてあの敗戦のもった日本歴史における決定的な意義、あるいは同じことだが、旧帝国憲法が現憲法に変わったことのもつ画期性がみごとに相対化されてしまっている。そしてそのイデオロギーこそが、先にも述べた前天皇が敗戦後の一生をかけて復権させせようとしていたイデオロギーそのものだったのである。

たとえば、有名な敗戦四カ月半後の一九四六年一月一日の天皇のいわゆる「人間宣言」に思いをはせてみよう。当時の新聞報道のまま、多くの国民がこの時の詔書を「人間

宣言」として今日も受けとっているが、それは正しくは「日本国運振興ニ関スル詔書」というものだった。それは「玆ニ新年を迎フ。顧ミレバ明治天皇明治ノ初国是トシテ五箇条ノ御誓文ヲ下シ給ヘリ」との書き出しで御誓文をまず列挙し、その後に「叡旨公明正大、又何ヲカ加ヘン。朕ハ玆ニ誓ヲ新ニシテ国運ヲ開カント欲ス」としたものである。「惟フニ長キニ亘レル戦争ノ敗北ニ終リタル結果、我国民ハ動モスレバ焦燥ニ流レ、失意ノ淵ニ沈淪セントスルノ傾キアリ。詭激ノ風漸ク長ジテ道義ノ念頗ル衰へ、為ニ思想混乱ノ兆アルハ洵ニ深憂ニ堪ヘズ」とか「夫レ家ヲ愛スル心ト国を愛スル心トハ我国ニ於テ特ニ熱烈タルヲ見ル。今ヤ実ニ此ノ心ヲ拡充シ、人類愛ノ完成ニ向ヒ、献身的努力ヲ効スベキノ秋ナリ」とか、それはまさに戦後に臨む大綱領を声高く述べたといっていいものだった。「人間宣言」にあたる部分は「朕ト爾等国民ノ紐帯ハ、終始相互ノ信頼ト敬愛トニ依リテ結バレ、単ナル神話ト伝説ニ依リテ生ゼルモノニ非ズ。天皇ヲ以テ現御神トシ、且日本国民ヲ以テ他ノ民族ニ優越セル民族ニシテ、延テ世界ヲ支配スベキ運命ヲ有ストノ架空ナル観念ニ基クモノニ非ズ」――ほとんど天皇を神にしたのは、国民の側のほうの責任ではなかったかといわんばかりのいわば「開き直り」でしかない。

　後になって前天皇は、記者会見の際「詔書に自分の筆でつけ加えたのは御誓文であり、それが自分のあの時にいわんとしたことの本旨だった」の述べたことがある。明治初年の明治天皇による指針こそが、戦後の日本の針路なのだという前天皇の思いが、ここに率直に表現されている。今日の臨教審の「教育改革」にしても、「二一世紀の教育の理念」をまとめたその第一次答申がいうように、「戦後の教育は、明治からの教育の補完物」という認識のうえにとりまとめられている。戦後はまさしく相対化され、その戦後の「偉大さ」の源泉は「明治」にあったという歴史観――逆にいうと日本的民主主義の原型は「明治」以降の天皇制イデオロギーにあったのだという認識は、今後とも反動的なイデオロギーの原点としてさまざまの分野でさまざまにもち出されてくるだろう。あの敗戦とともに元号を廃止するのはもちろん、元号を変えることさえしないままにきたことが、どんなに日本の古いイデオロギーを温存する仕組みになってしまっていたのかを、改めて痛感せざるを得ない。

「昭和」は一九四五年で終わるべきだったのである。「木戸日記」によると、天皇は一時退位に傾いたことがあったとされている。またその後も「新憲法制定」の時点、「東京裁判」の時点、「サンフランシスコ講和条約」締結の時点でも、それぞれ同じような動きがあったことを当時の芦田均総理の日記や「木戸日記」などで窺い知ることができる。しかしそれはついに実現することはなかった。天皇の死によってしか元号が変わらないということそれ自体の、日本の支配システムと民衆のイデオロギー統合の策において占める役割はかなりのものである。

さらに事前にはあまり予想されなかったもう一つの新しい事態について言及しておきたい。それは象徴天皇制がかつての「明治」以来の絶対主義的な天皇制に先祖返りしようとしていないのはむろんだが、日本が「誇るべき統合のシステム」として、むしろ積極的に象徴天皇制を世界に売り出そうとしていること――いわば天皇制の「国際化」である。世界に流れた溢れるほどの天皇批判報道にもかかわらず、またイギリス、オランダなどでの国民の公然たる天皇の葬式への代表派遣についての反対の声と運動にもかかわらず、ユーゴスラビアの故チトー大統領の国葬時よりも多いということは、この世界でかつてないほど多数で高位の元首を含む顕官たちが「大喪の礼」に参列することが予定されている。そのなかには、いうまでもなく「社会主義」を名のる国々の代表も加わり、そして故天皇の柩の前に深い礼を捧げることになるのだろう。かつてアジアの人びとを虐殺した責任を担いつつも、それについにまっとうな謝りの言葉と行為をなさないまま死んでいった人物に――である。あえていうまでもないことだが、故天皇が先の大戦時の政治指導者で生き延びてきた最後のランナーだったことを想起しよう。とくにヒトラーは爆死自決した。ムッソリーニは殺されて逆さ吊りにされた。それとの差はまさに隔絶したものである。むろん今日の日本経済が世界でもつ

位置こそが、この葬儀が「世界に冠たる」ものになる土台にあることである。

だから今回の「大喪の礼」は、東京オリンピックや万博開催の時ともまた一味も二味も違う、しかももっと直接に天皇制イデオロギーとも絡んで日本人のナショナリズムを喚起する有効な機会として効果づけられようとするだろう。そしてたぶんそのナショナリティックな感情は、ブッシュ米大統領をはじめとした世界の大国の代表の動静にことよせてかきたてられ、「小国」の代表のほうのそれは十把一絡げで紹介されるか黙殺されるに違いない。昨年の大晦日から正月元旦にかけて（今回に限らないが）テレビの深夜と未明の番組は、アジア各国の若者の「紅白歌合戦」まがいの歌と踊りの番組であり、とくに今年の新聞各紙の正月特集はすべてといっていいほど「二一世紀のアジア・太平洋時代」を迎えんとするアジア諸国の紹介だったのに、「松の内」を終えた瞬間の時点での「昭和天皇」の逝去にあたっての世界の反響のなかには、ワシントンやモスクワ、ロンドンやパリやボン、北京やソウルはあっても、ラングーン、クアラルンプール、ジャカルタ、マニラなどのそれが、そして特にそこに生きている民衆の反響がどれだけ紹介されたであろう。この落差の大きさ。そしてその意味することはいったいなにか。日本自身のあり方を独り合点に「誇り」ながら、その日本が手と足をのばそうとしている相手のことになると見ようともしない、あるいはほとんど

無視していく日本の傲慢さが、しかも天皇制という問題をめぐって恥もなく新しい形でまたも再現しようとしているとはいえないだろうか。

あらためて「天皇制」を問う

あらためて日本と日本人における「天皇制」という問題を直視しなければならない。また「昭和天皇」に向けられてきた戦争責任の追及が、個人の死とともに解除されたのかを、問いつめなければならない。

「今は亡き陛下のあの類なく純粋で温和、そして誠実、公平なお人柄が、どれほど国民の尊敬と信頼をかち得ておられたかに思い当たらざるを得ない。……そして新憲法によって『日本国の象徴』『日本国民統合の象徴』となられたことは、ある意味で明治以前の伝統的な政治を超えた天皇への回帰でもあった」(『産経新聞』「歴史に残る見事なご生涯」)。

「戦前と戦後の断絶を超えて連綿と続く、天皇制と日本の社会や文化との基層における深いかかわり合いに改めて思いを致さざるを得ないのである。……敬愛の思いをこめ、こう申しあげてお送りしたい。『陛下のご遺志は平和である』、と」(『毎日新聞』「天皇陛下の崩御を悼む」)。「皇国史観の中で、現人神として位置し続けた陛下は、……〝人間宣言〟をされた。……当時のGHQの民主化政策の柱ではあったが、生物学研究で知られるように科学的、合理的な考えを重んじられる陛下には、むしろ当然のことだったろう。

……象徴天皇制は、ごく自然に国民の間に根づいている」(『読売新聞』「激動の『昭和』を終えて」)。「新天皇の考え方が明治憲法的君主制と無縁のものであることははっきりしている。……『民主主義の後退』は、新天皇のご意向にも反しよう。『平和主義』についても同様である。……その国際感覚と豊かな社交性は、誠実なお人柄とあいまって諸外国の対日親近感を増す上で、大きな貢献をした」(『朝日新聞』「新天皇への私たちの期待」)。

こうした日本のマスコミの論調はあまりにもあたりまえで常識的に聞こえる。しかしそうしたことを含めて、たとえば西独の『デァ・シュピーゲル』紙(八八年一〇月三日号)は、天皇の死去を前にして書いた。

「群衆が黙々と雨の中を立ち続けている。ただ低く呟かれる祈りの声だけが沈黙をうち破り、それに加えて時折頭を低く垂れながら神々に自分の存在を知らせようとする柏手を打つ音が聞こえる。……日本人にとって他と同調することは最も立派な徳の一つである。日本全国が尊崇の念一色に染め上げられている……」

「一つの時代が終わろうとしている――しかし天皇裕仁が担っている日本の過去の責任についての議論は起ころうとしていない。またおそらく起こしてはならないのである。日本は未だかつて明らかに自分の過去と向かい合ったことはない。この過去の重要な一部をなす天皇の死は率直な反省の機会にならず、むしろ事態はその逆に進んでいる……」

「異なった意見は公にはほとんど聞こえてこない。国民は外部に向かって一致して昭和時代の終焉を悼んでいる。かなりの日本人にとってこの天皇崇拝は行き過ぎであろうが、しかし彼らにも天皇崇拝を共にするように、との圧力は働くのである。『僕にとって天皇はどうでもいい存在だ』と一人の学生はいっている。『しかしもし僕が会社に入ったら社内の自分の地位を守るために、天皇を尊敬しているかのように振る舞わなければならないだろう』」

短い文章だが、この報道はかなり的確である。しかもその一方、「新日本学」の旗手と目していい国際日本文化研究センターの梅原猛所長は、「昭和天皇」の死にあたって、次のような予言的なことを新聞紙上で書いている。

「……おそらくこのいささか遅すぎる時代に豊かになった国は、大きな試練に直面するに違いない。日本は富以外にいかなる理想をもち、その理想を世界に向かって宣言し、世界を説得することができるか。おそらくその課題は世界の人の日本に対しての期待であり、そして日本という国の存在の是認になるに違いない。私はいろいろな事情から、日本がそういう問いに答えていくのは絶望的なことであり、日本の将来には多くの不安が待っていると思う。〝昭和の時代はよかった〟ということになりそうだと思う私の不安が杞憂であることを望みたい」

やや狷介な表現だが、富のみに傲ることのやましさの自覚の必要を説き、世界を「説得」する日本の理想をもつことの大切さという形で、ここで梅原氏が何をいおうとしているかおよそ読みとることができる。こうした状況ひとつをみても、敗戦時はむろんのこと、その後四三年以上、本気で民衆レベルで、あるいはマスコミ世界で問い詰めることをしなかった天皇と天皇制問題にいまこそメスを縦横に入れていくことが肝要だろう。

神武にはじまる天皇家が万世一系といったようなものではなく、とくに古代は時に親子相討ち、皇位の継承をめぐって兄弟殺しあうような歴史を少なからず残していることについては、天皇家の歴史の考証を課題としていない小論では、まず常識のこととしておこう。継体朝の段階では確実に血統も絶え、替わっている。朝廷が南北朝に分かれ、戦いあったことはさらに多くの人の知るところである。天皇の代替わりとともに「渡御」すなわち「承継」される習わしの「剣」――天叢雲剣にしても平安の時代まで受け継がれたとされたそれは、平家滅亡の時に安徳天皇とともに瀬戸内の海の底に沈んだままのもののいうならばコピー。伝統は多分に形式のものであり、象徴のものであるにすぎない。

にもかかわらず、日本のほぼ二〇〇〇年の歴史において天皇という存在が当初からそう名のりはしなかったにもせよ存在してきたことは事実であり、それがヨーロッパの王侯のように民衆によって縛り首の刑に処せられるようなこともなかったことは事実として認めざるをえない。そこに天皇と天皇家という存在の日本歴史における小さくない意味がある。そしてそれをめぐる論争が、学問世界から日本人的価値観、さらに政治的現実を左右するイデオロギー対立に至るまで、日本の歴史と文化全体を特徴づけてきたことも事実である。

この点も小論が直接に取り組む課題ではない。あまりにも重い、かつ広範多岐にわたる問題である。それを前提にしたうえで、まことに素人ふうに大まかなことをいえば、私は日本の天皇家の存在は、道教や仏教などの外来古典宗教が日本に導入される以前からの原始的な日本人（それが「倭」であるかどうかはこの論の文脈ではどうでもいい）の祖霊信仰にかかわっていると考える。そこに源流を発しつつ、やがて多くの宗教的イデオロギーによって洗練されつつ今日の日本人の多数に共通の死生観がつくられてきているのだが、その日本人の場合は、よほどのクリスチャンでないかぎり、人が死んだ時に「神に召された。天に召された」とはいわない。普通にいうのは「神になった。仏になった」という言葉である。つまり日本人は、生きている間から神ないし仏になる資質を互いに認めあっているのである。俗世界の泥にまみれていたその「仏」がとうとう本物の「仏になる」というのが、他人の死、いや自分の死についてさえも日本人の情感もこめた認識であろう。決して欧米人のように「唯一のゴッド」の前に「召される」のではない。

日本人はこうして他の人間はむろんのこと、山も川も森も大木も村のはずれの石（地蔵さん）も神様にする。「八百万の神」である。これは多分にアジア的なアミニズムに共通するものがあるが、だからといってまったくインドネシアなどと同じものではない。日本独特のものである。しかし「八百万神」がただ右往左往しているだけではまとまりを欠く。折り合いがつかない。それをとりまとめる存在を求める気持が当然のこととしてその裏側に存在する。だがそれはまた「八百万神」（ここでは民衆とも柳田国男的に「常民」ともいっておこう）と同一の水準のものであってはならない。暴君でないのはもちろん、「人ならぬ者、穢れなき者」こそが全体を束ねる存在たり得るのである。この全体を「調和させる」存在、全体を「和」するものへの渇望。ここに日本的メンタリティがあるのではないか――というのが、私の仮説である。

大化の改新の一七条の憲法第一条「以和為貴」（和を以て貴しとなす）が孔孟の思想にもよっていることは自明のことだが、それだけで尽くせることとか。なぜ日本の古い国の呼び名を「大和」と書いて「やまと」と読ませたのか。なぜ日本的な食べ物が今も「和食」であり、日本的文化が「和風」といわれるのか。日本をまさに一字で語るのが「和」という用語になるのはなぜか。それは「和していく」ことが日本人的な発想・習俗の基調にあるからであろう。だから「村八分にされたくない」し、「長いものにはまかれろ」となり、さらには「みんなで渡れば怖くない」という習性が強く働く。隣が自粛するなら私もであり、他人が記帳にいけば自分も――である。聖徳太子の憲法第一条の「和」の一節の次には、「忤うことなきを以て宗とせよ」という言葉がくる。「和していき、逆らうことをするな」。これが日本的な上からの統合のイデオロギーになっていることは、あらためて考証するまでもないことだろう。まさに古代に暴力をもって他を制圧しつつ権力をその手に獲得した天皇権力は、この日本人根づきの宗教とも同化しているイデオロギーを、その支配のイデオロギー的基礎に見事に据えたのであり、その持続に今日まで成功してきたのである。

この「人ならぬ者」による統合を承認するというイデオロギーの成立の根拠には、階級への分化とともに、奴婢やいわゆる非人など、呼び名は時代によってさまざまだが、底辺にあった差別された人びと、まさに「人ならぬ者」の労働の上に常民たちが自分たちの「人としての」生活をつくっていたという構造がある。つまり上と下に「人ならぬ者」をおいた日本社会の構造である。だから日本史は、この「人ならぬ者」をめぐって多くの逆説的な歴史をつくりだしてきた。すなわち被差別の人びとの憎しみの対象は「常民」にいくのがあたりまえ。そこで被差別大衆が怒りと自らの解放の筋書きを求めて、常民の上にたつ天皇家に直結していったという悲劇である。建武の中興の時がそうであり、後醍醐天皇側の軍勢の主流をなしたのは被差別の

大衆だった。以後、だから天皇の柩は京都北部の「八瀬童子」なる部落の民が担ぐことになる（今回じつに五〇〇年ぶりに初めてこの慣習は解かれた）。

また被差別大衆のなかに救いの手をさしのべていった僧侶や今ふうにいうと「官吏」たちは「非事吏」と呼ばれ、それが反転して「聖」の呼称ともなった。念のためにいえば、だからこそ近代以降における被差別大衆の解放闘争が、この天皇との関係をすすんで対象化し、「聖あれば賤あり」――その絶対の対立関係、差別の根源としての天皇制と天皇イデオロギーを撃つ思想と運動実践をつくりだしてきた部落解放闘争の思想と闘争の貴重さを強調せねばならないのである。つまり私のいいたいことは、天皇制とは、だからその本質においてまさに「差別と抑圧」の体系なのであり、それが外国に向かう時には当然あるいは必然的にも「侵略」の装置になる構造をもっていたし、今もなおそうなのだ――ということである。

ここからも「昭和」の天皇の歴史において、天皇に戦争の責任がなかったというのは、繰り返していうが、法外な出鱈目なのだといわねばならない。そしてそれは新しい時代の「象徴天皇制」についても無関係ではない。先にも述べたような天皇制にまつわる歴史の経過からいって、天皇制は明治以後の「絶対主義的天皇制」が本来的なものなのでなく、むしろ「人ならぬ者」のように京都の「御簾」の奥に象徴的にいつづけていたのである。鎌倉時代を思い起

こせばいい。権力の実体的担い手は源家にあった。にもかかわらず頼朝は、東北を討つにあたっては京都に赴き、天皇から「征夷大将軍」の位を授かってから行動に出た。この点では織田信長も明智光秀も豊臣秀吉も徳川家康も同じである。天皇は常に権力者たちが煙たくも思いつつも、なおかつ利用もする対象としてあり、いったん天下が大きく麻のように乱れた場合には、天皇の存在、その動向が「ものをいう」形をとったのである。だから徳川時代の末期まで、当時の言葉でいう「天子様」は農民にとってはどうでもいい存在で、直接に見えていたのは代官と、その上の藩主だったにすぎなかったのに、明治になってわずか二三年後には、天皇制イデオロギーが帝国憲法が記載したような形で、民衆の生活と意識と、そしてやがてはその運命さえ左右する力をもつものにまで整えられていったのである。歴史は繰り返さないという。今日の民衆の間にある天皇と天皇制についての覚めた意識と感覚、そしてもっと実際的な抵抗の主張と行動をみるなら、かつて明治以来に起きたことと同じような事態が再現するとみるのは、杞憂にすぎないだろう。しかしそれにもかかわらず、それまではまったく関係ない「一人の老人」だと天皇を見ていた今の若い世代までが、天皇の死に臨んで、天皇は「お父さん」のようなものとみる感触を「アッという間に」もたされかかってきたことの恐ろしさを小さくみるのは、やはり危険なことであろう。

「護憲天皇制」という欺瞞について

最後に、以上のような「新天皇」と国民の意識との関係に関連するが、新天皇がその「朝見の儀」で憲法を守るという表現を使ったことが、各方面で話題になっている。「護憲天皇」という用語まで使われている場合がある。「昭和天皇」の逝去の時、つまり前天皇のXデーこそが「戦後憲法の廃棄」に向かう飛躍の時だとみなしてきた右翼勢力にとって、新天皇の「お言葉」が、たとえその原案にあった「遵守」という表現をややゆるい「守る」という言葉に最終的には変えたとしても、ある種の衝撃を与えるものになったのは想像に難くない。右翼はもう七、八年も前からXデーが来れば元号が変わり、「新しい元号の新しい憲法を、昭和憲法を破棄しよう」と呼びかけることができる時がくるとして、その日に備えていたからである。中曽根前首相がいっていた「第三憲政の時代」——つまり明治憲法、昭和憲法につづく「新しい憲法の時代」を切り拓く。これが改憲勢力の秘められた戦略だったのである。

だが、天皇の言う憲法遵守のその実際は何なのか——という問題こそが、他方ではこの時期の鋭い問題、曖昧にできない課題として論じられるべき時がきているといえるのではないか。帝国憲法の下であれだけの大権をもっていた昭和天皇が、結局はロボットのようなものだったのだと告白するという状況。それが戦争責任を免れるための詭弁にすぎなかったことはいうまでもないことだが、天皇自身が憲法を変えるべきだと発議することがないのはもちろんだし、それとまったく同じように政治の場でかりに改憲が公然と企らまれた時に、新天皇がその位を懸けてそれに反対するという場面が生ずることなどは、まず絶対にあり得ることではないだろう。かりに憲法が変われば、天皇はその時も「私は憲法を守っていく」というだけだし、それ以外にはないだろう。新天皇の言葉をもって憲法擁護論とみるのは、勝手な幻想に浸るだけのことである。

むしろ新天皇はまずもって「憲法」の担い手のように自分を位置づけることで、その新しい治世を開始し、将来さらに国民の間に高まり得るかもしれない天皇制廃絶の主張と動きなどに対して、憲法を守るという姿勢で対抗しようとしているといったほうが正確なのかもしれない。問題は二重である。一つはこの「護憲天皇制」をどう評価するか。それを是とみるか。非とはいわないまでも、天皇制維持の新しい仕掛けとみるか。前者の立場にたつなら、憲法の名によって天皇制は支持されることになろう。つまり憲法的な象徴天皇制のさらなる積極的な承認である。後者の立場にたつなら、天皇制批判は当然にも、これまでの護憲の枠を超え、天皇制の廃絶にまで主張を高めることに発展していく。天皇制を含めて支配者側のつくる支配の手段のなかに包摂されないためには、まさに現憲法の第一条から第八条までの天皇条項を根本的にもう一度見直さないでいいの

か、「革新」側がこれまでどおり護憲を絶対の原理・原則とする運動そのものに止まっていていいのかどうかが、問われるところにきているのである。

同時にもう一つは、新天皇のいう言葉だけの「護憲」論の裏で問われているのは、実態としての改憲が進行していることについて、正確に機敏に容赦なく対応することだということである。かつて中曽根前首相はその任を竹下首相に譲るにあたって、繰り返し「国家と政党政治の二重構造」をつくるべき時がきたと強調して政権の座を去った。国家権力の直接の支配の構築の構築が真の、そして緊急の課題だという、いわば中曽根前首相自身からすると、その「戦後決算の政治」でし残した問題の指摘だったといっていいだろう。その国家権力の装置の周辺に政党による「議会政治」があればいいのだという認識である。そのことこそが、いまリクルート疑獄に対する国民の広範な怒りと政治不信を逆手にとって竹下首相がなそうとしているいわゆる「政治改革元年」なるものの意味に通じているというのは思いすごしであろうか。曰く「政党法」、曰く「政治資金の規制」、曰く「小選挙区制の導入」、そして大っぴらには語られてはいないが、国家秘密法の制定や拘禁四法の成立、労組法・労基法の改悪による労働組織の国家による規制など。それは実質的な現憲法の改悪以外のなにものでもない。むろん世界の緊張緩和時代に逆行する軍事費のさらなる突出また然りである。

このことは、天皇権力というものの根本についての明確な認識を改めてわれわれに要求する。天皇制とは、決して単に神がかった存在ではなく、常にその時代、時代の真の実権者の権力行使のもっとも日本的に有効な装置であった。大久保利通と西郷隆盛の有名な口論によると「貴様と俺とどちらが玉を握るか」が実権者の位置さえも決定したのである。その意味で天皇制は、美濃部達吉教授がいったように真の権力の「機関」としてあったというのが正解なのであり、そのことをまた新天皇が自分の天皇理解として述べたことがあったことをも重視しないわけにはいかない。今日の日本の権力の所在は、いうまでもなく巨大な資本とそれを背景にした自民党・政府権力にある。しかもその権力が底のしれない腐敗の泥の中にあるのが現実になっている時、そうであればあるほど、まだその響きは小さくとも「だからこの日本には汚職などとは一切関係ない天皇さまがやっぱり必要なんだよ」といった市井の声があることを無視しておいていいものでは決してない。

問題は本質的に、また伝統的に稲を軸にした農村文化のうえに生きてきた天皇制が、今日の日本における農村社会の巨大な変貌と市民社会の普遍化の下で、さらに今や国家さえ相対化してきている国際化の世界に飛躍しようとする日本の針路のなかで、果してこれまでのような形とイデオロギーで生きつづけることができるかどうかである。天皇制自体にもかつてない試練の時が迫っているというべきだろう。天皇制の過大な評価には与すべきではない。それはすでに時代の過去に去りつつあるものである。

にもかかわらず、究極のところで天皇制の廃絶を展望しつつ、われわれは強調しつづけねばならない。

「ヒロヒトが死のうと、天皇と天皇家のアジア民衆に対する戦争責任は消えない」

「日本の多くの働く者にとって天皇制はいらない」

「天皇の葬儀を国事儀式にすることをやめよ」

「元号の使用強制に反対する」――と。

それなくして目前に迫っている二一世紀の国際化時代の日本は実現しないであろう。日本人のメンタリティのなかで、天皇と天皇制によらない民衆の統合のイデオロギーを歴史の実践のなかで形成することこそが、天皇制の犯罪を世界において再現させまいと念願して今日に生きるわれわれの課題であり、使命なのである。

（『マスコミ市民』一九八九年四月号　山川暁夫）

安保は遠くなりにけり、か

安保をめぐる状況

言うまでもなく今年は日米安保条約の改定が行われた六〇年からちょうど三〇年目です。しかもきのう六月一五日は、六〇年安保闘争の中で一番記録に残る国会南門を中心とした闘いが熾烈に展開され、樺美智子さんが虐殺された記念日です。あの日私は、樺さんが虐殺されたほぼ二〇メートルぐらい横にいました。当時の議員面会所の地下室に傷ついた学生が血を流しながら次々に運びこまれてくるという現場に立ち会いもしました。おそらく今日お集まりの方々の中には、三〇年前にはまだ生まれておられない方もおありでしょうから、私が見聞し、参加もした六〇年安保闘争についてお話しすることも有意義かと思いますが、それだけの時間的ゆとりはありません。

同時に今年は安保条約が作られる背景になった朝鮮戦争が勃発してから満四〇年目です。六月二五日がその記念日になります。しかも、現在アジア全体、とりわけ朝鮮半島の状況が非常に大きな変化を見せ始めてきている。盧泰愚の来日というのもその一つであったと思われます。

今までの韓国政権は、冷戦の中で反共政策を生命綱にして生きてきた。それとともに三六年間の植民地支配に根拠をもつ民衆の反日感情を無視することができないまま、カッコ付きですが、「反日」的な姿勢を一定とってきた。ところがその冷戦状況が大きく崩れつつある。それに対応する韓国の外交方向を固めねばならない。つまり日本とアメリカ、とりわけ日本の支配層との軍事的強化をふくむ結託です。そこで「反日」というより、あまりマスコミなどでは言われていませんが、「克日」という考え方——日本に打ち克つ、日本を抑え込んだ形をとりながら、その実日本との関係をつよめて自分たちの政権固めをやるという方向が出てくる。天皇の戦争謝罪発言問題などを積極的にこの際あえて出してきたのも、そういうねらいからだと思います。

韓国経済は、いま非常に不安定な状況に入ってきています。発表されてはいませんが、盧泰愚の政権支持率がわずか四%という数字も出ている。それだけに必死に韓国の体制固めと、それに伴って日韓関係の新局面を切り拓こうという画策がやられているのですが、その背景にあるのはさっきもいったように東欧、ソ連までを巻き込んだ、ここ一年の世界的な大変動です。それを受けて日本の政府・自民党内でも今までの論理、今までの考え方で安保をとらえていいのだろうかという疑問、つまり〝安保再吟味〟という考え方が登場しています。

一方の極には、石原慎太郎のような考え方も公然と出てきている。『「NO」と言える日本』という本がバカ売れをして、『それでも「NO」と言える日本』という本がまた出たんですけれども、『「NO」と言える日本』は一〇〇万部売れたと書いてあります。おそらく、『それでも「NO」と言える日本』という本は、一〇〇万部以上売れるのではないかという気がします。

また他方では自民党の国際部長をしている愛知和男という人、愛知揆一元外務大臣の子息ですが、その人が今の安保条約は見直して、日米の平和友好条約のようなものに変えた方がいいという言い方もしています。六〇年の安保改定、条約の一〇年間の固定期限切れの七〇年にも、安保の闘いの節目がありましたが、あえて言うなら今日また〝安保をめぐる大論争起きよ〟と言わなければならない状況に、私たちはいるのだと思います。

問題は、そういう世界情勢の変化をどこに視点をおいてつかむか、何を基準にして世界の動きをとらえるのか、ということです。もう冷戦は終わった、「安保は遠くなりにけり」というような考え方でいいのかどうか。これが私が皆さんに提起したい総枠の問題意識です。

世界の軍縮の流れ

たしかにこの間の世界の軍縮の流れは非常に大きい。大統領になったばかりのブッシュが、昨年の五月一七日、アメリカのテキサス農業工科大学に行って、「冷戦を超える」と題して歴史的な発言をしました。「戦後のソ連封じ込め戦略はここに終了した」という内容です。それから一年余りしかたっていませんが、この間の米ソ各々の軍縮のカードの出し合いは非常に激しい。そのひとつひとつの細かい数字についてお話しする余裕もありませんが、それ自身は総体としては大いに歓迎すべきものです。しかし、たとえばごく最近開かれた米ソ首脳会談で合意され、年内の米ソ首脳会談で正式調印という運びになっているいわゆるSTARTI（戦略核兵器削減交渉の第一段階）の内容はどうか。IMF（中距離核ミサイル）――もっともこれは陸上から発射されるものだけに限定されていたわけですが、それの全面削減の協定に続く、次の大きなステップが踏み出された。化学兵器の削減についても、合意が成り立った、ということで新聞は大見出しで、いかにももう世界の全面平和の方向が確定したかのように報じているし、そのようになったのだろうと理解している人も少なくないと思います。

しかし、合意内容を詳細にごらんになった方はわかっておられるでしょう。ICBM（大陸間弾道弾）は米ソともに、七年かかって四九〇〇発ずつ減らす。そういう合意が成り立った。そこが非常に大きくクローズアップされている。四九〇〇という数は、けっして少ない数字ではありません。立ち入って言えば、ソ連の方は陸上から発射するICBMが大幅に減ります。ソ連の方のICBMは陸上発射が多いからです。それに対してアメリカの方は、海上、海中、原子力潜水艦その他から発射する長距離核ミサイルが多く、したがって削減数もこの分野が中心になっている。しかし海と陸を全部あわせると、四九〇〇発ずつ、まさにパリティ（等量）になっているわけです。

ところが短距離核ミサイルや核爆弾、これは韓国などにおいているものですが、これは非常に増強される。またトマホークがふえる。トマホークというのは、原子力潜水艦から撃ち出した場合、一旦は二〇〇〇メートルの高さまで上がり、飛行しながら高度を落として、海上では二五メートルぐらいの高さを飛んでいきます。だからレーダーなどにひっかからない。そして陸上に入りますと、トマホークは頭のところに自分が飛んでいく目標に向かっての経路がコンピューターでインプットされているので、それに基づいて、電子の杖——テルコンと言います——をさして間違いなく飛んでいるかどうかを自ら点検しながら飛んでいくわけです。ICBMのように、目標に向かって一直線に飛んで行くのではなく、迂回しながら目標に達していく。巡礼のようにめぐって飛んでいくから巡航ミサイルというわけですが、アメリカの持っているものでは一発で広島の原爆の一五発分の破壊量、着弾の誤差はわずか五〇メートルぐらいの性能だと言われています。

このトマホークが、驚くほど増強される。とくに、原子力潜水艦から発射するものは、アメリカの場合は三三〇から八八〇へ増えます。ソ連の方はゼロから八八〇に増える。多くの人はトマホークというのは、三〇〇〇キロくらい飛ぶ対ソの戦略的な核兵器だと思いがちですが、そうではない。四〇〇キロ、五〇〇キロぐらいのものもある。そして重大なことは、今度の合意で、六〇〇キロ以下のトマホークを増強するとなっていることです。簡単に言えば、東京から大阪までの距離。つまり、アメリカから言えば、モスクワを攻撃するわけでもない。ハバロフスクを攻撃するわけでもない。ハバロフスクというのは、日本から三〇〇〇キロぐらいあります。いったい何を狙っているのか。米ソ相互に、短距離核ミサイルと六〇〇キロ以下のトマホークを圧倒的に増大するという軍縮というのは、いったい何物なのか。ここのところを率直にかげりなく見ておかなければならないでしょう。

先進国間における和解にすぎない

以上のことにもつながることですが、世界がデタントの方向に向かう中で、アメリカはニカラグアの革命に干渉しました。さらにパナマに向かって二万六〇〇〇の軍隊を出し、国連の総会では総スカンをくらいながらも、恬然としてそういう侵略行動をアメリカはとっています。あるいは、依然として北のスパイだと言って政治犯をデッチ上げ、不当な取扱いをしている韓国政権を日本とともに支えている。

フィリピンの問題で言えば、自警団という形をとっていますが、地域における反共の武装勢力——これは英語で言うとパラミリタリー、準軍事組織とも言えるし、半軍事組織とも言えるものを援助して地方の人民の闘いを抑えこもうとしている政府を助けている。最近日本人の水野という人がとらえられ、新人民軍がやったといわれていますが、正体はいまだ明らかではありません。じつはここ三、四年の間、とりわけアキノ政権が生まれてから、この反共自警団の軍事行動が、目にあまるものになっていると言わざるをえないのです。

つまり、現在進行している緊張緩和とはいったい何なのか。人々が望むような冷戦からの脱却、平和への世界秩序の組み立てが進んでいるのかと言えば、そうではない。それは要するにアメリカ、ソ連を二極にした先進国間の〝和解〟であり、先進国における支配の秩序の再編成なのだ、と言っておかなければなりません。

アメリカ、ソ連の両大国がこれまで持っていた覇権が経済的にも軍事的にも政治的にも大きく後退せざるをえなくなっている。一方、先進的資本主義国の中での発展の不均等性の結果、その中の力関係が大きく変わってきている。だから、東西の両体制の間における秩序の編成がえと、これまでの東西といわれた体制の内部における力関係の変化に基く秩序の再編成——この二重の過程が進行しているのだと言ってよいでしょう。

民主化に向かう滔々とした第三世界の流れ

ところでそうした先進国の間の状況と対になっているのが、第三世界における民衆の闘いの高揚です。今、あまりにも東欧社会主義の激変が大きいために、世界の状況を論じる時そこにだけ目が行きますが、それですませていいのかどうか。

たとえば昨年一二月、ナミビアで選挙があって、黒人解放闘争の指導部分であるＳＷＡＰＯ（南西アフリカ人民機構）が勝利した。そして、ナミビアはこの二月ついに独立した。これによって地球上の植民地が、ついになくなった。これまでの帝国主義、植民地主義の下で支配されていた地域において五〇年代の後半に始まった民族解放、独立の流れが、とうとうこのナミビアで一つの歴史的終止符を打ったのです。しかもそれをうけて隣の南アフリカ共和国では二七年間獄につながれていたマンデラ氏が釈放された。これは単なる個人の問題ではない。非常に大きな歴史的趨勢をあらわしているものです。そしてこのマンデラ氏がヨーロッパを訪問するということになると、南アフリカ政府は、あわてててこれまでの戒厳令体制を解かざるをえないところに追いこまれてしまいました。

南アメリカのチリでは、かつて「サンチャゴに雨が降る」という映画があって、当時の人々を涙させたものですが、血のクーデターをひきおこして作りだされたピノチェト独裁体制がついに崩壊するという段階に入った。中南米の状況は、日本の私たちの関心から非常に遠いために、あまり強く意識されませんが、この二、三年、陸続として軍事政権が崩れつつあります。今、軍事政権で残っているのは、たった一カ国です。

アジアにおいてもそうです。今のフィリピンのアキノ政権の評価はともかくとして、四年前の八六年の「アキノ革命」「人民革命」「イエロー革命」と言われたあの熱気。八八年のミャンマーの学生や僧侶の民主化を求める闘い。いまも闘いの中心部分はジャングルに追いやられて苦しいと伝えられていますけれども、五月の選挙では反軍事政権の全国民主連盟が圧倒的な勝利をとげるようになっている。首都のヤンゴンでは野党が八割五分——まだ最終結果が出ていません——の議席をとったとみていいし、第二の都市マンダレーでは与党がゼロ。さらに韓国の労働者、学生のここ二、三年来の闘いを頭におけば、今私は世界中に「民衆主体の民主主義」の大きな波がおこりつつあるといいたいし、これが今の時代の一番の特徴をなしているのだと思います。そしてやや政治主義的な判断かもしれませんが、その「民衆主体の民主主義」の流れが、既往の「社会主義」の中にまで姿を現わしてきた。これが今日の世界全体の動向の特徴です。そしてその支配力と覇権、統合力を経済的にも政治的にも道徳的にも大きく落ちこませた米ソが、必死になって、その歴史の潮流に対応する新しい体制をつくろうとして競争し、対立しつつもまた手をとり合っているというのが、今の世界の状況だろうと思います。

米ソの衰退の原因

ではアメリカ、ソ連がなぜここまで落ち込んできたのか。それはまさに皮肉なパラドックスの結果だといえるでしょう。

まず軍事力そのものがパラドックスの固まりですが、とりわけて核を中心とした軍事対抗がそうです。なぜなら、アメリカでもソ連でも、どちらでもいいのですが、一方が相手にまさる一定水準の核軍事力のレベルに達しても、そこで安堵はできない。そのレベルに必ず相手が追いついて来ると判断せざるをえないからです。だから、自分が到達した核戦力のレベルが脅威の対象になり、それを乗り越え、もう一つ上の核軍事体制を持たざるをえない。これが互いにからみあうので、抽象的な言葉を使えば、悪無限的に核戦力は拡大していくとともに、それぞれの経済力を弱体化しマヒさせていく要因に転化してしまう。しかも核戦力が増大すればするほど、逆にそれは使えない核兵器になってしまう。一つでもその敷居が越えられてしまったら、後は強大な軍事力全体に線香花火のように連鎖反応していくという想定をもたざるをえないからです。

つまり、自ら持った核抑止力、そのことが相互に核戦争を抑止したというだけではなく、それも一部ありますが、それぞれのアメリカ、ソ連の経済、政治を破壊し、困難におとしめていくという要因として働いたというジレンマ、パラドックス、これが一つあります。

もう一つのパラドックス。アメリカはソ連の脅威を口にし、ソ連はアメリカ帝国主義と闘うことを自らの使命としたわけですが、今日、米ソの支配力が後退してきたのは、アメリカ、ソ連が相互に軍事力を行使し、戦いあっての結果ではないのです。アメリカはどこで敗けたか。ソ連の軍事力に敗けたのか。そうは言えません。ソ連はアメリカの軍事力に敗けたか。そうも言えません。アメリカが敗けたのは、実は朝鮮戦争で敗け、ベトナム戦争で敗け、あるい

はイラン革命で敗けてきたということです。これは歴史趨勢としてきわめて大事なことだと思います。

アメリカはかつて米西戦争を行ってスペインに勝ち、メキシコを取り、フィリピンを領有してきました。第一次世界大戦、第二次世界大戦と、つねにアメリカは勝者の立場に立った。ところが朝鮮戦争では敗けはしなかったが勝ちはしなかった。

これも、細かくは申しませんが、朝鮮戦争の前夜の一九四九年にアメリカの持っていた金保有の量がアメリカ歴史上最高です。それ以降はどんどん落ち込んできます。ベトナム戦争ではみずから五五万人の軍隊を出して、ついに敗北することになった。言い換えれば、ソ連に敗けたのではない。第三世界の民族解放の闘い、やや地域的な特定をすると、アジアの民衆の闘いに敗けた。

一方ソ連の方はどうか。ソ連は中国との競り合いに疲れ果てたという問題があります。またアフガニスタンの問題で泥沼に入った。アフガニスタンはイスラムの国家ですが、これまたアジアの国です。けっしてソ連はアメリカに直接軍事的に敗けたわけではありません。軍事的にも、第三世界とくにアジア民衆の解放と自立の闘いに米ソともに敗けてきた。そのことを今日までの過程の総括として捉えなければならないと思います。

米ソの衰退から導き出される国際情勢のポイント

そこからどういうことが導き出されるか。それを今日の、九〇年代の安保を論ずる場合、日本のおかれている国際条件としてリアルに捉えなければならない。

変化の方で言いますと、軍縮のさまざまな動きを戦略概念としておさえれば、アメリカはソ連脅威論の有効性を自ら放棄せざるをえない、ソ連の方もアメリカ帝国主義打倒ということは言わない、こういう状況になったということです。これが大きな変化の一つだと思います。

したがって、軍事戦略が優先するのではなく、アメリカ、ソ連それぞれの生き残り戦略、立て直し戦略、つまり政治経済の戦略が優先することになります。もっと単純化して言うと、国家戦略はもともと軍事戦略の前提なわけですが、今までは軍部あるいは軍産複合体が力をもち、軍事戦略が表に出ることが濃厚だった。しかし、国家戦略の中に軍事戦略は包摂され、国家戦略の方がこれまでにまして色濃く前面に出てくることになってきている。この変化が二番目に上げられます。

三番目に、とりわけアメリカの方から言うと、自らのメイン・アドバーサリーつまり「主敵」ですね――エネミーというのは軍事的な敵ですが、アドバーサリーは対抗的な存在としての敵です――その「主敵」の転換が行われた。これはソ連ではなく明確にアメリカの経済を脅かしている日本ということになります。それはアメリカの世論調査その他をみても、裏付けられます。昨年以来のアメリカの世論調査でアメリカの敵は何なのだという問いで、常に一位に上がっているのは麻薬。そして二番目に出てくるのが日本。『ニューズウィーク』の調査では、ソ連は一三番目の敵として登場してきます。一昨年とはガラリと変わる状況が現実に生まれている。

昨年の九月末日から一〇月末までアジア・太平洋でPACEX89という大演習が行われました。「八九年アジア・太平洋大演習」。アメリカ軍の参加も量的に戦後最大の演習だったのですが、加えて御承知のように、カナダ、日本、台湾、韓国、フィリピン、タイ、オーストラリア、こういった国が参加した。その意味でもこの演習は戦後初めてのものでした。

しかもシナリオはシベリアまで入るという想定。ソ連に直接侵略するというこの種の大演習をアメリカがヨーロッパ、NATOで行った場合は、リフォルジャーという名前をつけるのですが、昨年の秋は昨今の米ソ・デタントの中では中止しました。米ソのデタントが、まずはヨーロッパ正面で求められている以上は当然の話です。昨年一二月二、三日のマルタ会談の際もブッシュ米大統領は会談直後に「われわれは大西洋主義に立って話をした。海上戦力についての相互の意見は不一致だった」と述べています。海上戦力の問題とは太平洋のこと。この関係を示すかのように、ヨーロッパでのリフォルジャー演習は中止となり、それとは全く裏腹に、戦後初めてPACEXが行われることになったのです。

ところが、ソ連を侵略するという想定にもかかわらず、そのソ連は何一つこれに抗議しませんでした。しないどころか、この演習の山場がちょうど自衛隊との演習が北海道で行われた段階の一〇月上旬に設定されたのですが、まさにその期間ソ連の国防相がワシントンを戦後初めて友好訪問しています。それだけではない。このPACEX演習の時期に、KGBとCIAが世界の地域安定、テロ抑圧のためを名目にした協同作業を行っています。そして出た結論を、一つはクレムリンに、もう一つはホワイトハウスに報告したといいます。

もう一つ事実を申し上げましょう。それはこのPACEX89の演習中に、米ソが通信の分野で共同演習をしたことです。驚くべきことです。PACEXでアメリカは一体何をターゲットにしたのか。ソ連ではない。問題は日本ではなかったか。

アメリカの今の戦略は、日本の軍事力、さらに政治・経済力をふくめたその総合力を全面的に動員し、利用する以外に成り立ちません。同時に、日本の力が、いわばそのお釈迦様の掌の外に出るということがアメリカにとっての一番の恐怖です。それを抑止しながら日本を動員する。『ワシントン・ポスト』で沖縄にいる米海兵隊司令官のスタッ

クポールが〝ソ連の脅威がなくなったのにわれわれはなぜ沖縄に海兵隊を駐留せしめねばならないのか。それは日本の軍事大国化を抑えるための瓶の栓になるためだ〟と言ったのも、そうした考えの現われです。この発言はアメリカ政府から厳しいお叱りを受けたといいますが、明らかに今のアメリカの本音の一つでしょう。

日米構造協議とは

同じことは経済の分野でもいえます。現在日米貿易構造協議が行われていますが、これはアメリカでは、SII(Structural Impediment Initiative)と言います。直訳すると「構造的な障害除去のイニシャチブ」――アメリカ経済の再生の邪魔になる、障害になるものを排除していくためのイニシャチブをとるというだけの話で、協議するというような言葉など使っていない。そしてそのために二四〇項目もの対日要求を持ち出しているのです。

その中には銀行のCDを日曜日も開いておけ、大会社の取締役会の議事録は公開せよ、といったようなことがあり、日本のマスコミは〝アメリカは良いことを言う〟〝アメリカは日本の自民党に対する野党、消費者の利益にもなる立場に立っている〟などといっています。しかし、問題は全く違う。おそらくターゲットはハイテク部門、金融部門、農産物問題にある。そこにターゲットを絞りながら、日本の国民世論まで味方に動員しつつ、実はアメリカ経済の再

生のための戦略的なイニシャチブをアメリカがとる――というのが現在の日米貿易構造協議の真相だと見なければなりません。

つまり、アメリカの再生戦略であり、アメリカがソ連を従属的パートナーにしてその支配をいかに維持していくかということなのです。今日の国際情勢の流れを〝ヤルタからマルタへ〟と言う向きがありますが、私の理解では〝ヤルタからネオ・ヤルタへ〟と事態が進みつつある面があると思いますし、アメリカあるいはソ連の指導者の考え方をみれば、それほど楽観的に、「安保は遠くなりにけり」などと言えるようなものではないというべきでしょうか。むしろ、アメリカからすれば、多国籍資本が東欧、ソ連に入りこんでいく。そして既往の社会主義の地域をさらに資本主義の中に包摂し、多国籍資本のより大きな収奪の対象にする体制を作り上げようとする方向にあるといえましょう。軍事的には、おそらく変貌するＮＡＴＯと今後の日米安保を、双翼にして、世界的に多国籍型の帝国主義体制を維持していくことです。ブッシュ大統領はすでに多国籍軍の編成を考えるべきだ、といっています。これは変化といえば変化、まさに大変化です。ですが問題はそういう変化の実体。そこを注意深くみなければなりません。

アメリカの進める低強烈度戦争

そこでこうした考えの下で何をやるかと言えば、ＬＩＣ(Low Intensity Conflict)、つまり、民族解放・自決の戦いに対する戦争態勢を強化していくことです。『赤旗』などでは、これを低水準戦争と訳していますが、大変まずい。「低い水準」ではなく、ソ連との戦略的な戦争のことを指すhighに対してlow。つまり地域的紛争に対しても非常に強烈な、戦争をしかけるということです。これはレーガン段階から、グレナダへの侵攻、リビアへはるばるイギリスから戦闘機を飛ばして攻撃をしかけた行動、最近のパナマの例――そうしたいろいろな形で姿を現わしています。沖縄の海兵隊司令官が「都市型ゲリラへの対抗訓練を強めている」と言っているように、基地のキャンプ・ハンセンにはビルが建って、そのビルに入ったり出たりして海兵隊員が訓練をしている。その流れ弾が基地外に出るので、沖縄の県民はおばあちゃんを含めてハチマキをしめて座り込みを行い、デモを行っている。第五五回社会党大会で、沖縄の代表は〝沖縄では自衛隊、安保をぬきに何一つ語れない、人々は闘っている〟という発言をしています。

ところが一昨日の新聞に報道されたように社会党は安保、自衛隊問題については、安保容認・自衛隊合憲の方向にむけて抜本的見直しを行おうとしている。これは決して見逃していいことではない。

また、青森県三沢・米軍基地のF16が超低空の対地攻撃訓練を行い出しており、そのための事故が頻発しています。奥羽山脈に入ってくるだけではない。上高地、奈良の十津川、徳島県の南など全国一五県に姿を現わしている。年間件数は一一五七件。これはレーダーの下をくぐる訓練をやっているのですが、F16は昨年来空対地ミサイルも装備するようになった。

さらに三沢の前の八戸にアメリカは軍港を要求してきています。貨物船を常置し、一個師団ぐらいの弾薬装備を配備しておくためです。いざという時には、アメリカ軍が裸で入ってきて日本で装備してアジア各地に出撃していく構想です。広島県でも、海上に船をおいて、そこに装備や弾薬をおいておきたいと申し出ています。むろん周辺陸上の川上とか秋月などの弾薬基地は増大されていますが、それに加えてのことです。さらに佐世保も同じ。佐世保にはその上、野戦病院の建設が始まっています。

そういう状態が、なぜか日本のマスコミでは、個別の地方紙では報道されても、全国的な形では報道されていません。革新側の政党的機能もこの点では決定的に弱い。現地は闘っているのに、それが総体として国民のイメージにならずに、アメリカ、ソ連の間に戦略核兵器削減の合意が成り立ったという話ばかりが流されています。だからまさに「安保は遠くなりにけり」という状況になっているわけですが、現実はとても、そう言えるような状況でないのです。

自衛隊もその態勢を一層強めています。たとえば今日本海側を含めて、全体で一〇〇カ所ほどの通信基地の新設に入っている。デジタル通信で、新潟県だけで七カ所、長野県だけで四カ所。IDDNM——統合防犯デジタル通信網といいます。北海道から沖縄までの太平洋側の七一カ所の現在のアナログ通信網をデジタルに変えるとともに日本海側に四七カ所の通信基地をつくり、本土では五本の通信網で〝あみだくじ〟状に太平洋岸、日本海岸をつなぐ。どこが切れても大丈夫というふうにするわけです。そのうちのキーステイションは四カ所ですが、それはもう動いています。その電波をつなぐのはスーパー・バードⅠという人工衛星で、それは昨年八月にすでにフランスのロケットを使ってアフリカから打ち上げられています。なお、ちなみにいっておきますが、これを使っているのは、自衛隊だけでなく、勝共連合もそうで、一〇〇万世帯に宇宙衛星で自分たちの情報を流している。そういうことも含めて、これが安保の実態の一端なのです。

再登場する安保有効論に対して

この他自衛隊とアメリカとでは、いろいろな共同作業が進んでいます。たとえばROE（ルール・オブ・エンゲージメント）、つまり「交戦規則」の公然とした一体化です。そこまで事態は進んできています。だから、ただちに戦争が起こるということを私は言おうとしているわけではありません。そうではなく、安保の構造がどういう質になりつつあるのか、それはまた何のためなのかを見定める必要があることを強調したいのです。ところが、冷戦構造が崩れつつある。それは安保があったればこそで、そのためにソ連の方が解体し始めている。社会主義がグラグラしている——というい分が流されている。これは経済の分野においての「資本主義が勝った。社会主義はもうだめだ」という主張と対になりながら、安保有効論の今日的段階の確認だといえましょう。

しかし、私は少なくとも、安保があったからソ連が日本を侵略しなかった、日本の平和が保たれたとは言えないと思います。ソ連にははたしてそれだけの力があったでしょうか。これは結果による論証ですが、ありはしない。あれば今のようなソ連の経済状態など出ることもなかったでしょう。では、安保は何をやったかといえば、アメリカが日本を使いながら、アジアに向かって襲いかかっていく支えになったのです。朝鮮戦争がまず第一。この間に安保ができましたし、また日本がなければベトナム戦争は遂行できなかったと言ったのはライシャワー米大使でした。つまりアジアの軍事政権を支持し、安保に支えられたアメリカの侵略戦争に寄生して、日本は繁栄してきました。昔から私はよく言うのですが、戦後、世界核戦争は一回も起きていない。しかし大小二〇〇回ぐらいの戦争は起きてきた。そしてその中で誰が見ても一番大きいのは、朝鮮戦争、ベトナム戦争でした。いずれもアジアで起きた戦争、いずれもアメリカがやった戦争、そしていずれも日本なくしてやれなかった戦争、つまりいずれも安保なくしてやれなかった

戦争です。だからその戦争で西ドイツはビタ一文儲かっていない。丸々儲かったのは日本です。日本は、アメリカの戦争マシーンに喰らいついた「小判鮫」のように生きてきたのではないか。日本は世界歴史の中で、かつてなかったような狡猾な、ずる賢い、「戦争共犯国家」だったのではないか。私は、現在の日本資本主義は「最成熟、また最腐敗の資本主義」だと思いますが、この最成熟、最腐敗の資本主義の中で「怠惰な平和」が日本には瀰漫し、それでいいのだとみんなが思うようになってきた。一国平和が保障されればいいという思想になってきたと思います。それはすべてその基礎に安保があったからです。その安保の下に日本の「最成熟・最腐敗資本主義」の豊かさが、第三世界の膨大な飢餓と貧困、環境の破壊などの犠牲の上に成り立ってきたのです。

戦後日本のすべてを問い直す

現在の日本国憲法を私たちは、新憲法と言いますけれども、世界一七〇カ国のうちの憲法でいうと——全部が憲法を持っているわけでなく、三〇カ国ぐらいは憲法を持っていませんが——、古さの点では一七番目です。日本が今の憲法を作った後、たくさんの国が自立して憲法を作っています。そしてその憲法の中に環境を破壊してはならないという環境条項がほとんど入っています。しかし、日本国憲法には入っていません。日本は「平和憲法」をもちながら、

環境の分野においては国内だけでなく、マレーシア、フィリピンなどへの企業進出、あるいは、ODAに基づいて破壊を続けている。その姿は、みなさんも先刻御承知の通りです。そういうことも、私は今の安保の構造として捉えなければならない。さらにもう一歩進んで、今までは帝国主義本国と第三世界アジアの国々という地理的には日本国外での関係だったけれども、今日の日本の「最成熟・最腐敗資本主義」の構造は、日本本土の生産の中に外国人労働者、とくにアジアからの労働者を多く包みこむものになってきた。危険な、きつい、汚い仕事、これまでは差別された労働者の人たちがやらされていた作業の多くをアジア人にやらせる形を日本の本国の中で構造化してしまうところまできていると思います。

この筋道は、今後、ヨーロッパが東欧も入れこんだ形で統合するという形になってくると、ますます日本帝国主義の二一世紀に向かう「生き残り戦略」となってくるでしょう。つまり一口で言えば、アジア太平洋へのさらなる資本の進出です。しかしそれを日本だけで行った場合、アジアの抵抗が大きく出てくる見通しは決して小さくない。ならば日本の国家戦略として、アメリカとの間を最大限に友好的な関係におき、日米安保をそのことの武器として利用する。こういう形での日本自身の国家戦略における安保の再効用論が今浮上しつつあると思います。

いずれにしても、LICの問題で言いましたが、これは第三世界、世界の民族解放の闘いに対する挑戦だと言わなければなりません。そういう状況の中で、今日の情勢の中にわれわれにとって有利な状況があることも事実ですから、そこにつけこみもしながら「安保なき日本」を見定めていくことが肝要だし、そのためには国の進む方向のオルタナティブが民衆の側からくっきりと政策としても提起されなければならないことは言うまでもありません。

しかし、そのオルタナティブな道は、民衆の主体的闘いと結びついていなければならない。政策だけによりかかるのは危険だろうと思います。

先ほど社会党のことを言いましたが、政権欲しさに安保容認、自衛隊合憲の方向に方針を変えていくのは、情勢の一面的理解にたって、この社会党にとっても有利で大切な時期に自らを解体してしまうことになってしまうでしょう。

政策をたてることは重要です。「安保なき日本」に向けての有効な筋道を立てること、これは大事なことです。百年変わらず同じことを言っていればいいということではありません。しかし、そのことと今言った問題を混同してはなりません。依然として反核・反安保・反基地・反自衛隊の果敢な民衆の闘いが必要なのです。

李承晩打倒、ベトナム解放につながった安保

いままで安保闘争は、たいした成果をあげなかったではないか、六〇年安保闘争にしても、壮大なゼロだったではないか――という類の意見があります。確かに岸内閣は打倒されたが、結局安保は改定されたではないかと言われました。しかし、私は六〇年安保闘争を見る場合、忘れてならぬことがあると思います。それはあの闘争の高揚の中で、韓国で李承晩打倒の闘いが勝利したことです。さらにその韓国の闘いと、日本における安保闘争の流れが南ベトナムのジャングルに入っていた若者たちを勇気づけました。

当時私は日本の安保闘争を毎晩、シンガポール向けに打電するという仕事をやっていました。シンガポール向けに打てば、南北ベトナムに届く仕組みになるからです。それでベトナムの人たちに後で聞かされ、教えられたことですが、六〇年当時もうジャングルから出よう、展望はないと少なくない人びとが思い始めていたその時に、日本の安保の闘いが起き、李承晩打倒の闘いが勝利した。その報道をうけながら「北アジアが変わる、北アジアが変われば、われわれは勝利できる」と確信するようになったというのです。そして安保闘争の山場の六月を越えて、その年の一二月二七日に南ベトナム解放民族戦線が初めて旗揚げしたのです。それから九年闘った。そして六九年には早くも南ベトナム臨時革命政府が樹立されました。ベトナムの戦場の勝敗は事実上ここでついたのですが、そのことに励まされたのが、フィリピンの山の中にいた当時五〇人ぐらいの若者たち。それが、今いうところの新人民軍の出発でした。

その新人民軍がいま大きな力を持ちながら、八六年にはマルコスを打倒する中心の力となり、さらにその闘いの成果が再び韓国の闘う人びとを励まし、今の全大協や全労協にみるような学生・労働者の民主と統一をめざす闘いの前進へと連鎖してきているのです。歴史というのは、そういうものではないでしょうか。

ベトナム人民の勝利の中に、日本の六〇年安保闘争の闘いが、一石としてあるということを捉えていくことが大切です。それを壮大なゼロといってすますことはできない。反安保闘争は、むろん日本民衆の主体的責任にかかる闘いですが、そこだけで完結するものではない。アジアの民衆との連帯、その闘いの中においてこそ、反撃の総体の陣形が作られるのであろうと思います。

民権に支えられた民主主義を

そこに向うようなさまざまの闘いの道筋がつくられるべきです。人民のアジアフォーラムというものを考えてもいいかもしれません。また昨年来韓国の労働者が首切りをした企業の本社がある日本まできて闘い、そして条件付きだが勝利している、日本の企業に謝罪させている、そういう闘いの延長線上に、やがてフィリピンの労働者もやって来るようなことにならないとは限りません。マレーシアの住民が反公害闘争で日本にやって来る可能性はありましょう。

さる五月二三日、日比谷野外音楽堂で国労の一〇〇の闘争団と韓国の労働者がいっしょになった集会が行われました。国労の一〇〇の闘争団というのも、日本の歴史にないことですが、そういう日本の労働者自身の闘いを軸としながら、大きなアジア人の大争議団が日本の現地で闘っていくという可能性もあると思います。

世界的に民権の闘いの波がうねり、民衆自身の民主主義の闘いが国権をゆるがし、国権を乗り越えるという状況をひきおこしている現在、なぜ日本では逆に国権が民権をますますおさえこんできているのか。闘う側の弱点はどこにあるか。これを考えることが大切だと思いますが、要するにその一つは民衆の中にも根強く巣くっている一国的な平和観ではないか。六〇年安保闘争は壮大であったけれども、あの六〇年安保闘争の時に私は闘う人びとの間にもまだアジアの意識は強くはなかったと思います。日本が戦争に巻き込まれたくない、という考え方が支配的でした。六五年の日韓基本条約締結の際も韓国の人たちが「日本帝国主義の再侵略反対」というテーマで闘ったのに対して、日本の方はやはり「戦争にまきこまれるな」でした。この「一国的な平和」観。それは日本が最腐敗の資本主義になれば、容易にその中にとり込まれ、民権がないがしろにされることを許すことになってしまうのではないでしょうか。

私は「民権」の闘いが必要だと思います。民権と民主主義は必ずしも同じではない。民主主義というのは制度です。これも闘ってかちとるべきものです。しかし、かちとっても民権の闘いによって不断に支えられなければそれは腐敗し、形骸化します。社会主義制度は資本主義に優先すると言っても民権に支えられていないのみか、民権を踏みにじるような社会主義は人民にとって無用・有害なものです。われわれは今やそう言い切れる。断固として民権によって支えられている闘いを土台にして、「安保なき日本」「世界の平和に貢献する日本」を作りあげていかなければならないと思います。

（『状況と主体』一九九〇年八月号　山川暁夫）

海外侵略を強める天皇制日本国家

代替わり期の政治変動

明治以来、天皇の代替わりは、日本の政治動向と深い関わりをもってなされてきました。

明治天皇が死んで三年後の一九一五年一一月に大正天皇の即位式が挙行され、明治天皇から大正天皇への代替わりとなったのですが、その前年の一四年には第一次世界大戦が勃発し、世界は戦争の時代に突入していました。そしてそのなかで日本は翌一五年、中国に対して悪名高い二一か条の要求をつきつけています。

大正天皇から昭和天皇への代替わりは、大正デモクラシーといわれ、比較的国内情勢が安定していた時期におこなわれました。ところが昭和に入ると、デモクラシーという言葉はいっさい聞かれなくなり、昭和ファッシズムの時代となります。それは大正天皇から昭和天皇への二年足らずの代替わりの時期に、弾圧が急速に強められていったことと深くかかわっています。

共産党はこの時期に大弾圧をうけ、野坂参三ら一六〇〇名近くが全国で一斉に検挙される有名な三・一五事件がおきました。さらに大山郁夫らが率いる労農党も解散を命ぜられています。

労働運動では、果敢にたたかっていた東京市電労組の争議が弾圧されたほか、中野重治の『むらぎも』の小説で有名な共同印刷の二〇〇日間にわたるゼネストも鎮圧されていきました。さらに即位の礼、大嘗祭に不敬があってはならないという理由で、七〇〇〇名に及ぶ活動家が、罪を犯していないにもかかわらず獄につながれ予防拘禁されました。

政界では、大阪の松島で遊廓移転に関する疑獄事件がおき、大揺れしていました。(ちなみに昭和天皇裕仁が死んだ年にも、リクルート事件で政界が大揺れし、日本の総理大臣は一年足らずの間に竹下、宇野、海部と三人もかわるということがあったのです。）こうしたことは、明治以来の日本の歴史ではじめてのできごとでした。

また中国では一九二〇年代後半から三〇年代にかけて内戦が高まり、一九二八年四月には蒋介石が北伐を再開し張作霖を追放したため、共産党と国民党との対立は激化していきました。こうした動きにたいして、中国にいる日本人の生命、財産、および日清・日露戦争以来の日本の権益がおびやかされるという理由で、当時の田中義一内閣は天皇代替わりのあいだに三回にわたって陸軍を中国に派遣し（山東出兵）、一九二八年には済南事件をおこして、多数の中国人を殺傷しました。こうした事件が口火となって、一九三一年からの中国にたいする全面戦争（一五年戦争）が開始されたのです。

昭和天皇が死んで以降の政治動向もまた、天皇代替わりとなんらかの必然性、関連性をもって大きくかかわってきているといえます。周知のように、裕仁から明仁への代替わりのあいだに、自衛隊の海外派兵論議が急浮上してきました。政府・自民党が画策した国連平和協力法案は廃案にもちこむことに成功しましたが、海外派兵問題に決着がついたわけではありません。

一月一七日、アメリカを中心とする多国籍軍がイラクを空爆し戦争が開始されるや、日本は支援策として多国籍軍にたいし九〇億ドル（約一兆二〇〇〇億円）の軍事援助をおこなう一方、政令の改正によって自衛隊機を中東に派遣することをあっさりと決定してしまいました。

激動する世界情勢のなかで、経済大国日本が何も国際貢献をしないでいいのか、平和憲法を見直さないでいいのかと声高に叫ばれるようになりました。自民党は憲法改悪にむけた一石を投じ、その波紋が広がるのを待っています。

一九六〇年の安保闘争のときには、総評を中心に大きな運動がおこり、安保改定阻止にはいたりませんでしたが、岸内閣を打倒することができました。総評解体後の今日、海外派兵反対・反戦平和のたたかいは、必ずしも労働運動が中心になっているわけではありません。女性たちが先頭にたって、生活からの怒りの声として運動をもりあげ、いわば市民運動を中心とする感性的な運動が、大きな力を発揮しているといえます。

しかし日本の海外派兵策動や戦争協力に反対する声は、国内ばかりではありません。日本の海外派兵にたいしては、アジアでも反対の声が大きく高まっています。アジアにおいては、民衆レベルだけではなくて、政府レベルでも危惧の念を強く抱いています。政府・自民党は「国際協力」が大事だと主張していますが、かれらのいう「国際協力」とはアメリカへの協力であって、アジアを念頭に入れているわけではありません。アジア民衆の反対の声が政府・自民党を揺るがし、国連平和協力法案を一度は廃案においこむ力となったといえます。

国連平和協力法案はアジア民衆の目には、かつての日本の侵略戦争の悪夢を思いおこさせるものとして映ったに違いありません。また確実に天皇の代替わりも、意識のなかで重なりあったことでしょう。自衛隊の海外派兵反対を主張しながら、一方で天皇制は認めるというのは矛盾します。日本の海外侵略と天皇制の問題は、表裏一体のものとしてあるのです。

西ドイツは戦後、ナチス時代の国歌であった「世界に冠たるドイツ」を鉤十字の国旗とともに放棄しました。イタリアも戦後国旗と国歌を改めました。ところが日本は「日の丸」も「君ケ代」も戦前のまま残し、女性、子どもを含めてアジアの二〇〇〇万の人たちを殺した張本人であるA級戦犯の岸信介は、総理大臣にまでなっています。しかも天皇裕仁は、ついに戦争責任を何一つ認めないまま死んでいきました。

昨年一一月におこなわれた即位の礼の儀式で、新天皇明仁は天皇に即位したことを内外に宣言するとともに、「昭和天皇の六十余年にわたる御在位の間、いかなるときも、国民と苦楽をともにされた御心を心して……」と述べました。この明仁の言葉は、アジアの民衆にとっては憤慨にたえないものとしてあったでしょう。たとえ天皇が「日本国憲法を遵守する」とつけたし的に言ったとしても、アジアの民衆に天皇明仁の言葉がどのような響きをもって伝わっ

ていくのかを考えてみる必要があるでしょう。

わたしたちにとって天皇制とは何か、天皇制イデオロギーとは何かを、改めて問い直す時期にきているのではないでしょうか。

天皇支配を強める代替わり儀式

戦前の旧皇室典範では、前の天皇（先帝）が死去すると、ただちに剣璽渡御の儀がおこなわれ、皇位のしるしとして天皇家に伝わる三種の神器（剣と曲玉と鏡）のうち剣と璽（曲玉）をうけついで、皇統に属する男系の男子が天皇に即位します。それが践祚です。すなわち、父から子へ天皇の位を世襲するということです。この段階の天皇は、まだ半人前の天皇でしかないという意味で、半帝と呼ばれます。半帝から一人前の天皇になる一連の儀式が、即位の礼や大嘗祭になります。

即位の礼は、皇位を継承したことを内外に宣言する儀式であり、いわば世俗的な儀式といえます。むしろ半帝である新天皇が、一人前の天皇になるための儀式で重要なのは、大嘗祭です。大嘗祭には、おもに三つの意味があるといわれています。一つは、稲作・農耕文化としての日本の文化や伝統を天皇が継承することです。二つには、たんなる父から子への継承ではなく、天照大神から延々とつながる神としての天皇を継承することです。これを魂祭りといいます。三つには、日本国家を支配する天皇権力が確立したこ

とを祝う儀式であることです。

昭和天皇は第一二四代の天皇とされていますが、これまですべての天皇が大嘗祭、即位の礼をおこなってきたわけではありません。大嘗祭は七世紀末の天武天皇のころに確立したといわれ、即位の礼はさらに一世紀後の桓武天皇の時代からです。しかも応仁の乱（一四九七年）から二二〇年間は、即位の礼も大嘗祭もおこなわれませんでした。

なぜ天武天皇の時代に大嘗祭がはじめられるようになったのかといえば、大化の改新（六四五年）によって天皇を中心とした国家体制が確立されたことと関連しています。大化の改新は一種の革命ともいえるものでした。大化の改新以降、権力中枢は大いに乱れ、一応平静になるのが天武天皇のときでした。そして七〇一年、文武天皇の時代に刑部親王や藤原不比等によって大宝律令がつくられ、以後日本は律令国家になります。

また天武天皇の時代には『古事記』や『日本書紀』も編纂されています。「大和」を「日本」と呼ぶようになったのも、「大王」を「天皇」というようになったのもこの時期のことです。つまり大嘗祭は、日本の国家権力による支配体制が確立することと結びついておこなわれるようになったといえます。

先帝が死んで喪が開けた年の春、大嘗祭のときに使う米を粟を植えます。大嘗祭に使う米と粟は、主基田と悠紀田とよばれる二つの田が選定されてつくられます。昨年の天皇明仁の大嘗祭では主基田に大分県が、悠紀田に秋田県が選ばれました。大嘗祭のとき新天皇は、新しく建てられた大嘗宮のなかにつくられた主基殿と悠紀殿でその年にとれた一合の米と五勺の粟を食して（神饌）、稲の穂とともに寝ることになります。そのことにより、新天皇は稲作・農耕文化の継承者としての天皇の位置を確認し、稲祭りの性格としての儀式を経ることになります。

ここで主基殿と悠紀殿での儀式は秘儀となり、同時に魂祭りの色彩を帯びています。主基殿、悠紀殿には皇祖天照大神をさす神座がおかれており、新天皇は神饌をともに食し、一夜を過ごすことによって、天照大神から連綿と伝わる天皇の位置にたつことになります。大嘗祭を通して新天皇は、祖先の霊の力を体にうけ、はじめて天皇の資格を享受することができるといわれています。

大嘗祭について、稲祭りや魂祭りの性格に加えてもう一つとらえておく必要があるのが、征服の儀式としての位置づけです。主基というのは、俗にいえば「過ぎる」ということであり、悠紀というのは「行く」ということです。すなわち、主基は過去を、悠紀は未来を意味します。京都を中心にして、主基田は以西の地、悠紀田は以東の地が選定されます。

なぜ主基田が西で、悠紀田が東に設けられるのかというと、神武天皇の東征と関係しています。神武天皇は九州にある高千穂の峰に降りて、西から東にむけて征伐し、大和に入ってきたとされています。過去から未来へ、西から東への神武天皇の東征にちなんで、主基の地方、悠紀の地方が定められているのです。それゆえ斎田（主基田、悠紀田）は、たんなる田圃ではありません。過去と未来にたいする天皇権力の侵略の拠点として主基田と悠紀田はあるのです。

天皇権力の侵略の拠点を槍地といいます。つまり主基田、悠紀田でとれた新穀は、天皇権力がその地を征服し支配したことを祝って捧げられるのです。実際には主基田、悠紀田だけでなく、大嘗祭を祝って日本全国から貢物が寄せられます。

大嘗祭で新天皇が神饌を食し、一夜を過ごす秘儀を済ませたあとは、おおにえの祭りといって、飲めや歌えの宴会が三日以上続けられます。昨年の大嘗祭では全国から三〇〇〇名ほどが皇居に招かれて、宴会がおこなわれました。

おおにえの祭りには、必ず隼人の舞が披露されます。隼人というのは、八世紀ごろまで南九州に住んでいた人々をさして当時の朝廷が呼んだ名前で、七二〇年に大伴旅人が征伐して服属させたといわれています。隼人の舞は隼人を牽制し、隼人がはいつくばって犬声をあげて天皇に尽忠を誓う姿をあらわしています。

こうした皇族の征服の歴史は、おとぎ話にまでなって民衆のなかに入ってきています。『日本書紀』によれば、征服軍を東西南北の四つの方向に派遣したとされています。

そのうち西の方面に征伐にいったのが吉備真備で、岡山県と鳥取県の境にある鬼林山一帯の鬼退治に行ったと記されています。この吉備真備が他でもない、おとぎ話に出てくる桃太郎です。いまでも岡山は、吉備団子で有名な吉備の国として知られています。

日本の人々は知らないあいだに「桃太郎」というおとぎ話を通して皇族の征服の歴史を、いわば追体験、追学習させられているのです。『万葉集』から『古事記』、『日本書紀』などすべてにわたって体系化し、一つのイデオロギーとして延々とうけつがれているのです。

差別構造を支える天皇

天皇家は、実際には万世一系でないということはいうまでもありません。兄弟や肉親のあいだで殺しあったりする歴史をくり返しています。

一四世紀ごろの南北朝の時代には、南朝と北朝の二つの天皇権力が争って、南朝が滅びました。それゆえ現天皇家というのは北朝の系統になります。さらにさかのぼる六世紀はじめの継体天皇以前に、それまでの天皇家の血筋が一度完全に消えたというのは、学者のあいだでは常識になっています。継体天皇はいまの福井県あたりで迎えられたことから、朝鮮とのかかわりのある家系だろうといわれています。

また絶対主義的天皇制は、明治期になってはじめて確立されたもので、天皇権力を中心とした絶対的な権威や体制は、以前からあったわけではありません。絶対主義的天皇制は明治期からの特別なありようであって、以前はむしろ象徴天皇制に近いかたちで存在していたといえます。

たとえば、一一九二年に源頼朝によって鎌倉幕府が成立しますが、このとき天皇家にはほとんど権力はなく、鎌倉に幕府を開いた源頼朝に権力は集中していました。ところが一一八九年、奥州を支配下におさめるためそれまで頼朝に従わなかった奥羽の藤原泰衡を滅ぼす際には、頼朝は天皇の御墨付をもらってから奥州征伐の途についています。そして幕府を開くにあたっても、源頼朝は天皇から征夷大将軍として任命をうけるという形式をとって、権力者として君臨していきました。のちの織田信長や徳川家康も同様に、征夷大将軍に任ぜられて幕府を開いています。こうして天皇は、いわば象徴天皇制的なあり方として存在していたのです。

ところが、社会の様相が変化し、世俗的な権力での統治がむずかしくなってくると、しだいに天皇が前面に出てきて、日本全体をまとめる役割を果たすようになります。大化の改新も明治維新も大きな社会的変革期であり、天皇が前面に登場して権力をともなって、社会全体をとりまとめる役割を果たしてきたのです。ここに日本の天皇制の特徴的なあり方があります。

こうした天皇制の特徴は、日本人の祖霊信仰と関係して

いるといえます。欧米人はキリスト教の影響から、人が死ぬと昇天、つまり神に召されたという言い方をします。ところが日本人は昇天とは言わずに成仏した、つまり仏になったと言います。世俗的な苦労から解放されて安らかに眠ることを、仏になるという言葉で表現しているのです。それゆえ日本人は生きているあいだから、神になる性質、仏になる資質があることをお互いに了解しあっています。日本人はなんでも神様にしてしまいます。山も、川も、森も、木もみな神様と考えますし、神様は特別な存在ではなくて、民衆や庶民、あるいは柳田国男的にいえば常民なのです。

このように日本人は多数の神様の存在を認める反面、権力者にとっては、それでは民衆の支配に都合が悪いため、民衆をとりまとめる力をもった存在が必要になります。民衆をまとめ支配する力のある存在は、たんに偉いとかすぐれているとかの普通の人間ではなく、神に近い存在であってほしいとの要求がありました。日常生活にもあったそのような存在が、巫女であったといえます。

では、なぜ普通の人間でない存在に治められるなら納得できるのかといえば、権力者は常民や庶民の下に人でない人をおいて、差別しながら生きてきたからです。いまでいえば、汚い、きつい、危険な「三K労働」をしている外国人労働者たちはそのように位置づけられるでしょう。中世のころには、文字通り人でない人ということから、「非人」と呼ばれ差別された多くの人々が存在していました。

被差別者にとっては、社会的にきずかれている支配・差別の構造よりも、直接的に実生活のなかで自分たちを差別する人たちを憎むという場合が多くあります。それゆえ日常的に差別している人たち自体を支配し統治する体制や超人的な存在を、むしろ奉るという関係が成り立ってしまうのです。

南北朝時代、楠正成は南朝の後醍醐天皇の側につき、反幕府勢力の決起を促しました。このとき楠正成が率いた軍隊は、ほとんどが下層の被差別下におかれた人たちでした。後醍醐天皇は一時権勢をふるいますが結局南朝は敗北し、北朝と激しく対立した後醍醐天皇もやがて死去してしまいます。このとき後醍醐天皇の柩をかついだのが、やはり下層民でした。その後七〇〇年近くにわたって天皇の死後柩をかつぐのは、比叡山のふもとにある八瀬部落の人たちとされていました。大正天皇のとき柩の重さは約三トンで、九六人がかりでかついだとされています。

その後、大正末期から昭和に入って部落解放運動がおこり、解放思想が広まるにつれて、被差別部落のなかでは、天皇にたいする見方が急速にかわってきました。昭和天皇の大喪の礼では、八瀬部落の人たちだけで柩をかつぐことはできなくなり、かわって登場してきたのが皇宮警察でした。八瀬部落からは三人だけ加わりました。

日本の歴史におけるこうした逆転の状況は、大きな問題をなげかけてきました。部落問題における根本思想を明快に指摘したのが、松本治一郎であり、水平社運動でした。松本治一郎は、なぜ部落民が苦しめられるのかといえば、一方に賤なるものをおいて聖なるものが存在しているからであり、聖なるもの、貴なるものに頼って人間としての解放、差別反対の運動をおこなうことはできないと主張しました。被差別部落民の人間解放をなしとげるためには、日本社会の差別構造そのものを変革しなければならず、天皇制と正面からたたかう以外に差別反対のたたかい、人間解放のたたかいはないということです。この解放思想は、その後部落解放運動をはじめ社会運動に大きな影響を与えました。

天皇制の差別構造を支えるものとして、もう一つとらえておかなくてはならないのが、和の思想です。

なぜ日本は「大和」というのでしょうか。なぜ日本風の料理を「和食」といい、日本的な文化を「和風文化」というのでしょうか。「和魂漢才」という言葉もあります。すべて「和」という言葉で日本をあらわしています。

和の思想は道教や仏教の思想にも由来しますが、その根源をなしているのは、聖徳太子が制定した日本最古の成文法である「一七条の憲法」の第一条「和を以て貴しとなし、忤ふことなきを宗とせよ」という思想です。これが日本で最初につくりあげられた支配権力のイデオロギーといえます。

要するに権力にはさからってはならない、和を大切にしなければならないという考え方です。たとえば、村八分にされたくないという思いはこれを反映していますし、逆にいうと「赤信号みんなで渡れば恐くない」という思想でもあります。このような意味での和の思想こそが、天皇制のイデオロギーといえるでしょう。

ところが天皇制による支配構造は、まさに重層的な差別構造になっています。差別の構造を和の思想によってごまかし、天皇の支配、権力構造のあり方を隠蔽しているのです。ここに日本の天皇制のやっかいさがあります。天皇支配の政治は、稲祭りと結びついて、庶民生活の祭りごとのなかにも入りこんでいます。まさに「祭りごと」が政治（まつりごと）であって、祭りごとに反対するものは、「まつろわぬ」者として制圧の対象にされました。天皇制の本質は差別の構造、抑圧の構造です。それゆえ天皇制は、外にむかっては必然的に侵略の構造となって存在し、諸外国には大きな脅威を与えていくことになります。

さらに、天皇は日本の文化・伝統の継承者であるとする見方は、天皇なくして日本なしというイデオロギーを形成しています。天皇を日本の文化・伝統の継承者としてみるか、それとも差別と抑圧、侵略の構造のイデオロギー的体現者としてとらえるかによって、天皇のとらえ方が大きくかわってきます。

労働者の立場にたつならば、天皇制とたたかわなくてはなりません。労働運動は本来人間が人間らしく生き、人間が尊重される社会をきずくためにおこなうものです。労働者が人間らしく生き、運動の担い手であろうとするならば、すなわちひとりひとりが人間であろうとするならば、差別に反対して人権を主張し、天皇制と正面からたちむかって、これを廃絶していかなくてはなりません。

天皇制をいますぐ廃絶することはむずかしいですが、天皇制廃止の方向にむけて努力していくことなくしては、日本で人民大衆が主人公となる社会をきずいていくことはできないのです。

昭和天皇の犯罪性

これまで日本の天皇制のあり方は、ときの世俗的な権力支配の統治形態とともに多様に変化してきました。今日における天皇制は、古式ゆかしい存在ではなく、近代資本主義社会における資本の論理にもとづきながらも、資本家階級の支配装置として、もっとも有効に機能しています。

これを証明するかのように、昨年一一月一二日におこなわれた天皇明仁の即位の礼のパレードでは、七メートル間隔に警官が護衛に立ちました。東京のＪＲや地下鉄の駅ではロッカーが全部使えなくなり、ゴミ箱まで撤去されてしまいました。治安体制の強化を必然的なもの、組織的なものとしておこなうことによって、天皇、あるいは天皇制の重みを強く国民に印象づけているのです。

一九八九年一月に昭和天皇が死去して二年たらずのあい

だに、社会は大きく変化してきました。

　日本国憲法では政教分離の原則が明記されていますが、大喪の礼や即位の礼、大嘗祭など一連の行事が莫大な国家予算を投じて、実質的にはすべて国家行事としておこなわれました。即位の礼で「日本国憲法を尊重する」と誓った天皇明仁は、こうした行事にいっさい反対しませんでした。日本国憲法を尊重するのであれば、政教分離の原則にもとづいて、代替わり儀式は国家行事ではおこなわないとはっきりというべきでしょう。

　また日本国憲法では、第一条で「天皇は、日本国の象徴であり日本国民統合の象徴であって、この地位は、主権の存する日本国民の総意に基く」と定めています。ところが即位の礼では、百数十か国の外国代表を前にして、新天皇自ら天皇に正式に即位したことを宣言し、二一発の礼砲が撃たれるなど、実際には国家元首として登場しています。

　学校現場や地域では、「日の丸」や「君ケ代」を強制する動きが急速にすすんでいます。中東の情勢とも関連して、ついに「日の丸」をかかげて自衛隊が海外に出動することまでなされようとしています。こうした社会的政治的状況は、決して小さな変化とはいえません。

　昭和天皇裕仁は、戦争責任をいっさい明らかにすることなく死んでしまいました。裕仁が死んでからのマスコミは、昭和天皇にはまるで戦争責任はなかったかのような論調を強めています。そこででてきたのが、悲惨な戦争を終わらせたのはひとえに天皇の決断であったとする、いわゆる「聖断神話」です。しかし昭和天皇が戦争に深く関与していた事実は否定できません。

　天皇の決断によって第二次世界大戦が終結したのでないことは、いうまでもありません。多くの人たちは広島、長崎に原爆が投下され、日本は敗戦を余儀なくされたと考えています。

　敗戦後、日本を占領した米軍が一定の改革をすすめることによって、アメリカを民主主義の手本とする考え方も一部に生まれてきました。しかし日本はアメリカに負けたというより、直接侵略していたアジア民衆に負けたという方が正しいでしょう。たしかに日本はアメリカともたたかいましたが、日本の軍隊がアメリカ本土まで攻め込んで戦闘員や婦女子を殺したわけではありません。日本が侵略したのはアジアであり、女、子どもを含めて二〇〇〇万以上のアジア人民を殺りくしたのです。

　日本の蛮行にたいして、アジアの民衆は黙っていませんでした。朝鮮、中国、フィリピンをはじめ、アジアの民衆は手に武器をもって抗日戦争をたたかいました。一九四五年二月、ビルマ（ミャンマー）の首都ラングーンは民衆によって解放されました。同じころ、中国では一九省で中国軍部隊と民衆が最後の抗日戦を展開し、日本軍のなかでも旅団別、師団別に降伏文書をだしはじめていたのです。三月にはフィリピンの首都マニラも解放されました。

こうした状況のなかで天皇の側近であった近衛文麿は、一九四五年二月二四日、天皇に降伏を促す旨の上奏をおこなっています。近衛文麿は、敗戦より恐るべきは、それにともなって発生する可能性のある「共産革命」であると説き、日本の民衆がたちあがるまえに外交によって戦争を終結することを上奏したのでした。ところが上奏文を聞き入れなかったのは軍部ではなく、何よりも天皇自身でした。天皇はまだ台湾があり沖縄が残されているとして、上奏を却下したのでした。

そのため戦争終結の時期は遅れ、三月一〇日の東京大空襲から敗戦前日の大阪大空襲まで、全国の主要都市が空襲で焼かれ、相当数の人々が犠牲になりました。さらに沖縄に米軍が上陸し、はじめて地上戦がたかわれ、八〇万島民のうち実に二〇万人が犠牲となっています。そして八月六日広島、九日長崎に原爆が投下されたのです。

第二次世界大戦、あるいは太平洋戦争とは何であったのかといえば、日本がアジアに侵略をして、二〇〇〇万におよぶ人々を殺りくした歴史であり、これに抵抗し手に武器を持って立ちあがったアジア民衆とのたたかいの結果、日本は敗北したのです。それゆえ天皇の「聖断」によって戦争が終わったというのは、真っ赤なうそです。日本では歴史的事実までも歪曲されたまま、今日にいたっているといえます。

一九四五年八月一五日の日本の敗戦は、たんなる政権の移動ではなく、日本の軍国主義体制が崩壊したことを示すできごとでした。日本軍国主義を倒したのはだれかといえば、残念ながら日本の民衆ではなく、アジアの民衆でした。アジアの民衆が血みどろになってたたかった結果、日本軍国主義が崩れたのです。

日本はアジアの一国です。ところが日本は過去アジアを侵略しておきながら、戦後もアジア各国と友好関係を結ぶよりも、戦争では第一の敵国であったアメリカとの関係を機軸にして、アメリカの極東戦略の一翼を担ってきています。朝鮮戦争やベトナム戦争では後方支援基地として存在し、アメリカの戦争に積極的に加担しながら、戦争特需をバネにして経済大国の道を歩んできたのです。

もう一つ歴史の見方総体にかかわる問題として、昭和天皇の死によって、「昭和」が戦前と戦後を区別してとらえられるのではなく、昭和総体として一つにとらえられるようになったという問題があります。

昨年一二月に「大いなる昭和」と題して、『文藝春秋』が永久保存版の特別号を発行しています。このタイトルが示すように、最近では昭和総体、つまり昭和天皇は偉大だったという宣伝が強まっています。新天皇明仁も「昭和天皇の六十余年にわたる御在位の間、いかなるときも、国民と苦楽を共にされた御心を心として……」と即位の礼で述べ、昭和を総体としてとらえています。

では「大いなる昭和」とは、何を意味しているでしょうか。それは明治天皇が一八六八年に発布した「五箇条の御誓文」の精神が昭和天皇にひきつがれ、なしとげられて、世界に誇るべき日本になったことをあらわしています。このような「昭和」にたいする受け止め方の変化は、たいへん危険であるといえます。

中曽根内閣時に設置された臨時教育審議会（臨教審）は、これまで四回にわたって答申を政府に提出しています。一九八五年に提出された第一次答申は、「二一世紀の教育のあり方」と題する三万語に及ぶ総論となっています。この総論には平和、憲法、人権、自主という言葉はいっさい見当たらず、とても違和感があります。かわって登場してきた言葉が「日本人としての自覚」とか、「国を愛する心」です。

戦前の軍国主義教育で重視された教育は、第一に知育、第二に徳育、第三に体育でした。ところが臨教審の教育改革案では、徳育第一、知育第二、体育第三となっています。軍国主義の時代においてさえ、知育をもっとも重要視していたにもかかわらず、臨教審では徳育を第一の課題としてあげているのです。

では徳育で何を教えるかというと、「超越的存在、不易なものをおそれ敬う気持」となっています。超越的存在、不易なものとは、常識的にいえば神様です。しかし公教育の場で宗教を教えるわけにはいきません。具体的に教育するものは、まさに天皇です。中曽根元首相はかつて「天皇は天空に燦然と輝く太陽のようなものだ」と言いました。つまり超越的な存在、不易なものというのは天皇であり、天皇をおそれ敬う気持を培う教育を中心におこなうことを意味します。

一九八九年二月に文部省は小学校、中学校、高校の学習指導要領を一〇年ぶりに全面改訂し、一九九二年から実施することを決定しています。この全面改訂では、「日の丸」「君ケ代」を義務づけ、天皇についての敬愛の念を深めさせるなど、戦前を思わせる教育を強める内容となっています。

新学習指導要領では、社会科のなかで軍神といわれた東郷平八郎について教えるよう明記する一方、徳川時代末期に大阪を中心に民衆とともにたたかった大塩平八郎などは姿を消しています。ここにも教育における明らかな変化をみることができます。

天皇代替わりのわずか二年たらずのあいだに、日本の支配権力はこれまでの歴史や情勢の変化をふまえて、天皇による国家統合を決定的に強化する方向で政策をうちだしてきているといえます。

一方政府・自民党は、「体制防衛法」とでもいうべきものを強化しようとしています。その一つが選挙法の改悪で、これまでの選挙制度を自民党に有利にかえようとするものです。たとえば衆議院議員選挙における現行中選挙区制を小選挙区制にし、有権者が投じた一票が自動的に政党の得票となるしくみになっています。すると、自民党は四割の得票で、八割の議席を確保することが可能になるといわれています。選挙制度の改悪と関連して、政党法までかえようとする動きもあります。これは政党になるための条件を法律によって厳しく規制し、一部の政党、あるいは小政党の抹殺をはかることをねらいとしています。

政府・自民党がねらいとする「体制防衛法」の二つめは、労働組合法（労組法）の改悪です。すなわち労働運動の弱体化です。労組法で一企業一組合を法制化することによって、労働者自身による自主的な労働組合、あるいは労働運動をつぶそうとしているのです。組合結成の動きがあれば、経営側が先に組合を組織してしまい、これに反する組合の結成を合法的に阻止できることをねらっています。

三つめには、地方自治法の改悪です。地方自治法の「改正」案は、これまで五回にわたって国会で継続審議となっています。改正地方自治法では、地方自治体が国の政策に従わない場合、国が自治体にたいして裁判ぬきに代執行権を行使することができるとしています。すなわち、国がいつでも自治体になりかわって政治権力を行使できるようにしようということです。たとえば沖縄では自衛隊の募集業務については県職員が拒否しているため、県行政としてはおこなわれていませんが、地方自治法が改悪されれば、ただちに国が強制代執行権を発動して、自衛官募集業務をおこなえるようになります。しかしこれは、憲法で保障している地方自治の基本原則を完全に蹂躪するものです。

「体制防衛法」の確立と関連して、いずれ国家秘密法の制定も浮上してくるでしょう。日本での有事立法体制を、中東情勢と関連づけながら確立しようとする動きもありますし、これを警戒していかなくてはなりません。

こうした内外の大きな時代的変化のなかで、天皇を中心とした国民統合が支配層、資本家階級にとっていかに有効に機能し、役割を果していく存在であるかは明白です。

アメリカの歴史的没落

今日世界情勢は激動しています。

資本主義対これまでの社会主義という構図からみれば、資本主義が勝利したかのようにみえます。ブッシュ大統領は、ヒューストン・サミットの政治宣言を「民主主義の勝利宣言」と呼びました。

アメリカでは、かつてレーガン大統領の時代に「世界民主化計画」（プロジェクト・デモクラシー）という大計画が立案されています。レーガン大統領がうちだした「世界民主化計画」は、ソ連・東欧の体制を崩壊させることに目的がありました。レーガン大統領は国内政策においては「強いアメリカ」を標榜し、軍事力の増強を図っていきました。今日の状況をみると、「世界民主化計画」は一応成功したかのようにみえます。

ところがいまやアメリカでは、国家財政が破綻し、累積財政赤字は三兆ドルをこえています。初代ワシントン大統領の時代から二〇〇年かかって約一兆ドルの累積赤字となりました。これがレーガン大統領一代のわずか八年間で新たに一兆六〇〇〇億ドルの赤字が累積され、ブッシュ大統領になってもひきつづき赤字が増大し、すでに三兆ドルに達しているのです。

戦後アメリカは朝鮮戦争、ベトナム戦争とつぎつぎに敗北して、イランでも親米政権が打倒されました。それでもアメリカは「強いアメリカ」に固執し、レーガン大統領の時代に軍事費はそれまでの二倍に増額されていました。アメリカの軍事費はもはやベトナム戦争時をはるかに上回るようになり、財政負担も大きくなっていました。国家財政赤字は毎年平均二〇〇〇億ドルに達していました。このままいくならアメリカ経済の崩壊は時間の問題でしょう。

アメリカ経済の没落が明白となったのは、一九八四〜八五年にかけてでした。一九八五年にアメリカはそれまでの債権国から債務国に転落しています。逆に日本は世界一の黒字国家（債権国）になり、その後円高・ドル安の傾向が加速していきました。いまや日本が世界最大の黒字国として登場し、アメリカは世界最大の赤字国家に転落しています。

アメリカの財界や資本はレーガン政権第二期に入ると、ソ連との関係改善を強く要求しました。ソ連との軍事的対峙や競争状態がこれ以上続くと、アメリカ経済は完全に崩

壊してしまうと危惧したのでしょう。レーガン大統領自身も核を中心としたソ連との軍事対決の方針を検討しはじめ軍縮にむけて動きだしたといえます。

一方、ソ連でもこのころ経済問題が大きくクローズアップされ、ゴルバチョフ大統領がペレストロイカ（改革）を提唱して登場してきました。

こうして一九八〇年代半ばから、世界は軍事的対決からデタントの方向にむかってきました。最近の世界における軍縮による核状況の変化は、米ソの指導者が平和を積極的に志向したというよりも、両国とも経済的困難に直面し、核軍縮競争を続けることがむずかしくなってきたことがおもな要因といえます。

では、アメリカはどこで、だれに敗れたのかという問題があります。戦後米ソは核を中心として軍事的にも政治的にも激しく対立してきましたが、互いが直接的に戦争することはありませんでした。戦争をしないまま、両者は力を落としてきたのです。

第一次、第二次世界大戦ともアメリカは戦勝国でした。一九五〇年におきた朝鮮戦争では、五三年に休戦協定が結ばれたものの、以後今日まで三八度線をはさんで対峙状態が続いているため、アメリカにとっては完全な勝利とはいえませんでした。経済的にも、アメリカの金保有量は朝鮮戦争に介入する前年の一九四九年に史上最高に達し、以後は減少の一途をたどっているがゆえに、ある意味ではアメ

リカは朝鮮戦争ですでに負けていたということもできます。

つづくベトナム戦争では、アメリカは完全に敗退しました。軍事的に負けただけではなく、政治的、経済的、道徳的に敗北しました。ベトナム戦争のときに兵隊のなかで広まった麻薬は、その後アメリカ社会全体を揺さぶっています。いまアメリカ人にとっての最大の敵は、コカイン（麻薬）だといわれています。

さらに一九七九年のイラン革命においても、アメリカは敗退しました。朝鮮、ベトナム、イランはすべてアジアの国であり、アメリカはこれらの国すべてで敗北したのです。それゆえアメリカはアジアの民衆に負けたといえます。

一方東側諸国においてソ連は、中国の発言権の増大や新しい自主的な国家建設の動きをおさえることができませんでした。アフガニスタン問題でも、ソ連は軍隊を撤退せざるをえなくなりました。ソ連もまたアジアの民衆のたたかいに負けたといえます。

米ソを中心とする世界支配の後退と反比例するかたちで、最近ではアジアを軸にしながら、民衆の新しいたたかいが全世界的に高まっています。象徴的なできごとは、昨年二月のナミビアの独立でした。ナミビアの独立をもって一九世紀以来の帝国主義による植民地支配は完全に終止符をうち、地球上のすべての植民地が独立を達成することになりました。これは歴史の大きな一幕が終わりを告げるできごとでした。

ナミビアの独立の影響がすぐに波及したのが、南アフリカ共和国です。南アフリカ共和国では、黒人解放運動の指導者ネルソン・マンデラ氏が二一年ぶりに釈放されました。マンデラ氏が訪欧の意向を表明すると、政府は長期にわたってしいていた戒厳令を解除しなければなりませんでした。アメリカでのマンデラ氏歓迎集会には、実に五〇万の人たちが集まったといわれます。

中南米では、一七年前「サンチャゴに雨が降る」の映画で話題となった、血のクーデターで政権を握ったチリのピノチェト独裁体制が、やはり昨年崩壊しました。中南米諸国では、いま軍政から民政にむかって動いています。今日、中南米で軍政が残っているのはわずか一か国になりました。

アジアでは、四年前マルコス政権を打倒したフィリピン民衆の熱気あふれるたたかいが、その後も消えることなく、米軍基地撤去のたたかい、農地解放のたたかいとなって燃え広がっています。

ミャンマーでも、二年前僧侶や学生を中心にして民主化闘争がおきました。当時運動は弾圧されてしまいましたが、民主化闘争はその後も高まり、昨年ミャンマーでは三〇年ぶりに総選挙がおこなわれました。総選挙の結果、ミャンマー第二の都市マンダレーでは与党が一議席しか確保できず、軍政側は惨憺たる敗北を喫してしまいました。民主化を求める民衆のエネルギーがいかに蓄積され、大きな力になってきているかがわかります。

韓国でも、学生や労働者を中心とする民主化と南北統一をめざすたたかいが前進しています。統一を求める民衆の要求は、南北首相会談を実現させる力にまで発展しています。

今日世界舞台における米ソの指導力は大きく低下し、両者はもはやお互いに対立していく力はありません。アメリカはポスト冷戦段階になって、全般的抑止を主張しながら、新たに低強烈度紛争（ＬＩＣ）戦略なるものをうちだしました。ＬＩＣ戦略とは、今後おこりうるであろう地域的な紛争にたいして、強力な攻撃をしかける体制を維持しようとするものです。地域的におこるテロやゲリラ、民族解放闘争にたいして、今後アメリカはＬＩＣ戦略にもとづいて戦争をしかけるでしょう。アメリカのイラクにたいする軍事攻撃は、それを端的に示すものといえます。

世界で広がる自主のたたかい

昨年八月二日、イラクがクウェートに侵攻するや、アメリカは国連の決定をまたずにただちに軍隊を中東に派遣し、緊張を激化させてきました。その後アメリカはイギリスやサウジアラビアをまきこんで多国籍軍を編成し、軍事行動を展開しています。

多国籍軍というのは、イラクのクウェート侵攻後にはじめて具体化されたものではありません。すでにアメリカ国防総省は、四月中旬に開かれたＮＡＴＯ国防相会議で、今後多国籍軍を編成する旨の提案を公式におこない、ヨーロッパ諸国へ協力をよびかけています。六月中旬には、オクラホマでブッシュ大統領が多国籍軍編成について言及しました。

また六月上旬、横須賀を母港とするアメリカ第七艦隊司令官ヘンリー・Ｈ・モーズ（海軍中将）が洋上艦隊司令官に任命されています。八月二日、イラクのクウェート侵攻がおこるや、第七艦隊はただちにペルシャ湾にとんでいきました。同じころ広島県の呉港では、大量の弾薬が運びこまれたという報道がなされています。

イラクのクウェート侵攻は、アメリカにとってはけっして意表をつかれたできごとではありませんでした。アメリカはＬＩＣ戦略にもとづいて、中東にたいする支配権を強め、石油を支配して、ふたたび世界の憲兵になる道を模索していたのです。しかしかつてのようにアメリカ一国では世界にうってでることはできないため、ソ連をパートナーにし、日本、ドイツに軍事的・経済的負担を肩代わりさせながら、戦争への道をつきすすんできたといえます。

アメリカは、ポスト冷戦で大量に在庫となった兵器をイラクのクウェート侵攻を機に、周辺各国にさかんに売りつけています。アメリカの武器売却額は、サウジアラビアだけでも三一〇億ドル、エジプト七〇億ドル、イスラエル六〇億ドルにも達し、他にトルコ、ヨルダンなどに兵器を売りつけています。

しかしアメリカ経済はもはや破産状態にあるため、戦争遂行においてはとくに日本とドイツに資金協力、すなわち軍事援助を求めています。これにたいして、日本の政府・自民党は国際協力、国連中心主義の名のもとに、政治的、軍事的、経済的にあらゆる面でアメリカを支え、アメリカの戦争に積極的に加担しています。

日本では国連を中心にした国際協力ということがさかんにいわれますが、はたして国連が各国の民衆の立場、意見をほんとうに反映しているのかという問題があります。

いうまでもなく、日本の国連代表は民衆の代表とはいえません。他国の国連代表も同様に民衆の代表というよりは、支配者の代表が多いです。しかも国連は、米・英・仏・中・ソの五つの常任理事国に多大な権限が集中されています。

昨年のイラクのクウェート侵攻は、国際常識からしても認められるものではありませんが、イラクの主張と行動、アメリカの主張と行動から、軍事衝突の本質は何かをみきわめていく必要があるでしょう。イラクは人質問題にしても、一人として殺していませんでした。むしろイラクはかれらの言うように、多数の人質を客人として扱っていたのではないでしょうか。

中東問題がおきてから石油価格が上昇し、灯油もガソリンの値段も上がりました。石油価格が上がったのは、イラクが原因だという人がいます。ところがイラク側は石油を売らないとは言っていませんでした。むしろイラクは売りたい、買ってくれと主張しており、これを買わないと言っているのが、経済的制裁をとった日本などです。日本はアメリカの圧力に屈して、あえてイラクから石油を買わないようにしているのです。中東問題に乗じて石油メジャー(国際石油資本)が石油の値段をつり上げているために、日本の国民生活にも影響がでているのです。

今回イラクはクウェートにたいして侵攻ではなく、再統一であると主張しています。もとはバスラ州の一つの県でしかなかったと言っています。

中東地域はかつて第一次大戦のころまでは、オスマン=トルコ帝国が支配していました。ところがオスマン=トルコは戦争ではドイツなどの同盟国について敗北し、多くの領土を失いました。中東地域はセーブル条約(一九二〇年)によって大部分が戦勝国となったイギリス、フランスなど連合国の委任統治領になりました。イギリスはヨルダン、イラク、パレスチナを、フランスはシリア、レバノンを統治下におきました。

第二次世界大戦になるとアラブでは民族独立闘争が高揚し、一九四三年にはシリアが、四四年にはレバノンがフランスから独立しました。ヨルダンも一九四七年にイギリスから独立しています。

アラブ民族の独立闘争が強まると、イギリスは各民族にたいして矛盾した政策をとるようになり、同じパレスチナの地に、マクマホン宣言（一九一五年）によってアラブ人の、バルフォア宣言（一九一七年）によってユダヤ人の、独立国家建設の約束をしています。そのため七世紀以来アラブ人の居住地となっていたパレスチナは、ユダヤ人とアラブ人との対立の地域となりました。とくに一九四八年にユダヤ人がパレスチナにイスラエルを建国してからは、パレスチナ問題として今日まで尾をひいています。

イギリスはクウェートも支配下におさめ、すでに一八九九年には自国の特別保護領地にしました。クウェートというのは、アラビア語で「砦」を意味します。イギリスはここをインドや中国を支配するための重要な拠点として位置づけていたのです。

ヨーロッパ帝国主義列強は第二次世界大戦ころまでは、アラブ諸国において直接民衆を植民地支配していたのにたいして、戦後は名目上は独立させながらも、自分たちの言いなりになる王を勝手に連れてきて、国と民衆を支配するやり方を実施するようになりました。いわば国家のねつ造です。イスラエルもねつ造された国家といえます。こうしてクウェートは一九六一年に独立したとされ、イギリスの強い影響下におかれる王制国家としてねつ造されました。

クウェートは人口二〇〇万のうちクウェート国籍をもつのはわずか八〇万です。さらにクウェートで選挙権をもつ

第一級市民は五万七〇〇〇人で、男性のみとされています。しかも議会は封鎖されているため、いまでは発言の自由すら保障されていません。クウェートでは人口のわずか二・八％の第一級市民によって、政治も経済もすべて支配されているのです。第一級市民といわれる特権支配層は、石油で莫大な利益を手にし、豪華な生活を送っていました。イラクのクウェート侵攻後、かれらは海外にいち早く逃亡し、香港やフランスで悠々自適の生活を楽しんでいます。

では、なぜアメリカはイラクのクウェート侵攻を死活的な問題ととらえ、戦争まではじめたのでしょうか。それは今日世界でおきている人民の自主のたたかいと関係しています。昨年二月のナミビアの独立をもって、一九世紀以来の帝国主義による植民地は完全になくなりました。しかしこれまでの植民地支配からの独立は、必ずしも民族の主体にもとづいた国家や国境となりえていなかったという一面もあります。旧来の帝国主義支配の影響が強く残り、国境は多くが帝国主義列強の線引きによるものでしたし、かいらい的な政権も多かったのです。アラブ諸国やアフリカ諸国の国境が、ほとんどが直線になっているのはそのためです。

ところが時代は変化し、最近では民族や民衆の主体的な権利にもとづいて、歴史的・民族的伝統を重んじて再統一を求めるたたかいがおこってきています。イラクのサダム・フセイン大統領は、アラブ世界は一つに統一すべきで

あるというアラブ主義をかかげてたたかい、アラブ民衆の熱烈な支持をうけています。こうしたアラブ民衆の声が、日本には正しく伝えられていません。今日第三世界人民は民族自決のために、真の主体となるために力強くたたかっています。

民衆が主体となるためのたたかいは、いまや世界各地でおきています。

ドイツでは、戦後四十数年間東西を分断していたベルリンの壁が崩壊しました。朝鮮半島でも人為的につくられた南北分断の壁である三八度線（軍事境界線）がなくなり、統一が達成されるのは時間の問題でしょう。ソ連におけるエストニア、リトアニア、ラトビアのバルト三国では、民族独立運動が燃え広がっています。世界はいま歴史の新たな幕開けの時代を迎え、国民国家のあり方が改めて問われています。

民族や民衆が主体となるためのたたかいの前進を一番恐れているのが、アメリカや日本などの帝国主義国です。帝国主義国はかれらにとっての「国際秩序を守る」ことを口実にして、民衆主導の新たな国境、民族統合の動きを封じこめようとしているのです。国連中心主義とは、まさにいままでの「国際秩序を守る」立場にほかなりません。アメリカを中心とする帝国主義国は、国連中心という言葉を隠れみのにしながら、民族や民衆の自主を求めるたたかいを抑圧しようとしているのです。

経済大国日本は、今後アジアにたいする権益をさらに強めていくでしょう。日本がアジア諸国人民を搾取し、抑圧すればするほど、アジアの民衆はこれに抵抗してたちあがるでしょう。すると反動支配層は、アジア民衆のたたかいをおさえるために、自衛隊の海外派兵を含む軍事的抑圧も必要となり、国家統合をさらに強めようとするでしょう。これまでのような企業による統合だけでは、限界があるとみています。

それゆえ天皇による国家統合が急がれ、天皇を前面におしたてて、国民統合をはかろうとしているのではないでしょうか。

今日世界では、民衆主体の真の民主主義を求める波が大きくわきあがっています。「民」が主人公となるための民権のたたかいが高揚しています。民権のたたかいは、国権（国家権力）と正面から対立しながらも、大きくもりあがり、世界中をゆり動かしています。

民権が国権を揺るがしているとき、日本では逆に国権が民権を支配、統合しようとする動きが強まっています。日本ではなぜ歴史と逆行するような動きが強まっているのか、これにたいして民衆はいかにたたかっていくべきなのかを、深くほりさげて考えていくことが大切でしょう。

民主主義という言葉は自民党も使いますし、正面から民主主義に反対する政党はないでしょう。ブッシュ大統領もヒューストン・サミットで「民主主義の勝利宣言」という言い方をしました。

では民主主義とは何でしょうか。民主主義と関連して、自由についてリンカーン大統領の有名な言葉があります。「オオカミのいう自由と羊のいう自由は違う。オオカミは羊を食うことを自由といい、羊はオオカミから食われないことを自由という」ということです。これが正しいといえます。同じ言葉であっても、意味する内容は立場によってまったく違ってくる場合があります。

民主主義についても同様です。民主主義という言葉にまどわされてはいけません。民主主義が堕落していくと、多数決などの手続きの概念、関係の概念にすりかわってしまいます。民主主義を中心の概念としていうならば、「民権」といえます。民権とは、民衆が主体になることであって、たんなる手続きや関係の概念ではありません。

日本の戦後民主主義は、人民がたたかいとったというよりも、アメリカから与えられた民主主義という側面が少なからずあります。日本では与えられた民主主義が受益者本位の民主主義になってしまい、いまやたんなる言葉でしかなくなっています。これを、舞台のうえで演じられている劇をみる観客のように民主主義をとらえていることから、観客民主主義ということもできます。

民主主義は妥協の余地がありますが、民権は金で売買するわけにはいきません。民権は、自らが主体となってたたかいとっていく以外にはありません。近年労働運動が停滞しているといわれるのは、民権の意識が低下していることが関係しているのではないでしょうか。労働運動が政治的・階級的立場を堅持するよりも、対話方式、参加方式にすりかえられてきた結果、民権のたたかいとしての運動が停滞してしまったといえます。

日本の運動は、平和を守る、権利を守る、民主主義を守る、憲法を守る等々のように、多くが「守る」という内容にかわってきています。もちろんこれらはすべて大事なことであり、運動でかちとった成果を守っていくのは当然必要なことです。

ところが「守る」というのは、一面では現状維持の思想につながっていきます。極端にいえば、他人はどうでも自分だけ守られればいいという思想にもなってしまいます。自分が汗水流してたたかうのでなく、他人の努力によって自分が守られていれば、それでも幸せと感じてしまうのです。

こうした意味での現状を「守る」というのは、「保守」の思想になってしまいます。守れ、守れと言っているうちに、労働運動も革新運動もいつのまにか保守にかわってしまうのです。国を守るというのは、漢字では「護国」となります。「護国」は日の丸や君ケ代、靖国神社など、天皇制につながっていく言葉です。

本来運動は守るものではありません。新しいものを創造し、開拓するものです。世界はいま新しいものを創造するために、民衆がたたかっています。わたしたち日本の民衆は、多数のたたかう民衆、とりわけアジアの民衆と一つになりながら、世界をかえ、日本をかえるたたかいをつくっていかなくてはなりません。

日本はよきにせよ、悪しきにせよ、世界最成熟の資本主義です。同時にそれは、最腐敗の資本主義を意味します。最成熟、最腐敗の資本主義社会における日本の労働者のた

たかいはどうあるべきかを、真剣に考えていかなくてはなりません。日本の民衆による新しいたたかいは困難ですが、世界をゆり動かしていくものになるでしょう。

志を高くもって、持続的なねばり強い運動をおこすことがいま求められています。民衆の生活のなかにしっかりととけこみ、互いの立場を尊敬し励ましあいながら、創造し開拓していく努力をつみ重ねていきましょう。

（『自主の道』一九九一年五月　山川暁夫）

国権対民権の時代

——ソ連で進行しつつある事態の見方

ソビエト情勢は、現在も刻々と状況が変化しているし、しかも余りに大きな動きなので、未だ充分には整理できていませんが、クーデター以後の状態について皮肉な言い方をすると、〝妖怪が退治された〟と言えるのではないでしょうか。マルクスの『共産党宣言』は「欧州に共産主義という妖怪が徘徊している」、という有名な言葉から始まっていますが、その妖怪が退治されたかのような状況がうまれた。

『朝日新聞』の社説（八月二六日）は「今世紀最大の世界史的変革」という言い方をしています。が、まさに二〇世紀を総括すると言っていいほどの大きな変化だといえましょう。

その問題を、クーデター派がどんなことをやったかといった短いタイムスパンで考えるのでなく、マスコミなどであまり論じられていないけれども、世界史的な大きな流れの中で考えてみたいと思います。

ソビエトはどこへ行く？

例えば東欧の変革とソ連のこれまでの上からのペレストロイカの道筋の中で、先日のロンドン・サミットを前にして、ゴルバチョフ自身が次のように語っていた。「ソビエト経済の西側経済への有機的統合は、歴史の必然的な要請である」と。その上で彼自身がまさに七人の資本主義側の試験官の前に出ていって、よろしい、合格だ、となる。

その段階でゴルバチョフがたずさえていたソ連経済の改革案は、今度の八人組のひとり、パブロフ首相が起草したものといわれているけれども、それとは別にもうひとつ、エリツィンと一体になっているヤブリンスキーの案があった。彼の案は実際はアメリカが起案したものです。ゴルバチョフは両者の折衷案を提示する考えでいたようだけれども、最終的にはパブロフ案のほうに〝乗った〟。

しかしヤブリンフキーの考え方や動きにも足をかけており、そういう動きを背景にして、市場経済への統合は歴史の必然的な要請だということでサミットに事実上参加した。

つまり今度のクーデターの結末がどうあろうとも、それに先立ってソ連が、これまでの国家官僚的な資本主義の国から、いわば近代私的資本主義の方向に踏み込もうとしていた流れが基本にあったんだということを押さえておかなければいけないんではないか。その流れに対して、ソビエト内部の共産党あるいはKGB、さらに軍などにいた、いわゆるノーメンクラトゥーラ、これは本当に少数の特権階級ですが、かれらのあいだで自分たちのこれまでの特権そのものが奪われてしまう、と危機感が一段と深まっていった。

新聞も書いているし、誰も否定できない事実なんだけれども、八月二〇日に新連邦条約が調印されることになっていて、徴税の権利、資源の管理の権利、こういったいままでの連邦の諸々の権利がほとんど共和国主導となるという状況になり、そしてさらに軍部そのものさえ連邦として維持できるのかという問題も出てきていた。まさに特権層を維持していく土台が崩れていく。そうした状況の中で、特権階級の中の一部の指導者たちが、強引に反対の行動に出た。それが今度のクーデターともいえないクーデターの暴発だった。だいたい国家の最高指導者群による権力固めの動きなどは、本来的にクーデターなどとはいえない。

基本に、ソビエトが資本主義になろうとしていることがある。そしてクーデターの失敗によって資本主義へのスピードは、より加速されることが確実になった。方向としてはいままでの資本主義の道に何らかの形で抵抗していた要素が、崩れ去ったわけですから、いっそう資本主義へと加速される。しかし皮肉なことに、エリツィンの指導するソ連にはもう大ロシア主義の下での矛盾、ロシア共和国とカザフや、ウクライナなどとのあいだの対立が姿を現し始めているから、資本主義への道ということが直ちに、ソビエトの安定、さらにはロシア共和国の安定ということにもいたらない。

踏み込んだ資本主義への道

さて、そうした八人組の動きを民衆は支持せず、エリツィンを支持した。それが資本主義への道を加速するという役割を持った。この点が重要なことで、ではこの民衆の動きは反動的な意味を持ったのか、と言えば、そうではないのであって、ロシア革命以後積み重ねられてきた負の遺産、とくに独裁体制のもとで、民衆の中にあった専制支配に対する脅えを突破して、民衆そのものがついに登場してきた事を意味しています。つまり民衆そのものが主体として前面に出てきた。そこに本当のガイドラインがない点が、いまのソビエトの悲劇、あるいは世界の社会主義の歴史のなかの悲劇だと思うけれども、わたしは民衆そのものがソビエトの動向の決定的な要因として登場してきたことの持つ意味をきちんととらえておかなければならないと思う。

資本主義への道を推進してゆくことと民衆自身が立ち上がったこと、その両面を、複眼で捉えなければいけない。社会主義への道と革命とは必ずしも一つではない。社会主義に向かわない革命はダメだなどとはいうべきではないでしょう。たとえば日本の明治維新は、どういうものであったか。そこから生まれたのちの体制を考えてみて、だから明治維新は積極的意味をまったく持たなかった、とは言えません。レジウムが倒れていく、変革されていくということに一定の歴史的意味、役割がある。だから今度のソビエトの問題にしても、民衆が立ち上がったということに力点をおいて、長いスパンで問題を捉えてみることが必要です。

資本主義への道に入ることによって、今までの矛盾に加えて、ソ連には資本主義的な諸矛盾、たとえば失業とか富の不均衡とかそういった問題がいよいよ露骨に出てくるでしょう。ソビエトの民衆はいよいよ自分たちの主体的な条件、意識に基づく行動によって、そういった矛盾に立ち向かっていかなければならない。そういう新しい段階がうま

れてきたのだと思います。

問題はソビエト共産党が残念ながら民衆にとっての妖怪になってしまっていたことにあります。マルクスが共産主義とは妖怪だぞといったのは、権力に大して恐るべきモノがヨーロッパを徘徊しているぞという意味だったわけだけれども、皮肉なことにソビエト共産党が民衆に対しての妖怪になってしまった。その妖怪倒しをやったという点を今度の事態の積極的なものとしてみなければならない。ぼくは世界の大きな流れの構造を一言でいって、〝国権と民権の戦いの時代〟と言ってきたわけだけれども、民衆そのものが、国権に対して抗い、民の主張、民の権利、そして下からの秩序を守る、そういった時代が訪れている。これは社会主義といわれた地域だけではなくて、資本主義国でも、第三世界でもそういう状況が起きてきている。その民権の闘いに、ソビエトの民衆がいまや合流してきたのだ、と思います。

台頭する民権の論理

アメリカが湾岸戦争ののちに作り上げようとしている「新世界秩序」を一つの構造として捉えてみれば、そういった秩序づくりに対する、民衆という大きな妖怪が、全世界に、東を問わず、西を問わず、南を問わず、姿を現し始めている。それこそが、現代の鋭い特徴だと思います。

世界史の戦後の流れの中で一九四九年に中国革命が起

き、一九五九年にはキューバ革命が起きた。またベトナム解放は七五年の四月三〇日になります。ベトナムの戦況がアメリカの敗北として規定されたのは、ベトナムの臨時革命政府が樹立した一九六九年でした。そして、一九七九年にイラン革命。この一連の経過は象徴的なことです。

中国革命は非常に偉大なことであったわけだけれども、アメリカを中心とする世界構造を内在的に、直ちに揺り動かすことはなかった。アジアの一角における巨大な変革だった。ところが一〇年後にはその変革はアメリカの足元に及んできたわけです。それがキューバ革命。そのつぎがベトナムで、五〇万の軍隊を出して参加した戦争にアメリカ自身が敗北する。七九年のイラン革命は七世紀から一五世紀にかけて世界史の中にあって、輝かしい力を持っていたイスラムが、再び世界史の中に登場してきたということです。

その道筋で行くと、アメリカを中心に据えた世界秩序のハートランド、軸のところへだんだんと危機の焦点がしぼりこまれてくるという歴史過程があったと思うんです。だからぼくは八九年ころは、いよいよ資本主義の脳天に危機が訪れるぞと思った。実際にブラックマンデーが起き、これはいよいよ大変なことがおこったぞと思っていたら、なんと八九年に起きたのは東欧革命でした。その後湾岸戦争があり、いまやアメリカの独り覇権が成り立っている状況の中で、ソ連が事実上の解体状況をみせている。

では八九年がなぜ資本主義体制の中心軸の大波瀾という形になって現れるという予測がはずれたかと言えば、戦後の世界史の中での資本主義体制を既成の社会主義ときりはなして考えていたからです。だから危機は外側から資本主義体制の中心のアメリカに向かうと考えてきたわけだけれども、そうではなくて世界を南と北という概念で押さえてみる。すると、今世紀の歴史は第三世界の民衆の歴史の登場の中で、北の体制がだんだん追い込まれてくる、そういうプロセスだった。そのプロセスの中で、北の体制の、いわば弱いところにマグマが噴出する、という形になったんではないのかと気がついた。

激動の世界史のなかのソビエト、東欧

弱いところは何処か、東欧諸国、ソビエトです。なぜ弱いのかというと、それはこれらの国々がぼくたちが頭の中で理解していたような本当の意味の社会主義になりえていなかったということでしょう。実は、レーニンが死ぬ直前に、われわれは社会主義革命をやったけれども、この国はまだ国家資本主義である、と語っています。国家資本主義という資本蓄積の段階をへて社会主義への道に届いていこうとすることが彼の見通しだったと思います。しかしこのプロセスは自動的にはだれも保証しないことで、階級闘争および、世界の状況がその成り行きを決めるのであって、実際は国家資本主義が、国家官僚資本主義、国内に向けて

は非常に抑圧的な、そして外に向かってはソ連邦擁護を要求する一国社会主義論に立つ独善的な押しつけ、覇権主義、大国主義といわれるそういった構造となって現れてしまいました。しかも資本主義的な成熟度において国家官僚資本主義というのは、いわゆる近代資本主義の側から言えば技術的水準から言っても、民衆の創意性を組み込む能力においても、労働のインテンシティにおいても決定的に立ち遅れたのです。だから資本主義の危機の構造の中で実はソビエト、東欧の側に弱さがあった。とりわけ東欧は自前で社会主義革命をやってできた国ではないから、そこにマグマが噴出した。

今度のソビエトの事態も同じだと思います。そしていよいよ公然と資本主義の側に足を踏み込みはじめた。その言い分としてはたとえばヤコブレフが、「ソビエトの社会主義があったからこそいまの資本主義があった」つまり資本主義は、社会主義から学び、社会主義を取り込みながら、変質しながら成長しているんだ、だからそれに合流するのは必然だ、といっていますが、これはいわば負け犬の新理論、屁理屈にすぎません。実際はまさに自らが資本主義になり、資本主義の世界統合が今までと違った広がりを持って組み立てられていく。

しかし、資本主義の方が健全であるのか。力を増しているのか。そういうことではないのであって、これは本論ではないけれども、ソ連の問題を考える場合に、ソ連情勢だけを抜き出してそこだけを論じるのは、間違いだと思う。世界の成り行きの中ではどうなのか。

冬を前にしてソビエトには飢餓、餓死の問題、厳しい冬が来ると言われています。事実そうでしょう。それにたいして、西側が支援をしよう。それが可能な条件がうまれた。はっきりした態度をソ連指導部は取りはじめた。こう西側は認識し始めている。

ではどれだけ金を出せるのか。西側にゆとりがあるのか。ない。何よりもアメリカにない。湾岸戦争でアメリカが戦費として直接分担したのは一六%でしかありませんでした。日本が実に二二%の負担をしている。

この構造について、中国の若手の学者で何新という人が、こう述べています。アメリカの独り覇権は成り立った。しかしそれは貢物によって支えられている。日本などからの貢物の進呈を取ることなくしてアメリカの独り覇権は成り立たないんだ、と。これはきわめて重要なことで、はっきりいえばアメリカはそこまで落ち込んだということです。イギリスの場合は貿易赤字から、国家財政が赤字になってポンドの力が落ち込みました。こうしてイギリスの時代が終わってアメリカの時代になるわけです。

西側資本主義の危機

ところがアメリカも貿易赤字から、国家財政の赤字へ、そしてドルの力も相対的に落ち込んできている。しかしそのドルがいまなおでかい顔ができているのは、強大な軍事力があるからです。しかし、その軍事力を維持しようと思ったら、国家財政の赤字はますますひどくなって、この九月一日から始まる新会計年度では、政府の新しい読み筋では三六四一億ドルの赤字、レーガン時代の二〇〇〇億ドルをはるかにこえてしまうことになるという。そうすればいっそうアメリカの経済はますます競争力を持たなくなります。そこで戦争という賭にも出て、日本から貢物を取って、なんとか生き延びているといった状態です。

この点で最近アメリカ議会で極めて重要な問題が出されています。それは湾岸戦争で出来上がった構造を日常化しろ、つまり、毎年日本から、世界秩序維持税として貢納金をとれ、というものです。アメリカの力はここまで落ちています。

イギリスはそこまでは行ききれなかった。アメリカはまさにジレンマに陥っています。

だからソ連にたいして援助すると言ったところで、どれだけの援助ができるのかという問題が残ります。むしろアメリカ自身が湾岸戦争で勝ちはしたけれども中東情勢を把握することもできない。インドはヒンズーとイスラムの問題で大混乱に入り始めている。中南米総体で言えば、コロンビアで解放の神学の大統領が誕生したり、パナマで軍事力を持たないとする憲法が採択されてみたり、つまりぼくのいう民権の闘いというのは洋の東西南北をとわず、世界

中で高まってきている。その構造のなかにいま世界が入ってきているんだと思います。

ここしばらくの状況としてはソビエトはより深刻な事態になると思いますが、その不安定さは今度はもうソ連内部だけの問題でなくなり、これまでのソビエト圏、東欧をすべて包み込んだ形での資本主義圏の危機の新しい誘発剤となる位置づけで九〇年代の終わりに向かう。まさにロシア革命の負の総括であり、二〇世紀の真の総括をやる局面が生まれてきたと思います。

混沌としてきた〝北〟の国々

もはやこれまで通りの社会主義世界と資本主義世界の対立関係はなくなってきている。それにつれて当然、第三世界という概念も事実上無くなったと思います。第一と第二とが消えたんだから。

とするとこの世界の構造をどのように統一的に捉えればいいのかが、帝国主義論の問題としてある。「統合による平和」（パックス・コンソルティ）、という言い方もなされだした。つまりイギリスの時代のあとにアメリカの時代があって、つぎは日本か、というとそうはいかない。相対的には日本の時代に入っていくといえるでしょうけれども、イギリスの時代が一〇〇年あったとすれば、アメリカの時代は現実にもうそれほどのものでないことがはっきりしてきた。一九四五年にはじまったアメリカの時代と、論証なし

に乱暴なことを言ってしまえば私はアメリカの経済の力から言って、九五年ころは大変なことが起こると思います。六五年（対日貿易赤字化）、七五年（石油危機をうけた世界不況）、八五年とアメリカ経済の大きな転換が起こっています。八五年は、アメリカが七〇年ぶりに純粋に赤字国に転落した年です。

いまではアメリカは世界最大、史上最大の赤字国家となった。そして八五年に純粋に黒字国家になった日本が、いまや世界最大、史上最大の黒字国家になった。ところが最成熟だからまた最腐敗です。それが金融証券スキャンダルとして噴出している。

話はすこしそれますが、戦後のスキャンダルの歴史で考えると、最初は石炭国管、肥料（昭電疑獄）です。その次が佐藤栄作の絡む造船疑獄です。その次が池田勇人の九頭龍ダム事件つまり電力です。そのあとが中曽根康弘の殖産住宅、すなわち土建・建設をめぐるスキャンダル。その次が田中角栄の信濃川河川敷問題やロッキード、航空機です。リクルート疑獄はコンピュータ。こうみてくると日本の疑獄の歴史はそのまま日本経済の発展史。そのときどきの日本経済の鍵となる部分でスキャンダルが起きています。そしていまや金融です。頂点に来ていると言えるでしょう。

いずれにせよアメリカ経済は一層困難を深めドルが持たなくなるのも遠くはないと思います。

そうするとイギリス一〇〇年に対して一九四五年に始まったアメリカの時代は一九九五年で五〇年です。その次に相対的に優位に立つと言われている日本が、五〇年持つはずがない。かりに二五年としましょうか。ソビエトの激動もその過程のできごとです。

具体的なことをいうと、ソビエトは三つに分解すると思うんです。ロシア共和国、これにはウクライナ共和国、白ロシア共和国、カザフ共和国を含むスラブの世界。もう一つはバルト三国。そしてアゼルバイジャン、トルクメン、キルギスなどはイスラム、イスラムの連帯の中に組み込まれていく。もっと荒っぽくいうと、今年の初め『日本経済新聞』なんかが書いていたけれども、ロシア共和国もその中に、自治共和国が一六あるわけで、ウラルを境に西と東、一方はヨーロッパ、一方は環太平洋・アジアへとつながっていく。つまりスラブ共和国とシベリア共和国とに別れる可能性もある。

そうなると、ソ連だけではなくて、その波は中国に連鎖してくるはずです。中国も経済構造が事実上変わっていて、通貨もひとつではないし、とくに香港を含めた南の沿岸地区が近代化して独立性を高めていけば、では中国人の国でもあるシンガポールはその外にいるかどうか、ということもでてくるでしょう。それを論じ出したら、仮説、選択肢がたくさんあって、きりがない。

ソ連の共産党がなぜ、民衆からあれほどに憎まれ、感情の一時的発露だと思うけれどもレーニン像を引き倒してしまうような悲劇が起こってしまったのか。
　皮肉な見方をすると、像を建てる方が悪いということがある。金日成にしても中国にしても、残念ながら像を建てたがるという社会主義のメンタリティーをもっているわけで、そこに既成社会主義の現実の誤りが集中して表現されている。そこのところを含めて、どこに間違いがあったか、民衆の力＝民権の動きを機軸にしてそれを解明していくことを、改めて大きな仕事としてやらなければならないと思います。

（『技術と人間』一九九一年九月号　山川暁夫）

第Ⅳ部　一九八四—九一年

今日の改憲攻撃と三千語宣言運動

――アジア諸民族と共生する拠点として

一

日本自衛隊のＰＫＯ参加にも関連しつつ、昨夏ころからにわかにそのオクタープを上げてきたマスコミの一部も総動員した感のある政府・自民党の「改憲」攻撃には、過去三回のそれとは著しく違ういくつかの特徴がある。

その第一は、いわゆる「国際貢献」のためという理由――つまりわが国がその国際的責任をより十全に遂行するために「改憲」が避けられない段階にきているということが、その理由として強く挙げられていることである。過去の「改憲」策動が、どちらかといえば復古的なイメージを伴い、したがって「改憲」の理由として、「マッカーサー憲法だから」とか「押しつけ憲法だから」ということが表面に強く浮かび出ていたのに対して、今回の「改憲」攻撃では、こうした「占領憲法」批判を押し出す論調をほとんどみることはできない。

それだけではない。国連のガリ事務総長がこの春の来日の前に、日本の一部報道機関に対して、日本が「国際貢献」の実をさらにあげるために「改憲」を期待していると述べて一悶着を起こした出来事が物語っているように、外圧といって悪ければ、国際的要因の方からの「改憲」への誘いが顕著である。米ソの両超大国の世界支配の統合力の後退の反面で、日本帝国主義のその国際的位置がかつてなく強大なものになってきた昨今の国際情勢全体の歴史的変化が、その背景にある。

つまり日米安保体制の下で、多少とも対米自主を標榜しつつ、ナショナリスティックな方向で国民統合の支配構造を固めようとした勢力を軸にして生まれてきた過去三回の

「改憲」志向に替わって、世界の機軸帝国主義国家の一つとしての実を挙げるための国策遂行の体制の整備を、日本の国家権力がその総体をあげて急ごうとしているところから、今日の「改憲」策動は組織されてきている。

第二は、過去これまでの政府・与党によるいわゆる「解釈改憲」による反動化の手法が、すでに自衛隊の海外派兵が現実になった段階で、いわばその極限に達しているというところからの「改憲」攻撃だということである。

しかもその当面の最大問題が、自衛隊の海外派兵とその海外活動のさらなる「拡張」を保障するという意味で、憲法第九条の処理にあることはいうまでもないが、こうした「改憲」論と並行しながら、政界の底深い腐敗への民衆の怒りを逆手にとった形での、選挙制度の「違憲」としかいいようがない「単純小選挙区制」への改悪から、「道州制」を将来の展望においた地方制度の戦後史的改定や天皇元首化論の登場、さらにいわゆる「五五年体制」に替わる「ソフトな二大保守政党〔民間政治臨調〕」による政治構造の移行への仕掛けなどまで、戦後国家の制度と機構の骨幹に及ぶ「改革」措置が、さまざまにとられ出してきていることを軽視すべきではない。

そうしたこと自身が、これまでの「解釈改憲」の域を越えた新しい段階に入った実質改憲への攻撃だからである。またそれにも関連して「改憲」論者の提案そのものが、憲法の多くの条項にわたるものとして展開されだしている。

ここには、国家権力がその全重心をこめて全面的な「改憲」に挑もうとし始めていることを、十分に窺うことができる。

さらに第三には、マスコミなどの世論調査で、その理由は別にしても、ついに「改憲支持」が「改憲反対」を上回る状況が生まれてきている。同時に、これまでの「改憲」攻撃に対して、さまざまの紛れがあったとはいえ「改憲反対」の立場にたってきた野党勢力と労働運動の分野からも、進んで自民党や政府の「改憲」攻撃に呼応しようとする動きをみることができるようになった。いいかえると「改憲」攻撃はまた、戦後「革新」の分断と破壊、その攪乱の工作と一体となり、そうした形をとって組織されてきているのである。

とくに戦後「護憲」勢力の核心として自負してきたはずの社会党の、この点での変節と崩壊の現象は著しい。この一年のわずかな間に、戦後政治の枠組みを表現した「保守・革新」という二分法はあっという間に死語となり、かわって「守旧・改革」という色分けがマスコミなどでの「常識」になってきている。

今やかつての「護憲派」は「守旧派」であり、「改憲派」が「改革派」でもあるかのようなすり替えの規定と詭弁の論理が大手を振って罷りとおりだしてきた。しかもこの「改革」という用語は、世界を席巻してきているといっていいだろう。「全世界を〝改革〟という妖怪が徘徊している」といっても過言ではない。今日の「改憲」をめぐる問題状況の著しい特徴の一つが、ここにもある。

今のところはまだ「明文改憲」の提議はなされていないという意味では、本格的な「改憲」段階にはきていないように見えるが、しかし状況が「護憲勢力」にとってさほど安閑なものではないことを物語っている。いわば城の「本丸」には火がついていない。それは確かだが、しかし、城の外濠・内濠はすでに急速に埋められだしているというべきではないのか。「改憲」はまだ先のことと甘く受け止めている神経の方が疑わしいのである。

二

こうした事態を呼び出したのが、八九年の東欧諸国の変革から旧ソ連の「解体」に及んだ世界史の大転換であることはいうまでもない。米ソを軸にした「冷戦」体制はすでに崩壊するとともに、かつてのようないわば「古典的」反共主義もその姿を変えることを余儀なくされている。そのこと自体は世界を軍縮の時代に移行させる可能性を孕んでおり、そうした側面から主として、この世界史の転換を意義づける見解も少なくはない。

しかし米ソ超大国の支配の時代の後退は、すでにそれまでにもあった両陣営内部のさまざまの争点——宗教・民族・国境・領土あるいは国境を越えた難民の流出入や世界大の環境問題など——はいわずもがな、司令塔を失った諸

国相互の確執をもまた一挙に、しかも同時的に噴き上げる新たな出発点になった。「パックス・アメリカーナ・ルッソー」の崩壊は、『ロンドン・タイムス』が賢明にもいち早く指摘したように「オールド・オーダー・ディスオーダー」の時代を現出した。

アメリカが湾岸戦争の「勝利」を背景にして期待もし企図もした「新世界秩序」の構築などは無残にも破れ、到来したのは「新世界無秩序」ともいうべき状況だった。こうして「パックス・アメリカーナ」は「パックス・コンソルティ」——「集団的支配による秩序」へと移行せざるをえない。文章上での正確さに疑問が残るが、いわば「国連帝国主義」の時代の到来だといいかえてもいい。

この世界史の新たな環境に、わが国は湾岸戦争からカンボジアPKOへの参加を契機にして巻き込まれることになった。湾岸戦争の際でも、多国籍軍の軍事費の一六%は日本が負担した。アメリカ自身の一一%以上である。またその湾岸戦争での「勝利」の結果としてのアメリカの「独覇」も日本からの「進貢」——貢ぎ物の進呈なくしてはありえなかったと断じたのは、中国の若手学者の何新である。

日本帝国主義は、もう世界に対する受動的な関与の客体ではない。先にも述べたように、今や機軸帝国主義としての位置にたったわが国の関与は、それ自体すでに主導的なものにならざるを得ないし、当然にもそのために戦後の国内的編成の全体が再吟味されざるを得ない。一九五五年に

全世界的に布石し終わった米ソの「冷戦」的な核・軍事対立――つまり国際的「五五年体制」が崩壊した時、これに連動もして生まれた国内的な意味での「五五年体制」もまた必然的に根本的な転換を余儀なくさせられるところにきたのである。

　これにも関連して、この際あえて指摘しておきたいのは、世界史の転換の中で、確かに「冷戦」期を象徴して語られた意味での「力による平和」は、米ソという大国の関係では崩壊し、無意味にもなったのだが、「新世界無秩序」化してきた世界の全体ではむしろ、「力による平和」――「軍事力による平和の強制」こそが一層普遍化する時代に移行してきているということである。

　カンボジアの情勢と二人の青年の死を経て、わが国では、派兵の前提にされてきたいわゆる「派兵五原則」の有効性をめぐる論議が一際高まった。それは当たり前のことだが、しかしそもその「五原則」の核心になっていたはずのＰＫＯ三原則（五六年のスエズ動乱の時のＰＫＯ適用に当たって、時のハマーショルド国連事務総長が提起したもので、内容はＰＫＯの前提に〝同意・中立・防衛〟という原則をおくとするもの）が、ＰＫＯ法成立の段階でまだ有効なものとして国際的に貫徹していたのかどうかが、そもそも問題だったはずである。

　結論からいえば、それは湾岸戦争の段階から国連自身によってすでに否認されていた。湾岸戦争の後にイラク・クウェートの国境に配備されたＵＮＩＫＯＭ（国連イラク・クウェート監視団）は、イラク政府の同意を必要とせずという国連決議をうけてその活動を一方的に開始したのだし（ソマリア・モザンビークも同様）、初めてこのイラク・クウェート国境でのＰＫＯに米・英・仏・ロ・中――つまり核武装国でもあり、国連の安保理事会の常任理事国である五大国がすべて参加することになったからである。

　これは中小の中立の諸国家から編成されてきたＰＫＯの質の根本的転換であり、しかも参加した米軍は湾岸戦争に加わった部隊の一部であり、今年の一月には、この部隊がイラクへのミサイル攻撃まで行った。ＰＫＯ三原則が派兵の条件でもあるように日本政府が説明したのは、日本の国民を瞞着するための汚い釈明、つまりウソにすぎなかったのである。ＰＫＯがここにみるように、すでに大国による世界共同支配の装置・武器へと変質してきていることをこそ、この際われわれは銘記すべきだろう。

　しかも昨年六月の日本国会でのＰＫＯ法の強行成立を待っていたかのようにガリ国連事務総長は、六月一七日に「平和への提言」という文書を提出し、以後国連ではこの文書の内容が「国連による平和活動の原則」を示すものとして論議されてきている。その内容を概括的にいうと、もはやＰＫＯ（平和維持活動）ではなく、ＰＭＯ（平和創造活動）ないしＰＢＯ（平和建設活動）に国連は着手すべきであり、その実行の組織もＰＫＦ（平和維持部隊）ではなく、

PEU（平和強制部隊）に変わるべきだということである。

ここにいうE（エンフォースメント）は「実施」でも「施行」でもない。「強制」と訳すのが正しい。つまり「軍事力で平和を強制する」――これが「集団帝国主義体制」「国連帝国主義体制」による平和実現のための原則だと認知されようとしているのである。しかし「軍事力による平和の強制」ということこそ、わが国がかつての侵略戦争の誤りから学び、清算しようとして憲法からも排除した原理に他ならない。

一方、そうした国際情勢の大変化の中にあって、わが国は明治以来の「脱亜入欧」と、大戦後の「脱亜入米」の長い国策路線の時代を経て、いまや本格的にいわば「離米入亜」の段階を迎えようとしている。ここにいう「離米」というのは、むろんアメリカから離れきるというようなことを予言しているのではない。しかしアメリカ帝国主義との間にさまざまの対立と矛盾が錯綜し、深化するであろうことを前提にしながら、なおかつ日本帝国主義の権益と支配の方向を固めだしてきていることは疑いを入れない。

カンボジアPKOへの自衛隊の第二陣として、これまでは対ソ最前線にあった日本自衛隊最強の北部方面隊からの部隊が、一転夏に向かうカンボジアに出動していったのは、その象徴でもあるだろうし、最近の日米関係の総体そのものがこうした日本の「離米入亜」路線の方向をいかんなく裏付けている。

むろんそうした方向を促迫しているのは、すでに巨大なものに膨張しているわが国の世界、とりわけアジアにおける権益の保全と、その拡大の衝動である。何をもって、そうした権益と資源の取得のシステムを保障するのか。それを究極的に支えるのは、いぜんとして軍事力による担保であろうし、そのためには自衛隊の国軍としての出動体制、それを可能にする国家機構全般の整備、さらには国民にそれを妥当と思わせる思想誘導が必要となる。

三

以上のような分析を通じてでてくる結論の一つは、ここでわれわれが直面しつつある新しい段階の「改憲」攻撃がどうなるかが、戦後のいわば特殊国家的に捉えられがちだった日本の憲法体制の死命を制することになるのはむろんのこと、アジアと世界における今後の「平和」の実体を左右さえもするという関係にあるということである。

だからこそ単に「反対」というだけではなく、この軍縮可能な時代の特徴を捉えて、憲法の理念を活かすためのより具体的な提案をすべきだという所見が登場している根拠があるのだろう。雑誌『世界』四月号が掲載した学者・文化人・ジャーナリスト等八氏による「平和基本法」や、社会党内部の若手議員（AND）の「安全保障法」構想の提起などがそれである。この両者の間には小さくない質の違いがある。とくに前者については、筆者としても提言参加者のその主観における善意を認めるにやぶさかではない。

しかし——ここでは子細に触れる余裕はないが——その国際情勢の変化の特徴の把握は、筆者からみると余りにも楽観的にすぎるし、日本帝国主義の動態の把握においても根本的だといっていいほど誤っている。また帝国主義日本の国家権力の側の「改憲」の野望は、決していわゆる「平和問題」の領域にだけに集中しているわけではない。

何よりも、こうした提言が、「改憲」派の「自衛隊の合憲論」の主張に根拠を与える役割（むしろそれが狙いでもあろうか）をもっていることを重視したい。自衛隊を将来縮小するにせよ、そのプロセスがどう描かれていようと、自衛隊を合憲とする論述と政策は、皮肉なことに、自衛隊「違憲」とする立場の運動を「違憲」と認定して排除することにはならないか。また同時に先にもみたように、その実力の水準はどうあれ、「軍事力による平和の強制」というイデオロギーと政策の選択に道を拓くことに落ち込んでいくだろう。

しかもそうしたことを「基本法の制定」でするという手法——つまり「立法改憲」に委ねることは、これまでの「解釈改憲」の手法を越えて、国家権力の側が「立法改憲」の道をとって、明文改憲に着手する前に、国家構造や編成の根幹を実質改憲の内容に移し変えていく余地を与えることになるに違いない。これが「九三年宣言（案）」にみるような、社会党の国政全般にわたる過去の一定の清算——


その与党化の策動と一体になる時、その危険性は一層計りしれないものになる。

かつて一九三九年から四〇年にかけて、政党政治が崩壊していわゆる「大政翼賛会」が成立、翼賛政治体制へと移行した時、当時の軍部支配に抵抗しようとした良心的学者や官僚たちが、その「翼賛政治」体制に入りこんで活動しようとした結果「ミイラとりがミイラになった」歴史を想起することはむだではないだろう。まして当時とは比較にならない規模と質をもった民衆の闘いの力量が、国内的にも世界、アジアにも存在している。まずは焦点である憲法九条の改定を許さず、むしろそれを世界に広げていく立場での憲法理念の遵守と、その一層の国際的発揚の闘いこそが問われているのである。

憲法の理念とくにその九条の立場こそが、これまでの戦後、日本の民族・民衆が他民族を直接に殺すことをせず、若者が徴兵などに動員されることを許さず、さらには軍部の独走や独裁を認めない保障になってきた。それは誇るべきことであり、それを「守旧」の立場として捨てさるか、卑下するような立場こそが、今日の歴史における反動の立場なのである。

但し、だからといって、「改憲」に対して単純に「護憲」のスローガンを対置すればすむような時代でもない。憲法体制を支えてきた過去の「護憲運動」の一切の意義が、改めて再確認・再評価さるべきことはいうをまたないが、これまでの「護憲運動」が敗北してきた側面をもつこともまた偽りのない事実だからである。

「憲法を暮らしの中に」といいつつ、実際としては「護憲」の運動は、いわば「紙の上」での「護憲」に止まってきた側面が小さくない。自衛隊が現実にアジアに出兵していったのも事実なら、GNP一％の枠ならばという言い分の中で、わが国の軍事費はすでに世界第二の座を占めるところにまで肥大化してきた。

また従来の「護憲」の運動は、ともすると日本だけの「平和」を希求する立場に落ち込み、それが日米安保体制の下におかれたことから来る曖昧さに鈍感だったともいえる。これまでの「冷戦」の時期において、日本支配層こそが「安保」によるアメリカへの従属的協調と、「憲法」をよりどころにした一定の対米「自主」の道を使い分けしてきたのであり、その支配層の戦略・戦術の一翼を「護憲」のスローガンで「護憲勢力」が担いもしてきたという皮肉が続いてきたのである。

たしかに戦後世界では一回も核戦争は起きなかったが、大小二〇〇回を越す戦争はあったのであり、二〇〇〇万もの人々が死んできたのも事実である。そしてその大小二〇〇回を越す戦争のうちで最大のものは、朝鮮戦争であり、ベトナム戦争であり、湾岸戦争――つまり西アジアの戦争。いずれもアジアでの戦争であり、いずれもアメリカがした戦争であり、そしていずれも日本の加担なくしては遂行できなかった戦争であったし、そうした戦争を通じて日本は「戦後復興」をなし遂げ、今日の肥大した経済の水準に到達することができた。

日本はアメリカという戦争マシーンに食らいついたいわば「小判鮫」のように生きてきたのであり、「平和憲法」を掲げた「史上稀にみる狡猾な戦争共犯国家」だったのではないか。まさに今問われているのは、こうした鈍麻した感覚のままの「護憲意識」を自覚的に乗り越え、真の「平和国家」、世界・アジアの諸国家・諸民族との共生への前進の拠り所としての憲法の理念と体制を一層発展させることでなければならない。

「負けない攻撃的な護憲」――これが肝心である。これをどう呼ぶかは実際にはどうでもいい。しかし従来の「護憲運動」そのままであってはならないという意味で、それはとりあえずは「新しい護憲」と呼んでおきたい。「創憲」といいつつ、先にも述べたような形での「基本法」などの制定による実質改憲の方向に与することはできない。

さらにこのことは、現在の憲法を永久に不磨の大典として堅持することとも異なるだろう。現憲法は、日本民衆自身の手で作られたものではなく、かつてのアジア侵略への反省も、そこから生まれる誓約も、また非核・反核で生きる国家の進路の明記も欠いている。

第九条に先立つ第一章が「天皇・皇室」条項で占められていることも問題なら、抵抗権や政治への弾劾権の欠如、外国人の権利や先住民族の権利確認の欠落、さらには今日的には当然の憲法原理の一つになるべき環境権の不明記などなど、運動として乗り越えていくべき諸課題もまた少なくない。むろんだからといって、そうしたことを根拠に「改憲」を主張するようなことは、今日の政治の力学、支配層の「改憲」の策動の中で許さるべくもない。

しかしだからこそますます、こうした現実が迫ってきている憲法的諸課題の実現を、日本民衆の「憲章」として運動の中で練り上げ、そしてそれもまた積極的な「新護憲」の闘争としてわがものにしていくことが望まれるのではないか。私も参加して呼びかけている「新護憲の三千語宣言運動」の意図していることも、そこにある。この機会に、読者各位のご理解と積極的なご協力を切にお願いしてやまない。

（『労働運動研究』一九九三年七月号　山川暁夫）

政界の動乱と社会党の解体

――「五五年体制」崩壊の位相とその歴史的意義

一

一九九三年七月の衆議院総選挙の結果、一九五五年以来世界にも例がないほど長期にわたって続いてきた自民党単独政権がついに姿を消し、「日本新党」の細川護熙代表を首班とする「非自民連立政権」なるものが発足して以来、「五五年体制の崩壊」という言葉が、主として政治とマスコミ世界のことだが、政治の常套語として用いられるようになった。そしてそこには、この「非自民の政権」がわが国の戦後政治を一新する新鮮味をもって登場したかのようなニュアンスが込められているかのようである。自民党が下野したこと、そのこと自体はたしかにこの国の戦後の政治では、まさに画期的なことである。だがそうであるということと、だから事態が民衆の立場からも好ましい方向に大きく変化したということとは、必ずしも同じではない。すでに細川政権発足後二ケ月余り、そこで起きていることを土台にもしながら、新しく生まれてきた政治の流れの変化のベクトル――つまりそのこと自体の歴史的意義を検討しておくことは、今後のわが国の政治の位相を問い、その推移を占う意味でも必要な課題であるように思える。

まず指摘しておかねばならないのは、この「五五年体制」という用語は別に科学的な意味で厳密な規定をもつものではなく、直接的には、一九四七年の片山哲・社会党委員長を首班とする連立政権への参加とその破綻を機に、左右両派に分かれていた社会党が一九五五年に「再統一」して、日本社会党としての姿をとり戻し、これに対抗もして当時の「保守諸党」が合同、現在の自民党となって以来のわが国の政治構造を「現象的」に特徴づけてきた言葉にすぎない、ということである。しかし、この年にはまた、財界で経団連が石川一郎会頭から土光敏夫会頭体制に移って本格的な陣形を整えるとともに、自民党へのいわゆる政治献金を開始したり、日本生産性本部が発足した年だったし、さらには当時の労働運動を統括していた総評が、その後今日まで続いてきている「春闘方式」の闘いを開始した年でもあった。なぜ、こうした最近まであったわが国の政財労のあり方がこの年に一斉に生み出されたのか。それは偶然のことではない。

筆者は最近、本論と同様の主題で書いた別の小さな論文で、すでにその根拠に触れて筆をとったことがあるので、その一部をここに引用しておこう（『技術と人間』九月号）。

「第一は、この年をもって、（敗戦直後の）焼け野原から始まったわが国の経済がついに戦前の最高水準（昭和九～一一年の平均値）に早々と回復し、資本主義経済としての再生産構造が復活、確立したということである。翌年の『経済白書』は、この一九五五年を指して〃戦後は終わった〃と規定した。これはもちろん誤りで、正しくは戦争直後の〃混乱期〃が終わり、本当の〃戦後〃が始まったというべきだったろう。そうなった所以は、もっぱら朝鮮戦争を機会にした米軍特需による潤いにあるが、それはともかくとして、この年を一つの画期として、敗戦日本が明らかに新しい段階に入ったのは事実である。すでにこれに先立って、一九五二年には米軍の直接的な占領体制も終わり、わが国は講和・独立し、日米安保体制の中に組みこまれていたし、五四年には日米の軍事同盟と再軍備を方向づけた〃MSA（日米相互防衛援助）協定〃が結ばれもしていた。だからこれを受けた五五年以降の日本の政治・経済の枠組みは新しい局面を迎えたのであり、それを〃五五年体制〃として規定するのは、十分な根拠があったことなのである」。

「同時にこの一九五五年は、アメリカが欧州のNATO（一九四八年）に始まり、アジアでの米韓、米台の同盟条約（一九五〇年）、さらに日米安保条約（一九五二年）、SEATO（東南アジア条約機構、一九五四年）、CENTO（中央条約機構、一九五五年）をもって世界大の〃ソ中社会主義〃包囲の軍事基地網を完成し、これに対抗してソ連・東欧圏の側もワルソー条約機構を作り、核戦力を背景にした〃冷戦対立〃の体制が確立した年であった。わが国の〃五五年体制〃にしても、その西側の鎖の一環に位置づけられるものだった。しかもこの年が、当時の世界の民族解放運動の〃輝ける星〃たちがインドネシアのバンドンに集まり、平和十原則をうち出した年だったことも忘れるべきではない。一九五五年とは、だから、世界大戦直後期の激しい混乱と流動の状況を越えて、世界の政治・軍事の戦後史的構造の骨格が世界的につくり上げられた年でもあったのである」。

いま米ソ二超大国を頂点にしたいわゆる「東西冷戦」の時代は明らかに去ったし、世界情勢に対する米ソ両国の規定力、その支配の力は相対的にも絶対的にも後退した。世界的にいえば、この変化は同時に、社会主義の時代をめざして営まれてきたこれまでの二〇世紀の誤った実験を総括さえする歴史的意義を内包した変化でもある。問題はそのことが直ちに「世界平和の構造」を保障しているかどうかであり、その吟味はまた後で述べることにするが、それはともかくとして、これまでの形と意味における世界の「五五年体制」が崩壊したのは事実であり、したがってまたそれは、米ソ「冷戦」の枠組みを前提にして形づくられ、また営まれもしてきた主要諸国家のそれぞれの政治構造を全世界的に、かつ連鎖的に変動させてもきている。アメリカと旧ソ連および東欧圏諸国の政治体制の変貌はむろんのこと、西欧主要諸国の政治体制の流動と不安定化も激しい。アジアでも韓国・台湾・フィリピンなどにまたがって過去の面目を一新するといってもいいような変化が続いている。こうした世界の潮流の大きな変化の中で、ひとりわが国の政治だけが古いままであり得るはずもないのは当然である。ましてこれまでの自民党政治は、マスコミも指摘するように「制度疲労」といっていいような破綻と閉塞状況の度合いを強めさえしてきていたのである。

こうした意味で、たしかに「五五年体制」は終焉したのであり、それをいい換えるなら、世界的にも日本一国的にも、これまでの「戦後」が疑いもなく終わったのである。つまり今われわれは、まさに「ポスト戦後」を迎えている

のだといって過言でない。「自民党の下野」とそれにかわる「連立政権」の登場は、そのことを象徴する。この「ポスト戦後」の政治体制が多少とも安定的な形ですでにつくられたというのはいい過ぎだが、五五年に生まれた自民党・社会党を保守・革新の機軸にした政治の構図は、確かにいま決定的といっていいほど崩壊したのである。開票日当日の『東京新聞』社説が「第二の戦後迎える朝」という見出しをつけたのは、それなりに根拠のあることだったというべきだろう。

二

いまのところ「連立」政権への国民の支持率は高い。細川首相のかつての戦争での侵略行為や植民地支配への「反省」の弁や自民党時代と違うパフォーマンスなどもあって、有権者の間にはいかにも大変化が起きたかのような幻想がかきたてられている。だが起きたことを冷静にみる限り、それはまだ「与野党の座の入替え」であっても、決して「保守の敗北」でも、あるいはいうところの「保革逆転」などといえるものでもなかった。「日本新党」や「さきがけ」といった新しい政党が生まれ、新政権に加わっているので、いかにも「新しい」という印象がマスコミを通じて作りだされているが、ことの本質は、これまで自民党権力の中核にあった一部勢力が分裂して別派をつくり、それに共産党をのぞく野党などがとりついて、新しい政権を名の

ったまでのことで、保守勢力全体の議席数はむしろ爆発的に増大さえした。自民党の議席はたしかに前回の二七五から過半数割れの二二三に激減したが、しかし新生党の五五、「さきがけ」の一三、さらに「日本新党」の三五を加えるなら、特別国会招集時点での「保守系議員」の総数は三三六議席、衆院定数の六五・八%に当たる。加えて、PKO法の採択をめぐる態度で当時に自民党と結託した公明党・民社党が併せて六六議席を占める。だから「連立」政権成立後の政治状況の実質は、新しい体裁を装った「保守支配」体制の成立なのであり、しかもそこに、七七議席の社会党勢力（社民連など含む）が与党第一党とはいい条、実際には六〇議席以上も減らしながら合流・加担することになったというだけのことである。

だから、パリ在住の日本政治研究家のジャンスリー・ブイスー（国際研究調査センター研究員）は、七月三〇日の『朝日新聞』論壇で次のように断言した。

「保守陣営全体としては、今回の総選挙は、これまでにない勝利となった。これほどの保守の優位はここ四十年ほどに見られなかった。自民党は敗れたのではなかった。――（一方）社会党は、何とか票を引き戻そうとするあまり、結局、取り返しのつかない事態を招いた。衆議院に占める革新勢力がこれほど弱くなっては、憲法改正を押しとどめることもままならないだろう。保守陣営の対抗勢力だった唯一の野党は、崩壊した」。

また同じく『朝日』論壇で、在日の姜尚中・国際基督教大学準教授も同じような主張を展開した。

「今度の選挙結果は、護憲・平和を支持する〝中間左派〟勢力が陥没し、解釈改憲あるいは憲法改正も許容範囲にする〝中間右派〟や新保守勢力のウイングが広がりつつあることを示している。その結果、ポスト五五年体制における新たな国家像や憲法問題をめぐる争点はぼやけたまま――ネオナショナリズム的な総保守化に弾みがつこうとしている。（政治改革の）第一ラウンドが終わり、次のステージにポスト五五年体制の輪郭がはっきり見えてきたときには、平和憲法の原型は骨抜きにされているか、あるいは改憲への地ならしが完了していることになりはしないか」。

むろん自民党が「敗北」したことで、従来の「保守」はその役割と姿勢を変えた。彼らは野党に転じた。しかしこの「野党」は、資本主義体制を否認し、日米安保体制に反対する野党ではなく、むしろその「護り手」であることを自負する「野党」である。つまり今やわが国の政治において、これまでの支配の体制に反対し、闘う野党は「カヤの外」におかれた少数の共産党を除いてはいなくなった。つまり五五年以来の自民党一党の「超派閥保守」による支配政治は、共産党を除く諸野党の事実上の保守への取りこみ、とりわけ社会党の歴史的解体への変質を伴いつつ、いうならば「超党派保守体制」に移行したのである。細川政権出現以降、労働者の雇用の危機を告げる景気の悪化、凶作による農業・農家経済の破綻、九月末から始まった自衛隊発足以来最大規模の日本列島全体に及ぶ大演習の実施、大手ゼネコンにからむ政治疑惑の新たな増大などなど――深刻な政治の争点を現実がはらみながら、国会が「政治改革の実現」を合言葉にして、「小選挙区・比例代表並立制」の採択に向かっての論議を重ねる以外なにもしていないという驚くべき状況が生まれているのも、そうした結果の一つに過ぎない。なによりもまず細川政権は、国の重要政策については前政権――つまり自民党政権のそれを継承するという七月二九日の「連立七会派」の合意に従って運営されているのであり、「小選挙区・比例代表並立制」についていうなら、つい二年前の第二六回臨時大会で、「民主主義の根幹を破壊する」ものとしてそれに反対する特別決議を採択していた社会党も、反対の態度をとっていた公明党も、それぞれの党内討議を受けた決定の前に、「連立」政権党派のトップ五人の「話し合い」を機会に、一転して「賛成・推進」の側に移り変わった。自民党支配時代の国会運営でしばしば演じられた裏舞台での「談合」の政治以上に深刻な、それぞれの党の民主主義的手続きも無視するような新型の「談合」政治が白昼公然と罷り通る事態が起きているのである。

総選挙前に、それまでの野党がその政党の理念や方針をすり合わせることもなく、急ごしらえの「連合政権」の樹立を先行させてしまったことに疑問を提起していた立教大

学法学部の高畠通敏教授が、八月二二日の『毎日新聞』紙上で「選挙後、今日に至る政局の推移は、残念ながら私の危惧した道を辿っているというほかはない」とし、「戦後、野党第一党として責任ある座を占めてきた社会党が、公党としての手順も踏まずに大幅に路線を変更し、進んで解体への道を歩んでいると思われる」ことに改めて深い懸念を表明したのも当然のことだったというべきだろう。

三

それならば、こうした姿にわが国の政治の現実が動いてきたのが、選挙民の動向であり、不可避の選択の結果だったのかといえば、ノーという他はない。

「五五年体制」の解体の底にあった選挙民の選択の基本的動向は、まずはその自民党離れにあった。参院比例区の絶対得票率で見ると、自民党はすでに七年前の選挙で二五・六%、四人に一人の支持者しかいない党になっていたが、それが四年前の選挙で一七・一%に減り、さらに昨年の選挙で一六%、つまり六人に一人の支持という水準にまで落ちこんできていた。しかもこの趨勢は衆議院選挙でも変わっていない。八六年選挙での自民党の絶対得票率三四・六%は、九〇年選挙で三三・六%、そして今回はじつに二四・三%に転落した。「新生党」と「新党さきがけ」を加えても三二・八%でやはり低落の傾向は免れていない。もし前回九〇年二月の総選挙からのほぼ三年半の間の内外情

勢の変化の中での重要な政治的モメントである「冷戦」の崩壊と湾岸戦争における日本の役割の変化、バブル経済の破綻、金丸・竹下スキャンダルなどにみる金権腐敗政治の露呈、さらにPKO参加を口実にした自衛隊の海外派兵などの問題を野党側が厳しく選挙の争点として突き出すことに成功していれば、自民党の敗勢はもっとドラマティックなものになったに違いない。しかし結果は、すでにみたように、かえって社会党の解党的危機をふくんだ議会勢力の巨大な「総保守化」として姿を表すことになった。

なぜそうなったのか。それは第一に、改めていうまでもないことだが、与野党がともに「政治改革」という同じ言葉を看板にして争いあうものに選挙戦がすり替えられてしまったからである。いいかえると争点が管理された。

第二に、その当然の結果として、自民党の低落に反して絶対得票率を上げた既成政党がなかったということである。自民党と同様、既成の野党の方もまたすべてその絶対得票率を減らしてしまった。過去三回の総選挙だけを取り上げると、社会党は一二・〇%から一七・七%に伸びた後、今回は一〇・三%に落ちこみ、共産党は六・一%から五・八%、そして今回の五・一%へ低落した。公明党の場合も六・六%から五・八%、五・四パーセントへ、民社党も四・五%から三・五%、二・一%の逓減である。

これに対して、既成政党の分を奪って増加してきたのは、いうまでもなく「棄権」票である。棄権率は八六年選挙で

二六・六%、今回で三二・八%だったが、もし九〇年選挙での社会党の獲得絶対得票率一七・七%のうちの六～七%を当時の土井ブームなどによる一過的なものとみてこれを棄権層に織りこむと、九〇年の棄権率はざっと三二～三三%となり、今回の場合の「日本新党」の五・三%を同党が生まれていなかったらこれまた棄権票になりえたものとすると、今回の棄権率はざっと三八%になる。この棄権層の傾向的な、そして今回の爆発的な拡大による打撃が比較的に少なかったのは、むしろいくつかの出店を新しく開いたこれまでの自民党を機軸にした保守の側だったのであり、反して、棄権層の拡大と「日本新党」の出現によるマイナス影響をもっとも激しく被ったのは、社会党だった。これを裏付ける数字をあげるのに事欠くところはないが、それに加えて「連合」がこれまでの「護憲社会党」の解体を狙いにして積極的に動いた。これもまた天下周知のことである。

ここに「五五年体制」解体の経過とその実体の現実的特徴を指摘することができる。

すでに述べたように、逐次の選挙で自民党の得票率は傾向的な低下を辿ってきてきたし、一方、内外情勢の足早な変化を前にして「五五年体制」の自民党の支配体制はその困難を深めていた。この意味でたしかに「五五年体制」は〝すでに〟解体を遂げつつあったといえる。これにどう対処するか。問題はまさにここにあったといえる。そして

その答えの一つとしてあったのが、得票率はたとえ大幅に低下しても、議席は自民党の安定多数を獲得できるように選挙の土俵を変えるという考え方である。自民党の金権腐敗への選挙民の怒りを逆手にとって、それを「政治改革」の問題、それも「選挙制度の改定」、さらには単純小選挙区制の導入に誘っていくという方針が、それである。単純小選挙区制が採用されたなら、政権党は得票率二〇%程度でも、議席は七割程度を獲得することが可能になったろう。

しかしもう一つの選択があった。それは、これまでの自民党の単独支配に必ずしもこだわることはもうしない。与野党総絡みの政界再編成――つまり野党つぶしを実行すれば、自民党の低落があったとしても保守支配を維持することは可能だという筋書きである。むろんそのための不可欠の前提が、「護憲社会党」を「政権担当可能な党」へという考え方のもとで変質させるということにあったのはいうまでもない。そして同時に、この選択こそが、財界団体などを含めて、権力中枢の求める筋書きだった。マスコミを舞台にもして、どれほど執拗にこの社会党の変節への誘導がなされてきたか。また「連合」指導部などから、どれほど系統的に社会党の「新党」への転換が勧奨されてきたか。総評を軸にした「五五年型労働運動」の解体がどれほど系統的に追求されてきたか。またそれらにも呼応して、土井委員長を引き継いだ田辺誠委員長らがどんなに社会党内部での着手をいそいできたか。昨年の一一月一〇日、「民間政治臨調」主催の「政治改革・選挙制度改定」のための集会が、「連合」傘下の労働者約四〇〇〇人を集めて、東京・日比谷野外音楽堂で催され、そこに衆参・与野党一八〇人の議員が今日の「連立」政権体制を先取りするように顔をだしていたのも、そうした仕掛けの一つだった。ここに参加した自民党議員の多くが後に「新生党」の旗揚げに参加し、今日の「連立政権」の核の勢力になっている。

同時に、金丸逮捕の挙げ句、蓄えられたその汚い金を自分のものにすることもできず、自民党を割ってでる決断もつかないままに揺れていた当時の自民党内実権者の一人である小沢一郎らに、挙党の決意を固めさせたのが、必要なら金と票を準備するという密かな約束まで振りだしていた公明党だったことは、公然の秘密であり、それはこの間の政変の意味と今後の日本の政治動向を読み取る上で極めて重大なことでもあった。創価学会の池田大作会長は、将来的には公明党の解党もあり得るとの態度を小沢らに明らかにしたといわれている。実際、新生党は今回の選挙で、公明党の候補者のいない二七選挙区で立候補させ、そのうちの二五人を当選させることに成功したが、その全部で同党候補の得票は自民党候補時代の票を上回った。つまりいま新生党を名乗っている小沢一派と公明党のこうした連携プレーのもとで、一方では自民党の「旧体制」が打撃を受けるとともに、他方では、社会党がそのヘゲモニーで政権移動を実現できるかのような誤った甘い判断に落ちこむ経過が作り出されたのである。そしてその結果、社会党は、マスコミなどによる争点のデマゴギー的な誘導の下で、結党の原点さえ投げ捨て、与野党総がらみの政治再編成の中にみずから飛びこみ、しかも皮肉にも自分自身が予想もしなかった大敗北に落ち込んでしまったのである。

こうした経験からすれば、「五五年体制」は単純に崩壊したのではない。権力側からの計算高い仕掛けの下で新しい枠組みに「転換」させられたのだという側面をもっている。別のいい方をすれば、それはそれまでの保守・革新からなる「五五年体制」の、権力側からのいわば「外科手術」でもあった。野党の権力側への取り込みを含んだ与野党総絡みの政界再編、特に社会党の「九三年宣言」体制への強行的な「変質と脱皮」が、自民党自身の多少の出血を犠牲にして、事実上ここに一挙になし遂げられた。それが目前の現実である。

支配権力側の政治的意図をあからさまに語る役割を果してきている『産経新聞』が、七月一七日の「国家像を示せ」と題した社説で、連立政権の最大課題は「政治改革」だとしながら、その改革は「憲法改正にまで踏みこまなければ完成しない問題なのだ」と強調したのは、まさに支配の側の本音だったとみるべきだろう。つまり「政治改革」とは、従来の「護憲社会党」を解体し、その「与党化」を含んで、改憲を可能にする政治システムとそのための力関係をつくることを抜本的な狙いにして提起されてきたものであり、

選挙は他でもなく、その方向にむけての「飛躍」の機会として位置づけられていたのである。その延長線上にあるのが、いうまでもなく社会党解体を決定的にする「小選挙区・比例代表並立制」の導入である。

四

だから繰り返しいうが、「五五年体制」の崩壊とは、直ちに支配の体制の破産ではない。これまでの支配体制の「転換」である。

そしてそれはいうまでもなく、「冷戦」が終結し、そのためにかえって世界全体に「構造的な暴力」が普遍化しているとさえ認識されるような激動の時代に移ってきていること、その中でわが帝国主義日本の権力が、「国際貢献」とか「国連第一主義」などを口にしながら、経済大国から政治大国、さらには軍事大国への飛躍を賭けて本格的な挑戦を開始し出したことに対応している。

わが国の一部には、世界史の大きな転換・変貌にもかかわらず、いぜんとして「冷戦」は終わっていないという、守旧的という他はない認識を主張し続けている自称「真の革新の勢力」がある。米ソ超大国が相争いつつ形成されてきていた世界支配の構造が確実に崩れ、旧ソ連に代表された歴史的社会主義の時代が終わるとともに、その資本主義化をも包摂したアメリカ帝国主義が主導する世界の資本主義体制の経済的・政治的危機もまた鋭い。これにも連動し

て、必然的に現代帝国主義世界の構造もいまや大きく変貌してきている。核戦力を背景にしてつくられてきていた米ソを頂点にした「冷戦」的対決の構図は確実に終わったのであり、「冷戦」は「ソ連の拡張や脅威と関係なく、世界中にアメリカの一国覇権体制を確立し、積極的に世界に介入する過去の〝二重封じ込め〟政策を継承し、ソ連崩壊後もアメリカに挑戦する競争国家の出現を許さない（要旨）」（『フォリン・アフェアーズ』秋季号所載のケィトー研究所のクリストファー・レイン論文「敵不在の米国のヘゲモニー」）ための「唯一の超大国シンドロームに冒された新冷戦」（『アトランティック』九月号、ジョナサン・クラーク）へと確実に変わってきているのである。アメリカ帝国主義にとっての主敵も、旧ソ連、現ロシアとその周辺国家ではなく、北朝鮮やリビア、イラクなどであり、さらにもっとも厄介な競争相手となるのは、アメリカを上回る対外債権国家となり、軍事費でもアメリカに次ぐ世界第二位の位置につき、その「核武装も想定外ではなくなった」（一〇月一三日発刊の英国・国際戦略研究所『ミリタリー・バランス　一九九三〜九四年』）同盟国・日本そのものでもあるのである。この変化の認識こそがいま必要なこととして問われているのが今である。だから文章上の逐次の手直しを加えてきたとはえ、日本資本主義がまだアメリカへのまったくの従属的補完物であった時代、そして「社会主義世界体制が優位を占めている」という理解が罷り通っていた、まさに「冷戦」の時代に書かれた綱領を依然その基礎において、「冷戦」は終わっていない、世界の「五五年体制」はこれまで通りに基本的に維持されているかのように主張することの「正しさ」を他に押しつけるのは、たとえアメリカ帝国主義の本性を糾弾したいあまりのこととはいえ、やはり傲慢であり、実践的には誤ったスタンスだというべきだろう。

だが、これと裏腹の関係になるが、米ソ「冷戦」の関係の終焉をもって直ちに、世界がもう「平和共存」の不可逆の時代に入ったと主張し、日米軍事同盟の持つ意味も、自衛隊の存在の役割も一変したと論断することもまた誤った認識であり、主張である。世界情勢の現実においても、「五五年体制」がそれまで通りの形では崩壊し、終焉したとしても、決してそれは雲散霧消してしまったのではなく、転換・変貌したにすぎない。ここのケジメもなく、したがってまた、その転換と変貌の中での日本帝国主義の役割の変化をみることとなく、野放図に「五五年体制」の終焉を認識の土台におき、それを政治方向の選択の際の基準にもちこんでくることは許されるべきではない。先にも述べた九月末以降の自衛隊の全土にわたる大演習が物語るように、日本帝国主義軍隊のアジアと世界における、だからまた日本の民衆自身に対する危険や役割の度合いは、むしろここにきて一挙に加重さえしている。それは一〇年ぶりの三軍合同の実動演習であるだけでなく、その規模からいうと前回の参加八八〇〇人から、実に九万二〇〇〇人へと飛躍した。さらに米軍との間の「超越交代」訓練という名の下での統合指揮・統合行動の質を高めるものになっている。ＰＫＯへの自衛隊の参加も、カンボジアへの派兵だけでなくアフリカ地域にまで拡大しているだけでなく、ガリ国連事務総長のいう「平和強制部隊（ＰＥＵ）」への参入にまでつき進もうとしているのが現実である。

さらにこうした変化の重要性は、今回の選挙期間中の特徴的な動きをかいま見るだけでも思い知ることができる。第一に、東京で開催された「先進国サミット」への出席を機会にして、米国のクリントン大統領は「新太平洋共同体」についての提案を行ったが、この提案はアジア・太平洋を重視するようになったアメリカの当然の戦略的提起だと軽くみて済ますことはできそうもない問題を含んでいた。なぜならそれは、アメリカの太平洋・アジアでのヘゲモニーを今後どう認め、あるいは受け入れるかという問題に直結しており、端的にいって、アジアにおける日本のヘゲモニー（覇権）をアメリカが許さないという内容をその基底に孕んでいるものだからである。そしてこれにも関連して思いだすことができるのは、さる四月半ばに宮沢首相が訪米し、クリントン大統領と初の会談をした際、大統領が「冷戦型の日米パートナーシップはすでに時代遅れだ」と述べていたことである。日本帝国主義のアジア進出の規模とテンポ――いうならばわが国が「入亜」の潮流をますます早め、いよいよ強めようとしていることとの対比において、ここには「脱冷戦」期における日米矛盾の増大を予告するものでもあったとみるべきだろう。

またこうしたことにも呼応するかのように、政府はあえてこの選挙の期間中の七月六日に、国連宛に意見書を送付し、一九九五年における日本の国連安保常任理事国入りを正式に要請するとともに、「国際貢献」の実を挙げるために、わが国の軍事面での役割をもっと増大させる決意を披瀝しただけでなく、先進国東京サミットの場では、核拡散防止協定の無期限延長反対の意向を表明して、参加各国はむろんのこと全世界を驚かせもした。

別のいい方をすると、これまでの「戦後日本の神話」は、①日米友好、②自民党の永久政権、③「優れた」官僚機構、の三本柱からなり立っていると要約できた。そしてそれが「冷戦」に便乗し、「安保」に寄生した中での「日本資本主義の成功の秘訣」でもあった。しかしまさにその三本柱がいまやもうこれまでの通りでは機能しなくなってきた。そしてだからこそ、日本の「五五年体制」もまた、大きな転換の時を迎えるところにきたのであり、支配反動の側の「政界再編」も「政治改革」の真の狙いも、たんに金権政治の一掃やら、まして「選挙制度」の改革やらに止まらない戦略的名狙いをもって推進されてきているのである。五〇万部以上のベストセラーになっているという小沢一郎の『日本改造計画』が、ネオ・リベラルな色合いをところどころに散りばめながら、その根本において、権力のもっと大胆かつ勝手な行使の国家体制への移行こそが、明日の日本のために必要になっていると強調しているのも、その率直な表白以外のなにものでもない。

その背後のブレーン・スタッフ集団には、自称「革新集団」を唱える「二十一世紀研究会」と名付けた若手官僚集団があることが知られている。しかも、これまでの自民党の中核にあった金権塗れのこの小沢たちの「権力集団」に公明党という権力的宗教集団が癒着しようとしている。これが今後になにを生み出すか。むしろこれまでの保革・八会派による「連立政権」の登場は、まさに「新しい翼賛政治」の始まりと同義であり、それは、いまや国家主義を激しく非難している新党首の河野洋平などの「護憲」的勢力を一部内部に包みこんでいる自民党の政治より、一層危険なものにならないとは限らない。

それだけではない。新生党と公明党の統合への動きと並んで、当面の政局のキャスティング・ボートを「さきがけ」とともに握っている「日本新党」の存在にも、不気味なものがある。それというのも、これまでの経過からいって、この党のブレーン・スタッフには、かつての中曽根首相の「臨調行革」路線を推進した学者たちが少なくないし、一部の週刊誌などが報じているように、かつての血盟団事件などにも参画したことのある四元義隆などの右翼の勢力も介在しているからである。四元が中曽根の精神的指導者の一人だということも有名なことだが、こうした勢力は、戦

時中に「昭和維新」を求めた右翼やいわゆる「革新官僚」たちのメンタリティの系譜を継いでいる。そして当時、こうした勢力に担がれ、かつまた少なくない有能な知識人・学者・インテリ層からのある種の信頼と支持を受けて起ったのが近衛文麿であり、そこに生まれたのが「大政翼賛会」だったのは秘密なことではないが、その近衛は細川の母方の祖父であり、当時の大政翼賛会づくりの中心メンバーたちが「新体制運動」という名前の下での政治の選択肢の一つとしてもっていたのが、まさに「日本新党」という名前の党による国家政治の統合の案でもあったのである。しかも現在、与野党総絡みの政界再編成を進めている亀井正夫の民間政治臨調にぴったりついて動いているのが、その「大政翼賛会」づくりを進めたインフォーマル組織の「昭和研究会」にすでに所属していた稲葉秀三（元国民経済協会理事長）などが率いる「新構想研究会」であり、しかもその研究会のもともとの発起人が右派社会党の重鎮として自他ともに認めてきた東海大創設者の松前重義だったという人脈の示唆することもまた小さなものではない。細川政権構想の背後には、こうしたかつての「新体制運動」の総括がある。

この「日本新党」には、さらにもう一つの集団として、松下政経塾の出身者たちが多くいる。現在この松下政経塾を代表しているのは、かつての新日鉄労組の宮田義二委員長で、これはこれで、一種の日本の「変革」を資本の側か

郵便はがき

料金受取人払

本郷局承認

45

差出有効期間
2001年5月
3日まで
郵便切手は
いりません

113-8790

東京都文京区本郷
二-一七-五
ツイン壱岐坂1F
（受取人）

緑風出版

行

ご氏名

ご住所 〒

☎ （ ） E-Mail:

ご職業/学校

本書をどのような方法でお知りになりましたか。
1.新聞・雑誌広告（新聞雑誌名 ）
2.書評（掲載紙・誌名 ）
3.書店の店頭（書店名 ）
4.人の紹介 5.その他（ ）

ご購入書名

ご購入書店名 所在地

ご購読新聞・雑誌名 このカードを送ったことが 有・無

読者通信

今回のご
購入書名

ご購読ありがとうございました。

◎本書についてのご感想をお聞かせ下さい。

◎本書の誤植・造本・デザイン・定価等でお気付きの点をご指摘下さい。

◎小社刊行図書ですでにご購入されたものの書名をお書き下さい。

購入申込書

小社刊行図書を迅速確実にご入手いただくために、このハガキをご利用下さい。
ご指定の書店あるいは直接お送りいたします。直接送本の場合、送料は一律三一〇円です。

取次店番線
この欄は小社で記入します。

ご指定書店名

同書店所在地

書名

定価　円

ご注文冊数　冊

ご氏名

ご住所

☎

〔書店様へ〕お客様へご連絡下さいますようお願い申しあげます。

ら目指してきた集団である。さらに細川と佐川急便の佐川清や西武資本などとの関係なども無視できない。「日本新党」は一過的なものとしてやがて霧消する存在かもしれないが、しかし一方では、この党が疑似革新的イメージを強めながら、この過渡期の政局において国民統合の一定の役割を果たす立場を強めてくることに警戒を払っておくべきだろう。

五

いずれにせよ、わが国の戦後史は、敗戦満五〇年を目前にした現在、大きな転機を迎えている。『中央公論』の一〇月号の巻頭に掲載された「一九九四年大動乱」と題した小説は、細川政権がデノミの実施に踏み切る一方、日米両国の深刻な不況、それを根拠にしての双方の対立、アジア各国からの戦時補償要求の活発な提起、そして中国の政治指導部の大激動とその北朝鮮への波及からくる北東アジアの波瀾の中で、ついに窮地に陥り、結局は首相と官房長官二人だけの署名で、国会解散・総選挙の施行に政局が雪崩れていくというストーリーで構成されている。そのシナリオが正しいかどうかが、ここでは問題ではない。実際には、徳川時代の天明・天保の飢餓に匹敵するともいわれる（一〇月二〇日『毎日新聞』）気象の下でのコメの大不作がもたらす経済と生活への影響、本格的な失業時代の到来、ゼネコン関連汚職にまつわる政治スキャンダルのさらなる露呈などが、こうした動乱の要素に加わるだろう。連立政権の登場とも関連しながら、改めて政治とメディアの関係が論点になり、こうかつな形での言論統制が強化されようとする兆候もある。こうした波瀾万丈の中で、政治の次の幕がつくり出されながら、「ポスト五五年体制」の全体像がやがて本格的にその姿を露わにしてくるだろう。自民党の再分裂、再々分裂もなしとはしない。そういう観点からいえば、現在はそこへのほんの過渡期の始まりでしかないだろう。

その結末がどうなるか。それはもう観測の枠を越える。民衆の側がどう闘うか。その闘いの質と量、それが次の局面をつくる力として働くし、働かせねばならないからである。この点に関連して、先の選挙の開票結果が出た直後のTBSテレビの「ニュース23」でキャスターを務めている筑紫哲也が、総選挙には「政治改革」「政権選択」を越える大きな争点があったはずだとして、その争点を「改憲か護憲か。大国として生きるか小国に相応しく生きるか。成長か環境か。企業か生活か。国権か民権か」と要約した視点には、賛否は別として鋭いものがあった。まさにそうしたアジアと世界の二一世紀におけるあり方にまで通底していくような歴史的な選択の中でこそ、「五五年体制」からの転換と、それに替わる新しい政治システムのあり方が問われねばならないのが現代だからである。「五五年体制」という枠組みの中で、これまでの「冷戦」とともにあった戦後「革新」の時代は去った。単に現状を「守る」だけの、受け身的な、あるいは「ありのままの嫌戦感情」を土台にしてきた面が色濃かったこれまでの「護憲」の時代も終わったというべきだろう。現状の「変革」を目指した能動的な、そしてまた「冷戦」の崩壊を受けた世界の中で、そして「軍事力によることのない平和」を積極的に確立するという意識的な反戦の立場にたつ「新しい護憲」、世界の不戦と民衆・民族の共生、自然と人間との共生にむけて、本来、世界における普遍性をもっている日本国憲法の理念と立場を世界に貫徹させるとともに、それに相応しいように日本社会とわれわれの価値観を変えていく民権にたつ「新しい護憲」の闘いの幕を開くべき時がきている。「五五年体制」は民衆の力によって打破されねばならない。

一つの時間的目途は、国連の常任安保理事国に日本が参入しようとしている一九九五年だろう。その年は、すでに触れたように、敗戦満五〇年目、原爆投下五〇年目の年である。アメリカに詳しい作家の石川好が『月刊ＡＳＡＨＩ』で、民衆の立場からの未来に向けた「国民宣言」を発表したらどうか——と提言していることを紹介しておこう。

一九四五年に敗戦し、蘇生の道にたったわが国は、五五年に戦前の最高水準にまで経済水準を回復させ、そこから本格的な「戦後」が始まった。ついで六五年に、わが国の対米貿易はわずかだが黒字を記録し、以後その幅を今ではアメリカが苛立つほどに拡張してきた。そして日韓基本条約を締結し、ＯＥＣＤにも加入し、かつアメリカのベトナム侵略戦争に加担していった。帝国主義国家への復位である。さらにアメリカがついにベトナムで敗れた七五年に、わが国経済も、オイル・ショックの打撃でそれまでの高度成長経済の条件を一時失ない、国家財政での赤字国債を発行する段階を迎えた。だがその一〇年後の八五年、アメリカがついに対外債権・債務で純粋の赤字に転落した時に、わが国は逆に黒字国家に転じ、いまでは世界最高の債権国家の位置にたつようになる。なぜ一〇年ごと、西暦でいう世代ごとの半ばに、わが国の国際的位置が段階を画すような変化をみせてきたのか。それは決して偶然ではないだろう。なぜならその世代の始まりの時点での、それぞれの日米関係の転換（安保条約の締結や改定など）が、その世代の日本の世界における様態と位置を決定づけてきたからである。そしてもしそこにこうしたある種の法則性があったとすれば、やがて訪れる一九九五年もまた、歴史のもう一つの大きな節目になる可能性がある。そしてそれは、恐らく二一世紀に続いていくわが国の政治・経済・さらに軍事から社会全般のあり様を決定づけていくものになるかもしれない。傷つけられた社会主義の理念と内実の誤りのない復権の闘いにむけたわれわれの協同した努力、その前進とも重ねながら、一九九五年の展望を獲得する。そうした歴史的命題の中で、いま眼前にある「五五年体制の崩壊」の意義と歴史的位置を据えた考察と闘いを今後とも深めていきたいと思う。

（『情況』一九九三年一二月号　山川暁夫）

「リベラル」とはどんな政治なのか
――本当の対立軸への混迷の仕掛け

一

正体不明の言葉が政治の場を闊歩している。ほんの一年と少し前の総選挙で、ほとんどの党の候補者が「猫も杓子も」合唱したのは「政治改革」だったが、それが何へのシグナルだったかは、今では誰の目にも明らかになっている。「政治改革」の旗手でもあるかのようにして首班の座についた細川護熙首相自身が、佐川急便からの政治献金の疑惑を残したままわずか八ケ月の任期で「職を辞した」。しかも汚い金の疑いは「日本新党」をつくるに当たっての新生党・小沢一派からの一〇億円をはるかに越す政治資金の授受をめぐっても残ったままである。「金にきれいな政治を」という印象を振りまいた「政治改革」の遂行を担ったはずの内閣が、戦後もっとも疑惑の金に塗れた政権だったということは、まさにブラック・ユーモアとでもいうべき悲喜劇だった。しかも、その「政治改革」なるものは、結局は、政党助成を含んだ「小選挙区・比例代表並立制」という最悪の選挙制度の改定でしかなかったのである。

ところがそれからほぼ一年。政治の場で今度もまた「猫も杓子も」同じような言葉で自分を規定し、それを選挙民に売り込もうとする事態が生じている。その言葉とは、「リベラル」。自民党の政治家たちは、これからこそ本当の「保守リベラル」の政治をやるのだといい、政権についた社会党の幹部たちは、「社民リベラル」に生きるのだと強調する。さらにそれに反対して自らを「護憲リベラル」勢力だと規定している人たちもいる。まさに「リベラル」の洪水だが、一体その「リベラル」とは何か。また「リベラル」かどうかが、この歴史の大転換での政治の質を本当に分かつ争点なのか。そうしたことを撤底的に暴露し、そこに隠された秘密を明らかにすることは、われわれ社会主義の実現をめざすものの今日の共通の課題であり、使命ですらあるだろう。

「猫も杓子もリベラル」と自称するさし当たっての理由は簡単である。細川政権から羽田政権への影の実力者だとみなされてきた新生党の小沢一郎といわゆる「一・一ライン」の政治方向と手法に対する反発の広がりとその強さが、その謎解きのカギである。いわゆる小沢がいう「普通の国」への転進。その危険さが「リベラル」論の合唱の基調にある。保守本流をもっとも正当に名乗る資格をもっているといっていい宮沢喜一元首相が、雑誌『ＡＥＲＡ』で「〝普通の国〟とは核武装のことか」と題して、それなりに痛烈な批判文を書いたことは、そうしたことの象徴的な一例である。

元首相はさる七月一九日に国会内で開かれた「リベラル政権を創る会」に出席をして講演し、自分が六〇年安保闘争の後に生まれた池田内閣のキャッチ・ワードづくりの際の経験を紹介しながら、あの時に「寛容」という言葉を選んだのは、あくまで池田や宮沢たちが「リベラリズム」の大切さを重視したからであり、それに成功したことがその後の政局の動向を安定に向かわせたという総括をしている。戦後のわが国の政治では、事実、吉田茂に代表された保守本流が自民党の軸になってきたのであり、そうした流れからいうと、保守傍流にしか立っていなかった例えば中曽根元首相などの国家主義的路線、そして今では小沢などに代表される軍事大国化狙いの強行路線は、到底容認できない冒険的な政治の選択だったのである。しかも、この戦後保守本流のいわば元祖といえた吉田茂は、敗戦間近い時には一時的に軍部に拘禁される経験ももっており、その義父である牧野伸顕は昭和天皇の側近の一人で、内大臣を勤めた人物。さらにその牧野の義父は「明治の元勲」大久保利通その人である。そうした人物が、戦後は米占領軍の権威にももっとも近い所で動き、それ以来もアメリカのエスタブリシュメントの代弁者の役割を担い続けもしたことは、わが国の戦後史を振り返ってみる時、決してどうでもいいようなことではない。

そうした系譜にたつ宮沢などが、みずから「リベラリスト」だと自称していることを、われわれはまず銘記しておくべきだろう。これは例えば、旧内務官僚の現役生き残りの一人でありながら、みずから「護憲」の立場にたつと公言している後藤田正晴が、戦時中に次第に頭角を現し始めていた時期に、すでに軍部専制の時代にぶつかり、いくらかの苦い経験を経てきたことがあったことなどにも通底している。今ではこうした自称「リベラリスト」たちが、その戦後経験から、米占領当局の押しつけへの反発感精をそれなりに秘めているとともに、そのアメリカとの繋がりから、かつてのアメリカの全体動向を支配した東部の金融資本などのグループとの関係を濃密に維持し、いわゆる米軍産複合体の好戦的勢力とは一定の距離をおいていることも率直にみておいていいだろう。この点で、アマコスト米大使などに取り入り、その忠実な走狗になりながら、強引な手法で権益を恣いままにしてきたような、しかも「新参」の小沢などへの宮沢たちの反発はそれなりに小さなものではない。「リベラル」なる言葉が秘めている第一の特徴はここにある。

二

しかしだからといって、「リベラル」ということが、何がしかわが国の今日の政治の対抗軸を決定する一つの柱に据えられていいということにはならない。もともと自民党全体が、表向きは敵対勢力になっている小沢など新生党のメンバーたちとともに「自由主義」をその政治の信条にしてきたのであって、現在新生党などに出ている政治家たちが「反リベラル」で、自民党に残っている連中が「リベラル」という用語が醸しだすような新しい政治勢力に変わったわけではない。自民党の「自由」とは、弱肉強食の「自由」、労働者の搾取・収奪の「自由」、資本主義の競争と差別原理そのもの公認のイデオロギーである。最近の政治事象でいうなら、米の輸入の自由化であり、公共料金の勝手な値上げの自由であり、規制緩和の選択的な実施の自由であり、さらには「国際的リストラ」の強行の自由である。

「リストラ」とは、ロシア語でいうと「ペレストロイカ」。「ストラクチュア（構造）」を改革するということは、実のところ「反革命」の実行と同じことである。

だから「リベラル」ということのここにきての強調は、たんに古い「自由主義」に戻るだけのことではなく、まさに今日的な「反革命」の展開を意味している。しかも古い「リベラリズム」は、旧ソ連などに現れたスターリン主義的統制と抑圧に対しては一定の価値をもち得たとしても、その「リベラリズム」の〝敵〟が自滅にも近い形で崩壊した現在では、「リベラリズム」そのものも自分の在り処を見失ってきているといっていいだろう。経済の実体としては国家資本主義でしかなかった党独裁下の国家社会主義も、欧州に展開してきた福祉国家体制も、民族独立後の開発権威主義国家も、そしてアメリカン・リベラル・デモクラシーも、すべて解体するか動揺の最中にあるのが現代である。そうだとすれば「リベラル」なるものの再強調も、そうした旧秩序の危機からの出路が定かでない現代の状況の反語でしかあるまい。だからこそ、世界的にはたんなる「リベラリズム」という言葉ではなく、ここ暫く「ニュー・リベラリズム」とか「新保守主義」という用語が、さもなにか新しい実体をもつ言葉のように多用されもしてきたのである。

しかしこの「ネオリベラリズム」というのは、かつての「リベラリズム」が、いうならば「レッセ・フェール（自由放任）プラス工場法」という一国資本主義の論理の表現だったのに対して、「ニュー・リベラリズム」とは「多国籍企業のレッセ・フェールプラス工場よくたばれ」ということを意味しているという卓抜な定義をしている歴史家ウォーラーステインを迎えて京都で開かれたシンポジウムで、司会の役を担った武藤一羊氏は、それに同意しながら、「ネオ・リベラリズム」とは、「主として多国籍企業が途上国の債務危機につけこみながら、上から（民衆抜きに）、経済・政治を暴力的に改革し、資本主義化する攻撃的な政策の体系」である「構造的調整プログラム（SAP）」のことだと述べたことがある。日本の場合、そこまで体系だった用語として、「リベラル」とか「ネオ・リベラリズム」なる言葉が使われだしたというのは、やや過大な、こちら側の思いこみの過ぎた捉え方であるかもしれないが、少なくとも、「リベラル」という陳腐な言葉がそれなりに復権してきている事態を、何のことでもないことだと軽く見過ごして通ることはできない。軍国日本ではなく、「リベラル・日本」が、アジアなどへの帝国主義的進出の看板になりかねないような段階に来ているからである。現在のルワンダの悲劇の根底にあるのも、フランスなどの「SAP」の展開と無関係ではない。

事実すでに、従来の保守・革新という対立表現が守旧・改革にいつの間にか変えられた後、今ではいうならば「リベラル連合」さえ不可能ではないと思えるような、政治表現が無批判に罷り通りだしている、このことの意義は小さなものではない。

三

「社民リベラル」というのも、こうした全体的な文脈の上にたつとともに、従来、社会主義を掲げてきた側が迫られて選びだしたとみていい苦肉の産物である。「護憲リベラル」というのは、政権の構造と現在の状況がどうあれ、国家意思が明確に「改憲」の方向に向かっている段階では一定の意味をもつといっていいが、この場合にしても、「護憲」とは、いわば現状の維持であり、まさしくかつての吉田茂的護憲、あるいは三木武夫的護憲、さらには後藤田的護憲にみずからを回帰させようとする響きをもっている。事実、「護憲リベラル」でいくと公言しているある著名な政治家は、必要なことは「リベラル」の人々との連合を大いに推進するところに自分たちの選択と使命があるのだと断言している。護憲のための大きな統一の布陣（統一戦線）が組まれることは、緊急かつ全面的に望ましいことだが、そのことをはっきり確認した上でなおかつ、われわれとしては、あえて「護憲リベラル」と自己規定をしている底には、「社会主義」への前進を拒否していきたいという心情が率直に流れていることをみてとっておくことが肝要だろう。それは「護憲リベラル」であることを目指している人々を蔑むためではなく、社会主義から共産主義を指向していこうとしているわれわれの歴史における責任の足りなさをわれわれ自身が深く自覚しておくためにである。

　おそらく「社民リベラル」という表現を、何か新しいものであるかのように考えている政治勢力の思想の根底にあるのも、これまで彼らが掲げてきた「社会主義」という言葉から訣別したいという強い気持ちだろう。つまりそれは社会主義という言葉自体ともう縁も切りたいという願望の所産だとみるべきだが、問題はそのことの是非そのものではなく、「社民リベラル」という言葉が、じつはそのこと以外には積極的にほとんど何の実質も語っていないということにある。今では「村山政権を支える会」といおうが、「新民主連合」といおうが、社会党の、とくに議員グループの分岐はほとんど何の違いももってはいない。何が「社民」なのかも、ご本人たちにとってさえ判然としないのが、ありのままの実情だろう。そこであるグループはこれまでの経緯上、旧連立との合流を考え、他のグループは、自民党との一体化などは自滅だとして、自民党以上に右寄りの政治勢力化の道さえも模索し、さらに現社会党の議員の多数部分は、自民党との統合も将来はなしとはしないという選択に向かいつつあるかにみえる。「社民リベラル」というのは、そうしたカオスを示す便宜の表現であるか、さもなければ、自民党にやがて包摂されていく場合に必要になるはずの「主体性」の最後のいい訳の自己規定に過ぎないだろう。

　実際、先にも認介した「リベラル政権を創る会」の集会で、宮沢元首相は、あえてJ・S・ミルの「自由論」を援用しながら、村山首相が述べている「やさしい政治」という表現は、かつての池田内閣の「忍耐と寛容」と同義のことだと強弁し、さらに社会党がすでにマルクス・レーニン主義の立場を否定してきている以上は、われわれ（宮沢ら）と社会党の大部分は、自由・平等・公正という政治の価値観で一致しているのだと強調している。しかも彼は、その発言の中で、「憲法問題を政界再編成の軸にすべきではないし、それは緊急の課題でもない。〝改憲〟〝護憲〟で二大政党になるのは不幸なことだ」と指摘している。一見もっともな主張のようにみえるが、実践的には社会党に「護憲闘争」の放棄を勧奨しているのは一目瞭然というべきだろう。

　つまり「社民リベラル」もまた、一種の変形された「保守革命」への誘水路なのである。そのことと、現代が多元的な文明と価値観を共存させるような、その意味で真にラジカルなデモクラシーの時代なのだということとは同じではない。「リベラル」ということで、かつて女性の選挙権の実現についてその生命を捧げた市川房枝や、山本有三、羽仁五郎、吉野源三郎など先人の生き方を今に活かして学んでいくことは大切なことだろう。まして田中正造などについてはいうまでもないし、真にラジカルなリベラルの追求を通じて、社会主義革命の実現を目指しながら、不幸にして不遇のうちに斃れていった有名・無名の革命家たちの闘いの系譜をこそ、深刻な自己反省を含めて、新しくそれらを蘇えさせる責任がわれわれにはあると自覚すべきであろう。

この点で、憲法学者の樋口陽一・東大教授が指摘していることは、興味のあることである。教授の論として、この九月一六日の『朝日新聞』が 村本隆史記者の文章で紹介しているところによると、「リベラリズム」の古典であるJ・S・ミルの『自由論』の有名な訳書である中村敬宇の『自由之理』(一八七二年)には、本来「社会」とか「世の中」とか訳すべき「ソサイエティ」を「政府」、「個人」と訳すべき「インディビジュアル」をしばしば「人民」とした誤訳があったという。それはすでに一八九五年刊の高橋正次郎の訳などで正されているが、ミルのキイ・ワードは「社会」とか「世の中」、あるいは「世論」といったものに対する「個人」の緊張した対立の関係、つまり多数者の専制に対する個人の自由と独立こそが「リベラル」なるものの真髄なのだというのである。つまり「リベラリズム」とは、「国家からの自由」というに止まらず「社会からの自由」を本来意味していた。「社会的専制」にたいするいわば独立不羈の志とその実現の闘いこそが真の「リベラリズム」なのだという理解は、まさに当今はやりの「リベラル」なるものの解釈への頂門の一針だというべきだろう。国家権力の抑圧だけが問題なのではなく 世論の成り行きに従

って易きにつくことこそが、現代日本などにおける最大の「反リベラル」への屈服なのである。

この『朝日』の村本記者の解説には十分展開されてはいないが、樋口教授はまた、別の著作で、フランス革命における「自由」と、そのほぼ一〇〇年後に実際のものになったパリ・コミューンでの社会主義につながっていった「自由」の捉え方の違いにも鋭い問題意識の光を当てて論述されていたことがある。こうした歴史の試錬に耐えもしないような「リベラル」の合唱には、それ自身毒があり、落とし穴があることを、ここでは指摘し、そのことを強調しておきたいのである。

顧みてこれまでの社会党を含めて、かりにも「社会主義」を志向するとしてきた者が、個々の優れた活動家は果たして、本当に「リベラル」だったことがあるのだろうか。真の「リベラル」が欠けていたという、そのことが日本だけではない、世界的に「既往社会主義」の悲劇を必然のものにしたのではなかったろうか。そのことを逆にいうなら、本当に「リベラル」でもある社会主義への道を提示し、実現する責任こそがわれわれには課せられている。社会主義から離別する便法としての「リベラル」か。社会主義の充実に向かう「リベラル」か。そのことが今こそ問われているのである。

(『建党』第六三号 一九九四年一〇月 山川暁夫)

戦後五〇年
――もう一つの日本

戦火のなかの生と死

「記憶というものを、私たちはなめてかかっていると思う。五〇年前とは、かなりの人びとにとって、昨日なのだ」

これは三〇以上もの国を走りまわって、その地での人々の食のあり方を取材して評判をとった辺見庸の『もの食う人びと』の中にある一文である。その最終章「ある日あの記憶を消しに」で、辺見はこの（一九九四年）一月二五日に、ソウルの日本大使館前で包丁で自決しようとして、幸いにも命をとりとめた三人の韓国人・元日本従軍慰安婦の話を取りあげている。なぜ死のうとしたのか。どうか死なないで欲しいという辺見の真剣な繰り返しての懇願に、やがて彼女らは、当時、多い時は四〇人にも近い日本軍兵士の相手をさせられたこと、その後にくる将校たちのために、

使用したコンドームを川で一つ一つ洗っておかねばならなかったことなどを、その重い口から語りだす。しかも通ってくる日本軍兵士の中にほのかな恋情をもった相手もいた。そうした悲しい過去を聞き取りながら、辺見は、彼女らはその記憶を消したくて自決しようとしたのではなかったかということに気づく。そこで書かれているのが、冒頭の一文である。

本当にそう思う。そこで紹介されている三人の悲劇に及ぶべくもないことだが、還暦をもうとうの昔に越えた私にしても、まさに「五〇年前とは、つい昨日のこと」である。ちょうど青春への入口。私は東京空襲の劫火に巻きこまれて顔面総火傷にもなり、今でいう臨死体験も味わった。逃げたプールの水面を火がなめていった。プールの縁にしがみついて私は生死の境にあった。その瞬間、

生まれてからそれまでの一切が、それこそ走馬灯のように頭を経めぐった。あの時「まだ若いのだ」と思わなかったら、それが私の最後だったのかもしれない。だが私は「生きたい」と思い、纏っていたマント（旧制高校生が愛用していたもの）に誰かがとり縋ってきたのも振り切り、プールサイドにはい登り、それから（どう考えたのか今も定かでないが）火に向かって逃げていくことで、辛うじて死ぬことを免れた。

熱かった火の中を越えた先は、もうすべてが焼け落ちていたからである。翌朝、そのプールの水を抜いた。何人もの人が死んでいたが、その中に私のマントを握り、子供を抱いた一人の若い母親がいた。私は人を殺したのか。その辛い過去をつい「昨日」のことのように思いだす。そしてその不条理に私は今も耐えることはできない。思うにその後の、だから私の「戦後」は、ここから出発した。

今、「敗戦五〇年」が多くの人々によって語られている。だがそれは抽象の問題でもなければ、歴史として済むことでもない。人によってはまだ生々しい記憶の中にある。一人ひとりにとって五〇年が何であるかは、その人生の幅と体験の違いでさまざまだとはしても、人間が歴史に生きようとする限り、こうした人間の類としての記憶を絶対に「なめては」なるまいと思う。世代の違いをこえてその原点にたつ。それを今と将来のこととしてみんながもう一度見直してみる。戦後五〇年。まさにその時が来ようとしているのではないか。

「アジア資本主義」の登場

しかし他方からすれば、五〇年とは決して短いものではない。あえて五〇年をほぼ目処にして現代史の有為転変を描いてみると、一八五四年の日米和親条約調印からわずか五〇年で、日本は早くも当時世界の軍事大国ロシアとの戦火で勝利し、世界の大国の一つに入るところまで進むが、その四〇年後には一転して敗戦の憂き目をみる。そしてそれから四五年で「昭和」が終わり、「平成」の時代に移る。第一のサイクルはいわば日米友好の時代。そして第二のサイクルが日米の対立と戦争の時代。第三のサイクルが再び日米友好、正しくは日本の対米従属のサイクルだったこと、そして「平成」入りとともに、それがまた波瀾のサイクルに変わってきているのは奇しき因縁というものだろう。五〇年とは、日本の現代史のどんな法則なのかはさし当たり不問のこととして、並々ならない変貌・変化を孕んだ歴史の大きな画期でもあったのである。ましてこの奔流するような激変の時代。あらためて「戦後五〇年」を総括し直し、すでに踏みこみ出している「新しい、これからの五〇年」がもつ歴史的予感の方向を確かなものにすることが問われているだろう。

ところで日本の「昭和」の終わりが、まさに一九八九年——中国で天安門事件が起き、ベルリンの壁が崩壊し、やがて東欧圏諸国と旧ソ連の自己解体は始まり、戦後のみならず二〇世紀総体の歴史の再吟味が必要になる時代への「とば口」の年だったことは象徴的である。いわる「米ソ冷戦」の時代の終焉。その評価は、その人が依っている立場でさまざまだろうが、「社会主義の消滅」「資本主義の勝利」といった単純なものでなかったことは疑いない。いわるパックス・アメリカーナ・ルッソーの時代の終わりだが、元首相の宮沢喜一は、最近のある講演で、「現在の変化はフランス革命やアメリカの独立にも匹敵しよう」とまでいっている。それが妥当かどうかの結論は後世のことに属しようが、これまでのスターリン主義的な「社会主義」の欺瞞が明快なものとなり、同時に、それを敵にして生き延びてきた資本主義の側が、その「繁栄」の下半身を爛れさせたまま迷走の時代に突入していることは、少し冷静に現実を直視する人には誰にも納得できることだろう。

かつて一ドルが三六〇円だった日米の為替レートは、今夏以降、すでに一ドル、一〇〇円割れのところまできた。ほんの少し前の一九九〇年の初めには一ドルが〇・六二五ルーブルだったロシアの通貨のレートは、今ではじつに四〇〇〇ルーブル。円との相場でいうと、一ルーブル二銭近くにまで低落している。劇的という他ない変化である。一方、それに替わって、日本と日本を雁行の列の先頭にする東アジア経済の「躍進」は著しい。そしてそこに私のかってな造語によれば、「転形」する「日本」を軸にした「アジア資本主義」といえる新しい経済圏が登場しつつあるのだが、その「転形」なるものは、わが国の資本の過剰蓄積の矛盾と円高による産業の空洞化の結果の現象であり、いささかも日本自体とアジア全体の「安定」や「共存的発展」を保障するようなものでもあり得ない。米軍の占領支配から始まった日米安保条約の拘束の下で、賠償支払いから「経済協力」、ODAのばら蒔きなどで、とくにアジアに向けて進出してきた帝国主義日本は、いまや資源的にも、市場的にも、労働力の確保の観点でも、アジアを抜きにしては存立しないところにまで、矛盾にかられつつみずからを転移させてきたのである。日本経済の特徴でもあったいわゆる「二重構造」が、今や日本本国そのものの経済を空洞化させながら東アジア全体を基盤にした新しい「広域二重構造」に転換してきているのが現状である。先に述べた徳川末期からのほぼ五〇年のサイクルに被せていうなら、まずは「脱亜入欧」の途を辿った日本は、だからまた事の必然としてアジアを侵略しつつ欧米と覇を争って敗れた後、戦後の「従米放亜」の一時期を経て、今やあえていうなら「争米入亜」の途に踏みこみだしているといえるのかもしれない。

しかし日本もその役者の一人にした戦後世界の構造の歴史的な変化こそが、今日の日本の政治の、とくに社会党の理念的崩壊を伴った巨大な転変をもたらしている。「もう資本主義・社会主義のイデオロギーの対立の時代ではない。日本自身の国益の〝現実的保全〟こそが政治の眼目だ」という認識、もっとリアルにいうと、現実の変化にそれなりに根ざしたそうした雰囲気が、米ソの超大国支配の崩壊後の、日本流にいうと「平成」の政治の激変と混迷を表沙汰にしてきている。米ソがあり、アメリカの側にたつのが「保守」であり、ソ連・社会主義の側にたつのが「革新」であり、前者が「改憲」、後者が「護憲」という形で認識されてきたといってもよかった戦後日本政治の鳥瞰図が、まったく崩れ去ってしまうような段階が訪れてきたのも、そのためである。あらためて「戦後の五〇年」が捉え直され、それに替わるべき「もう一つの五〇年」のあり方そのものが模索されねばならない秋、そうした歴史の時点にわれわれはたっているといえるだろう。

戦後五〇年を問いかえす視点

「戦後五〇年の総括」のために必要な論点は多様にわたる。ヒロシマ・ナガサキに始まる日本の戦後史、別の観点からすれば、人類が核と「共生」できるのか、という問題は、たんに過去のことではなく、被爆者補償の問題を含めて、まさに鋭い今日的問題点である。日本国憲法は何であり、何でなくてはならなかったのか。あるいは戦後「民主主義」の諸問題。戦後日本の経済発展の掛け値のない根拠。こうしたことのすべてを、年月が与えてくれた叡智とでもいえるものを武器にして、改めて見返してみるべきである。

とくに戦後日本は本当に平和だったのだろうか。なるほど戦後の世界では一回とて核戦争はなく、日本が被害者になる戦争もなかった。その意味では間違いもなく「平和」ではあった。しかしこれまでの戦後世界では大小二〇〇回の戦争があり、二〇〇〇万もの人々が死んでいった。しかもその中で、世界の流れに意味をもった大きな戦争は、まず朝鮮戦争、ついでベトナム戦争、さらにこの九〇年代になって直ぐの湾岸戦争――西アジアの戦争――いずれもアジアでの戦争であった。「冷戦」が続いていた戦後の世界史に決定的な影響を与えた戦争が、すべてアジアで起こり、欧州でも、アフリカでも中南米でもなかったことは改めて考えてみるべき問題である。しかもそのすべてがアメリカが関与した戦争であり、日本を基地とする戦争であり、そしてそうした戦争の度ごとに、日本の経済は「回復」し、「躍進」してきた。いいかえると日本は「平和国家」というより、一貫してアメリカという戦争マシーンに寄生した「小判鮫」のように生きてきたのではなかったか。もっと直截にいうなら、世界の歴史でこれほど狡猾な「戦争共犯国家」はなかったのではないか。

にもかかわらず、それをわれわれは憲法を理由にして「平和国家」と自己規定してきた。いや自己欺瞞して生きてきた。一つの勢力の流れは「自主憲法」の必要を語りながら、アメリカなどから過大な軍事責任を求められると、「憲法」と「護憲」勢力の存在を理由にして事実上は抵抗し、他方もう一つの勢力は、日米安保体制の根幹をつき崩すことはせず、ただ口の上での「護憲」を叫んできた。つまり「冷戦」という条件の下で、「安保」と「護憲」は巧妙に同棲してきた。表の世界は、「保守」と「革新」、「安保」と「憲法」という形で対立してきたが、その裏の「もう一つの日本の政治の世界」では、両者はいわば奇怪な相互了解のなかにあった。だから「冷戦」という戦後世界の大枠が崩れた時、その両者はそれほどのためらいもなく混在を互いに認め合うことができるようになったのではなかったか。

一体、それはどういう戦後だったのか。そもそもあの侵略の歴史は本当に清算されたのだったろうか。そうでないとするなら、今「戦後五〇年」を総括するということは、戦後だけでなく、あの「戦時」を、今こそ本格的に清算し、真にアジアと世界の人々に顔向けもできる「もう一つの日本」の出発点を新たに築くということであるだろう。

こうした観点から私がもっとも大きな問題と考えるのは、今もまだ日本人の圧倒的多くが、かつての戦争が終わったのは、ヒロシマ・ナガサキがあり、天皇（裕仁）が聖断を下したことでアメリカに負けたという見方の誤りの中に漂っているということである。なるほどわが国はアメリカと戦った。しかしアメリカ本土はむろんのことハワイなども占領支配したこともなく、原則としてアメリカの女・子供——非戦闘員を殺しはしなかった。対米戦争に先立って侵略し、二〇〇〇万もの人々を殺して回ったのはアジア・太平洋である。

そしてそれに対して、アジア・太平洋の人々は武器をもって戦い、あの八月一五日を迎える前の二月から三月頃には、すでにビルマ（現ミャンマー）やフィリピンの首都も解放していたし、中国戦線でも日本陸軍の少なくない部隊が降伏文書を提出し始めてもいた。だから二月中旬、元老だった近衛文麿が天皇に上奏し、即時の降伏を勧告したにもかかわらず、天皇は「まだ台湾や沖縄がある」としてそれに肯んじなかった。天皇が、実情にたって敗戦の断をその当時に下していれば、翌三月に始まる東京空襲以下のすべての都市の焼失も、沖縄の悲劇も、原爆の投下もなく、日本は敗れ去ったことになったはずである。つまり日本は疑いもなくアジアの闘う民衆の力に敗れたのであり、その歴史の力学こそが、日本の多数の民衆にとっては思いもしなかったような、民主主義の条件を保障した現憲法をわれわれに贈ってくれたのである。むろんその意味は再び、かつてのような日本になるのを許さない——という一つの枷としてである。しかしそれにもう耐えることはできないと考える者たち——権力の思いと計算こそが、いまでは社会党にまで狂言回しの役を与えた「改憲」へ進みつつあるいまの政局の姿をつくり出してきているのであろう。

つい「昨日」でしかなかった、貧しかった時からの五〇年の間の発展がもたらした「素晴らしい面」をもった変化はむろんのことだが、不明のままにつき破ることもできないままに迷わされてきたもっと重大な意味をもった歴史の部分を、すべての世代のいわばアンサンブルの力でここでこそ突破していきたいものだと思う。とくにアジアと「南」

との関係に、今度こそ自律的にわれわれ民衆の足をおき、これからの本当の「もう一つの日本」を描いていきたい。その智恵と創意と行動こそが今こそ問われているのではなかろうか。

（『月刊フォーラム』一九九五年一月号　山川暁夫）

命どぅ宝　いま平和を創る闘いへ
――あらためて「沖縄」から日米安保体制をうつ

燃えている沖縄と「戦後五〇年」

沖縄は燃えている。

沖縄は怒っている。

折しも日本の「戦後五〇年」だった一九九五年九月四日。一二歳のいたいけな少女が、三人の在沖米軍兵士にレイプされた。

人の一生では恥ずかしめられ、沈黙の時間にそれを封じこめたくなることがある。事実、そのようにして「悲劇」が表沙汰にならないで消えた事件も少なくない。

しかしこの少女は違っていた。人間としての屈辱を、女としての悲しみを二度と他の人々が味わされることがないようにと、事件の経緯のすべてを公けのものにした。

その勇気が人々をつき動かした。怒りはまず沖縄の女から、さらには沖縄全島の人々のものになった。そして翌一〇月の二一日、かつては「国際反戦デー」として、世界の、だからかつて日本の労働者・人民もベトナムでの米軍の侵略の不当に抗議した統一行動の日に、沖縄の人々は米軍基地がある宜野湾市の広場に集まった。怒りの火を燃え上がらせ、二度とこうした悲劇を許さないためにである。その数は、主催者の五万という予想を越えて、八万五〇〇〇人になった。宮古でも三〇〇〇人、八重山でも二〇〇〇人の集会が同時に開かれた。

沖縄一二〇万に対して、約一〇万。

日本の本土、沖縄の人がいう「ヤマトンチュウ」の世界に置き換えると、じつにざっと一〇〇〇万の人々が、一つの心に結ばれたのだ。基地をなくせ。犯人にはしかるべき罰を与えよ。沖縄を平和の島にしろ！　と。

ことが例外的な出来事だったら、これほどの怒りが爆発するはずがない。

だが沖縄の現実は違っていた。四〇年前の奇しくも今度の事件と同じ日には、「由美ちゃん」というわずか六つの女の子が惨殺される事件が起きた。まだ沖縄の復帰前のことだが、犯人は当然米軍の軍事裁判にかけられ、死刑の判決を受けた。しかし当の兵士はただちに本国送還。そこで刑が執行された証拠はない。沖縄の、とくに年配者の多くの念頭に、すぐ蘇ったのはその記憶だったという。それ以外にもどれだけの米兵の非行と犯罪が演じられ、沖縄人はそれを泣きねいりのままに捨ておかれてきたことか。

しかも年が明けてすぐの今年の一月七日には、今度は普天間基地所属の米兵の車が車道に突っ込んで、教会での礼拝を終えて帰宅中だった日本国籍をもつフィリピン出身の三六歳の金城ロジータさんとその一〇歳と一歳になる二人の娘を車でひき、死亡させる事件が起きた。これに対してフィリピンの民族民主戦線は、三人の死に「正義をもって報いることを要求する」としたメッセージを、戦闘的な大衆行動を起こしている日本人民への敬意を加えて、日本の人々に送ってきている。

むろんそうした沖縄県民の怒りの向こうには、かつての日本帝国主義のアジア侵略の最後の段階で、当時の沖縄島民八〇万人のうちの四分の一にあたるほぼ二〇万人が米軍の艦砲射撃で、あるいは逃げこんだ「ガマ（洞窟）」への火炎放射器の攻撃で命を奪われたという、隠しようもない現実がある。

しかもその犠牲者の圧倒的多数は、じつは「琉球弁を話すものはスパイとして射殺していい」という、当時の牛島・日本軍司令官の命令で行われたものだったのだ。

あの敗戦の年の二月半ばの段階で、すでに戦局の非をみて昭和天皇に「戦争の停止」を上奏した近衛文麿・元首相に対して、「まだ台湾・沖縄があるではないか。どこかで勝ち戦をしてからの話だ」といって聞き入れようとしなかったことは、今はもう秘密のことではない。

むろん日本本土もまた空爆され、最後には原爆まで投下された。しかし本土は直接の戦場にはならなかった。本土が米軍によっていわば「無血降伏」の経過をたどった前提には、累々たる「外地」での無名の将兵の戦死をふくむ犠牲だけでなく、沖縄民衆を見舞った惨憺たる犠牲と悲劇があったのだ。

沖縄はまた戦後、長い間、本土から切り離された。本土は実質はともかく、形式的には日本軍国主義と戦った全連合軍による「対日理事会」の管理下におかれたが、沖縄だけは米軍の全面的な軍政下におかれた。事実、一九四六年の一月二九日のGHQの「対日覚書」は、沖縄全体を米軍のみの直接支配下におくことを明記していた。米軍は指揮官から兵士に至るまで、日本本土は日本の敗戦の結果として「占領」したが、沖縄ならびに奄美は米軍の軍事力で奪取し、アメリカの領土にしたところという認識があったと思う。そしてその根幹は強弱はさまざまであり、また施政権の日本への返還などで変わってきているとはいえ、いまもなお引き続いていると思う。

あらためて述べるまでもないが、沖縄の現在四三ケ所の米軍基地面積は、一九七二年の本土復帰時の二万八六六一ヘクタールから若干減少したものの、現在でも依然として本土を含んでの在日米軍基地面積の七四・六%、二万四〇〇〇ヘクタールを超え、沖縄県全面積の一一・一%（沖縄本島だけなら二一%に近い）に及んでいる。沖縄本島の面積が、東京・神奈川の合計とほぼ同じだということから、この現実を受け止めよう。嘉手納町でいうと、その八三%が基地に収容されたままだ。また復帰時に三万九三五〇人を数えていた沖縄駐留の米軍数も、なお二万五六八七人という巨大なものとして残っている。しかも朝鮮戦争からベトナム戦争、湾岸戦争などの時のように、そのつど、沖縄は米本土の通過・中継・出撃・兵站・補給・修理の基地になり、それに伴う全島的緊張の中におかれたのである。

だから一九七二年の「本土復帰」――沖縄の施政権の返還からの二七年間でさえ、実に四六七〇件の米兵にかかわる事犯が起きた。ほぼ二日に一回の割。むろんこれは事件となったものだけの数であり、米軍駐留に関わる県民の被害は、こうした事犯の数だけで語れるものではない。日常的な、そして深夜、時には未明にまで及ぶ米軍機の緊急離発着訓練などによる騒音、国道越えの実射訓練、対低強烈度戦争のための実弾演習などが県民の日常生活とすぐ隣り合わせにして行われてきた。

例えば米軍機による騒音の問題をとりあげてみよう。『総点検・在日米軍基地』によると、一九九〇年七月一七日から二一日までの五日間の監視調査だけでも、九〇ホン以上の爆音が記録された回数が八二回、その累積時間は一二分に達したという。また同年一月から六月までの半年の夜間・早朝の騒音発生回数（七〇ホン、五秒以上の測定）は、午前七時から午後七時までで一万二六七八回、全体の八五・二%、午後七時から午前七時までが二二一〇回が同一四・八%に及んでいた。

また嘉手納基地からだけでも軍用機の離陸回数は年間ほぼ二万五〇〇〇回を越しており、軍用機の離発着の激しさとともに、それにつれての騒音の深刻さは、現場周辺に住んでいないものにも十分に推量のいくレベルといえるだろう。

こうした空軍基地における周辺住民にたいする騒音被害については、すでに石川県小松基地や神奈川県厚木基地、東京都横田基地をめぐる訴訟などでもとりあげられ、しだいに「日常生活上の被害は我慢すべき限度を超えている」として、一定範囲の住民に損害賠償を支払うよう、国に命じるケースが増加しているが、他方、「小松」訴訟の二審判決のように、環境庁の基準を上回るWECPNL値（航空機騒音指数）七五ホン以上八〇ホン未満の地域を損害賠償の対象から除外するなど、「受忍限度」を厳しくするとともに、原告側が提起した「自衛隊違憲論」などについては、「賠償の当否の判断には関係ない」として無視し、飛行の差し止めと将来の被害に対する賠償は認めていない場合が多い。

またその「受忍の限度」という認定の基準にしても、岡山県で先年施行された騒音規制を内容とする県条例で、規制の対象が七〇ホンとされていることをみれば、裁判上の判断の不当さは明らかだ。これを基準にすれば、住民が激痛音とまでいっている嘉手納基地など軍事基地周辺の騒音を、住民の日常生活における「受忍の限度」内にあるなどとは到底認定できるものではない。まして騒音の発生理由が、たまたまの状況ではなく、空軍基地というものの機能の幹にかかわるところからのものである以上、訴訟に関わる判決は、一般空港のそれと同列にではなく、またことの結果である騒音そのものについてだけでなく、そうした騒音を発生させている基地機能の原因にまでさかのぼって訴究するものでなければなるまい。

ところがこれに対して国側がこれまでとってきた見解の多くは、基地の機能には「公益性」があるとし、したがって多少の不都合が起きることを周辺住民側も容認するのが妥当だというものであり、当然ながら基地の「機能」への積極的評価を前提にするものだった。しかもその基地の機

能とは「平和と安全の維持」というような言葉だけで評価・解釈できるものではなく、究極的かつ基本的には軍事行動、すなわち一定の「人殺し」行為を効果的に遂行するということを根底の実体にしている。その端的な例が湾岸戦争などの経過における沖縄を含む在日米軍基地の役割である。

もしそれをしも日本国憲法に照らして妥当なのだと認定をするということは、日本国憲法が他国の住民の生命・財産・利益を侵害する権利を承認しているということになりはしないか。つまり騒音問題だけにしても、こうした軍事基地がもつ機能全体についての評定を、日本国憲法の立場にたって下すということと切り離して処理することなど許されるものではない。

だから今回のレイプ事件の衝撃を受けて、大田昌秀・沖縄県知事が、その就任直後の九一年とは異なり、基地のための土地収用の継続に関してとった知事による代行署名の措置を、九六年の主要措置の更改を前にして、今度はとらない姿勢を断固として貫いているのは、当然のことだ。また米軍駐留にかかわる日米地位協定の「運用」の手直しなどでことは解決させられるような筋のものでもない。すでに沖縄県民は、地位協定の改定そのものを求めだしているのだが、それは論理としても事実関係としても、日米安保条約の見直しと改定、あるいは破棄という問題に直結していく。それは当然のことだ。

しかし、そうなればなるほど、事はレイプ事件の補償などを含んだ司法的処理の問題であって、在日米軍の駐留や日米安保条約の更改・破棄などの問題ではないとか、あるいは沖縄県民の怒りは政府の沖縄へのこれまでの仕打ち、つまり中央と地方自治の関係の問題であって、直ちに日米関係の問題にするようなことではない——といった、もっともらしい言い分が、わが国の権力周辺やマスコミの論壇などからしきりに強調されるようになっている。また本土への基地の分散論も展開され出している。

そこで一貫しているのは、いずれにしても「安保」という本体には触れるべきではない、「安保条約」は日本とアジアの「平和と安定」の保障の要なのであって、そこに手直しを加えることは、不安定で不確定なアジア情勢の今後に「不幸」な結末をもたらすということだろう。「日米安保条約」の更改・破棄は、必然的に日本の軍事大国化、あるいは日本自身の核武装化にさえ発展していくのではないか——こういった選択の「土俵」をあらかじめ設定した上での恫喝にも近い「問題提起」であり、そしてそれがそのまま、アメリカがいう「安保の再定義」——事実上の新安保条約の画定の作業の一環に組み入れられてきているようにみえる。

いずれにせよ、阪神・淡路大震災に始まった「戦後五〇年」の節目の年は、まさしく歴史の転換期を象徴するような波瀾に満ちみちた年であった。

とくにその後半を特徴づけた核・沖縄・基地・安保そして日韓——これらは戦後日本の情勢の節目節目の根底にいつもあった問題群である。それが一時期に噴出し、社会と政治を揺り動かし出したことの意味するところは大きい。

もし当時の政権が村山「自民党」政権といえるようなぬえ的なものでなく、社会党と労働運動が曲がりなりにも、かつてのような、それなりにきっぱりとしたオポジションの立場を貫いていたなら、恐らく事態は六〇年安保闘争に匹敵するような状況を呈するようになったかもしれない。しかも「日米安保」の基盤そのものが脱冷戦期に入っている今、少なくとも従来どおりの論理の枠の中では、はるかに脆弱なものになってしまっている。だからこそアメリカの側自体も「安保再定義」なる問題を提起してきており、延期されはしたものの、この四月にはクリントン大統領自身が来日して、「日米安保共同宣言」を発表し、事実上の「安保改定」——第四次の「安保時代」に踏みだす予定である。「沖縄」から「安保」そのものを撃つ。これこそ今後の日本の運命にかかわる焦眉の課題であるだろう。

もともと「戦後五〇年」問題とは、五〇年前に終息したかつての日本の帝国主義戦争をどう評価するかという歴史認識と、それに伴って日本がなさねばならない必要な措置の完了を問うだけのことではなく、五〇年を経過した日本の「戦後」そのものの全体をどう総括し、どう転轍させていくべきかという問題をはらんでいた。その機軸にも「安保」がある。「安保」とはまずもって基地・核問題だが、それを含めて単なる軍事問題に止まるのではなく、わが国の国際的座標の選択と主権の問題、さらに人間が人間であり続けられるような日本社会であるかどうかを問う根本的な設問につながっているからだ。そしてそれを象徴し照射しているのが、沖縄の現実なのだ。

日米安保体制とは何だったのか

このように戦後沖縄に数多くの米軍施設がつくられ、巨大な米軍がほぼ半世紀近くも駐留し続けたのは、戦後の米軍事戦略が時々の情勢に応じて微妙な変化は伴っていたとはいえ、一貫して反ソ・反共の「前方展開戦略」という構想の下に構築されてきたからだ。

一九四七年にアメリカ政府はトルーマン・ドクトリンを採用し、世界反共体制の維持のための国際的憲兵の役目をアメリカが公然と担うことを宣伝し、それに基づいて一九四八年一月には米陸軍のロイヤル長官が「日本を反共の防波堤にする」ということを明確にした。日本そのものを、反ソ・反共の極東最大の米軍基地として機能させる方向が確立したのである。

しかし沖縄が日本の「講和独立」後も日本国家の主権から分離されたのは、たんに反ソ・反共の軍事戦略上の判断からだけではなかった。「アメリカにとって沖縄は、対共・対日の二重の意味から重要な地点であり、日本に社会党・共産党の権力ができた時には、対日監視の場として復活するだろう」と、サンフランシスコ講和条約締結当時の自民党・沖縄特別対策委員長だった野村吉三郎参院議員（元海軍大将）が述べたことがある。

改めて述べるまでもないことだが、「安保体制」の是非を問うために、まず三つのことを指摘しておこう。

第一は、それに賭けたアメリカ帝国主義の意図。何のためにその条約が締結されたのかという問題である。第二は、その構造。そして第三はその変遷。つまり世界情勢の推移の中の日米安保条約の意味と役割の変化である。

日米安保条約が調印されたのは、一九五一年一〇月のサンフランシスコ講和会議の開催のおりである。当時、日本は事実上、米軍の占領下にあったが、先にも述べたように、日本と戦ったソ連も形の上では加えた「連合軍」による対日理事会の支配下にあった。だから勃発した朝鮮戦争に対処して、日本全土を米軍の作戦・戦闘基地として独占的に全面活用するために、この「連合軍」管理体制を排除しようとしたのは、アメリカとしてはある意味で当然の選択だった。

その狙いを実現する米国にとって最善の道は「日本をして講和・独立させる」ことだった。そうなれば、占領軍はすべて日本管理から離れる。但し、米軍は残る。この芸当を実現させたのが、一九五一年一〇月の片面的な対日講和条約と同時に締結された日米安保条約だった。「世界にはなお軍国主義的勢力が存在する」「しかし日本には防衛力はない」――だから「米軍が日本の安全を保障する」。第一次安保条約の文脈はごく簡単にいうと、こうしたテーゼから成っていた。その上で「岡崎（当時の日本外相）・ラスク（当時の米国務長官）交換公文」などで、米軍は占領下に保持していた施設・区域、つまり軍事基地とそこでの特権を米軍側が必要とする限りそのまま継続使用できることにした。しかもこの日本の独立は、沖縄の施政権だけは除外しておくという条件の下である。

この講和会議で特筆しておくべきことは、会議の冒頭で演説したトルーマン大統領が、講和会議が「日本のすぐ隣で起きている事態（朝鮮戦争）に対処すべく開かれたものである」ことをまず述べ、その途中で「やがて日本に作られるであろう防衛力がその隣国（韓国）の軍事力と結合することになろう」と予告し、最後に「日本との講和に続く最大の措置は、日韓の国交樹立である」としていたことである。事実、日韓国交のための交渉は、講和条約締結の翌日からアメリカの斡旋でワシントンで始まった。つまり安保と日韓関係とは初めからワン・セットだったのだ。

この日米安保条約と米韓相互安保条約、さらに米比相互安保条約は一九四九年の欧州におけるＮＡＴＯ締結に現れていたアメリカの世界戦略に連動していた。いわゆるトルーマン・ドクトリンの具体化である。そしてさらにそれは

フランスがインドシナから撤退を余儀なくされ、代わって乗り込んだアメリカがベトナムを軸に作った一九五四年のＳＥＡＴＯ（東南アジア条約機構）、翌五五年の中東地域でのＣＥＮＴＯ（中央条約機構）、さらにＮＡＴＯ、アラスカからアリューシャン列島の軍事ラインともつながって、北極圏からみると一目瞭然だが、ソ中・社会主義諸国を取り囲む全世界的な外線包囲戦線を構築することになった。

この五五年には旧ソ連と東欧圏諸国との間でも、ワルシャワ条約機構（ＷＴＯ）の創設をみている。つまりこの一九五五年をもって、俗にいう米ソ対立・東西対立の「冷戦構造」――「世界的な五五年体制」が軍事面で完成したのだといっていい。そしてその「冷戦構造」の鎖の中の「リンチ・ピン（つなぎの止め金）」の一つとして、日米安保条約――いいかえれば沖縄を含む在日の米軍基地が戦略的に位置づけられたということができる。つまり日米安保体制とは、その外線包囲網の鎖の一環の役割をもって構築されたのである。当時日本は、ソ連の軍事力がこの包囲網を突破しようとした場合の攻勢力の五ないし一〇％を〝吸収〟する運命を担わされていた。信じ難いことかもしれないが、だからもし日本をソ連が占領した場合、米軍が日本を攻撃し、再占領するプログラムさえ、当時の米軍は準備していたという。

かつて公開されたことはないが、米軍はベトナム作戦の場合などでもそうだったが、日本についても、ほぼ二キロ

間隔程度の格子縞に線引きした地図をもっている。それは日本がソ連によって軍事占領されるような最悪の事態が起きた場合には日本を米軍の側から攻撃・破壊することを想定しての軍事作戦用の地図だ。かつてNANA通信東京支局長レイ・フォークが、在日米軍高級幹部の談話として、「われわれは日本を守るために空の防衛線をひいていると いう自己欺瞞などをもってはいない。われわれがもっているのは、前進基地――これが侵されたらあらゆる攻撃手段がソ連にむかって殺到するという前進基地なのだ」(五八年一〇月一六日付『東京新聞』)と書いたことがある。また後に米国務長官になったH・キッシンジャーも、アイゼンハワー大統領時代の軍事顧問をしていた時に、こう述べた。「もし、われわれがソ連との全面戦争を行うとすれば、我々は日本の基地を必要としない。日本に基地があれば便利だが絶対に必要というものではない。これらの基地は、極東において発生する局地的な戦争の場合に意義があり、そしてそのような状況下では、基地は絶対的である」。自由主義体制を守るため、日本の安全に寄与するといったことは、その初めからほとんどウソだらけのいい分であり、あったのはアメリカの反共の旗による覇権と国益の保障と日本の支配以外の何物でもなかった。

ところで、そうした狙いから生まれた「日米安保体制」は、全一〇カ条の安保条約本文でだけ規定されているのではない。米軍駐留に関する行政(現地位)協定、「日米基本労務契約」あるいは膨大な量の交換公文、合意書、合意議事録、さらに米軍の駐留を保障するための刑事特別措置法や民事特別措置法など、わが国の法体系にまでおよぶ一〇〇〇を超える諸文書で、いわば「網の目」のように綴られている。

そしてその核心をいえば初期の「行政協定」の第三条に認められていた文言――「米軍は提供された施設・区域において権利・権力・権能をもつ」ということに集約される。つまり星条旗のひるがえる所にあるのは、米国の権力である。だから日本政府でも基地への立ち入り検査権はない。しかもこの行政・地位協定は、米軍の権利が必要に応じて「施設・区域外」に及ぶこと、米軍の移動についての路線権――基地内と同等の権利――をもっていることなどを認めている。しかも安保条約本体は講和条約とともに国会で一応は審議・採択されたが、行政協定、地位協定などの付属の諸文書は、国会での承認案件の対象にされてもいない。沖縄だけではないが、沖縄で露骨に実際のものになって日常化してきていた実態は、すべてこの権力・権利関係から発している。

例えていうなら、日本人はあたかも「籠の中の鳥」のように「安保の檻」の中で生きさせられてきたといえよう。「安保は空気のようなものだ」と「安保再定義」の米側責任者のジョセフ・ナイ国務次官補は述べているが、その言う所とは違うとしても、まさに「安保は空気のようなもの」として、日本をこれまで日常的に取り包んできたのであり、それに保障されながら沖縄・横須賀などの基地から米軍はアジアと世界の戦争に出動していった。

戦後世界で、世界情勢を大きく左右する意義をもった戦争が、欧州（昨今のボスニアは別にして）や中南米・アフリカで起きていないこと、朝鮮戦争にせよ、ベトナム戦争にせよ、そして九〇年代に入っての湾岸戦争にせよ、普通は中東と呼ばれる西アジアを含んだアジア地域ですべて起きたことは銘記すべきことだ。そしてそれらにアメリカの戦争マシーンが関与し、その米軍の動きの度ごとに日本は「儲かり」、今日の経済的「成功」の土台を与えられてきた。わが国は決して「平和国家」などではなく、アメリカという戦争マシーンに食らいついた「小判鮫」のように生きてきたのであり、歴史始まって以来これほど狡猾な「戦争共犯国家」はなかったのではないか。それを「保障」したのが「安保」である。

それにもかかわらず、日本の政府と裁判所は「安保」が日本の安全の保障であり、先にも述べたように、基地の存在は「公益」に属すると強弁してきた。だが戦争——人殺しが「公益」だという思想を、日本国憲法はどこで容認しているのか。一方で憲法九九条には、天皇から政府閣僚・裁判官・公務員のすべてが「憲法尊重と遵守の義務を負う」ことが明記されている。一少女を見舞った悲劇を前にして日本人のすべてが、戦後五〇年、こうした逆立ちした関係の中に日本の政治があり、日本人の普通の感性が作られてきたことに粛然たる思いをいたすべきではないか。

第三の問題に移ろう。

第一次の安保条約が事実上「占領」の継続である反面、日本の軍事力がないことを論理の前提にしていただけに、本質的には基地貸与協定だったことについては、すでに述べた。しかし先に指摘した「世界的な五五年体制」を固めるには、それだけで十分だったわけではない。日本の責任と対米協力の義務を明らかにした「安保条約」の実質を発展させる必要があった。それがまず朝鮮戦争の休戦と日本に警察予備隊の名の軍隊の卵がつくられた後の一九五四年に調印された「日米相互防衛援助協定（ＭＳＡ）」と、自民党の成立（保守合同）によるいわゆる「五五年体制」の発足だった。

しかし世界的な「五五年体制」としてのアメリカの「外線戦略網」の効果は、五〇年代には早くも動揺をし始める。

第一に、ソ連の側が先に水爆を開発し、同時にアメリカ本土に直接到達する能力をもったＩＣＢＭ（長距離ミサイル）を保有したからであり、第二には、対ソ・対社会主義の軍事的外線（包囲網）外側の地域に、当時すでに「ブラック・アフリカの時代」といわれたような「民族独立の大波」が起きてきたからである。アメリカの軍事・政治世界戦略は、今日の用語でいうなら第三世界地域に沸き立ちだした「民族解放・反米運動」の高まりにも対応することを必要とするようになった。米ソ冷戦の「五五年体制」が世界的に構築された年に、インドネシアのバンドンで非同盟諸国の首脳が一同に会して、いわゆる「バンドン十原則」の声を上げたことは象徴的なことだったといえよう。そしてこの第三世界地域における反米・独立の闘いの前進が、アメリカにとってどんなに厄介な事態だったかを明らかにしたのが、五九年のキューバ革命の成功であり、当時のソ連のフルシチョフ首相がやがてその革命キューバに、アメリカに狙いを定めたミサイルを配備したことであった。

つまり五五年までにソ連や社会主義諸国を包囲する軍事基地網を完成していたアメリカは、この段階ではソ中などの「社会主義陣営」からと、後背の「民族解放闘争」の波の攻撃に挟撃される形になったのである。アメリカとしてはその双方に軍事的に対応することを余儀なくされた。そのためにはしかしもはや、たんに「社会主義陣営」包囲の「外線戦略網」を維持することだけでは足りない。その悩みの大きさを当時のアメリカの国務長官F・ダレスが「苦々しき戦略の再検討の必要」という言葉で語ったことがある。

そしてその戦略の「苦々しい」再検討の結果として登場してきたのが、日米安保条約の改定――つまりそれまでの第一次安保条約が、「日本には軍事力がないので、米軍が日本を守るために駐留し続ける」といった論理の上にたっており、だから日本に双務的な軍事的役割を求めるものではなかった状況を解消し、日本の軍事義務をより明確にしたものに、日米安保条約の体系を変更するということだった。

こうしてアメリカは、すでに五七年に、「安保改定」の意図を示唆し始め、それは六〇年に実行された。こうして生まれた第二次安保条約は、日本との経済協力の関係を前面に押し出すとともに、すでに軍事力をもった日本をして、社会主義包囲の戦線の外周にわたる「極東の平和と安全」の維持のために寄与させる内実をもつものになった。以後、六五年には日韓基本条約が締結される。そして同時にアメリカ自身はすでに五〇年代半ばから開始していたベトナムへの干渉を、公然たる戦争にまでエスカレートさせていった。また六二年には米原潜の日本寄港問題が浮上し(実現は六四年)、六三年には朝鮮戦争の再開を想定に入れた「三矢作戦計画」が日米軍部間で秘密に策定されもした。こうして、「日本なくしてベトナム戦争なし」と、後にこの段階の駐日米大使ライシャワーが言った現実が作られていったのである。

さらにベトナムでの米軍の行動が泥沼に入るや、そこから足を抜き「アジア人同士で戦わせる」(ニクソン・ドクトリン)という観点でのベトナム戦争の終結に向かってアメリカがとった選択が、敵対していた中国と和解して「ベトナム和平」の片棒を担わせ、同時に中ソの敵対関係を助長させることであり、さらにポスト・ベトナムの段階に備えて、日本の極東における役割をさらに決定的なものにするために、沖縄の施政権を日本に返還することによって日本自衛隊を西太平洋の南部の方向に引き出すことだった。

　いずれにせよ、こうした国際情勢の変化を背景にして、六〇年に日米安保条約は改定された。改定の新条約は、「極東における平和と安全」の維持を名分にする米軍の軍事的役割と自衛隊増強を一層強く謳うとともに、日本に武力攻撃があった場合の日米共通の対処と行動の義務を明記し、核持ち込みを構造化することにした。

　そしてその上で一九六五年以降は、アメリカはベトナムへの軍事行動に専念することとなる。なぜならソ連のミサイル配備などで切実なものになったキューバ危機は、フルシチョフの後退で回避されたが、五四年以降フランスに替わって軍事的に米軍が介入していたベトナムでは、五九年の南ベトナム解放民族戦線の旗揚げが象徴したように、米軍が泥沼に入る兆しを強めていたからであり、そこでの敗北はアメリカの第三世界地域解放の闘いに対する敗北と、結果として第三世界諸国と「社会主義諸国」の連携の強化を招く危機に通じていくと認識されていたからである。ここからかつて朝鮮戦争の際に、沖縄を含む日本全体が出撃と補給・兵站・修理などの基地になったのと同様、今度もまた沖縄を含む日本全体がベトナム戦争の最大の基地としての機能を果たさせられたのである。

「沖縄はいかなる尺度からみても、極東におけるわれわれ（アメリカ）のもっとも重要な単一の軍事基地である。これを失えば、われわれのほとんどすべての要素を大幅に変更することが避けられないであろう。……軍事面からの沖縄の価値は、いかに力説してもしすぎることはない」（一九六二年五月一六日、米下院軍事委員会提出報告書）。

「もしも、アメリカの軍事政策立案者たちが、極東においてアメリカの堅持すべき一群の基地を選ばざるをえないとすれば、かれらは全員一致して、一刻のちゅうちょもなく琉球の名をあげるものと確信する。アジアの多くの地域にみられる、自由世界の利益にたいする現在の挑戦は、間接侵略と破壊活動という形をとり、そしてわれわれは、沖縄がこの新しい脅威に対処する上で、予期を上回る重要な役割を果していることを知っている。沖縄では数千エーカーの土地が訓練と実戦用の基地に変わっている」（一九六二年五月九日、米下院軍事委員会、W・バンディ国務次官補証言）。

　同時に、この段階以降の日本（沖縄）の基地の役割については次のことを指摘しておく必要がある。すなわち、五〇年代までの米軍事戦略では、主要にはソ連・中国の軍事脅威封じ込めが第一義的課題だったが、五〇年代後半以降の、つまり第三世界地域からの脅威にもアメリカが並行して対処せねばならなくなった段階以降の時期においては、もはやソ連・中国の「外線」からの空軍その他による攻撃、別のいい方をすれば、ソ連・中国に接した陸上の固定基地をもって攻撃ないし反撃する態勢をとるだけでは足りなくなったということである。さりとて第三世界地域の全体にわたって新しい軍事基地網を形成するという余裕は、軍事的にはむろんのこと、経済的（財政的）にもすでに失われていた。アメリカの「ドル危機」はすでに六〇年代初頭から始まっていた。

こうしてアメリカの世界軍事体制は、陸上の固定基地に加えて、当時ようやく実戦配備に入った原子力潜水艦によってようやく補完されることになる。原潜とは別の言い方をすれば、「動く核基地」のこと。こうして日米安保条約の改定直後の一九六一年の初頭、当時のマッカーサー駐日米大使は日本政府に原潜を寄港させたい旨を通告、やがて一九六四年一一月一二日、米原潜「シー・ドラゴン号」が佐世保に初入港することになった。

この原潜をもってする新しい米核戦略について、発案者の一人であるO・モルゲンシュタイン教授は、その著『米国国防の諸問題』で次のように書いている。

「われわれ（米国）が基地を設定したことが近くの都市の運命を宣告する。このことは人口密度の高い海外の基地では、一層当てはまることである。これらの都市は、結局敵の攻撃を免れない。しかし、かれら（たとえば日本人――引用者）は、みずからを離脱させることはできない（引っ越すわけにはいかない）。……とすればわれわれ（アメリカ）はどうすればよいのか。答えは簡単である。われわれの基地を水中に、海上に、そしてその上空に配置することである。これを海洋システムと呼ぼう」

先にキッシンジャー教授の所見を紹介したが、ここではもっと露骨に海外基地の役割と機能が語られている。有名な米原子力学者のラルフ・ラップ教授の名著『核戦争になれば』（岩波新書）も、こうした米原潜戦略の本質を「水に潜った抑止力。海なら基地料要りはせぬ。その上本土と無関係」と巧みに表現している。基地には防衛の意義があり、その意味で「公益性」をもっているのだから、その基地の存在にかかわるさまざまのトラブルもまた容認すべきだという見解が、どんなにかってな幼い思い込みで一知半解のものか――は、これだけでも歴然なことだ。

ベトナム戦争と沖縄の祖国復帰

ところで六〇年代、とくにその後半以降を特徴づけたベトナム戦争の経過の中で、沖縄を含む日本の米軍基地の役割は、もう一つ微妙な変化を遂げた。具体的にいえばもはやベトナム戦争への出撃その他の基地としての役割が、七〇年代後半以降は消えたということである。それはアメリカがベトナムでついに完全な敗北を喫した事の当然の帰結だった。アメリカは六〇年代末にはもはやベトナムの泥沼から足を抜くことを模索し、その結果の選択として、ニクソン・ドクトリンが示したように、「アジア人をもってアジア人と戦わせる」戦略に移行するとともに、そのための「救いの神」を中国に求めて、それとの「和解」という戦後政治戦略上の大転換に打ってでた。それが戦後を一貫してきたソ中を一つにした敵視政策からソ中分断の戦略への変化でもあったこと、同時にアメリカのアジア戦略において、ますます大きく日本の負担を迫る方向への移行でもあったことは、ほとんど常識のことに属しよう。そしてその結果の一つが、七一年のキッシンジャー国務長官の密かな訪中に始まる「米中国交回復」の動きであり、もう一つが七二年五月に実現をみた「沖縄の施政権の日本への返還」であった。またそれは、日米安保条約が七〇年をもって一〇年の固定有効期限を終え、日米いずれか一国が廃棄を通告した場合には一年後に廃棄されるという条約に自動的に変わったということにも対応していた。

沖縄の施政権返還が日米間の協議事項に浮かび上がったのは、すでに六七年の段階だった。以後日米交渉が続き、その間にアメリカは中国をにらむ形で沖縄に配備されていた「メースB」ミサイルを撤去する。同時に後になって明らかになったことだが、六九年当時の公文書で、ニクソン政権は「核積載艦の寄港は、日米安保条約による事前協議の対象外」にすることを決定していた（九二年五月一一日）。その上で、実際がどうだったかは別にして、沖縄の施政権の返還に当たっては形の上では「沖縄からの核抜き」を認めることが合意された。さらに七五年のベトナムからの最終撤退とともにベトナムに出撃していた駐沖縄の米軍はすべて沖縄その他に帰還した。

しかしそれで沖縄基地の軍事的比重が多少とも軽くなったわけではない。ベトナム戦争終了の翌年から、朝鮮半島南半部を戦場に想定した米韓合同演習「チーム・スピリット」が開始され、以降年々その規模を拡大したし、後に「エア＆バトル作戦」として喧伝されたような演習内容の空地一体の実戦化が次第に拡張していった。このことが示すように、在日の米軍基地、とりわけ沖縄基地は、直接の軍事出撃こそしばらくなかったものの、アジア全域とくに朝鮮半島情勢に対処する実戦的役割を一段と強めるものになった。

また日本についていうと、沖縄の返還は、日本の行政権だけでなく、返還時に締結された「沖縄の直接防衛責任の日本国による引受けに関する日米取り決め」に基づいて、日本自衛隊が直接に防衛管轄すべき地域に編入されることになった。ここにいう「直接防衛」とは、事が起きた場合には「直ちに」という意味と、日本自衛隊が直接に沖縄の米軍の存在を防衛するという意味とを合わせもっている概念である。六〇年改定の第二次日米安保条約で、日米間には「武力攻撃」があった場合の双方の協議すること（第四条）が明記されていたとはいえ、なおかついわゆる地位協定その他の付属の議定書、交換公文・合意書などのどこにも、日米軍部の直接協同行動についての取り決めはなかったのに対して、沖縄返還とともに日米安保条約の実態において、ついに日米共同作戦態勢が初歩的とはいえ、協定による取り決めという形で確立したのである。しかも返還に伴って、沖縄に配置されるようになった自衛隊の数（七二年七月一日までに六八〇〇人）は、本土の人口に置きなおせば、じつに九〇万の軍隊にも相当した。沖縄の米軍と米軍基地実態にみるべき変化もないままの、この自衛隊の存在による住民生活への圧迫の重みは大きい。

つまるところ沖縄の返還は、六九年九月二五日に当時の佐藤栄作首相が松江市での一日内閣の席上、「今後アジアの安定に主役を果たすのは、日本であり、アメリカはむしろ側面協力することになろう。戦後日本民族の活力は好むと好まざるとにかかわりなく、四つの島にのみ限定されてきたが、沖縄返還によって、鹿児島からはるか一〇〇〇キロも離れたところに一〇〇万の同胞が生活を営んでいることが現実のものになる」と述べたように、また当時の愛知外相がアメリカを代表する『フォリン・アフェアーズ』誌で「沖縄が返れば、戦後が終わり、日本の力は万全のものになり、アジアで責任を担う用意が整う」と書いたように、沖縄への本土資本の進出であり、同時に自衛隊の日本領域南方への画期的な進出でもあったのだ。そしてそれこそが、ベトナムで敗北したアメリカがその後のアジアの「安全保障」のために日本に求めたことでもあった。

かつて一九六三年の春、第二の朝鮮戦争を想定した日米軍部の秘密計画である「三矢作戦計画」の策定に米側を代表して参加した当時の米国防次官R・ギルパトリックが帰国後の同年の四月二三日、ニューヨークの「オーバーシーズ・ライターズ・クラブ」で次のように講演していたことがある。

「アメリカは、日本が太平洋西北部の防衛負担をこれまでより多く受け持って欲しいと考えている。これには琉球を含み、フィリピン、豪州の防衛努力を補強することもふくまれている。とくに日本が、将来、おそらく朝鮮半島の一部をふくむ区域を守るのに十分な〝監視戦力〟をもつことを期待している。そうすれば、韓国にもう一度紛争が起こった場合にも、アメリカは師団を増強しないですむだろう。このような考え方は二年前は日本政府によって受け入れられないものであった。しかしワシントンでは、日本が非共産世界の偉大な工業国の一つとしての役割を果たすべきだとするならば、経済的・政治的強さとともに、軍事的にも強くならねばならないと感じているとの印象が抱かれている」。

今日の状況がこのとおりとはいえない。しかし沖縄返還が何であったか、そしてまたそれが沖縄の位置にどんな意味をもつものだったかを、このギルパトリック次官の発言は隠すことなく語っていたといえるだろう。

ガイドライン安保下の沖縄

ところでベトナムでの完全敗北後の一九七五年夏、アメリカは日本に対して「日米共同作戦調整所」を設置したいとの非公式提案を行った。これは前記「三矢作戦計画」文書に、朝鮮戦争再開近しの段階で設置すると明記されていた「日米作戦調整機構」に相当するものだった。

そうしたことの重要性を理解してか、この申し入れをうけた当時の三木内閣は、にわかにはそれに同調せず、かえって岸内閣以来四次にわたって続いてきていた三年ないし五年ごとの「(所要)防衛力整備計画」による軍事増強の施策を、「基盤的防衛力」の整備を主眼とする「防衛計画大綱」に変えるとともに、年次の軍事費をGNPの一%に限定するとの方針を決定し、その一方、アメリカに対しては当面協議のための委員会を「日米防衛協力小委員会」の名前で設置して、問題の検討に入るとの代案をもって臨んだ。そしてその検討が秘密に進められて二年。そこでまとめられたのが、七八年一一月二七日に福田内閣の下で閣議承認となった「日米相互防衛協力指針」――俗にいう日米の「ガイドライン安保」だった。

しかしこの「ガイドライン安保」こそ、実質的には「条約の明文改定なき改定」、第三次日米安保条約の締結といってもいいもので、これにより日本は、まず「日本以外の周辺の領域・領海・領空」の防衛責任を担うとともに、日本への「武力攻撃があった場合(現行安保条約の文面)」から飛躍して、その「おそれがある場合」にも、日米が協議し対処すると変えることによって、安保条約による体制を日常的に共同軍事行動を義務づけるものへと「格上げ」したのである。そしてその実体をなす課題として鈴木内閣による「シーレーン防衛」義務の承認、あるいは続く中曽根内閣当時の「日本列島不沈空母」論や「三海峡封鎖」論などが浮上するようになった。ここにいう「シーレーン防衛」とは、東京からグアムまで、大阪からバシー海峡までのそれぞれ一〇〇〇海里の航路帯とそれで囲まれる水域を防衛するというもの。つまり東京中心にほぼ半径一〇〇〇海里に及ぶ海空水域全体に、日米共同作戦の能力を及ぼせるということであり、「日本列島不沈空母」とは、当時のアメリカの報道がいみじくも解説したことだが、日本列島を丸ごと米戦略の「防衛障壁(インターセプト・バリア)」にするということであった。先の「ガイドライン安保」と関連させていうなら、日米安保条約体制が、まさに「アジア太平洋安保」の実体を備えるものになることが義務づけられたのである。

以上のように、沖縄基地を含む日本の米軍基地の役割は、アメリカの戦後一貫した「前方展開戦略」の下にありつつ、しかもなお対ソ・対中を基本にした基地機能から次第にアジアを含む第三世界地域の動向に対処するものへとシフトしてきた。逆にいうと、ここに一貫している事実は、それが日本の防衛ということを実体的な内実にするのではなく、つねに侵略（侵略という表現が誤りというなら他国・他地域への軍事出動）の基地であり、他民族への抑圧の基地の機能をもち続けてきたということなのだ。

これは八五年以降に進み、八九年の地中海のマルタでの米ソ首脳会談での「冷戦を越えて」の合意で歴史的段階を迎えた後の世界的な冷戦体制の溶解の情勢下でも変わることはない。それを鮮やかに示したのが、九一年の一月に開始された湾岸戦争をめぐって沖縄を含んだ日本の米軍基地が果たした役割である。

九〇年八月二日にイラク軍によるクウェートへの武力攻撃が開始されるや、八月七日に早くもサウジアラビアに向けて完全武装の部隊を乗せたC130が、また八日にE3空中早期警戒機（AWACS）二機が嘉手納から中東に出撃したのを皮きりにして、沖縄からの武装兵力の派遣が相次いだ。在日海兵隊の在沖米軍のスタックポール司令官が、湾岸での米軍の直接軍事行動が開始された直前の九一年一月一六日に、大田昌秀・沖縄県知事に述べたところでは、「沖縄から約五〇〇〇人が出て、さらに三〇〇〇人が出ていった。そしてその代わりに予備役が二五〇〇人来た」。結局沖縄からは、沖縄駐留米軍の約四分の一に相当する八〇〇〇人が中東に出撃していったことになるが、これに沖縄を経由した米軍を含めると、その数は計約一万八〇〇〇人に達したという情報もある。

沖縄から派遣された主な部隊は、第三海兵遠征群第三海兵師団の第四海兵連隊、第九海兵連隊、第一二海兵連隊などの歩兵、砲兵、戦車、水陸両用車、後方支援部隊、第三六海兵隊航空群の攻撃・輸送ヘリ部隊、海軍工兵隊、第三七六戦略航空団のKC135空中給油、組織整備部隊、陸軍特殊部隊グリーンベレーなどであった。

むろん中東にかかわったのは沖縄駐留の部隊だけではない。佐世保基地からは一〇〇回以上の弾薬の搬出が行われ、横須賀からは第七艦隊旗艦「ブルーリッジ」や空母「ミッドウェイ」など、同港を母港にする第七艦隊の艦艇八隻のうち七隻までがペルシャ湾に出動した。「ミッドウェイ」は当時の中東に展開した空母群の指揮をとり、みずから三三〇〇回もの空爆を行った。「日米安保報告書」は、この点に触れて「日本を基地として活動する米海軍は、世界で最も優秀な艦船修理施設のいくつかを利用でき、その真価は〝砂漠の楯〟〝砂漠の嵐〟作戦での空母「ミッドウェイ」戦闘団の派遣においてはっきりと示された」と書いている。湾岸戦争に向かって在日米軍基地が一斉に動いた一九九〇年、厚木基地で行われたNLPなどの訓練騒音の記録は四万一〇〇〇件。これだけの訓練をしたのち、「ミッドウェイ」は中東に向かっていったのだ。またイラクにむけて発射された「トマホーク」や「パトリオット」などのミサイルも、これらの艦上からのものであった。しかもペルシャ湾への出動の米海軍の総指揮をとった第七艦隊の司令官へンリー・H・モーズ海軍中将が「洋上封鎖艦隊司令官」に任命されたのは、イラクのクウェート進攻が開始された八九年八月二日に先立つ二ケ月も前。この時期、テレビのニュース23（TBS）が、広島に近い呉の軍港に中東向けの米軍の弾薬荷積みの艀が一時停泊していたことを報じてもいたが、こうした事実関係は、果して湾岸戦争がイラク側の奇襲に始まったものだったのかどうかに重大な疑惑をもたせることだった。

いずれにせよ、沖縄を含む在日米軍基地は、かつての朝鮮戦争やベトナム戦争と同様、米軍の有事出撃の最大の基地として湾岸戦争の際も機能した。とくに湾岸戦争と沖縄基地との関係にかかわって補足しておくと、米軍が中東とアフリカを対象にした「中東軍統合司令部」を発足させた時に、在沖縄の海兵隊がその有事展開部隊として編入されたのは、すでに八三年のことだったことである。それが沖縄から湾岸にも出撃した「遠征軍」である。そして世界の石油の宝庫の地帯に、『USニューズ＆ワールド・リポート』の報道では、米軍は四三日の作戦期間にじつに一四万一四九一トンの破壊量を叩きこんだ。かつての東京空襲で東京の下町が焼け野原に化した時の破壊量が一八一九トンと記録されているのに比べれば、その破壊量の巨大さを推測するに難くない。

その結果として、多くの日本国民が衝撃を受けて見た「ペルシャ湾での油まみれの水鳥」の悲劇なども生まれた

が、これについて九一年の大晦日の「テレビ朝日」が報道した特集によると、九一年一月一七日の湾岸戦争開始の当日、米軍が空軍機とミサイルで、当時イラクが抑えていた三七ケ所の石油基地を総攻撃した結果、油がペルシャ湾の岸辺に流出していったものだったという。イラクのタンカーが沈没させられ、ペルシャ湾に油が流れたのも事実だが、そうした洋上の油が湾岸のいずれかにやっと流着したのを、日本のマスコミが衛星からとった写真を加えて報道したのは、実に九一年の三月八日の夕刊。すでに直接の軍事行動は二月末で終了していた後のことだった。ちなみにクウェートで燃えた油井の六〇％もアメリカ側が放火したという報道もある。

イラクのフセイン大統領の非は非としても、もともと同一民族であり、わずか三〇年前にイギリスがその都合でクウェートを国家を名乗る国家に仕立てた地域への、もともとの主権国家であるイラクが攻撃を加えたことを、古典的な意味における「侵略行為」だと即断して破滅的な反撃をし、多数の市民を「人道」とか「正義」の名で殺害したことが、国際法に基づいて妥当だったかについて、今ではもう歴史の過去のことにされがちだが、なお大きな疑問が残る。そして沖縄はまたしてもこうした一方的なアメリカの侵略行為の軍事行動の出撃基地になったのである。

沖縄は——だから日本そのものもだが——そもそも「平和の島」などといえたのかどうか。外に侵略があれば、内

に人権の無視・破壊と抑圧がある。これが古今東西異なることのない鉄則である。

つまりくり返していうが、沖縄を含んだ日本の基地は日本を守るためのものではなく、いざ戦争となれば——少なくとも、これまでの「冷戦時代」には、ソ連などに対する「初発攻撃」の基地であり、そうでなければアジアなどへの攻撃・前進の基地としての役割をもつものだとされてきたのである。日米安保条約とそれによる米軍の軍事基地の存在は、日本を守るためのものと説明されたし、され続けてきたが——そしてそう信じることは自由だが、実態としてのそれは、かつてはアメリカの対ソ・対社会主義国向けの攻撃基地と同時に、まさにアメリカの「防波堤」としての機能をもたされていたのである。だからこそ、沖縄でもそうだが、米軍とその家族はこれまでも、そして今でさえ、彼らだけの「核防御の訓練」を積み重ねてきたのだ。そうしたアメリカの「前方展開戦略」の最前線におかれ、したがって米極東戦略の「キイ・ストーン（かなめ石）」という言い方でその軍事的価値を米軍自らが表現してきたのが、他ならぬ沖縄であり、沖縄基地の役割だった。

「脱冷戦」時代の沖縄と日米安保の役割

以上のように「安保」は、その条約の文言そのものには手を加えることなく、新しい取り決めを次々に上乗せする形で、情勢の節目ごとに強化されてきた。ガイドライン安保以後の主だった動きでいえば、その後の軍事計画が五年ごとの中期防衛力整備計画として編成され、かつ三年ごとにそれを見直す形で運用されてきたこと、加えて米軍駐留に関する「特別協定」という形でいわゆる「思いやり予算」が急膨張し続けてきたことである。むろん「ＰＫＯ」法の成立とそれによる自衛隊の海外派兵もう一つの大きな転換だった。

そうだとすれば、一九八九年の「ベルリンの壁」の崩壊、つまりソ連を主敵にしてきた「冷戦」の時代の終息が、「安保条約」にさらなる見直しを迫ってきたのは、当然の成り行きである。しかしこの一九八九年はまた日本では「昭和」の終わり、「平成」の始まりの年であり、その直後の湾岸戦争をめぐる動きと日本の政局そのものの転換——いわゆる「五五年体制」の崩壊を含めて不安定政権の連続が、「冷戦」後の日米関係の新しい構築の作業を必ずしも容易にするものではなかった。そこを超える。それが今日の「安保再定義」といわれる言葉で追求されようとしていることなのである。

だが米軍が依然として世界の盟主国家としての戦略を遂行していくためには、アメリカの世界的ヘゲモニーの後退と、戦後長く続いてきた「冷戦」構造の崩壊の後では、当然ながら同盟国の協力と動員を必要とする。そのもっとも重要な対象が、「アジア資本主義」とでもいうべき所にまで転形してきている日本資本主義である。日本の金融的協力なくして、米経済、とくにその国家財政の運営もままならない。日本はアメリカの対アジア貿易の拠点であるとともに、軍事負担を肩代わりできる最大の国であり、しかもアジア全体がすでに中東を上回っている武器輸出の対象地域だ。こうして「日米安保」はまさに「世界安保」を担うべきものに、これまた転形される必要があるというのが、アメリカ帝国主義の選択だろう。

ニューヨークのハンター・カレッジのドナルド・ザコリア教授によると、「日米共通の戦略的利害」は次のようにまとめられる（一九九五年一〇月二五日『読売新聞』）。

①地域と全体の安全保障の維持、②アジアでの望ましい軍事均衡の維持――米前線基地部隊の存在と指導力、③効果的で信頼できる多国間安保なき現状での日本の安保への貢献、④日本の独自軍事力へのアジア諸国の不安感の除去、⑤将来が不確実な中・朝・ロに対する防護手段の確保、⑥日米の不可避の経済的緊張の緩和、⑦大量破壊兵器の拡散防止とさまざまの領土問題や地域紛争の緩和、⑧ASEANやAPECの育成、⑨中・ロをめぐる日米の政策の違いがある中での日米と中ロの関係の改善、⑩世界の自由経済と日米の自由体制の維持――。

しかしそのことを裏返せば、日本帝国主義がアメリカ帝国主義にとって、かつてのソ連にも勝る主敵の存在になってきているということに他ならない。日本は明治以来の「脱亜入欧」の国策の末にアメリカとも戦い、戦後は「従米放亜」の道に転じはしたが、二一世紀を目前にした今、「争米入亜」ともみえる微妙な選択の影をはせつつある。プルトニウム保有量にしても、昨年末で三〇トンのアメリカには及ばないとしても、日本はフランスの四・九トン、英国の一・三トンをはるかに上回る一〇・八八トンのレベルにある。日本のこうした潜勢的な力量は封じこめる必要がある。そうでなくとも「成長」著しいアジア太平洋地域の経済を日本帝国主義に占有させることは認めるべきではない。その点では、かつて九〇年代の初頭に、沖縄駐留のスタックポール海兵隊司令官が述べて有名になった「日本をビンの中に封じこめる」ために米軍は駐留するというのは、あるいはアメリカ帝国主義の本音、少なくともその一面を語ったものとみていいだろう。

九五年八月一一日の『朝日新聞』によると、米国防省高官が日米同盟の直面する北東アジアでの懸念材料は、①北朝鮮の核問題、②アジア問題へのロシアの無関心、③中国の孤立化、④将来の日韓関係であり、これらについて日米両国が中長期的観点から協議すること、とくに中国に対して「国際社会に入る道に向かうようなインセンティブをつくり出していく」こと、日韓関係では「最終的にはアメリカの音頭取りで日韓が同盟関係を築く」ことが、日本に期待されているのだという。そしてこのための対日政策を検討する役目を担ったのが、国防次官補のジョセフ・ナイとハーバード大学教授のエズラ・ボーゲル・前国家情報会議東アジア部長だったことは、もう多くの人の知るとおりである。前者は『ソフト・パワー』論を書いて、一国の国力を軍事力だけで計るのは誤りとし、経済や政治などのファクターの重要さを自説にしている人物であり、後者は『ジャパン・アズ・ナンバーワン』の著作者として知られている。

二人は九四年以来、何回も訪日し、その結果を昨年二月に「東アジア戦略報告」としてまとめて発表した。そこで強調されたことは、情勢の変化を理由に「日米安保条約」を軽視することは誤りであり、それをもっと状況に合わせて手直しすること、そして「アジアに一〇万、日本に四万七〇〇〇人の軍事力を堅持していく」ということであった。前提にされていることは、北朝鮮の一一〇万の軍事力の存在である。

ただし、エズラ・ボーゲルは国防大学国家戦略研究所の機関誌『戦略フォーラム』(九五年一一月号)に発表した論文で、日米安保関係再強化のために、①大統領レベルでの安保関係重視の再宣言、②米議会の両党による日米同盟堅持の再確認、③日本国内の市場開放派との連携強化と米政権内の対日関連省庁の権限の再明確化、を提言しているが、本格協議は「村山政権後の新政権の登場を待つべき」だとも強調している(九五年一二月一日『産経新聞』)。またナイ次官補などの考えに対して、『フォリン・アフェアーズ』(九五年七~八号)では、巻頭のナイ次官補の日米安保を重

視する「深い関与の一つの事例」(『中央公論』八月号翻訳では「米軍の撤退など論外」)と並んで、チャルマーズ・ジョンソン日本政策研究所長らが「ペンタゴンの硬直した戦略――安保条約の平和的解体を」と題した論文を発表している。その趣旨は、昨年二月に「ケイトー研究所」が発表した「向かう数年での米軍の段階的撤退と日本の防衛力強化」を勧告した報告書と同様のものであった。またブッシュ政権の国際政策フォーラムの代表だったブレンド・スコウクロフト元大統領補佐官は、クリントン政権の対日政策は経済関係にいちじるしく傾斜しており、包括的な二国関係を崩していると批判するとともに、チャルマーズ的安保破棄論にも反対して「日米同盟関係こそが今後の五〇年のアジアの安定と進歩のカギを握る」と主張している(一二月三日『産経』)。

一方、国際コラムニストのウィリアム・プファフは「日米関係を規定している現在の制度は適当とはいえない。それらは終戦直後や一九五〇年代の状況、冷戦を反映しているが、状況は変わった。現在の制度は時代遅れだ。もし日本が安保体制の変革、解消を望むなら、米政府は同意すべきだ」といい、ブッシュ・クリントン両政権の国家安全保障会議の日本部長を務めたトーケル・パターソンは「在日米軍や在アジア米軍を現在の規模のまま無期限に保持しようとするクリントン政権のアジア・太平洋安全保障政策には賛成できない。沖縄を含めての在日米軍の規模を縮小す

ることは、米国の長期戦略からみても可能だが、ただ暴行事件への対応としてすぐに縮小の作業を始めることは不適当である」と語っている。アメリカのアジア政策そのものが動揺しているのである。

しかもこれに対応して日本権力側にも将来の選択をめぐる微妙な方向の分かれがある。しかしすでに九四年八月には首相の私的諮問組織の「防衛問題懇談会」が報告書をまとめ、その線に沿って「九五年防衛白書」も発表され、また「新防衛計画大綱」の策定をみたし、九月二七日には、在日米軍への支出を拡大する「新特別協定」も調印された。そこを貫いているのは、従来の「防衛計画大綱」がうたっていた「基盤的防衛力」という用語の「基盤」という内容に、「日米軍事同盟」そのものを含ませることであり、数字上の「軍縮」を表看板にしながら、実態的には、軍事力をアジアの枠をこえた地域紛争にも備えて「即応戦力化」すること、スリム化の名で質的により高度化・ハイテク化することである。八八年以来課題になっている米軍との「物品役務相互融通協定」も九六年春には締結される公算が高い。それは例えば「朝鮮有事」などに備えるものになろう。

さらにPKO活動の拡大（PKFへの参加条件の整備）、TMD（地域ミサイル防衛）のアジア・コンバイン的構想の具体化、「アジア地域フォーラム」「アジア太平洋諸国安保セミナー（一三ケ国）」への参加などを通じて、日米の二国間同盟を機軸にしながら、アジア的な拡がりでの多国間軍事機構への接近が急がれている。APEC（アジア太平洋経済協力会議）などとも関連させた、いわば「日米安保」の「世界安保化」であり、日本帝国主義の「新大東亜共栄圏」への「前進」である。すでに日韓軍事交流が多面的に進んでいるが、さらに中国・ロシアとの積極的対話の方針もとられて出している。

戦後この世界では幸いにして一回も核戦争は起きなかったが、大小二〇〇近くの通常の戦争が勃発し、そのために約二〇〇〇万弱の人が死んでいったことも事実である。すでに指摘したが、その大小二〇〇近くの戦争のうち、最大のものは朝鮮戦争、ベトナム戦争、そして今回の湾岸戦争。いずれも米軍が主役となり、いずれもアフリカでも中南米でも欧州でもなくアジアでの戦争だったこと（湾岸も西アジアである）、そしてそのすべてが日本の協力なくしてはなかった戦争だったことに改めて光を当てておきたい。沖縄基地の問題を論ずる時に、沖縄の現状だけ、しかも住民への部分的被害の量についてだけを見、そこから「公益」と「被害」とを天秤にかけるような見方は、大胆にいえばまさに嗤うべき視野狭窄のなせる業というべきだろう。

軍縮時代に強化される沖縄基地

湾岸戦争とのかかわりに見る沖縄基地の実態が問題であるだけでない。まさに世界の緊張緩和が奏でられ、軍縮への明るい展望が語られる時、沖縄での基地機能は一面で一層拡張されてきている。それはソ連との軍事対決が縮小するとともに逆比例的に強められているとさえいえることで、そうした方向を特徴づけてきたのが、レーガン米大統領時代、とくに八五年のその第二期の始まり以降に公然の米軍事戦略の焦点として浮上していた、いわゆる対LIC作戦にかかわる基地機能である。LICとは「低強度紛争」――普通にはテロとか民衆の武装行動とかを指していう激烈な「紛争」や「都市型戦闘」のことで、九一年度の米国防報告では「第三世界の紛争および関連する多数の国を巻き込む脅威――たとえば暴動、テロ、化学・生物兵器の拡散、麻薬取引など」と定義されている。だから対LICないしLIW（低強烈度戦争）とは、そうした事態の今後予想される高まりに対して、米軍の側からも十全の軍事対応をしていこうという考え方にたっているもので、こうしたことこそがすでに「一九九〇年代の挑戦（九〇年国防報告）」だと認定されていた。八九年一二月のパナマ侵攻や八三年のグレナダ侵略などがその典型だったのだ。

こうして八九年夏には、米海兵隊の実弾射撃演習場のキャンプ・ハンセンの恩納側に、村民の反対を押し切ってグリーン・ベレーの都市型戦闘訓練施設が建設され、さらに宜野座にも同様の施設が作られるなど、沖縄の対LIC作戦基地化は目ざましいものがあった。このうち恩納の施設は、米前政権時代のクエール副大統領の日本訪問の際に、「沖縄現地住民の強い反対運動を考慮して」という形で撤去が約束され、それがすでに五月一五日に在沖縄米軍から正式に発表されはしたが、対LIC作戦用施設などの一切が撤去されたわけではない。八九年七月には海兵隊三〇〇人が在日大使館職員らとともに、キャンプ・フォスターで「オレンジ共和国（仮想敵）」での「暴動」を想定して訓練したことがあるし、九〇年四月には、第三海兵役務支援軍約二〇〇〇人が、伊江島を「ファンキー・アイランド」に見立てたクーデター対応演習を行うとともに、クーデターを策した隣国をキャンプ・ハンセンに想定して大規模な報復攻撃を加える演習を実施したこともある。

さらにこうしたことの当然の帰結だと判断できることだが、特殊部隊も増強され、またNBC（核・細菌・化学）関連部隊も、『赤旗』の調べでは九〇年よりも四部隊も増えて、九一年度版の『在日米軍沖縄地域電話帳』でみる限りでも二七部隊になっていたという（『総点検・在日米軍基地』）。

また沖縄有数の規模をもつ嘉手納基地についても、米空軍資料は「嘉手納は米国空軍の最大かつ最重要な基地」だと述べているが、それを否定するようなことは誰にもできるものではない。嘉手納基地には、西太平洋で唯一の制空・要撃部隊である第一八戦術戦闘航空団（F15戦闘機七二機）などを擁する第三一三航空師団、戦略爆撃機B52やB1などへの支援を行う空中給油機（KC135一五機）などをもつ第六〇三軍事空輸支援群（ＭＡＣ）、戦略偵察部隊（ＲＣ１３５）などからなる第三七六戦略航空団、第九六一空中警戒管制支援中隊（Ｅ３Ｂ）などが配備され、例えば偵察機能でいうと、インド洋から中東までをその任務の対象地域にしている。さらにそれに関連して、隣接する地域には米空軍最大の弾薬整備部隊である第四〇〇弾薬整備中隊があって、空軍のみならず太平洋地域の米四軍全体への弾薬の貯蔵・整備の任に当たっている。さらにまた嘉手納基地では、化学・生物兵器などの攻撃を含む「危機的状況」からの「生き残り」を図るための地域作戦即応訓練（ＬＯＲＥ）が年に数回も実施されている。むろん嘉手納を発進基地とする太平洋空水域における米空軍の演習行動は際限もない。

　その例を挙げると、九〇年の夏（七月三一日から八月一一日）には、嘉手納基地を出撃拠点とする三大空軍演習が並行して実施された。日米共同演習の「コープ・ノース90―4」と米空軍の「オーガスト90」ならびに太平洋規模の「ジャイアント・ウォーリア」である。これに関係して沖縄平和委員会が実施した監視行動の結果によると、この間二七機種の空軍機が離陸六九〇回、着陸七〇五回、タッチ＆ゴー、上空通過を含めて一八二三回（F15六一九回、F16三〇八回、FA18一九二回）をしたという。しかも問題は、騒音についてはいうまでもないが、それが激しい空中戦闘、迎撃、電波妨害などの電子戦や爆弾投下訓練などと一体の

ものだったということである。むろん他の空軍基地同様（例えば青森県三沢基地などでは多発しているが）、米軍機による訓練誤爆や空軍機そのものの墜落事故などが起こる可能性があることを、これらの状況は示唆している。そして一旦事故が起きたとなると、もはや「受忍の限度」内にあるというような認定ではまったく許されない事態になるぐらいの想像力は、少年でさえ持てることだろう。

　実態的にみると、米軍当局は、米政府の世界的規模での海外基地の縮小プランに沿って、九一年の一月末にそれまで七二機を数えていたF15戦闘機のうちの一八機（兵員七一九人）の削減と米海兵隊二〇〇〇人の撤退を発表したが、それは「不要・過剰部分」の合理化にすぎず、逆にフィリピンの米軍基地の撤収にも関連して、沖縄の嘉手納基地にはクラーク基地から第一八六戦術戦闘航空団が移駐し、同団は嘉手納にあった支援航空団、戦略航空団とともに第一八航空団として統合・強化され、また同じくフィリピンにあった第三五三特殊作戦航空団（兵員五八一人）が沖縄に駐留することになった。これによって以後沖縄には、米陸軍のグリーン・ベレー、海兵隊視諜報（ＳＲＩ）群、海軍のブラック・ベレーと合わせて、米四軍の特殊部隊が勢ぞろいすることになり、それらにも連携して、既存の一一の訓練空域も一三に増加され、伊江島には、「野戦レーダー基地」が新設された。さらにフィリピンからは軍事輸送に当る二機のC12作戦支援機や四機のＭＣ１３０武装輸送機

が移駐し、沖縄は発進基地としての空輸作戦機能を一段と強化した。そうした事実は、スービック基地の浮きドック(一二〇〇トンまでの大型艦船を補修する能力をもつAFDM型ドック)の横須賀への回航、同基地への空母型強襲揚陸艦「ベローウッド」の常駐、海上事前集積艦の増加などの動きとあいまって、在日米軍の役割が、対旧ソ連だけでなく、先にも述べたように、第三世界を対象にした対LIC(低強烈度紛争)作戦基地としての機能を強めてきていることを物語っている。

第一八航空団のハード司令官は米軍向けメディアで、「現在の態勢は戦時出動態勢の編成にあり、われわれの戦力は世界のシナリオに迅速に即応する能力にかかっている」と述べたことがある。

しかも九一年四月二日に防衛庁を訪問した米国防総省のポール・ジアラ日本課長が通告したように、一九九三年から九四年にかけて、在日米軍の第二次削減が実行されたが、それも「数百人程度」の小規模なものに修正された上でのことだった(注・九〇年から九二年の第一次計画ではアジア全域の米軍について五〇〇〇ないし六〇〇〇人の削減が構想され、実際には四八〇〇人が削減された)。しかもこれまでの削減にしても、目立っていたのは後方部隊の縮小であり、その基本は経済力の著しい衰退と財政の赤字増大のなかで、いかに割安にアメリカがその軍事態勢を維持していくか——という点にあったのは明らかだが、削減計画の手直しそのものさえ、米紙『ワシントン・ポスト』によって暴かれた「一九九年~九九年度の国防計画の指針」(九一年四月一六日作成)が明確にしていたように、米軍のヘゲモニーの強化を前提にして行われたものでしかなかった。

同指針は「米国は世界の警察官にはなれないが、死活的利益を国際組織のみに依存させることもできない。同盟国に責任を適当に分担させ、指導的役割を果たさせる場合もあるが、米国自身の利益を脅かすような安保問題には、選択的に対処する能力を維持しなければならない」と明記していた。また当時のチェイニー国防長官による九一年度の国防報告「アジア太平洋地域の戦略的枠組み」(七月一七日議会提出)は、ソ連に代わる新たな敵としての世界の「不確実性」と「不安定性」の問題が「将来の防衛上の課題の本質である。もしわれわれが新たな安全保障環境に備えながら、より費用のかからない防衛態勢のために現在の機会を利用しようとするならば、慎重な計画をたてることが必要である」として、「不確実性にたいする適切な認識は、われわれの地域防衛の不可欠の構成部分だ」と述べている。

同報告はこうもいっていた。「われわれの死活的利益にたいする脅威は、ヨーロッパ、アジア、南西アジア、ラテン・アメリカを含む、世界のさまざまの地域で、ほとんど前触れもなく生じるかもしれない。われわれは、他の諸国が世界の重要な地域を支配しないようにし、そのことによって、それらの国が重大な世界的挑戦を仕掛けてくるのを防止したいと考えている」と。

さらにこれにも関連して、米統合参謀本部が作成した「統合軍事戦略環境評価」が「太平洋とその沿岸の広大な地域での米軍の任務は、大西洋の場合とは異なり……冷戦が消えていく欧州とは著しく対照的」だと規定していたこと、あるいはラーソン米国太平洋軍司令官が九一年三月四日の米上院軍事委員会での証言で、その年初めのブッシュ・宮沢会談での「東京宣言」にも触れながら、「米日の安全保障関係は、そこから地球規模の協力関係が出立できる基盤である。わが同盟関係のリンチピンなるものは、日米相互安保条約であり、優秀な軍対軍の関係である。日本におけるアメリカ軍の駐留は、アジア太平洋地域全体の平和と安全にたいするわれわれの目にみえる示威を提供する」と述べていたことなどを重視すべきであろう。

実際、昨年の七月には、ペルシャ湾、紅海を任務範囲にする米第五艦隊が司令部をバーレーンにおいてつくられ、その潜水艦司令部（第五四任務部隊）は横須賀に新設された。また昨年の一一月三日から一七日まで、関山・相馬ケ原基地で自衛隊の七七〇人とハワイからきた六〇〇人の米陸軍歩兵師団の共同訓練が、また一一月二〇日から二九日にかけては、岩手山演習所で、八戸の三八基幹部隊の八〇〇人に米海兵隊七四〇人が加わった「うみねこ95」という機動戦と指揮統合を狙った実動共同訓練が行われたし、年が明けた一月二二日から二月二日にかけて、日本自衛隊は昨年一一月に決定をみた「新防衛計画大綱」にある陸海空の統合運用体制の強化という方針に沿って、外国軍によって「不法占拠」された離島を奪回するという「統合図上演習」を米軍との間で実施した。参加した日米両軍の将兵の数は約七三〇〇人だったという。自衛隊のカンボジア派兵に関連して、当時の国連カンボジア暫定統治機構（ＵＮＴＡＣ）の明石康特別代表が、民社党の大内委員長との会談の中で述べたように、「今後予想される他のアジア地域でのＰＫＯに恒常的に備えるために」、沖縄に物資集積所、要員訓練所などの「ＰＫＯ基地」を建設するという構想を打ち出したこともある。

そしてこうしたことすべての背景には、沖縄そのものでは、もう九一年の五月一四日をもって期限切れになる米軍用地の地主との再契約について、沖縄県収用委員会が、開始されていた公開審理を事前の一月三〇日に突如打ち切りにし、反戦地主の存在を無視して、これまで通りの継続強制使用に踏み切るとの裁定を一方的に発表するというようなこともあったのだ。その際、防衛施設局が要求した一〇年間の使用延長は収用委で五年に短縮されたものの、他面で米軍の要請に応じて新たに収用地を拡大する処置もとった。むろん契約を当初から拒否してきた反戦地主の土地についての強制使用が九六年まで続く事態には変わりはない。

こう考えてくると、「反戦地主」たちの土地収用について、九一年当時と違い国の委任事務を拒否する態度をとっている大田県知事の態度が、どんなに重要な、沖縄の基地の存続と使用について根本的な問題を提起したものであるかは明らかなことだ。そもそも国がやりたいことを地方自治体への「機関委任事務」として強制することは、憲法による地方自治・地方主権への勝手な侵害になる。こうしたことが一般的に適用されるなら、地方自治そのものを否認し、それを扼殺することになる。このことは憲法論としても真面目に取り上げていくべきことだ。だから社会党の村山委員長が、首相の権限だとして大田知事を告訴処分（犯罪人扱い）にし、しかもいわば勝手な自分の都合でさっさと首班の座から去り、基地闘争を闘ってきた少なくない日本社会党員の思いや苦しみなどを虫けらのように切って捨て、「社会党」そのものの幕を閉じたこと（社会民主党への名称替え）がもつ歴史の上での犯罪性の大きさもまた指弾しておくべきことである。

沖縄問題の本質は何か

　沖縄は、アメリカにとって日本を管制し、まさにその運命を左右するテコとして働いてきた。そしてそれは今も変わらない。沖縄県民は、明治の「琉球処分」以来、ヤマトによって差別され、抑圧され、ヤマトの都合によって利用され続けてきた。同時に、こうした梃子の下にあって、沖縄県民が永く苦しめられてきたばかりではなく、日本そのものが、折角の日本国憲法をもちながら、事実上は世界歴史にも稀な「戦争共犯国家」として生き続けさせられてもきた。

　基地があったからこそ、戦後日本の「平和と安全」が守られたというようないい分を証明できる根拠などはどこにもない。事実の上で明晰だったことは、その基地が、朝鮮・ベトナム・湾岸諸国などの民衆生活に対して、「人殺し」の役目を果してきたということだろう。基地機能が十全に働くということは、究極的にはそうした「人殺し」を効果的に遂行する体制が整えられているということを実体にする。先に「日本国憲法は、他国の住民の生命・財産・利益を侵害する権利を承認しているか」といったのも、決して言葉の文などではない。沖縄を考えることは、われわれが本当に「平和」の中に生き、かつその「平和」を維持していくための責任を果しているのか、また日本が真に「独立」しているのか——を問うことなのだ。

　今日の世界で、現に沖縄基地にみるような尋常ならざる外国による強大な軍備と戦闘力の保全を必要とするほどの、日本に対する敵が果してどこに存在するのだろうか。

　また沖縄の悲劇的現実を残したままで、日本の本土本位の立場からだけ、平和とか安全とか国際的義務の履行などを云々し、沖縄住民の真の幸福を危くする権利が、果して国権のすべて、立法と行政と司法の実行担当者たちにあるのだろうか。「軍事力の行使で平和を維持することはしない」というのが、現憲法の理念・精神の精髄の一つなのだ。これまでの「安保承認論」は、つまるところ「軍事公共性論」であり、しかもそれが「国際貢献論」の喧伝と一体である。この両者が両々相携えて膨脹していく時、沖縄を含む在日の軍事基地は、本土までにも及んでさらなる増強を遂げていき、日本のアジアに生きる進路は再び軍事の名によって汚されていくだろう。

沖縄基地に関する特別委員会が設置され、クリントン米大統領の四月の来日予定とも絡みながら、その討議がどう進行し、どのような結論を出してくるか。その成り行きの今後はなお微妙だが、沖縄基地の縮小を出来るだけ未来にひきのばしながら、その代償として、アメリカ側が、「集団的自衛権」の行使を日本が認めることを要求してくるようなこともないとはいえない。現にブルッキングス研究所のマイク望月・主任研究員は、『東京新聞』(一月二四日)の佐々木毅・東大教授との対談で、それが「現実的処理」の一つだと述べている。「沖縄」が戦時から戦後にかけていつも日本全体の運命を危険な方向に誘う権力の「答」に使われ続けたように、またしても「沖縄」が、実質改憲への大太刀として使われない保障はない。その一方、一月四日の『産経新聞』が一面トップの記事で報じたことだが、政府が沖縄県の振興開発を促進するために、沖縄全域を、関税の非課税措置を行う自由貿易地域にする案を検討しているという。その見出しは「沖縄県を〝香港化〟」である。

いわば「金で沖縄人の心を買おう」ということか。かつて沖縄の「施政権返還」の時に、「イモ・裸足でも沖縄人の自立と誇りを失いたいとは思わない」と言い切った人々。そのウチナンチュウの底深くたゆたう思いと、人間らしく生きることを求めている志をもて遊ぶようなことは許されないし、沖縄人自身が、そうしたあれこれの瞞着の策動に反撃していくだろう。

まずもって、非道な行為をした犯人たちを正当に裁け。ごまかしの多い土地収用の手続きを正し、問答無用の基地使用の仕組みを崩すべきだ。また日米安保条約にともなう地位協定の「運用の改善」などの姑息な手段でなく、地位協定の全条を見直し、改定すべきだ。そのための考案は積極的に運動圏の側からも模索し、提示されていい。しかしもっと本質的に大切なことは、「軍事による安全保障」の原理を、きっぱりと「民衆の安全保障」を原理にしたものに置き換えること、すでに軍縮世界ではアナクロにさえなり出している「日米安保条約」を廃棄の方に押しやり、日米人民の「友好の条約」に作り換えることだ。

また「平和を守る」という退嬰的な運動理念を捨てて、世界とアジアの「平和を創造する」観点に、日米安保反対のすべての人々と組織が運動の目配りを起き直すことだ。

同時に、「戦後五〇年」を越えて、わが国はまだアジアの民衆からの「戦時・戦後補償」の問題を処理し切れずにいる。この問題が不当なものでなく、わが国が今後アジアに生きる「国格」を問う逃れてはならぬ問題だとするなら、かつての大戦時に、国土で唯一の戦場になった沖縄からの住民の声もまた無視してはならないのだ。

その一つとして、沖縄・金武町の町民が「戦後五〇年」の八月一五日に町民大会を開いて決議した「平和を創造する私たちの誓い」を、ここに紹介しておきたい。みるように「平和の創造」であって、「平和を守る」決議ではない。

平和を創造する私たちの誓い

過去
一九四五年沖縄の悲惨な地上戦で、ウチナンチュも、日本軍人も、アメリカ軍人も、強制連行された朝鮮の人々も亡くなった。

一般住民がこれほど軍人よりも上回って死んだ戦争は、世界に類がない。しかも、同胞の手にかかって犠牲になった者も多数いる。

広島・長崎では八月六日、九日に原子爆弾が投下され、二九万余が亡くなり、いまなお多くの被爆者が放射線障害による原爆症に苦しんでいる。

戦争で傷つき、肉親を失った人々には敗戦もなければ終わりもない。いわんや風化もない。あるのは深い悲しみ、無念、怒り、祈りだけである。

戦争は誰れが、何の目的のために起こしたのか。


私たちは問い続けなければならない！

現在
今日、わたしたちはこうした戦争を検証しているだろうか。

冷戦構造の終結にもかかわらず、一向に前進しない軍縮、核の恐怖からは解放されず、世界の各地では未だ紛争がやむことなく、飢えと貧窮から死んでいく多くの子供たち。人権、民族、環境、差別、難民問題など、今日、地球的規模で多くの課題が人類に突きつけられている。

私たちの住む金武町も全面積の六〇パーセントが軍事基地に占められ、昼夜にわたる実弾演習が実施され、環境を破壊し、地域開発、子供たちの発達過程に大きな影響を及ぼしている。

この基地から朝鮮動乱、ベトナム戦争、湾岸戦争へ出撃したことを忘れてはならない。わたしたちは訴え続ける。核兵器の廃絶と軍縮、実弾砲撃演習の廃止をと！

未来
朝もやのなか、小鳥のさえずる声で、金武町の夜明けがはじまる。
渡り鳥、潮の満ちひき、田園、マングローブ、その根の茂みではおびただしい数の生物が自然の摂理に従って生きつづけている。私たちの町にはこうした美しい自然が残されている。

人間と自然との関係は慈しむもの、歓びに満ちあふれるもの。そうした自然の恵みのなかで私たちは未来を語り、夢をもちたい。

未来を明るくするのも、暗くするのも、私たち自身にかかっている。

それゆえに、私たちは未来に責任をもたなければならない。

私たちは声高らかに叫ぶ。未来はこの地球上に生息する万物のものだと!

誓い
一九〇〇年、私たちの先達がハワイに第一歩をしるしてから九五年。

「いざ行かむ。吾等の家は五大州・誠一つの金武世界石」と雄飛し、いまや世界の国々で幾多の町民が活躍している。

私たちは、こうした先達の「金武魂」を受け継ぎ、次のことを宣言する。

私たちは移民発祥地の人間として自覚と誇りをもち、「命どう宝」を世界の万人を送り、世界平和の架け橋となる。

わたしたちは過去をふり返り、現在を語り未来に責任を負うことを固く決意し、平和の心は、お互いを認め、

互いに分かち合うことから育まれることを確認し、世界の恒久平和を創造することを誓う。


また沖縄本島最北端の辺戸岬の崖にたつ「祖国復帰闘争碑」には、「吹き渡る風の音に耳を傾けよ。権力に抗し復帰をなし遂げた大衆の乾杯の声だ。打ち寄せる波濤の響きを聞け。戦争を拒み、平和と人間解放を闘う大衆の雄叫びだ」と銘されている。いまそれが、もう一度朗々として、沖縄から本土に、ウチナンチュウの世界からヤマトンチュウの世界に響き寄せているのではないか。

沖縄は豊かな文化と歴史と人情をはぐくんできた。東アジアのハブ（自転車の車輪の軸心）の位置にある。だからこそ、戦争屋どもは、東京にも、平壌にも、北京にも、シンガポールにも、マニラにもほぼ等距離につながることのできる沖縄を、東アジアの軍事上の「キイ・ストーン（かなめ石）」に仕立てあげてきた。それをもう一度ひっくり返して、沖縄をアジアの「ハブ」につくり変えたらどうだろう。嘉手納の基地だけでも、どんなに見事な役割を持つ民衆の交流の基地につくり変えることができるだろうか。かつて沖縄が本土に「復帰」した七二年当時は、三分の二を占めていた沖縄経済の中での基地収入の割合は、九二年には三分の一に低まっている。基地がなくなれば、沖縄の民生経済の条件はもっと飛躍していくだろう。沖縄は間違いなく、もっと豊かになる。そして日本全体がその沖縄を通

じて、二一世紀の「輝けるアジア」に繋がっていったらどうだろう。

数年前、卒業式で講壇にあった「日の丸」を奪って抗議した読谷高校の女子学生は、たまたまいたフリーのジャーナリストの「何故、日の丸に反対なのか」という質問に、「韓国やタイの同じ世代の人たちが燃やして抗議している旗を奉ることはできない」と答えた。アジアの子供たちと同じ目線で、日本と沖縄と自分たち自身をみつめる子供たちが成長している。沖縄が送り続けているメッセージは、たんに悲劇のアピールだけでなく、こうした未来への黙示でもあるのだ。

そうしたことを縦横に育て、発展させていこう。沖縄の闘いは、日本と同じように米軍の支配の下にある韓国にも届くはずだ。また沖縄返還の際の「核抜き」の当時の佐藤内閣による「宣伝」は嘘で、沖縄への「核持ち込み」と「核の通過」を承認する秘密の文書が取り交わされていたことを、その秘密交渉に密使として動いた若泉敬・京都産業大学教授が昨年発行した自書で、みずから暴露した沖縄は依然「核基地」である。だからその非核化の闘いは、すでに地球の南半球を覆いだしている「非核地帯条約」への

動きにも、またフランスから金を送られながら、代償として核実験場となることを「モルモット扱い」だといって怒っているタヒチなど、南太平洋の島々の人々の心にも響いていくはずだ。さらに金の魅力の前に人間であることを忘れがちな「近代文明」のあり方への世界のあらゆる所からの反抗にも支えられ、そうしたことを励ましもするだろう。

とりあえずは、四月一六日に予定し直されたクリントン米大統領の来日の時が闘いの節目として押さえられるべきだろうし、知花昌一さんら三二人の反戦地主たち（一坪地主を加えると一〇〇人を越す）の土地収容が「米軍による不法占拠」ということになる三月末を狙った「本土・沖縄をつなぐ連帯の大行動」が、クリントンの来日に先立つ闘いの瞬間になるだろう。沖縄を「ランドマーク」にして、日本全体を見直し、アジアの民衆と繋がっていく長期的視点からの闘いを持続的に発展させていくこと。そのためには、本土と沖縄に無数の民衆の運動の「網の目」、組織的な交流をつくることがなくてはなるまい。

未来への限りない希望と展望をもって、お互いにそのために知恵と行動を重ね合っていこうではないか。

（一九九六年二月　山川事務所発行ブックレット）

革命運動理論の「再定義」

第一回　序

「戦争と革命の世紀」といわれた二〇世紀も間もなく終わろうとしています。その世紀末状況を象徴するように、今年の年明けは、株価の低迷や円安など日本経済の不気味な兆候をみせ、マス・メディアにも「破局」とか「日本沈没」とかの表現が溢れ出していました。干支でいうと、六〇年前の「丁丑」の年が日中戦争の全面化の年であったのは、誰もすぐ思いだせることですが、四回り前の一九四九年は、ご承知のように、下山・三鷹・松川事件など権力の謀略が国鉄労組などへの人員整理の攻撃とともに起きた朝鮮戦争の前夜であり、三回り前の一九六一年が歴史的な「日米安保条約改定」阻止闘争の後を受けて池田内閣が、いわゆる「所得倍増計画」を打ち出して新手の攻撃に乗り出した年、そして二回り前の一九七三年が、オイル・ショックや金大中拉致事件、あるいは小松左京の『日本沈没』が刊行されたような年だったことは、興味ある暗合だといえるかもしれません。一つ前の一九八五年は、中曽根内閣の下での臨調行革攻撃が本格化し、「八五年体制」ともいわれた体制への権力システムの転換が図られだした年でした。

現在の局面が、いわゆる「冷戦」の崩壊後、いよいよ顕著になった世界資本主義の危機が誰の目にも露わにみえる所にきていることは、詳しく述べるまでもありません。特権官僚たちの底なしの不正と腐敗、住友・三井・三菱などの巨大独占が背後に絡んだスキャンダルの多発、権力内部の暗闘の激化などなど。「国家漏電現象」とでもいえる事態が私たち民衆の前には続出しています。しかしスターリン主義的社会主義の解体と、それによって一挙に加速もされた社会主義イデオロギーの大後退の中で、「社会主義」とか「革命」とかを口にすること自体が憚られるような風潮が重く私たちの周りをとり囲んでいます。わが国は司馬遼太郎が美化して捉えた日本現代史の節目を表す言葉を使うなら、明らかに「第二の〝坂の上の雲〟」の峠をすでに過ぎたといっても間違いないでしょう。だからこそ「自由主義史観」を口にする歴史逆行的な歴史認識の徹底・普及と教育の改革を説く反動的な潮流が際立ち始め、事実上の改憲の工作が「総翼賛化体制」の中で「新しい装い」をとりながら進められようとしています。

これらに抗しながら、「社会主義革命」の道を明らかにし、人民の新しい革命の党を建設するためには、現実がつきつけている諸問題に必死に取り組み、労働者階級を先頭にする人民の諸闘争を豊かにするように闘い抜くことが先決ですが、それだけで足りないこともいうを待ちません。「革命の理論」なくしては「革命への道」は明らかにならないからです。昨年以来、日米権力が取り組んでいる「日米安保の再定義」という言葉を逆用すれば、「革命理論の再定義」が必要なのです。「再定義」とは、単純な修正でも、基本の放棄でもありません。基本を維持していくための「見直し」であり、実際は諸条件の変化に応じながら、その基本を強化していくための実践につながる問題の提起に他なりません。そのような意味での「革命運動の再定義」について、何回になるかは未定ですが、本誌『協働』で取り組んでいきたいと考え、この欄を設けました。

すでにそれにつながる作業にもなるといえますが、新年

に当たり、各方面の友人・先輩の方がたに「社会主義の再生の道と運動主体の形成」についての所見を送っていただきました。編集部からの唐突な申し出を心よく引き受けていただいた皆様に、失礼ですが誌上を借りて心からお礼申し上げるとともに、その中に少なくない教示がもうなされていることに私たちは学び、かつ応えていきたいと考えています。

例えば、長野大学の菅沼正久名誉教授は、「マルクス主義の重要な概念として、国家と革命と前衛党がある」ことを指摘しながら、「私たちの建党の当面の問題」として、「階級と階級闘争」の観点の大切さを強調されておられます。まさにその通りなのであって、菅沼さんのおっしゃりたいことを勝手に読み取りながらいうと、労働者階級だけでなく農民とか市民という概念、あるいは生産力と生産関係の矛盾の捉え方、上部構造と下部構造とか、所有、搾取、収奪、権力といった基本の範疇、そしてむろん社会主義、共産主義という概念そのものなど、多くのことを吟味し直さねばなりません。

もともと革命や革命運動は、資本主義の打倒という内実を別にすれば、マルクス以前にもあったのであり（日本を含めて）、マルクス主義にたつものだけが「革命」だとあらかじめ枠づけすること自体が間違いでしょう。またマルクスの偉大さもまた彼の生きた時代の制約の中にありましたし、そのマルクスの学説・理論をエンゲルスがやや教条的

に整理して後世に伝えた経過があったことは、すでにしばしば指摘されてもいるとおりです。それをまた後代のマルクス主義者を自称する人々が悪意からでなかったにしても、それぞれに恣意的に読みとったり、体系化した経過がつけ加わりました。仏教での経典の選び方、読み取り方の違いによる宗派争いに近い面がなかったわけではありません。そこにメスを入れ、吟味し直す。何よりも、人民の権力を党独裁の道具に陥れたスターリン主義の理論の歪曲と、痛恨に満ちた実践の誤りの中から、マルクスの思想と立場と観点を、この二〇世紀の現実の階級闘争の中で蘇生させねばなりません。

また時代の変化に則して、技術とかエネルギーと環境とか、さらにドイツ人マルクスが重視した「ヘルケール」という言葉の内容、つまり人間の本質に関わる「関係性」の問題、俗な日本語でいうと「世間」といった言葉がもっていることの意味にも光をあててみたいと思います。これを「交通」といった日本語の語感だけで捉えることができないのは、まさに嵐のように進んでいるコミュニケーション革命の事実をみれば一目瞭然です。「人間の本質は諸関係のアンサンブルの中にある」としたのが、マルクスの見地です。

マルクス自身は自分を「マルクス主義」とはいいませんでしたが、マルクスのやった仕事の神髄は「具体的状況の具体的分析」の中から、「虐げられた人々の解放のための行動の指針」を掴みだすことにありました。だから「革命運動の再定義」もまた、干からびた図書室に籠もるようなことの中から生まれるものではないのはいうまでもありません。それはまさに激動する階級闘争、革命活動の鉄火場でやらねばならないことなのです。

これに取り組もうと決意したこの年の初め、私は日本共産党から除名され、いまはもう故人になっておられる老古参党員がある対談で述べていた次のような一節にぶつかりました。

「日本の社会発展を論じていくときにはね。つまり普遍性だけをいくら説明したって、日本の特殊性を論じなければ……。この普遍性と特殊性のかかわりの重要性ですね。いままで特殊性を論じる人は、いわゆる国粋主義者になる。その国粋主義もあやしいものだと僕は思うけど。（一方）普遍性を論ずるものは、公式的なマルクス主義になるという、こういう対立ね。それではダメなんだ」。

別に新しい物言いではありませんが、これも「再定義」に当たっては大切なことの一つです。それをここで紹介しながら、甲論乙駁。皆がこれを機会に闊達に意見を闘いあわせることを期待したいと思います。さし当たりは、私個人の問題意識に沿って書いていきますが、それは「結論」ではなく、『協働』の読者の皆さんをふくんで論議を深化させるための「切っ掛け」にすぎません。感想めいたことでもよし。ご意見を編集部宛に送っていただければ、なお愉快なことです。

第二回　「革命」の概念について

「古い経済的社会構成体をより高度の新しい経済的社会構成体にかえること、とくに一階級ないし諸階級から、他の一階級ないし諸階級に国家権力が移動すること。この点で革命の根本的問題は国家権力の問題である」（『新編社会科学辞典』）。つまり抑圧され、搾取・収奪されている階級が、彼らを支配している階級とその権力を奪取するのが「革命」であって、この点では、革命の「再定義」の必要など何もありません。

　では何故、何をここで「再定義」しなければならないのか。それは第一には、このシリーズの「序」ですでに述べたように、スターリン主義的社会主義の解体と、それによって一挙に加速もされた社会主義イデオロギーの大後退の中で、「社会主義」とか「革命」とかを口にすること自体が憚られるような風潮が重く私たちの周りをとり囲んでいるからであり、第二には、それに抗するのは良しとしても、「革命」とか「社会主義」とかを、ただ念仏のように唱えていれば、それで「革命的」であることの証しでもあるように盲信する教条的な「革命家」が、結構まだ幅を効かしている部分があるからです。いうならば、それは「革命の名によって革命を卑しめる」とでもいうべきものなのでしょう。あるいは「革命」についての怠惰な認識に自己満足している徒輩とでもいっておきましょうか。例えば、これはある党派の年頭の機関紙の主張ですが、終わろうとしている二〇世紀を「戦争と革命の世紀」だったと総括しているのはまだある限定つきではいいとしても、その文脈の中では「戦争は進歩だ」というテーゼが、いわば無媒介に強調されています。その党派の「革命の立場」からは素直で当然の論点なのでしょうが、この立場が一人歩きしていけば、この国での社会主義革命に向かう大衆的基盤はかえって薄いものになり、人民大衆の中に混乱を持ち込むだけでしょうし、当今、私たちが闘いの対象に必ずしなければならない「前の戦争はアジアを解放する役割を果たした」というような、いわゆる「自由主義史観」の謬論に手を貸すことにもなりかねません。

　そこでここでは、以上の二点に問題を絞って考えてみたいのですが、まず第一の簡略にいうなら「革命」の放棄論は、これまでの人類社会が支配する者（階級）と支配される者（階級）によって、構成されていることを事実上否認するか、バイパスしてしまう立場であり、どう表現を繕おうとも、マルクス主義の根本的立場と思想からの逸脱だし、退却です。それでいいのだ、マルクス主義そのものがもう時代遅れだ、という主張もあり得るでしょう。その誤りを論じるためには、まず「人類の歴史は階級闘争の歴史だ」ということ、そしてまた「階級」という用語そのものを吟味する必要がありますが、それはまた別に項をたてて検討したいと思います。ただここで大切なことは、歴史はつねに「支配する者、つまり強い階級」が強く、「弱い者」はかならず「弱い」と限ってはいないということです。もしそうならギリシャもローマも秦も漢も亡びはしなかったでしょうし、歴史は何も変化しなかったはずです。「強い者」が「弱い者」に敗れる。だからこそ歴史というものがある。そのことまで否認するなら、また何をかいわんや――です。「天の命を革（あらた）める」。それがこの言葉の原義であり、それをその形はともかく徹底的かつ根本的にやるのが「革命」ということなのです。

　その転換のためには「改良」ということはあり得ますし、必要なことでさえあるでしょう。そしてその過程は、マルクスが有名な『経済学批判』の序説で述べているように「徐々にか急激にか」進むのであって、必ずしも「一挙に実現する」ものと限ってはいません。しかし「革命」を「改良」の積み重ねに置き換えることはできないし、あるいは日本でともすると誤用されているのですが、「革新」ということとはまったく別のことです。「革新」というのは、私たちの国では、かつて三〇年代の後期に「みよ九天の雲は晴れ、四海の水は雄叫びて、革新の時来りぬと、吹くや日本の夕嵐」という『昭和維新の歌』が国家主義者や軍国主義者たちに歌われた経過にみるように、むしろ右翼や反動の自己規定でした。「革新官僚」のトップが、あの故岸信介元首相だったのだし、東条英機にしても「革新軍

部」を代表していたのです。その「革新」という言葉を、まったく不用意に戦後の左翼運動の同義語にしてきたことの誤りは、今この「革新」勢力の流れが、どんな役割を担うところまで転落しているかをみる時、改めて強調しておく価値と必要があるといえましょう。

　そうしたことが全部ゴッチャになったまま、既往の「党独裁」でしかなかったスターリン主義的な「社会主義」の崩壊から、「革命」そのものまでを否認するような単純で無責任な運動主体の認識と「いい分」が、いかにも根拠があるように思われる流れが出てきたのですが、乗り越えなければならないのは、「革命」ということでもマルクス主義ということでもなく、これまでの「社会主義」といわれてきたものがどんな「社会主義」であり、いかなる質の「党」によって領導されてきたのか――ということなのです。この点もこの「再定義シリーズ」では、各論的に論じてみたいと思います。

　ただ、ここで先取り的にいうと、「革命」という言葉の出自の一つに「湯武革命、順乎天而応乎人、革之時大矣哉（湯武命を革め、天に順いて人に応ず。革の時は大なる哉）」とあるように、「革命」はむろん客観的条件によって左右されることですが、同時に大切なことは「人に応ずる」こと、つまりどんな「人」、どんな「革命主体」によるかで「革命」の質と過程が規定されるのだ――ということです。革命主体が自己を革命する。そのことなしに、革命主体が

「天」に代わるなら、それは本当の民衆による、民衆のための、民衆の「革命」ではない。このことこそが、痛苦にみちた既往の「社会主義」の歴史を踏まえて、いま根底から「再定義」さるべき「革命」にかかわる問題の一つなのです。いわゆる「過渡期」の理解も、この主体の問題状況抜きに論じることはできません。

もう一つは、先に述べた第二の問題に関連することですが、問題の基本は「革命」一般ではなく、どんな社会構成体における、いかなる政治権力に対する革命なのかということに関わります。革命一般とは抽象の世界の問題なのであって、革命の性格は、革命によって打倒すべき対象と実現すべき社会の内容などによって、具体的にきまります。そしてその点ではっきりさせておかねばならないのは、「革命」の内容と過程を、狭義の「政治（国家）権力」の奪取だけに置き替えてはならないということです。国家権力の奪取を根本とする政治革命は、広義の社会革命の部分なのであり、社会革命は狭義の「政治革命」なくしても進行します。マルクスが「資本主義」そのものが絶えざる変革の過程なのだということを強調しているのも、この意味においてです。むしろ凄まじいまでの「社会革命」と政治上の「反革命」が、この二〇世紀に人間の客体的存在への対象的認識である科学理論の発展、そしてその生産への適用の中で起き、そしてそれにつれて、社会の具体的構造と状況、人々の意識と感性、人間同士と人間対自然との関係性

にも嵐のような革命が進行してきました。それを他に、狭義の政治革命だけが「革命」の本質などというのは、そういう主観はどうあれ、一つの宗教でしかないでしょう。

私たちが担うべきは狭義の「政治革命」だけではなく、「文化革命」であり、「教育革命」であり、「生活革命」であり、人々の「意識革命」――つまりトータルな人間革命の遂行の課題なのです。そしてそれを通じて、まさに「具体的状況の具体的分析」と、それによって虐げられた人々、階級の解放を実現すること。これこそがマルクス主義の精髄なのです。

第三回　「革命」の概念について（続き）

引き続き「革命」という概念そのものについて論を進めていきたいと思います。前回強調したことの一つは、「既往社会主義」の過去と今日がどんな状況にあるにせよ、「革命」の必要は不変だということ、だが同時に「革命」という概念そのものは抽象的なもので、現実の「革命」は個別・具体的なのだということでした。「革命」は恣意的に起きるものでも、起こせるものでもない。「革命」とはそれ以外にない人民の選択の結果としてのみ達成されるのです。しかも人々が生きている現実の社会構成体（この概念も再定義することが必要です）――分かり易くいうなら「社会の仕組みとあり方」、その中での国家権力を軸にした支配の構造如何によって、現実の「革命」の内容も、その

過程も深く規定されるのです。

同じ「革命」という言葉を使っても、名誉革命とフランス革命は違うし、中国の辛亥革命はまた別の内容のものです。直接にはその時の「世の中」の仕組みで「革命」はまさにさまざまであり、しかも個別の「革命」の過程は、闘う主体が生きてきた「場」の歴史的、地勢的、さらにエコロジカルな諸条件などによっても深く左右されるのです。私たちが相手にしているのは、高度に発展した資本主義であり、しかもそれは、かつての日本帝国主義の侵略の敗北にも起因する国際的諸関係の網目の中に今もなお根深く規制されています。つまり「革命」というものが「天と地をひっくり返す」ことだとするなら、諸革命（資本主義打倒の革命だけのことではなく）は、じつに豊かな教訓を私たちに与えてくれていますが、その教訓のある部分だけを絶対化するようなことがあってはならない。内外のこれまでの諸「革命」の豊富な教訓が直ちに私たちの当面する「革命」の教科書になるわけではありません。個別の具体的な、また歴史的な諸条件の中で人民が権力と闘いながら、いわば試行錯誤を重ねつつ、私たち自身の社会主義革命の「教科書」を書き上げていかねばならないのです。

それともう一つ。前回の文章の文脈で指摘したのは、具体的な「革命」の内容と過程を決定づけるのは、たんに「社会構成体」とそれを基礎にする国家権力のあり方だけではなく、「革命主体」の質でもあるということでした。

「革命は、支配階級が他のどんな仕方によっても打倒されないことからだけ必要なのでなく、打倒する階級が、革命においてはじめて、すべての古い身の汚れをぬぐい落として、社会の新しい基礎をつくる力を身につけるところに達しうるからこそ必要なのである」とマルクスが『ドイツ・イデオロギー』で述べていますし、その上で第一インターナショナル（国際労働者協会）の規約前文では断固として「労働者階級の解放は、労働者階級自身の手で闘いとられなくてはならない」と宣言しています。やや古風な革命歌を思い返すなら「嵐よ吹け。わが面を洗え」。嵐こそが革命主体を強固に鍛えていくのです。

そんなことはもう分かり切ったことだ。改めて「再定義」を必要とする課題でも内容でもないという批判の声が出てきそうですが、しかしマルクス主義の立場、「史的唯物論」の観点から考えるとしながら、「革命」の対象である「客体的」条件と「革命」の主体との関係について、「既往社会主義」の「革命的営為」が、どんなに揺れ続けてきたことか。そのことを改めて重視せざるを得ません。同じ「史的唯物論」に立つ姿をとりながら、一方では社会の仕組みを「教科書」的に変えれば人間そのものも変わるという、いわば人間を社会の従属的存在であるかのようにみる考えが、また他方では、人間の主観こそが社会のあり方の決定因であるとする「主観主義」が生まれてきました。前者の途の誤りの中から、「社会主義」を自称していた権力が崩壊すると、ほとんど社会は瞬く間に「無政府」そのものといってていい状態に陥る現実が生まれてきたし、後者の途の誤りの中から、例えば中国のかつての大躍進運動とか「文化大革命」の名による数々の悲劇が記録されてきました。そしてその両面にわたって、マルクスがいった「物神崇拝」に言葉をもじっていうなら、いわば「党神崇拝」といってもいい決定的な負の遺産を、これまでの共産主義・社会主義の実践は残してきたのではなかったでしょうか。また主体の変革を軽くみるような「革命」がどんなに人民にとっては無縁なものだったかは、カンボジアでのクメール・ルージュ（ポルポト派）の歴史が、痛烈に教えていることです。

この「客体」と「主体」の「革命」における関係については、私は「生産力と生産関係」の矛盾というテーゼの見直しを通じてもう少し突っ込んで考えてみるつもりですが、その前提としてここでいっておきたいことは、「革命」と「革命理論」との関係の問題です。先に述べた一文を、この問題の流れでいうなら、ここでも「革命は恣意的には起こらない」のです。もちろん正しい「革命理論」とそれを大衆のものとして物質化すること、そしてそれに基づく「犠牲を恐れぬ勢力の運動の領導なくしては革命はない」のですが、しかしやや反語的にいうと、その「革命理論」に基づかないものは「革命」ではない――と先験的に決め込んだら話はまったく別になります。それ以外の「運動」は「遅れたもの」、「誤ったもの」、さらには「反革命的なもの」にさえ位置づけられかねません。しかし実際は、マルクス主義に基づかない「革命」もあり得るし、「革命」の現実の嵐が、革命主体をマルクス主義の側に変える場合もあるのは、キューバ革命におけるカストロなどの動きなどにも雄弁に例証されています。

「革命の理論」は「お経」でも「聖書」の解釈でもありません。それは歴史と現実、その中の階級闘争の「生きた総括」であり、だから「革命の理論」はまた絶えず「験され」「創造」されていくものなのです。労働者とか農民といった範疇の実体も内容的には「生きた変化」をするし、その範疇の理解も繰り返し吟味し直されていくのです。例えば日本でいう「百姓」とはただたんに「農民」のことではない。漁民も小商工者も含めた範疇だというのは、最近の歴史学の深化が生み出してきている大事な視点の一つです。だから理論を主観的に理解し、その理解の仕方で運動側の関係性を断絶させていくという、そういった「悪風」は、ほとんど宗教の「分派」の関係と変わるところなし――と自覚すべきです。

『協働』の前号で、アメリカ・マルクス派学会の内容が伊藤誠さんの報告を聴くという形で紹介され、その中で「オーバー・デタノミネーション」という言葉がキイ・ワードの一つになっているとされています。それを「重複決定」と訳すのが正しいのか、「複合決定」または「超決定」と訳すべきか問題は残りますが、それ自身がマルクス主義の再定義の必要にも通じることではないでしょうか。それは多分、最近流行りの用語でいうと「複雑系」という認識方法の問題ともつながっている。やや俗な説明の仕方ですが、光とは何か——と問われた場合、私たちは「波」でもあり「粒子」でもあると答える他はありませんが、それは光が作用するその瞬間の現象を、どういう角度から実践的に把握するかで答えは変わってくることなのです。実践を媒介にして真理に近づいていく。それがこの二〇世紀の初頭からの「科学的認識」の水準であり、それこそがまたマルクス主義の真髄でもあるのですから、こうした見地から「革命」と「革命理論」の関係を捉え直すべきなのです。

前号の趣旨を繰り返すことになりますが、時代がまさに「革命的」に変わったのは事実だとしても、だから「革命」など、もう古臭い、ナツメロを歌うに等しいというのは、その人が誤った革命観の中にしかいなかったこと、あるいは革命を自分の勝手な解釈で固定的にしか捉えていなかったことを告白しているだけなのです。

第四回　存在と意識について

「存在が意識を決定する」。これが唯物論の基本的な認識方法です。但しそれはいうまでもなく、たんなる「反映論」でもないし、意識がもつ相対的に独自の役割を少しでも過少に評価することを認めるものではありません。ドイツ語

では「意識」は「ベブストザイン」。つまり「意識」とは「意識されて〃あるもの〃」、つまり「意識」もまた一つの「存在」なのです。マルクス主義的（弁証法的）唯物論にとって決定的なことは「存在」か「意識」か、そのいずれが優位にたつのか——ということではなく、究極的な規定要因が物質的存在とその諸過程にあることを認識の根底におきながら、人間の外にある「存在」と、「意識」という形における「存在」との相関の関係を観念の操作の中ではなく、まさに事物の存在の論理の中で、しかもともに変革可能なものとして把握するということです。

「人びとの意識が彼らの存在を規定するのではなく、逆に、彼らの社会的存在が彼らの意識を規定する」という命題においても同じことが指摘されねばなりません。「世の中」が人々の社会的意識によってあるというのも、逆に社会的存在が人々の社会的意識を一義的に決定するということも、ともに俗論に過ぎません。なぜなら、ここにいう「社会的存在」そのものの中にすでにして「意識」をもつ人間の「社会的生活」の過程と現実があるのだからです。なぜこんないわば「当たり前」のことを、ここで事々しく言い立てるのか。それは「存在」と「意識」、「社会的存在」と「社会的意識」についての一面的・機械的解釈がマルクス主義の名の下にしばしば大手を振って罷り通り、社会変革における人間の意識・思想の変革の役割を実践的には無視したり、逆に人々の意識と思想を変革さえすれば「社会」

は前進するという主観主義的革命論が、これまでの「社会主義をめざす諸革命」の歴史を彩ってきたといえるからです。私たちは前者の誤りをロシア革命の変質の経過の中にみることができますし、後者の誤りを例えば中国の「文化大革命」の悲劇の過程と結末から抉りだすことができるでしょう。

マルクス主義にとって大切なことは、一つの事象をその内的な構造が孕む矛盾とその動態の中で認識（把握）するということであって、その対象となる事象を次元の異なる視点から把握して、それを直ちに矛盾した関係にあると見て対立させ、そこに「矛盾」という言葉を当てはめるようなことはマルクス主義にむしろ反することなのであって、あえていえばそれこそが主観主義的なものだということです。「存在」と「意識」、「社会的存在」と「社会的意識」との関係においても然り。すべてを相関（依存と対立）と、同時に変化の関係において捉えることがマルクス主義の神髄というべきでしょう。

「生産力」と「生産関係」という範疇にしてもそうです。この二つのものが対立し合っており、前者が発展してやがて後者を、それが古い形にある限り破砕していく――というのが、史的唯物論とそれにたつ革命論の根拠の基本だという認識がありますが、現実にあるのは「生産」という事象なのであり、そこに「生産力」と「生産関係」という二つのモノがあるとか、その二つから「生産」が組み立てられているといったものではありません。特定の「生産」をそのもてる「力能」の観点からみた時には「生産力」の問題として把握され、その「生産」の構造からみれば「生産関係」として捉えられる。そしてその相互が当然にも関係し合う形にあるのです。

この二つの分析視点の違いを二つの「モノ」の違いであり、しかも互いに対立関係にあるかのように認識し、だから「生産力」を増大させていけば「生産関係」、総じてその時点での「社会関係」の総体が変革されていくというのが、一見マルクス主義に忠実な基本の視点のように受け止められてこなかったとはいえませんが、それは結論的にいうなら救い難い「生産力史観」であり、ここからこそまた奴隷制、農奴制、封建制、資本主義制、社会主義制度というわゆる単線的な「社会発展史観」が唯物史観の「権威」をもった公式として主張されてきたといえるのです。かつての日本の軍国主義支配の時期に、マルクス主義者を自覚していた少なくない人々が、例えば「大政翼賛会」に参加し、その主な理論的担い手にまでなったような事態が生じたのは、天皇制の強圧がもたらしたものというのがその主要な側面ではありますが、「生産力」の発展イコール革命の条件の熟成という誤ったテーゼに導かれていなかったとはいえないことだったのです。

たしかに「生産力」の変化・発展が「生産関係」を変えるのは事実ですが、「生産関係」の変化がまた「生産力」

の様態と水準を変えもします。なぜ資本は「合理化」に熱中するのか。それが生産のあり方とその水準を資本の立場からみて変容させるからです。フォーディズムにしても、戦後のわが国の経済発展を促す根拠の一つになったといっていい「トヨティズム（カンバン方式）」にしても、生産にかかわる諸関係と諸条件を変えることで生産力を向上させ、つまりは「生産様式」と社会そのものの現実態様、さらに人々の価値意識をまで変容させるものだったのです。誤った「生産力史観」には、こうした「生産関係」の変化がもたらしてくる社会の変質の視点が組み込まれていないし、しかも多くの場合、「生産力」をその「量」で秤るという致命的過ちに陥っています。

実際、「大量生産」がもたらす影響などをみるまでもなく、生産の「量」は社会のあり方にも、またその変化・変貌にも決定的といっていい作用をもたらしますが、例えば原子力発電の水準は、不用意によく表現されることですが、石炭何万カロリーとか水力発電何キロワットといった数字に換算して判断しておくだけでいいのでしょうか。人間生活はたしかにエネルギーを取り込むことなくしては存在しません。しかしそのエネルギーが風力か、木あるいは石炭、石油を燃やしたエネルギーか電力か、そのエネルギーの質によって社会と人間生活に及ぼす影響は決定的に異なります（ちなみにいっておきますが、人類はこれまで、その素材の違いをともかくとして基本的には自然と太陽のエネルギーを

使い勝手のいいものにして利用してきたといえますが、原子力エネルギーは、物質そのものの核を人間の技術の力で破壊してエネルギーとする。つまり自然内存在である人間が自然を破壊して生きていこうという原理あるいは哲理の上にたちます。だからこそそれは原理的に成り立たないものなのです)。つまり「生産力」は「量」の規定だけでなく、それと不可分にその「質」が問われ、それがまた「生産関係」、さらには「生産」そのもののあり様を決定するのです。

そしてこれに関連して大切なことは、その「生産力」の「質」を決定するのは、それがすべてではないとしても「労働の質」なのであり、だから「社会主義」という概念も「資本主義」を上回る生産の「量」を実現するということにだけあるのではなく、「資本主義」が到底実現できない生産の「質」、つまるところは「労働の質」を実現するということが主要なことだということです。これまでの「社会主義」論がどれほど「生産力」説に毒されてきていたか。そのことを「革命運動理論」の再定義に当たっては力説しておかねばなりません。

なお本稿についていう限り、本誌前号の佐山新の〈研究ノート〉「広松渉哲学に学ぶ（4）」をぜひ参考にして欲しいと思います。

第五回　生産力と生産関係の矛盾とは何か

ところで、「生産力」についてマルクス主義の立場から

考察される場合、これまで教科書風に「労働力」「労働対象」「労働手段」からなる――と説明されて済まされることが少なくありませんでした。それはそれとして間違ってはいませんが、この「生産力」の三要素のうちもっとも重要なのは「労働力」であり、したがって労働の担い手としての人間、つまり労働者階級が社会の発展と変革の主人公になる――とするのは、一見正しいようで実際には、誤った実践的指針を生み出しかねません。なぜなら「社会労働」の担い手は、抽象的な「労働者」ではなく、社会の物質的過程である「生産様式」と、それがつくる下部構造に規定された上部構造のあり方の中にも生きている具体的な存在なのであり、しかも下部構造をなす物質的諸過程は、決して「生産」だけで終わるものではなく、生産された物の流通と消費、さらに廃棄の総過程――つまり「再生産」過程としてあるものだからです。だから労働力そのものもまたそうした再生産の総過程の中に生きる人間の「協働」の産物として規定されねばなりません。よく「生産現点」にある労働者階級という言い方をすることがありますが、「生産」現場だけで生きている労働者などはいないはずです。流通にも係わるし、消費もし、廃棄物もだす。地域住民としても、あるいは市民としても労働者は生きている。それが当たり前のことでしょう。「生産原点」にある労働者を革命の過程では何か他の階層よりも優位にたつ存在であるかのように規定するのは、ある意味では傲慢だとさえいわねばならないのかもしれません。

ではなぜ、社会主義革命において、労働者階級が決定的な、また主導的な位置にたつのか。それは生産の全過程と人間社会の構築とその変遷において、決定的な役割を担うのが人間そのものであり、その人間が人間であり、人間として自己を変革もしていくカギが、まさに人間の労働にあるからです。労働とその形態こそが、人間のあり方を決定もし、創造もしていくのです。労働者階級のへゲモニーというのは、人間社会において生産が決定的な位置を占めているからだということや、社会の発展とともに労働者が階級として多数になるからだということなどだけによることではなく、「労働」こそが人間が人間である証しであるからなのです。

だからここにいう「労働」という言葉（概念）こそ、これまでの革命運動理論の再定義においてキイ・ワードの意味をもつものです。「働く」ということと、「稼ぐ」ということとは必ずしも同じではない。前者には人間の「協働」関係、だからまた社会変革の思想の核心が孕まれていますが、後者には資本主義的価値観へのすりよりや屈伏の回路が潜んでいます。だからこそ、労働者はありのままでは「労働者階級」ではない。労働者は自らを階級として形成しなければならないという大きな問題が出てくるし、現実の労働運動のあり方にも係わるのですが、この点は後にまた、それとして立ち返って深く検討してみたいと思います。

ただここでさし当たり確認しておきたいことは、だから「働く者（労働者）」の相互関係や人間（社会）と自然との関係を抜きにして「労働力」を規定すること、資本主義と社会主義の優劣を狭義の「生産」の効率の問題にすり替えたり、そこで市場経済とか計画経済のあり方だけを問うようなことが、どんなに短見であるかは歴然だということです。これまでの「社会主義」社会の経済の「計画化」がどれほど非効率なものだったとしても、だから廃棄物の処理の問題まで含んだ人間と自然との関係を、ただただ資本の効率だけで野放しにしておくようなことで、人類社会の明日は保証されるのでしょうか。社会主義とは労働を中心にした人間と人間との関係、人間と自然との関係の全域に及ぶシステムのあり方の問題なのです。

マルクスは『資本論』で再生産表式も駆使しながら、剰余価値——収奪と被収奪の具体的源泉を決定的に摘出していますが、それは『資本論』の直接の狙い（課題）からのもので、それだけで社会の再生産過程を描きだしたというものになるわけのものではありません。そのためには、マルクスの方法に学びながら、生活＝使用価値の循環的な運動の視点を外してはなりません。有名な『経済学哲学手稿』でマルクスは「産業は、自然の人間に対する現実的な歴史関係である。……産業が人間の本質諸力の露呈として把えられる時、自然の人間的本質ないし人間の自然的本質もまた理解される。……産業を通じて形成される自然が真の人

間的自然である」と書き、さらに『ドイツ・イデオロギー』では「人間と自然との統一なるものは……産業の発展の高低に応じて、時代ごとに別様なあり方で現存してきたのだし、生産の様式は……諸個人の活動の一定の生活様式なのである。人間諸個人が何であるかということは、それ故彼らが何を、いかに生産するかに合致する」と述べています。

規定的なものは人間の生活なのです。だから労働力という範疇から、感性と知性をもつ、そしてまた本質的に「協働」の関係にある人間「労働」という実体を捨象してしまうことも誤りなら、逆に「労働力」の担い手は人間そのものであり、その人間は思想をもつ存在なのだから、その思想を闘争を通じて鍛え直せば「生産」も向上するといった類の主張やそれに基づく実践もまたマルクス主義からの悲劇的な逸脱なのです。そうした思想の建設と闘争の意義は、狭義の革命闘争のある段階、ある部分では決定的に必要な場合もあるでしょうが、社会主義の建設の全局面を律すべきものではありません。

さらに「生産力」の三要素説では、先にも少し触れたように、エネルギーという要素がもつ独自の役割が明確になりませんし、私見ですが、情報と技術がもつ意義も曖昧です。もっとも「労働力」とはその根底では人間の力能なのであり、だから情報も技術力もそれに含まれると解釈できないでもないかもしれませんが、それなら逆に、「労働力」を「労働効率」といったものだけに還元せずに、人間の相

互関係のあり方とその類としての知能もまた「労働力」の概念に加えるべきです。人類の長い歴史において「言語」や「文字」などがもった人間相互の意思や欲求の伝達能力の発達、つまり広義の「コミュニケーション」という概念に括られる人間の相互関係のあり方とその能力が、どれほど大きく「労働力」さらには「生産力」の水準と形態を、したがって社会の生産様式自体とそれが生む力能、さらに人間の生活のあり方を左右してきたでしょうか。情報と技術が社会の下部構造に規定された単なる上部構造でないことは明らかです。そして情報と技術の進化にも基づく人間と人間関係の変化がまた「労働力」の変化に結実していくのです。そしてそうしたことを含む「社会生活」の全体がまた「社会的意識」を規定するのです。

「生産力」と「生産関係」についてのこうした実り豊かな関係を見落としたままに、それを単に言葉として革命の公理のようにしてしまった誤りの所以は、先にも触れたように実体としてある「生産」を、視点の違いから生まれる「生産力」と「生産関係」という概念でいわば「腑分け」し、しかも唯物論の機械的解釈から、社会の発展を「生産力」主義的にみる、あるいはたかだか「生産関係」が「生産力」に及ぼす反照の関係を加えてみるという、まさに非マルクス主義的観点をマルクス主義とみ間違えてきてしまったからではないでしょうか。

では「生産力」と「生産関係」の矛盾という問題は、どう考えるのが正しいのでしょうか。またこの大命題の系として「生産の社会化と生産手段の私的所有」の矛盾が資本主義固有の本質的矛盾だというテーゼをどう再定義すべきなのでしょうか。それは次回に検討してみることにします。

第六回　生産力と生産関係の矛盾とは何か（続き）

前回までで述べたことは、社会発展の基礎は「生産力」と「生産関係」という物象化された二つの「モノ」の矛盾の中にあるのではないということでした。では社会発展の原動力となる矛盾はどのような内実をもつものなのか。それは一口でいうなら、社会の発展そのものが創り出す「生産力」と「生産関係」の両面（つまり生産それ自体の発展）にまたがる客観世界と人間存在の条件の矛盾の深化の中にあると捉えるべきでしょう。ここにいう矛盾は、まず人間と人間との関係に、次いで人間と自然との諸関係の中に具現し、深化していきます。少しわかり易くいうと、その第一には、生産諸力の根幹をなす労働力の担い手である働く人間そのものの生きていくことの困難（そしてその自覚）という形をとって、そして第二には、この社会のあり方の基礎をなす生産関係の基本である「人間社会と自然世界の関連（生態系の破壊）」という形をとって――ということです。だがら社会発展の基本の力は、まず支配する者（階級）と支配される者（階級）との階級闘争という中に、また同時に支配社会の中で進行する自然破壊などに対する自然そのものと、そこに生きる他のない具体的人間の反乱や抵抗などを含む営為という形の中に貫徹します。そしてそういう意味でこそ「これまでの人類の歴史は階級闘争の歴史」に他ならないのです。くどいようですが、「生産力」と「生産関係」の葛藤が自動的に歴史を変化・推進させてきたわけでもないし、現に今もまたそうなのです。

しかしこのような物象化された矛盾概念の機械的な誤った認識の上に、「生産の社会化と生産手段の私的所有」の矛盾が、資本主義固有の矛盾であり、それを止揚して「生産の社会化」対応した「生産手段の所有形態」をつくり出すことが「革命」であり、あるいは「社会主義建設」の前提でもあり課題でもあるというテーゼが罷り通ってきました。ついでにいうと、こうした「理論的命題」を無謬の前提において、だから「社会主義」とは「市場経済」を排し、人（労働者階級）の権力による「統制経済」しかないという理解が絶対のものでもあるかのように受け止められてきました。

念のためにいっておきますが、ここで排除さるべき「市場経済」とは、むろん資本主義的経済システムのことであって、論者にしてもそれを是認することが「革命運動理論の再定義」のために必要だなどといおうとしているわけではさらさらありません。資本主義的市場経済は、効率と採算と競争をその根底の原理にします。もっと根源的にいうと人間の「欲」とか「利己主義」をいわばバネにして、資

本主義的市場経済はつくり出され、運営されるのです。しかしその結果として、まさに無政府的な収奪と搾取の関係、自然の無計画的な破壊が際限もなく進行していきます。それをどう規制していくのか。この問題は差別のない平等な、かつ自然との調和を前提にした経済運営をしていこうとする限り、絶対避けることのできない問題でしょう。

しかし他面、だからといって社会主義とは「計画経済」だと単純にいいかえることも、「市場経済」という用語そのものを使うことが間違いだと断定するのも、それだけでいいのかどうか。社会主義とは何か——は、この「再定義」の全体の結論として導きだされるものですが、原理的にいう限り、原始共産主義社会にしても、そこには「物々交換」という形での一定の「市場」は形成されているのであり、まして人間社会が分業の発展の拡大の中で多様化していく未来に向けて考えるなら、「広義のモノの交換、交通の場」としての市場そのものの存在を否定することはできません。問題はどのような「市場」なのか——であって、相互扶助と利益、さらに人間の交流の場にもなる市場そのものを廃絶してしまうことなどできるはずもありません。

こうした考え方と一体になることですが、先にも規定的な問題として指摘しておいた「生産力」と「生産関係」についての物象化した理解にたって、ともすると「生産力」がある一定の段階にまで成熟すると、それまでの「生産関係」の枠に制約されて経済そのものの発展も止まってしま

うような、まさに戯画化された経済発展史観がマルクス主義のさも公認の理論であるかのように理解されてきた嫌いはなかったでしょうか。資本主義の下で、生産関係が生産力の発展の桎梏になる関係があることは否定できない事実ですが、それにもかかわらず生産そのものは変形しながらもやむことなく発展しているのが現実です。マルクス自身、この資本主義経済の際限もない「発展」そのものを直視、重視することを繰り返し強調していたものです。「生産関係」が基本的に変わらない限り、生産がやがて窒息してしまうかのように考えるのも、こうした矛盾を解消していくために（そうは公言しないとしても）逆に生産を制約し、制限していくならば「調和的」社会が実現するという風に主張するのも、「生産力史観」を同根にした誤りの両面の表れでしょう。マルクス的にいうなら、それこそが「空想的」幻想に過ぎない。私たちは、マルクス自身の視点にも反して、革命理論の根本にあるこの「生産力」と「生産関係」の矛盾のテーゼに勝手に呪縛されながら、資本主義の下における経済発展のまさに「革命的」ともいえる変容の現実を、どれほど見落とし、見逃してきたことでしょう。

表向きでいうなら、たしかにこの二〇世紀を通じて、社会主義は結局、資本主義に敗北したといえましょう。しかし逆にいうなら、資本主義がその無政府的発展を通じて、どんなに社会主義的社会に移行せざるを得ない条件を世界史的に蓄積してきたか。社会主義が理想としてきた社会をつくるために、どんなに有利で、有効な手段がつくり出されてきたのか——ということこそが、二〇世紀のこの最後の局面を迎えている今、理論的にも具体的にも掘り下げられねばならない課題なのです。今年八〇年記念の年を迎えるロシア革命以降の世界史が、ただちに実り豊かな社会主義世界をつくりださなかったことは一面の真実であり、そこからの教訓は重要すぎるほど重要です。しかし戦争と革命の二〇世紀を通じて、植民地主義が手痛い打撃を受け、帝国主義支配も後退を余儀なくされたことは、さらに大きな歴史の過程だったというべきでしょう。そして資本主義が「世界を制覇」したようにみえる構造が生まれてきた故に、世界の社会主義への変革の条件もまたそれだけ深化・進行してきたのです。

この点でも私たちは「生産の社会化」という概念についても、一国の枠を越えた把握の仕方をしなければなりません。つまり「資本が国境を越え」、「生産が世界化する」。にもかかわらずいぜん「生産手段は私的に所有されている」。これが現実であり、今では自由競争的資本主義が帝国主義の段階を迎え、かつ国家権力と同化して「国家独占資本主義」になったという分析方法と段階規定では、この多国籍企業が支配している現実を理解する方法的視座にはなりません。そして世界化する資本にとって国家さえ一定の妨害物になるという関係は、「帝国主義論」の見直しをも迫ります。「生産の世界化」にしても、原理的には「生産の社会化」のことなのですが、変革の内容と過程をどう把握するかという実践の立場からは、この二つの概念はまったく同じことではないはずだし、このことは革命の展望にかかわる今日のマルクス主義の実践の如何に深くかかわってきます。

他方では、生産手段の「私的所有」ということについても、特定形態の資本家的所有を不変の実体にしておくだけでは現実に接近できないでしょう。「所有」とは別に「占有」という問題もあれば、土地国有の問題などもあります。このことは次号で取り上げてみる予定です。

こうした時代の変容と人民生活そのものが提起してくる新しい問題を孕む具体的情勢と理論・実践の両面で具体的に格闘しながら、生き抜いていくのがマルクス主義の生命なのです。

第七回　生産手段の私的所有という概念について

生産関係の階級的性格を決める基礎は生産手段の所有形態であり、生産手段の帰属――「所有」が誰の手にあるかが、社会関係を解明するための不可欠の前提だというのが、これまでのマルクス主義における常識的理解であり、だからまた資本家による生産手段の私的所有を公的な所有に移すことが、社会主義革命の実体的内容だと考えられてきました。

ところが実際には、既往の社会主義を自称した体制では、

国有を含んだ公有の経済体制の下での経済成長の効率は悪く、プロレタリア独裁の名の下で党官僚などによる労働生産物と資産の横領・腐敗・汚職が蔓延し、それだけが理由だったとはいえないまでも、既往の社会主義体制なるものは相次いで解体するか、あるいは硬直した社会になり果ててきています。報道によると、阿片戦争以来一五五年、イギリス帝国主義が領有・支配していた香港をついに「回収」した中国は、今後五〇年にわたって香港を「一国両制」の下におくだけでなく、秋の中国共産党第一五回大会で、国有企業の株式制への全面移行を今後の経済施策の基本にお く方針を採択することになろうと観測されています（六月二五日付『経済参考報』）。公有制の改革は今に始まったことではありませんが、「公有制の実現形式を大胆に探究しよう」と題した『経済参考報』の論文の提起では、「所有制とその実現形式には必然的関係はなく、公有制を発展させたものであれば、どんな形式でも利用可能」だとしています。

「社会主義」の崩壊が叫ばれ、人類社会の未来の指標などにはならないという主張が今では世間の大勢であるかのようになっている感がありますが、そうした論点の中心にあるのは、生産力の社会化の進展に対して、生産手段の「私的所有」を国有などを含む公有に移すことで止揚すること、その意味での社会主義の実現こそが人類社会の明日でというのは単なるイデオロギーに過ぎないということです。

こうした歴史の現実をまつまでもなく、マルクス主義の理論と実践において、「所有」の問題はもともといわば基礎的な命題であり、だからこそ「所有」についてはまさに百家争鳴といってもいいほどの万巻の論が展開されてきました。同じマルクスの「所有」概念にしても、『経済学哲学手稿』の「初期マルクス」から、やがて『ドイツ・イデオロギー』時代、『経済学批判』を経て『資本論』にいたるまでのマルクスの認識の微妙な発展と変化の論究、あるいは主にマルクス自身が展開した所有形態の転換の歴史についての認識方法とエンゲルスの所有論との違い、さらに資本主義的所有に対する社会主義を経て獲得されるべき「個人的所有」概念の内実などなど、その論点は多面にわたり、また多義に及んでもいて、そうした「所有」論のすべてを整理し批判的に吟味する余裕などはここではありませんし、掲載誌の性格上からも、それはまた不必要なことだと思います。ここで吟味しておきたいことは、そうした学者風の論議ではなく、マルクス主義でまず根底的に明らかにしておくべきことが「〝所有〟とは〝モノ（主要には生産手段のこと）をもつ〟ということ、だから逆に〝所有の廃止〟とは〝何ものも持たない、持てない〟というようなことではない」ということ、「私有の廃絶」とは、「生産手段の資本家的私有」を「国有」を含む「公有」制に変えるといった単純な「モノの処理（仕方）」を問題にすることなのではない――ということです。

この当たり前で原則的な視点を見間違えるところから、「資本主義」そのものも現実の発展と変貌の中で、「生産手段」が個的な人間ではない「組織とか集団とか法人」、あるいは資本家というより経営者に委ねられるものになり、ついには「資本家なしの資本主義」にさえ変わることも可能だとか、資本家などの「生産手段」の私有に対して、労働者もまた「労働力」を所有しているだけでなく、今や「失うものを持つ（所有）」存在に化しており、そうした現実を無視ないし基底におかないような「社会主義」論が破綻するのは当然だといった議論、さらには生産手段を私有から公有、国有にして競争・効率・採算を無視したからこそ、既往の社会主義諸国家の今日の無残な現実があるのだといった主張が、さも根拠がある如く振りまかれてきています。「社会主義」は理論的にも現実的にも「死んだ」というわけです。

社会主義革命をなし遂げたとしてきた国々で、資本家的所有が社会の生産様式の少なくとも主要なウクラードでないものにされたことは事実です。しかしそれに変わってより厖大かつ強力ともいえる国家官僚による「生産手段」の「占有」がしだいに全面化しました。こうした「占有」は必然的に巨大な「特権」を生み出します。ここで大切なことは、何も生産手段を特権官僚たちが「自分の持ち物」にするわけではありません。少し例は極端かもしれませんが、私たちが新幹線で旅行をする時、座る座席をその都度買い取る必要はない。買えば汚したり、壊したりしたらその処理の方が大変でしょう。特定の席に座る「指定券」を手に入れればいいのです。そうすれば「ある特権」を持てるし、破損をしても知らない顔をして車を去ることができる。既往の社会主義もまたそれと大同小異で、なるほど資本家の所有は廃止したとしても、それに代えて厖大な官僚の生産手段の占有による特権的支配のシステムをつくり出してきたのではなかったでしょうか。しかも「所有」はしていないので、生産の増大や改良、浪費の削減などに対するインセンティブ（動機づけ）を欠如させ、まさに厖大な無責任体制を横溢させせつつです。これが「独裁」下の偽らざる現実でした。既往の社会主義が事実上崩壊したのは、それだけによったわけではないとしても、この党の国家を通じての誤った独裁体制の全面化によったことは否定できません。

こうした歴史的な経過と現実を背景にして、文章の余白上行論を省いて結論を先にいえば、「所有」とは「モノを持つ」ことではなく、他者の非所有と排除を前提にして認知された相互依存関係にある特定の人間の意思的な権利関係の集合のことであり、その関連の法的な表現のことなのです。決して「所有（とくに生産手段の所有）」そのものが、経済の基礎的な概念ではない。資本が生産手段の私的所有を通じてその手にしているのは、生産手段というモノそれ自体ではなく、その形態は歴史的に特殊な側面をもつとはいえ、膨大に集積されている商品の生産と流通と譲渡と移転を通じた資本主義的再生産様式の活動の連鎖の全体を支配し、その過程で所有する個々の商品や貨幣の価値を増殖させる運動の機能を支配する権能のことなのです。しかもその商品もまた「モノ」として把握されるものだけでなく、光・熱・エネルギー・情報、そして労働力その他のものをも含みます。所有という概念を生産諸関係の総体からきり離して捉え、そのモノ的な所有形態を変えれば「働く者が豊かになる社会主義」が必ず到来するかのようにしてきた考え方そのものが再吟味される必要があるのです。

そしてそのことは、資本主義を「搾取」とか「所有の不平等」として断罪し、財産（モノ）の平等とそれへの接近の自由を求めてきた社会主義・共産主義の理解の根底をも改めて問い直すものです。そうした資本主義批判は、資本主義的価値観や理念で現実に対する異議申し立てをしているだけのことかもしれません。そしてだからまた労働運動も、多少「稼ぎ」（所得）が増えればいいかのような、小資産者の運動にも化けてしまう。社会主義の壮大な歴史的理想とロマンも世界の表舞台には登場しなくなるという悲劇が訪れていると考えます。

「所有」とは「人と物との関係」のことではなく、「人と人との関係性」に支えられた利益社会的な連関の総体にかかわることであり、革命が求めているのは、その連関の全体の転換のことなのです。

革命運動にとってもっとも核心の問題は、その革命が誰を主体にする、いかなる革命なのかということであり、その前提として、革命の対象となる社会構成体が、どのような階級関係によってつくられているのか――という問題です。共産主義を目標にする社会主義革命の場合の根本的な立場は、むろんのこと、革命の主体は労働者階級だということにあります。

階級とは、一定の歴史的な社会的生産体制の中で、主には生産手段に対する関係の違いを背景にして客観的に生じてくる地位の違いで区別される人間集団のことで、当然のことながら、社会的富をうけとる方法とその大きさに違いがあり、そうした社会経済的な利害の違いとその根本的対立から階級闘争、あるいは権力をめぐる政治的対立がうまれてきます。その内容と形態は歴史の段階に応じて異なっていますが、階級闘争こそが歴史の発展の原動力なのです。すでにこのシリーズでは論じてきていますが、生産力と生産関係の矛盾、あるいは生産の社会化と生産手段の領有の間の矛盾といった社会のあり方などが、神の意思のように社会を動かすわけではなく、階級闘争という人間の闘いこそが、つまりは人類社会の変化と発展の推進力になるのです。ですから、階級の存在、階級闘争の役割の無視、あるいは軽視する立場は、かならず社会主義の理論と闘いの否定につながっていくし、そうならざるを得ないのです。

ところが、資本主義の生産水準の発展と、あるいはそれに伴う人々の生活のレベルの向上につれて、階級という言葉を使うことが「気恥ずかしい」とか「時代遅れだ」と受けとめる流れが理論や思想の段階でも拡がってきています。労働者自身が、労働者階級という自己規定をしない。あるいは階級政党自身が「階級」という言葉を避ける。そしてその分、「市民」とか「国民」といった用語がいわば大手を振ってまかり通るようになってくる。最近では、新進党が「新国民主義」という言葉で、彼らの政治目標を表示しようとするような動きも目立ちだしています。だが、そうしたことを肯定する立場自身が、革命の裏切りや否認、敗北の道なのです。

ですが、それでは階級という言葉をやたら使っていれば「革命的」なのだ、その証しなのだというわけではありません。むしろそれだけだと「革命的な大言壮語」といった方が正しく、本当の革命の立場の推進を卑しめることにさえなるのが普通です。「階級」という用語をどう使うのかについては、「人をみて法を説く」といってもいい観点と智慧が必要でしょう。なぜなら、そうした考慮なしの「階級」強調主義は、論語読みの論語知らず。お経をただ唱えるだけという怠け者の姿の自己暴露でしかないからです。

労働者階級――プロレタリア階級という用語にしても、マルクスが生きていた時代のイギリスの大工場の労働者の場合は、一単位で多くても三〇〇人ぐらい。今とは隔世の感があります。また労働者階級は失う物など何ももっていない、鉄鎖のみだといった言葉に自己陶酔しているようなことでは、自らを今日の労働者階級からかえって遠いところにおいてしまうだけのことになりかねないし、あるいは労働者階級を主人公にする社会主義革命の内容を、たんなる「貧民革命」にすり替えることになってしまいかねません。階級は前述のように、富のうけとり方の違いを内容にした概念ですし、貧富の差と対立こそが多く革命の起動力になるのは事実ですが、社会主義革命は決して「モノの貧しさ」をのみ根拠に語られるべきものではありません。

階級は分業と生産手段の所有形態の発展・変化とともに生まれてきます。ですから、階級についての意識は、単純化するのではなく、逆に渾然としたものになります。例えば、同じ交通労働者といっても、航空機のパイロットと川の渡し舟の船頭さんが共通な利害の仲間同士だとか、同じような階級意識をもつことは難しいことです。資本主義の発展とともに、階級意識も自生的に明確なものに成長するというのは多分のウソで、むしろ階級のあり方と階級意識は、放置しておけば資本主義の発展とともにますます混乱したものになる一方なのです。だから私は「世界の労働者、団結せよ」という『共産主義者宣言』の最後の有名な言葉も、世界の労働者がいわば自動的に団結するようになるという見通しの言葉というより、放って置けばバラバラになりかねないから、団結するように意識的に努力せよ——という指針の言葉として受けとめておくべきだと考えています。分業が多様化すれば、意識もまた多様化します。問題はそれにも拘わらず、どんな職域、職業にあろうと、また「働きの内容と労働の形」はさまざまであろうと、資本の論理とそれによる攻撃に一様に直面する。つまり分業の発達による資本と労働との関係は多様化するが、資本主義の下では搾取・収奪の資本と賃労働の対立という関係そのものは貫徹する。この認識こそが大切であり、その認識は自生的には育たない。階級は階級意識の形成を媒介にして、初めて創りだされるのです。

このことと深く結びついていることですが、先に触れたように、階級の問題を物質的な意味での貧富の問題に置き換えてはならないだろうと考えます。「インタナショナル」の歌の日本語訳は「起て。飢えたる者よ」で始まりますが、かつてまさに日本の労働者階級が食えなかった時代では、この訳は名訳といえたでしょう。しかし今では、多くの労働者にしても、この歌を余り歌わない。理由は一通りではないとしても、生活の現実からは馴染み難いからです。しかし「インタナショナル」の元唄は「目覚めよ。地獄に落ちた者どもよ」で始まっている。「虐げられている者よ。立ち上がり腕を組もう」というのなら、この歌は今の、物質的には「豊か」にみえる日本などの社会でも、まったく多くの人々の心につながっていくと思います。それを飢えとか貧しさということだけに置き換え、それに抗して「豊か」になることだけを小市民的に追い求める、しかも己だけの損得の問題として闘い抜きにそれを求めるだけなら、時代の変化や生産の発展、そして資本主義文化と価値観が浸透すればするほど、階級的意識などは縁なきものになるばかりか、かえって煩わしいものに受けとめられるようにさえなる。これは避けられないことです。階級が解体される。科学・技術の発展、あるいはコミュニケーションの革命的進歩が一層、こうした階級観点の相対化を促しもします。

最近の神戸・北須磨での事件にしても、多様な観点の分析がされていますが、家庭や上昇志向や立身出世主義に覆われがちな教育や家庭のあり様の混乱、根本的には日本資本主義の腐敗や行き詰まりと市民主義的価値観の崩壊を示していることでしょう（報道の仕方とか警察の捜査や措置の問題は別にして）。しかし労働者階級の側から、この事態に対する有効な反撃もないままに、人々が「安心」や「安定」あるいは「安全」といった小市民的価値観と秩序維持の立場から問題を捉えてしまっているところにも、階級的視点と意識の解体の姿をみてとることができると思います。それも結局は労働運動それ自身が小市民的運動、逆にいうと「脱階級的運動」に落ち込んできているからではないでしょうか。

そもそも革命において基本の主体が、なぜ労働者階級なのでしょうか。それはこの社会が階級社会であり、労働者階級が生産の現場にあって多数をもっているからでしょうか。むろんそのこと自体は正しい。しかし労働者はまた流通・消費・廃棄の場でもまた主人公です。つまり労働者は「再生産」の軸芯におり、そして労働こそが人間が人間であり、人間として成長していくカギであり、人間の本質が労働によって創られるものだからです。労働はたんに「稼ぐ」ために営まれるのではなく、人間と人間関係を変える人間の営みの基軸をなしている。階級という言葉の再定義を、この労働の基本の価値を中心にして行うこと、そして学習を拡げ、労働者を「階級として形成する」努力を新たにすることが問われているのだと考えます。

第九回　「市民」との関係での階級と階級意識

紙面の都合で、論旨の展開が切れ切れになってしまうのが読者の皆さんに対しても申しわけないと思いながらも、階級の問題は革命主体にかかわることなのですから、前号に続いてもう少しこの点にこだわっておくことにします。

例えば変革の中核は労働運動か市民運動かといった、私には不毛としか考えられないような論議が、もうずいぶん長く運動圏で続いてきました。その延長線上にあるのは、当然、労働者階級中心の革命党か市民本位の党づくりなのかという論議ですが、それは労働運動が後退局面にあり、一方、いわゆる「大衆社会」状況がますます成熟してきている今日では一定の根拠があることであり、それはそれで大切なことを内包しています。しかし市民の多くは労働者(勤労者とその家庭人)だし、労働者はほとんど市民として生活している。まして資本主義経済の「成長」に伴って、市民的存在対象の労働者階級は、ますます急激にその数を増大させているのが現実でしょう。

日本における「階級構成」については故大橋隆憲・京大名誉教授によって世間に問われたものがあります(大橋編著『日本の階級構成』岩波新書、一九七一年)。これは生産手段の所有関係には触れずに「職業別、従業上の地位別」を基準にした階級の分析なので、就業統計に現れない無業の資産所有者が最初から除かれていたり、資本家階級内部の階層的構成を明確にしていない難点がありますが、しかしなお階級分析では有効な指針を与えているものといえましょう。

ここではその方法に依拠して雑誌『経済』の編集部の友寄英隆氏が一昨年発表したチャートを利用しますが、それによると、一九九〇年の日本の経済活動人口は総人口一億二三六一万人の五一・五%に当たる六三六六万人、資本家階級は二七三万人(四・三%)、自営業者は一二五九万人(一九・八%)、労働者階級は四六〇六万人(七二・四%)です。一九六〇年に比べると、当時の総人口は九三五五万人、経済活動人口は四四〇一万(四七・一%)、資本家階級は一〇二万(二・三%)、自営業者は二〇一〇万(四五・七%)、労働者階級は二二五七万(五一・三%)です。つぶさに検討する余裕はここではありませんが、労働者階級は数で二倍以上、比率では五割から七割以上にまで増大(その内訳でいうと、ホワイトカラーが六二七万人から一七七五万人〔構成比では二七・八%から三八・五%〕、流通・サービス関連が四〇〇万人から一〇三五万人〔同一七・七%から二二・五%〕、物的生産関連が一二二九万人から一七九七万人〔同五四・五%から三九・〇%〕)しています。

ここでとくに注目しておいていいのは、この物的生産関連で、工業・運輸通信・採鉱採石などのいわゆるプロレタリアが一一五三万人から一七五九万人(比率は五一・一%から三八・二%)と増えている一方で、農林漁業関連が七七万人から三七万人(比率でも三・四%から〇・七%)に落ちているということです。現在はこの一九九〇年からさらに七年経っていますから、この傾向はもっと巨大なものになっているでしょう。いわゆる社会の都市化と情報化と高学年化の中で、人口の圧倒的多数はいまや市民として生きているといって間違いありません。しかも九〇年で四六〇〇万を数える労働者のうち組織されている労働者は公務員三〇〇万を含めてざっと一〇〇〇万、これに対してじつに四〇〇〇万弱の労働者が未組織のまま放置されている。こうした状況では、この「市民」という言葉が極めて常識的かつ有意性をもつように聞こえますが、九月一五日の『読売新聞』夕刊の文化欄で日野啓三氏が論じているように、それはまた同時に「極めて理念的な言葉」というべきです。

日野氏は「市民」は「庶民」とか「人民」とか「民衆」とか、ましてかつての「臣民」などとは違うもので、その辺に転がっているものではない。「われわれは〝市民〟に生まれるのではなく、〝市民〟に成るのだ」と述べていますが、まさにそうで、だからこそ私たちは簡単に「市民」という安易な自己規定に安んじるのではなく、労働者階級の一員としての自己対象化に意識的に取り組まねばならないと私は思うのです。

労働者でも勤労人民でも「市民」でも、これ自体はラフにいうとその人の「好み」の問題でしょう。人間は社会の中でいくつかのアイデンティティをもっている。分かり易くいうと「名刺」のもち方といいますか。中にはどうしても「国民」とか「日本人」とかという他、自分の立場の言い表し方はないと信じている人もいないではない。一方、どうしても「市民」といいたい人もいる。ですが、だからこそ資本主義社会の中に生きている私たちは、資本家階級に正面から現実にも理論的にも対決している労働者階級の立場、つまり支配と被支配の関係の中での自己認識を獲得することが決定的に大切なことになると思うのです。これに対して「市民」という自己規定は、全体に対する個、あるいは「公」に対する「私」の枠の中に自分を置くことであり、場合によっては「個」こそが「すべて」であるという関係に自分を据えることにもなりかねません。それは自らが被支配階級にありながら、その階級社会の拘束から自己をまさに観念的に外してしまうこと、あるいは「市民」とすることで、資本家も労働者も同じ枠の中の存在という観念にあえて引きずりこまれるのを許すことになってしまいます。

問題は社会が階級対立の社会であるという厳然たる現実の関係の上に、階級としての感性と視点をもち、その上に階級的認識を「自覚的」に捉えるかどうか。これが革命運動の堅持と発展のためには無条件に必要です。階級という言葉と概念は、客観的な階級対立の緊張関係の中で意味をもつ。これは当たり前のことのようですが社会変革の主体の建設に当たって決定的に大切なことです。

前号でも、私は兵庫の北須磨での事件を素材にして、この事件に「市民」的に対応すると、安全とか安心が問題意識の焦点にせり上がり、警察発表による限り「A少年」が「社会の敵」になる。しかしそれだけで果していいのかどうか。階級的視点に立てば、事件のよって起きてくる所以を社会関係、政治関係、権力関係その他の諸関連の中で問うことになり、ましてA少年という個人の特例の問題としてでなく、社会、とくに子供たちに具現してくる不健全な状況に対して、明日への希望と輝きをさし示すことができないでいる階級的労働運動そのものの弱さと立ち遅れの問題や、働く者すべての未来にかかわる教育と教科の内容への主体的取り組みの闘いの必要が自覚されてくるはずです。私たちは、この階級的視点を曇らせたり、曖昧にしている支配側からの攻撃、とくに情報化社会と支配的メディアの果している役割のうさん臭さ、人民と労働者階級を飼い馴らしてくるような大衆社会化状況と歴史の未来を賭けて闘っていかねばならない。

　労働者は「生産」の現場の主人公であるだけでなく、「再生産」の全過程の主人公なのであって、またそうならねばなりません。だが農民が勤労人民ではあっても同時に小資産家の性格をもつように、例えば自治体労働者は労働者であると同時に、職域の窓口ではそこに訪れてくる住民に対しては小権力者の立場にたたされます。その自覚なくしては恐らく本当に勝利する闘いの陣形をつくることは困難でしょう。労働者は個人的生産手段はもっていませんが、爛熟した資本主義の段階では、資本と利益を共有する関係性の中に誘導されていく可能性に取り囲まれているのも事実です。搾取・収奪の形態は変わります。しかし剰余価値を奪われ、労働者が疎外されている関係そのものは変わりません。階級意識は自生的には存在していません。人間の本質が諸関係のアンサンブルであるというのが真実であるように、労働者が自己を階級対階級の闘いの関係性の中において自己の存在条件を少しでも正しく捉えるよう絶えず努力することが、階級的労働運動の前進の前提です。「知る、理解する。そして行動する」。これが闘いの鉄則なのです。

第一〇回　国家論の前進のために　思いつくままのメモ

　エンゲルスの『家族・私有財産・国家の起源』によれば、国家とは「社会から出ていながら社会の上に立ち、社会からますます疎外してゆく権力」のことであり、レーニンの『国家と革命』によれば、「国家は、階級対立の非和解性の産物」であり、「一つの階級による他の階級に対する支配と抑圧の機関であり、階級の衝突を緩和しつつ、この抑圧を合法化し強固なものにする〝秩序〟を創出するもの」です。

　ここには厳密にいうと決して見落としてはならない違いがあります。つまり、エンゲルスの場合には、「国家の起源」を「社会そのもの」の中に据えているのに、レーニンの場合には、「国家」と社会との関係で国家はいわば外在的なものと位置づけられています。しかしこの違いは、文章の論点を人間の歴史過程において、権力ないしヘゲモニーのあり方を論じた前者と、国家についての日和見主義的主張や実践の潮流と闘う観点においていた後者との違いによる所が大きいとみるべきで、これまでのマルクス主義のいわば公認の理解としては、もっとも基本的な視点をともに明確にしたものであることは常識に属することです。つまり、国家とは階級支配の道具であり、その網の目の機構だということです。

マルクス自身は纏まった「国家論」を書いていませんが、マルクス主義とその実践にとって「国家」の問題は根本的です。なぜなら革命とは権力、なによりもいかなる国家権力を、いかにして打倒するか、奪取するかということに帰結することだからです。国家論なき革命論とは、つまり革命を放棄した改良の道、いいかえると階級の廃絶に向かうのではなく、搾取され、収奪され、虐げられている人々を階級間の和解と妥協に誘うものに堕してしまいます。

しかし、だからといってエンゲルス・レーニン的規定でマルクス主義そのものが止まっていたわけではありません。もともと国家そのものが抽象的存在ではないのは当り前ですし、情勢の発展で、たとえばかつてのポナパルティズム国家、あるいは二〇世紀のファッシズム国家をどう規定するかといった問題が出てきましたし、当今ではいわゆる大衆社会国家や逆に権威主義的国家など、国家論そのものを精緻にしていく必要が実践的にも出てきました。要するに国家を支配階級の支配の道具、とくに暴力装置とだけ規定するのでは足りないということです。

実際にも、国家においては国家のイデオロギーがもつ役割は抜群であり、国家としての統合も権力の暴力的威嚇だけによるのではなく、教育や文化、思想や行政的システムなどで補完され、かつ補強もされている。あるいはまた国家には幻想的な共同意思あるいは正統性の価値意識がつくられて人々を統括する役割をもつ。すでに戦前において、

イタリアのアントニオ・グラムシが、社会を有機的なものとして捉えて、「ヘゲモニー」「広義の国家」という概念で国家そのものの実体に迫っていく優れた理論的努力を続けたことは、よく知られたことです。

また六〇年代半ばから七〇年代にかけては「マルクス主義国家論」のルネッサンスとでもいえる時代が訪れました。それは一方では、近代主義的な多元主義論やエリート論に対峙しながら、他方では同時にスターリン主義的な伝統的国家理論からも自己を峻別しようとしたもので、ユーロ・コミュニズムの流れとも融合していくものでした。

従来のマルクス主義国家論が、国家を「支配的階級の意思」「抑圧的暴力の道具」として、ある規範を発する主体を前提にしたり、経済主義や下部構造への還元をするに終わっていたのに対して、「国家の相対的自律性」を明確に定置したこと、生産様式から階級を規定し、その上に直接的に国家をおいたり、社会構成体から経済ブロックを抽出したりする傾向に対して、資本蓄積の様態から国家のあり方を導出するといった見方が、それらの特徴でしたが、さらに集約していえば、「国家は主体であるというより構造的システム」であり「支配階級の道具というより政治的支配システムである」「国家権力は、ある特定の局面における社会的諸力の変化しつつある均衡を反映する複雑な社会関係である」さらには「国家は経済的、政治的、イデオロギー的諸力の関係の凝集体」だという理解にたつものだっ

たと要約できるでしょう。

だからまた「国家に対する闘争」とともに「国家内闘争」を重視するという観点が生じてきますし（N・プーランツァス）、「国家それ自体が主戦場」（C・マーサー）だという主張も出てきます。プーランツァスらによると、「国家の基盤をなす階級的諸利害がそのままの形で制度化された政治的表現のうちに何の媒介もなく移し換えられている」という見方こそが経済主義なのであって、「国家は……生産諸関係および階級的諸関係を結晶化している」のですが、この諸関係という認識（言葉であり方法でもある）がいわばミソです。国家――ここでは資本主義国家にしても、本質的な実体とみなされるべきではなく、〈資本〉についてと同じように、〝関係〟として、より正確にいえば、諸階級および階級的諸分派間の力関係（常に種別的な形で国家の内部で表現されるような）の物質的凝縮とみなされるべきだというのですから。

こうした論の是非についてはさまざまの意見があって然るべきでしょう。しかし被支配階級に対する国家の自律性だけでなく、支配階級からも相対的に自律したものとして国家を把握する視点は重要です。支配階級の権力は、それ自体としては私的領域のものであり、資本主義においては商品経済的権力でしかないのであって、それ自体で「公的権力」として振る舞うことはできないものだからです。国家を単に支配階級による階級支配の道具としてだけではなく、支配階級内部の諸分派や、被支配階級の闘争の諸力などをも凝集する関係の構造として規定し直すことは、革命の過程、つまり国家権力との闘争のこれからの過程を考えていく場合に重要なことです。統合のウラにある差別。その体系としての国家を暴露すべきです。

こうしたきめの細かい作業を通じて、市民社会という擬制を纏うブルジョア社会の本質と、その擬制を実体としてとらえる広範な大衆の意識を変えていくことが大切です。なぜなら、現代国家はカネと技術と生活の「流行」や思想・教育・文化・そして情報などを総動員した同意の体系としてあるものだからです。つまり国家は市民社会と一体化し、国家は「再生産カテゴリー」と同化しており、また多元性と参加システムの上にあります。暴力機構が国家にとってもつ意味は実際にも微動だにもさせるべきものではありませんが、それ以上に税とか福祉のあり方などが「国家」そのものを表示し、露出させるのです。そしてそこに国家の正統性が問われるのです。

現代国家の国家主義的・排外主義的潮流の強化や国家的漏電現象の多発ともいえる状況からも考察すべき「国家論」の領域も少なくありませんが、それは現代が国境を超えた世界となり、資本もまた多国籍資本としての行動様式を深めている事実とも重ねて、この「再定義」のシリーズでは、「新帝国主義論」の枠組みの中で改めて考察してみたいと考えています。

また日本という独自の「風土」と「歴史」の中での「国家論」も看過できません。つまり天皇制の問題です。国家とは民族と同じではありません。しかしわが国は、過去の歴史の特別の過程から、そこに大いなる「まやかし」があり、それがまた「国家」の本質を見え難くしています。ヘーゲルが「国家」を最高の道徳主体にしたほどのストレートさはありませんが、日本人の中に巣くう「ヤマトイズム」は強力なものです。また国家権力を、何か物象化して認識するのは間違いでしょう。権力は矛盾を含んだネットワークの状況で、私たちの日常の生活のすぐ隣にまで及んでいるものだからです。このことにも触れるつもりでしたが余白がなくなりました。次号に委ねることをお許し願います。

第一一回　国家論の前進のために　単純暴力論批判

「国家論」を取り上げたこのシリーズの前回の文章で、暴力機構が国家にとってもつ意味は微動だにもさせるべきではないが、なおかつ、国家をたんに支配階級による階級支配の道具としてだけでなく、支配階級内部の諸分派や、被支配階級の闘争の諸力などをも凝集する関係の構造として規定し直すことが、革命の過程、つまり国家権力との闘争の過程を考えていく場合に重要なことだということを述べました。これまでの人類社会が階級闘争の歴史だというのは正しいとしても、支配階級と被支配階級とが川中島の戦

いの布陣のように、対峙しているわけのものではないし、国家の態様と機構にしても、社会の階級関係の多様性と歴史性に伴って具体的にはまさに多様なものだといわねばなりません。

とくに経済水準の発展は必ず中間層とみなされる階層を拡大しますし、そうした中間層の中では、国家の存在とその重さが意識の面としても一般には曖昧になります。なぜなら生活の実態そのものの中で、敵・味方が入り乱れた状況になる、労働者階級、総体としては支配されている階級の生活と意識の中に、支配階級側の意識や生活の仕方が浸透しているのが、いうならば当たり前のことになるからです。労働者だって株を買えば、株価の動きが気になってならないということになりましょう。まして人間は自然に対して受動的に生きる動物的存在ではなく、意識をもつ主体的存在です。教育から文化、あるいは情報といった思考と思考方法に関する問題が投げかけてくることを抜きにして、人間と社会の実態把握をすることができるとすれば、それ自体がまさに観念論でしかないでしょう。国の風土とか歴史とか言語とかを脇において、いわば「透明な日本人民」を考えることなどできるはずはありません。

国家＝暴力機構論が冒し易い過ちは、国家というものの歴史的・現実的な具体性を捨象した変革論に走りがちだという所にあります。革命とは権力の問題、その奪取だということを強調するあまりに、ヘルメットを被って「暴力機

構」と認知する場所を実力で制圧することが革命闘争なのだというような主張が、どんなに子供じみた妄言であるかは少し考えてみれば、誰にもすぐわかることですが、国家論という切り口でみると、まだまだこの種の妄想が完全に乗り越えられているとはいえないのではないでしょうか。

話は一転、具体的にすぎる感がしますが、先日、「新ガイドライン」に関する講演を地方のある都市でした時、会場からの発言の中で「ポスト・ポリ」というものがあるということを知りました。郵政労働者が集配活動中に街で不審なものとか動きをみた時には、その事実を警察に通報することが義務づけられるようになったということなのです。労働者が権力の仕事の一部を代行するのだといっていいでしょう。これはいわゆる「行革」とも関連した措置のようですが、郵政事業は「民営」化しないという言い分とも密接に関係していないとはいえません。そもそも宅配事業をみれば郵便事業も「民営化」できるという主張の是非はともかく、例えば郵便番号制度ということまでが「民営化」できることなのか。郵便番号制度とは郵便事業の「合理化」から出てきているだけのことではなく、それ自身がまさしく国民管理システムとして機能していることを考えれば、権力の装置としては、そうそう簡単に郵政事業の「民営」を容認できるものにはならないのが、この問題の背景にある事情なのでしょう。

これと同じようなことは、もっと端的に自治体労働者についていえます。自治体労働者は日本の労働運動の側からも重要な役割の一角を担う存在ですが、しかし街の人々からいうと、国家権力というのは、東京のどこかにあるというものではなく、町役場、区役所の窓口にいる自治体労働者そのものが「権力」側にある存在だと見えてくるのです。自治体労働者は労働者階級に属しているとともに、国家権力の末端を担っている。その二重規定の中で自治体労働者は生きているのです。このことへの対象的自覚がないままにいると、自治体労働者は実際には権力の末端にある者として生きる方が楽だというところに落ち込んでいくことになりましょう。

教育労働者の場合も大同小異のことがあるし、逆に民間企業の労働者でも、階級的立場と認識が曖昧のままだと、自分の労働生産物が社会にどんな公害を与えても、自分とは関係ない。しかし自分はもっと楽をしたいといったエゴ的な存在になっていないとはいえない場合などもでてきます。つまり国家権力というのは、昔のお城のように、空間的にも構造的にも社会という海の中で別物のように浮かんで命令を出しているわけではない。一昔の原子物理学では分子の構造は原子核の周辺に電子がある序列をもって整然と回っているモデルとして描かれていましたが、今の原子物理学では、電子は陽子を乱雑に雲状でとり包むものとして認識されるようになっています。国家権力もまたこれとよく似ている。国家権力の枠は自治体労働者そのものの存在のところにまで雲霧状に広がっているのです。

ですから、敢えていうと純粋の労働者などはいない。それは一種の抽象物です。とくに国家とまったく関係のない自分だなどと豪語できる人はいない。自己もまた「国家内存在」であること、権力の仕掛けと意識の中に浸透されていることを自覚すること、そういうものとしての被支配者が存在しており、そこで権力およびその支配と自覚的に闘うことが肝要なのです。そうした関連性を余所にしながら権力闘争を理解し、支配の権力の替わる権力者に自己を置き換える流れの中で、プロレタリアート独裁の名前の下での権力支配を絶対化した悲劇もまた歴史は描いてきたといえないでもありません。よく加害者と被害者という立場が対立的なものとして規定されることがありますが、これも誤りというべきでしょう。被害者も、時と次第では加害者にならないとは限らないのです。

革命とは権力の問題という命題を、以上のような膨らみをもった理解で考えてみたいのです。敵の城を攻めるとした場合、最後には敵の本丸を入城もして奪取するという局面があることを無視することは、それもまた誤りでしょうが、敵城を攻めるには、その支配の根っこ、支配機構の末端を麻痺させていくことなどが大切です。身体に例えると、末梢神経とか毛細血管を断つことが国家の革命と変革でもつ意義はまことに大きい。人間の生命にとって心臓の活動は決定的ですが、その心臓を養っている冠状動脈が詰まると、心臓そのものもまた死に追いやられるのです。同じように、政治の中枢での政治の攻防なくして、政治の変革はないとしても、その過程の総体では、末端とか地方とかに位置づけられる場での闘いが脳天を揺るがすことがあるし、ますます多様化し複雑化してきている現代社会・現代国家では、こうした末端の闘いの中から新しい権力の基礎をつくり出していくことが問われていることだと思います。

現在の資本主義の下での企業のあり方にしても、本社機構に対する上意下達的組織論ではなく、インターネット型の組織、イントラネット型の組織への移行がむしろ常識的なものになっているのも、偶然ではありません。情報というような血液に値いするものが制約を受けることなく流れる仕組みが保障されることが大切なのであり、そうしたことが保障されているなら、トップ・ダウン的組織はかえって有害・無意味ですらあるのです。私たちの「国家論」にしても「革命論」にしても、こうした実践的見地を重視しながら、再定義される必要があるでしょうし、その観点から「細胞」という組織の基底組織の重要性を再認識するべきだと考えます。いずれにせよ、現在は国家が対内的にも対外的にもますます相対化されてきている時代なのであり、修正主義を排しつつ、この現実に理論的にも実践的にも立ち向かっていくべきです。

第一二回　革命論としての「帝国主義」論の復権・前進を

「帝国主義」とは、一国の枠を超えるまでに膨脹した「帝国」の存在様態のことであり、それは一般的には、他国または他民族に対する政治・経済両面にわたる進出・浸透・侵略、そしてそれらを伴った支配・収奪・抑圧といった行為によって特徴づけられる。その主要な手段になるのは軍事力だが、それに限られたものではなく、文化とか生活様式を活かした帝国本国への従属・統合といった側面も無視することはできない。「帝国主義」は一国の支配力の強化の現れであり、結果でもあるが、しかし同時に肝要なことは、それが歴史的には同時にその一国が国運の衰退局面に入ったことの現れだということである。これまでの人類歴史において、帝国主義は一国支配体制が後退しだした時に現れてきている――。

レーニンの「帝国主義」論は、むろん二〇世紀の「帝国主義」、したがって資本主義経済の世界化を対象にして論じたもので、当然にも「帝国」一般を取り上げたものではありません。そこで「帝国主義」という概念を資本主義とだけ結びつけて理解する傾向が、これまで色濃く理論世界や実践世界を覆ってきたといえそうです。しかしある体制の帝国的様態はその体制の末期現象と不可分です。「社会主義」という体制においても同じ。そしてそれはその体制が末期を迎えてきていることの証左なのだということを、ここでは詳しく展開する余地がありませんが、「帝国主義」論の再定義の一つの課題として考えてみることは無駄ではないでしょう。

ところで、この小論での問題はむろんレーニンのいう資本主義の最高かつ最終の段階としての帝国主義の理解にあります。この点で二つのことをとりあえず提起しておきたい。一つは日本を帝国主義国家として認知すべきかどうかということ、二つは現代帝国主義の実態から「帝国主義」論はどう発展させらるべきかということです。

ここでいう「日本問題」は極めて不幸な経過を辿りました。それは日本共産党の綱領論争とも関連して、レーニンの「帝国主義」論にある五つの経済的指標を日本資本主義が満たしているかどうか、これが主要な論点になったということです。五つの指標とは周知のことでしょうが、①生産と資本の集積が独占段階に達しているか、②銀行資本と産業資本が融合して、金融資本を基礎にして金融寡頭制がつくられているか、③資本輸出がとくに重要な意義を獲得しているか、④資本家の国際的独占団体が形成され世界分割に参入しているか、⑤最大の資本主義列強による地球の領土的分割との関わりがどうか――ということです。それを充足しているから日本は帝国主義国家だ、いやそうはいえない、米帝に従属している日本は帝国主義自立の傾向はあるとしても、帝国主義とはいえない。大まかにいえばそうした論争が続き、共産党綱領はこの期に及んでなお、日本を帝国主義国家として断定することにためらいをみせています。

だがレーニンが書いた五つの指標とは、ある国が帝国主義国家かどうかの区分・区別などのためのものではありません。二〇世紀前半当時に世界がどんな特徴をもっており、そうした世界の諸矛盾が貫徹する集約形態はどこにあるのか。これを明らかにするために、レーニンは時代の解明のためにこそ「帝国主義」論を書いたのです。つまり列強と国際的独占団体による世界の領土と経済両面での分割が完了している段階の世界で、資本主義の不均等な発展が続く限り、情勢は帝国主義国家間の戦争というものになっていく。それと非妥協的にどう闘い、その局面で社会主義革命をどう推進していくかが、レーニンの「帝国主義」論が問いかけたことなのであって、そのために「時代」の特徴と本質を明らかにし、日和見主義の潮流との闘いのために武装したのです。その方法論と革命的姿勢をこそ戦後日本のマルクス主義がわがものにすべきだった。ことの本質は、わが国が米帝国主義に従属支配させられているのは事実だとしても、他国・他民族に対する日本そのものの支配・収奪の関係を情勢の認識として、したがってまた革命の課題と過程の問題としてどう捉えるか。つまり具体的に現実化している日本帝国主義の本質をどう分析・認知するかということにあったはずです。

この点での論争はもう結論がでているといえましょう。

しかし、日本を帝国主義として正面から認知することを避けてきた誤りの根源を突くことの問題は、今もなくなってはいません。

二つ目の「帝国主義」論の発展に関していうと、私自身はかねてから「統合帝国主義」という認識を提起してきました。帝国主義間の矛盾が「国家」という枠を前提にした「帝国主義間戦争」に帰結する、集約されるとみるのは現実の変化・発展を無視した主観主義的な見方だろうという問題意識からです。

国家と国家、各国の独占体間の、最終的には昔なら国家間戦争にまで進んでいったような競争・対立・矛盾の関係は、今では主要にはむしろ相互依存・相互浸透、イデオロギー的には「国際協調」といったものに変わってきています。対立・闘争がなくなったわけではない。これは誤りなく受け取っておいていただきたい。しかしそれ以上に、経済の規模そのものが国家の枠を超えて拡大するとともに、モノもカネも技術も情報も人も国家の壁を突き抜けて動き、その現実に遅れるなら没落していくといった歴史の実態が成長してきたからです。一方、既往のスターリン主義的「社会主義」の誤りとその歴史過程がどうあろうと、いわゆる第三世界と諸国人民の発言力と存在の重み（闘う力量）の増大に伴って、資本主義を土台とする帝国主義世界はもうかつてのように相互にいがみ合う自由をもち得なくなってきている。つまり資本主義的帝国主義の世界史における位置はそれだけ後退してきてきた。さらに戦後世界を規定している一つの核戦力を中心にした戦争技術の「革命的」ともいえる変化・発展を無視してはならない。古い「帝国主義」論の視座だけでは、ますますトランス・ナショナル化してきている世界の現実と、そこでの社会主義革命の方向をみつけだすことはできないと思うのです。

かつてのパックス・ブリタニカの時代が戦後パックス・アメリカーナの世界に替わり、今の瞬間でこそ、なおそれが続いてみえるように思われがちですが、すでにアメリカ帝国主義は戦後では朝鮮戦争で負けはしなかったものの勝利もできなかった立場に落ち、ベトナム戦争では完全な大敗北を喫しました。湾岸戦争には「勝利」しましたが、アラブ世界がアメリカの自在な支配下に入ったのでしょうか。ここではこれも詳しく述べられませんが、米経済の今日の卓越さを「夜桜経済」とみる見方もあります。昼間に太陽の輝くところでみれば、見られたものではないという寓意です。このところのアジアに集中している経済危機も、やがて米経済にハネ返っていくでしょう。ドルという紙切れでしかないお金をもって、世界から富を一部の米富裕層にだけ保障しているような資本主義経済そのものが「黄昏の経済」の症状に他なりません。

「統合帝国主義」というと、カウツキーの「超帝国主義」の再現ではないかとみる人がいます。資本主義が組織化される。また帝国主義もまた帝国主義でないものに脱皮する

などというのはお笑い以外のなにものでもない。しかしレーニンは、資本の集中・集積がさらに進み、資本主義が限りなく発展して「超帝国主義」のようになるのは事実だが、それをカウツキーが完成されたものとして出現するとみていたのが誤りなのであって、おそらく「超帝国主義」的段階になる前に、資本主義・帝国主義はその成長の結果（矛盾の拡大の結果）別ものに変わっていくだろう――と述べています。

このレーニンの姿勢と予見にこそ学びたい。学ぶところから「帝国主義」論の発展も世界の新しい社会主義革命論も私たちのものになるというのが私の主張です。

第一三回　「IMF帝国主義」の本質と「第三世界」

前回の「帝国主義」の再定義の文章では、「統合帝国主義」という範疇について若干の説明をしておきました。当今の言葉を使えば「グローバリゼーション」ということを、その主要な特徴にしている「帝国主義」の問題です。「統合」というのが「対立と矛盾」を排除する言葉ではないということは、現に進行している「資本主義」の「グローバル化」が、どんなに各国の関係と国のあり様、人々の生活を攪乱しているか――をみれば明らかなことです。

また「帝国主義」という用語については、近年、「文化帝国主義」とか、「技術帝国主義」とか、とくに現時点では「IMF帝国主義」といった捉え方をみることができま

す。この伝でいうと「英語帝国主義」とか「宗教帝国主義」という表現も「あり得る」ことかも知れません。なぜなら現代帝国主義の支配の注目すべき特徴と側面に光をあてる場合に、そうした用語が決して無駄だとはいえないからです。帝国主義なるものは経済概念だけで把握しなければならないというものではありません。

これは別に論点として構えて論ずべきことですが、例えば「第三世界」という言葉・概念についても、これまでは主として経済の発展段階や社会体制の志向に着目し、第一世界、第二世界とは異なる、主としては途上過程にある地域と国々の存在の質と根拠を示すものとして捉えられてきましたが、その前提には「資本主義」と「社会主義」の体制的相違と対立の関係が置かれていたのであって、今日、第一と第二の世界が相互浸透し部分的には癒着的状況にさえ入ってきている時代の変化の中で、第三世界だけが、そうしたことと無関係にこれまで通りの形で存在しているとみるのは、いささか無理、恣意的だと考えた方がいいと思います。私は、第三世界とは産業革命以来のいわゆる「近代」世界とは異なる価値観を孕んだマルチ・ナショナルな多元的世界のことだと大胆に規定し直してみていいのではないかと思っています。そうするといわゆる第一世界とか第二世界とされてきた地域や国の内部にも、第三世界といえる潮流があるのであって、その全世界的な連携と未来への共同の意思行動が明日の展望を考える場合にじつに重要

なものだといえる視野が生まれてきます。

現実が提起してきている諸問題に、錆びた刃では「切れない」なら、その時は「刃」を研ぎ直すべきなのです。私が続けてきた「革命運動の再定義」もその観点からのものであり、だから「帝国主義」についても、現実の具体的分析を通じて「再定義」や方法論の見直しまでをもすることは誤りではないし、むしろ有効な闘いのためには必要・不可欠な作業なのです。ただそうした再定義に紛れて、範疇の根本を流し去るような間違いを侵してはならない。そのことは重々心得ておくべきことでしょう。「帝国主義」の問題で大切なことは、前回に続いてこの稿の初めにも書いたように、具体的現実の変化を機敏に理論の面でも掬い上げて発展させるとともに、その観点から「支配と被支配」の対立と闘争の関係を絶対に放棄してはならないということです。だから「帝国主義」という用語の前に「文化」とか「技術」とか「宗教」とか「ＩＭＦ」とか言葉を付けて、その観点から現実の特殊な変貌を斬ってみるということは有効だし大切なことですが、マルクス主義の立場と観点、そして方法からいえば、史的唯物論、つまり「帝国主義」の存在の物的根拠の暴露とその動的な変化・変貌のベクトル（方向と力の度合い）を決して見落としてはなりません。そしてこの点で、現在、極めて重要なことの一つは二〇世紀末の資本主義世界の通貨危機の連鎖と世界同時株安の動きのなかで「ＩＭＦ（国際通貨基金）」が果している役割を

誤りなく捉えておく必要があるということです。

これまでもＩＭＦは世界のいくつかの地域の国家の経済危機に対処して顔を出して支援の名で介入し、しかも総じて失敗の歴史を辿ってきましたが、今回のアジアの通貨危機の嵐でも、救い神のように内政干渉とも思えるような口と金をともに出し影響を与えています。このＩＭＦが生まれたのは、大戦終了前夜の一九四四年、当時の「連合国」四四ケ国の代表七〇〇人が米国ニューハンプシャー州のブレトンウッズ村の「マウント・ワシントン・ホテル」で開いた会議の際で、同時に発足が決まった「国際復興銀行（世界銀行）」とともに「ブレトン・ウッズ」体制の核の役割を担うとされてきたものでした。現在の加盟国は一八二国、一一〇の国から二六〇〇人の職員が出て一見中立な国際機関の一つだという体裁で運営されていますが、じつは「ブレトン・ウッズ」体制なるものは、一九七一年八月の米国の「金・ドルの交換停止」を機会にして、すでに「崩壊」したといっても過言ではないものなのです。しかし、その後もＩＭＦは存在し続けた。単なる紙切れになったドルが米国の軍事力と物的生産力の巨大さを背景に世界の基軸通貨として生き続けてきたように――です。そもそも「ブレトン・ウッズ」という村は実在しない。ホテルの近くにある本名「まやかしの山脈」の中で一番高い峯を指した名前に由来したということは皮肉の限りです。つまりこの仕組みは、戦後世界を米帝国主義が支配していくための

「まやかし」の機構だったのであり、金・ドルの交換停止後も、まさに名実ともに「米帝支配のまやかし」を続ける役割をもって今日まで生き続けているのです。

ＩＭＦはその虚像を秘めたまま、国際機構という形式の「権威」をひけらかしながら、途上国の経済困難につけ込み、「コンディショナリー」という条件をつけて、ドルによる支援を与えています。俗に「ＳＡＰ」（戦略的調整計画）といわれるもので、経済危機に落ち込んだ国は、その枠組みに縛られていくことになります。今回もそうで、韓国、タイ、インドネシアなどが次々と経済成長率、金利水準、債務返還、労働賃金水準、物価上昇率などのガイドラインをＩＭＦによって決められてしまっています。マレーシアが、これに抵抗し「わが国はＩＭＦによる内国植民地にはならない」と抗議しているのは注目していいでしょう。タイもそうですが、韓国などでも外国人の投資枠の引き上げが押しつけられ、それを韓国政府側が承認した後は猛烈なスピードで目下、外人による韓国大企業の株への買い越し（昨年末までは売り越し）が始まり、それで株価の低落が止まるというような露骨な事態が起きているのが実情です。

これは今回の世紀末的世界経済の同時的危機の正体を示唆している出来事です。根本は『協働』の第二二号ですでに書いていることですが、現在の資本主義世界経済の危機は、ドルという擬制資本が基軸通貨として過剰に罷り通り、しかも資本主義が「カネ」までを商品として儲けの対象

（武器）に仕立て、その結果の過剰流動性が実体経済の規模や動きと関係ない電子取引で投機的に飛び回るという、資本主義の成熟の故のアウト・オブ・コントロールの状況からひき起こされたものです（権威主義的な現地の国々の権力の政財官の癒着構造や背伸びした経済運営の誤りの露呈という側面などがあることはむろんのことです）。ここでいいたいことは過剰生産に見合ってもいた過剰な擬制資産であるドルというカネを誰が動かしているのかということ、それとIMFなどの国際機関の役割の関係の問題なのです。

驚くべきことですが、IMFの軸をなす通貨はもちろんドル。そしてそのドルを自国通貨にしている米国の金利・通貨・価値・債券の販売などの決定権をもっているのは、「連邦準備制度理事会（FRB）」ではなく、「ニューヨーク連邦準備銀行」であり、その銀行の大株主は「ファースト・ナショナル・バンク」「ナショナル・シティ・バンク」「ナショナル・バンク・オブ・コマース」などだということなのです。そしてこれらの銀行がロンドン・シティの為替手形の取引を中心に企業相手の金融業務を行う特殊銀行である「マーチャント・バンク」の営業許可を受けているという関係にあります。その数は一七行。すべて「イングランド銀行」の許可を受けていますが、そのうちの次の数行、たとえば「シュローダー銀行」「モルガン・グレンフェル」「ラザール・ブラザース」「NMロスチャイルド」「ブラウン・ブラザース・ハリマン」は、実は「ニューヨーク連邦準備銀行」の支配にも参加しているのです。しかもつけ加えると、金の価格は毎日、ロンドンのNMロスチャイルド商会のオフィスで毎日開かれるいくつかの銀行代表の会議で決定されているのです。

少し専門的になり過ぎていますが、通貨動向との関係で広く話題の主になってきたジョージ・ソロスなどの「投機財団」の動きは、それはそれとして注目しておくべきですが（彼のいわゆる「ソロス財団」の研究所は世界で四〇にも及んでおり、ポーランドの「民主改革」の過程では、ワレサ大統領の側近たちもそれに参加していたし、今のクレムリンの権力者の一人といわれる、エリツィン大統領の娘のタチアナ女史も「ソロス財団」のモスクワ支所に係わっているといわれています）、そうした動きのさらに奥底では、先に挙げたような歴史的にも長い伝統をもつ金融独占資本が決定権を握って動いていることをぜひ知っておいて頂きたいのです。

つまり仮に「IMF帝国主義」といっても、その衣の奥を探ってみれば、そこには欧米の巨大金融資本の独占体が相互に競争・対立しながら虎視眈々と動いている。そうした構造と経済技術の革命的発展を根拠にして、私たちの前には「統合」「グローバル化」を謳いあげる現代帝国主義の構造が見えてくるという仕組みになっており、しかも通貨危機や株安を通じながら、アジア各国の経済への巨大独占体の新しい「占領」かと見間違えるような動きと、労働者・市民の職と生活の困難の上積みといった状況が進行しているのです。「二一世紀に国際的金融機関として生き残るのは、世界で七つか八つぐらい。日本勢は到底ムリだろう」と、米有力銀行のアナリストであるチフィール・ソイファーは語りながら、次の一五の銀行を生き残りの銀行として挙げています。参考までに列記しておきましょう。

バンカーズ・トラスト
ゴールドマン・サックス
リーマン・ブラザース
メリル・リンチ
トラベラーズ・グループ
JPモルガン
モルガン・スタンレー・ウイッター
シティ・コープ
チェース・マンハッタン
バンカメリカ（以上米国）
ABMアムロ（オランダ）
INGグループ（オランダ）
HJSBホールディング（英国）
クレディ・スイス（スイス）
ユナイテッド・バンク・オブ・スイス（スイス）

そして今年の欧州の通貨統合（ユーロという通貨の登場）を控えて、今やこの金融大独占の間には、まさに死活の闘いが起きており、そのこととアジアの通貨・経済危機の爆発と、そのアジアを経済的にはすでに「内在化」している

「日本帝国主義」の深刻な危機状況が起きている。しかも欧米の「識者」たちからは、「日本の自己欺瞞」とか「ニッポン・ナンセンス」とか「元凶の日本」とか「危険な日本の無力症」とか、日本の一層の「役割」を強要する主張が声高く寄せられ、日本の「識者」たちもまた、それに呼応して「アジアの健康を回復する真のカギは日本が握っている」（プレストウィッツ米経済戦略研究所長）という認識を、労働者階級を含むわが国の人々に浸透させようとしているといっていいでしょう。

いずれにせよ、ここにみるような今日の「帝国主義」の態様こそが、私見によればまさに「統合帝国主義」の姿であり、「グローバリゼーション」といわれていることの深層を物語っているものです。だからまた「反帝国主義」の闘いの内実もまた、大きくかつ構想力も新たにして構築されなければなりません。階級闘争の視点もまた国際化し、労働者・民衆の立場からのアジアとの「協働」と「共生」の関係をつくる視点が、日本民衆の解放のプログラムとしてももっと自覚的にしっかりと握られなければならないでしょう。そしてそれは今や「安保問題」に直結する段階になってきたアジアの経済危機への私たちの対処の課題が、単に経済対処だけでなく、「ガイドライン安保」や「沖縄問題」の民衆本位の解決・解放の闘いの内容と方向性などにも繋がっていることを改めて自覚させるものです。最後に「アジアの経済成長」に九四年段階から疑問を提起して

いた米ハーバード大学のＰ・クルーグマンは、最近の論文で「グローバル化は無限ではない。グローバル化の故に資本主義が行き詰まることもある」と論じています。検討に値いする予測でしょう。

最終回　「社会主義」とは何か
シリーズの中休みのお詫びを兼ねて

建党同盟はその出発の段階から、マルクス主義にたつ共産主義運動の前進と、それを担うにたる共産主義者の組織建設の課題を自分たちに課し、志を同じくする組織、人々との団結を少しでも前進させることを追求してきました。そして今、その努力の結果の一つとして、私たちは労働者党との組織統合に踏み切ることとなりました。『協働』のこの号の別の文章で明らかにしていることですが、この統合にともない、『協働』は本号で終刊とし、機関紙の役割はこれまで労働者党が発刊してきた『人民新報』に移し、『協働』は体制を整えた後、遠くない将来、理論機関誌として発行することにしました。それにつれて当然なことですが、これまで一四回を重ねてきたこの「革命運動理論の再定義」の連載も一先ず終止符をうち、おそらく新版の『協働』誌面で、構想も新たにして、この「再定義」の仕事を引き継ぎ、発展させていくことになると思います。本欄が中途半端に終わることは心苦しいことですが、以上の経過を踏まえてぜひともご了解下さるようお願いいたします。

これまでの『協働』では狭い紙面しかなかったという制約もあり、「再定義」と大仰に構えはしたものの、充分な系統性も理論的精密さもなく、状況との絡みを考慮しながら思いつき的にその号ごとに主題を押さえて、本欄はいわば「再定義」のための「ヒント」の提起という性格を越えたものにはなり得ませんでした。しかも問題にすべきことは尽きているどころか、社会主義・共産主義・革命という本来の根源的問題や、私の考えでは、革命と革命運動に関する思想・哲学の分野の問題など、大切で大事なことが今後に残されたままになりました。だが、この欄はもともと学者風の「理論体系」を提起しようと思って取り組んだものではなく、前回の文章でも書きましたが、現実の動きが既往の「理論」で「切れない」状況が生まれた時は、その「理論」なるものが「錆びた刀」になっている場合が多い、その場合はその「錆びた刀」で現実を強引に切り裂き「腑分け」していくのではなく、「錆びた刀」そのものを研ぎ直すことこそがまず肝要なことであり、「具体的状況の具体的分析」の努力を全力で尽くしながら、それと一体になってこそ「理論」そのものも発展させていかねばならない——というマルクス主義者であり続けたいとしている私なりの信念と理解に基づいた作業だったのだとご了解願いたいのです。

『共産主義者（共産党）宣言』が書かれて今年は一五〇年目。歴史の中ではほんの短い歴史の一時期ですが、この間の人類社会の変化・変貌は、共産主義という範疇とは直接関わりなく、まさに「革命的」なものといって誤りではない。現在の現実はマルクスが生き、闘った時代、あるいは理論的考察と構築に努めた時代の諸条件とは大きく変わってきている。マルクス自身の視野にも入らなかったようなことで致命的な新しい諸問題が出てきていることはまた当たり前のことです。

加えて、マルクスのマルクス主義、マルクスの思想と理論の真髄がマルクス死後、正確にマルクス主義の陣営の中で伝承されたともいい難い。いわゆる「エンゲルス」問題というものなどがそうです。さらにマルクスとマルクス主義の読解が人によって恣意的になされ、訓詁の学の争いのようになっている場合も少なくないのが実状でした。甚だしいのは（というより、ひどく有りがちなのですが）仏教でもみられるように、どの仏典（お経）を基本に据えるかで宗派が違い、正統性を争いあうような姿が、わがマルクス主義の陣営でも続いてきたといえないでもありません。

何よりも、偉大なロシア革命以降の「社会主義」なるものの実際の経過は、マルクス主義と社会主義の権威を失墜させるに充分でした。そしてこうした歴史的現実から、「社会主義の資本主義化という動向はもう誰もとめられない。（だが同時に）社会主義に資本主義が勝利したというこ

とは、資本主義に未来がなくなったことを意味する。進歩から成熟への歴史的転換をなし遂げるのは、（資本主義・社会主義の）どちらでもないと知るべきだろう」（加藤尚武『進歩の思想・成熟の思想　二一世紀を生きるために』講談社学術文庫）とか、「社会主義からの死」を宣告しながら「社会主義からの逃亡」を「進歩」だと早とちりする人々も出てきました。私はここで「二〇世紀の社会主義とは何だったか」という大論述をしようとは思いません。それはそれで、それこそ社会主義運動と理論と体制の再生のために不可欠の仕事だと思いますが、ことを細かく論議する前に、これまでの「社会主義」は、マルクスが『共産主義者宣言』の第四章で「さまざまの社会主義」として批判的に論じた一連の「社会主義」なるものの一部に歴史的には位置づけておくことができる、あるいは位置づけておけばいいと考えるのは暴論にすぎるでしょうか。

その上で、ごくごく短絡的にいってしまうのですが、社会主義への人類社会の流れは不滅です。まず資本主義が人類社会、人類史の最終形態あるいは段階などということなどあり得るはずもないからです。ほんの一〇年足らず前に起きた世界史の出来事から、資本主義の最終的勝利、「歴史の終わり」をさえ宣言する人たちが出てきましたが、今ではもうそうした認識は泡沫のように消えてきてしまっています。それが紛れもない歴史の現実です。今年の一月末からスイスのダボスで開かれた「世界経済フォーラム」で

は、アジアの通貨・金融危機が局地的なものなどではなく、資本主義のグローバリゼーションそのものがつくり出したものであり、それはグローバル化を進めている資本主義そのものの危機につながっているという把え方が色濃く出されたのが特徴です。資本主義は永遠のものなどではないのです。

しかし、では資本主義に続くのは必ず「社会主義」なのでしょうか。そしてこの場合の「社会主義」とは一体いかなるものなのか。それは一義的に定義できるものなのか。私は競争と効率と採算の資本主義という階級社会に続くのは、共生・共存・協働の関係が支配する階級のない共産主義社会、人間のアソシエーションの社会であって、それへの過渡が「社会主義」というべき段階だと了解すべきではないかと思います。そして「だからこそ」、その過渡としての「社会主義」なるものはじつに多様なのであって、その過程も内実も決して一義的に、あらかじめ決定づけられているようなものではないのではないか。なぜなら、社会主義とは、その過程でも内実でも、生産力の発展の水準だけで決められるべきものではなく、根本のところが人間と人間関係の変革の問題なのですから、その社会主義への変革がなされる人々の生きてきた歴史とか風土、文化（生活）とか宗教観、つまりは人間の関係像や人間観などが深々と作用するのが当然のことだし、何よりも、社会主義への変革の主体のあり方と力量のほどで、実際の展開と生まれ出てくる新社会の内実もまた決定的に左右されるからです。

キリスト教文明社会と仏教文明社会は違う。狩猟民族と農耕民族の社会のあり方や問題の処理の仕方は、これまた違う。「ドラゴン」というのは、西欧社会では悪を象徴する怪物・怪獣ですが、アジア社会での「龍」はあらゆる資質の文化に融通無碍に受け入れられ、共生し融合できる性質のものなのであって、その根底には、灌漑水を恒常的に維持していくためには水源涵養の林が必要であり、また水田で水生植物や水生昆虫などの生物の多様性に富む水と土の生態系が維持されねばならないという風土的な条件があるのです。つまり「龍」信仰の中には、①自然への畏敬の念、②異なるものの共生と融合、③命あるものの再生と循環の世界観、④自然にやさしく生物の多様性を維持しようとする観点などが潜んでいるのであって、西欧合理主義の観点と方法の「革命」とは異なる内実を生み出す根拠にも繋がっていることなのです。私はむろんここで、「龍」信仰が大切だとか、絶対だなどといおうとしているわけでないことはいうまでもありません。ただ生産の水準などだけに革命の根拠と過程の特徴を求めるのでは足りないということを指摘しておきたいのです。

実はこの辺のところが、二〇世紀の「社会主義」革命とその後の実践を踏まえて、大胆に、しかし綿密に革命運動理論の再定義を必要とする所以であって、これまでのマルクス主義を僭称した革命論では、生産力と生産関係の矛盾、生産力の発展に伴う物質的矛盾の極限において、階級闘争の理論に基づいて社会主義への革命が不可避的に、「遅かれ早かれ」起こらざるを得ないとされるのが一般だったといっていいでしょう。だが果してそれだけでよかったのか。歴史の経過はそうした理解を拒否します。革命で旧社会の一部分を破壊することと、新社会の実体を創りだすこととは繋がってはいるが別のこと。このことが二〇世紀革命の全体を通じて明らかにされたのではなかったのでしょうか。新社会をつくる主体の量と質こそが問題なのであって、「否定こそが唯一の建設だ」というような「革命的大言壮語」だけでは事は悲劇的に進行することになる。フランス革命の真実がナポレオンの独裁であり、ロシア革命の真実がスターリン体制だったという逆説が提起している問題は深刻であって、これからの革命論と革命のための実践は、この問題に誠実に応えなければならないのではないか。レーニンは革命主体の質が十全でなくとも、まず権力をとることから始めて何が悪いのか――という立場をとり、革命主体の質を問題にした人々を日和見主義者でもあるかのように批判しましたが、そうした認識とプロレタリアートの独裁論が重なった所で、二〇世紀革命は疑いもなく破綻の因子を孕んだのではなかったでしょうか。

　革命なるものが、主体的にも客体的にも非の打ちどころのない所に達するまで起きるものではないとか、起こすべきものではないとするなら、それはもうまさに歴史を戯画化するだけのことであり、日和見主義の極というべきでしょうが、新社会を担うに足る質を整えることなく革命の過程の全体を規定しようというのは、革命の真の主体たるべき人民大衆の運命を弄ぶブランキズム以外の何物でもありませんし、そもそも人間存在を物質過程に対して従属的立場におく「機械的唯物論」か「物象的唯物論」の上にたった、つまりは事実上人間蔑視の「革命論」でしかないのです。権力になるだけの資質、何よりも知的ヘゲモニーの建設と獲得の課題、そしてその達成に向けての誠実な努力と工夫、革命をめざしていこうとしている先駆的組織の誠実な協同という姿勢とそれに基づく作業こそが、二一世紀の新しい革命のために根本的に問われていることなのではないでしょうか。

　すでにこのシリーズで取り上げてきましたが、生産力と生産関係との矛盾という捉え方は、唯物論（むろん弁証法的な）のようにみえて、じつはそれとはまったく関係ない「生産」という現実に臨む視点・視覚の違いを矛盾としているにすぎない。この「生産」をめぐる真の矛盾の関係は、生産力のもっとも核心的要素である労働力、つまり人間存在そのものが「労働」を耐えがたいものと捉えるようになるとともに、生産関係の終極的基礎をなす人間社会（人類社会）と自然との関係が「生産」への破壊的作用をもたらすことになるという所にあるのであって、「生産力」が発展し、拡大していけば、やがて「生産関係」が破砕されるといった図式、ないし主観的な操作主義にたつ認定などとは無縁のことだったのです。事物の客観的現実を一切の土台に据えて考えるというのがマルクス主義のように考えられがちですが、その結果、人間の歴史にとってもっとも客観的な存在であり、同時に階級闘争の歴史の中での主体的存在である人間というもの、また人間を人間たらしめている「労働」ということの決定的意義を見失うようなことがこれまであったのではないか。そしてそれこそが二〇世紀「社会主義」革命の悲劇に通底していたのではないか――というのが私の「再定義」の核心の問題でした。

こうした問題群とともに、私はこの「再定義」シリーズで、マルクス主義哲学の問題に触れるつもりでいました。自然科学の方は、すでにニュートン力学の段階を越えて、量子力学の段階に進んできています。レーニンの『唯物論と経験批判論』で主要な論敵とされたエルネスト・マッハの弟子だったアインシュタイン（特殊・一般相対性理論）やハイゼルベルグ（不可知性論）の科学理論が、今日の自然科学の先端として位置づけられている事態をマルクス主義者はどう理解すべきなのか。最近の複雑系の科学まで含めて、時間と空間の問題、真理と世界像の認識の問題にそれこそ革命的変化が起きているのですが、社会科学の多くはまだニュートン力学の段階で「真理」を捉える限界に止まっているといって過言ではない。

そして残念ながらこの哲学と思想方法論が、共産主義をめざそうとしている組織の論争や相互関係のあり方（対立・抗争など）にも深刻な影響をもたらしているのが実状です。とくに「真理」なるものが「神」のごとく決定され、それに疑問を呈したり批判することはあたかも犯罪であり、それ自体が「反共」であるかのような党派的指弾がなされる。そんなことでは本当の真理に到達することはできず、社会を変革する「知的ヘゲモニー」を確立するようなことは到底できるものではない。そうした独善性と「革命とは権力の奪取である」という教義やプロレタリアート独裁の概念などが結びついた時には、恐るべき暗黒の社会が、社会主義革命への志向という大義の下で起こるし、起こってもきたのです。そしてだから「社会主義の死」といった逃亡の論理が、「進歩と変革の理論」の新版のように出てくるようになっているのではないでしょうか。

必要なことは、だからこそ懸命にマルクス主義の真の発展、そのための再定義の作業に智慧と勇気をもって乗り出すことです。「プロレタリアートの独裁」ということについても、先人たちの「独裁理論」をあれこれ持ち出して説明したり、合理化したり、あるいは批判したりすることなどが大切なのではない。「独裁」とは権力の立場にたったものに問われる「指導と責任」のことなのだと私は了解しておきたい。その指導と責任の内容とその実行の仕方こそが問われていることの本態なのです。
そうしたことについても、先に述べたように他日を期して必ず取り組みたいと思います。これまでの杜撰な記述を読んで頂いたことに感謝しつつ、一先ず筆を措きます。

（『協働』一九九七年二月〜九八年三月号　山川暁夫）

新ガイドライン安保と東アジア

深まる「死に至る病」

一九九八会計年度となり「ビッグバン」が本格的な実施段階に入るとともに、日本経済情勢は「非常時」ともいえる様相を一段と深めてきている。イギリスの『ガーディアン』紙は一面トップ記事で、折からロンドンで開催されたASEMにぶつけながら「崩壊寸前にある日本経済」という分析を掲載し、一方、米国の格付け機関の一つである「ムーディーズ」は、これまでの日本の金融機関の格下げの枠を越えて日本国家そのものの評価を一段下に下ろした。

大手銀行一九行が昨年九月期にはまだもっていた保有株の含み益七兆六〇八四億円は、今年三月末国には七〇九六億円に大幅収縮し、諸企業の決算上の評価損もそれぞれに巨額なものとなった。四月二日の日銀の「短期景気観測」自体も、予想以上の景気見通しの悪化を認めざるを得ず、総額九七〇〇億円にも達した政府のPKO（株価支え）による化粧が剥がれた日経平均株価の一万五〇〇〇円台半ばへの株安（年度替わりの三日間だけでほぼ一〇〇〇円下げ）と六年半ぶりのドル＝一三五円への円安、さらに債券安にみる「トリプル安」は「日本経済の沈没」ともいわれる不気味な今後を予告している。商業新聞的にいうなら「日本売り」の流れの本格化である。三月三〇日の一五〇〇万株の外国人による株の買い越しは、三月三一日から四月二日まででだけでじつに計一億五五〇〇万株の売り越しに一転した。

こうした状況で、さすがに橋本内閣と自民党の首脳部も、今年度国家予算の成立後に早期に補正予算を組むだけでなく、昨年一一月末に強引に成立させたばかりの「財政構造改革の推進に関する特別措置法」を秋にも改定し、二兆円以上の特別減税を含む一六兆円規模の総合景気浮揚策を実施する方向になし崩しの政策変更を余儀なくされてきている。

しかし、野党にしても経済界にしてもこの程度の手直し策では到底満足できないとして、バナナの叩き売りよろしく、より大幅な「減税」などを要求している。さらには経済界はむろんのこと、野党から自民党の内部にまで蔓延してきている橋本内閣不信任の潮流は、参院選前の政変の可能性も高めてきている。前記『ガーディアン』などがその記事の根拠にしたソニーの大賀典雄会長の言葉によれば、「橋本首相は一九二九年の大恐慌時のフーバー米大統領と同じ」なのである。たしかに橋本内閣は民衆・労働者や中小企業の深刻な経営難にまともに対応する姿勢さえもたずに、公的資金の投入による銀行などの救済にのみ走り、挙げ句の果てはみずから打ち上げた「六大改革」さえ事実上放棄せざるを得ない状況にきているが、じつはバブル崩壊の九二年以降六次計六八兆円もの公共投資や若干の減税などによる景気対策では、結局は景気の建て直しをなし得ないばかりか、かえって五二〇兆円の財政赤字を蓄積し、かつ企業の倒産と就業者二八人に一人が失業という雇用危機を招き、さらには世界とアジアからの批判と反発の声をその正否は別にして大合唱といえるものにまで高めてきている。しかもこの間の政財官さらに日銀にまで及ぶ権力構造内部の無残なばかりの腐敗の姿や、子どもの世界に至るまでの人心不安の深まりは、資本主義の勝利どころか、その死の病の深さをまざまざと人民多数の目の前に知らしめるものになっている。

明治以来の歴史の転換

こうした経済事情そのものは、短期的視点でいえば景気の今後の動向、当面の労働者・人民の生活と雇用状況の明日の展望にかかわり、根本的には資本主義の未来展望にかかわって極めて深刻である。しかしそうであるだけに、日本国家自体が直面しているもう一つの根本問題、すなわち「日米防衛協力指針」(新ガイドライン)の推進と、政府・自民党によるその保障措置の段取りの重要性が、マスコミの報道の仕方にも影響されて、かえって政治の後景におしやられている。しかし実際は、まさにビッグバンの実施について象徴的に言われてもきた「第二の黒船」の時代の到来という転機意識、ないしその表現と、「臨戦指針」といっていい日米安保体制に関するいわゆる「新ガイドライン」の実行とは別々の問題ではなく、両々あいまって戦後、もっといえば明治以来のわが国の歴史の転換を画そうとしているものである。米首脳たちの露骨な日本経済の構造と政策への批判と注文が相次ぐだけでなく、三月二六日には米下院が「日本の大幅減税を含む内需喚起」を決議した。また橋本内閣の経済政策の手直し役を積極的に買ってでているかにみえる宮沢喜一元首相は、実は米駐日大使館の一等書記官を女婿にもつ政治家でもある。こうした構図からみても、新日米防衛協力指針が意味している所は、直接には「軍事的安保」を中心としながら、実はそれに止まるものではなく、わが国の米帝国主義による「再占領」ともいえるものでもある。

ビッグバンの実行で、総額一二〇〇兆円もあるという日本の資産勘定のうちの企業及び個人の運用資産がとうとうと海外に流出することが予想されているが、その一方では、そうした日本からの流出資産をもテコにして、外国の金融機関が日本の倒産企業や不良債権をタダのように買い取っていく流れが日に日に大きくなろうとしている。その狙いの実践のためにこそ、これまで日本政府や金融機関がコントロールできない経済攻勢がかけられてきたというのがむしろ実際だろう。そしてそれが秋の米中間選挙を前に一層露骨さを加えるのは必至である。五月中旬のバーミンガム・サミット、さらに七月の参院選に至るここしばらくの時期は、二一世紀に向かう国家の進路とアジア——世界でのわが国のあり方を決定していく意味で決定的な意義をもっている。

ガイドラインで攻勢にでる自民党

「日米防衛協力指針」については、国会承認の方針も手続きも一切ないままに、昨年九月二六日の閣議決定をうけて、「日米防衛協力のための指針の実効性確保に関する関係省

庁等会議（指針関係省庁局長会議）」を設置し、さらに今年一月二〇日、経済危機に揺れるアジア各国を歴訪したコーエン米国防長官の来日を期にして、「指針」に基づく「包括メカニズム」「調整メカニズム」の発足と軍人による「日米共同調整所」を軸にする「調整メカニズムの構築の努力の継続」についての合意、さらにそれらの中核機関である日米両国の軍部制服組による「共同計画検討委員会（BPC）」の設立をみた。そしてこの三月一三日に「日米安保高級事務レベル協議（SSC）」と「日米防衛協力小委員会（SPC）」、さらに前記BPCの初会合が同時に開催されるなど、ことは「条約なき戦争協力体制」の構築に向けて「着々」と推進されているのが実状である。ちなみにこの三月一三日には、政府は「組織犯罪対策三法案」の国会提出を閣議決定している。またコーエン長官は来日して日本側との協議を終えた直後には横須賀に飛び、翌日、湾岸にむけ出航予定だった空母インディペンデンスの乗員たちを激励した。

さらにこの三月一六日には、現在就航中の「あつみ」級に比べて三倍の輸送量、兵員なら一〇〇〇人、90式戦車一〇両積載可能な全通の甲板と飛行甲板をもち、さらに90式戦車を輸送できるエア・クッション艇二隻を船尾に格納したミニ強襲揚陸艦（ジェーン年鑑の92～93年版では「空母建設への中間段階」）の「おおすみ」が呉基地に配備され、次いで三月二五日には、浜松基地にAWACS（空中司令機）二機の配備が強行された。しかも防衛庁によると、陸自は

この六〜七月の北海道での本格上陸演習を含んだ北方機動演習に「おおすみ」を初参加させ、兵員を大阪から北海道の太平洋側の大樹町海岸に上陸させ、緊急時の自衛隊の独自作戦計画の態勢づくりを進めるという。これは二月の日米合同三軍統合作戦（共同指揮所演習）で、朝鮮有事を想定した図上演習が八五年からの同演習で初めて実施され、「指針」が盛り込んでいる公海上の機雷掃海や原発などの重要施設警備を実施したという（四月三日『日刊ゲンダイ』）こととともに、まさに看過できないことである。

自民党総務会はまた、三月三日には他の二与党との合意もないままに、国連平和維持活動協力法（PKO法）の改定法案の国会提出を決定し、武器使用を個人の隊員の判断としていた制約を捨てて上官命令によるとすることに加えて、国連以外の地域的国際機関の要請（例として九六〜九七年のボスニアでの欧州安全保障協力機構による選挙管理など）でも選挙監視活動を実施できるとか、人道的な国際救援活動のための物資協力（武器・弾薬を除くとする仮面をとった）は「停戦合意」なしでも可能とする改定方針を決定した。これはPKO派遣の五原則を蹂躙すると同時に、現三与党体制を崩し、公明を与党化した新しい政権構造をつくる方向を選択したことを暗示しているのは誰にも読めることである。加藤紘一自民党幹事長は三月一五日の熊本発言で、与党の今後の政策課題は、①イラク情勢、②沖縄基地問題、③PKO改定問題、④ガイドライン安保関連法案だと説明

しているが、自民党執行部の姿勢は露骨に攻勢的であり、一方、与党の社民党にさえ、PKO法の改正そのものには反対ではないとの空気が広がっている。この点では、むしろ自民党内にPKF（平和維持軍）への参加が凍結されていることへの不満が残っていることの方が目立つ。

全世界を相手にする攻守同盟化

しかも米側は昨年九月末の「指針」の合意とそれによる日本側のそれなりの努力だけでは満足していない。最近明らかにされたブラウン元国防長官、アーミテージ元国防次官補など米側中心の約四〇人の日米の研究者やジャーナリストらによる「米外交評議会（CFR）」研究グループの、日本語訳で三万六〇〇〇字にも及ぶ長文の報告書『日米安保同盟への提言』（『論座』四月号）によると、日米安保は「再定義」を終えたものの、「安保体制」そのものは依然朝鮮半島や台湾海峡の危機などの「有事の試練」はむろん「平時の緊張」にも耐えられない状況にあり、「二一世紀の安保上の課題に対応できる」ものにするために、日本としてはなによりも「集団的自衛権の行使」、そしてさらに戦域ミサイル（TMD）への参加、長期的兵器調達計画策定、情報収集とその共有、核拡散防止やテロ対策などについて従来の壁を突破し、米軍の軍事作戦からの「除外」でなく、「計画段階からのそれへの日本の参加を〝想定したもの〟にする」ことが必要だとしている。しかも、同文書による

と、日米同盟はもはや軍事的性格だけのものでなく、社会的・経済的・政治的文脈を兼ね備えたものであり、「新ガイドライン」はその実現のための重要な、しかしまだ単なる第一歩にすぎないものなのである。

これにも関連するが、コーエン長官は三月一七日のワシントンでの講演で、イラク危機での米軍のペルシャ湾展開のための経費負担について、「米国を支援する二五カ国が兵力や航空機、艦船派遣で貢献している」と述べた上で、必要な事態になれば「いつでも日本に支援を求める」と語った。これは同日の上院歳出委員会が三億六〇〇〇万ドルを含む総額二四億八三〇〇万ドルの九八年度国防費補正予算について、その負担の一部を同盟国に求めるとの大統領宛の付帯条項付きで承認したことにも関連してのことだったが、このことは先に述べた来日時のコーエン国防長官の動静とともに、最近のイラクへの攻撃姿勢に伴う米軍三万四〇〇〇人、空母二隻を含む艦船二五隻、戦闘機三五〇機の主力が日本からも派遣されていることが示しているように、「新指針」に基づく「日本周辺事態」なるものが実際にはどのような事態を指しているかを雄弁に物語っている。

「新指針」は、「極東の国際の平和と安全の維持」という地域規定さえ乗り越え、九六年の日米首脳の「日米安保共同宣言」がその冒頭で明記しているように、「アジア太平洋」の全域を対象にしている。「周辺」とは「地域を指す」のではなく、「日本の平和と安定に重要な影響を与える事態」のことだと「新指針」があえて一見奇妙な規定をしているのもその狙いからである。「周辺」という用語で特定地域としていないことの意味は深刻である。一体、現在の世界で、日本の存在条件に「重要な影響を与えない」ような地域がどこにあるといえるのか。「新指針」は日米が、全世界を地域対象にし全世界情勢を相手にした攻守同盟に、日米安保条約そのものを改定したものなのである。

だからこそ三月中旬の日米安保事務レベル協議の際にも、普天間基地の移転問題の難航について事情釈明に努めようとしていた日本側の発言を制して、米側は「抑制不能になる可能性」もなしとしないインドネシア情勢を日本側がどう判断し、日米共通の安保課題としてどう意識し、何をなそうとしているかを真剣に質してきたという。通貨危機から金融危機へ、そして政治危機にも発展する可能性を秘めているアジア諸国の「安定」のために、つまりは労働者・人民の抗議の行動の抑制と現地権力体制の維持のために、あるいはＩＭＦの管理下に危機を迎えた諸国政府が入るよう、日本が説得に当たる。これもまた「周辺事態」の安保の維持を義務化している「新指針」が日本に求めていることなのである。

米帝国主義の意図

ところでなぜ米帝国主義は、冷戦後もその覇権的軍事体制を解こうとしないばかりか、未臨界核実験など新しい核開発技術体制などまでして強化しようとしているのか。

①『大国の興亡』を書いたポール・ケネディ教授が属している、イェール大学の研究機関の名で公表した論文が明らかにしたように、米国としては旧ソ連との核対決の時代を越えた後は、日本・欧州大国・ロシアおよび中国とも協力して、世界のロウディ（ならず者）国家を世界各地域のピボタール（枢要な、要の）国家を支えつつ抑えこみ、資本主義世界の安定と世界秩序の維持を図ることを至上の課題とする。枢要な国家とは、アジアではシンガポール・インドネシア、南アジアではインド、中東ではイスラエル・エジプト、南部アフリカの南アフリカ共和国、南米のブラジル・アルゼンチン・チリなどであり、「ならず者国家」とは北朝鮮、イラン・イラク・リビアなどである。つまり米国を脅かす新しい覇権国家ないし勢力の登場の芽は徹底的に排除しようとしているのである。

②その中で軍産複合大国としての米国大企業の武器支配、その売り込みを拡大し、それによる諸国家の支配をより完全なものにする。また旧社会主義体制国家の資本主義への完全な転換・包摂・統合とそれへの「関与」政策を決定的なものにしていく。つまりこの点が従来とは異なる「同盟」の形成の内容に関わっている。

③同時に、競争的立場にたつ資本主義大国を米帝国主義の金融と情報支配の覇権の傘の下におく。米戦略国際研究所所員でもあった浜田知幸氏によると、「米国は新たな戦争に突入した。相手は……フセインではなく米国が作りあげたドル経済圏を切り崩そうとする見えない敵である」（『諸君』五月号、「米帝国『千年王国』への全戦略」）。今年のはじめ、ワシントンで開かれた「国家安保会議」でも、クリントン大統領は三軍幹部を前にして、アジアの通貨危機は「米国とアジアの緊密な経済関係を揺るがすものであり、ドルへの挑戦、米国の同盟国に対する宣戦布告である」と述べたという。あるいは、一月末のスイスのダボスでの「世界経済フォーラム」でヒラリー米大統領夫人は、二〇〇〇人の世界のトップエリートを前にして、経済・政治・社会的諸問題が渾然一体となって押し寄せる不透明な時代を生き抜くには、自由な社会制度、それを支える家族や宗教心、芸術や文化など精神性を高める要素を育てることが大切だ」という趣旨の基調演説をし、「新たなブレトン・ウッズ」体制といえるものの創出を訴えている。

④この「宣戦布告なき情報戦争」の展開で決定的なことは、欧州の通貨統合によるユーロとの競争に対して、非欧州を米国が統合して対応するのはむろんのことだが、米帝国主義とその金融独占体からみる限り、世界最大の債権国家であり、かつ技術・情報分野でもっとも米企業の独占を脅かす潜在力を持っている日本をどう抑えこみ、かつ利用するかである。

安保再定義の活動の軸になっていたジョセフ・ナイ前国

防次官補が、その仕事の一段落の後ハーバード大学に帰って書いた論文が、「日本を米国の情報の傘の下に置くことで、二一世紀のアメリカのヘゲモニーは決定的になる」という内容のものだったことは象徴的である。またすでに九〇年代の入口で、当時の米CIAが「二〇〇一年の日本」と題した対日戦略要綱を纏めていたことを想起しておく必要がある。その内容は簡潔にいえば、日本からの金融覇権奪回戦略の青写真といえるものであった。

国家体制の全般にかかわる問題

その米帝国主義による対日金融覇権奪回戦略の展開の経過を説明しておこう。

七五年のアメリカ帝国主義のベトナム敗北の直後から第一次ガイドライン安保作成の秘密作業が始まった。七八年にそれが完成した時、米国と後にイギリスで「ビッグバン」といわれるようになった「規制緩和」「国際標準」の普遍化作戦を「メーデー」の名で開始していたこと。八五年に米国が世界最大の対外債務国家に転落し、かつ日本が最大債権国家の座にたった直後のプラザ合意で、いわゆる円高局面が始まり、金利の引き下げや前川レポートによる「日米構造協議」への日本側の対応としての公共事業の大奮発が始まり、つまる所、それがバブル経済化と日本企業および資本の滔々たるアジアへの流出を促していったこと。さらに九〇年代に入って一転してそのバブルがはじけて、円

安局面を迎え、バブル期に米国に泡のように流れこんだ日本の資金がほとんど投資額の半分さえ回収もできずに逃げ帰らずを得ず、結局は日本の低金利を嫌う資産の米国への逃避と合わせて、米国経済の再活性化のテコに日本の膨大なカネが完全に利用されたこと。そして次いで、日本企業のアジア投資に乗っかったアジア諸国のバブル的な経済成長がその当然の成り行きとしても、また米投機資本の利殖の対象としても破壊されることによって、「ニュー・エコノミー」を自負する米政府と巨大資本が、日本を込みにして「アジアの通貨金融危機」につけこみながら全アジア経済への覇権を再確立する新たな機会に利用するようになっていることなど、このほぼ二〇年来のアメリカ帝国主義の経済戦略の遂行は、それとして一驚するに値いもするものである。八〇年代後半の「日米構造協議」にしても、そう理解したのは大国酔いをしていた報道などを通じて理解させられた日本人だけで、アメリカではSII（戦略的妨害要因排除構想〈戦略〉）と初めから命名されていたのである。そしてそうしたアメリカ帝国主義の戦略の軍事的側面の全体系として、「新ガイドライン安保」は構築されてきたのである。

そしてそうした戦略の展開のために利用されたのが、朝鮮民主主義人民共和国の核疑惑とか一連の反北朝鮮キャンペインだった。しかし今ではアメリカは、南北朝鮮に対してともに影響力を行使できる方向に戦略展開の矛先をシフ

トしてきている一方、日本に対しては依然として朝鮮との離間策を貫こうとしているようにみえる。ごく最近の米下院の国家安保委員会（スペンス委員長）が発表した報告書（三月二六日）も、北朝鮮が昨年、ノドン（ミサイル）をかなりの数配備し、その米国自体がそのペースに驚いていると指摘し、より大型のテポドンの開発も継続しているとしている。しかしこのことは、国防省の報道官が二月末の会見で「確証なし」と語ったばかり（『日経』四月三日夕刊）のことである。

要するに、「指針」はすでに多くのところで語られているように、朝鮮・中国を含んだアジアから世界全体の大国支配・覇権システムを維持し拡張するためのアメリカ帝国主義主導の日米の戦略的攻守同盟の方針以外のなにものでもない。そしてその本質は、インドネシアのルピア危機に当たって、米政府の「懇請」をも受けた形で、橋本首相が急遽ジャカルタに飛び、スハルト大統領に援助の新供与を餌にして、IMFの条件に忠実に従うよう勧告した事態の中にもいまや隠すこともなく現れている。日本政府は日本大企業の利益のためにも、アメリカ帝国主義の指示をも受けながら、アジア各国の民衆の要求や叫びを無視し、それに敵対する権力機構の後支えのために懸命の努力を重ねているのである。

だから政府のいう「新ガイドライン」に基づく必要な体制づくりとは、狭義の「軍事支援」体制の整備だけではない。直接の軍事支援から、わが国の国家体制の全般、そして政権構造とその施策の展開のすべてにかかわっている問題である。そしてその一部として進められているのが、日本周辺事態での米軍への後方支援活動などを規定する新法案（周辺事態法など）の準備である。

危険な有事法制の中身

これまでに明らかにされた所では、目下のところ、法案に「戦闘行動に発進する米軍機に対する支援を除外する」との明文規定を盛り込むとともに、対象の「支援海域は事前に閣議決定しておく」とか、「後方支援」の範囲は「日本領域および戦闘地域と一線を画した日本周辺の海域」とすることを　織り込む予定と伝えられている。これに対して内閣法制局が「武器使用」との関連でそれでは曖昧だとしている一方、制服組からは航空優勢などは時間的・空間的に可動的なものであって「一線を画す」ようなこと自体が困難だとの強い不満に近い異議がでている（三月二七日平岡裕治航空幕僚長の記者会見）。そもそも米軍の予想される活動範囲が紛争に応じて変わることなどは当たり前のことであり、それをどう法的に処理するのか。外務・防衛担当幹部から事態の報告を受け、首相が事前協議で承認するのだとしても、果してそんなことが「有事」に実行可能なことか。またいわゆる「臨検」は「周辺事態に限定」するかどうか、武器使用に「正当防衛の他、武器防護を加える」

か、さらに「米軍と同じ海域では行わない」と明記しておくべきか、「主要な対米協力は情報交換」といった抑制的方針に止めておくべきかなどなど、未整理の論点は少なくない（このため「臨検」については周辺事態だけに限定しないために「臨検法」を別に制定せよとの意見もある）。

ただいずれにせよ、閣議決定はするとしても事前の国会承認の手続きなどはとらないこと（事後報告の必要を説く意見はある）、また捜索・救難と在外邦人救出のために自衛隊法八三条、一〇〇条の八を改定、武器使用について「必要最低限」とした上で自衛隊法九五条の「武器防護」規定を援用すること、同時に現行「日米物品役務相互融通協定（ACSA）」が除外している武器部品・構成品・食料・水・輸送・通信・修理・整備など一五項目を取り込んで、有事向けに運用できるよう改定することなどは基本的に固まっており、三月一七日にはすでに自民党の外交・国防関係四部会は関連法案の国会提出について正式決定、連休前にも国会に手続きをとる予定である。法案の名称と構成がどうなろうと、後方支援と武力行使をわざわざ作為的に切り離して「集団的自衛権」の行使に道を開く詭弁と奸策を弄そうとしていること、「戦争事態対処」の権限を国会に持たせず、政府（閣議）決定で独断的・恣意的にできるようにする、つまりかつてナチスがワイマール憲法体制をスクラップ化した手法、政府への「全権委任システム」方式が合法化されることで、憲法が実質放棄されるような方向

と政治構造にわが国が接近しつつあることをこそ、われわれとして警鐘を乱打すべきことなのである。こうした日本政府の態度は、基地を置くことは認めても軍事行動の発進の拠点にすることには異議を申し立て、使用を禁じているアラブの親米産油国家の立場にさえ劣るものである。

実際にも次のような現実が生まれつつある。それは元駐タイ大使の岡崎久彦を所長とする博報堂設立のシンクタンク（九五年設立）の外交・安保の日米専門家約一〇〇人の三分の一が自衛隊の現役ないしOBであり、集団的自衛権の行使を違憲としてきた政府の憲法解釈の見直しこそが急務だとしているプロジェクトをもち、しかもその所員である陸幕防衛部の山口昇一佐が「ガイドライン安保」の見直し日米作業に制服代表として参加し、昨年一月の東京会議では「長期的視点から考えると、中国に対する政策が（新指針の）中心課題だ」と語って憚からなかった（『朝日』四月四日「自衛隊その変容」）ということである。

治安体制強化と一体

こうしたことが国家管理の機構とその運営の反革命的強化を促してくるのは、先にも述べたとおり当然のことで、事実、すでに住民基本台帳ネットワーク・システムによる国民総背番号制につながる「住民基本台帳法改定」法案が国会に提出されている。また三月一三日に政府が組織犯罪対策三法案について閣議決定したことはすでに述べた。マ

ネーロンダリング取り締まりの組織的犯罪処罰法案（組織的な犯罪の処罰及び犯罪収益の規制に関する法律案）、裁判で証人を特定できる住所・勤務先などの尋問を制限する刑事訴訟法の一部改正法案（匿名証言制度の導入）、「犯罪操作のための通信傍受に関する法案」がもつその危険な役割・密告は、五二年に制定しながら事実上枯死した以降の新版の治安維持法体制、今日版の「危機管理国家」体制づくりを狙うものである。これらは「新ガイドライン」そのものが「情報の交換」を重視し、その管理・警備・警戒監視を強調していることと無関係ではない。対象とされる「団体」なるものが「多数人の継続的結合体」という規定であり、団体の構成員だけでなく「団体に親和性を持つ者」までが対象にされていることの「おぞましさ」はどれほど強調しても し尽くせるものではない。

さらに自民党法務部会が今国会にも少年法改悪を目指すことで一致し、情報公開法案については特殊法人を当面例外扱いにしたり、個人情報・法人情報・外交・防衛情報、警察・治安情報など六項目は「不開示情報」にし、さらに公開情報についても「行政機関の長の判断」で不開示にできるとして、行政の裁量に任す形にするなど、権力の秘密主義を合理化するものになっている。まさに「高度情報行政国家」への本格的な移行。「新ガイドライン」のもう一つの疑いもない側面である。しかも重大なことは、昨今の社会不安を高める現象などを根拠に、国民の側から、警察官のパトロール強化や学校秩序への関与の強化などを求める動きが強まってきている兆候が随所に顕著になってきていることである。

アジア人民との連帯を

こうしたことに関連して、とくに軽視しておけないのは、マスコミや野党が深刻な経済危機に光を当てながら、ガイドライン安保の歴史的重要性を事実上後景にしている状況が国民意識に小さくない影響を与えていることである。しかもマスコミなどを経て、この経済危機を機会に経営の悪い一部の銀行が倒れるのも、労働力の流動性が高まるのも、総じて競争原理がビッグバンで導入されることも、すべていいことであり、日本は「金融社会主義」から初めて脱却できる（例として『諸君』五月号の座談会形式の一論述）のだし、これまでの社会主義の崩壊の「真の意義」が今や公然たるものになっているといった反動的論調が大手を振って罷り通りだしてきている。そこまで露骨ではなくとも、市場主義の方策で日本経済の「再生」さえ実現できればいいとか、ビッグバンは儲かる手法と選択の拡大であるといった方向に人々の思想を誘導していたり、アジア経済の盟主の位置にある日本経済はなお「偉大」であり、このアジア経済の新事態を機会に一層アジアへの関与を深めることを見失うべきではないなどといった思潮が流れだしている。これは新版の大東亜共栄圏づくりであり、この点では共産党も、『前衛』四月号の巻頭論文「対米従属経済から東アジア経済圏へ」で、アジアにおける「円」の使用を、欧州のマルク並みにしていったらいいとしているように、帝国主義の立場をいわば「左」側からも支える役割を担っている。

一方、米帝の勝手な要求と対日施策の展開に反発しながら、日本がアジアの一国であることを強調もして、いわば「嫌米」の救国大連合政府を形成するテコにしようとしている動きにも警戒しなければならない。最近の『毎日新聞』の「新・攘夷論」の連載などもその例の一つで、これまた「アジアの盟主」の座への追求の動きだが、ここでいう「攘夷」の対象が米国だけとは限らない。わが国の「平和憲法」体制そのものが「打ち壊すべき対象」なのである。「新日米同盟」はアジアの人々の生活と生存にとっては死活的「有事」をもたらす事態であり、同時に日本憲法とそれを支持する人々すべてにとってのまさに「有事」そのものなのである。日本人民の置かれている立場は、「日本だけの経済の資本主義的な再活性化」を求めるのではなく、アジア人民全体の生活の構造的改善に向けて、アジア各国の民衆の立場からの階級闘争との連帯を実際に発展させること、アジア全域の反革命の攻撃への闘いを通じながら、日本自体の変革への道を豊かにしていくことでなければならない。そしてそれこそが「新ガイドライン安保」との闘いでもある。

なによりも米軍基地特措法や名護海上ヘリ基地建設と闘う沖縄県民を支援し、それを先頭にして日本人民が有事立法、自衛隊法改悪、ＰＫＯ法改定、基地使用の拡大などとの闘いに、新たな決意をもって創造的に決起し、それによって日本人民みずからとアジア人民の未来のきり拓いていかねばならない。すでにこの四月から五月にかけても、それに向かおうとしている行動日程が各地で多様・多彩に埋めつくされている。新しい革命組織を出航させたわれわれも、その闘いの先頭にたって一層奮闘していこう。

（『人民新報』一九九八年四月一五日、四月二五日、五月五日号　山川暁夫）

ガイドライン・憲法・生存権

一

オルタ・フォーラムQ活動の基軸の一つとして発行される機関誌『QUEST』の創刊号で「二一世紀への激動と生存権」と題した特集を組むことになったのは、改めて詳しく述べるまでもなく、ミレニアム（千年）的大世紀代わりと重なりながら、世界史が二〇世紀から次の新しい世紀に移る文字通りの「歴史の狭間」を迎えている時、わが国をめぐる情勢・社会的環境が、政治の分野でも経済の分野でも、さらには人々の生活意識においても、かつての侵略戦争の敗北とそれに伴う大転換に匹敵する以上の重大な転機にあるからだろう。そしてそのメルクマールの大きな一つが、実体は「臨戦指針」そのものであるのに、「日米防衛協力指針」という虚構の名称を冠している「新ガイドライン安保」を「実効あらしめる」ための法と制度・機構の制定、さらには政治の枠組みとその運営への強権的移行にあるのはいうまでもない。そして端的にいって反革命というべきこの事態への闘いのキー・コンセプトが「平和的生存権」であり、しかもそれがまた崩壊した二〇世紀「社会主義」を再生させようとする者すべてにとって、真の社会主義の内実とその実現のための過程にも深く通底しているではないか。以下そうした私なりの了解の上に、この創刊号の特集に寄稿したい。

「新ガイドライン安保」に関連する「周辺事態法案」などの国会審議も始まり、その内容をめぐる報道と解説なども量としてはようやく人の目にとまるようになってきているし、反対運動の側からの論文も緊張感を高めつつ増えてきている。「周辺」の規定、「周辺事態」の認定者の問題など問題点は数限りもないが、主題を異にする本論では、その問題点に多少とも全体の目配りをもって触れる余裕はない。ただここまできてもなおそれほど重視されていない二、三の点についていうなら、まず「新指針」そのものがまったく国会と無関係にすでに有効なものとされているのに加えて、昨年三月一三日には、「日米安保協議委員会」の合意という形で、「日米包括メカニズム」や「調整メカニズム」あるいは「共同計画検討委員会」「防衛協力小委員会」など所要とされる一連の機構がすでに発足しており、いうところの「周辺事態」が発生した時に必要とされる「基本計画」を閣議が決定するのに先立って、こうした日米間のメカニズムが動き、一方、国会には政府が報告するだけでよし――という仕組みになっていることである。

法案はたしかに「基本計画」なるものが取り上げるべき事項を列挙しているが、当然のことながらその内容は、その事態が起きた時点の情勢に規定される以外にない。つまり「基本計画」の実体内容は日米間の一連のメカニズム(機構)に、そして最終的には「周辺事態突入」を実質的に認定する米合衆国大統領に「白紙委任」されると理解する以外にはない。その上で一方では「この法律の施行に関して必要な事項は、政令に委任」(第一二条)される。このプロセスのどこに国会、つまり民意が介入できる余地が残されているか。

「法律」で決定するのは、要するに、権力、しかも「外国権力」の判断に日本の運命を白紙委任することだけである。

これはかつてナチがワイマール憲法体制を枯死させるためにとった措置、つまり、ヒトラーへの「全権委任法」の仕組みに近く、議会制民主主義と憲法への正面からの攻撃である

これに対して、野党の一部は、ガイドライン安保関連法案の採択を前提にして、政府案に修正を加えようとしている。国会への報告だけでは納得できない。事前承認、それも無理なら少なくとも「事後承認」の手続きをとることを明記すべきだなどとしているが、「周辺事態」とは一口にいって日本の周辺、だから日本自体が「戦争事態」に入ったということである。その段階での国会への「事後報告」など何の意味があるのか。まさに「後の祭り」でしかあるまい。

しかも民主・公明両党は、「後方支援」なら武力行使と別のことだから、自衛権の発動として憲法上許されるといいだしている。だが「前方」(前線)のない「後方」などはない。後方支援の容認とは「銃後の備え」を全うしようというだけのこと。実態的にはわが国そのものが、「前方」の「敵」の方からは彼らに襲いかかる「敵」の一部ということになる。あるいは「安保再定義」の必要を謳ったクリントン・橋本の「日米安保共同宣言」で、双方が「アジア・太平洋」の「平和と安全」といって、安保の対象範囲が現安保条約の「極東」概念をさえ超えることを明確にしているのに、「安保の枠内」なら承認できるかのようにい

ってみたり、「周辺への出動」は安保条約に付随する「事前協議」の対象になると説明することで「新ガイドライン安保」への転換を納得させようとしている政府・自民党などの動きなど、すべて詐欺ともいうべき誤魔化しである。かつて一度も「事前協議」を提起してきたことはない米国が、今後は重大な装備や戦力配備の変更などについて「事前協議」をしてくる保障があるのだろうか。あったとしても、安保の「実効性」を高めるための「協議」だとすれば、それは事実上は「事前承認」のための儀式にしかなるまい。

なぜ野党は、事の本質に触れない瑣末な論点の修正だけを問題にするのだろうか。自衛隊法の改正案が並行して提出されていながら、それとは別に「周辺事態措置法案」の方にも自衛隊の活動の改定を盛り込み、それに関連して同法の付則の二として「自衛隊法の一部改正」を挙げ、そこで自衛隊法の「雑則」(第一〇〇条)に追加を加えるという形で、「後方地域支援等」を入れている。手の込んだ政府側の手口の欺瞞的措置の本質をどうして野党は衝こうとしないのだろうか。

そもそも特別委員会の設置とそこでの論議開始をまつこともなく、与党と一部野党(社民党・共産党を除く)との間だけで、法案などの修正論議が開始されていたということ自体が問題にされて然るべきである。その政治運営の手法は、いわば「談合」政治、政治の「闇取引」といって過言ではない。しかも野呂田防衛庁長官らは「わが国に現実の被害が発生していない時点でも、日本をミサイル攻撃しようとする外国の基地に対する先制攻撃は憲法解釈上可能」といいだしているし、自民党の「危機管理プロジェクト・チーム」の論議では、ミサイル発射の情報を得た場合の敵基地への先制攻撃も可能とする改定試案までが一議員から提起されているという。こうした論点・論議のすべてにおいても、憲法の精神と規定、民主主義政治の根幹が完全に蹂躙されている。国会に憲法問題調査委員会を設置する動きが進んでいることとも合わせて、冒頭述べたように世紀末の転換点のわが国の進路をめぐる選択の重要性を改めて銘記しておきたい。

二

以上のような「周辺事態法案」をめぐる状況は、日米軍事同盟の行動が、すでに「新ガイドライン安保」の先取りというレベルのものでなく、臨戦行動そのものの性格を色濃くしだしてきている実態ともあいまって、まさに「政府の行為によって、再び戦争の惨禍が起こることがないよう決意する」として確定された現憲法が扼殺されかねない事態にきているということである。またその内実の一環として、先に述べた昨年の三月一三日の閣議は、国会事務局に「組織的犯罪対策法案」の他「通信傍受法案(盗聴法案)」「刑事訴訟法改定(匿名証人制度)」「住民基本台帳改定法案」など一連の国内治安維持に関する法案を提出した。さらにこうした流れは少年法の改定や「日の丸・君ケ代」の法制化にもつながっている。ちょうど六〇年前の第二次世界大戦の開始の前夜に、「統帥綱領」が秘かに策定され、同時に国家総動員体制に向けての諸準備が形を整えていったことを想起させる動きである。

しかもこの年の初め、元旦の『読売新聞』に至っては「歪んだ戦後民主主義の軌跡を正す」と題した社説で、戦後民主主義が定着してきた「半面では、東西冷戦下で、当時の中ソ両国に代表される社会主義勢力と、これに同調する〝進歩的文化人〟といわれた人たちの影響もあって、本来の民主主義とは異なる、日本独特の〝戦後民主主義〟と呼ばれるような、不健全な性格をもった思想が拡がってしまった」と反動的挑発宣言と形容してもいいような主張を展開した。その「不健全さ」は、①戦争は国家が起こした。だから国家権力を悪だという論法での国家への敵視、②機会の公平のみならず、結果の平等を追求する平等至上主義ともいえる誤った観念、③社会主義国が平和勢力で米国は戦争勢力だという偏見にたち、日米安保反対を煽り、一国平和主義を浸透させたことであり、それらこそが、日本が活力を失い、国難の渦中で迷走を重ねている根源的な要因である。だから「こうした偏向したマインド・コントロール状態を克服することが、日本活性化の上での急務」という論理展開は、戦後マスコミの「社説」の歴史の中でも突出したものといえるだろう。

この日の『日本経済新聞』が「二一世紀の〝勝者の条件〟」と題して「優しい資本主義からの決別」を論じた社説を掲げたこととあいまって、言論の分野でも、これまでを突き抜けた憲法体制への挑戦の流れが起きてきているのである。かつての「高度国防国家」という国家のあり方の規定に便乗すれば「高度情報行政国防国家」という方向といっていいだろう。

もっともわれわれは現憲法の条文の全てを全面的に、あるいは無条件に認める必要はない。第一章の天皇条項を始めとして、制定当初から反動的な章条や時代の変化とともに改善ないし見直すべき章条がある。環境権の尊重と重視(自然との共生の義務)、女の権利条項、在日外国人の権利にかかわる条項、雇用に関していえば、例えば「国家・企業の都合による馘首は犯罪である」といった就業の権利などなど。しかしわれわれは、だからこそ現憲法の精神・理念を擁護し、さらに発展させる立場をとってきたし、その原点にあるのが「交戦権の放棄」と「主権在民」「議会制民主主義」を「憲法三原則」とする理解である。現憲法が資本主義国家の国家基本法であるという本質と、現憲法の制定過程の複雑な政治力学を考慮に入れるべきであることはいうまでもないが、この「憲法三原則」が示している民主主義の普遍性にかかわる見地は、あるべきこの日本の未来に向けての革命の過程においても重要な原則と根拠として活用可能だし、そうしていくべきものだろう。

その上にたって、前節に触れた二一世紀に向けての重要な事態の推移を考慮する時、現憲法の前文を流れる思想の潮流の基底にある国際的観点に、変革の立場から新しい照射の光を及ぼしていくべきではないだろうか——という問題を提起したい。とくに前文の末尾段階にある「われらは全世界の国民が、ひとしく恐怖と欠乏から免れ、平和のうちに生存する権利を有することを確認する」という言葉、つまり「平和的生存権」の問題である。この部分は、当然にも「憲法三原則」と要約される観点と立場に密接に関連していることで、相互に前提となる関係にあるが、あえていえば、この「平和的生存権」の尊重の義務を、現憲法のもう一つの重要な原則にいわば格上げして位置づけるべきではないかと考える。それは憲法前文においてさえ、この部分だけに「世界の国民が云々」と世界と日本国民の関係性についての明確な、かつ重要な原則が規定されているからである。前記の引用の部分も、表現の内実からいえば、日本国民だけが、恐怖と欠乏から免れ、平和のうちに生存する権利を有するのではない。それらの権利を有するのは「全世界の国民」なのである。

三

憲法前文は、決して日本一国主義的な立場にたってはいない。「交戦権の放棄」も「諸国民との協調による成果」を確保する課題と不可分のものであり、「日本国民の安全

と生存を保持する」ための前提には「平和を愛する諸国民の公正と信義に信頼」することを置いている。また、前記の「平和的生存権」の確認の件に続いて「いづれの国家も自国のことのみに専念して他国を無視してはならないのであって、(普遍的な政治道徳の原則に従うことが)、自国の主権を維持し、他国との対等関係にたとうとする各国の責務であると信ずる」と、世界に対してさえも呼びかけてさえしている。

この当たり前ともみえることをなぜここで強調するのか。それはまさしく「新ガイドライン安保」で確保を目指そうとしていることが、日本国民の平和と安全の保障という独善的な立場だからである。そして「新ガイドライン安保」路線が、他国と全世界の国民が平和のうちに生存する権利を著しく脅かす危険性を孕んでいることは無視されている。かつてのアジアへの侵略国家・日本が、その恥多かった歴史を真の意味で今なお清算もせず、日本の平和と安全が脅かされる危険だけを吹聴して、またもアジア民衆への加害者の立場を合理化しようとしている。まして世界の現実はますますグローバル化して止まない。むろんだからといって、マスコミなどでは「グローバル・スタンダード」という和製英語の氾濫の中で実体は米巨大資本の利益と市場経済主義優先の思想と経済運営の手法が「アメリカン・スタンダード」として優先されるのも致し方ないなどといおうとしているわけではない。むしろ韓国やインドネシア

やフィリピンにみるように、ＩＭＦやアメリカ中心の新自由主義に反対する労働運動が「生存権死守」などの旗を掲げて成長・発展しつつある。労働市民の立場からいえば、人民の「生存権」の擁護、とりわけ「平和的生存権」の相互尊重とその実現こそが、グローバル化する世界での民衆運動のガイドラインの核心にならなくてはならないだろう。

こうした意味での「平和的生存権」は突如、人類史の中に登場してきたのではない。一六八九年のイギリスの名誉革命、一七八九年のフランス革命（一八八九年は日本の明治憲法の公布の年）、一九八九年における二〇世紀社会主義革命の破綻の露呈、あるいは二〇世紀の二回の世界大戦の経験、戦後の核の脅威との闘い、自然との共生の思想と運動の発展などが、次第に「平和的生存権」の思想を熟成させてきた。畏友であり、オルタ・フォーラムＱの提唱の労をとっておられる村岡到氏は、森戸辰男などが描きだしていた「平和的生存権」の思想が、なぜ社会主義運動の日本における展開の中で育てられてこなかったのか――という所から、二一世紀社会主義論の再生に当たっても不可欠の課題であろうと問題提起されてきたが、私もそれに同感である。私の理解によれば、「平和的生存権」の社会と世界変革の中での精確な位置づけは、国際関係の中での加害と被害の立場の対立と相剋を止揚していく際においても、絶対に必要なことだと思うからである。

加害と被害は、民衆の内部では絶対的な対立の関係にあるのではない。時に被害の立場におかれた者が、別の局面・局所では加害の立場に追い込まれる。戦争の悲劇は人、労働市民が自己決定権を奪われ、不条理な選択（最後は死）に追い込まれていく所にあるというのが正解だろう。つまりそれは「平和的生存権」を奪われた極点での事象である。

一方、二〇世紀社会主義の破綻の一つの要因はスターリン主義的な社会主義変革の過程における「独裁」概念の乱用・誤用にあるのは今では自明のことだが、それは「独裁」概念が独走して「人民」の「平和的生存権」を無視ないし抑圧するものに変じてしまったからである。

あるいは他方、例えば一九五五年の今日的にいえば第三世界地域から掲げられた「平和五原則」も「バンドン十原則」も、民族の自主と独立、内政不干渉、平和共存の発展など、要するに「平和的生存権」の主張の発展・豊富化の過程の所産だったと考えることができる。とくに今日ではそれは世界の「構造的暴力」の問題に逆ベクトルから対応する。だからガイドライン安保状況と関連した当面の情勢からだけ「平和的生存権」の問題の重要性が抽象されてくるのではない。社会主義の学説と実践の再生のためにも、世界の貧富の差の拡大との世界諸人民の闘いの強化のためにも――ということは、スターリン主義的社会主義の運動の総括のための視点としてもまた、「平和的生存権」の問題が検討さるべきなのである。

最後に念のためにつけ加えておくが、「平和的生存権」とは階級的闘争の関係を捨象した「人権」概念と同じものでもないし、絶対平和主義に置き換えられるものでもない。まして「平和」の名で現状の矛盾の真実を見ることを避け、「平和を守る」という命題をお経のように唱えることでも、戦後一時期にあったような、「独裁」的抑圧と一体化していた旧ソ連の体制を守ることを「平和擁護運動」の実態にしたことを美化し直すようなことではない。さらに「平和」がいつも至上なのでなく、「守ろう」としている「平和」が「腐った平和」でしかない場合もないわけではない。まさしく人民の「生存権」が保障され、他の存在の自立と自律とを尊重し、抑圧し合うことのない関係に担保された国と国、民族と民族の関係を創り出すことこそが重要なのである。労働運動もそうした観点を、国内的にも対外的にも創りだすことなくては、グローバル化する資本の攻撃に対応し、反撃し、勝利していくことは絶対に不可能だろう。こうしたさまざまの観点から、オルタ・フォーラムQの場で縦横に互いに論議を深めてみたいものである。

（『QUEST』第一号　一九九九年五月　山川暁夫）

年譜・著作目録

《　》内は自筆年譜によるが、明らかな誤記は訂正した。

著作は原則として単行本と雑誌に発表されたものに限った（一九九五年以降は新聞掲載分も加えた）。

筆者が山川＝川端であることが明らかであっても、筆者名のない文章は収録しなかった。

筆名は（　）内に注記のないものは、一九七二年までは川端治、以後は山川暁夫。

発表年月は、刊行形態（季刊・週刊等）にかかわらず刊行表記月で統一した。

一九二七年

《二月二七日、当時「日本冷蔵」社員であった父・盛雄が下関勤務だった時、同市丸山町に誕生（本名、山田昭）。父三六歳、母二九歳。父は黒田藩士だった家系、福岡の修猷館中学卒、水産講習所を経て、水産・製氷などの企業に就職。母・澄江はこれも黒田藩のご典医の家系。その関係で母方の祖父は福岡市庁の医事関係に奉職。慶応大学に入学した叔父の一人も、医学部を選んでいた。そうした関係で、子供の頃から、将来は医者になるものと自分で決めこんでいた。》

一九二八年

《父の下関勤務は短期で終わり、故郷の福岡に転勤した。居所は福岡市大浜町。港に近く、周辺に遊廓があったらしいが、そのことにまつわる記憶は、まったくない。兄弟は、六歳上の兄一人、四歳上の姉一人、二歳下の弟一人の計四人。》

一九三四年

《福岡市奈良屋小学校に入学。》

一九三五年

《四月、父の勤務の関係で台北に移転。同市の建成小学校二年に転校した。さらに東京・牛込に引っ越し、当時の牛込区矢来小学校に転校。続いて渋谷区の広尾小学校へ。結局小学校六年のうちで七回も転校を重ねることになった。この広尾小学校在学中の居宅は、今も宮家が並んでいる常盤松町に近いところで、二年生だった一九三六年の二・二六クーデター行動の中心地の一つ。》

一九三六年
《四月、静岡市・中原小学校に転校。》
一九三七年
《秋、名古屋市の覚王山にある田代小学校に転校。近くに当時の近衛ブレーンたちが拠り所にしていた「昭和研究会」の瀟洒な建物があったが、その意味が分かったのは、むろん戦後のことである。この名古屋時代、相撲の打撲が原因になって肋膜炎を冒し、一年休学することになった。》
一九三九年
《四月、再び東京に戻り、世田谷区の松原小学校に五年生として編入、ここを卒業することになる。同校は当時人口が急増しつつあった新興のこの地で分校として設置されたもので、卒業生としては第一回になる。》
一九四〇年
《四月、東京府立六中（後の都立六中から戦後は新宿高校）入学。一九四四年に在籍が終了するまで（当時は卒業まで五年間かける制度の他に四修で終わる制度があった）ここに在学したが、その間に一年上にいた上田耕一郎、当時上田建二郎といった現在の不破哲三と友人になった。また一九四一年の太平洋戦争の開戦を迎えたのも、この中学校時代だが、四二年には、米軍機が東京に飛来、当時の大森辺りの上空を飛んでいるのを目撃した記憶がかなり明晰に残っている。》
一九四四年
《四月、東京高校理科甲類入学。当時すでに戦争中であり、将来は造船関係に勤めたいと考えていた。同時に、文科学生より、理科学生の方がいざという時に兵役にとられるのが少し遅くなることも小さくない理科選択の理由だった。小学校以来の、中学に入らず、尋常小学校行きを選ばざるをえなかった友人の多くは特攻隊その他で戦死し始めていたし、府立六中は海兵・士官学校への入学率の高さを誇っていたため、周辺には軍人・軍隊関係の友達が少なくなかった。》
一九四五年
《五月三〇日、三月一〇日に続く東京大空襲で、当時生活していた学寮が全焼した。プールに避難した後に劫火に襲われ、顔面火傷になるとともに、九死に一生を得た時に、私に救いを求めて縋ってきた若い子供もちの婦人を振り切ったことが、私の戦争観をやがて根本的に変えた。以降、住む寮もなく、当時、満州の大連にいた両親とは音信がとれないまま、学校の農場で数人の友人と共同生活をして食いつないだ。学校も全焼していたため、暫くは授業もなく、勤労動員に出ていくだけであった。八月一五日、天皇の敗戦詔書。ここは感想を書くべき所でない。この後、駒場の一高の寮を間借りする形で授業が再開されたのを機に、理科から文科乙類（独語）に転入した。しかしほとんど真面目に出席した記憶はない。一二月、たまたま朝鮮の京城（当時）から陸軍主計中尉だった義兄が、古巣の住友化学大阪本社に戻ってきたのを頼りにして、大阪に移り、この敗戦の年だけ認められた高校間転校の便宜を使って浪速高校文科乙類に入学した。但し同学年での空きがなかったため、一年下に編入されることになる。住所は堺市金岡。》
一九四六年
《二年生の時、学外では、戦後最初の学生運動といってよい「在外父兄救出学生同盟」に所属、大阪駅頭などで帰国者の介助などをしながら、学内では、当時の一種の流行りともいえた学園民主化の課題に取り組み、秋には自治会副会長に選出された。この段階で友人から「日本青年共産同盟」に勧誘され、それに応じた。当時この高校の組織のボスは後の桃山学院大学学長の沖浦和光。なお両親と弟は、一九四七年に帰国した。》

一九四八年

《四月、東京大学経済学部経済学科入学。同時に同大学共産党細胞E班に所属した。しかし以降、主としては学外での党活動に専念し、結果として肺結核になったため、結局在学期間は限度一杯の六年（当時の在籍三年の倍）になることになった。しかしそのためもあってこの期間の友人は少なくない。中学時代からの上田・不破兄弟がいた他にも、堤清二、高沢寅男、安東仁兵衛、銀林浩、力石定一、柴山健太郎、白石忠夫（宮嶋信夫）等々。以下暫くは、私の党歴ということになる。五～六月、国学連（国立大学学生連合）のオルグとして、主に関西を担当、全学連結成に向けての活動に従事。その組織化の要求テーマは授業料の値上げ反対だったが、「国立」だけでなく「全国」の大学の統一体にするために、私学連とも緊密に連携した。なお当時、文京区動坂の宮本顕治宅をしばしば訪問した。まだ百合子女史健在の時である。一〇月、東大細胞委員会の推挙により、共産党本部の青年・学生対策部員を担当。当時の同部長が増山太助、政治局での担当が志田重男。当時として記憶しているのは、当時の学生運動の拠点的闘争になった長野師範、山梨師範などの闘争指導。この任務を負っていた時の文章は少なくないが、党内文献であり、残っていない。僅かに指令文書の一つが『資料・戦後学生運動史』に採録されている。》

一九五〇年

《一月、コミンフォルム批判、党分裂へ。この段階で、志田政治局員との関係で、いわゆる所感派の側にたつ。このため全国の学生細胞の多数から痛烈な批判を受け、東京で開いた全国学生細胞会議では、スパイ呼ばわりされて二〇〇人ぐらいから終夜吊るしあげられた経験が痛く残っている。同時に、所感派がとった武装闘争方針に沿った山村工作隊の派遣ということも内心は賛成し難かったことだけに、心苦しいことであった。六月、朝鮮戦争の勃発に絡む共産党の非合法化で、半地下活動へ。》

◎八月、「当面の学生運動の重点」『前衛』五〇号（藤尾守）。

《公開された論文としては、これが初めて。》

一九五一年

《四月、「日本青年共産同盟」と社会党系の青年組織が合同して「日本民主青年同盟」（民青）になったのに応じて、同同盟・東京の書記長に就任し、主として東京の労働運動に係わる。朝鮮戦争を機会にした軍需に反対する闘争などが主なものになっただけに、活動はかなり激しいものにならざるを得なかった。当時の東京本部は池袋に所在。一方、当時の青年運動が中心に作っていた小さい孔版（ガリ版印刷）会社の責任者も担当。》

一九五二年

《肺結核で療養生活に入る。》

一九五五年

《ほぼ社会復帰可能という診断を得て、父の教会関係（キリスト教）のつてになる社会党・猪俣浩三議員の紹介で、当時国会に社会党の左右統一と保守合同との煽りで生まれることになった「小会派クラブ」事務局に入ることが決定。このクラブには、当初は鳩山一郎総裁下の自民党に参加を拒んだ吉田茂、佐藤栄作、橋本登美三郎、辻政信、風見章、有田八郎、共産党の志賀義雄、川上貫一、労農党の黒田寿男、岡田春夫など計七人、純無所属の正力松太郎、小林信一、小山亮、山下春江、只野直三郎などユニークというか正体不明のメンバーが揃っていた。衆議院議長の堤康次郎もこの会派扱いであった。しかしこの会派が会派として代表質問をしたりしたことがあるし、さらに鳩山内閣による小選挙区制採用の動きの時には、この会派を仲立ちにした形で社共の統一行動が実現した。同時にこの時期は、政治との関わりに深く触れながら、国会資料などを比較的自由に使うことが出来、その結果を後に『前衛』でかなり長文の論文に纏めた。》

一九五七年

東京都出身、不破聡子と結婚。

《小会派クラブはその後、メンバーがそれぞれに自民党に入党したり辻政信のように行方不明になったりした後、労農党の全員と風間・有田・小林が社会党に入党したために、残るのは共産党の二人と若干名だけになり、解散することになった。この時点での私の役職は小会派クラブの事務局長。この時にクラブの代表だった、五島財閥に属し旭海運社長でもあった小山亮（戦時中の貴族院議長・小山松寿の甥）が私に推薦した仕事は「山梨交通社長秘書」ということだったので、断ったが、それが小佐野賢次だったことを知るのは、かなり後のことである。春、妻・聡子の斡旋で、妻の兄が共同出資者の一人にもなっていた、共同通信のレッド・パージ組が作っていた「国際情勢研究会（後のジャパン・プレス）」に入社した。》

◎七月、「講和体制の分析――アメリカによる支配」『前衛』（宮下国夫）。

一九五九年

《ジャパン・プレスでの文筆活動は六〇年安保の段階までは基本的には「山田昭」でやっていたが、この安保闘争の段階では、共産党がごく一時的に踏み込もうとしていた「行政協定改定賛成」方針の修正や、請願闘争の組織化のための活動を忘れることはできない。》

青年法律家協会・護憲弁護士団編パンフレット『安保条約改定をめぐる問題』および青年法律家協会安保条約専門委員会・原水爆禁止日本協議会専門委員会編パンフレット『安保条約改定と国民運動』（ともに労働法律旬報社刊）に執筆協力。《当時はまだ「安保条約」についての解説書などがほとんど無かったため、パンフは総計四〇万部にもなった。》

一九六〇年

《ジャパン・プレスは国内向けに「共産圏事情」を各国の新聞・雑誌から翻訳・紹介する一方、外に向けて、日本の事情を報道していた。ルートは北京経由。日本語原稿を中国語にして四桁の数字に変換して送るものである。すでに私が入社した年に長崎で起きた中国国旗への右翼の冒瀆事件、それに関してのわれわれの報道に対する中国側の反応は、予想を越えて激しいものであった。以後、同様なことをいくつも経験することになるが、大切なことはわれわれの東京電を北京の新華社が直ちにベトナムなどにも転電してくれたことである。しかもわれわれの側も研究を重ねた結果、国際電々を通じて、北京だけでなく、キューバのハバナ（プレス・ラティナ通信）とチェコのプラハ（チェテカ）、さらにシンガポール向けに毎日発信する体制を整えることができていた。

プラハ向けの電波は平壌・北京・モスクワと直進する。それを利用しての北京への送電であり、シンガポール向けとは電波の波がざっと五度の開きで飛んでいくので、国交もないベトナムのジャングルで盗電できた。ハバナ向けは直ちにスペイン語にして中南米に飛ばすことを依頼した。つまり、六〇年闘争は、毎日夜八～九時の間に世界に闘う側のニュースとして届いていたのである。こうして毎日、日本から送った「六〇年安保」の闘争状況と、連動して韓国で起きた李承晩大統領打倒の学生の闘いの勝利が、当時ジャングルで苦戦していたベトナムの若者をどれだけ励ましたか。そのことは後になって、ベトナムの幹部から聞いた。事実、南ベトナム解放民族戦線が旗揚げしたのは、六〇年安保が山場を越えた後の、六〇年九月のことである。その果たした歴史的役割は大きいと自負している。》

一九六一年

◎一月、「保守と革新の対立はいっそう鋭くなる」『学習の友』（山田昭）。六月、「政暴法闘争の意義と今後の課題」『労働法律旬報』（山田）。

一九六二年

◎八月、「不況と戦争」『学習の友』（山田）。一二月、「平和論の帰趨」『前衛』。

一九六三年

長男、雄太誕生。

《次第に発表する文書が増えてきたため、共産党関係では「川端治」、その他では「山田昭」と使い分けるようになった。六〇年代に入ってからの主なテーマは、「平和運動」関係と並んで「日韓問題」に集中している。》

川端治編『自民党――その表と裏』新日本出版社。

◎五月、「ブルジョワ論壇における『中ソ論争』と修正主義者の役割」『前衛』。七月、「アメリカの『大戦略』と日本の核武装」『前衛』。一〇月、「部分的核停条約とアメリカの欺瞞」『前衛』。一二月、「ライシャワー路線ということについて」『学習の友』（山田）。

一九六四年

◎五月、「ブラウン管を占領せよ」『学習の友』（山田）。七月、「軍国主義復活と思想、文化、教育」『前衛』（座談会）。九月、「雨がふれば人が死に」『学習の友』（山田）。一〇月、「第一〇回原水禁世界大会」『前衛』。一二月、「中国核実験と激動する世界」『前衛』。

一九六五年

次男、耕太誕生。

◎二月、衆議院予算委員会で社会党の岡田春夫議員が「昭和三八年度統合防衛図上研究」（いわゆる「三矢研究」）の存在を暴露して政府を追及したが、この資料を入手し岡田議員に渡したのは山川であった。

著書『安保条約下の日本』新日本出版社。《この本は短期の間に二四版を重ねたが、後の離党との関係で、その後は絶版になっている。》

◎一月、「フルシチョフ礼賛のゆくえ」『前衛』（座談会）。二月、「佐藤栄作のちかい」『学習の友』（山田）。三月、「佐藤内閣の外交政策と米極東戦略の新展開」『前衛』、「佐藤首相の訪米『みやげ』」『学習の友』（山田）。七月、「戦争と侵略の日韓条約」『労働法律旬報』（山田）。八月、「第二次佐藤内閣の性格と遭遇する困難」『前衛』。一〇月、「ベトナム侵略戦争の現局面とアジア人民の闘争」『前衛』、「激動する日韓情勢と合理化」『学習の友』（座談会、山田）。一一月、「日韓条約の性格と日本独占資本の対外進出」『経済』（シンポ）。一二月、「佐藤政権における政治状況」『現代の眼』（山田）、「日韓条約に疑問をもっている仲間にぜひ考えてほしいこと」『学習の友』（山田）。

一九六六年

山田昭・塩田庄兵衛・大野達三他『汚職・腐敗・反動　自民党佐藤内閣』労働旬報社。

◎五月、「ベトナム侵略戦争と佐藤内閣の『親米・連ソ・反中国』外交路線」『前衛』。六月、「第三次防衛計画と『ベトナム特需』」『経済』。七月、「アジアあげての〝封じ込め〟体制へ」『エコノミスト』（山田）、「日本の軍国主義復活と反動的イデオロギー」『前衛』。八月、「小選挙区制について思うこと」『詩人会議』（山田）。一〇月、「アメリカのエスカレーションと日本の役割」『国民評論』（山田）。一一月、「いまの情勢をみる三つのカギ」『学習の友』（山田）。一二月、「マニラ首脳会議をめぐる情勢と課題」『前衛』。

一九六七年

《一九六七年から「沖縄」関係のものが多くなる。この「沖縄」問題をめぐる文章は、やがて共産党から「新日和見主義」の観点をもったものとして批判の対象になるが、沖縄返還をアメリカが準備し始めたことを述べた点では、記憶されていいものだろう。当時、共産党は「返還はあり得ない」という見地で情勢を分析し、行動していた。》

◎四月、「『多党化』の本質と中道政治の役割」『前衛』。五月、「マスコミの反動化・軍国主義化」『民主文学』。八月、「ベトナムに直結した日本の職場」『学習の友』（山田）。一〇月、「沖縄の『核基地つき返還』論という米日反動勢力の新しい謀略」『前衛』、「佐藤内閣の軍国主義復活の政治」『労働法律旬報』（山田）、「自衛隊のイデオロギーの特徴」日本共産党中央委員会出版部編・発行『日本の軍隊・自衛隊』収録。一一月、「日米閣僚会議と佐藤『外遊』の意味するもの」『経済』。

一九六八年

著書『現代日本の政治の条件』新日本出版社。

川端治編『今日の自由民主党』新日本出版社。

一〇月から『青年運動』に「安保条約と青年の未来」を一一回連載。

◎一月、「今日の情勢における自由民主党論」『前衛』臨増、「日米会談で何が話しあわれたか」『前衛』、「佐藤訪米の総決算」『経済』。二月、「アジア核同盟をめざす米日支配層の策謀」『前衛』。六月、「日本の進路にかかわる参議院選挙戦」『労働農民運動』（山田）。九月、「階級的政治戦としての参院選」『前衛』。一〇月、「七〇年安保闘争ははじまっている」『学習の友』（山田）、「ベトナム『特需』をどう見るか」『東読アンサンブル』（山田）。

一九六九年

川端治・小西久弥『あすを呼ぶベトナム』新日本出版社。

川端治・畑田重夫・唐沢敬『七〇年闘争とアジアの未来』新日本出版社。

山田昭・潮見俊隆・林茂夫編『安保黒書』労働旬報社。

労働者教育協会編『安保問題のすべて』『安保と私たちの生活』『安保廃棄をめざして』『婦人たちの安保問題』『青春と安保』（いずれも学習の友社刊）の執筆・編集の中心となる。

◎一月、「激動する内外情勢と『70年問題』の展望」『経済』（シンポ）、「安保問題と労働運動」『労働農民運動』（山田）、「69年なにからはじめるか?」『学習の友』（座談会、山田）。三月、『七〇年』闘争の課題」『学習運動』（山田）、「70年世界のなかの日本労働運動」『労働経済旬報』（対談）。四月、「一九七〇年闘争の性格」『前衛』臨増、「重大化する安保・沖縄問題と70年闘争の展望」『経済』。五月、「ニクソン政権とABM計画」『経済』、「来るべき総選挙の意義と特徴」『労働農民運動』（山田）。六月、「安保学習の内容をつく――その大衆化のために」『学習運動』（座談会、山田）。八月、「日米交渉とASPAC」『経済』、「新しい時代のはじまり――七〇年・沖縄問題とはなにか」『学習の友』（山田）。一〇月、「佐藤訪米と70年闘争の展望」『労働農民運動』（山田）。一一月、「安保闘争評価の争点」『文化評論』、「軍国主義復活と司法反動」『法と民主主義』（山田）、「帝国主義『自立』か真の独立か」『前衛』（十香月徹）。一二月、「日米会談――沖縄『返還』交渉の裏がわ」『平和運動』（山田）。

一九七〇年

《雑誌『経済』の「七〇年代闘争の展望」は共産党関係ではかなり広く読まれ、また影響を与えた。一九七二年の査問の際に、民青関係の査問対象はほぼ一万人を数えたが、それらの幹部に査問委員会が「誰の指導か」と質したのに対して、多くの同盟員が「川端論文」に依っていると答えていた事実が確認されている。私は組織関係で何も青年運動に触れる立場にないので、まさに濡れ衣だが、こうした証言があたかも私を指導者にする「分派活動」が組織されていたような政治的判断をつくったようである。》

日本共産党中央人民大学夏季講座で「日本の政治と政党」を講義。

川端治責任編集『現代史の記録』全四巻、新日本出版社。《これは七〇年安保にかかわる政治と闘争の記録を毎日綴ったものである。なお当時、私はジャパン・プレスの内信部長の役に就いていた。同社の中心部分が、すでに六五年の中国文化大革命に賛成して、社を離れていたからである。》

◎一月、「日米共同声明と日本人民の七〇年代闘争の展望」『経済』、「核防条約『調印』をめぐる佐藤〝密約〟の周辺」『前衛』、「日米共同声明に隠されたもの」『前衛』（座談会）。二月、「祖国の青春の時代　あさやけをゆく君たち」横浜青年安保学校編『青春と安保　70年代のあさやけ』に収録。三月、「ベトナム人民支援と日本青年のたたかい」『青年運動』、「労働運動の右翼的潮流の深部にあるもの」『学習運動』（対談）。四月、「日米共同声明実行と総選挙後の情勢」『前衛』。五月、「読書ノート　レーニン10巻選集⑦『文化評論』。七月、「国際的対決の焦点・インドシナ問題をめぐって」『前衛』（座談会）、「日本の進路と安保・沖縄問題」『賃金と社会保障』（鼎談、山田）、「安保廃棄と文学の接点」『民主文学』（対談、山田）、「アメリカのインドシナ侵略と日本」『学習の友』（対談、山田）、「日米共同声明以降の情勢――安保・沖縄はおわったか」『学習運動』（山田）。一一月、「七〇年代の政治戦線と『野党再編』」『前衛』。

一九七一年

《五月、東京大学の入学式で九〇分講演。学外者が入学式で記念講演をしたのは東京帝国大学開校以来、まさしく空前絶後のことであった。七〇年全共闘には私自身は係わらなかったが、当時の学園闘争の高揚の一産物である。入学式を自主管理した学生自治会の選択によることである。秋、大阪から貨物船で朝鮮民主主義人民共和国を訪問した。帰途はモスクワ回り。日本共産党が中国と断絶していたための余儀ないコース選びだったが、そもそも朝鮮訪問は、日本からの外国宛報道が六五年以降、北京回りでなく、平壌経由にしていたからである。しかしこのこともすでに朝鮮との関係がおかしくなり出していた共産党にとっては、一定の下心のある動きとして評価された。金日成主義者だというわけである。》

川端治編『青年と沖縄』日本青年出版社。

川端治編『青年のための沖縄問題』日本青年出版社。

川端治監『沖縄問題資料集』日本青年出版社。

労働者教育協会編『君の沖縄』学習の友社刊の編集の中心となる。
◎一月、「世の中ほんとうに変わるの?」『学習の友』(山田)。二月、「三島問題と軍国主義、政治反動」『前衛』、「『変革の時代』――この七〇年代をたたかう力」『青年運動』、「当面の日中関係と日本人民の立場」『中国研究』、「71年春闘をとりまく政治情勢の特徴と70年代の展望」『労働法律旬報』(山田)。四月、「日朝関係をめぐる最近の動き――現実化する『三矢作戦計画』」『日朝貿易』(山田)。五月、「アジアは恐るべき核戦争へ突入するか」『丸』(山本宏治)、六月、「諸矛盾の激化と佐藤内閣の『末期』」『前衛』、「『司法の反動化』と軍国主義・帝国主義復活」『経済』。七月、「日本の軍国主義化の現状とその歴史的なつかまえ方」『東読アンサンブル』(山田)、「米中接近の舞台裏と日本の苦境」『東洋経済臨増』(山本宏治)。八月、「沖縄協定の問題点」『前衛』、「〝沖縄問題〟の宣伝の核心」『学習運動』(山田)、「労働組合と沖縄協定」『月刊全自運』(対談、山田)。九月、「転換の時代は始まった」『時代』(山田)、一〇月、「ニクソン新政策と日本労働者階級」『月刊こくろう』(山田)。「日本のファシズムの可能性」『新劇人会議』(山田)、「沖縄国会の周辺」『国際評論』。一一月、「ニクソン政策と資本主義の全般的危機」『前衛』(シンポ)。

一九七二年

《共産党は突如、ジャパン・プレス社から共産党本部に私を「拉致」し、家に帰すことも連絡することも許さず一週間にわたり査問した。最後的には、どうも本部に私とともに高野孟が囚われていることを知った高野の母親が、人権擁護局に訴えると通告したことで、解放された。しかし、これをもって、私のジャパン・プレスでの仕事は無くなると同時に、私自身は、熟慮の上、除籍や除名の処分が下る前に離党を通告した。つまり「川端治」はこの瞬間、存在しないものになった。それから約二年近く、次の仕事の目処も生き方も判然としないままの暗い日々が続いた。》
山川のジャパン・プレス退社とともに、彼が編集長をしていた『ジャパン・プレス・ウィークリー・ブレティン』ならびに『国際評論』は停刊。
◎一月、「未来のある国　朝鮮」『学習の友』(山田)。二月、「サンクレメンテ会談によせて」『国際評論』。三月、「サンクレメンテ会談と日本の政局」『前衛』(シンポ)。「四次防問題と軍国主義化」『労働法律旬報』(山田)。四月、「『連合赤軍』事件に想うこと」『国際評論』、「激動する情勢と72年春闘」『国公労働調査時報』。「勤評特昇　もり上がった力をさらに前進させて」『教育評論』(山田)。五月、「憲法運動の今日的意義」『憲法運動』(座談会)。六月、「米中会談後のアジアとアメリカ(1)」『中国研究』、「憲法運動の今日的意義　続」『憲法運動』(座談会)。

一九七三年

山川の沈黙の間、聡子夫人は英語力を生かして翻訳の仕事をし、自宅で英語塾を始めた。ジャパン・プレス在社時代から匿名でコラム「現代の眼」を執筆していた月刊『現代の眼』に山川暁夫の名で登場したのはこの年の夏だった。なお、このペンネームは同誌編集部がつけたものだが、本人も気に入ったのか、終生使い続けることになった。『ファー・イースタン・エコノミック・レビュー』紙に積極的な寄稿も開始。

◎一〇月、「日本をめぐる米中ソ極東戦略」『現代の眼』（座談会）。一二月、「新大西洋憲章と統合帝国主義」『現代の眼』。

一九七四年

和田春樹らと「日韓連帯連絡会議」を発足させ、『日韓連帯ニュース』を刊行。

◎三月、「アセアン諸国の底流と田中外交」『軍事問題』（山田）。一〇月、「新体制を志向する財界の論理」『現代の眼』、「『日韓』の背後で進むニクソン・ドクトリン」『朝日ジャーナル』。一一月、「日韓関係研究――その金脈と人脈」『現代の眼』。一二月、「東アジアの新秩序形成への布石」『朝日ジャーナル』、「統合帝国主義と変革の課題」『世界政経』。

一九七五年

MAP（ミリタリー・アンド・ポリティクス）分析研究会の主幹として、『MAP　INSIDER』紙を一一月から刊行。刊行に先立ち九月にゼロ号を発行、また川端治名で「ご挨拶」を配付。佐藤達也らと「市民の手で日韓ゆ着をただす調査運動」を発足させ、代表となる。雑誌『日韓調査』を不定期で刊行。藤井治夫の呼びかけで、楢崎弥之助・星野安三郎・福島新吾・五味川純平・田英夫が代表となり、市民の軍事研究を目指した「軍事問題研究会」が発足、山川は常任理事となる。

◎三月、「戦後保守支配と三木内閣の位置」『現代の眼』。五月、「遂に姿を現わした〝見えざる帝国〟CIAの恐怖」『月刊日本』（国際問題研究グループ）、「東亜日報と日本のマス・コミを考える――情報管理ファシズムとマスコミ機能」『新地平』、「朝鮮情勢暗い符号の数々　インドシナ30年戦争が終わって」『朝日ジャーナル』。六月、「〝世界の恐怖〟CIAへの日本人の愛国心を問う」『月刊日本』、「椎名悦三郎　タカをハトに変じた右翼魔術師」『現代の眼』。七月、「『核持込み』と日米安保体制」『軍事民論』、「世界は荒波の時代に入った」『新地平』、「朝鮮半島と日本の安全保障」『世界政経』、「フォード訪中とキッシンジャーの光と陰」『月刊日本』（木村重夫）。八月、「人民のジャーナリズム形成のために」『新地平』。「アジアの新情勢とアメリカの極東戦略」『月刊日本』。一〇月、「ベトナム戦争とMSA協定」『軍事民論』、「ベトナム革命勝利が日本労働運動に問いかけるもの」『季刊労働運動』、「米ソ同盟の新段階と日本の立場」『月刊日本』。「米日韓〝ゆ着外交〟の新展開――「韓国条項」再確認の意味するもの」『VISION』。一〇月、「三木内閣の対朝鮮政策と平和の名による分断固定」『新地平』。一二月、「天皇訪米と戦後史の岐路」『現代の眼』、「アメリカの極東戦略と日米安保」『世界政経』、「黒い不死鳥田中角栄」『現代の眼』別冊、「韓国ロビーの構造と人脈」『月刊現代』（本誌特別取材班）、「米中新同盟のなかの日朝関係」『月刊日本』（木村重夫）。

一九七六年

六月、『朝日ジャーナル』等の論文で金脈を暴露したことにより、青地晨とともに椎名悦三郎から名誉棄損で告訴される。七月一日付で「告訴に対する共同決意」を発表。『20世紀の歴史』に、

「『賠償』という名の進出」「アメリカの巻きかえし」「農業のきりすて」「アメリカの極東戦略体制」「日中国交回復への道」を執筆。

◎一月、「潜在基地群の全貌」『軍事民論』。「資本主義体制存亡の正念場」『エコノミスト』（山田）。二月、「保守情況が描く危険な構図」『現代の眼』臨増。三月、「緊張緩和のうちに進む〝乱〟の世界」『潮』、「『米日韓』共同体の暗流」『エコノミスト』、「政治腐敗への怒りを春闘へ」『月刊総評』、「もう一つの権力としての情報システム」『月刊日本』。四月、「ロッキード事件と労働者階級の任務」『季刊労働運動』、「戦後保守構造の視角」『中央公論』。六月、「リヴァイアサンの尾——『ロッキード』」『現代の眼』、「知られざる『もう一つの戦後史』」『潮』、「なぜ『椎名と日韓』なのか」『朝日ジャーナル』、「社会党は草刈り場とならないか」『エコノミスト』臨増。七月、「わが国治安体制の分析」『軍事民論』、「戦後米軍事戦略の系譜」『創』、「米多国籍企業の世界戦略と『フォード返書』の虚実」『月刊日本』（対談）、「日本版『五賊』の構造」『世界政経』。八月、「日韓癒着と朴政権の構造汚職——マックロイ報告を読んで」『統一評論』、「高官逮捕をゴールにするな」『エコノミスト』、「田中切捨てに終わらせるな」『エコノミスト』（座談会）。八月、「ロッキード・ポワロの事件簿　追及者座談会」『朝日ジャーナル』。九月、「ロッキード・ポワロの事件簿　続追及者座談会」『朝日ジャーナル』、「民衆の手で〝戦後〟総括を」『国民文化』、「人民にとってなぜ軍事研究が必要か」『新地平』臨増。一〇月、「ロッキード・軍需・日韓」『軍事民論』、「軍事色を増す日韓経済関係の新段階」『朝日ジャーナル』臨増、「われらは椎名氏に質す」『朝日ジャーナル』（座談会）。一一月、「55年体制崩壊期の支配と被支配」『現代の眼』、「日韓癒着の新段階」日韓関係を記録する会編『朝鮮半島の危機と米軍』に収録。一二月、「『五五年体制』の崩壊と支配再編突破の方向性」『新地平』。

一九七七年

五月から『月刊自治研』に「日米韓の体制癒着をあばく」を一二回連載。

暁教育図書刊『昭和日本史』に、「占領軍内の権力闘争」「占領下に続発する謎の怪事件の背後」「キャノン機関の素顔」「帝銀事件の真犯人」を執筆。

◎一月、「アジア情勢・日米関係とロッキード問題の関連」『労働運動研究』、「転換する世界政治」『月刊総評』、「ロッキードと保守体制の再編」『現代の眼』（対談）、「ポスト四次防と日韓軍事関係」『月刊社会党』、「日米軍事体制の新段階」『軍事民論』。二月、「総選挙総括——中道ムードの実体」『現代の眼』（対談）。三月、「裏側から見た戦後史——アウトローの世界」『現代の眼』（対談）、「『日韓問題』は労働者の試金石」『月刊総評』。四月、「今、問われているのは日本の労働者人民だ　日・米・韓戦後史の転機」『新地平』臨増、「カーター政権の背景と課題」『社会主義』、「政治大国を請負わされた日本」『エコノミスト』。五月、「どこへ行く、傷だらけの三極構造」『月刊日本』（対談）、「ロッキード事件と日韓ゆ着」『三千里』、「階級連帯、人民連帯をどう作るか」『労働情報』（対談）。六月、「米多国籍企業と朝鮮戦略」『現代の眼』。七月、「カーター人権外交の本質」『現代の眼』、「カーター核政策は何を目指すのか」『技術と人間』、「日韓ゆ着とは何か」『日韓調査』。八月、「在韓米軍撤退と日米韓関係」『月刊社会党』。九月、「報告　金大中氏拉致事件の構図と事実」『世界』（十森詠）、

「カーターはアジアを見捨てたか」『月刊日本』(対談)。一〇月、「転換する米ソのアジア戦略」『経済評論』、「日韓問題をめぐるジャーナリズムの責任」『マスコミ市民』。一二月、「この十年、これからの十年」『思想の科学』。

一九七八年

著書『アメリカの世界戦略』学陽書房。

著書『ＣＩＡ――もう一つの政府』教育社。

『季刊世界政経』夏季号の「戦後ジャーナリスト群像」に山川が登場。

◎一月、「朝鮮半島と有事立法――大平政権登場にも関連して」『三千里』、「平時から非常時へのスペクトル」『軍事民論』、「資本主義の危機は労働者の好機」『労働情報』。二月、「五五年体制と共に崩壊した〝戦後革新〟」『月刊日本』。四月、「戦後思想史における〝戦後革新〟」『思想の科学』、「兵器の弁証法についてのエッセイ」『軍事民論』、「疑惑の中を走るソウル地下鉄」『日韓調査』。五月、「八〇年代へ蠢動する政局構図」『現代の眼』、「現代危機の構図と変革への視座」『技術と人間』(座談会)、「チーム・スピリット演習と米日韓軍事同盟」『月刊社会党』。八月、「現代の軍縮問題と反軍拡の論理」『技術と人間』、「超大国が醸す世界戦争の構造」『月刊ジャーナリスト』。九月、「官僚制を越える論理」『現代の眼』(対談)、「戦後決算と〝新しい戦前〟の狭間」『労働情報』。一〇月、「平和への提言」『法学セミナー』増刊。一一月、「『有事立法』問題の本質は何か」『技術と人間』、「『四つの現代化』を現地に見る」『ＶＩＳＩＯＮ』、「有事立法と労働者階級――80年代に立ち向かう攻勢的陣形の構築を」『社会主義』、「天皇と天皇制をいま問題とするとき」『アジアの胎動』(座談会)。

一九七九年

『季刊クライシス』創刊にあたり編集委員、のち論説委員となる。

『ＭＡＰ　ＩＮＳＩＤＥＲ』を一一月刊の八九号で終刊とし、高野孟が八〇年から新体制で題号を引き継ぐ。

著書『80年代――その危機と展望』技術と人間。

◎一月、「八〇年代とはどんな時代か」『技術と人間』、「多元的ファシズムをめざす『総合安保』構想」『軍事民論』、「八〇年代安保と『有事立法』」『季刊世界政経』、「韓国の有事にそなえる日本独占」『労働情報』、「政府・財界の八〇年代戦略とは何か」『新地平』(対談)。二月、「ポスト昭和と財界の八〇年代戦略」『現代の眼』、「いま何故〝グラマン事件〟なのか」『労働情報』。三月、「〝環太平洋圏〟構想とは何か」『技術と人間』、「人民ジャーナリズム形成の課題」『新地平』(鼎談)、「アメリカの戦略と航空機疑惑の複合構造」『マスコミ市民』、「『有事体制』づくりと朝鮮半島」『日韓調査』、「国際航空機疑惑　その深層構造と政治的背景」『時の経済』(インタビュー)、「グラマン疑惑の裏を読む」『週刊ポスト』。四月、「構造汚職――グラマン疑惑と『地下帝国』の構図」『文藝春秋』、「中越戦争の意味と背景」『月刊総評』。五月、「東京サミットの意味」『労働情報』。六月、「中越戦争と社会主義の難所」『現代の眼』。七月、「わが家の教育　汝、地の塩たれ」『望星』。八月、「東京サミットと〝第2次エネルギー危機〟」『技術と人間』(対談)。九月、「戒厳令下の東京サミット」『月刊社会党』、「管理支配の全面化へ自民党の正面攻撃」『労働情報』、「80年代支配の構造――イベントから人民総管理へ」『軍事民論』(シンポ)。一〇月、「どこに躓きの石があったのか」『クライシス』、「環太平洋圏構想の意味するもの」『日中』、「注目の的『石油情勢』

の各紙の報道の中で光る『毎日』『特選街』、「ジミー・カーターの賭け」『望星』。一一月、「東京サミット後の世界エネルギー事情」『ニュー・エナジー』、「自民敗北、保守多様化の選挙結果」『労働情報』。一二月、「新政局と八〇年代支配戦略」『現代の眼』、「朴大統領はなぜ殺されたか」『文藝春秋』、「八〇年代危機の象徴として韓国の政変はある！」『新地平』、「人民の可能性を切り拓く自由と豊かさ」『労働情報』。

一九八〇年

◎一月、「アメリカの戦略と日本の加担」『マスコミ市民』、「大平正芳――五五年体制の幕引き人」『現代の眼』、「自らの幸せが階級の解放と結びつく労働運動」『労働情報』（対談）。二月、「八〇年代の政治構造――史的転換に直面する世界と日本」『月刊労働問題』、「エドワード・ケネディのジレンマ」『季刊世界政経』、「『未完の革命』完成への一歩」『季刊労働運動』、「〝アジアの回廊〟で進む第2次冷戦時代」『労働情報』、「朝鮮の統一とわれわれの解放は一つ」『労働情報』。三月、「エネルギー危機と八〇年代」『技術と人間』（対談）。四月、「杞憂に過ぎない米ソの軍事衝突」『新時代』。五月、「韓国をめぐる八〇年代構造と日韓連帯の課題」『新地平』、「光州に呼応するわれわれの闘いの質と量を」『世界から』『日韓調査』共同編集パンフに収録、「カーターの惨敗と軍事同盟強化の大平訪米」『労働情報』。六月、「国際緊張下での日本の進路――安保・自衛隊と日本の平和」『月刊社会党』、「アメリカの軍事戦略と日本の対応」『国際労働運動』。七月、「全斗煥は第二の朴たりえない」『現代の眼』（インタビュー）、「新保守体制下の八〇年代安保」『季刊世界政経』、「栗巣・関対談を読んで」『経済往来』、「アメリカの軍事戦略――ニクソン・ドクトリンからカーター・ドクトリンへ」『軍事民論』、「全斗煥体制とは何か」『日韓調査』、「誤った争点 80選挙結果への直言」『マスコミ市民』、「連合幻想を捨てて階級主体の強化へ」『労働情報』（対談）。八月、「エネルギー先進国崩壊の構図」『技術と人間』。九月、「ファシズムの台頭と民主主義の再生」『月刊社会党』（シンポ）、「内在化したファシズムの姿態」『現代の眼』、「現実を撃つ学習運動の形成を！」『新地平』。一〇月、「問われる革新の新戦略」『月刊総評』、「『昭和の葬送』を撃つ思想的視座」『現代の眼』（座談会）。一一月、「八〇年代、誰が『情報』を握るのか」『創』。一二月、「日向方斉氏へ――敗戦時を想起されたし」『現代の眼』、「産軍複合体の巻き返しとレーガンの登場」『労働情報』。

一九八一年

国鉄動力車労働組合の三十年史編纂委員会メンバーとして、『動労三十年史』のうち「三十年のながれ」の「政治」の部分、計一三〇ページ分を執筆。刊行は上巻が八二年、下巻が八三年。なお「経済」は渡辺寛、「労働」は山本潔が執筆。

◎一月、「労働戦線の右翼的再編とその根拠」『クライシス』、「抵抗的主体の論理と倫理」『現代の眼』（鼎談）。二月、「世界を不戦の道に」『思想の科学』、「国家の非武装と人民自決の課題」『軍事民論』。五月、「現代ファシズムをどう捉えるか」『技術と人間』。七月、「八〇年代安保とエネルギー、原発問題」『新地平』（対談）、「隠された日米〝同盟〟の狙い」『技術と人間』、「日米共同声明下の日韓新段階」『日韓調査』。八月、「日米軍事同盟の危険な道」『月刊社会党』。九月、「戦後史はどう総括されるのか」『クライシス』。一〇月、「反核・反原発の戦略的課題性」『軍事民論』、「反核〝草の根〟運動の可能性」『新地平』。一一月、「復権か、覇権か――闇将軍がヴェールを脱ぐ時」『現代の眼』別冊、「疫病神レーガン――〝強いアメリカ〟がまきちらす危険」『すくらむ』。一二月、「全斗煥体制の今後を占う」『シアレヒム』。

一九八二年

「ソ連のエージェント」レフチェンコがアメリカ議会で証言し、社会党などへのソ連の資金援助について論及。レフチェンコが山川の請求により『MAP　INSIDER』の購読料を支払ったことから、山川をソ連エージェントの資金援助を受けた「スパイ」として自宅にも右翼の街宣車が押しかけた。

『新地平』誌の巻頭コラム「座標」を一年間担当。

◎一月、「83年総選挙に向けた改憲保補連合形成と核安保容認の中道派」『労働情報』、「行政改革と総合安保戦略」『軍事民論』、「労働者綱領づくり運動の根拠と提案」『季刊労働運動』、「一揆の思想」『新地平』、「過剰警備」『すくらむ』、「サダト暗殺後の中東とレーガン政策」『ニュー・エナジー』、「軍事からみた非同盟」『ともに』、「現代帝国主義の危機と八〇年代日本革命の展望」『革命の炎』（座談会）。二月、「安保・防衛問題をめぐる公明党の政策転換」『月刊社会党』、「軍事からみた非同盟」『ともに』、「社会党はどこへ――戦後史的転換と現代左翼の形成」『新地平』（座談会）。三月、「83―85年政治過程の展望」『蒼生』、「新体制を模索する欧州の苦悩」『社会動態』、「世界を覆う反核・反戦運動」『木村経済通信』。四月、「核抑止論から限定核戦争論へ」『月刊社会党』、「現代帝国主義と総合安保体制」『クライシス』。五月、「人類未来に向かう教育を」『教育評論』、「日本の軍拡を阻止しつつ世界に合流しよう」『すくらむ』、「君は、今の日本が『平和』だと考えているか」『ぐんぐん』。六月、「中国の外交路線は修正されるか」『社会動態』。七月、「矛盾噴き出す国際情勢――岐路で問われる日本の役割」『木村経済通信』。八月、「反核運動における日本の責任と課題」『すくらむ』、「日米安保体制三〇年と核戦争の脅威」『現代の眼』。九月、「イスラエルの侵略戦争と日本人の責任」『未来』。一〇月、「臨調反革命と軍拡路線」『軍事民論』。一一月、「崩壊に向かう全斗煥体制」『自主の道』、「政府危機の始まりと問われる主体形成」『労働情報』（対談）、「〝危機〟の時代におけるイデオロギー闘争」『月刊社会党』、「危機管理国家と治安」『破防法研究』、「ソ連脅威論と日本の軍拡」『社会動態』。一二月、「八三年情勢と政治決戦」『教育評論』。

一九八三年

著書『新たなる戦前』緑風出版。

著書『八五年体制への序章』緑風出版。

「反戦反核を考え行動する日航労働者の会」に協力、パンフレット『KAL機事件の謎を追う』の編集に参加。

山川事務所よりパンフレット『レフチェンコ事件の謎を解く』を刊行。

『新雑誌X』に創刊準備号（八月刊）より八四年一二月号まで『最近安全学講座』を連載。

◎一月、「行政改革――今日的〝国民精神総動員〟」『現代の眼』、「強権治安政府打倒の年に――中曽根内閣と労働者階級の任務」『季刊労働運動』、「予言か否か！人類社会の運命は若者の選択で決まる」『すくらむ』、「中曽根内閣と83年決戦」『平和と民主主義』。二月、「戦争の脅威と平和へのエネルギー」『法学セミナー』増刊、「危機を深める世界の軍拡状況」『月刊社会党』、「中曽根反動内閣打倒をめざして」『労働情報』（対談）、「米日韓の三角同盟が軸心」

『労働情報』。三月、「中曽根政権の危険な賭け」『技術と人間』、「中曽根政治とマスコミへの異議」『マスコミ市民』、「中曽根内閣と83春闘——今こそ草の根倒閣へ」『こくろう調査』。四月、「『核軍拡』政治と反核闘争の意義」『クライシス』。五月、「日韓〝新次元〟とは何か」『日韓調査』、「〝階級の斥候〟はわたしの本分」『労働情報』。六月、「ファシズム前夜か——改憲をめぐる保守本流と〝革新〟派の相克」『月刊社会党』、「新連戦主義のドクトリンへ突撃隊長を演じた中曽根」『労働情報』、「『レフチェンコ証言』で対決する」『文藝春秋』（座談会）。七月「レフチェンコ証言に反撃する」『中央公論』、「中曽根内閣と変革主体の課題」『クライシス』、「米ソの戦略実態と日本の対応」『社会動態』（三好俊一）、「レフチェンコ事件に見る謀略の絵図」『創』。八月、「国際情報戦争とレフチェンコ事件の真相」『創』（対談）、「これからの局地戦争」『思想の科学』、「細川連立政権の登場と社会党の今後」『技術と人間』、「八・一五——敗戦記念日をむかえて」『国労文化』、「中曽根内閣が企図しているもの——そのファシズム的体質と『第三憲政』志向」『社会動態』。一〇月、「なぜいま軍拡なのか——新しい型の戦争の時代」『労働経済旬報』。一一月、「いま中曽根首相の狙うものは」『社会動態』、「田中判決後の政局動向」『生きる権利』、「10、11月を80年代中期闘争の出発点へ」『労働情報』。一二月、「新しい型の戦争の時代へ」『月刊社会党』、「新しい型の戦争とレーガンのアジア訪問」『軍事民論』、「奥羽路で触れた『小さな』事件」『月刊サーチ』。

一九八四年

「共産主義者の建党協議会」準備会発足に加わる。機関誌『嵐に起つ』。

秩父事件百周年にあたって、小山弘健・梅沢謙蔵・寺尾五郎・中村丈夫・澤村武生らと「新困民党」を結成、秩父困民党にならい軍事編成として市川誠が総理に就任、のち平時編成に切り替え山川が委員長となる。

◎一月、「階級協調と階級矛盾の激化・二重性の時代の主体形成一九八五年　転機の中で再生の道を探る」『労働情報』（座談会）。二月、「戦後四〇年——第二期レーガン政権の戦略」『月刊社会党』。三月、「情報氾濫と現実とのズレ」『マスコミ市民』、「第二社民化の道踏み込むニュー社会党」『労働情報』。四月、「新しい労働運動の創出を」『季刊労働運動』、「崩壊しつつあるヤルタ体制と米ソ」『社会動態』。五月、「〝新しい型の党〟を」『嵐に起つ』（川端信二）、「自民党の改憲草案とその実質化」『社会主義』、「トマホークと韓国反核運動」『労働情報』。六月、「85年体制をどう捉えるか」『嵐に起つ』（川端信二）。七月、「反核の課題と展望」『軍事民論』（対談）。八月、「原子力時代四〇年、いま革新に問われているもの」『教育評論』、「東からトマホークが、西から全斗煥がやってくる」『労働情報』。一〇月、「国民総スパイ化狙う『国家秘密法』」『月刊総評』。一一月、「現代日本資本主義の到達点」『クライシス』臨増、「ＧＮＰ一%枠の虚構と現実」『国際労働運動』、「われわれで〝戦後の決算〟を」『労働情報』。一二月、「レーガンとの一体化が中曽根の延命の道」『労働情報』。

一九八五年

「社会主義理論フォーラム」の準備に協力、一二月に開催したフォーラムから「社会主義理論学会」へと発展。

◎一月、「一九八五年　転機の中で再生の道を探る」『月刊総評』（座談会）。二月、「戦後四〇年——第二期レーガン政権の戦略」

『月刊社会党』、「始動するアジア・太平洋圏構想」『労働情報』。三月、「情報氾濫と現実とのズレ」『マスコミ市民』。四月、「新しい労働運動の創出を」『季刊労働運動』、「崩壊しつつあるヤルタ体制と米ソ」『社会動態』。五月、「自民党の改憲草案とその実質化」『社会主義』、「80年代安保の性格と反安保の論理」『労働情報』。六月、「85年体制をどう捉えるか」『嵐に起つ』（川端信二）。七月、「反核の課題と展望」『軍事民論』（対談）。八月、「原子力時代四〇年、いま革新に問われているもの」『教育評論』。九月、「中曽根の『国家改造』と戦う戦線の形成を急ごう」『労働情報』。一〇月、「国民総スパイ化狙う『国家秘密法』」『月刊総評』、「『国家を撃つ』戦線の形成を」『労働情報』。一一月、「現代日本資本主義の到達点」『クライシス』臨増、「GNP一%枠の虚構と現実」『国際労働運動』。一二月、「ふりまかれた平和幻想、不問に付された核廃絶」『労働情報』。

一九八六年

五月、「共産主義者の建党協議会」発足にあたり代表となる。機関誌『建党』。

山川事務所よりパンフレット『知らぬ間になにが起きているか――ガイドライン安保と中曽根政権を撃つ』を刊行。

市民講座「戦争と平和を考える金曜連続講座」の設立に協力。

◎一月、「『国家改造計画』としての行革と軍事」『軍事民論』、「日本資本主義の世界的地位の上昇と軍事拡大」『月刊社会党』。三月、「『中曽根政治の決算』を労働者の手で」『新地平』。五月、「『新国家主義』への対抗構想を」『月刊社会党』、「レーガンは勝利したのか」『労働情報』。七月、「自民党の圧勝　いそがれる〝われわれ〟の総括」『労働情報』。八月、「ノー・モア・ヒロシマをこえて」『新地平』、「自民圧勝に手をかしたマスコミ」『マスコミ市民』、「人民統一への戦略構想の提示を」『労働情報』。九月、「戦後史転機での〝革新〟の敗北」『月刊社会党』、「社会党委員長選挙　求められる闘う方向での戦後決算」『労働情報』。一〇月、「『自由・抵抗・自立・創造』を合い言葉に」『状況と主体』、「自衛隊の海外派兵――その可能性をさぐる」『軍事民論』、「宇宙核時代のジレンマに入った米ソ」『労働情報』。一二月、「対抗軸をどう築くか――国際関係の変化を見据えて」『月刊社会党』。

一九八七年

「明日の労働運動を担う全国労働者討論集会」の開催に協力。

山川暁夫監修、J・アンダーソン、S・アンダーソン著、近藤和子訳『インサイド・ザ・リーグ』社会思想社。

◎五月、「『八六年体制』と中曽根改憲路線」『社会主義』、「統一地方選　主観的な評価『野党躍進』」『労働情報』。六月、「厳しい『憲法』と『安保』の対立」『月刊社会党』。七月、「『防衛行革』と予備自衛官制度の改革」『軍事民論』、「中曽根訪米と日米関係の新段階」『国際労働運動』。八月、「日本を照射する沖縄」『クライシス』。九月、「アメリカという戦争マシンに食らいついた小判鮫・日本」『教育評論』、「小さくとも主流の気概持ち、総路線の確定を」『労働情報』。一一月、「変質する日本の軍事原則」『法学セミナー』増刊。

一九八八年

四月、大阪経済法科大学教養部の客員教授となる。

「今、天皇制を問う　全国フォーラム」発起人となる。

諸政治グループ・個人の有志による「社会主義をめざす懇談会」結成の呼びかけ人となる。

◎一月、「新政権の政治路線と革新の課題」『国際労働運動』、「闘うナショナルセンター建設めざし一〇月会議運動の成功を」『建党』（座談会）、「日本政治の貧困と竹下政権」『新地平』。二月、「空港問題と日本の未来」『技術と人間』、「謎だらけの『真由美』事件」『労働情報』。三月、「八八年　世界政治はどうなるか」『月刊社会党』、「『真由美北朝鮮スパイ説』への疑問と犯人の〝真相〟」『噂の真相』。五月、「危険な『現実的外交』を戒める」『平和経済』。六月、「統一教会の〝圧力〟に屈した『週刊サンケイ』の無様な対応」『噂の真相』、「『債権国』化とともに強まる軍事」『労働情報』。七月、「ガイドライン安保一〇年の検証」『新地平』。一〇月、「日米安保を読む」『軍事民論』、「イラン・イラク戦争の総決算」『国際労働運動』。

一九八九年

◎一月、「全労協の形成と問われる闘いの質」『労働情報』。二月、「Xデー、総評解体の中の八九年春闘」『新地平』。四月、「『昭和天皇制』の戦前と戦後」『マスコミ市民』、「支持率『ひとけた』の竹下政権」『労働情報』。五月、「国際的視野から『大いなる昭和』を見れば」『新雑誌X』（座談会）。七月、「これからの政局の特徴」『労働情報』、「中国における階級闘争の新しい始まりに応えて」『建党』（座談会）。

一九九〇年

中京兵法経営研究会（〜二〇〇〇年）などの講師をつとめる。

一二月、「フォーラム90ˢ」発足に参加。

◎一月、「連合政治と日米安保」『軍事民論』、「民衆による民権の行使――それが困民党の蜂起」『新困民党』。六月、「再び『アジアと天皇制』について考える」『建党』。七月、「国際情勢の現段階とその軍事原則」『軍事民論』、「日米構造協議と安保――マスコミも知らない戦略の全貌」『新雑誌X』（座談会）。八月、「安保は遠くなりにけり、か」『状況と主体』、「緊張緩和と日米安保体制」『社会主義』。九月、「日本社会党・土井委員長への手紙」松岡英夫・江藤正修編『日本社会党への手紙』教育史料出版会刊に収録。一一月、「アジア太平洋圏と日本」『フォーラム90ˢ』。

一九九一年

山川暁夫・剣持一巳・宮嶋信夫『湾岸戦争と海外派兵』緑風出版。『ROKIN通信』に三月から翌年二月まで二四回にわたりなかしんいち名で時事評論コラム「JUST　NOW」を連載。『フォーラム90ˢ』に五月より九二年一月まで八回にわたり「『新世界秩序』安保を考える」を連載。

◎一月、「九〇年代世界階級闘争の条件――既成社会主義の歴史総括と社会主義革命の前提的認識について」『建党』。三月、「九〇年代世界階級闘争の条件（下）」『建党』、「国境の変更を要求する民衆――イラク敗戦の意味」『労働情報』。五月、「アメリカはどう〝復活〟したのか――湾岸戦争が残した世界」『建党』、「湾岸戦争とブッシュ戦略」『国際労働運動』、「統一地方選の結果を見る」『労働情報』、「海外侵略を強める天皇制日本国家」『自主の道』、「統一地方選前半の結果を見る」『労働情報』。六月、「『秩父蜂起と社会主義』を考える」『新困民党』、「戦後三回目の改憲の挑戦　『戦略護憲』の限界とわれわれの闘いの方向」『建党』。八月、「『成熟』の中で腐敗する日本資本主義」『新困民党』。九月、「湾岸戦争後の世界と日本」緑風出版編集部編『PKO問題の争点』収録、「国権対民権の時代――ソ連で進行しつつある事態の見方」『技術と人間』、「土壇場にきた社会党と臨時大会」『労働情報』。一〇月、「湾岸戦争の二〇世紀における位置」『軍事民論』、「ブッシュ大統領の核削減提案の狙い」『建党』。一一月、「ソ連は何んだ。未来は社会主義しかない？」『新雑誌21』（座談会）。一二月、「アメリカは何んだ。幻想大国の光と影」『新雑誌21』（座談会）「PKO法案成立阻止の闘いの発展を」『社会主義』。

一九九二年

有田芳生構成、山川暁夫・田口富久治・加藤哲郎・稲子恒夫の座談会による『短い20世紀の総括』教育史料出版会刊。

◎一月、「社会主義の新生とそれに向けてのわれわれの課題」『建党』。二月、「海図なく、羅針盤なく荒海をゆく病める帝国主義」『建党』、「マスコミは何だ。日本をどこまで悪くすれば気がすむのか」『新雑誌21』（座談会）。四月、「五五年体制の崩壊と現代における前衛　上」『情況』（対談）。五月、「五五年体制の崩壊と現代における前衛　下」『情況』（対談）。七月、「歴史的な闘争の始まり」『労働情報』。九月、「『毒』を摘発する勇気を」『労働情報』。一〇月、「PKO反対と護憲闘争の今後の発展の方向」『建党』、「国際的視野の平和運動をめざして」『国際労働運動』（座談会）。一一月、「政治腐敗と改憲・小選挙区・新党」『労働情報』。

一九九三年

「九条改憲阻止」の緊急行動と「民衆の憲章づくり」のための「新護憲の三千語運動」を発足させ事務局長となる。

山川暁夫・いいだもも・星野安三郎・山内敏弘編『憲法読本――改憲論批判と新護憲運動の展望』社会評論社。

◎一月、「新しい戦闘的護憲の闘いの潮流を」『新困民党』、「冷戦と湾岸戦争の勝利者の敗北」『建党』。三月、「変貌するアジアの政治・経済構造」『月刊フォーラム』、「三千語宣言運動の意義」『労働情報』。四月、「今日の改憲攻撃の特徴と平和基本法」『建党』、「『新困民党』総会への挨拶」『新困民党』。五月、「『平和基本法』の批判的吟味」『労働情報』。六月、「今日の改憲攻撃の特徴と『平和基本法』の批判的吟味」『国際労働運動』、「日本のアジア政策の転換と政治情況」『月刊フォーラム』。七月、「今日の改憲攻撃と三千語宣言運動」『労働運動研究』、「『国際陰謀集団』に日本はどこまで浸食されているか」『新雑誌21』（座談会）。八月、「『総保守体制』への急転換始まる」『建党』、「細川『連立政権』の樹立に対する新困民党の見解と課題」『新困民党』。九月、「『55年体制』の崩壊とは何か」『建党』、「細川連立政権に対する新護憲・三千語宣言運動の見解と立場」『交流』、「細川連立政権の登場と社会党の今後」『技術と人間』。一〇月、「『政治スローガン』について　『新改憲』の提起は正しいか」『建党』。一二月、「『オポジション』なき現政局の特徴」『建党』、「政界の動乱と社会党の解体」『情況』。

一九九四年

心不全のため足にバイパス手術を受ける。

市民＝民衆の側からの提案と構想委員会編『市民＝民衆の新党』第三書館（降旗節雄ら約百人との共同による）。

◎三月、「政界再編の第二段階に入る政局」『建党』。四月、「消滅への最終段階を急ぎだした社会党」『建党』、「『新困民党』結成満十年を迎えて」『新困民党』。五月、「日本近代史百年の歴史の教訓にたって羽田新政権を『民権』の刃で迎えよう」『新困民党』、「迫りくる『朝鮮有事』体制との闘い」『建党』。六月、「集団自衛権の容認に進む羽田政権」『建党』。八月、「村山政権の登場と建党協の任務」『建党』、「村山政権にどう立ち向かうか」『新困民党』、

「『朝鮮有事』と村山政権の登場」『労働情報』。九月、「『直訴の思想』と戦後50年の闘い」『新困民党』、「なぜ侵略戦争肯定発言が続くのか」『建党』。一〇月、「『リベラル』とはどんな政治なのか」『建党』。一一月、「秩父蜂起一一〇年記念を迎えて」『新困民党』。一二月、「『世界』の『アジア太平洋地域安保構想』は何をもたらすか」『建党』、「一九九四年を送るに当たって」『新困民党』。

一九九五年

建党協議会を一二月の第三回総会で建党同盟に発展させ代表となる。機関誌『協働（インターコム）』。

◎一月、「戦後五〇年――もう一つの日本」『月刊フォーラム』、「戦後の反動的決算と憲法の危機――『読売』改憲試案批判」『国際労働運動』、「新しい時代の新しい夢のために」『建党』（対談）、「二一世紀に向かう新しい夢とは何か」『新困民党』。二月、「虚構が彩るマスコミのアジア・ブーム」『建党』。三月、「日本現代の歴史の転機としての戦後五〇年」『新困民党』、「阪神大震災の教訓とわれわれの闘い」『建党』。四月、「改めて『国家権力』との闘いの意義を」『新困民党』。五月、「注目に値いした国連社会開発サミットの開催」『新困民党』、「地方選挙結果についての概括『無党派革命』とは何か」『建党』。六月、「オウム真理教の論理と幻想」『建党』、「世界支配機構としての国連と日米安保体制」派兵チェック編集委員会編『派兵国家日本の進路』緑風出版刊に収録、「歴史の恥としての戦後五〇年決議」『新困民党』。七月、「危機管理国家体制づくりとメディアの変質」『新困民党』（対談）、「戦後五〇年――改めて核問題を考える」『建党』。八月、「『槇村浩とアジア的生産様式』について」『建党』、「社会民主リベラルに未来はあるか」『新困民党』。九月、「CALSの世界の展望について」『建党』。一〇月、「求められる情勢への根本的『再定義』歴史的大衆闘争への準備を」『建党』。一一月、「南太平洋の反核状況と我々の課題」『建党』。一二月、「APEC大阪総会とは何だったのか」『建党』。

一九九六年

山川事務所よりパンフレット『命どぅ宝　いま平和を創る闘いへ』を刊行。

◎一月、「共産主義者の団結のための『党』づくりへ」『建党』。二月、「民主主義の根幹を問う総選挙へ」『協働』。三月、「議会政治の体裁をとった民主主義の破壊と闘おう」『協働』、「民衆の歴史の総体への関心をもとう」『新困民党』。五月、「正念場迎える『護憲』」『労働情報』。七月、「日米安保体制の再定義について」『月刊フォーラム』、「『新オリエンタリズム』の彼方にあるもの」『協働』。一〇月、「革命派の本格的合作に乗り出していこう」『協働』。一一月、「政治の混迷を衝く」『国際労働運動』、「二〇世紀末の波乱に備えた闘いの波を」『協働』、「政局から疎外された七五％」『労働情報』。

一九九七年

『協働（インターコム）』に二月から九八年三月まで「革命運動理論の『再定義』」を連載。

◎一月、「『何からはじめるべきか』われわれみずからの革命の新しい決意を」『協働』。六月、「平和憲法は20世紀の人類の財産」『国際労働運動』。九月、「日米安保再定義と沖縄の闘い」『月刊フォーラム』、「戦争マニュアルとしての新ガイドライン」『労働情報』。一〇月、「憲法9条の精神を足蹴に」『週刊金曜日』。

一九九八年

二月、建党同盟は日本労働者党と統一大会を開き組織を合同、労働者社会主義同盟となる。議長・山川、機関紙『人民新報』。

四月、大阪経済法科大学アジア研究所客員教授となる。
◎二月、「新年にあたってのご挨拶——二〇世紀末を迎えての『建党同盟』の決意」『協働』。四月、「新ガイドライン安保と東アジア①②」『人民新報』。五月、「新ガイドライン安保と東アジア③」『人民新報』。七月、「新軍国主義の台頭と天皇制」アジアに対する日本の戦争責任を問う民衆法廷準備会編『時効なき戦争責任　裁かれる天皇と日本人』緑風出版刊に収録、「日本経済の現状をめぐって」『人民新報』。九月、「金融六法案の運命と日本の破局」『人民新報』、「『レフチェンコ事件』の真相!」『別冊宝島』(インタビュー)。一〇月、「日米安保を読む」『軍事民論』。

一九九九年

「フォーラム90^{s}」解散、「オルタ・フォーラムQ」発足に参加、のち共同代表の一人となる。年末の労働者社会主義同盟の第二回大会で議長を降りる。
◎一月、「世界経済の動向と日本」『協働』、「断じて許されない米軍の『砂漠のキツネ作戦』」『人民新報』。二月、「朝鮮有事を語る前に　歴史の真の清算と安保廃棄へ」『人民新報』、「新ガイドラインは何を狙う」『週刊金曜日』。三月、「歴史の転換期をどう読むか」『批判精神』。四月、「敗北の思想・背教者の姿勢——不破・井上『新日本共産党宣言』書評」『人民新報』。五月、「ガイドライン・憲法・生存権」『QUEST』、「根本的転換を暗示する都知事選」『労働情報』。六月、「『世界システム論』試論」『カオスとロゴス』、「冷戦後新世界秩序の崩壊を告げたバルカン情勢」『人民新報』。七月、「新たな戦前に抗して闘いの陣形を固めよう」『人民新報』。八月、「『平成反動』と国家機構の改編」『技術と人間』、「解かれた戦後体制の『封印』」『労働情報』。一一月、「二一世紀におけるアジアの位置」『QUEST』。

二〇〇〇年

心不全のため二月一二日、逝去。享年七二。故人の意志により密葬に付す。
三月二六日、日本教育会館で「山川暁夫さんを送る会」が開催される。
◎二月、「民衆の知恵を結集し、二十一世紀の党を」『人民新報』。三月、「闘いの中で、革命を推進しうる資質を」『人民新報』。

山川暁夫のこと

山田　聡子

二〇〇〇年二月一二日午前一一時三分に、山川暁夫（本名・山田昭）が、七二年三四九日にわたるこの世での生命活動を停止してから、ほぼ一年が経とうとしています。その日の未明まで当夜の講義の準備をしていた彼の五十余年にわたる活動を、あとに続く方々の手で、ここに論集として刊行していただくことになりました。

ともに朝夕をすごした四十余年間、ただの一日も休むことなく新聞を切りぬき、資料を集め、本を読み、そして書きに書いていた姿が目に浮かび、やはり涙を抑えることができません。三〇歳頃のある日、ものすごい速さで原稿用紙を埋めている彼に「全集を出してもらえるように頑張ったら」と申しますと、「僕は全集ということにはならない。遺稿集だな」と答えました。その後自分で予言した通りの人生を生きました。

なにが彼をあのようにひたむきに平和への道を求めさせたのか、なにが彼を平和を阻害する勢力の分析に身をけずらせたか、なにが自分の個人的欲望を捨てさせたか。死後にその人間をより深く理解できるようになるといいますが、確かに私も彼がこの世を去ったあと、その身の投じ方の潔さの原因を、なお一層鮮明に理解した気がしております。

彼の一生はただひと言、贖罪の道の歩みでした。生前一部の方々にはお話ししており、また本書（第Ⅳ部の「戦後五〇年」）にもある通り、第二次大戦末期、一九四五年五月三〇日の東京大空襲の夜、悲痛な体験をしました。当時両親が仕事上満州（現中国東北部）におり、高等学校の寮に数人の友人と住んでいた彼は、寮と校舎の消火に夢中になっているうちに火にとり囲まれます。逃げ場を失ってその間にあるプールにとび込み、火がまいてくる時は水中に顔を伏せ、火が遠のいた一瞬呼吸する。死ぬか生きるかのその時、彼が着たままプールに飛び込んで、首でとめていたマントが後方に流れ、なんとそのマントをつかんでひっぱる人がいる。一瞬の呼吸でやっと生きのびている時に首をしめられて、もう苦しくてたまらない。でもしばらく必死に我慢したといいます。その話をする時いつも彼の顔はゆがみました。

もうこれ以上堪えられないという時、とうとうボタンをはずす。ほっと楽になった途端、思考力が戻り、それまでの一九年間の人生が走馬灯のように頭をかけめぐり、ここで死ぬんだと覚悟を決めたその時、まだ一九年しか生きていない、死ねないと痛切な思いがこみあげたといいます。同時に頭が鋭く回転し、建物の位置、風の方向、火の強さをすばやく計算して、学校の塀のかげのあの地点なら火がきていないはずと判断、プールをとび出して火にむかって走り、そこをつきぬけると計算通り、ぽっかりそこだけ火がきていませんでした。そこで夜明けを待ち、裸足で、火傷で痛くてたまらない顔面に途中で拾ったポマードをぬりつけ、なお痛む顔にこれまた道に転がっていた防毒マスクをつけ、落ちている食物をもとめて半日歩き、午後プールに戻りました。

そこではプールの水がぬいてあり、七、八人の遺体があげられていて、その一つは、彼のマントにくるまれた、幼児をおぶった若い女性でした。おそらく彼のマントをつかんだまま息絶えたのでしょう。見た瞬間は仕方がないと平静であったといいます。しかし時が経つにつれ、二人の横たわった姿、首をしめつけられた感覚は彼を苦しめ、悩ませるようになったのです。

そして、そのどうにもならない悲しみが、彼の運動の原点となりました。頑張りました。全力をつくしました。そして捨て身の人間は往々にして独善的になりがちで、まわりには迷惑の時もあったでしょう。なんども倒されました。その度に歯を食いしばって立ち上がりました。そのすべてのエネルギーは、あの母子への贖罪であったことが、今よくわかります。

彼の死にかけつけた実兄は「あいつは、平和のために戦死したな」とひと言申しました。「ジャーナリストは、たった一人で全世界にたち向かうのだ」「僕は資本主義社会に切りこむ尖兵だ」などの台詞も、ここから生まれた覚悟であったのでしょう。人間は、その生まれた時代や環境に制約されますが、彼がもし幕末に生まれていたら、運動神経も抜群でしたから、必ずや志士の一人となって日本全国を駆けまわり、確実に、絶対確実に維新達成をみることなく死んでいったにちがいありません。

山川暁夫はそんな人間でした。わがまま勝手でしたが、歴史はそのような人間、そのような身を捨てて社会正義を追求しようとする多くの人々の力で、少しずつ生きやすくなっていく。そう思うことが今の私の慰めとなっております。山川暁夫の仕事をまとめていただいたこの本が、よりよい未来へ向かってのみなさまのお仕事に、多少なりともお役に立てれば、故人も本望であろうと思います。

本論集の編集に当たって下さった、斎藤邦泰さん、高田健さん、大内要三さん、緑風出版の高須次郎さん、斎藤あかねさん、そして大勢の協力者のみなさん、ありがとうございました。

国権《こっけん》と民権《みんけん》　山川暁夫《やまかわあきお》＝川端治《かわばたおさむ》 論文集《ろんぶんしゅう》

2001年 3月10日　初版第1刷発行　　定価6000円＋税

著　者　山川暁夫
編　集　山川暁夫＝川端治論文集刊行委員会
発行者　高須次郎
発行所　株式会社緑風出版
〒113-0033　東京都文京区本郷2-17-5　ツイン壱岐坂
［電話］03-3812-9420　［FAX］03-3812-7262
［E-mail］info@ryokufu.com
［郵便振替］00100-9-30776
［URL］http://www.ryokufu.com/

装　幀　市村繁和
写　植　R 企 画
印　刷　長野印刷商工　巣鴨美術印刷
製　本　トキワ製本所
用　紙　山市紙商事　　E1000

　ISBN4-8461-0101-0　C0031